Aspectos Jurídicos dos
CONTRATOS DE SEGURO

Ano VI

Conselho Editorial
André Luís Callegari
Carlos Alberto Molinaro
César Landa Arroyo
Daniel Francisco Mitidiero
Darci Guimarães Ribeiro
Draiton Gonzaga de Souza
Elaine Harzheim Macedo
Eugênio Facchini Neto
Gabrielle Bezerra Sales Sarlet
Giovani Agostini Saavedra
Ingo Wolfgang Sarlet
José Antonio Montilla Martos
Jose Luiz Bolzan de Morais
José Maria Porras Ramirez
José Maria Rosa Tesheiner
Leandro Paulsen
Lenio Luiz Streck
Miguel Àngel Presno Linera
Paulo Antônio Caliendo Velloso da Silveira
Paulo Mota Pinto

Dados Internacionais de Catalogação na Publicação (CIP)

A838   Aspectos jurídicos dos contratos de seguro / Allinne Rizzie Coelho Oliveira Garcia ... [et al.]; Angélica Carlini; Pery Saraiva Neto (organizadores). – Porto Alegre: Livraria do Advogado Editora, 2019.

394 p.; 23 cm. (Ano VI)
ISBN 978-85-9590-055-4

1. Seguros – Direito. I. Garcia, Allinne Rizzie Coelho Oliveira. II. Carlini, Angélica. III. Saraiva Neto, Pery.

CDU 347.764
CDD 346.086

Índice para catálogo sistemático:
1. Seguros: Direito   347.764

(Bibliotecária responsável: Sabrina Leal Araujo – CRB 8/10213)

Angélica Carlini
Pery Saraiva Neto

(Organizadores)

Aspectos Jurídicos dos CONTRATOS DE SEGURO
Ano VI

Allinne Rizzie Coelho Oliveira Garcia
Ana Paula Bonilha de Toledo Costa
André Tavares
Angélica Carlini
Claudio Aparecido Ribas da Silva
Claudio Furtado Pereira da Silva
Guadalupe de Andrade Nascimento
Lauana Barros de Almeida Bianconcini
Lidiane Mazzoni
Liliana Caldeira
Luiza Moreira Petersen
Maiara Bonetti Fenili
Marcel Brasil de Souza Moura
Marcelo Barreto Leal
Mauricio Conde Tresca
Melisa Cunha Pimenta
Milena Carvalho Fratin
Natália Velasques Sanches Bisconsin
Nathália Rodrigues B. M. Oliveira de Menezes
Patrícia Godoy Oliveira
Pery Saraiva Neto
Regina Linden Ruaro
Rodolfo dos Santos Braun
Thiago Junqueira
Victor Augusto Benes Senhora
Vivien Lys Porto Ferreira da Silva

Porto Alegre, 2019

© dos Autores, 2019

Fechamento dos textos para
publicação em agosto de 2018

Capa, projeto gráfico e diagramação
Livraria do Advogado Editora

Revisão
Rosane Marques Borba

Direitos desta edição reservados por
Livraria do Advogado Editora Ltda.
Rua Riachuelo, 1300
90010-273 Porto Alegre RS
Fone: 0800-51-7522
editora@livrariadoadvogado.com.br
www.doadvogado.com.br

Impresso no Brasil / Printed in Brazil

Prefácio

Uma obra repleta de informações essenciais para o mercado segurador, que revela a riqueza do Direto do Seguro e apresenta estudos teóricos, experiências de mercado, análises legislativas, regulatórias e jurisprudências. Assim é *Aspectos Jurídicos do Contrato de Seguro*, um trabalho que tenho a honra de prefaciar a convite da Seção Brasileira da AIDA – Associação Internacional de Direito do Seguro – entidade que iniciou suas atividades na década de 1960 e que cumpre papel fundamental na disseminação da cultura do seguro.

A atividade de seguros no Brasil merece e precisa da energia que a seção brasileira da AIDA disponibiliza. A sociedade brasileira merece e precisa que advogados e advogadas da área de seguros dediquem seu tempo a atividades de construção e disseminação do conhecimento em seguros, porque a experiência histórica da humanidade já comprovou que onde existe seguro, há possibilidade maior de construção de paz e estabilidade sociais.

A obra, dinâmica e atualizada, que contou com a organização da incansável e competente Prof. Angélica Carlini e do não menos dedicado advogado Pery Saraiva Neto, aborda temas relevantes para a compreensão do direito do seguro e, principalmente, contém interessante mosaico de temas que tratam do Seguro DPVAT ao Seguro Saúde, passando por grandes riscos, seguro garantia e aspectos processuais, entre outros. Essa diversidade comprova o dinamismo da entidade, de seus participantes e da empreitada que promovem no sentido de dar conta dos múltiplos e necessários temas que o direito do seguro abriga na atual quadra histórica do Brasil.

A tarefa de tornar os contratos de seguro mais conhecidos dos consumidores e dos contratantes em geral (empresariais, em especial), é muito relevante. Nesse sentido, os esforços da seção brasileira da Associação Internacional de Direito do Seguro somam-se ao de outras entidades que atuam no setor, em especial a Confederação Nacional de Empresas de Seguros Gerais, Previdência e Vida, Saúde e Capitalização – CNSeg –, que lidera a representação do setor de seguros privados e, trabalha de forma incessante para que os seguros sejam mais conhecidos no Brasil.

A união do trabalho das diversas entidades do setor de seguros certamente, vai viabilizar os resultados positivos que almejamos. Resultados positivos sempre para a sociedade brasileira que, contando com bons produtos de seguro poderá viver melhor, seja no plano pessoal como nos projetos profissionais.

O livro ora publicado pela seção brasileira da Associação Internacional de Direito do Seguro tem, ainda, um outro aspecto bastante positivo: é o sexto ano seguido em que a entidade publica, fato raro em um país que nem sempre incentiva o trabalho intelectual de reflexão e pesquisa nas diversas áreas do conhecimento.

O trabalho realizado pela seção brasileira da AIDA é valioso exatamente nesses dois aspectos: os esforços de permanência e de excelência, ambos perfeitamente estampados no exemplar ora publicado.

Assim, convido a todos a entrarem nesse universo de precisão técnica que cobre o interesse de juízes, promotores de justiça, advogados, acadêmicos e interessados pela matéria, que a partir de agora podem contar com mais uma importante fonte de informação, capaz de ampliar e qualificar o conhecimento no direito do seguro.

E, manifesto o meu profundo carinho e admiração pelos dedicados autores e organizadores do "Aspectos Jurídicos do Contrato de Seguro – Ano VI"

Solange Beatriz Palheiro Mendes
Presidente da FENASAÚDE

Sumário

Apresentação..9

I – O Seguro DPVAT na atualidade: conceito, finalidade, normatização e
entendimento do Superior Tribunal de Justiça
Allinne Rizzie Coelho Oliveira Garcia..11

II – As "associações piratas" e o consumidor de seguros
Ana Paula Bonilha de Toledo Costa e
Nathália Rodrigues Bittencourt Martins Oliveira de Menezes......................37

III – Seguro garantia: suspensão do procedimento de regulação e liquidação de sinistro
André Tavares..55

IV – Ativismo judicial e interpretação dos contratos de seguro de saúde suplementar –
a negação do mutualismo e suas consequências
Angélica Carlini..71

V – Negócios processuais e seguro
Claudio Aparecido Ribas da Silva e *Mauricio Conde Tresca*.....................95

VI – Algumas questões sobre as colocações de grandes riscos
Guadalupe de Andrade Nascimento e *Patrícia Godoy Oliveira*...............117

VII – Novo marco regulatório para mecanismos financeiros: análise da copartipação e
franquia em planos de saúde e a reforma normativa proposta pela
Agência Nacional de Saúde Suplementar (ANS)
Lidiane Mazzoni e *Milena Carvalho Fratin*...137

VIII – Breves considerações sobre o Regulamento Geral de Proteção de Dados (RGPD)
e o Encarregado de Proteção de Dados (EPD) ou *General Data Protection Regulation
(DPR) and Data Protection Officer (DPO)*: alguns aspectos do cenário brasileiro
Liliana Caldeira..159

IX – Embriaguez no seguro de automóvel: comentários sobre a nova orientação do
Superior Tribunal de Justiça
Luiza Moreira Petersen...175

X – Contrato de seguro e relações de consumo: reflexões sobre os Projetos de Lei do
Senado 281/2012 e 283/2012
Marcel Brasil de Souza Moura..193

XI – Análise econômica do contrato de seguro: um estudo de caso a partir da
cobertura de risco do tipo suicídio no contrato de seguro de acidentes pessoais –
excesso regulatório pontual
Marcelo Barreto Leal..211

XII – A problemática envolvendo o suicídio no contrato de seguro de vida e as
novidades trazidas pelo projeto de lei do seguro
Melisa Cunha Pimenta e *Lauana Barros de Almeida Bianconcini*..........231

XIII – Breve análise do mercado de resseguro no Brasil após a Lei Complementar nº 126/2007
Natália Velasques Sanches Bisconsin...251

XIV – Proteção de dados pessoais e impactos jurídicos nos seguros
Pery Saraiva Neto e *Maiara Bonetti Fenili*..277

XV – O conceito de poluidor no direito brasileiro e a definição de segurado nos seguros de responsabilidade civil ambiental: notas para uma possível aproximação
Regina Linden Ruaro e *Pery Saraiva Neto*..295

XVI – Crítica à jurisprudência do Tribunal de Justiça do Estado de São Paulo sobre seguro de automóvel e embriaguez ao volante (2012-2017) à luz da análise econômica do direito
Rodolfo dos Santos Braun..317

XVII – O princípio da função social do contrato e seus possíveis efeitos no seguro
Thiago Junqueira..337

XVIII – O seguro de responsabilidade civil do transportador rodoviário por desaparecimento de carga (RCF-DC) e o âmbito de aplicação da cobertura roubo
Victor Augusto Benes Senhora e *Claudio Furtado Pereira da Silva*..................363

XIX – A conquista da consciência do mercado segurador em novos caminhos na gestão dos seus conflitos
Vivien Lys Porto Ferreira da Silva...381

Apresentação

Passados seis anos desde a publicação do primeiro número desta coletânea de textos e estudos intitulada Aspectos Jurídicos dos Contratos de Seguros, com enorme satisfação que a seção brasileira da Associação Internacional de Direito do Seguro apresenta uma vez mais sua obra coletiva, resultado do trabalho e dos estudos realizados por seus Grupos Trabalho.

Esse livro consolida o trabalho de pesquisa e discussão de profissionais dedicados, que atuam nos grupos da AIDA de forma plural e dinâmica, comprometidos com o debate e a qualidade do trabalho que se consolida em reuniões realizadas regularmente; em eventos que não raro contam com a participação de outras entidades, sejam do setor de seguros como de outros setores; que interagem com universidades – do Brasil e do exterior – sempre com o objetivo de divulgar e aprimorar essa importante ferramenta de segurança e estabilidade social e econômica que são os Seguros.

Alegra-nos que o projeto iniciado em 2012, com a primeira publicação em 2013, alcance agora seu sexto volume, confirmando a regularidade da produção dos Grupos de Trabalho e, especialmente, o aumento qualitativo dos novos estudos.

Os textos que compõe esta edição são todos inéditos, assim como o foram cada um dos textos publicados nas edições anteriores.

Os grupos de trabalho da AIDA têm em sua composição advogados, técnicos, peritos, corretores de seguro, dentre outros profissionais, que constituem a diversidade necessária para que os temas sejam tratados ao mesmo tempo de forma ampla e profunda.

Somos gratos a todos que nos auxiliaram para que em mais este ano fosse possível publicar o livro, muito em especial agradecemos a todos os autores, participantes dos grupos e à Dra. Solange Beatriz Palheiro Mendes, Presidente da FENASAÚDE e uma das principais lideranças do setor de seguros, que prontamente aceitou o convite para realizar o prefácio.

Nossa expectativa, como sempre, é contribuir para a ampliação do conhecimento do Direito dos Seguros e incentivar a todos os interessados na matéria que participem dos Grupos de Trabalho da AIDA, para que estes possam ser cada vez mais um espaço de reflexão, pesquisa e construção do conhecimento.

Todas essas contribuições são um retrato do atual estágio de maturidade das reflexões dos Grupos Nacionais de Trabalho da Associação Internacional de Direito do Seguro, seção Brasil e, apontam para os caminhos que deverão ser seguidos nos próximos anos na continuidade dessas reflexões.

Prof. Dra. Angélica Carlini
Prof. Dr. Pery Saraiva Neto
Organizadores

— I —

O Seguro DPVAT na atualidade: conceito, finalidade, normatização e entendimento do Superior Tribunal de Justiça

Allinne Rizzie Coelho Oliveira Garcia

Advogada. Pós-Graduada em Gestão de Seguros e Resseguros e Gestão Jurídica de Seguros e Resseguros pela Escola Superior de Seguros. Presidente da Comissão Especial de Direito Securitário da OAB/GO. Membro do GRT Centro-Oeste e Minas Gerais da AIDA/Brasil.

Sumário: 1. Introdução; 2. Conceito e características; 3. Finalidade; 4. Da administração do Fundo do Seguro DPVAT; 5. Evolução legislativa do Seguro DPVAT; 6. Do entendimento do STJ sobre temas relevantes para o Seguro DPVAT; 7. Considerações finais; 8. Referências.

1. Introdução

Os primeiros traços do chamado "Seguro Obrigatório" surgiu ainda na época do transporte marítimo como forma de garantir cobertura ao risco a que todos da caravana estavam expostos, uma contribuição que constituía um suporte de auxílio mútuo, a ser utilizado em caso de ocorrência de riscos que demandavam salvação de toda ou de parte da expedição.

No Brasil, o Seguro Obrigatório teve início em 1928, com a Lei nº 5.418, na qual era estabelecida a obrigatoriedade de contratação de seguro contra incêndio para prédios com mais de cinco andares e para mercadorias depositadas em armazéns gerais.

Notadamente, foi apenas com o Decreto-Lei 73/66 que o Seguro Obrigatório no Brasil ganhou materialidade, sendo enumerados em seu artigo 20,[1] quais as modalidades de seguro que detinham maior preocupação do poder es-

---

[1] Art. 20. Sem prejuízo do disposto em leis especiais, são obrigatórios os seguros de: (...) b) *responsabilidade civil dos proprietários de veículos automotores e vias terrestre*, fluvial, lacustre a marítima, de aeronaves e dos transportadores em geral; (...) (Decreto-Lei 73/66). (grifamos)

tatal, dentre os quais foi estabelecida obrigatoriedade de contratação de seguro para veículos automotores de via terrestre. Daí surgiu o Seguro Obrigatório DPVAT, cuja modalidade será efetivamente objeto do nosso estudo.

Ocorre que o Seguro DPVAT gera inúmeras ações perante o Poder Judiciário, inclusive com discussões latentes de teses jurídicas, o que demanda a necessária e constante manifestação do Superior Tribunal de Justiça.

A realidade é surreal, uma vez que atualmente a Seguradora Líder administra mais de 400 mil ações judiciais em todo Brasil, decorrentes de discussões corriqueiras sobre o instituto.

Tratando-se que um seguro de cunho obrigatório e previsto em lei, que possui caráter público por beneficiar o cidadão brasileiro, mas com gestão privada dos recursos, é claro que todas as decisões e entendimentos do Judiciário resultam em consequências de larga escala.

A uma porque se o entendimento visar unicamente a beneficiar as vítimas, é certo que haverá um aumento gritante do número de ajuizamentos de ações. A duas porque o pagamento de valores indevidos em razão de decisões judiciais que não levam em consideração a técnica atuarial, o conceito legal das coberturas e os valores das indenizações previstas resultará em déficit do fundo que constitui a reserva técnica voltada ao pagamento das indenizações a todos e o aumento substancial do prêmio cobrado. A três porque tais valores interferem diretamente nos repasses legalmente instituídos ao Sistema Único de Saúde (SUS) e ao Departamento Nacional de Trânsito (DENATRAN).

Diante disso, entendemos de grande relevância o estudo sobre o Seguro DPVAT, seu conceito e características, natureza jurídica e coberturas, além do entendimento atual do Superior Tribunal de Justiça sobre os principais temas afetos à matéria, levados a julgamento nos últimos anos, pois este último interfere diretamente nos valores indenizados e, por consequência, na precificação do prêmio do Seguro DPVAT.

2. Conceito e características

Como a própria Lei 6.194/74 define, em seus artigos 2º e 3º, o seguro DPVAT é um seguro obrigatório de responsabilidade civil de danos pessoais causados pela circulação de veículos automotores em via terrestre ou por suas cargas transportadas que compreende as coberturas de morte, invalidez permanente e despesas médico-hospitalares.

Segundo Vera Lúcia Cataldo Leal,[2] Diretora Técnica da FUNENSEG, é o seguro DPVAT "um seguro obrigatório que indeniza as vítimas de acidentes envolvendo veículos automotores de via terrestre".

---

[2] VARANDA, José Antônio Menezes; VIOT, Maurício; LEAL Vera Lúcia Cataldo; JORGE, Rodrigo Maia; ESTRADA, Eugênio Duque; CHERMAN, Andrea; RODRIGUES, Keila Christian Zanatta

Dos conceitos acima, podemos destacar alguns elementos, quais sejam: a) é um *seguro obrigatório* porque a sua contratação é imposta por lei federal (Decreto-Lei 73/66) a todos os proprietários de veículos automotores, sendo o pagamento do prêmio realizado no Documento Único de Arrecadação no qual também é efetuado o pagamento do licenciamento e do IPVA; b) é de *responsabilidade civil*, porquanto decorre da obrigação do causador do dano em reparar as vítimas ou beneficiários, o qual transfere o risco ao segurador ao contratar, ainda que obrigatoriamente; c) é de *danos pessoais*, por cobrir apenas danos à pessoa, ou seja, a morte, a invalidez permanente, total ou parcial, ou despesas com medicamentos e tratamentos necessários ao restabelecimento do corpo da vítima; d) é de *acidentes causados por veículos automotores* ou que circulam com motor próprio, em vias terrestres ou por suas cargas transportadas.

Para melhor elucidar quanto às coberturas garantidas pelo Seguro DPVAT, cumpre esclarecer que o conceito de cada uma delas, conforme segue.

Na cobertura de morte, o seguro DPVAT garante indenização pela morte de motoristas, passageiros ou pedestres, desde que provocada por veículos automotores de via terrestre ou cargas transportadas por esses veículos em atropelamentos, colisões ou outros tipos de acidentes.

O valor da indenização atualmente corresponde a R$ 13.500,00, por vítima, o qual deve ser pago aos beneficiários legais, conforme previsto na Lei 11.482/2007, que alterou a Lei 6.194/74

Na cobertura de invalidez, a situação coberta corresponde à invalidez total ou parcial da vítima de acidente de trânsito também causado por veículo automotor de via terrestre ou por sua carga transportada.

O valor da indenização é de até R$ 13.500,00 por vítima, devendo ser calculada nos termos da Lei 11.945/2009, que alterou a Lei 6.194/74, de acordo com a gravidade da sequela, e deve ser pago diretamente à vítima.

Na cobertura de despesas médico-hospitalares, o seguro DPVAT reembolsa as despesas médico-hospitalares pagas por pessoa física ou jurídica pelo tratamento de lesões provocadas por veículos automotores de via terrestre ou por sua carga transportada.

O reembolso é de até R$ 2.700,00, por vítima, variando conforme a comprovação das despesas desembolsadas, cujo beneficiário é a própria vítima, sendo vedada a cessão de direitos pela Lei 11.945/2009, que alterou a Lei 6.194/74.

Em qualquer das coberturas, é importante que a vítima ou beneficiário observe a data do acidente, para contagem do prazo prescricional, bem como comprove os requisitos legais para o recebimento da indenização.

Manangão; CALDEIRA, Lilian. Escola Nacional de Seguros. Diretoria de Ensino Técnico. *Certificação Técnica em Atendimento: Seguro DPVAT*. Assessoria Técnica de Vera Lúcia Cadalgo Leal. Rio de Janeiro: FUNENSEG, 2011, p. 113.

Ainda, cumpre dizer que o seguro DPVAT não cobre danos pessoais resultantes de radiações ionizantes ou contaminações por radioatividade de qualquer tipo de combustível nuclear ou de qualquer resíduo de combustão de matéria nuclear, as multas e fianças impostas ao condutor ou proprietário do veículo, bem como despesas decorrentes de ações ou processos criminais, danos materiais, danos causados por veículos que não circulam em via terrestre ou por veículos que circulam por via terrestre que não possuem motor próprio, acidentes ocorridos fora do território nacional e acidentes com veículos estrangeiros em circulação do Brasil, havendo clara exclusão destes riscos na Lei n. 6.194/74.

3. Finalidade

A finalidade do seguro é restaurar a ordem econômica existente antes da ocorrência de um evento danoso, diante da necessidade do indivíduo de proteger seus bens, sua família e sua própria vida dos infortúnios, do perigo, da incerteza.

Sendo assim, consoante ensina o Professor Varanda, a finalidade do seguro está "vinculada à proteção dos indivíduos, da família e da própria sociedade, podendo, assim, ser dita de natureza particular, mas que atinge, consequentemente, objetivo de ordem social, ao preservar condições de sustento individual ou familiar".[3]

A par disso, sem dúvida o seguro DPVAT foi criado para beneficiar a população brasileira, com claro desígnio do legislador em trazer um alento às vítimas e beneficiários em virtude de danos causados por acidentes de trânsito. E, com esta intenção, seu propósito essencial é eminentemente social, pois abrange as coberturas de danos pessoais a todas as vítimas que sofrem acidentes no território nacional, concedendo cobertura para todas as categorias de veículos sem comprovação do pagamento do prêmio do seguro e sem discussão quanto à culpa pelo evento danoso.

Na verdade, o seguro DPVAT transfere ao segurador, atualmente às seguradoras consorciadas no convênio, representadas pela Seguradora Líder – DPVAT, a responsabilidade civil do proprietário de veículo automotor de via terrestre em reparar os danos causados pela circulação de seu veículo.

No entanto, a reparação do dano causado pelo acidente de trânsito no seguro DPVAT não tem por fim restituir todo o valor econômico ou sentimental do dano causado, "reparando o dano sofrido", a uma porque não abrange cobertura para os danos materiais causados aos veículos envolvidos no acidente,

---

[3] VARANDA, José Antônio Menezes; VIOT, Maurício; LEAL, Vera Lúcia Cataldo; JORGE, Rodrigo Maia; ESTRADA, Eugênio Duque; CHERMAN, Andrea; RODRIGUES, Keila Christian Zanatta Manangão; CALDEIRA, Lilian. *Op. Cit.*, p. 14.

a duas porque mesmo as indenizações para os danos pessoais cobertos visam apenas a amenizar o contexto vivido pelas vítimas ou beneficiários.

Em manifestação expressa nos autos da ADIN N. 4627/DF, promovida pelo Partido Socialismo e Liberdade em face da Seguradora Líder – DPVAT perante o Supremo Tribunal Federal, o então advogado Luis Roberto Barroso manifesta que:

> (...) ao criar o Seguro DPVAT, o legislador pretendeu apenas prover alguma quantidade de recursos para pessoas que sofrem danos no contexto de acidentes automobilísticos, independentemente de outras considerações, como forma de socializar os riscos envolvidos no trânsito de automóveis. A ideia subjacente ao seguro obrigatório é a de que o trânsito de automóveis envolve riscos e danos frequentes e de difícil (ou pelo menos demorada) recomposição no plano da responsabilidade civil ordinária.

Portanto, não há uma correlação da indenização garantida pelas coberturas previstas no seguro DPVAT com o dano sofrido, na verdade, a reparação correspondente efetivamente ao dano deve ser buscada perante o seu causador pela reparação civil ordinária, por ser este obrigado por força dos artigos 186 e 927 do Código Civil a reparar integralmente o dano causado.

Isto porque, o seguro DPVAT visa a socializar o risco de danos causados pelos acidentes de trânsito e antecipar quantia referente aos danos pessoais, tanto assim que é considerado um seguro a primeiro risco, pois o valor da indenização paga deve ser deduzido de eventual condenação a título de reparação de danos no plano da responsabilidade civil ordinária.

E neste sentido, atinge sua finalidade por um seguro de fácil acesso à população, cujo direito está escorado em perquirição mínima de requisitos, que são de simples comprovação, conforme veremos a seguir.

A comprovação do fato se dá através de documento público e oficial que descreva o acidente, narrando como ocorreu e informando os dados dos veículos envolvidos, quando possível, pessoas envolvidas e vítimas, podendo, para tanto, ser utilizado o Boletim de Ocorrência, o Boletim de Acidente de Trânsito ou o Extrato de Ocorrência do Corpo de Bombeiros.

A prova do dano depende da cobertura invocada, sendo morte, a prova ocorre com a Certidão de Óbito, sendo invalidez permanente, a própria lei determina que o IML – Instituto Médico Legal – é o órgão oficial para realização de perícia e elaboração do respectivo laudo atestando a sequela e quantificação desta, e, reclamando reembolso de despesas médico-hospitalares, a vítima ou o beneficiário deverá comprovar o desembolso de tais despesas através de documentos hábeis, como notas fiscais de medicamentos ou tratamento médico.

Também deverá ser comprovado o nexo de causalidade, o qual talvez seja o mais difícil, porquanto não há uma listagem de documentos específicos utilizados, estes devem, em regra gerais, comprovar que a vítima sofreu o acidente noticiado e foi imediatamente atendida em estabelecimento ou hospital, para realização de atendimento emergencial ou contemporâneo ao acidente.

Os documentos citados são apenas exemplos de prova dos requisitos legais exigidos para o recebimento de quaisquer das coberturas do seguro DPVAT, os quais demonstram que, de fato, podem ser levantados por qualquer cidadão por serem documentos públicos ou de fácil acesso, o que acertadamente demonstra a intenção de facilitar o acesso ao direito previsto em lei.

Importante observar que o seguro DPVAT nasceu com característica de seguro de responsabilidade civil, cujos elementos técnicos são os mesmos, ou seja, a culpa, o dano e o nexo de causalidade, sem os quais o responsável não seria obrigado a indenizar, consoante disposição do Decreto-Lei 73/66 e regulamentação pela Resolução CNSP 814/69.

Todavia, foi idealizado com fundamento no Seguro de Acidente de Trabalho, porquanto, as duas modalidades de seguro de responsabilidade civil são amparadas na infortunística[4], e, ainda porque em ambas existe a dificuldade de demonstrar a culpa do causador do dano, no primeiro, o empregador e, no segundo, o proprietário ou condutor do veículo, se identificado, o que muitas vezes é impossível fazê-lo.

Sendo assim, consoante conceito trazido pela Resolução CNSP 25/67, não há discussão quanto à culpa pelo acidente, bastando às vítimas ou beneficiários a comprovação do fato (acidente), do dano (morte, invalidez permanente ou despesas médico-hospitalares), e o nexo de causalidade entre o fato ocorrido e o dano alegado.

Recepcionando a referida norma infralegal, o artigo 5º da Lei 6.194/74 dispõe que "o pagamento da indenização será efetuado mediante simples prova do acidente e do dano decorrente, independentemente da existência de culpa, haja ou não resseguro, abolida qualquer franquia de responsabilidade do segurado", tornando, como dito alhures, o direito à indenização com acesso fácil às vítimas e beneficiários.

É certo que sendo o seguro DPVAT um seguro originariamente de responsabilidade civil, por esse motivo encontra disciplina no Código Civil, que contém um capítulo para tratar da matéria securitária, o qual deve ser aplicado, no que couber, consoante determina o artigo 777.

Daí verifica-se aplicável o disposto no artigo 788, que determina o pagamento da indenização pela seguradora, que deve ser feito diretamente ao terceiro prejudicado, e, ainda, o artigo 206, § 3º, inciso IX, que estabelece o prazo prescricional para os seguros de responsabilidade civil obrigatórios.

Todavia, como mencionado em linhas anteriores, o seguro DPVAT tornou-se seguro de dano pessoal a partir da edição da Lei 6.194/74, porque trouxe o conceito de seguro de danos pessoais, alterando seu nome inclusive de RECOVAT – *Seguro de Responsabilidade Civil Obrigatória de Veículos*

---

[4] SANTOS, Ricardo Bechara. *Direito de seguro no novo Código Civil e legislação própria*. Rio de Janeiro: Forense, 2006, p. 565.

Automotores Terrestres – para DPVAT – *Seguro Obrigatório de Danos Pessoais causados por Veículos Automotores de Via Terrestre* – excluindo taxativamente a cobertura para danos materiais, como dito alhures.

Sendo assim, "tal seguro desponta como uma das espécies que excepcionam a regra da teoria subjetiva da culpa adotada pelo Código Civil Brasileiro (artigo 927 do novo Código Civil)".[5] E, embora também regido em regra geral pelo Código Civil, no que for aplicável, deve subordinar-se à Lei 6.194/74, que trata de forma específica do seguro obrigatório de danos pessoais.

4. Da administração do Fundo do Seguro DPVAT

O seguro DPVAT era gerido por cada seguradora que operava no ramo, sendo de livre comercialização para todas as Companhias que possuíam interesse e ao arbítrio do próprio segurado a contratação com qualquer uma delas.

As indenizações deveriam ser buscadas pelas vítimas ou beneficiários perante a seguradora contratada pelo proprietário de cada veículo causador do acidente por ser a responsável pelo recebimento do prêmio de seguro correspondente, e, por consequência, pelo pagamento das indenizações.

Sendo, portanto, necessária a comprovação do fato (acidente), do dano (morte, invalidez permanente ou despesa médica hospitalar), e, ainda, do *pagamento do prêmio*.

O procedimento utilizado dificultava o recebimento da indenização, principalmente porque as vítimas e beneficiários normalmente se tratavam de pessoas de classe baixa, com pouco conhecimento para levantar os documentos necessários.

Essa situação perdurou até 1986, quando foi criado um convênio, através da Resolução CNSP 6/86, que determinava às seguradoras interessadas em operar com o seguro DPVAT a obrigatoriedade de assinar um documento aderindo ao convênio, pelo qual foi criado um fundo comum administrado pela FENASEG – Federação Nacional das Empresas de Seguros Privados e de Capitalização , responsável por receber os prêmios e efetuar o pagamento das indenizações, após uma detalhada regulação dos sinistros.

Além disso, a administração dos prêmios e indenizações era realizada pela FENASEG, cujo prêmio era recebido quando do pagamento do licenciamento dos veículos pelo Documento Único de Arrecadação, instituído pelo Ministério da Justiça, cuja medida foi aprovada pelo Conselho Nacional de Seguros Privados através da Resolução CNSP 11/85 e pelo Conselho Nacional de Trânsito através da Resolução CONATRAN 664/1986.

---

[5] SANTOS, Ricardo Bechara. *Op. Cit*, p. 564.

Contudo, todas as seguradoras consorciadas eram solidariamente responsáveis pelas indenizações, porquanto, a FENASEG apenas as representava perante as vítimas e os beneficiários.

A Resolução 6/86 incluiu no convênio apenas as categorias 1, 2, 9 e 10,[6] definindo que as indenizações decorrentes de acidentes que envolviam tais veículos seriam de responsabilidade das seguradoras consorciadas, e, portanto, as indenizações deveriam ser pagas pela FENASEG, excluindo as categorias 3 e 4,[7] cuja contratação continuou sendo de livre escolha do proprietário do veículo, embora fosse obrigatória.

Com a edição da Resolução CNSP 109/2004, vigente a partir de 01/01/2005, foram incluídas no consórcio as categorias 3 e 4. Esea resolução dispunha, entre outras normas procedimentais, a criação do convênio 2, que estabelecia obrigatoriedade de contratação do seguro DPVAT para todos os veículos com pagamento do prêmio junto ao licenciamento, bem como a responsabilidade solidária de todas as consorciadas pelo pagamento das indenizações, cujo fundo também seria administrado pela FENASEG.

A partir de então, a FENASEG – Federação Nacional de Seguros Privados – passou a administrar o convênio DPVAT referente a todas as categorias de veículos, sendo responsável pelo pagamento das indenizações, que poderiam ser buscadas perante esta ou perante qualquer seguradora conveniada, sendo obrigatória a comprovação de pagamento do prêmio do seguro permaneceu até a edição da Lei 8.441/92, que derruiu esta obrigatoriedade por completo.

A par desta competência, cumpre salientar que a FENASEG é uma entidade de classe que funcionava como mandatária das seguradoras que operavam no seguro DPVAT, cujo mandato foi outorgado através do convênio assinado, que lhe conferia apenas poderes *ad negocia*, ou seja, apenas administração de negócios específicos, não incluindo nesta outorga a transferência de atribuições, encargos, deveres, direitos e competências que a lei confere às sociedades seguradoras conveniadas.

Diante disto, a legitimidade da FENASEG em responder judicialmente pelas demandas que buscavam indenização pelo seguro DPVAT era sempre discutida, entendendo o Judiciário que esta seria solidariamente responsável pelo pagamento pleiteado, ao arrepio da norma regulamentadora que dispunha que a FENASEG apenas geria o fundo e representava as seguradoras conveniadas.

---

[6] Categoria 1 – Automóveis particulares; Categoria 2 – Táxis e carros de aluguel; Categoria 9 – Motocicletas, motonetas, ciclomotores e similares; e Categoria 10 – Máquinas de terraplanagem e equipamentos móveis em geral, quando licenciados, camionetas tipo pick-up" de até 1500 kg de carga, caminhões e outros veículos.

[7] Categoria 3 – Ônibus, micro-ônibus e lotação com cobrança de frete; Categoria 4 – Micro-ônibus com cobrança de frete, mas com lotação não superior a 10 passageiros e ônibus, micro-ônibus e lotações sem cobrança de frete.

Em observância à Resolução CNSP 154/2006, que determinou um sistema de gestão mais eficiente e fundou os consórcios,[8] além de listar de forma taxativa os requisitos necessários para operar no ramo de seguro DPVAT, as consorciadas buscaram junto à SUSEP autorização para fundação de uma Seguradora especializada.

Foi então fundada a Seguradora Líder dos Consórcios DPVAT em 2007, que passou a ser responsável pela administração dos consórcios e do fundo do seguro DPVAT, antes administrado pela FENASEG, cuja autorização de funcionamento foi concedida pela SUSEP através da Portaria SUSEP 2.797/2007, para operacionalizar o seguro DPVAT em caráter exclusivo, representando as demais consorciadas.

O papel da Seguradora Líder dos Consórcios DPVAT é também definido na Resolução n. 332/05 pela qual esta "tem a função de bem administrar os recursos arrecadados, realizar as transferências obrigatórias previstas em lei, pagar indenizações, constituir provisões e representar o Consórcio DPVAT".

Com a referida resolução, houve ainda a unificação dos consórcios em apenas um, sendo que o Consórcio DPVAT, que atualmente opera nas categorias 1, 2, 9 e 10, absorvera o objeto do Consórcio DPVAT das categorias 3 e 4, para administração pela Seguradora Líder dos Consórcios DPVAT, o qual as Seguradoras deverão aderir, após receberem autorização da SUSEP para operar no ramo, mediante satisfação de condições específicas.

Dispõe ainda sobre criação do consórcio, aderência, retirada de Seguradoras e alterações deve haver autorização da SUSEP, além de outras normas de operacionalização do Seguro junto às consorciadas, como participação nos consórcios, recebimento de pedido de indenizações, penalidades em caso de descumprimento da referida norma, etc.

Para cumprimento de seu papel, a Seguradora Líder do Consórcio DPVAT possui em sua Declaração Estratégica a missão de "assegurar à população, em todo o território nacional, o acesso aos benefícios do Seguro DPVAT, administrando com transparência e competência os recursos que lhe foram confiados, em harmonia com os seus acionistas, empregados e colaboradores".[9]

A partir de novo conceito de gestão, esta desenvolveu campanhas de marketing para tornar o seguro DPVAT mais conhecido pela população, além de instalar diversos postos de atendimento às vítimas e beneficiários, facilitando o acesso ao benefício, os quais podem ser localizados pelo *site* da própria Seguradora Líder ou pelo *site* do Seguro Obrigatório DPVAT.[10] Além disso, administra o fundo de forma centralizada, por sistema único, ligado ao antigo

---

[8] A Resolução CNSP 154/2006 criou os consórcios 1 e 2, que correspondem respectivamente aos convênios 1 e 2.
[9] Disponível em <http://www.seguradoralider.com.br/missao.asp>. Acesso em 11/10/2017.
[10] Disponível em <http://www.dpvatsegurodotransito.com.br/pontos-de-atendimento-autorizados.aspx>. Acesso em 11/10/2017.

MEGADATA – existente desde a época da FENASEG –, a fim de melhor regular os sinistros e agilizar o pagamento das indenizações.

Busca incessantemente atrair vítimas e beneficiários ao recebimento das indenizações pela via administrativa diretamente, sem a intervenção de intermediários, o que lhes garante maior agilidade, pois o prazo para pagamento é de 30 dias após a entrega dos documentos necessários, sem qualquer custo adicional.

Em claro trabalho perante o Judiciário, a Seguradora Líder conseguiu inúmeras vitórias no que diz respeito à observância das normas regulamentadoras do instituto nas condenações judiciais, impingindo uma nova forma de patrocinar as demandas com maior controle e responsabilidade.

Todas essas medidas resultaram em economia ao fundo do seguro DPVAT, não obstante o aumento da quantidade de vítimas indenizadas, como se vê claramente pelas estatísticas que comparam o período da gestão anterior – FENASEG – e a gestão atual, divulgadas no site da Seguradora Líder – DPVAT.[11]

É certo que a Seguradora Líder trouxe nova roupagem ao seguro DPVAT, administrando-o de forma centralizada, através do recebimento do percentual correspondente do prêmio necessário ao pagamento das despesas administrativas e das indenizações, realizando a gestão do fundo em estrito cumprimento das normas regulamentadoras da matéria, até porque é fruto de constantes avaliações e auditorias da SUSEP, órgão fiscalizador do mercado de seguros.

5. Evolução legislativa do Seguro DPVAT

O seguro DPVAT foi criado pelo Decreto-Lei 73/66, mas foi o artigo 5º do Decreto n. 61.867 de 1967 que tornou efetivo o seguro obrigatório para danos causados por veículos automotores de via terrestre, determinando que:

> Art. 5º. As pessoas físicas ou jurídicas, de direito público ou privado, proprietários de quaisquer veículos relacionados com os artigos 52 e 63 da Lei 5.108, de 21 de setembro de 1966, referente ao Código Nacional de Trânsito, ficam obrigados a segurá-los, quanto à responsabilidade civil decorrente de sua utilização. (grifamos)

Assim, foi criado o seguro denominado de RECOVAT – Seguro de Responsabilidade Civil Obrigatória de Veículos Automotores Terrestres.

Ainda, nesta mesma intenção, determinou em seu artigo 28 que "nenhum veículo a que se refere o artigo 5º deste Decreto poderá ser licenciado, a partir de 1º de janeiro de 1968, sem que fique comprovada a efetivação do seguro ali previsto".

O referido Decreto disciplinou a matéria dispondo nos artigos 6º e 7º que seriam cobertos os danos causados pelos veículos, bem como os danos provo-

---

[11] Disponível em <http://www.seguradoralider.com.br/desempenho_do_Seguro_DPVAT.asp>. Acesso em 11/10/2017.

cados pelas suas cargas transportadas a pessoas, transportados ou não, e a bens não transportados, enumerou os danos passíveis de cobertura para o caso de sinistros e respectivos valores das indenizações.

Previa, especificamente, que o seguro obrigatório cobriria os danos materiais e pessoais causados pela circulação dos veículos automotores, demonstrando claramente o intento do legislador em prestar assistência às vítimas de trânsito, cujo número se tornava cada vez mais alto em decorrência da industrialização e da crescente aquisição de veículos.

Logo após o início da vigência do Decreto n. 61.867 de 1967, que tornou obrigatória a contratação de seguro para os veículos automotores, impedindo, inclusive o seu licenciamento antes da contratação do seguro, houve a necessidade de regulamentar quais seriam as condições de operacionalização do seguro obrigatório.

A fim de regulamentar as condições aplicáveis ao seguro obrigatório, o Conselho Nacional de Seguros Privados (CNSP) editou a Resolução CNSP 25/67, que trouxe imediatas divergências quanto à modalidade de culpa a ser aplicada ao sinistro causado pela circulação de veículos.

Em decorrência de tais divergências, o governo editou o Decreto-Lei 814 em 1969, época da Ditadura Militar, o qual provocou consideráveis modificações ao instituto, algumas prevalecem atualmente, não obstante as inúmeras normas editadas posteriormente.

Como primeira alteração latente, o artigo 3º do Decreto-Lei 814/69 excluiu a cobertura para danos materiais, mantendo apenas os danos pessoais cobertos pelo seguro obrigatório de veículos automotores, fato inovador que se diferencia do entendimento de diversos países da Europa, que mantiveram tal cobertura prevista em sua legislação até os dias atuais.

Trouxe alteração significativa no que diz respeito aos valores das indenizações em seu artigo 4º, elevando e atualizando os valores das coberturas de morte, invalidez permanente e despesas de assistência médica e suplementares, mantidas pelo referido Decreto.

Em patente intenção de dirimir as dúvidas quanto aos requisitos necessários para o recebimento da indenização, notadamente, com relação à culpa, pela nova redação, bastaria comprovar o dano, não havendo necessidade de prova de culpa.

Contudo, foi a Lei 6.194 de 1974 que deu ao Seguro Obrigatório de Danos Causados por Veículos Automotores de Via Terrestres, o DPVAT, o formato que possui até os dias atuais.

Isso porque alterou o seguro obrigatório de responsabilidade civil para um conceito de seguro obrigatório de danos pessoais, sendo este mais abrangente, não obstante a limitação das coberturas previstas pela Lei, portanto, possibilita à vítima ou aos beneficiários o recebimento de indenização sem discussão quanto à culpa pelo acidente que causou os danos. Alterações estas que foram ratificadas pela Resolução CNSP 01/75, que disciplinava o seguro DPVAT tratando-o como seguro de danos pessoais.

A Lei 6.194/74 manteve as coberturas antes previstas, definindo os requisitos para o recebimento da indenização em caso de morte, invalidez permanente e despesas médico-hospitalares, além de alterar o valor da indenização, que teve um aumento motivado pela inflação que atingia a moeda na época.

Determinou ainda que para acidentes causados por veículos não identificados tivessem cobertura apenas em caso de morte, correspondente a 50% (cinquenta por cento) do valor previsto, e que o Conselho Nacional de Seguros Privados seria o órgão responsável por expedir normas disciplinadoras e tarifas que dispostas na referida lei.

Assim, os artigos 2º e 3º da referida lei, alterando o artigo 20 do Decreto-Lei 73/66, passaram a definir o Seguro Obrigatório de Danos Causados por Veículos Automotores de Via Terrestres da seguinte forma:

Art. 2º Fica acrescida ao artigo 20, do Decreto-lei n. 73, de 21 de novembro de 1966, a alínea l nestes termos:

Art. 20. (...)

l) – Danos pessoais causados por veículos automotores de via terrestre, ou por sua carga, a pessoas transportadas ou não'.

A vinculação do valor das indenizações ao salário mínimo foi descaracterizada pela Lei 6.205 de 1975, que determinou a desvinculação do salário mínimo como fator de correção das indenizações, passando os valores a serem definidos pelas Resoluções do Conselho Nacional de Seguros Privados.

Outras importantes alterações no procedimento do seguro DPVAT se deram através da Circular SUSEP 29/91, que continha a Tabela de Acidentes Pessoais a ser utilizada para cálculo das indenizações por invalidez permanente, cujo pagamento deveria ser proporcional ao dano (lesão), e, a Resolução 17/91, que estabeleceu novos valores de indenizações e estabeleceu que os valores deveriam corresponder às importâncias seguradas *vigentes na data da ocorrência do acidente,*[12] visto que antes eram pagas considerando o valor correspondente na data da liquidação.

Tais normas infralegais mantiveram o texto da Lei 6.194/74, que só foi alterado em 1992, com a edição da Lei 8.441, que determinou o pagamento das indenizações no valor integral, para todas as coberturas previstas (morte, invalidez permanente e despesas médico-hospitalares), mesmo para os acidentes envolvendo veículos não identificados, ainda, estabeleceu não ser requisito

---

[12] O subitem 8.3 incluído pela Resolução CNSP nº 2, de 11 de maio de 1981, passa a vigorar com a seguinte redação: 8.3. Em qualquer caso, as indenizações serão pagas à base das importâncias seguradas vigentes na data da ocorrência do sinistro, independentemente da data de emissão do bilhete.

necessário ao recebimento das indenizações a comprovação do pagamento do prêmio do seguro DPVAT.

Estes benefícios concedidos às vítimas e aos beneficiários não foram ampliados aos proprietários dos veículos envolvidos, pois, nestes casos, a figura da vítima ou beneficiário se confunde com a de proprietário do veículo, responsável pela contratação obrigatória e pagamento do prêmio do seguro.

Permanecendo sem qualquer alteração procedimental até 2004, vieram apenas resoluções do CNSP que mantiveram as disposições anteriores, alterando os valores dos prêmios do seguro e respectivos valores das indenizações.

No entanto, o seguro DPVAT vinha sendo objeto de inúmeras ações judiciais em que se discutiam os valores das indenizações pagas, especialmente porque vítimas e beneficiários discordavam dos valores estabelecidos pelas resoluções do CNSP frente ao valor disposto na Lei 6.194/74, vinculados ao salário mínimo, não obstante a vedação trazida pela Lei 6.205/75.

Outra discussão latente decorre dos valores pagos a título de indenização por invalidez permanente, já que o cálculo das indenizações seria de acordo com a Circular SUSEP 01/29, que dispunha a Tabela para Cálculo de Acidentes Pessoais, dando proporção aos valores de acordo com o grau da lesão e membro/órgão atingido.

A grande questão que se colocava perante o Judiciário era a validade de tais normas infralegais, expedidas pela SUSEP e pelo CNSP, frente às disposições legais previstas pela Lei 6.194/74, que claramente recebia interpretações diversas daquelas pretendidas pelo legislador. Isso porque, a própria Lei 6.194/74 dispunha quanto à competência do CNSP para expedir normas disciplinadoras do seguro DPVAT, bem como para definir os valores das tarifas (prêmios) e das indenizações, porquanto estas regulamentam a própria lei.

Daí a necessidade de dirimir tais questões trazendo as definições para o corpo da lei, tanto no que se refere aos valores das indenizações para cada cobertura, quanto à tabela de cálculo para as indenizações a título de invalidez permanente.

Desta necessidade, é que primeiramente foi editada a MP 340/2006, que alterou os artigos 3º, 4º, 5º, §§ 1º, 6º e 7º, e o artigo 11, em caráter de urgência, por entender o legislador que dela dependia a "continuidade das operações de duas políticas públicas responsáveis pelo acesso de expressiva parcela da sociedade brasileira ao ensino superior", consoante Exposição de Motivos, que por si só justificam sua edição.

Resumidamente, a MP 340/2006, convertida na Lei 11.482/2007, trouxe as seguintes alterações legais: a) estabeleceu as indenizações em valores fixos em reais, sem vinculação ao salário mínimo, autorizando um pequeno reajuste nos valores utilizados à época; b) determinou que o valor devido seria correspondente ao valor vigente ao tempo do pagamento; c) alterou a forma de pagamento, autorizando o depósito bancário ou transferência eletrônica de dados (TED) para a conta-corrente ou conta poupança do beneficiário; e d) incorporou ao instituto o disposto no artigo 792 do Código Civil de 2003, que prevê a ordem de vocação hereditária para o pagamento das indenizações por morte, deixando de ser apenas o cônjuge sobrevivente, como previsto na Lei 6.194/74.

Com a edição da referida medida provisória, posteriormente convertida em Lei, deixou de haver a discussão quanto aos valores bases das indenizações, porquanto, foram fixados em reais, sem previsão de ajuste e sobre os quais deverão incidir apenas juros e correção, conforme disposto no artigo 5º, § 7º, alterado pelo artigo 8º da MP 340/2006.

No entanto, permaneceram os conflitos em razão da aplicação da Tabela para Cálculo de Acidentes Pessoais prevista na Circular SUSEP 01/29, para as indenizações a título de invalidez permanente, cujo valor foi fixado pelo artigo 3º, inciso II, também alterado pelo artigo 8º da MP 340/2006, que determina a quantia de até R$ 13.500,00 para esta cobertura.

Diante disso, houve alteração legislativa no seguro DPVAT, com vigência a partir de 16/12/2008, talvez uma das mais relevantes ao instituto, ocorreu com a edição da MP 451/2008, que altera os artigos 3º, 5º e 12 da Lei 6.194/74, os quais dispõem quanto ao procedimento de regulação dos sinistros de invalidez permanente e de despesas médico-hospitalares.

Para os sinistros de invalidez permanente, a MP 451/2008 autorizou a realização de laudo junto ao IML para atestar a lesão e o grau da incapacidade, o qual deverá fornecer o documento em 90 dias, para que a vítima possa buscar a indenização, ainda, trouxe ao corpo da lei a Tabela para Cálculo de Invalidez, que foi criada exclusivamente para o seguro DPVAT, prevendo a gradação da lesão e classificação do grau de repercussão desta em relação ao órgão/membro atingido.

Ainda, para os sinistros de despesas médico-hospitalares, a referida medida passou a vedar o reembolso de despesas médicas e hospitalares efetuadas em entidades credenciadas ao SUS – Sistema Único de Saúde –, pois vedou a cessão de direitos, consoante disposto no artigo 3º, § 2º, alterado pelo artigo 20 da MP 451/2008.

E, justificando a edição da medida, brilhantemente o Ministro Guido Mantega descreve, nos artigos 19 a 33, a Exposição de Motivos que levaram às alterações da Lei 6.194/74 por Medida Provisória.

As alterações legais trazidas pela MP 451/2008, posteriormente convertida na Lei 11.945/2009, modificaram sobremaneira o seguro DPVAT no que diz respeito às coberturas de invalidez permanente e despesas médico-hospitalares, principalmente porque visavam ao equilíbrio do próprio instituto.

Importante que se diga que, com a criação da tabela de invalidez de forma simplificada para o seguro DPVAT, segundo Guido Mantega, então Ministro da

Economia, apenas "aperfeiçoa-se o processo de classificação técnica do grau de invalidez da vítima de acidente de trânsito, com vistas a eliminar as incertezas verificadas na interpretação da Lei nº 6.194/74", isto porque trouxe o conceito de parcialidade da lesão[13] e proporcionalidade da indenização[14] ao texto legal, visto que antes havia previsão apenas de que o valor da indenização seria de até a quantia determinada na legislação vigente ao tempo do pagamento, cuja expressão legal era ignorada ou esquecida tanto por vítimas e beneficiários, quanto pelo Poder Judiciário.

A vedação da cessão de direitos para o reembolso de despesas médico--hospitalares visa a evitar que estabelecimentos ou hospitais credenciados obtenham benefício ilícito em detrimento do instituto, porquanto obtendo cessão de direito das vítimas, pleiteavam o reembolso de valores perante o seguro DPVAT, cuja tabela de valores é até 30% maior do que a tabela do SUS – Sistema Único de Saúde –, o que originava distorção dos cálculos atuariais dos prêmios cobrados.

Portanto, com a alteração legal, o reembolso das despesas médico-hospitalares passou a ser pago diretamente à vítima ou ao beneficiário, através de crédito/depósito em conta.

Diante das inúmeras interpretações à Lei 6.194/74, do manifesto desconhecimento das normas regulamentadoras da matéria e ao eterno conflito entre as normas infralegais (Resoluções do CNSP e Circulares SUSEP) e as normas positivadas, o cenário era de total instabilidade do consórcio, que corriqueiramente era obrigado a efetuar o pagamento de indenizações indevidas nos casos submetidos ao Judiciário, em total confronto com a legislação civil (artigo 944 do Código Civil) e com o próprio instituto do Seguro DPVAT.

Disto decorreu verdadeira corrida ao mercado em busca de ações judiciais com pedido de indenizações pelo seguro DPVAT, juntamente com outros motivos, ao arrepio do processo administrativo de regulação do sinistro, que garante às vítimas e ao beneficiário o pagamento das indenizações em até 30 dias, a partir da entrega de todos os documentos, sem qualquer custo, especialmente de honorários advocatícios e custas processuais.

E, em que pesem as diversas críticas às referidas normas, é certo que as recentes alterações legais trazidas pelas MPs 340/2006 e 451/2008, convertidas respectivamente nas Leis 11.482/2007 e 11.945/2009, não puderam dirimir todas as questões inerentes aos conflitos judiciais, até porque o direito origina interpretações criativas de todas as normas, além de se adaptar ao momento histórico vivido pela sociedade, mas por certo conseguiram trazer maior esta-

---

[13] A tabela de invalidez trouxe a quantificação da lesão de acordo com órgão/membro atingido, bem como o grau de repercussão desta lesão, com percentuais pré-fixados, a fim de que seja calculado o valor das indenizações.

[14] As indenizações por invalidez permanente são pagas proporcionalmente ao dano, ou seja, é utilizado o cálculo de quantificação da lesão para fixação do valor indenizável em cada caso.

bilidade ao instituto, garantindo valores prefixados e indenizações proporcionais aos danos causados por acidente envolvendo veículos automotores de via terrestre, resultando num possível equilíbrio entre os prêmios recebidos e as indenizações pagas.

A última alteração foi trazida pela Lei n. 13.154/15, que alterou dispositivos do Código de Trânsito Brasileiro, e a Lei n. 6.194/74 descaracteriza os tratores como veículos automotores e estabelece procedimento de registro dos mesmos junto ao Ministério da Agricultura, Pecuária e Abastecimento, além de retirar dos municípios a competência para tratamento dos ciclomotores de menos de 50 cc, passando a ser estatal como os demais veículos.

Destarte, foi expedida a Resolução CNSP n. 332/2015, que regulamenta questões relevantes que facilitam a compreensão sobre a administração do fundo e traz transparência às operações realizadas de arrecadação dos prêmios, repasses obrigatórios, gastos com despesas e administração do fundo. Além disso, traz em seu bojo disposições que tornam claras as exclusões de garantia, auxiliando no entendimento quanto às regulações de sinistro e aos pagamentos de indenizações, como por exemplo:

a) Enumera hipóteses de exclusões de cobertura de despesas médicas hospitalares, bem como para despesas com multas e fianças impostas ao condutor do veículo ou ao seu proprietário, com processos judiciais criminais em decorrência do acidente, além de vedar cobertura aos danos pessoais causados por acidentes ocorridos fora do território nacional;

b) Exclui cobertura para os veículos enviados por fabricantes a concessionárias e distribuidores, os veículos pertencentes à Administração Pública, direta ou indireta, autarquias ou fundações governamentais estaduais, bem como para os veículos que não são obrigados ao licenciamento, portanto, que não pagam prêmio;

c) Garante expressamente cobertura para danos pessoais causados por veículos automotores ou por sua carga, desde que sejam passíveis de registro, nos termos do Código de Trânsito Brasileiro, incluindo de forma inovadora, na categoria de motocicletas, as chamadas "cinquentinhas", que são aquelas cuja velocidade de fabricação não exceda 50 km/h, e além dos ciclomotores de 50 cc, a resolução inclui nessa categoria as bicicletas elétricas, possibilitando a abrangência da cobertura para estes dois tipos de veículos, antes sem regulamentação no Seguro Obrigatório DPVAT;

d) Determina que as indenizações por morte e por invalidez não são cumulativas, o que era motivo de inúmeros questionamentos na via administrativa e também judicial, porquanto, se recebida indenização pela vítima por invalidez permanente, mas se discutia o recebimento novamente da integralidade, todavia, no caso de a vítima vier a falecer posteriormente, cabe aos beneficiários somente a diferença do valor total por morte, o que não era admitido em nossos Tribunais;

e) Possibilita que no caso de indenização por invalidez permanente, caso o IML – órgão responsável por fornecer o laudo em 90 dias – não tiver estrutura na localidade ou não consiga fornecer o documento, que deve ser aceito laudo de qualquer outra instituição pública ou, na sua falta, de instituição particular, emitido por médico contratado pela vítima para aferição da invalidez e apuração do respectivo grau.

O que se verifica é que o Seguro DPVAT foi pauta de relevantes ajustes legislativos e normativos, com o fim de trazer segurança jurídica e uma administração à altura do vultuoso fundo constituído pelos prêmios pagos.

Em que pesem tais alterações, o número de ajuizamento das ações continua expressivo, o que demanda manifestação do Poder Judiciário sobre as matérias, por este motivo, avançamos em nosso estudo para expor a seguir o entendimento do Superior Tribunal de Justiça sobre questões colocadas em discussão.

6. Do entendimento do STJ sobre temas relevantes para o Seguro DPVAT

Como dito, o Seguro DPVAT é de responsabilidade do proprietário do veículo automotor que, ao registrar e licenciar veículo automotor, deve obrigatoriamente contratar o seguro e pagar o prêmio correspondente e, não o fazendo, torna-se inadimplente, podendo se sujeitar às consequências da mora, nos termos do Código de Trânsito Brasileiro e Resolução CNSP n. 332, de 2015.[15]

Consoante entendimento do Superior Tribunal de Justiça, o Seguro DPVAT constitui um contrato de seguro cuja obrigatoriedade de contratação e seus termos são previstos em lei, daí por que deve ser analisado de forma específica.

O valor da importância segurada de cada cobertura é fixado por lei, que permanece inalterado desde 2006, quando foi estipulado na MP n. 340/2006, convertida na Lei n. 11.482/2007, que alterou o artigo 3º da Lei n. 6.194/74, sem sofrer reajuste, o que tem resultado em demandas judiciais em que se requer a correção monetária do valor desde a data do sinistro.

Sobre o tema, o Superior Tribunal de Justiça que já havia firmado entendimento de que os juros de mora devem incidir sobre o valor da indenização deve ser a partir da citação, nos termos da Súmula n. 426.[16]

Posteriormente, diante de alegada omissão legislativa ou do que chamou o Ministro Paulo de Tarso Sanseverino de "silêncio eloquente da lei", o Superior Tribunal de Justiça promoveu consulta pública realizada por meio de audiência

---

[15] Resolução SUSEP n. 332 de 2015. Fonte: Susep.gov. Acesso em 11/10/2017.
[16] Súmula 426 – Os juros de mora na indenização do seguro DPVAT fluem a partir da citação. (Súmula 426, SEGUNDA SEÇÃO, julgado em 10/03/2010, DJe 13/05/2010)

pública, mas em julgamento de recurso repetitivo[17] manteve posicionamento do Supremo Tribunal Federal que, no julgamento da ADI 4.350-DF, rejeitou a alegação de inconstitucionalidade sob fundamento de que a lei não contém qualquer omissão, resultando na edição da Súmula n. 580 pelo STJ,[18] na qual prevê que a correção monetária nas indenizações do seguro DPVAT por morte ou invalidez incide desde a data do evento danoso.

O valor do prêmio, também definido pela Superintendência de Seguros Privados (SUSEP) por meio de resoluções do Conselho Nacional de Seguros Privados, é calculado apurando-se a taxa de sinistralidade do seguro, o valor de indenizações pagas e indenizações a pagar, os repasses previstos em lei, as despesas administrativas, as despesas de corretagem, a constituição de provisões técnicas e a margem de resultado das seguradoras integrantes do consórcio que administra o sistema.

O pagamento deve ser realizado juntamente com o IPVA e, se isento o veículo, este deve ser efetuado quando do pagamento do emplacamento ou o licenciamento anual, sendo que o bilhete do Seguro DPVAT deve ser emitido no próprio Certificado de Registro e Licenciamento Anual do veículo.

No entanto, em caso inadimplência do proprietário do veículo, a vítima ou o beneficiário continuam com o direito à indenização, consoante entendimento do Superior Tribunal de Justiça que, julgando o REsp 746.087/RJ, entendeu que o prêmio do seguro obrigatório DPVAT não é requisito para recebimento de indenização,[19] mantendo aplicação da Súmula n. 257,[20] que dispõe sobre o tema.

---

[17] RECURSO ESPECIAL REPETITIVO. CIVIL. SEGURO DPVAT. INDENIZAÇÃO. ATUALIZAÇÃO MONETÁRIA. TERMO 'A QUO'. DATA DO EVENTO DANOSO. ART. 543-C DO CPC. 1. Polêmica em torno da forma de atualização monetária das indenizações previstas no art. 3º da Lei 6.194/74, com redação dada pela Medida Provisória n. 340/2006, convertida na Lei 11.482/07, em face da omissão legislativa acerca da incidência de correção monetária. 2. Controvérsia em torno da existência de omissão legislativa ou de silêncio eloquente da lei. 3. Manifestação expressa do STF, ao analisar a ausência de menção ao direito de correção monetária no art. 3º da Lei nº 6.194/74, com a redação dada pela Lei nº 11.482/2007, no sentido da inexistência de inconstitucionalidade por omissão (ADI 4.350/DF). 4. Para os fins do art. 543-C do CPC: A incidência de atualização monetária nas indenizações por morte ou invalidez do seguro DPVAT, prevista no § 7º do art. 5º da Lei n. 6194/74, redação dada pela Lei n. 11.482/2007, opera-se desde a data do evento danoso. 5. Aplicação da tese ao caso concreto para estabelecer como termo inicial da correção monetária a data do evento danoso. 6. RECURSO ESPECIAL PROVIDO. (REsp 1483620/SC, Rel. Ministro PAULO DE TARSO SANSEVERINO, SEGUNDA SEÇÃO, julgado em 27/05/2015, DJe 02/06/2015)

[18] Súmula 580 – A correção monetária nas indenizações do seguro DPVAT por morte ou invalidez, prevista no § 7º do art. 5º da Lei n. 6.194/1974, redação dada pela Lei n. 11.482/2007, incide desde a data do evento danoso. (Súmula 580, SEGUNDA SEÇÃO, julgado em 14/09/2016, DJe 19/09/2016)

[19] CIVIL. AÇÃO DE INDENIZAÇÃO. SEGURO OBRIGATÓRIO (DPVAT). COMPROVAÇÃO DO PAGAMENTO DO DUT. DESNECESSIDADE. VALOR QUANTIFICADO EM SALÁRIOS MÍNIMOS. LEI N. 6.194/1974. CORREÇÃO MONETÁRIA. TERMO A QUO. EVENTO DANOSO. JUROS MORATÓRIOS A PARTIR DA CITAÇÃO. INADIMPLÊNCIA CONTRATUAL.DANO MORAL. INEXISTÊNCIA. RECURSO ESPECIAL PARCIALMENTE CONHECIDO E PROVIDO. I. **A comprovação do pagamento do prêmio do seguro obrigatório não é requisito para o pagamento da indenização. Precedentes.** II. A indenização decorrente do seguro obrigatório (DPVAT) deve ser apurada com base no valor do salário mínimo vigente na data do evento danoso, moneta-

Neste sentido, a referida Resolução CNSP n. 332/2015 dispõe no artigo 17, § 2°, que o proprietário inadimplente, se for a vítima, não terá direito à indenização se não estiver com o prêmio pago no ano de exercício civil e a ocorrência do sinistro for posterior ao vencimento do prêmio do Seguro DPVAT, podendo a seguradora negar o pagamento ou mesmo efetuar o pagamento proporcional em caso de não pagamento de alguma parcela do prêmio.

Esta previsão normativa encontra respaldo nos artigos 11, § 3°, e 12 do Decreto-lei 73/66, uma vez que o pagamento do prêmio constitui obrigação do segurado em qualquer espécie de contrato de seguro, sem o qual não é possível formar o fundo necessário o pagamento das indenizações previstas àquele grupo segurado, infringindo assim o princípio do mutualismo ou mutualidade, no qual se alicerça o contrato de seguro.

Fábio Konder Comparato, citado por Bruno Miragem,[21] relaciona o interesse, o risco, a garantia e o prêmio como sendo os elementos fundamentais que caracterizam o contrato, sendo, portanto, elemento fundamental do contrato de seguro, sem o qual este não existiria. Isto porque, mediante o prêmio (prestação), o segurador garante o interesse do segurado (contraprestação) assumindo o risco de ocorrência de evento que possa causar prejuízo a este ou a outrem, neste caso, danos pessoais causados por veículo automotor em razão de acidente de trânsito.

Prevê ainda a Resolução CNSP citada que tem a Seguradora Líder o direito de sub-rogar-se pelo qual pode buscar, por meio de ação própria contra o causador do dano, o ressarcimento do valor da indenização ou reembolso pagos, inclusive se este for o proprietário do veículo, caso este esteja inadimplente com o pagamento do prêmio.

Em suma, o não pagamento do prêmio pode acarretar inúmeros prejuízos ao proprietário do veículo automotor, porquanto resulta em mora junto ao Estado, perde o direito à indenização em caso de ser vítima em acidente de trânsito causado por seu veículo automotor e poderá sofrer ação regressiva promovida pela Seguradora Líder.

Noutro passo, o prazo prescricional de 3(três) anos previsto no artigo 206, § 3°, inciso IX, do Código Civil se aplica às ações de cobrança de indenização

---

riamente atualizado até o efetivo pagamento. III. No caso de ilícito contratual, situação do DPVAT, os juros de mora são devidos a contar da citação. IV. Os dissabores e aborrecimentos decorrentes da inadimplência contratual não são suficientes a ensejar a indenização por danos morais. V. Recurso especial conhecido em parte e, nessa extensão, parcialmente provido. (REsp 746.087/RJ, Rel. Ministro ALDIR PASSARINHO JUNIOR, QUARTA TURMA, julgado em 18/05/2010, DJe 01/06/2010) (grifamos)

[20] Súmula 257 – A falta de pagamento do prêmio do seguro obrigatório de Danos Pessoais Causados por Veículos Automotores de Vias Terrestres (DPVAT) não é motivo para a recusa do pagamento da indenização. (Súmula 257, SEGUNDA SEÇÃO, julgado em 08/08/2001, DJ 29/08/2001 p. 100)

[21] MIRAGEM, Bruno; CARLINI, Angélica. *Direito dos Seguros*: Fundamentos de Direito Civil, Direito Empresarial e Direito do Consumidor. São Paulo: Revista dos Tribunais, 2014, p. 27.

para recebimento de indenização pela vítima ou pelo beneficiário das coberturas previstas na Lei n. 6.194/74, o que foi sumulado pelo Superior Tribunal de Justiça em 2009, pela Súmula n. 405.[22]

O Código Civil que entrou em vigor em 11/01/2003 também disciplinou a matéria de forma expressa e trouxe alteração importante para o instituto, no que diz respeito ao prazo prescricional, diminuindo de 20(vinte) para 3(três) anos, a contar da data do acidente, nos termos do artigo 206, § 3º, inciso IX. E, visando a garantir o direito daqueles que tiveram os acidentes ocorridos na vigência do antigo Código Civil, dispôs no artigo 2028 a regra de transição, deixando a aplicação da nova regra para os acidentes ocorridos a partir de 2003.

A partir de então, a data do acidente passou a ser dado ainda mais importante quando da regulação dos sinistros, independentemente da cobertura pretendida, pois o direito que antes poderia ser reclamado em até 20(vinte) anos, agora deve ser buscado em apenas 3(três) anos, ressalvados os casos previstos em lei, nos quais não corre a prescrição.

Para aqueles que operam no seguro DPVAT, seja na via administrativa, seja pela via judicial, a alteração trazida pelo Código Civil importa em grande avanço, por excluir da apreciação aqueles casos esquecidos pelas vítimas ou beneficiários, que anos depois buscavam as indenizações apresentando documentos obsoletos, antigos, muitas vezes sem possibilidade de investigação quanto a sua procedência, ou mesmo não apresentavam os documentos necessários à comprovação dos requisitos legais sob argumento de não mais existirem.

Além disto, o prazo é suficiente em vista da atual conjuntura, em que, por ter tomado uma proporção gigantesca em razão do grande número de acidentes de trânsito ocorridos no país, tornou-se mais conhecido, mais buscado pela população, que não está totalmente alheia à sua existência.

Na cobertura de despesas médico-hospitalares, o termo inicial é o desembolso pela vítima dos valores pagos a título de tratamento médico e medicamentos não cobertos pelo Sistema Único de Saúde (SUS).

O termo inicial na cobertura de morte também é de fácil percepção, porquanto inicia-se na data do evento danoso.

Todavia, o prazo prescricional na cobertura de invalidez invariavelmente causa discussões junto ao Poder Judiciário, uma vez que o termo *a quo* se inicia na data da ciência da invalidez permanente da vítima, que pode ocorrer na data do acidente, quando se tratar de invalidez notória, como acontece com a amputação de um membro, por exemplo, ou inicia-se após a realização do necessário tratamento médico a que a vítima deva se submeter.

Ocorre que os Tribunais admitiam que o prazo prescricional neste caso se iniciasse quando a vítima se submetesse a perícia médica, aceitando laudo

---

[22] Súmula 405 – A ação de cobrança do seguro obrigatório (DPVAT) prescreve em três anos. (Súmula 405, SEGUNDA SEÇÃO, julgado em 28/10/2009, DJe 24/11/2009)

médico emitido por profissionais particulares e pelo Instituto Médico Legal (IML).

Sobre o tema, o Superior Tribunal de Justiça havia se manifestado em 2003 pela Súmula n. 278[23] no sentido de que o prazo inicial é a data da ciência inequívoca da incapacidade, aplicando-se aos seguros em geral, inclusive ao Seguro DPVAT.

A referida súmula não dirimiu a questão, uma vez que mantiveram as discussões quanto à data do que denominou "ciência inequívoca", pois neste caso a Seguradora ficaria à mercê da vítima realizar a referida perícia, o que ocorria muitas vezes anos após o acidente, sem qualquer controle de prazo.

Somente em 2016, o STJ dirimiu a questão por meio da Súmula n. 573,[24] na qual determina que a data da ciência inequívoca do caráter permanente da invalidez depende de laudo médico, exceto nos casos de invalidez notória, conforme já citado, ou quando demonstrado nos autos que teve ciência em data anterior, mantendo entendimento anterior exposto no julgamento de recurso repetitivo.[25]

E para dizer a verdade, de fato a discussão vai além. A ciência inequívoca neste caso não é da incapacidade temporária causada pelas lesões resultantes do acidente de trânsito, o que deve ser apurado é de fato as sequelas definitivas do evento, ou seja, a invalidez permanente, o estado em que a vítima permanecerá uma vez que não existem mais recursos ou medidas terapêuticas para alterar sua condição de incapacidade após o acidente.

Neste caso, é necessário haver a devida instrução processual, através da qual a vítima deverá comprovar que permaneceu em tratamento médico durante o período compreendido entre o acidente e a realização de perícia médica perante o IML, sob pena de haver a injusta inversão do ônus para a Seguradora

---

[23] Súmula 278 – O termo inicial do prazo prescricional, na ação de indenização, é a data em que o segurado teve ciência inequívoca da incapacidade laboral. (Súmula 278, SEGUNDA SEÇÃO, julgado em 14/05/2003, DJ 16/06/2003 p. 416)

[24] Súmula 573 – Nas ações de indenização decorrente de seguro DPVAT, a ciência inequívoca do caráter permanente da invalidez, para fins de contagem do prazo prescricional, depende de laudo médico, exceto nos casos de invalidez permanente notória ou naqueles em que o conhecimento anterior resulte comprovado na fase de instrução. (Súmula 573, SEGUNDA SEÇÃO, julgado em 22/06/2016, DJe 27/06/2016)

[25] RECURSO ESPECIAL REPRESENTATIVO DA CONTROVÉRSIA. CIVIL E PROCESSUAL CIVIL. SEGURO DPVAT. TERMO INICIAL DA PRESCRIÇÃO. CIÊNCIA INEQUÍVOCA DO CARÁTER PERMANENTE DA INVALIDEZ. NECESSIDADE DE LAUDO MÉDICO. 1. Para fins do art. 543-C do CPC: 1.1. O termo inicial do prazo prescricional, na ação de indenização, é a data em que o segurado teve ciência inequívoca do caráter permanente da invalidez. 1.2. Exceto nos casos de invalidez permanente notória, a ciência inequívoca do caráter permanente da invalidez depende de laudo médico, sendo relativa a presunção de ciência. 2. Caso concreto: Inocorrência de prescrição, não obstante a apresentação de laudo elaborado quatro anos após o acidente. 3. RECURSO ESPECIAL DESPROVIDO. (REsp 1388030/MG, Rel. Ministro PAULO DE TARSO SANSEVERINO, SEGUNDA SEÇÃO, julgado em 11/06/2014, DJe 01/08/2014)

demonstrar, por prova impossível ou diabólica,[26] que a vítima não tinha ciência em data anterior.

Pode ainda o prazo prescricional iniciar-se do pagamento administrativo ou da resposta definitiva da Seguradora quanto ao pedido administrativo de pagamento da indenização, isso ocorre em todas as coberturas do Seguro DPVAT, aliás, se aplica em regra geral para o contrato de seguro em outras modalidades, havendo inclusive decisão em recurso repetitivo pelo STJ,[27] no qual entendeu que nos casos de pedido de complementação da indenização, o prazo inicia-se do pagamento administrativo, não havendo, portanto, dúvida quanto a esta questão.

Por consequência lógica, o prazo prescricional fica suspenso até que o segurado ou a vítima tenha ciência da resposta da Seguradora quanto ao pedido de indenização pela via administrativa, consoante entendimento uníssono das Turmas Julgadoras do STJ (Súmula 229).[28]

Quanto às coberturas, a Lei n. 11.945 de 2009, que alterou a Lei n. 6.194/74 também neste ponto, proibindo o reembolso de despesas quando ao atendimento for realizado pelo SUS, sob pena inclusive de descredenciamento do estabelecimento de saúde, o SUS, além disto, prevê a mesma legislação que é vedada a cessão de direitos (artigo 3°, §§ 2° e 3°).

A matéria foi regulamentada pela Resolução CNSP n. 332/2015, que define o direito ao reembolso de despesas médico-hospitalares decorrentes de acidente de trânsito desde que a vítima tenha sido atendida pelo SUS, mas que as despesas tenham sido realizadas em caráter privado, o que tem sido admitido pelo STJ,[29] e, ainda, despesas suplementares, devidamente justificadas pelo

---

[26] "A prova diabólica é aquela cuja produção é impossível ou excessivamente difícil para a parte. A prova de fatos absolutamente negativos, porque indefinidos (nuca realizei transfusão de sangue; nunca estive em contato com determinada pessoa), é diabólica". WAMBIER, Teresa Arruda Alvim; CONCEIÇÃO, Maria Lúcia Lins; RIBEIRO, Leonardo Ferres da Silva; MELLO, Rogério Licastro Torres. *Primeiros comentários ao novo código de processo civil*: artigo por artigo. São Paulo: Revista dos Tribunais, 2015.

[27] RECURSO ESPECIAL. REPRESENTATIVO DA CONTROVÉRSIA. AÇÃO DE COBRANÇA. SEGURO OBRIGATÓRIO. DPVAT. COMPLEMENTAÇÃO DE VALOR. PRESCRIÇÃO. PRAZO TRIENAL. SÚMULA N° 405/STJ. TERMO INICIAL. PAGAMENTO PARCIAL. 1. A pretensão de cobrança e a pretensão a diferenças de valores do seguro obrigatório (DPVAT) prescrevem em três anos, sendo o termo inicial, no último caso, o pagamento administrativo considerado a menor. 2. Recurso especial provido. Acórdão submetido ao regime do art. 543-C do CPC e da Resolução/STJ n° 8/2008. (REsp 1418347/MG, Rel. Ministro RICARDO VILLAS BÔAS CUEVA, SEGUNDA SEÇÃO, julgado em 08/04/2015, DJe 15/04/2015)

[28] Neste sentido, AgRg no AREsp 341788/RS, Rel. Ministro ANTONIO CARLOS FERREIRA, QUARTA TURMA, Julgado em 15/10/2013,DJE 28/10/2013; AgRg no AREsp 173988/GO, Rel. Ministro JOÃO OTÁVIO DE NORONHA, TERCEIRA TURMA, Julgado em 06/08/2013, DJE 19/08/2013; AgRg no AREsp 151784/GO, Rel. Ministro PAULO DE TARSO SANSEVERINO, TERCEIRA TURMA, Julgado em 18/06/2013, DJE 24/06/2013; AgRg no REsp 1227349/RS, Rel. Ministro SIDNEI BENETI, TERCEIRA TURMA, Julgado em 24/05/2011, DJE 03/06/2011.

[29] AGRAVO REGIMENTAL NO RECURSO ESPECIAL. SEGURO. DPVAT. INDENIZAÇÃO. HONORÁRIOS MÉDICOS. INCLUSÃO. POSSIBILIDADE. 1. A Terceira Turma do STJ, ao interpretar o disposto nos arts. 3° e 5° da Lei n. 6.194/74, concluiu que os honorários médicos podem ser in-

médico. Prevê ainda que não terá cobertura quando tais despesas tiverem sido realizadas por planos de seguro ou planos privados de assistência à saúde, bem como aquelas despesas não especificadas e justificadas por atestado médico, ou que tenham sido integralmente suportadas pelo SUS, não havendo a este direito de reembolso, consoante entendimento do STJ em recente acórdão proferido pela Quarta Turma.[30]

A despeito da importância dos temas expostos, o STJ enfrentou matéria de grande repercussão que envolve o instituto, qual seja, a aplicação de proporcionalidade quando do pagamento da indenização por invalidez permanente.

Não obstante a Lei n. 6.194/74 tenha previsão expressa que o valor da importância segurada é de ATÉ R$ 13.500,00, antes da edição da Lei n. 11.945 em 2009, esta matéria gerava um número absurdo de demandas ajuizadas, isso porque entendiam os Tribunais que não mereciam força de lei as tabelas previstas em Circulares do CNSP, não obstante este seja o órgão responsável por regulamentar o mercado e a matéria de seguros.

Desta feita, não obstante a Súmula n. 474,[31] publicada em 2012, tivesse consagrado a aplicação da proporcionalidade para cálculo da indenização por invalidez, somente em 2014 foi proferido acórdão no recurso repetitivo julgado pela Segunda Seção do STJ reconhecendo a validade da tabela do CNSP para estabelecer o valor proporcional da indenização em relação ao grau de invalidez da vítima, inclusive para os casos de sinistros anteriores a 16/12/2008, data da publicação da MP 451/2008, que foi convertida na Lei n. 11.945/2009.[32] Este tema ainda restou reforçado pela Súmula n. 544,[33] fechando questão.

---

cluídos entre as verbas indenizáveis a título de Despesas de Assistência Médicas e Suplementares – DAMS – do seguro obrigatório (DPVAT). 2. Agravo regimental provido para se conhecer do recurso especial e dar-lhe provimento. (AgRg no REsp 1357173/SP, Rel. Ministro JOÃO OTÁVIO DE NORONHA, TERCEIRA TURMA, julgado em 15/03/2016, DJe 28/03/2016)

[30] PROCESSUAL CIVIL E CIVIL. AGRAVO REGIMENTAL NO RECURSO ESPECIAL. DPVAT. DESPESAS MÉDICAS. INEXISTÊNCIA. ATENDIMENTO PELO SUS. REEXAME DE FATOS E PROVAS. SÚMULA N. 7 DO STJ. DECISÃO MANTIDA. 1. A cessão do crédito referente ao seguro DPVAT, por se tratar de um direito de reembolso à vítima, é condicionado à efetiva existência da despesa por ela efetuada. No caso do atendimento ser realizado pelo SUS, não poderá haver o reembolso (REsp 1325874/SP, Rel. Ministro LUIS FELIPE SALOMÃO, QUARTA TURMA, julgado em 25/11/2014, DJe 18/12/2014). 2. No caso concreto, o Tribunal de origem examinou o conjunto fático-probatório dos autos para concluir que o acidentado não pagou pelo tratamento hospitalar e que a recorrente seria conveniada ao SUS. Alterar tal conclusão é inviável em recurso especial, ante o óbice da Súmula n. 7 do STJ. 3. Agravo regimental a que se nega provimento. (AgRg no REsp 1337953/SP, Rel. Ministro ANTONIO CARLOS FERREIRA, QUARTA TURMA, julgado em 10/03/2015, DJe 20/03/2015)

[31] Súmula 474 – A indenização do seguro DPVAT, em caso de invalidez parcial do beneficiário, será paga de forma proporcional ao grau da invalidez. (Súmula 474, SEGUNDA SEÇÃO, julgado em 13/06/2012, DJe 19/06/2012)

[32] RECURSO ESPECIAL REPRESENTATIVO DA CONTROVÉRSIA. CIVIL. SEGURO DPVAT. SINISTRO ANTERIOR A 16/12/2008. VALIDADE DA TABELA DO CNSP/SUSEP. 1. Para fins do art. 543-C do CPC: "Validade da utilização de tabela do CNSP para se estabelecer a proporcionalidade da indenização ao grau de invalidez, na hipótese de sinistro anterior a 16/12/2008, data da entrada em vigor da Medida Provisória 451/08". 2. Aplicação da tese ao caso concreto. 3. RECUR-

Ainda, recentemente, o Superior Tribunal de Justiça entendeu que o Código de Defesa do Consumidor não se aplica ao Seguro Obrigatório DPVAT consoante decisão proferida nos autos do REsp 1.635.398/PR,[34] justificando que, sendo um seguro de cunho obrigatório e não facultativo, não podem as partes ajustarem seus termos, visto que são delimitados por lei. A par disto, ressaltaram os julgadores da 3ª Turma do Superior Tribunal de Justiça (STJ) que não há qualquer ingerência das seguradoras integrantes do consórcio nas regras atinentes às coberturas e à indenização securitária, por se tratar de tipo de contrato previsto e normatizado integralmente por lei, em que não é possível às partes discutirem e deliberarem sobre seus termos, limitando o poder das consorciadas na negociação junto aos segurados (proprietários de veículos automotores).

A referida decisão rechaça entendimento equivocado constante da tese levada a julgamento, demonstrando mais uma vez a abrangência e a multidisciplinariedade do Seguro Obrigatório DPVAT aqui em estudo.

7. Considerações finais

O problema é que a judicialização das ações que envolvem o Seguro DPVAT ainda é bem maior do que o necessário.

Via de regra, o recebimento da indenização pela via administrativa finaliza em 30 dias. No entanto, em muitos casos não há o pedido administrativo ou, mesmo após o pagamento da indenização pela cobertura de invalidez, as vítimas ou os beneficiários buscam diferença de valores, na tentativa de chegar ao teto máximo da importância segurada através de instrução processual, mais

---

SO ESPECIAL PROVIDO. (REsp 1303038/RS, Rel. Ministro PAULO DE TARSO SANSEVERINO, SEGUNDA SEÇÃO, julgado em 12/03/2014, DJe 19/03/2014)

[33] Súmula 544 – É válida a utilização de tabela do Conselho Nacional de Seguros Privados para estabelecer a proporcionalidade da indenização do seguro DPVAT ao grau de invalidez também na hipótese de sinistro anterior a 16/12/2008, data da entrada em vigor da Medida Provisória n. 451/2008. (Súmula 544, SEGUNDA SEÇÃO, julgado em 26/08/2015, DJe 31/08/2015)

[34] RECURSO ESPECIAL. AÇÃO DE COBRANÇA DE SEGURO OBRIGATÓRIO (DPVAT). OBRIGAÇÃO IMPOSTA POR LEI. AUSÊNCIA DE QUALQUER MARGEM DE DISCRICIONARIEDADE NO TOCANTE AO OFERECIMENTO E ÀS REGRAS DA INDENIZAÇÃO SECURITÁRIA PELAS RESPECTIVAS SEGURADORAS, NÃO HAVENDO SEQUER A OPÇÃO DE CONTRATAÇÃO, TAMPOUCO DE ESCOLHA DO FORNECEDOR E/OU DO PRODUTO PELO SEGURADO. INEXISTÊNCIA DE RELAÇÃO DE CONSUMO. IMPOSSIBILIDADE DE INVERSÃO DO ÔNUS DA PROVA COM BASE NO CÓDIGO DE DEFESA DO CONSUMIDOR. RECURSO DESPROVIDO. 1. Diversamente do que se dá no âmbito da contratação de seguro facultativo, as normas protetivas do Código de Defesa do Consumidor não se aplicam ao seguro obrigatório (DPVAT). 1.1. Com efeito, em se tratando de obrigação imposta por lei, na qual não há acordo de vontade entre as partes, tampouco qualquer ingerência das seguradoras componentes do consórcio do seguro DPVAT nas regras atinentes à indenização securitária (extensão do seguro; hipóteses de cobertura; valores correspondentes; dentre outras), além de inexistir sequer a opção de contratação ou de escolha do produto ou fornecedor pelo segurado, revela-se ausente relação consumerista na espécie, ainda que se valha das figuras equiparadas de consumidor dispostas na Lei n. 8.078/90. 2. Recurso especial desprovido. (REsp 1635398/PR, Rel. Ministro MARCO AURÉLIO BELLIZZE, TERCEIRA TURMA, julgado em 17/10/2017, DJe 23/10/2017)

especificamente, submetendo-se a nova perícia médica. Essa realidade abarrota o Poder Judiciário de ações desnecessárias, cujos conflitos – se é que existem – podem ser resolvidos diretamente junto à Seguradora Líder, sem a intervenção de advogados e atravessadores.

Necessário seria um maior controle nas ações por ato judicial, especialmente extinguindo-se os feitos por carência de ação ante a falta de interesse de agir, por clara ausência de lide, que se funda justamente numa pretensão resistida, como já exposto pelo STJ no julgamento do AgRg no REsp 936.574/SP.[35] Ora, esta não existe se a Seguradora sequer tem ciência da pretensão da parte autora se não for buscada pela via administrativa.

Outro ponto que fomenta tais ações é justamente a concessão do benefício de gratuidade de justiça, porquanto, não resulta em prejuízo algum à parte autora caso não tenha êxito nas ações, sobretudo naquelas em que se busca indevida complementação de valores de indenização.

Certo é que o Judiciário deveria ser acionado quando necessário interpretação do direito e mediante negativa de indenização pela Seguradora, a exemplo do caso narrado no REsp 1.342.178-MT[36] em que se discutia a cobertura pelo Seguro DPVAT quando o acidente é causado por máquina colheitadeira,

---

[35] AGRAVO REGIMENTAL. RECURSO ESPECIAL. SEGURO. DPVAT. REQUERIMENTO ADMINISTRATIVO PRÉVIO. REQUISITO ESSENCIAL PARA PROPOSITURA DE AÇÃO JUDICIAL PARA CONFIGURAÇÃO DO INTERESSE DE AGIR. INÉRCIA DO AUTOR QUANTO A ESTE PEDIDO. REVERSÃO DO ENTENDIMENTO. IMPOSSIBILIDADE. INCURSÃO EM MATÉRIA FÁTICO-PROBATÓRIA. INCIDÊNCIA DA SÚMULA 7/STJ. VIOLAÇÃO AO PRINCÍPIO DA INAFASTABILIDADE DO ACESSO À JUSTIÇA. IMPOSSIBILIDADE DE EXAME POR ESTA CORTE DE JUSTIÇA. MATÉRIA ATINENTE À COMPETÊNCIA DO SUPREMO TRIBUNAL FEDERAL. 1. O requerimento administrativo prévio constitui requisito essencial para o ingresso da demanda judicial. 2. Rever o entendimento firmado pelo acórdão recorrido, no sentido da não formulação do requerimento administrativo, demanda a análise do acervo fático-probatório dos autos, o que encontra óbice na Súmula 7/STJ. 3. O tema constitucional em discussão (inafastabilidade do acesso ao Poder Judiciário) refoge à alçada de controle desta Corte Superior de Justiça. 4. Agravo regimental desprovido. (AgRg no REsp 936.574/SP, Rel. Ministro PAULO DE TARSO SANSEVERINO, TERCEIRA TURMA, julgado em 02/08/2011, DJe 08/08/2011)

[36] CIVIL. RECURSO ESPECIAL. SEGURO DE DANOS PESSOAIS CAUSADOS POR VEÍCULOS DE VIA TERRESTRE (DPVAT). VEÍCULO AGRÍCOLA. COLHEITADEIRA. ACIDENTE DE TRABALHO. NECESSIDADE DE MAIOR DETALHAMENTO DAS CIRCUNSTÂNCIAS DO ACIDENTE PARA DEFINIR SOBRE A INCIDÊNCIA DA LEI N. 6.194/1976. 1. A jurisprudência do STJ é firme no entendimento de que a caracterização do infortúnio como acidente de trabalho, por si só, não afasta a cobertura do seguro obrigatório – DPVAT –, assim como já reconheceu que os sinistros que envolvam veículos agrícolas também podem estar cobertos pelo seguro previsto na Lei n. 6.194/1974. 2. No caso em julgamento, apesar de constar que se trata de acidente com colheitadeira, não há como aferir se a máquina em específico preenchia as condições mínimas para a circulação em via pública (tal como disposto na Resolução n. 210/2006 do Contran), nem sobre as condições do acidente dentro do âmbito laboral, para fins de rompimento ou não do liame causal. 3. É bem verdade que, apesar de não se exigir que o acidente tenha ocorrido em via pública, o automotor deve ser, ao menos em tese, suscetível de circular por essas vias; isto é, caso a colheitadeira, em razão de suas dimensões e peso, jamais venha a preencher os requisitos normativos para fins de tráfego em via pública (só podendo ser transportada embarcada em caminhão), não há como reconhecer a existência de fato gerador de sinistro protegido pelo seguro DPVAT, apesar de se tratar de veículo automotor. O norte a guiar a linha de raciocínio será avaliar, no caso concreto, a possibilidade de licenciamento e registro do veículo agrícola. 4. Recurso especial provido.

interpretando o colendo Superior Tribunal de Justiça a legislação quanto à classificação do trator na legislação de trânsito, o tipo de veículo (se grande ou de pequeno porte), se é suscetível de trafegar em via pública, etc. Enfim, vai além da lei que rege o Seguro DPVAT, passa pela legislação de trânsito, pela realidade do caso concreto e pela aplicação do direito.

Diferentemente disso, o corriqueiro acidente de trânsito devidamente comprovado por documento emitido pelo órgão de trânsito, a simples comprovação do dano e do nexo de causalidade são fatores a serem avaliados através de regulação de sinistro junto à Seguradora responsável pelo pagamento da possível indenização e, se não acorde com a conclusão da Seguradora quanto à eventual negativa ou eventual valor de indenização, legitimado estaria para buscar auxílio do Poder Judiciário.

8. Referências

ALVIM, Pedro. *O Contrato de Seguro*. Rio de Janeiro: Forense, 1986.

MAGALHÃES, Raphael de Almeida. *O Mercado de Seguros no Brasil*. Rio de Janeiro: Funenseg, 2007.

MARTINS, João Marcos Brito. *Direito de Seguro*. Responsabilidade Civil das Seguradoras. Doutrina – Legislação – Jurisprudência. De acordo com o novo Código Civil – Lei nº 10.406, de 10.1.2002. 2ª ed. Rio de Janeiro: Forense Universitária, 2004.

MIRAGEM, Bruno; CARLINI, Angélica. *Direito dos Seguros:* fundamentos de Direito Civil: Direito Empresarial e Direito do Consumidor. São Paulo: Revista dos Tribunais, 2014.

OLIVEIRA, Celso Marcelo de. *Contrato de Seguro*: Interpretação Doutrinária e Jurisprudencial. Campinas: LZN, 2002.

PAUZEIRO, Julio Cezar. *Seguro*: conceitos, definições e princípios. 3ª ed. Rio de Janeiro: J.C.Pauzeiro, 2008.

PEREIRA FILHO, Luis Tavares et al. *DPVAT*: um seguro em evolução. O Seguro DPVAT visto por seus administradores e pelos juristas. Rio de Janeiro: Renovar, 2013.

SANTOS, Ricardo Bechara. *Direito de Seguro no novo Código Civil e legislação própria*. Rio de Janeiro: Forense, 2006.

VARANDA, José Antônio Menezes; VIOT, Maurício; LEAL, Vera Lúcia Cataldo; JORGE, Rodrigo Maia; ESTRADA, Eugênio Duque; CHERMAN, Andrea; RODRIGUES, Keila Christian Zanatta Manangão; CALDEIRA, Lilian. Escola Nacional de Seguros. Diretoria de Ensino Técnico. *Certificação Técnica em Atendimento*: Seguro DPVAT. Assessoria Técnica de Vera Lúcia Cadalgo Leal. Rio de Janeiro: FUNENSEG, 2011.

WAMBIER, Teresa Arruda Alvim; CONCEIÇÃO, Maria Lúcia Lins; RIBEIRO, Leonardo Ferres da Silva; MELLO, Rogério Licastro Torres. *Primeiros comentários ao novo código de processo civil*: artigo por artigo. São Paulo: Editora Revista dos Tribunais, 2015.

(REsp 1342178/MT, Rel. Ministro LUIS FELIPE SALOMÃO, QUARTA TURMA, julgado em 14/10/2014, DJe 06/11/2014)

— II —

As "associações piratas" e o consumidor de seguros

Ana Paula Bonilha de Toledo Costa

Graduada em Direito pela Faculdades Metropolitanas Unidas. Cursando pós-graduação em Direito Empresarial na Pontifícia Universidade Católica de São Paulo. Membro dos grupos de trabalho de saúde suplementar e resseguro e Presidente do Grupo Relações de Consumo da AIDA/Brasil. Advogada.

Nathália Rodrigues Bittencourt Martins Oliveira de Menezes

Graduada em Direito pela Universidade Cândido Mendes. Pós-graduada em Processo Civil pela PUC-Rio. Graduada em Curso de Extensão em Seguro e Resseguro pela FGV-Rio. Cursando MBA de Seguro e Resseguro na Funenseg. Vice-Presidente do Grupo de Relações de Consumo da AIDA/Brasil. Advogada.

Sumário: 1. Introdução; 2. O que é o seguro?; 3. O seguro como atividade regulada; 4. As associações piratas; 5. O que vem sendo feito em relação ao assunto e às dificuldades encontradas pela SUSEP; 6. Proposições legislativas; 7. Soluções; 8. Conclusão; 9. Referências.

1. Introdução

O seguro tem função precípua na sociedade de amenizar as diversas perdas que podem sofrer pessoas físicas e jurídicas, razão pela qual é um contrato muito celebrado.

Como a atividade securitária é de suma importância para a sociedade como um todo e envolve a captação de poupança popular, atrai forte intervenção estatal e possui regras próprias muito peculiares, as quais devem ser seguidas à risca pelas seguradoras.

A ingerência estatal, esclarece-se, é afeta às seguradoras, pois o contrato de seguro firmado entre segurado e seguradora é relação jurídica calcada no direito privado e regida pelo Código Civil.

Pela importância desempenhada pela atividade securitária e pelos recursos de terceiros administrados pelas seguradoras, é que foi criado o Sistema Nacional de Seguros Privados, do qual faz parte a Superintendência de Seguros Privados ("SUSEP").

À SUSEP, na qualidade de executora da política traçada pelo Conselho Nacional de Seguros Privados ("CNSP"), cabe, dentre outras competências, baixar instruções e expedir circulares relativas à regulamentação das operações de seguro, de acordo com as diretrizes do CNSP, autorizar a movimentação e liberação dos bens e valores obrigatoriamente inscritos em garantia das reservas técnicas e do capital vinculado, fiscalizar as operações das sociedades seguradoras, inclusive o exato cumprimento do Decreto-Lei nº 73/1.966, de outras leis pertinentes, disposições regulamentares em geral, resoluções do CNSP e aplicar as penalidades cabíveis.

Nos termos do art. 24 do Decreto-Lei nº 73/1.966, podem operar em seguros privados apenas Sociedades Anônimas ou Cooperativas, devidamente autorizadas. As Sociedades Cooperativas podem operar unicamente em seguros agrícolas, de saúde e de acidentes de trabalho (nestes últimos não mais, pois houve a sua estatização logo após a edição do Decreto-Lei nº 73/1.966).

Nesse contexto, a SUSEP vem, ao longo dos anos, fiscalizando e aplicando multas a entidades, cooperativas, empresas e associações, que exercem atividade securitária, sem a devida autorização, e, principalmente, sem a devida fiscalização por parte da SUSEP.

Essas associações operam em sistemas de rateio e oferecem aos seus associados proteções securitárias, especialmente contra danos, mediante a cobrança de uma contraprestação. Além disso, por não serem seguradoras e não possuírem autorização da SUSEP para o exercício de suas atividades, não seguem as regras da referida autarquia, sem mencionar o fato de que acabam por auferir vantagens tributárias indevidas.

Com isso, as associações têm como atrativo um valor de contraprestação bem abaixo do que a média dos prêmios cobrada pelas seguradoras.

Além disso, não há transparência face ao consumidor, que muitas vezes acredita ter celebrado contrato com uma seguradora e não faz a menor ideia de que, na verdade, se associou à determinada entidade que não é seguradora e que tampouco contratou um seguro.

Em suma, tais associações, que serão abordadas no presente artigo, se beneficiam da natureza jurídica das entidades associativas, mas em seu bojo, exercem atividade econômica privativa de seguradoras, nos termos da lei. A própria SUSEP, em seu *site*, alerta que:

> Algumas associações e cooperativas estão comercializando ilegalmente seguros de automóveis com o nome, por exemplo, de "proteção", "proteção veicular", "proteção patrimonial", dentre outros.
> Como essas associações e cooperativas não estão autorizadas pela SUSEP a comercializar seguros, não há qualquer tipo de acompanhamento técnico de suas operações.

> A única forma legal dessas associações e cooperativas atuarem é como estipulantes de contratos de seguros, ou seja, contratando apólices coletivas de seguros junto a sociedades seguradoras devidamente autorizadas pela SUSEP, passando a representar seus associados e cooperados como legítimos segurados.[1]

Para lidar com essa problemática, algumas providências foram adotadas pela SUSEP e pelo Ministério Público, conforme será detalhado abaixo, e, em maio/2.015, foi apresentado, pelo Deputado Lucas Vergílio (SD-GO), o Projeto de Lei nº 3.139/2.015, para alteração da redação do *caput* do art. 24, acrescido dos §§1º, 2º, 3º, 4º e 5º,[2] e modificação do art. 36,[3] mediante a inserção da alínea "m", ambos do Decreto-Lei nº 73/66.

No presente artigo, inicialmente, será tratada a questão do seguro como atividade regulada e, em seguida, será descrito o Projeto de Lei nº 3.139/2015, inclusive a proposição inicial e a redação, enfim, aprovada pela Câmara dos Deputados.

Ao final, as Autoras exporão a sua opinião acerca das possíveis modificações a serem introduzidas pelo Projeto, bem como sobre como tratar as possíveis alterações frente ao direito dos consumidores.

2. O que é o seguro?

O seguro é uma operação de cunho privado cujo objetivo é garantir interesse legítimo do segurado, relativo a pessoa ou a coisa, contra riscos predeterminados.

O Código Civil, em seu artigo 757, define o contrato de seguro, da seguinte forma:

---

[1] Disponível em: <http://www.susep.gov.br/menuatendimento/assoc_coop>. Acesso em 17/06/2018.

[2] Art. 24. Somente poderão operar em seguros privados sociedades anônimas ou cooperativas, desde que devidamente autorizadas pelo órgão supervisor e fiscalizador do mercado de seguros. (NR). § 1º As sociedades cooperativas operarão unicamente em seguros agrícolas, de saúde e de acidentes do trabalho. (renumerado). § 2º Ficam proibidas a constituição, operação, comercialização, venda e realização de contratos de natureza securitária, por associações, demais cooperativas e clubes de benefícios, pessoas naturais e jurídicas, que ofereçam, também, quaisquer produtos que prevejam coberturas, ressarcimentos, indenizações e proteção para quaisquer fins, inclusive aqueles que sejam assemelhados ou idênticos aos de seguros de danos ou de pessoas, assim como instituir e administrar fundos mútuos, para as finalidades aqui descritas. (NR). § 3º Pelo cometimento de infração às disposições contidas no § 2º deste artigo, as pessoas naturais e pessoas jurídicas responsáveis, ficam sujeitas, no âmbito do órgão fiscalizador de seguros, à sanção administrativa de multa igual ao valor da soma das importâncias seguradas, limitada à quantia prevista no inciso IV do art. 108, deste Decreto-Lei. (NR). § 4º. Para a aplicação de sanção administrativa prevista no § 3º deste artigo, deverão ser observadas todas as circunstâncias e os procedimentos contidos nos §§ 2º ao 5º, do art. 108 deste Decreto-Lei. (NR). § 5º. Independentemente de aplicação de sanções administrativas que vierem a incorrer, as pessoas naturais enquadradas nas disposições do § 2º, do art. 24 desta Lei, na condição de administradores, diretores ou gestores, poderão ser responsabilizadas, criminalmente, na forma do art. 16, da Lei nº 7.492, de 16 de junho de 1986. (NR).

[3] Art. 36 (...). m) fiscalizar entidades associativas, cooperativas, clubes de benefícios e fundos mútuos, para os fins previstos no § 2º, do art. 24, deste Decreto-Lei. (NR).

> Art. 757. Pelo contrato de seguro, o segurador se obriga, mediante o pagamento do prêmio, a garantir interesse legítimo do segurado, relativo a pessoa ou a coisa, contra riscos predeterminados.
> Parágrafo único. Somente pode ser parte, no contrato de seguro, como segurador, entidade para tal fim legalmente autorizada.

Ou seja, o seguro nada mais é que do que um negócio jurídico, por meio do qual o segurado, objetivando se prevenir de um ou mais riscos determináveis, antecipadamente delineados, paga quantia (prêmio) ao segurador, e este, na ocorrência do risco determinável e previamente delimitado, fornecerá amparo financeiro ao segurado (indenização ou capital segurado).

Dessa forma, a obrigação do segurado é pagar o prêmio acordado, enquanto, à seguradora, remanesce a obrigação de garantir o interesse legítimo do segurado. Confira-se a lição de Julia de Menezes Nogueira, citando Fábio Comparato:

> Como esclarece COMPARATO, 'as operações de seguro representam a garantia de um interesse contra a realização de um risco, mediante o pagamento antecipado de um prêmio'. A obrigação da seguradora perante o segurado é, portanto, de garantir, não de dar, nem de fazer. A obrigação de garantir só se converte em obrigação de dar se vier ocorrer o sinistro.[4]

No entanto, para que essa operação seja possível, e a seguradora tenha condições de garantir um risco futuro e incerto, porém determinado, é necessário que haja uma reunião de riscos. Isto é, deve haver mais de uma relação de seguro dentro de uma mesma seguradora, para que se constitua um fundo, que será administrado pela seguradora em benefício de todos os segurados daquela seguradora.

Por meio do mutualismo, que preconiza a contribuição de todos, ainda que em pequenos montantes, para que se torne possível fazer frente aos riscos futuros e incertos, porém determináveis, é que o seguro se desenvolve e possibilita a transferência de riscos.

Confira-se a lição de J. J. Calmon de Passos:

> Na verdade a operação de seguro implica a organização de uma mutualidade, ou o agrupamento de um número mínimo de pessoas submetidas aos mesmos riscos, cuja ocorrência e tratamento são suscetíveis de tratamento atuarial, ou previsão estatística segundo a lei dos grandes números, o que permite a repartição proporcional das perdas globais, resultantes dos sinistros, entre os seus componentes. A atividade do segurador consiste justamente na organização dessa mutualidade, segundo a exigência técnica de compensação do conjunto de sinistros previsíveis pela soma total de contribuições pagas pelos segurados.[5]

Assim, a convergência dos interesses dos segurados a serem garantidos gera, por sua vez, a confluência de prêmios pagos para a seguradora, que forma um fundo, que será administrado por ela, mas composto, portanto, de valores de terceiros.

---

[4] NOGUEIRA, Julia de Menezes. *Tributação do Mercado de Seguros, Resseguros e Previdência Complementar*. São Paulo: Noeses, 2016, p.44.

[5] PASSOS, J. J. Calmon de. O risco na sociedade moderna e seus reflexos na teoria da responsabilidade civil e na natureza jurídica do contrato de seguro. *Revista Diálogo Jurídico*, mv. 1, n° 5. Salvador: CAJ – Centro de Atualização Jurídica, 2001, p. 5.

Dessa forma, a atividade da seguradora tem relevante cunho financeiro e, portanto, pressupõe típica captação de poupança popular.

Portanto, além da relevância social do seguro, na medida em que visa a proteger e amparar o segurado na ocorrência de um sinistro, este também possui expressiva importância econômico-financeira.

E é justamente essa importância, associada à captação de poupança popular, que justifica a rigorosa intervenção do Estado e a constante fiscalização das sociedades seguradoras, responsáveis pela administração dos recursos dos segurados.

3. O seguro como atividade regulada

Como já dito, o seguro, na medida em que é uma atividade de relevante importância social – ao buscar amparar o indivíduo face à ocorrência de um sinistro – e econômica – por gerar fundos constituídos de recursos de terceiros para fazer frente às obrigações contraídas pela seguradora, sofre forte intervenção estatal.

Nesse sentido, o Decreto-Lei nº 73/66, que rege as operações de seguro, em seu art. 8º, instituiu o Sistema Nacional de Seguros Privados, integrado por CNSP, SUSEP e sociedades autorizadas a operar em seguros privados, entidades abertas de previdência complementar e corretores de seguros habilitados.

Além destes, integram também o Sistema Nacional de Seguros Privados as sociedades de capitalização e as resseguradoras.

Nos termos do art. 32 do Decreto-Lei nº 73/1.966 e o art. 3º do Decreto-Lei nº 261/67, compete privativamente ao CNSP, entre outras atribuições, fixar as diretrizes e normas da política de seguros privados.

Já no que diz respeito à SUSEP, como órgão responsável pela fiscalização e execução das políticas estabelecidas pelo CNSP, compete, nos termos do art. 36 do mesmo Decreto, entre outras atribuições, baixar instruções e expedir circulares relativas à regulamentação das operações das entidades supervisionadas, de acordo com as diretrizes do CNSP.

Além disso, o CNSP e a SUSEP, juntamente com outros órgãos, como, por exemplo, o Conselho Monetário Nacional ("CMN") e o Banco Central do Brasil ("BACEN"), compõem o Sistema Financeiro Nacional, que, nos termos do art. 192 da Constituição Federal, é estruturado de forma a promover o desenvolvimento equilibrado do país e a servir aos interesses da coletividade.

Dessa forma, diferentemente das demais atividades privadas, que, via de regra, devem seguir as leis na sua atuação, a atividade securitária, além das leis, é rigorosamente supervisionada pela SUSEP e regulada pelo CNSP.

E isso ocorre porque o legislador assim determinou. Tal determinação decorre da natureza do contrato e da atividade, como antes explicado (capta e administra poupança popular, obrigações de longo prazo, etc.). E assim ocorre no mundo inteiro, sem exceções, bem como com os bancos, por exemplo.

Nos dizeres do Professor Sílvio de Salvo Venosa:

> O seguro moderno deslocou o campo originário do contrato privado para o poder estatal, que logo percebeu a importância e a necessidade socioeconômica da proteção contra o risco. A fragmentação da legislação securitária, fenômeno que não é só nosso, dificulta o estudo e a compreensão globais do instituto (...). Ainda porque a legislação complementar navega ao sabor das necessidades temporais, não se constituindo, como regra, corpo de normas estáveis.[6]

Nesse sentido, o seguro, ainda que seja originariamente um contrato privado, sofre forte ingerência do poder do Estado, que se apercebeu da importância socioeconômica da operação, mas o fato de ser regulado, no entanto, não faz com que deixe de ser um contrato privado.

Dentro dessa supervisão, além das inúmeras obrigações que as entidades seguradoras têm que cumprir perante a SUSEP (tais como envio periódico de informações, registro de produtos, atualização de dados cadastrais, entre outros), estas também são fiscalizadas *in loco* pela SUSEP.

Adicionalmente à fiscalização *in loco* realizada pela SUSEP, esta também realiza uma fiscalização a distância, a partir do recebimento de reclamações de consumidores, as quais podem, se verificados indícios de cometimento de infrações, darem origem a processos administrativos sancionadores e culminarem na aplicação de sanções.

Importante destacar, ainda, que os prêmios pagos para as seguradoras serão, obrigatoriamente, vertidos para um fundo no intuito de constituir reservas técnicas, as quais deverão ser vinculadas a ativos garantidores registrados na SUSEP. Esses ativos garantidores são sujeitos a regras mais conservadoras de investimentos e critérios específicos para serem transacionados.

Na prática, consolidou-se uma estrutura pela qual o CNSP e a SUSEP normatizam investimentos em geral (inclusive ativos garantidores), com algumas regras principalmente qualitativas, que seriam as "condições técnicas" referidas pela regra de competência (limitações a operações entre partes ligadas e ao investimento em derivativos, por exemplo). Já o CMN regula somente ativos garantidores de reservas técnicas, tratando de limites qualitativos e quantitativos para cada espécie de investimento.

Todo esse arcabouço normativo se justifica na medida em que as reservas técnicas são voltadas a garantir a solvabilidade dos operadores do mercado securitário, garantindo o cumprimento das obrigações das seguradoras perante os segurados.

Em suma, a intervenção estatal na atividade das seguradoras tem em vista o interesse da coletividade, pois o Estado objetiva prevenir a sociedade, que verte contribuições para as entidades seguradoras, de não só sofrer prejuízos de

---

[6] VENOSA, Silvio de Salvo. *Direito Civil*. Contratos em Espécie. v. 3. São Paulo: Atlas, 2012, p. 358-359.

ordem financeira na ocorrência de um sinistro, mas, e principalmente, prevenir que a sociedade não se veja desamparada em uma situação de risco, mesmo tendo contratado um seguro.

Portanto, conforme se verá abaixo, a existência das "associações piratas" vai de encontro a esse arcabouço legislativo e regulatório, que tem por objetivo a proteção do coletivo.

4. As associações piratas

Atualmente, criou-se o termo "associações piratas" para designar associações, cooperativas e fundos mútuos, que, a despeito da estrutura societária que adotam, prestam serviços de seguro aos seus associados e cooperados, exercendo atividade securitária, como se seguradoras autorizadas fossem.

No entanto, apesar da atuação como típicas seguradoras, por serem formalmente associações, cooperativas e fundos mútuos, não se submetem às regras editadas pelo CNSP e à fiscalização da SUSEP, especialmente no que tange aos recursos captados, sem mencionar que ainda gozam, em determinadas situações, de benesses que a legislação concede às associações e cooperativas (tais como as de natureza tributária).

Essas associações, por exemplo, ofertam no mercado serviços de "proteção e assistência automotiva", que incluem situações de roubo, acidente, entre outros.

No entanto, essa "proteção e assistência" nada mais é do que um seguro.

Isso, porque, através da contratação desses serviços, as associações e as cooperativas, na prática, se obrigam, mediante o pagamento do valor acordado com seus associados e cooperados, a garantir o interesse destes contra riscos predeterminados, mormente relacionados a veículos. Ou seja, o contrato entabulado prevê a transferência de um risco em troca de um pagamento.

Estas associações e cooperativas, em verdade, operam à margem da legalidade, pois exercem uma atividade exclusiva de seguradoras.

Elas praticam uma espécie de "autogestão" e não são fiscalizadas, nem por parâmetros de mercado, tampouco têm compromisso legal com solvência e liquidez. Isso implica a exposição dos contratantes desses produtos à lesão com grandes riscos de perdas financeiras e patrimoniais.

E não só. Na ocorrência de um sinistro, não há garantia alguma do segurado de que este vai receber o valor da indenização.

Se isso já não bastasse, ao integrar o quadro de associados de tais associações, ao associado não é possível se respaldar nas normas consumeristas, as quais garantem ao consumidor: (i) o direito à informação clara e adequada sobre produtos e serviços; (ii) a responsabilização objetiva do fornecedor/prestador de serviços; (iii) a proteção contra a utilização de cláusulas abusivas em contratos e tratamento mais protetivo, uma vez que o consumidor é considerado vulnerável pelo Código de Defesa do Consumidor ("CDC"), e (iv) a inversão do ônus da prova (o fornecedor/prestador de serviços terá que provar que a afirmação do consumidor não é válida).

Ao contrário, ao se associar, o indivíduo é classificado como um associado, inexistindo, assim, relação de consumo entre ele e a associação.

A sociedade, de modo geral, desconhece que a lei diferencia a condição de associado/cooperado da condição de consumidor, bem como que, ao contratar serviço/produto com associações e cooperativas, passa a fazer parte de um grupo restrito e concentrado de ajuda mútua, caracterizado pela autogestão, em que é responsável solidariamente pelo pagamento da indenização dos demais participantes, no denominado plano de rateio.

Por outro lado, nos termos do art. 53 do Código Civil, constituem-se as associações pela união de pessoas que se organizem para fins não econômicos, sendo que, no caso em comento, resta evidente que a oferta indiscriminada de produto/serviço tem finalidade econômica.

Não fosse o bastante, essas associações e cooperativas, quando instadas judicial ou administrativamente, camuflam as suas atividades. Muitas delas não possuem nem uma localização determinada.

O que essas associações fazem, na verdade, é crime, nos termos do art. 16 da Lei nº 7.492/86,[7] que prevê pena de reclusão de 1 a 4 anos e multa, para aquele que operar sem a devida autorização, ou com autorização obtida mediante declaração falsa, instituição financeira, inclusive de distribuição de valores mobiliários ou de câmbio.

Importante ressaltar que, para os fins desta Lei, são equiparadas a instituições financeiras as pessoas jurídicas que captam ou administram seguros, câmbio, consórcio, capitalização ou qualquer tipo de poupança, ou recursos de terceiros.[8]

5. O que vem sendo feito em relação ao assunto e às dificuldades encontradas pela SUSEP

A SUSEP, cuja missão consiste no desenvolvimento dos mercados por ela supervisionados, assegurando a sua estabilidade e os direitos do consu-

---

[7] Art. 16. Fazer operar, sem a devida autorização, ou com autorização obtida mediante declaração (Vetado) falsa, instituição financeira, inclusive de distribuição de valores mobiliários ou de câmbio: Pena – Reclusão, de 1 (um) a 4 (quatro) anos, e multa.

[8] Art. 1º Considera-se instituição financeira, para efeito desta lei, a pessoa jurídica de direito público ou privado, que tenha como atividade principal ou acessória, cumulativamente ou não, a captação, intermediação ou aplicação de recursos financeiros (Vetado) de terceiros, em moeda nacional ou estrangeira, ou a custódia, emissão, distribuição, negociação, intermediação ou administração de valores mobiliários. Parágrafo único. Equipara-se à instituição financeira: I – a pessoa jurídica que capte ou administre seguros, câmbio, consórcio, capitalização ou qualquer tipo de poupança, ou recursos de terceiros; II – a pessoa natural que exerça quaisquer das atividades referidas neste artigo, ainda que de forma eventual.

midor, vem atuando no sentido de inibir o exercício irregular da atividade securitária.

Nos últimos anos, houve grande aumento do número de associações e cooperativas que comercializam produto e serviço que equivale a seguro, como se seguradoras fossem, sem autorização legal, em flagrante infração dos artigos 24,[9] 78[10] e 113[11] do Decreto-Lei nº 73/1.966.

A imprensa[12] também noticiou casos de associados que adquiriram produtos denominados "proteção veicular", comercializados por associações ou cooperativas, muitas vezes achando que estavam contratando seguro, e que, no momento do "sinistro", não receberam qualquer indenização.

A SUSEP, nesse contexto, em razão do seu dever legal, ajuizou ações civis públicas contra essas associações e cooperativas, como as ajuizadas em Minas Gerais e amplamente divulgado no *site* da instituição.[13]

O fundamento principal de tais ações consiste na proteção dos associados, inclusive comparando-os a consumidores, bem como o seu dever de zelar pela legalidade da atividade securitária no país.

Além disso, a SUSEP promoveu a divulgação, por meio de sua página eletrônica, sobre os riscos do chamado "seguro pirata", no sentido de alertar a população de que os atos praticados pelas entidades associativas estão à margem da lei e de que, antes de contratar um seguro, o consumidor deve consultar no site da SUSEP o nome da seguradora e ler as condições gerais, especiais e particulares do seguro.

A SUSEP busca demonstrar que, sem a devida fiscalização, planejamento, testes de probabilidade e simulações, há riscos para cumprimento das obrigações assumidas.

---

[9] Art. 24. Poderão operar em seguros privados apenas Sociedades Anônimas ou Cooperativas, devidamente autorizadas.

[10] Art. 78. As Sociedades Seguradoras só poderão operar em seguros para os quais tenham a necessária autorização, segundo os planos, tarifas e normas aprovadas pelo CNSP.

[11] Art. 113. As pessoas naturais ou jurídicas que realizarem operações de capitalização, seguro, cosseguro ou resseguro sem a devida autorização estão sujeitas às penalidades administrativas previstas no art. 108, aplicadas pelo órgão fiscalizador de seguros, aumentadas até o triplo.

[12] Matéria publicada pelo Jornal O Globo, no dia 23.04.2017. Disponível em: <https://oglobo.globo.com/economia/defesa-do-consumidor/vendida-como-seguro-protecao-veicular-deixa-motoristas-na-mao-21243890#ixzz4fMltDfCi>. Acesso em 31/05/18. Matéria veiculada pelo programa Mais Você, na data de 22/05/2017. Disponível em: <http://gshow.globo.com/programas/mais-voce/episodio/2017/05/22/ana-maria-faz-alerta-sobre-protecao-veicular-e-recebe-bruno-astuto.html>. Acesso em 31/05/18; e Matéria publicada em site do Jornal Extra, na data de 06/08/2017. Disponível em: <https://extra.globo.com/noticias/economia/vendida-por-cooperativas-como-seguro-protecao-veicular-deixa-motoristas-na-mao-21671311.html>. Acesso em 31/05/18.

[13] SUSEP Fecha Associação que Vendia Seguro Pirata em Minas. Disponível em: <http://www.susep.gov.br/setores-susep/noticias/noticias/susep-fecha-associacao-que-vendia-seguro-pirata-em-minas>. Acesso em 18/06/2018. Susep Obtém Liminar contra Associação que Vende Seguro Pirata. Disponível em: <http://www.susep.gov.br/setores-susep/noticias/noticias/2012/susep-obtem-liminar-contra-associacao-que-vende-seguro-pirata>. Acesso em 18/06/2018.

A título de exemplo e em linha com os esforços de se coibir tais práticas, em fevereiro de 2017, o Sindicato das Empresas de Seguro e Resseguro de São Paulo ("SINDSEGSP"), através de seu *site*, veiculou notícia acerca da intimação por parte da SUSEP de três associações para o pagamento de multas. Todas elas com local incerto e não sabido.[14]

Foi nesse cenário, que diversos Projetos de Lei foram propostos, em especial, o Projeto de Lei nº 3.139/2015, apresentado, em maio/2015, pelo Deputado Lucas Vergílio (SD-GO), cujo objetivo é alteração da redação do *caput* do art. 24, acrescido dos §§1º, 2º, 3º, 4º e 5º, e modificação do art. 36, mediante a inserção da alínea "m", ambos do Decreto-Lei nº 73/1.966.

6. Proposições legislativas

Tramitam na Câmara dos Deputados[15] e no Senado Federal[16] Projetos de Lei ("PL"), os quais pretendem regulamentar a matéria, no sentido, por exemplo, de deixar prevista em lei a permissão para que associações que representam os caminhoneiros se organizem em sistema de autogestão e rateio de custos entre os associados para garantir proteção do patrimônio de todos, em caso de acidente ou sinistro.

Dentre todos os projetos em tramitação, vale destacar o PL nº 3.139/2015 e o PL nº 5.571/2016, que tramitam apensados, na Câmara dos Deputados, pois ambos foram aprovados em 22 de maio de 2018, na forma de Substitutivo,[17] pela Comissão Especial, instalada especificamente para emitir parecer sobre os

---

[14] Disponível em: <http://www.sindsegsp.org.br/site/noticia-texto.aspx?id=25578>. Acesso em 30/05/2018.

[15] 1 – Projeto de Lei nº 4844, de 2012, do Deputado Diego Andrade – Altera o art. 53 do Código Civil para permitir aos transportadores de pessoas ou cargas organizarem-se em associação de direitos e obrigações recíprocas para criar fundo próprio, desde que seus recursos sejam destinados exclusivamente à prevenção e reparação de danos ocasionados aos seus veículos por furto, acidente, incêndio, entre outros; 2 – Projeto de Lei nº 5523, de 2016, do Deputado Ezequiel Teixeira – PTN/RJ) – Código Civil, para permitir que proprietários ou possuidores de bens móveis e imóveis possam organizar-se em associações para proteção patrimonial mútua; 3 – Projeto de Lei do Senado nº 356, de 2012, do Senador Paulo Paim – Altera o artigo 53 do Código Civil para permitir aos transportadores de pessoas ou cargas organizarem-se em associação de direitos e obrigações recíprocas para criar fundo próprio, desde que seus recursos sejam destinados exclusivamente à prevenção e reparação de danos ocasionados aos seus veículos por furto, acidente, incêndio, entre outros; 4 – Projeto de Lei nº 3139, de 2015, do Deputado Lucas Vergílio – Altera a redação do *caput* do art. 24, acrescido dos §§ 1º, 2º, 3º, 4º e 5º, e modifica o art. 36, mediante a inserção da alínea "m", ambos do Decreto-Lei nº 73, de 21 de novembro de 1966.

[16] 5- Projeto de Lei nº 5571, de 2016, do Deputado João Campos – Dispõe sobre o socorro mútuo e dá outras providências; 6 – Projeto de Lei do Senado nº 356, de 2012, do Senador Paulo Paim – Altera o artigo 53 do Código Civil para permitir aos transportadores de pessoas ou cargas organizarem-se em associação de direitos e obrigações recíprocas para criar fundo próprio, desde que seus recursos sejam destinados exclusivamente à prevenção e reparação de danos ocasionados aos seus veículos por furto, acidente, incêndio, entre outros.

[17] Substitutivo – Espécie de emenda que altera a proposta em seu conjunto, substancial ou formalmente. Recebe esse nome porque substitui o projeto. O substitutivo é apresentado pelo relator e

projetos. Referidos substitutivos foram aprovados sob o fundamento de que a atuação dessas associações seria uma alternativa benéfica para os consumidores de seguros ante os altos custos dos seguros tradicionais.

O referido Substitutivo propõe alteração dos artigos 5º, 8º, 24, 27, 36, 118, 122 e 125[18] do Decreto-Lei nº 73/1.966, bem como o acréscimo ao referido decreto do art. 3º-A e do Capítulo IX-A, chamado "Das Entidades de Autogestão", com os artigos 107-A, 118-A, 118-B, 118-C, 118-D, 118-E e 118-F.

Além disso, o substitutivo ainda prevê a alteração do inciso I do § 1º do art. 2º da Lei Complementar nº 126/2007,[19] bem como dispõe que se aplicarão cooperativas de seguros e às entidades de autogestão e às operações por elas realizadas as normas legais e regulamentares aplicáveis às sociedades seguradoras, inclusive no que se refere à taxa de fiscalização devida pelas instituições operadoras do Sistema Nacional de Seguros Privados.

O texto aprovado pela Câmara também estabelece que as associações que estiverem em atividade na data da publicação da lei terão prazo de 180 dias para requerer junto à SUSEP a sua regularização, mediante pedido de autorização para operação na forma de entidade de autogestão.

Assim, a nova proposta legislativa é no sentido de permitir que se opere no mercado de seguros privados, além das pessoas jurídicas constituídas sob a forma de sociedade anônima, sociedade cooperativa ou entidade de autogestão, nos termos da regulamentação do Decreto-Lei nº 73/66, com a finalidade de preservação da liquidez e da solvência das instituições operadoras do Sistema de Seguros Privados.

O objetivo da proposta é o de equiparar à operação de seguro privado o produto, serviço, plano ou contrato, de prazo determinado ou indeterminado que, a critério do CNSP, tenha por objeto a proteção ou a garantia de interesse legítimo de seus associados contra riscos patrimoniais predeterminados, mediante pagamentos antecipados ou por meio de rateio ou ressarcimento de despesas já ocorridas.

Contudo, dispõe o texto que, para as entidades de autogestão obterem a autorização para iniciar suas operações, deverão preencher requisitos legais, além de outros que possam ser estabelecidos pelo CNSP, desde que ouvida sua comissão consultiva de entidades de autogestão e de cooperativas ou pela SUSEP (§ 1º do art. 107-A).

---

tem preferência na votação, mas pode ser rejeitado em favor do projeto original. Disponível em: <http://www2.camara.leg.br/camaranoticias/noticias/70074.html>. Acesso em 30.05.2018.

[18] Dispõe sobre o Sistema Nacional de Seguros Privados, regula as operações de seguros e resseguros e dá outras providências.

[19] Dispõe sobre a política de resseguro, retrocessão e sua intermediação, as operações de cosseguro, as contratações de seguro no exterior e as operações em moeda estrangeira do setor securitário; altera o Decreto-Lei nº 73, de 21 de novembro de 1966, e a Lei no 8.031, de 12 de abril de 1990; e dá outras providências.

Tais requisitos consistem na apresentação das condições contratuais redigidas de forma simples e clara, que garanta fácil compreensão pelos associados, a exemplo da descrição pormenorizada dos planos, serviços, arranjos oferecidos, cobertura, procedimento para acionamento da associação, rol taxativo das hipóteses e condições que impliquem limitações de direitos dos associados, bem como definição de eventual carência e da forma do cálculo, periodicidade e limites para contribuições dos associados, inclusive para fins de constituição de fundos de reserva ou de contingência.

As cooperativas ou entidades de autogestão também deverão apresentar notas técnicas atuariais que demonstrem a viabilidade econômico-financeira dos produtos oferecidos e comprovar a constituição de fundos especiais, reservas técnicas e provisões garantidoras de suas operações, nos termos dos prazos e parâmetros definidos pelo CNSP.

Conforme se verifica, o legislador pretende deixar previsto em lei que as atividades das cooperativas ou entidades de autogestão sejam supervisionadas e reguladas pelo CNSP e pela SUSEP, no âmbito de suas atribuições.

O Substitutivo pretende, inclusive, aplicar às cooperativas e às entidades de autogestão e, obviamente, às suas operações, as normas legais e regulamentares aplicáveis às sociedades seguradoras, bem como a mesma taxa de fiscalização paga por estas.

A alteração sugerida à Lei Complementar nº 126/2007, por sua vez, consiste em estabelecer como cedente a sociedade seguradora, cooperativa de seguro ou a entidade de autogestão de planos de proteção contra riscos patrimoniais de que trata o art. 24[20] do Decreto-Lei nº 73/66, que contrata operação de resseguro ou o ressegurador que contrata operação de retrocessão.

Vale destacar que o texto inicial do PL nº 3.139/2015 visava a permitir que sociedades cooperativas operassem unicamente em seguros agrícolas e de saúde, e previa expressamente a proibição das demais entidades e associações exercerem atividade securitária, pois não autorizadas pela SUSEP.

Nesse tocante, é importante ressaltar que nem seria necessário que o PL reforçasse a proibição acima referida, pois isso já está bem claro na legislação em vigor.

Outrossim, restou previsto no substitutivo que a SUSEP, em juízo de conveniência e oportunidade, com vistas ao atendimento do interesse público, poderá deixar de instaurar ou suspender, em qualquer fase que preceda a tomada da decisão de primeira instância, o processo administrativo sancionador destinado à apuração de infração ou de demais normas legais e regulamentadoras, cujo cumprimento lhe cabe fiscalizar, se o investigado assinar termo de com-

---

[20] Art. 24. Poderão operar em seguros privados apenas Sociedades Anônimas ou Cooperativas, devidamente autorizadas. Parágrafo único. As Sociedades Cooperativas operarão unicamente em seguros agrícolas, de saúde e de acidentes do trabalho.

promisso no qual se obrigue a, cumulativamente: cessar a prática sob investigação ou os seus efeitos lesivos, corrigir irregularidades apontadas e indenizar prejuízos e cumprir as demais condições que forem acordadas no caso concreto, com recolhimento de contribuição pecuniária.

Neste sentido, importante salientar que, conforme informado acima, a referida autarquia é parte-autora de algumas ações civis públicas ajuizadas contra algumas entidades associativas que prestam serviço de proteção veicular, sob o fundamento de exercício irregular da atividade securitária, nos termos da redação atual do art. 24 do Decreto-Lei nº 73/66, acima citado.

Portanto, parece que a alteração legislativa colocaria fim às discussões que são objeto dos processos judiciais de autoria da SUSEP.

Dessa forma, cumpre esclarecer, quanto à tramitação do PL nº 3.139/2015, que a matéria seguirá para o Senado Federal, após expirado o prazo para interposição de recurso perante a Mesa Diretora da Câmara dos Deputados, com solicitação de votação do PL pelo plenário da referida Casa, tendo em vista a aprovação pela Comissão Especial.

Destaca-se que, para a apreciação do recurso supramencionado, é necessária a assinatura de 51 deputados. Assim, no caso em tela, o texto aprovado pela Comissão Especial só poderá ser modificado na hipótese de votação pelo Plenário, em caso de recurso.

Caso contrário, expirado o prazo para interposição de recurso, a matéria seguirá para o Senado Federal.

Logo, na qualidade de casa revisora, o Senado Federal poderá aprovar o texto encaminhado pela Câmara dos Deputados, ocasião em que a matéria seguirá para sanção presidencial ou retornará à casa de origem (Câmara dos Deputados) para apreciação da alteração sugerida no texto. A Câmara dos Deputados, no entanto, não poderá mais propor alteração no texto, somente aprovar a sugestão do Senado ou rejeitar.

Como se vê, ainda temos um caminho a percorrer antes que o PL seja devidamente aprovado.

O que se espera, de qualquer forma, é que o processo legislativo seja maduro, possibilitando discussões que resultem na supremacia do interesse público e alcancem o fim social que se espera.

7. Soluções

Não é fácil pensar em soluções, tendo em vista os diversos desdobramentos e a complexidade da atividade em discussão, bem como das alterações propostas.

Até o momento, a solução encontrada pela SUSEP, além das ações civis públicas, foi a de atuar quanto à apuração das possíveis infrações administrativas e no envio de expediente ao Ministério Público Federal, em virtude da repercussão criminal da conduta (embora tenhamos conhecimento de pouquíssimos casos que efetivamente resultaram em condenação criminal), e aplicar multas administrativas elevadas, nos termos da Resolução CNSP n° 243/11.

O mercado segurador, por sua vez, busca cooperar com a SUSEP, atuando como *amicus curiae* em algumas ações judiciais, bem como enviando documentos e ofícios sobre entidades que supostamente atuam no exercício irregular. Ademais, o mercado busca cooperar, de modo geral, com autoridades administrativas e judiciais no sentido de reprimir a ilegalidade.

Daí indaga-se: a alteração legislativa proposta associada às medidas acima é suficiente?

Neste aspecto, é oportuno destacar que o Código Civil de 1916 previa a modalidade de seguro mútuo, nos artigos 1466 a 1470, sendo certo que tal modalidade foi revogada pelo Decreto-Lei n° 73/1.966, que, por sua vez, estabeleceu a possibilidade de sociedades de mútuo operarem no mercado cooperativo apenas em seguros agrícolas, de saúde e de acidente de trabalho, sendo que, nestes últimos, em razão de sua estatização, isso não é mais possível.

Já o Código Civil de 2002 não faz qualquer menção à modalidade de seguro mútuo, tendo sido retirado do ordenamento jurídico.

Assim, verifica-se que o legislador optou por não prever as mútuas como modelo societário.

A grande crítica de tal modelo é a ausência de identificação de um responsável pela administração e pelas decisões da entidade, sobretudo pela impossibilidade de se chegar a um responsável, em caso de dano.

Sobre o plano de rateio, cumpre esclarecer que, se os recursos acumulados pela entidade associativa não forem suficientes, os participantes do grupo serão chamados a contribuírem com mais quantia que seja suficiente para cobrir eventual indenização.

Entretanto, vale o questionamento: o indivíduo que se associa tem essa informação?

Por tais razões, parece que a regulamentação das entidades cooperativas e de autogestão protegerá mais o consumidor, mas não como o seguro. O consumidor não disporá da proteção do Código de Defesa do Consumidor e, ainda que tais entidades sejam reguladas em certa medida pela SUSEP, não haverá capital investido nelas.

No caso das seguradoras, o capital investido vem dos controladores das seguradoras, os quais, de certa forma, têm sua capacidade financeira avaliada pela SUSEP.

Além disso, como já dito, os associados não gozam da mesma proteção que os consumidores, como, por exemplo o direito à informação clara e adequada sobre produtos e serviços e a proteção contra a utilização de cláusulas abusivas em contratos e tratamento mais protetivo, uma vez que o consumidor é considerado vulnerável pelo CDC.

Dessa forma, parece que a solução final está na educação financeira da sociedade, sobretudo na implantação da disseminação da cultura do seguro e sua função social, com todos os aspectos que envolvem a atividade.

Além disso, se permitida a atuação das entidades de mútuo, os interessados deverão ser informados das diferenças entre as contratações de seguro com seguradoras e com as associações reguladas, especialmente da possibilidade de terem que aportar recursos, podendo, assim, ciente dos riscos, optar pelo modelo que melhor se adequa às suas necessidades.

Esse trabalho de conscientização não é rápido, mas é necessário. Todos os protagonistas do mercado segurador devem encarar esse desafio como uma missão a ser cumprida: informar e educar o consumidor.

Informar é dar poder ao consumidor e quando este for bem informado saberá escolher de forma correta e responsável, sabendo que a contratação de um seguro se relaciona com o seu patrimônio e com a proteção de sua família em uma situação de perda inesperada.

8. Conclusão

O seguro tem função precípua na sociedade de amenizar as diversas perdas que podem sofrer pessoas físicas e jurídicas, razão pela qual é um contrato muito celebrado.

Como a atividade securitária é de suma importância para a sociedade como um todo e envolve a captação de poupança popular, atrai forte intervenção estatal e possui regras próprias muito peculiares, as quais devem ser seguidas à risca pelas seguradoras.

Além da relevância social do seguro, na medida em que visa a proteger e amparar o segurado na ocorrência de um sinistro, este também possui expressiva importância econômico-financeira.

E é justamente essa importância, associada à captação de poupança popular, que justifica a rigorosa intervenção do Estado e a constante fiscalização das sociedades seguradoras, responsáveis pela administração dos recursos dos segurados.

Atualmente, nos termos do art. 24 do Decreto-Lei nº 73/66, podem operar em seguros privados apenas Sociedades Anônimas ou Cooperativas, devidamente autorizadas. As Sociedades Cooperativas podem operar unicamente em seguros agrícolas e de saúde, pois os seguros de acidentes de trabalho foram estatizados.

No entanto, as "associações piratas", que são associações, cooperativas e fundos mútuos, que, a despeito da estrutura societária que adotam, exercem atividade típica de seguro aos seus associados e cooperados, como se seguradoras autorizadas fossem.

Apesar da atuação típica de seguradoras, não se submetem às regras editadas pelo CNSP e à fiscalização da SUSEP, especialmente no que tange aos recursos captados, e às regras que regem as relações de consumo, sem mencionar que ainda gozam, em determinadas situações, de benesses que a legislação concede às associações e cooperativas (tais como, as de natureza tributária). Essa captação e administração de poupança popular é realizada, portanto, de forma totalmente ilegal.

No que tange ao consumidor, ao integrar o quadro de associados de tais associações, não é possível se respaldar nas normas consumeristas.

Assim, o que essas associações fazem, na verdade, é crime, nos termos do art. 16 da Lei nº 7.492/86, que prevê multa pena de reclusão de 1 a 4 anos e multa, para aquele que operar sem a devida autorização, ou com autorização obtida mediante declaração falsa, instituição financeira, inclusive de distribuição de valores mobiliários ou de câmbio.

A SUSEP, cuja missão consiste no desenvolvimento dos mercados por ela supervisionados, assegurando a sua estabilidade e os direitos do consumidor, vem atuando no sentido de inibir o exercício irregular da atividade securitária.

Nesse cenário, diversos Projetos de Lei foram propostos, em especial, o Projeto de Lei nº 3.139/2015, apresentado, em maio/2015, pelo Deputado Lucas Vergílio (SD-GO), cujo objetivo é alteração da redação do *caput* do art. 24, acrescido dos §§ 1º, 2º, 3º, 4º e 5º, e modificação do art. 36, mediante a inserção da alínea "m", ambos do Decreto-Lei nº 73/66.

O texto inicial do PL nº 3.139/2015 visava permitir que sociedades cooperativas operassem unicamente em seguros agrícolas de saúde, e, embora já houvesse isso na legislação, previa expressamente a proibição das demais entidades e associações exercerem atividade securitária, pois não autorizadas pela SUSEP.

No entanto, o texto final aprovado pela Câmara dos Deputados prevê, em suma, que aplicar-se-á às cooperativas de seguros e às entidades de autogestão e às operações por elas realizadas as normas legais e regulamentares aplicáveis às sociedades seguradoras, inclusive no que se refere à taxa de fiscalização devida pelas instituições operadoras do Sistema Nacional de Seguros Privados.

O legislador pretende deixar previsto em lei que as atividades das cooperativas ou entidades de autogestão sejam supervisionadas e reguladas pelo CNSP e pela SUSEP, no âmbito de suas atribuições.

O Substitutivo pretende, inclusive, que se apliquem às cooperativas e às entidades de autogestão e, obviamente, às suas operações, as normas legais e regulamentares aplicáveis às sociedades seguradoras, bem como a mesma taxa de fiscalização paga por estas.

Para aqueles que defendem a versão aprovada do Projeto, a atuação dessas associações nos moldes propostos seria uma alternativa benéfica para os consumidores de seguros ante os altos custos dos seguros tradicionais, além de desacelerar o crescimento das associações irregulares, motivado, especialmente, pelos altos custos.

A atuação regular dessas associações também será um incentivo à competitividade do mercado, cenário excelente para desenvolvimento de oportunidade e produtos diferenciados, o que, no final do dia, beneficia os consumidores de seguro.

No entanto, o Código Civil de 2002 não faz qualquer menção à modalidade de seguro mútuo, em que os próprios mutualistas, sem visar o lucro, gerenciam seus riscos, pois esse foi retirado do ordenamento jurídico em razão dos prejuízos ligados a essas entidades, no passado, ao consumidor e à sociedade de forma geral.

Nos planos de rateio, se os recursos acumulados pela entidade associativa não forem suficientes, os participantes do grupo serão chamados a participar com mais dinheiro ou a indenização não será paga por ausência de constituição de reserva.

Por tais razões, parece que a regulamentação das entidades cooperativas e de autogestão, embora protetiva para o consumidor, dado o cenário atual de atuação irregular e crescente dessas associações, não o fará como o seguro.

Isso porque, além de o consumidor não dispor da proteção do Código de Defesa do Consumidor, embora essas entidades passem a ser reguladas em certa medida pela SUSEP, não haverá capital investido dos controladores, cuja saúde financeira também é, de certa forma, avaliada pela SUSEP.

Dessa forma, a solução final está na educação financeira da sociedade, sobretudo na implantação da disseminação da cultura do seguro e sua função social, com todos os aspectos que envolvem a atividade.

Por fim, se permitida a atuação das entidades de mútuo, com as alterações aprovadas, os consumidores interessados deverão ser informados das diferenças entre as contratações de seguro com seguradoras e com as associações reguladas, podendo, assim, ciente dos riscos e das diferenças entre os modelos, optar por aquele que melhor se adequa às suas necessidades.

9. Referências

NOGUEIRA, Julia de Menezes. *Tributação do Mercado de Seguros, Resseguros e Previdência Complementar.* Ed. Noeses, São Paulo: 2016.

PASSOS, J. J. Calmon de. O risco na sociedade moderna e seus reflexos na teoria da responsabilidade civil e na natureza jurídica do contrato de seguro. *Revista Diálogo Jurídico,* mv. 1, nº 5. Salvador: CAJ – Centro de Atualização Jurídica, 2001.

VENOSA, Silvio de Salvo. *Direito Civil.* Contratos em Espécie. Vol. 3. Ed. São Paulo: Atlas, 2012.

Ana Maria faz alerta sobre proteção veicular e recebe Bruno Astuto. Disponível em: <http://gshow.globo.com/programas/mais-voce/episodio/2017/05/22/ana-maria-faz-alerta-sobre-protecao-veicular-e-recebe-bruno-astuto.html>. Acesso em 31/05/18.

Associações e Cooperativas: Isso é Seguro? Disponível em: http://www.susep.gov.br/menuatendimento/assoc_coop>. Acesso em 17/06/2018.

Seguro pirata: Susep intima mais três associações. Disponível em: <http://www.sindsegsp.org.br/site/noticia-texto.aspx?id=25578>. Acesso em 30/05/2018.

Susep Fecha Associação que Vendia Seguro Pirata em Minas. Disponível em: <http://www.susep.gov.br/setores-susep/noticias/noticias/susep-fecha-associacao-que-vendia-seguro-pirata-em-minas>. Acesso em 18/06/2018.

Susep Obtém Liminar contra Associação que Vende Seguro Pirata. Disponível em: <http://www.susep.gov.br/setores-susep/noticias/noticias/2012/susep-obtem-liminar-contra-associacao-que-vende-seguro-pirata>. Acesso em 18/06/2018.

Vendida como seguro, proteção veicular deixa motorista na mão. Disponível em: <https://oglobo.globo.com/economia/defesa-do-consumidor/vendida-como-seguro-protecao-veicular-deixa-motoristas-na-mao-21243890#ixzz4fMltDfCi>. Acesso em 31/05/18.

Vendida por cooperativas como seguro, proteção veicular deixa motoristas na mão. Disponível em: https://extra.globo.com/noticias/economia/vendida-por-cooperativas-como-seguro-protecao-veicular-deixa-motoristas-na-mao-21671311.html>. Acesso em 31/05/18.

— III —

Seguro garantia: suspensão do procedimento de regulação e liquidação de sinistro

André Tavares

Advogado. Presidente do GNT de Crédito e Garantia da AIDA/Brasil. Membro do Conselho Deliberativo da AIDA. Secretário-Geral da Comissão de Seguro e Resseguro da OAB/RJ. Professor de Direito de Seguros na FUNENSEG.

Sumário: 1. Introdução; 2. Seguro garantia e outros meios de seguridade: distinção fundamental; 3. Regulação e liquidação de sinistros: breves notas; 4. Atos de regulação vinculados e atos de regulação discricionários na regulação de seguro garantia; 5. Prejudicialidade externa; 6. Eficácia suspensiva do procedimento de regulação e de liquidação de sinistros de seguro garantia; 7. Considerações finais; 8. Referências.

1. Introdução

A prática do procedimento de regulação e liquidação de sinistro em seguro garantia revela que essa subespécie de contrato de seguro contém algumas particularidades que influem no desempenho do segurador/regulador, quando lhe é submetido aviso de expectativa de sinistro ou de efetiva reclamação de sinistro.

O procedimento de regulação e liquidação de sinistro do seguro garantia observa, em linhas gerais, a metodologia adotada nos seguros de dano (Circular SUSEP 256/2004, art. 33 e §§) e está normatizada, no que importa ao marco regulatório, pela Circular SUSEP 477/2013. Isso significa dizer que a dívida obrigacional do segurador/regulador consiste, primordialmente, na apuração do prejuízo resultante do inadimplemento verificado no contrato ou na obrigação garantida.

A necessária coligação entre o instrumento garantido e o seguro que garante a obrigação nele contida, por muitas das vezes, dificulta a atividade do segurador, na medida em que as complexas discussões travadas entre devedor e credor da prestação objeto da garantia (tomador do seguro e segurado, respectivamente) – muitas delas judicializadas e com evidente repercussão no resultado do ajuste – não devem ser prejulgadas pelo segurador/regulador, que, por isso, evita emitir pronunciamento prévio favorável a qualquer das partes contendoras.

Nesse sentido, o tipo de seguro cujo gatilho de cobertura atrela-se inexoravelmente à (no mínimo) *verossimilhança preponderante*[1] de cobertura – o que significa, no seguro garantia, a obtenção de razoável grau de certeza, pelo segurador, acerca da inexecução pelo tomador/devedor – induz à análise do vínculo primário constituído pelas partes, sem que o segurador se imiscua em outras esferas de atribuição e competência (o que engloba a esfera jurisdicional) ou venha a gerar, no exercício do múnus regulatório, danos colaterais ou pretensões paralelas; não necessariamente ligadas ao sinistro e seus desdobramentos.

Uma das soluções vislumbradas para essa particularidade inerente ao procedimento de ajuste do seguro garantia consiste na verificação de *prejudicialidades externas* e no consequente reconhecimento de *eficácia suspensiva* ao processo de regulação do seguro garantia pelo segurador/regulador. A razoabilidade dessa medida, (a princípio) extrema como *ato de regulação*, e os seus efeitos sobre o ajuste descortinam-se tema de relevância e atualidade para o Direito de Seguros.

2. Seguro garantia e outros meios de seguridade: distinção fundamental

Defendeu-se em artigo apresentado na obra *Aspectos Jurídicos dos Contratos de Seguro (Ano V)*[2] a manifesta natureza do seguro garantia, de contrato

---

[1] "5. Em situações excepcionais, em que o julgador, atento às peculiaridades da hipótese, necessita reduzir as exigências probatórias comumente reclamadas para formação de sua convicção em virtude de impossibilidades fáticas associadas à produção da prova, é viável o julgamento do mérito da ação mediante convicção de verossimilhança. 6. A teoria da verossimilhança preponderante, desenvolvida pelo direito comparado e que propaga a ideia de que a parte que ostentar posição mais verossímil em relação à outra deve ser beneficiada pelo resultado do julgamento, é compatível com o ordenamento jurídico-processual brasileiro, desde que invocada para servir de lastro à superação do estado de dúvida do julgador. É imprescindível, todavia, que a decisão esteja amparada em elementos de prova constantes dos autos (ainda que indiciários). Em contrapartida, permanecendo a incerteza do juiz, deve-se decidir com base na regra do ônus da prova. (Superior Tribunal de Justiça, Terceira Turma, REsp nº 1320295/RS, Rel. Ministra NANCY ANDRIGHI, j. 15.10.2013, DJe. 29.11.2013 – sublinhou-se). Nesse mesmo sentido: Quarta Turma, REsp 1334097/RJ, Rel. Ministro LUIS FELIPE SALOMÃO, j. 28.05.2013, DJe. 10.09.2013; Segunda Turma, REsp 1174235/PR, Rel. Ministro HERMAN BENJAMIN, j. 04.11.2010, DJe. 28.02.2012; Segunda Seção, REsp 1512647/MG, Rel. Ministro LUIS FELIPE SALOMÃO, j. 13.05.2015, DJe. 05.08.2015; Quarta Turma, REsp 1533206/MG, Rel. Ministro LUIS FELIPE SALOMÃO, j. 17.11.2015, DJe. 01.02.2016; Quarta Turma, REsp 1330021/SP, Rel. Ministro LUIS FELIPE SALOMÃO, j. 17.03.2016, DJe. 22.04.2016; e Terceira Turma, EDcl no REsp 1569422/RJ, Rel. Ministro MARCO AURÉLIO BELLIZZE, j. 16.08.2016, DJe. 30.08.2016.

[2] TAVARES, André. *Seguro Garantia e equilíbrio econômico-financeiro: questão do prêmio*. Porto Alegre: AIDA BRASIL, Livraria do Advogado, 2017, p. 251/261.

de seguro de dano, e que, nessa condição, os princípios e normas caracterizadoras dessa espécie de seguro (Código Civil, arts. 757 a 786) são-lhe plenamente aplicáveis.

A coligação ao instrumento garantido, sem sombra de dúvidas, determina-se traço marcante do seguro garantia. Algumas espécies de seguro de dano, vinculados à garantia de interesses relacionados a contratações, obras,[3] ou prestações postas a termo, existem unicamente para assegurar a funcionalidade dos interesses que visam a assegurar. O destino da garantia está, portanto, intimamente ligado à *performance* do negócio jurídico garantido.

Da premissa de que o seguro garantia afigura-se efetiva subespécie de contrato de seguro defluem duas importantes conclusões: a primeira (1ª) é a de que se verifica uma relação *inversamente* proporcional entre o custo de determinado meio de seguridade para o devedor e a eficiência quanto ao seu acionamento, pelo credor; e a segunda (2ª) – decorrente da primeira – é a de que essas estruturas jurídicas contêm elementos próprios e distintivos entre si. Mostra-se, portanto, grave equívoco conceitual querer emprestar a eficácia de um meio de seguridade a outro.

Tome-se como exemplo a hipótese em que o devedor assegura a prestação que lhe cabe, caucionando-a numa das mais diversas formas previstas em nosso ordenamento jurídico. Veja-se também, exemplificativamente, a cessão fiduciária (Lei nº 4.728/65, art. 66-B, § 3º c/c Lei nº 9.514/97, arts. 18 e ss.), a constituir-se em disposição prévia, integral ou parcial, da garantia em favor do credor, que detém a propriedade resolúvel do bem ou direito alienado, a aperfeiçoar-se na hipótese de inadimplemento do devedor, no tempo ou no modo da obrigação estatuída. Essa possibilidade de recebimento imediato pelo credor, desde que verificado o inadimplemento, onera o devedor com a indisponibilidade eventual da coisa ou valor dados em garantia, no momento em que formado o negócio jurídico subjacente. A fiança (Código Civil, arts. 818 e ss.), por sua vez, opera a sua eficácia em até poucos dias após vencida a obrigação, principalmente se estruturada *on first demand* (Código Civil, art. 828, II). A taxa praticada pelas instituições financeiras para a comercialização dessa espécie de garantia, como sabido, mostra-se elevada, comparativamente a outras disponíveis no mercado.

O seguro garantia, cuja natureza é a de seguro de dano (Código Civil, art. 781), condiciona o recebimento da verba indenizatória ao deslinde do processo de regulação e de liquidação de sinistro. Como em todo contrato de seguro, portanto, a indenização somente será paga quando definida a cobertura e apurado o prejuízo. Essa realidade, com toda a certeza, impacta na tarifa do produto, tor-

---

[3] Cf, nesse sentido, o art. 2º da Circular SUSEP nº 540, de 14 da outubro de 2016, que *"Dispõe sobre regras e critérios para operação das coberturas oferecidas em plano de seguro de Riscos de Engenharia, e dá outras providências."*

nando-o mais acessível ao adquirente da garantia no momento inicial, quando estabelecida como condição precedente à obrigação legal ou contratual.

O procedimento de regulação e de liquidação de sinistros revela-se da essência do seguro garantia, sendo dele, portanto, indissociável. O ajuste do sinistro impõe-se exercício regular da atribuição de segurador (Código Civil, art. 188, I); decorre, no caso do seguro garantia, da lógica macroeconômica dos incentivos: a eficiência da garantia está ligada ao fato de ser ela mais ou menos custosa no momento do aperfeiçoamento da avença garantida.

Essa nota de distinção fundamental leva ao entendimento de que a conduta do credor/segurado que se insurge ao trâmite do procedimento de regulação e liquidação de sinistros – pela razão única de ser essa metodologia, em tese, instrumentalmente mais dificultosa do que outras formas de recebimento do crédito – viola o contrato de seguro, e, em análise ampla, a boa-fé objetiva (Código Civil, art. 422 c/c 765); no momento em que contratado o seguro, presume-se o conhecimento das partes de que estão lidando com meio de seguridade estabelecido com menor taxa de custeio, e que, por isso, oferece vantagens (e desvantagens) em relação a outras espécies de garantia.

3. Regulação e liquidação de sinistros: breves notas

A complexa e multifacetada atividade do segurador na subscrição e na gestão dos riscos que lhe são submetidos, bem como na apuração dos prejuízos reclamados ante a concretização desses mesmos riscos, leva a que se apresente em diferentes facetas perante a contraparte da relação jurídica e o seu cliente final: o segurado.

Os corpos técnicos da área de subscrição, de gestão de carteiras e regulação de sinistro são formados por quadros de diferentes aptidões e que atuam em observância a finalidades estritamente definidas no organograma de uma sociedade seguradora. Não tendo personalidade jurídica própria, exsurgem como verdadeiros órgãos de um ente segurador, exercendo-lhe as funções e contribuindo, de forma interdependente, à consecução da atividade-fim de prestar garantia financeira a riscos predeterminados.

Desse modo, o segurador/subscritor estipula *guidelines* para aceitar riscos (inserindo as regras pertinentes nas propostas de seguro e questionários de risco) e analisa os que lhe são submetidos à assunção; o segurador/garantidor administra os ativos que lhe são disponibilizados pelas reservas técnicas, estabelecidas por meio de provisões, e partir do recebimento dos prêmios, para a cobertura dos riscos aceitos; e o segurador/regulador atua no sentido de subsumir as hipóteses de cobertura previstas no clausulado aos eventos reclamados, liquidando a pretensão indenizatória.

Compreendida a atuação onidirecional do segurador, a esta análise importa enxergá-lo a partir de sua faceta segurador/regulador. Agindo sempre por provocação, o segurador/regulador tem a incumbência de instaurar o procedimento de regulação de sinistro, que é bifásico: compõe-se da regulação do sinistro e da sua respectiva liquidação.

O procedimento de ajuste de sinistro consiste na realização de atos ordenados e subsequentes, de índole instrumental e substantiva, os quais colimam na apuração da causa do evento submetido à análise de cobertura (objeto da reclamação) e na consequente liquidação dos prejuízos também apurados no ajuste.[4] Impõe-se verdadeiro poder-dever do segurador para com o segurado, este a contraparte do procedimento de regulação e destinatário último de seus efeitos.[5]

O segurador/regulador, ao dar cumprimento à dívida obrigacional contraída junto ao segurado no momento em que aperfeiçoado o seguro, presta a regulação de forma acessória e autônoma, inclusive para fins de cômputo de prazo prescricional específico (Código Civil, art. 771, primeira parte).[6] A regulação de sinistros exterioriza-se mediante o *ato de regulação*, pelo qual se criam, modificam, conservam ou extinguem direitos, pretensões, e faculdades processuais no âmbito desse procedimento impróprio.

---

[4] "... para exigir a indenização, por isso, não basta para o segurado, a ocorrência do dano. É preciso que o sinistro seja averiguado e analisado pelo segurador, de modo que a indenização somente ocorra depois que este esteja convicto de que realmente o dano atingiu o bem segurado e se deu na conformidade com os termos e condições da cobertura securitária. Entre a participação do sinistro e o pagamento da indenização terá de acontecer um procedimento destinado a definir o cabimento, ou não, da reparação ao segurado. A esse procedimento, que não é contencioso, nem se passa em juízo, dá-se o nome de 'regulação de sinistro'." (THEODORO JÚNIOR, Humberto. *O Contrato de Seguro e a Regulação do Sinistro*, disponível em: www.ibds.com.br, p. 8, acesso realizado em 11.06.2018).

[5] "... a regulação de sinistros é um procedimento de prestação de serviço integrante da dívida do segurador perante o segurado, destinado à confirmação da existência e à precisão do conteúdo da dívida indenizatória, que deve ser solvida, o mais prontamente possível e sem ofensa aos interesses transindividuais que caracterizam a obrigação, de forma a se atingir o seu *cumprimento exato* e a consequente *satisfação* do consumidor ou titular do interesse segurado." (TZIRULNIK, Ernesto. *Regulação de Sinistro*, São Paulo: Max Limonad, 2011, p. 93/94, destacado no original).

[6] A esse respeito, cf. artigo doutrinário de minha autoria: "A tese defendida aqui, portanto, é a de que a regra do art. 771, *caput*, do Código Civil brasileiro aplica-se especificamente para a pretensão regulatória do segurado. A própria norma traz em seu texto a sanção para a inobservância do comando: 'sob pena de perder o direito à indenização'. Veja-se que a falta ou o aviso de sinistro tardio pelo segurado não resultam na perda compulsória do direito à garantia, como pode fazer crer uma primeira leitura do dispositivo. Essa conclusão foge à razoabilidade e não pode ser integrada à hermenêutica que ora se propõe. (...) A conclusão é a seguinte: o conhecimento do sinistro, pelo segurado, equivale à 'ciência do fato gerador da pretensão' de que trata o art. 206 do Código Civil como apto a iniciar a contagem do prazo prescricional. O art. 771 estabeleceu uma sanção própria para a inércia do segurado quanto ao exercício de sua pretensão de regular o sinistro, avisando-o, que é conferir a essa conduta a aptidão de fazer gerar contra si o prazo extintivo. Essa aparente exceção ao princípio da *actio nata* é, na verdade, um modo de utilizar-se da técnica, a partir da constatação de que a lei presume violadora de direitos do próprio segurado a sua omissão quanto ao aviso de sinistro. Torna-se inviável pretender futuramente indenização securitária estando prescrita a pretensão regulatória, pois esse é justamente o valor jurídico que se almejou com a norma do art. 771 do Código Civil." (TAVARES, André. *Marcos temporais extintivos no direito de seguro brasileiro*. Revista Jurídica de Seguros, nº 4, maio de 2016, p. 46/48)

Note-se, por relevante, que o segurador/regulador, ao desincumbir-se da regulação do sinistro, além de adimplir dever contratualmente estatuído, age como relevante agente econômico-social, a desempenhar a política nacional de seguros privados, sob a edição de atos normativos pelo Conselho Nacional de Seguros Privados (CNSP) e a fiscalização da Superintendência de Seguros Privados (SUSEP), atuando, dentre outras formas, a:

i – Promover a expansão do mercado de seguros e propiciar condições operacionais necessárias para sua integração no processo econômico e social do País; ii – Evitar evasão de divisas, pelo equilíbrio do balanço dos resultados do intercâmbio, de negócios com o exterior; (...) e vi – Coordenar a política de seguros com a política de investimentos do Governo Federal, observados os critérios estabelecidos para as políticas monetária, creditícia e fiscal. (DL 73/66, art. 5º).

Com o advento da Lei Complementar nº 126, de 15 de janeiro de 2007, foi suprimida do IRB a competência legal originária para expedir normas sobre regulação e liquidação de sinistros em geral (DL 73/66, art. 65).[7] Os seguradores/cedentes, na égide do regime jurídico anterior, ao procederem ao ajuste dos sinistros, figuravam como *delegatários* dessa atribuição fundamental, podendo contar com os recursos técnicos e financeiros do IRB para auxiliá-los.[8]

Pode-se dizer que a liquidação dos sinistros instrumentaliza a difusão das reservas financeiras formadas sob a seguridade privada aos destinatários desse fundo-mutual (segurados e beneficiários do seguro). A realidade desse múnus ser hoje privativo dos cedentes e dos resseguradores locais[9] vem a reafirmar a importância do ajuste de sinistro como veículo de acessibilidade às reservas do seguro – as seguradoras e os resseguradores locais constituem-se sociedades anônimas e atuam segundo a legislação brasileira[10] –, que devem ser utilizadas

---

[7] "Nos casos de liquidação de sinistros, as normas e decisões do IRB obrigam as Sociedades Seguradoras."

[8] "No caso brasileiro, em que o resseguro é ainda objeto de monopólio a cargo do IRB Brasil Resseguros S.A., antes denominado Instituto de Resseguros do Brasil, o regime de regulação de sinistro é caracterizado por energético *claims control*. O Decreto-lei nº 73/66, inc. I, alínea G, do art. 44, estabelece ser da competência do IRB *'proceder à liquidação de sinistros, de conformidade com os critérios traçados pelas normas de cada ramos de seguro'*. Esta regra deve ser examinada de forma a respeitar a estraneidade do IRB em relação ao vínculo obrigacional securitário, que se estabeleceu entre as partes do contrato de seguro. Tal premissa impõe que o fato de ser prevista a competência do IRB para atuar na *'liquidação'* de sinistros não transforma o elemento subjetivo da relação contratual securitária, permanecendo o resseguro *'res inter alios'* perante o segurado e seus beneficiários, como claramente estabelece o §3º do art. 68 do mesmo diploma: *'O IRB não responde diretamente perante os segurados pelo montante assumido em resseguro.'*" (TZIRULNIK, Ernesto, *Op. cit.* p. 128)

[9] Resolução CNSP 168, de 17 de dezembro de 2007, art. 39: "Poderá ser prevista a participação do ressegurador na regulação de sinistros, sem prejuízo da responsabilidade da seguradora perante o segurado. Parágrafo único. Os contratos de resseguro, automáticos ou facultativos, poderão prever cláusula de controle de sinistro a favor do ressegurador local, quando este detiver maior cota de participação proporcional no risco."

[10] Constituição Federal, art. 192: "O sistema financeiro nacional, estruturado de forma a promover o desenvolvimento equilibrado do País e a servir aos interesses da coletividade, em todas as partes que o compõem, abrangendo as cooperativas de crédito, será regulado por leis complementares que disporão, inclusive, sobre a participação do capital estrangeiro nas instituições que o integram." Decreto 73/66, art 24: "Poderão operar em seguros privados apenas Sociedades Anônimas ou Cooperativas, devidamente autorizadas."

para o alcance de sua finalidade indenitária, e, mediatamente, de estabilidade social.

Extrai-se o exemplo da lei de seguros argentina (Ley nº 17.418, de 30 de agosto de 1967) no sentido de que "[e]l asegurador puede examinar las actuaciones administrativas o judiciales motivadas o relacionadas con la investigación del siniestro, o constituirse en parte civil en la causa criminal". (art. 46).[11] O referido dispositivo de lei, ao franquear ao segurador a interferência em atos judiciais e administrativos relacionados à investigação do sinistro, confere verdadeiro poder de polícia (impróprio) ao regulador que promove o ajuste do sinistro.

O *ato de regulação* enquadra-se, portanto, em subcategoria própria de *ato jurídico stricto sensu*.[12] Contém os elementos de validade e modais dos atos jurídicos que, em regra, fundam-se em determinada atividade econômica regulada ou privada instituidora de política social (de seguridade).

Os atos de regulação, para alcançarem sua aptidão geradora de efeitos, devem ser exteriorizados pelo segurador/regulador de forma *motivada*, e sempre adstritamente à finalidade de apurar as circunstâncias da reclamação, valorando-a a partir de critérios técnicos e jurídicos. Existem alguns *atos de regulação vinculados*,[13] os quais, na maioria das vezes, advêm do marco regulatório do CNSP e/ou da SUSEP. Contudo, o segurador/regulador pode servir-se de *atos de regulação discricionários*[14] para o alcance de sua finalidade de prestar a dívida de regulação.

---

[11] "El último párrafo del art. 46 de la Ley de Seguros que nos ocupa – que inexplicablemente repruduce el texto del art. 117 de la misma ley – es, desde el punto de vista práctico, muy importante y útil: el asegurador puede examinar las actuaciones administrativas o judiciales motivadas o relacionadas con la invesigación del siniestro, o constituirse en parte civil en la causa criminal. En efecto, esta normativa le permite al asegurador tomar vista e intervenir en actuaciones administrativas o judiciales referidas a siniestros denunciados por el asegurado, que sin la normativa de este artículo podía ser negada por la autoridad de aplicación." (SAAVEDRA, Domingo M. Lopez. *Ley de Seguros Comentada y Anotada*. Buenos Aires: La Ley, 2007, p. 228)

[12] "Já o ato jurídico em sentido estrito é o que gera consequências jurídicas previstas em lei (tipificadas previamente), desejadas, é bem verdade, pelos interessados, mas sem qualquer regulamentação da autonomia privada." (FARIAS, Cristiano Chaves; ROSENVALD, Nelson. *Curso de Direito Civil*, vol. I. São Paulo: Atlas, 2015, p. 498)

[13] Usando os conceitos de Direito Administrativo para definir *ato vinculado*: "No entanto, esse regramento pode atingir os vários aspectos de uma atividade determinada; neste caso se diz que o poder da Administração é vinculado, porque a lei não deixou opções; ela estabelece que, diante de determinados requisitos, a Administração deve agir de tal ou qual forma. Por isso mesmo se diz que, diante de um poder vinculado, o particular tem um direito subjetivo de exigir da autoridade a edição e determinado ato, sob pena de, não o fazendo, sujeitar-se à correção judicial." (DI PIETRO, Maria Sylvia Zanella. *Direito Administrativo*. São Paulo: Atlas, 2001, p. 196)

[14] Usando os conceitos de Direito Administrativo para definir *ato discricionário*: "Ao agir discricionariamente o agente estará, quando a lei lhe outorga tal faculdade (que é simultaneamente um dever), cumprindo a determinação normativa de ajuizar sobre o melhor meio de dar satisfação ao interesse público por força da indeterminação legal quanto ao comportamento adequado à satisfação do interesse público no caso concreto." (DE MELLO, Celso Antônio Bandeira. *Curso de Direito Administrativo*. São Paulo: Malheiros, 2010, p. 433)

4. Atos de regulação vinculados e atos de regulação discricionários na regulação de seguro garantia

Praticam-se atos de regulação discricionários e vinculados, indistintamente, nos procedimentos de ajuste de sinistro que, pelos mais variados motivos, compreendam maior ou menor grau de instrumentalidade e dilação probatória. A densidade dos dados e informações a serem apurados recrudesce a complexidade do procedimento. O ajuste vai se ampliando, casuisticamente, em medidas das mais variadas naturezas, de parte a parte, exercidas sob o signo do contraditório, da paridade, e dos demais princípios processuais atinentes (Constituição Federal, art. 5º, LIV e LV c/c Código de Processo Civil, arts. 1º, 4º, 5º, 6º, 7º e 8º).

A esse respeito, a doutrina especializada assevera que o devido processo legal é extensível aos procedimentos em geral, a partir de uma concepção ampla de processo, compreendido como *"qualquer modo de produção de normas jurídicas"*.[15] Esse é também o entendimento do Supremo Tribunal Federal e do Superior Tribunal de Justiça, que pacificamente reconhecem a incidência, em âmbito privado, dos princípios do devido processo legal, do contraditório e da ampla defesa à exclusão de sócio, associado, ou condômino de entidade privada.[16]

A Circular SUSEP 477, de 30 de setembro de 2013, nas Condições Gerais do Ramo 0775, no que concerne ao procedimento de regulação e liquidação de sinistro no seguro garantia, enumera uma série de providências ou *atos* que devem ser realizados pelo segurador/regulador a partir do momento em que o segurado procede ao aviso de uma expectativa de sinistro.

Além de determinar que a garantia deve ser prestada pelo segurador através da reposição da coisa ou com o pagamento da indenização (cláusula 8.1, I e II), a norma expõe que:

> (...) [o] pagamento da indenização ou o início da realização do objeto do contrato principal deverá ocorrer dentro do prazo máximo de 30 (trinta) dias, contados da data de recebimento do último documento solicitado durante o processo de regulação do sinistro. (cláusula 8.2.1.).

Veja-se que essas são regras cogentes, que resultam, na prática, no exercício de *atos de regulação vinculados* pelo segurador/regulador. A vinculação do

---

[15] DIDIER JR., Fredie. *Curso de direito processual civil: introdução ao direito processual civil*. Salvador: JusPodivm, 2013, p. 30

[16] "A autonomia privada, que encontra claras limitações de ordem jurídica, não pode ser exercida em detrimento ou com desrespeito aos direitos e garantias de terceiros, especialmente aqueles positivados em sede constitucional, pois a autonomia da vontade não confere aos particulares, no domínio de sua incidência e atuação, o poder de transgredir ou de ignorar as restrições postas e definidas pela própria Constituição, cuja eficácia e força normativa também se impõem, aos particulares, no âmbito de suas relações privadas, em tema de liberdades fundamentais" (Superior Tribunal Federal, 2ª Turma, RE 201.819/RJ, Rel. Min. Ellen Gracie, Rel. p/ acórdão Min. Gilmar Mendes, DJe 27.10.2006. V., ainda, STF, 2ª Turma, RE 158.215-4/RS, Rel. Min. Marco Aurélio, DJ 07.06.1996; STJ, 4ª Turma, REsp 1.365.279/SP, Rel. Min. Luis Felipe Salomão, DJe 29.09.2015).

agente ao ato submete-o, *in casu*, à penalidade de mora, se inobservado o prazo regulamentar de 30 dias para o pagamento da indenização (Código Civil, art. 404 c/c art. 772). Depreendem-se outros atos de regulação vinculados, como a especificação dos documentos mínimos exigíveis para o ajuste quando avisado o sinistro ou a expectativa.[17]

Os documentos serão especificados para cada modalidade de seguro garantia (cláusula 7.1). A cláusula 7.2.1. das Condições Gerais, por sua vez, prevê que "[c]om base em dúvida fundada e justificável, a seguradora poderá solicitar documentação e/ou informação complementar.". A propósito, a norma estabelece que "[n]a hipótese de solicitação de documentos de que trata o item 7.2.1., o prazo de 30 (trinta) dias será suspenso, reiniciando sua contagem a partir do dia útil subsequente àquele em que forem completamente atendidas as exigências." (cláusula 8.2.2.).

A partir dos dispositivos acima descritos, percebe-se que a Circular SUSEP 477/2013 reconheceu o poder discricionário do regulador/segurador para modular o procedimento de regulação dentro da finalidade que, precipuamente, o seu múnus lhe impõe. Se a dúvida for fundada e justificável deve o segurador/regulador agir dentro de sua margem discricionária; e os *atos de regulação discricionários* praticados sob o permissivo técnico encontram a sua fonte de validade na razoabilidade e na proporcionalidade.[18]

A possibilidade da adoção, pelo segurador/regulador, de medidas – não necessariamente preconcebidas em alguma espécie de guia ou manual, mas em observância ao interesse do desenvolvimento de um macrossistema de eficiência na prestação da garantia – está em consonância à melhor técnica da regulação de sinistro. É nesse âmbito decisório que se situa a possibilidade de suspensão do ajuste ante a verificação de prejudicialidade externa.

5. Prejudicialidade externa

Existem entraves e discussões que influem diretamente no resultado de outros negócios jurídicos. Nesses casos, a questão prévia impõe-se prejudicial à que dela depende para a solução subsequente. Quando determinada relação jurídica exigir que a sua definição seja encarada como pressuposto lógico para

---

[17] Cláusula 7.2: "[a] *seguradora descreverá nas Condições Especiais os documentos que deverão ser apresentados para a efetivação da Reclamação de Sinistro.*"

[18] "Embora tenha raízes nos dois grandes sistemas jurídicos do Ocidente – o romano-germânico e o anglo-saxão – o princípio da razoabilidade não recebe terminologia homogênea e até varia de conteúdo, ora designando-se-o também como princípio da proporcionalidade, ora como da interdição do excesso, mas parece haver concordância em que nele se contém três exigências: (1) a de adequabilidade da medida para atender ao resultado pretendido; (2) a de necessidade da medida, quando outras que possam ser mais apropriadas não estejam à disposição do agente administrativo; e a de proporcionalidade, no sentido estrito, entre os inconvenientes que possam resultar da medida e o resultado a ser alcançado" (MOREIRA NETO, Diogo de Figueiredo. *Curso de Direito Administrativo*. Rio de Janeiro: Forense, 2005, p. 100/101).

o pronunciamento sobre a outra – relacionada, porém autônoma –, estar-se-á diante do fenômeno da *prejudicialidade externa*.

Nesse sentido, a prejudicialidade externa consiste em um liame de dependência lógica entre duas ou mais pretensões, de modo que o julgamento da prejudicial influirá, de maneira lógica, no teor do julgamento de outra a qual se subordina. Recorre-se, nesse sentido, à doutrina especializada:

> Há relação de prejudicialidade entre duas causas quando o julgamento de uma delas é apto a influir no teor substancial do julgamento de outra. A primeira diz-se prejudicial à segunda e esta, prejudicada. A prejudicialidade é, em um primeiro momento, uma relação lógica entre duas ou mais demandas: em si mesma, constitui expressão da necessária coerência entre dois julgamentos.[19]

Ainda:

> Com efeito, a solução de certa questão pode influenciar a de outra: (a) tornando dispensável ou impossível a solução dessa outra; (b) predeterminado o sentido em que a outra há de ser resolvida.[20]

Muitas das vezes, o tomador/devedor e o segurado/credor não concordam quanto à atribuição de responsabilidade pelo inadimplemento do contrato ou do dever legal. Inicia-se, então, um litígio entre as partes que se insere na seguinte dinâmica: o devedor insiste em que o credor deu causa ao inadimplemento, deixando de realizar prestação anterior fundamental; e o credor, por sua vez, alega que o incumprimento deu-se por culpa exclusiva do devedor.

O segurador vê-se diante de um quadro de extrema incerteza jurídica e justificável dificuldade em dar cumprimento ao seu dever de regular o sinistro. Logicamente, o destino da contenda entre tomador e segurado influirá diretamente no acionamento da garantia. E não cabe ao segurador, por via de consequência, imiscuir-se no mérito de demandas judiciais ou arbitrais, que se processam perante os órgãos competentes, tecendo prejulgamentos ou manifestações juridicamente relevantes acerca de questões *sub judice*.

Nesses casos, muitas vezes extremos, o segurador/regulador, dentro de seu juízo discricionário, utilizando-se do permissivo da cláusula 7.2.1. das Condições Gerais – "[c]om base em dúvida fundada e justificável, a seguradora poderá solicitar documentação e/ou informação complementar." – deve perquirir sobre o cabimento da medida de *suspender* o procedimento de regulação,[21] condicionando o prosseguimento do ajuste ao recebimento de elementos adicionais

---

[19] DINAMARCO, Cândido Rangel. *Instituições de Direito Processual Civil*, vol. II. São Paulo: Malheiros, 2009, p. 160.

[20] MOREIRA, José Carlos Barbosa. *Questões Prejudiciais e Coisa Julgada*. Tese de Concurso para a docência livre de Direito Judiciário Civil apresentada à Congregação da Faculdade de Direito da Universidade Federal do Rio de Janeiro. Rio de Janeiro, 1967.

[21] Código de Processo Civil, art. 313: "Suspende-se o processo: (...) V – quando a sentença de mérito: a) depender do julgamento de outra causa ou da declaração de existência ou de inexistência de relação jurídica que constitua o objeto principal de outro processo pendente; b) tiver de ser proferida somente após a verificação de determinado fato ou a produção de certa prova, requisitada a outro juízo".

que possam conferir razoável grau de certeza (verossimilhança preponderante de cobertura) sobre os fatos objeto da regulação.

Como ato discricionário típico, "[a] jurisprudência desta Corte afirma que cabe ao juízo aferir a prejudicialidade externa consoante as circunstâncias do caso concreto. Precedentes: AgRg no AREsp 334.989/MG, Rel. Min. OLINDO MENEZES, DJe de 8.10.2015; AgRg no REsp 1.423.021/ES, Rel. Min. HUMBERTO MARTINS, DJe de 9.2.2015." (Superior Tribunal de Justiça, 4ª Turma, AgInt no AREsp 962.894/DF, Rel. Ministro RAUL ARAÚJO, j. em 19.9.17, p. DJe 13.10.17).

A suspensão deve ser motivada pelo agente, que ponderará acerca da necessidade e da utilidade da medida e a finalidade a ser alcançada. A esses elementos conjuga-se o juízo de razoabilidade e proporcionalidade. O regulador deve justificar o ato de suspender a regulação por prejudicialidade externa de forma concreta e particularizada, oportunizando ao segurado a possibilidade de desconstituir essa conclusão juridicamente vinculante.

O pagamento da indenização não deve ser levado a termo quando pairar a incerteza sobre os fatos objeto da regulação, e sem que haja, ao menos, pelo segurador, um juízo válido de "verossimilhança preponderante de cobertura". Por mais que o segurado tenha direito a uma prestação eficaz e útil, não há que se falar em pagamento final (ou adiantamento) quando não se tem um grau mínimo de certeza quanto ao inadimplemento culposo do tomador.

Por qualquer ângulo que se enxergue a questão, não há como se imputar ao segurador/regulador um ônus que ele, evidentemente, não pode se desincumbir. Não se pode exigir do segurador que determine, de modo justo e conclusivo, o mérito da cobertura cuja eficácia liga-se umbilicalmente ao descumprimento da obrigação garantida.

Ressalte-se, por relevante, que o contrato de contragarantia e suas eventuais colateralizações não se prestam a garantir o adiantamento de indenização efetuado pelo segurador independentemente de *justa causa*, que, quando assim o faz, atua em desvio de finalidade e contrariamente aos interesses que procura resguardar. O segurador/regulador, antes de tudo, compromete-se institucionalmente com o sistema de seguridade e com a higidez do fundo-mútuo.

6. Eficácia suspensiva do procedimento de regulação e de liquidação de sinistros de seguro garantia

A Circular SUSEP 477/13, diferentemente da revogada Circular SUSEP 232, de 3 de junho de 2003, trata do tema nas Condições Gerais padronizadas do Ramo 0775, na Cláusula 8.2.3., ao determinar que "[n]o caso de decisão judicial ou decisão arbitral, que suspenda os efeitos de reclamação da apólice, o prazo de 30 (trinta) dias será suspenso, reiniciando sua contagem a partir do primeiro dia útil subsequente a revogação da decisão".

Sistematicamente a essa regra, vale reproduzir o dispositivo anterior, também das Condições Gerais (Cláusula 8.2.2.), segundo o qual "[n]a hipótese de solicitação de documentos de que trata o item 7.2.1., o prazo de 30 (trinta) dias será suspenso, reiniciando sua contagem a partir do dia útil subsequente àquele em que forem completamente atendidas as exigências".[22]

Essas duas regras tratam, cada a qual a sua maneira, da possibilidade de suspensão do procedimento de regulação. Uma concede a suspensão do ajuste de forma obrigatória (ato de regulação vinculado), e a outra decorre do poder discricionário do regulador, levando-se em consideração o permissivo de concluir a regulação após o recebimento do último documento complementar solicitado em virtude de fundada dúvida razoável.

Laudos técnicos e periciais; decisões e provimentos estabelecidos nas lides travadas entre tomador e segurado mostram-se documentos essenciais para que o segurador forme a sua convicção e defina a cobertura do seguro, cujo pagamento de indenização atrela-se, funcionalmente, à certeza de inadimplemento do objeto garantido.

Não é razoável exigir que o segurador forme juízo mínimo de convicção a respeito da cobertura antes mesmo que o tenham formado as partes no litígio relacionado à obrigação inadimplida. O que se decidir na discussão principal (tomador/segurado) gera reflexos na apuração secundária (segurado/segurador). Isso é lógico e proporcional.

No Judiciário, a experiência tem-se mostrado a favor da não intervenção no procedimento de ajuste, nem mesmo para suspendê-lo a requerimento do tomador:

> Em que pese a princípio tivesse sido concedida liminar nesta instância para suspensão do trâmite do processo de regulação de sinistro a que se refere a peça recursal, fato é que com a vinda aos autos das contraminutas apresentadas pelas agravadas, ponderando-se as posições das partes envolvidas, percebe-se que a providência no agravo reclamada afigura-se desnecessária.
>
> O processo administrativo de regulação de sinistro tem por escopo unicamente trazer esclarecimentos pertinentes à causa, circunstâncias e consequências de certo evento envolvendo as partes constantes da apólice de seguro, e assim apurar da ocorrência do risco, qual a sua extensão, e se do mesmo decorreria a cobertura securitária tratada. Neste mesmo procedimento ainda é levantado se houve regular cumprimento por parte do segurado de suas obrigações legais e contratuais, possibilitando nestes moldes identificar-se se deve haver a indenização prevista na apólice ou, ao contrário, existente situação que resulta na exclusão da cobertura acertada.
>
> Evidentemente, no mesmo âmbito, confirmada que seja a hipótese de indenização, seguirá o processo administrativo em questão para estabelecimento da indenização devida, segundo os parâmetros contratuais previamente negociados entre as partes.

---

[22] A respeito, a Circular SUSEP 232/03, prevê na cláusula 7.2. que "[o] *pagamento da indenização, ou o início do cumprimento da obrigação, deverá ocorrer no prazo máximo de trinta dias, contados a partir da data de entrega de todos os documentos relacionados pela seguradora como necessários à caracterização e à regulação do sinistro.*"

Ora, tendo, o processo antes aludido, por finalidade essas atividades mencionadas, não se justifica, concretamente, os receios aludidos pela agravante de que possa haver, caso prossiga tramitando o processo de regulação de sinistro, prejuízos econômicos para ela. (...)
Como já foi afirmado no despacho de fls. 134, não se partiu para definição sobre a culpa na superveniência da situação que ensejou a instauração do processo de regulação de sinistro ser quer da agravante, quer da agravada Gafisa, o que, na verdade, será fixado, como adrede mencionado em sede própria, e à falta de definição quanto à responsabilidade pelo indicado sinistro garante que ainda depois do procedimento administrativo analisado virá a ser a tal responsabilidade esclarecida mais um elemento que afasta os temores da agravante.[23]

Em outra lide sobre o tema, o Judiciário declarou-se incompetente, entendendo que "[r]espeitada a boa argumentação, caberá ao Juízo Arbitral avaliar essa questão, da conveniência ou necessidade da suspensão do procedimento de regulação".[24]

Percebe-se que o Judiciário não costuma conceder liminar para suspender o procedimento de regulação. Por outro lado, tende a preservar a atuação do segurador no exercício de seu múnus, não intervindo no curso regular do ajuste, tampouco nos atos discricionários por ele razoavelmente exercidos durante a regulação.

Condicionar o deslinde do processo de ajuste à razoável cognição do regulador (verossimilhança preponderante) sobre os fatos em que se funda o pedido de cobertura, no caso de discussões travadas entre tomador e segurado a repercutir diretamente no exercício do múnus regulatório do segurador, revela-se medida lícita, consubstanciada no poder discricionário do segurador/regulador, sempre em observância aos preceitos em que se fundamenta a validade do *ato de regulação*.

7. Considerações finais

Reconhecendo-se que as reservas que compõem o fundo-mútuo destinam-se à consecução de atividade privada instituidora de ampla política de socialização de riscos, consubstanciada na recomposição patrimonial e formação de poupança, e que o procedimento de regulação de sinistro é o meio pelo qual se instrumentaliza esse múnus de acentuado caráter social, compreende-se que o segurador, em sua faceta de regulador de sinistros, desempenha atribuição fundamental, que lhe confere investidura para o exercício de atos de regulação vinculados e de atos de regulação discricionários.

O marco regulatório do setor estrutura-se, sistematicamente, de modo organizar a atuação do segurador, delimitando-a, por um lado, mas conferindo-lhe autonomia funcional, por outro. Essa realidade faz-se muito presente nas

---

[23] 10ª Câmara de Direito Privado do Tribunal de Justiça de São Paulo, Agravo de Instrumento nº 2065505-50.2013.8.26.0000, Relator JOÃO BATISTA VILHENA, j. 18.3.14.

[24] 3ª Câmara de Direito Privado do Tribunal de Justiça de São Paulo, Agravo de instrumento na Cautelar Inominada nº 2000939-58.2014.8.26.0000, Relator VIVIANI NICOLAU, j. 20.1.14.

normas e instruções atinentes ao ajuste e à liquidação de sinistros. Os atos de regulação, para alcançarem sua aptidão geradora de efeitos, devem ser exteriorizados pelo segurador/regulador de forma motivada, e sempre adstritamente à finalidade de apurar as circunstâncias da reclamação, valorando-a a partir de critérios técnicos e jurídicos.

Por isso, a correta interpretação do regulador de sinistros acerca dos limites e permissões que o sistema jurídico exerce sobre a sua atividade, auxilia-o em muito para que conduza a regulação de forma justa e garantista, com eficiência no pagamento da indenização e austeridade na disposição do fundo-mútuo. A seguridade como um todo sai ganhadora quando o procedimento de ajuste transcorre sem desmandos, desenvolvendo-se a partir de conclusões sólidas e precisas por parte do segurador, em respeito a todas as partes envolvidas, principalmente ao segurado.

A possibilidade da adoção, pelo segurador/regulador, de medidas em observância ao interesse do desenvolvimento de um macro-sistema de eficiência na prestação da garantia está em consonância à melhor técnica da regulação de sinistro. É nesse âmbito decisório que se situa a possibilidade de suspensão do ajuste ante a verificação de prejudicialidade externa.

Muitas das vezes, o tomador/devedor e o segurado/credor não concordam quanto à atribuição de responsabilidade pelo inadimplemento do contrato ou do dever legal. Não é razoável exigir que o segurador, no exercício de seu múnus regulatório, forme juízo mínimo de convicção a respeito da cobertura (verossimilhança preponderante de cobertura) antes mesmo que o tenham formado as partes no litígio relacionado à obrigação inadimplida.

Por isso, a solução de suspender o ajuste por prejudicialidade externa, condicionando o deslinde do processo à obtenção de elemento essencial ao juízo de verossimilhança de cobertura, no caso de discussões travadas entre tomador e segurado a repercutir diretamente no exercício da atividade regulatória, revela-se medida lícita e ordenadora do procedimento de procedimento de regulação de sinistro em seguro garantia, consubstanciada no poder discricionário do segurador/regulador, sempre em observância aos preceitos em que se fundamenta a validade do ato de regulação.

8. Referências

DIDIER JR., Fredie. *Curso de direito processual civil*: introdução ao direito processual civil. Salvador: Jus-Podivm, 2013.

DINAMARCO, Cândido Rangel. *Instituições de Direito Processual Civil*, vol. II. São Paulo: Malheiros, 2009.

DI PIETRO, Maria Sylvia Zanella. *Direito Administrativo*. São Paulo: Atlas, 2001.

FARIAS, Cristiano Chaves; ROSENVALD, Nelson. *Curso de Direito Civil*, vol. I. São Paulo: Atlas, 2015.

MELLO, Celso Antônio Bandeira de. *Curso de Direito Administrativo*. São Paulo: Malheiros, 2010.

MOREIRA, José Carlos Barbosa. *Questões Prejudiciais e Coisa Julgada*. Tese de Concurso para a docência livre de Direito Judiciário Civil apresentada à Congregação da Faculdade de Direito da Universidade Federal do Rio de Janeiro. Rio de Janeiro, 1967.

MOREIRA NETO, Diogo de Figueiredo. *Curso de Direito Administrativo*. Rio de Janeiro: Forense, 2005.

SAAVEDRA, Domingo M. Lopez. *Ley de Seguros Comentada y Anotada*. Buenos Aires: La Ley, 2007.

TAVARES, André. *Marcos temporais extintivos no direito de seguro brasileiro*. Revista Jurídica de Seguros, nº 4, Maio de 2016, p. 39-53.

——. *Seguro Garantia e equilíbrio econômico-financeiro: questão do prêmio*. Porto Alegre: AIDA BRASIL, Livraria do Advogado, 2017.

THEODORO JÚNIOR, Humberto. *O Contrato de Seguro e a Regulação do Sinistro*, disponível em: <www.ibds.com.br>. Acesso em 11.06.2018.

TZIRULNIK, Ernesto. *Regulação de Sinistro*, São Paulo: Max Limonad, 2011.

— IV —

Ativismo judicial e interpretação dos contratos de seguro de saúde suplementar – a negação do mutualismo e suas consequências

Angélica Carlini

Pós-Doutorado em Direito Constitucional. Doutora em Direito Político e Econômico. Mestre em Direito Civil. Advogada. Docente do Ensino Superior. Membro do Grupo Nacional de Trabalho de Saúde Suplementar da AIDA/Brasil.

Sumário: 1. Introdução; 2. Fundamentos técnicos dos contratos de seguro saúde; 3. Ativismo, protagonismo ou paternalismo judicial?; 4. A negação do mutualismo e o impacto para os contratos de seguro saúde; 5. Conclusão; 6. Referências.

1. Introdução

Os contratos de seguro saúde estão definitivamente instalados na realidade nacional contemporânea. Segundo dados da Agência Nacional de Saúde Suplementar, são quase cinquenta milhões de usuários de operadoras de saúde em todas as suas modalidades – seguradoras, medicinas de grupo, autogestões, cooperativas, filantropias, operadoras de benefícios ou de planos odontológicos.[1]

O sistema de saúde suplementar tem sido atingido em seu arcabouço técnico e jurídico por decisões judiciais que nao levam em conta os números da inflação médica, os custos dos insumos (medicamentos, dispositivos médicos implantáveis, exames clínicos, etc.), o rol de procedimentos da ANS e nem qualquer outro elemento de ordem objetiva, argumentando que a saúde deve ser mantida e preservada em qualquer circunstância, por se tratar de direito constitucional fundamental de caráter prestacional.

---

[1] Disponível em <http://www.ans.gov.br/perfil-do-setor/dados-e-indicadores-do-setor/sala-de-situacao>. Acesso em 05 de maio de 2018.

Essa situação não é nova e já acontece no Brasil há pelo menos duas décadas. Os tribunais brasileiros julgam como procedentes grande parte dos pedidos formulados por usuários da saúde suplementar e, quase sempre, utilizam argumentos assemelhados (falta de informação das operadoras para os usuários, cláusulas abusivas nos contratos de adesão, negativa de validade para as restrições do rol de procedimentos da ANS etc.).

As decisões judiciais não fazem referência aos aspectos técnicos e atuariais que sustentam a operação de seguros e, nesse sentido, o Judiciário age como se esses aspectos técnicos e atuariais estivessem fora da perspectiva de realidade do direito, o que pode sinalizar a existência de traços ideológicos dessas decisões.

Esse distanciamento entre a realidade e os fundamentos das decisões judiciais é objeto deste trabalho, que investiga a hipótese de tais decisões judiciais serem decorrentes do fenômeno denominado ativismo, protagonismo ou paternalismo judicial.

O presente artigo analisa, ainda, o impacto das decisões judiciais na estrutura mutual e como isso pode impactar os consumidores e a sociedade.

2. Fundamentos técnicos dos contratos de seguro saúde

A atividade de seguros é antiga e decorre diretamente da convivência do homem com o risco, elemento que acompanha toda a trajetória histórica dos seres humanos. Dos riscos da natureza aos riscos resultantes do processo de evolução tecnológica, a convivência do homem com os riscos é cada vez mais cotidiana e, em razão disso, o crescimento das possibilidades de cobertura de seguro aumentaram significativamente nos últimos anos.

Do seguro contra os riscos do transporte marítimo e terrestre e de incêndio, que se encontram entre as primeiras modalidades criadas para suprir as necessidades humanas, até os seguros de vazamento de dados na rede mundial de computadores, que se insere entre os riscos mais recentes, passando por riscos que acompanham a humanidade desde sempre, como de vida, furto, roubo e acidentes pessoais, o homem sempre conviveu com riscos, muitos dos quais essenciais para permitirem a evolução econômica e a subsistência da humanidade.

Conviver com riscos é inevitável para a humanidade, porém foram criados mecanismos para tornar essa convivência menos hostil como as estratégias de prevenção e, para os casos em que a prevenção não é eficiente ou não dá conta de toda a magnitude dos riscos, foram criados os contratos de seguro.

Os empreendedores econômicos convivem com contratos de seguro há muito tempo. Empresários de todos os portes sempre puderam utilizar contratos de seguro para administrar riscos de suas atividades e, com o aprimoramento do resseguro, mesmo os riscos de maior monta se tornaram passíveis de enquadramento técnico e, portanto, com custo possível de ser absorvido pela atividade empresarial.

Os seguros foram sendo criados na exata medida da necessidade dos homens e dos grupos sociais. Os primeiros foram os seguros de navegação marítima. Mais tarde, em razão do desenvolvimento industrial e do êxodo do campo para a cidade onde estavam as fábricas, foi preciso desenvolver seguros de incêndio. Depois, os seguros de dano, de vida e acidentes pessoais, de responsabilidade civil, e, mais recentemente, seguros de riscos ambientais, de riscos cibernéticos e outros que ainda serão criados para atender as especificidades de cada nova era da vida humana.

Independente da modalidade ou do ramo, como tecnicamente os diferentes seguros são tratados, a estrutura que viabiliza o pagamento de indenizações por riscos materializados é basicamente sempre a mesma, ou seja, a formação de um fundo mutual, para o qual contribuem pessoas, físicas ou jurídicas, sujeitas aos mesmos riscos de forma homogênea.

A formação do fundo mutual, do qual sairão os recursos necessários para a reparação de danos decorrentes de riscos, é precedida de etapas que não podem ser negligenciadas.

A primeira delas é a análise do risco que está sendo apresentado para integrar o rol de possibilidades capazes de gerar danos indenizáveis. Após a análise do risco, é preciso conhecer as estatísticas de ocorrência de riscos dessa mesma natureza, na mesma circunscrição geográfica, e qual a extensão de danos que eles têm causado. Em outras palavras, qual o histórico desses riscos? Quando e como se materializam? Que extensão de danos produzem?

Encerrada essa etapa, é possível construir um diálogo entre o risco estudado para o qual se pretende obter uma cobertura de seguro e os estudos estatísticos. Desse diálogo, resultarão as probabilidades de ocorrência do risco que se deseja amparar com uma cobertura de seguros e serão essas probabilidades que determinarão os valores de prêmio que serão cobrados do segurado, pessoa física ou jurídica, para que ele possa ser aceito no fundo mutual e contribuir para compor os valores necessários a serem pagos no momento em que os riscos se materializarem e for preciso, efetivamente, pagar indenizações.

O valor do prêmio pago individualmente por cada segurado, pessoa física ou jurídica, não tem relação direta com o valor do limite máximo de indenização fixado no contrato de seguro como valor máximo a ser indenizado pela seguradora, em caso de ocorrência de um dos riscos predeterminados previstos no contrato. O pagamento do prêmio não torna o segurado credor de um valor máximo de limite de indenização, porque o valor determinado como prêmio a ser pago por cada segurado corresponde à parte sob sua responsabilidade na formação do fundo mutual e não tem relação com o valor do limite máximo de indenização estabelecido nos contratos.

Assim, se o segurado possui um veículo com preço de mercado no valor de R$ 50.000,00 (cinquenta mil reais) e pretende cobrir esse veículo contra riscos de roubo, furto, incêndio e colisão, ele deve preencher o questionário de avaliação de risco, que vai ser utilizado para se determinar o valor a ser pago a título de prêmio. O valor calculado como prêmio devido, por exemplo, R$ 3.000,00 (três mil reais), para vigência de 1 (um) ano de contrato, não está relacionado somente com o valor do bem do segurado, mas também com o valor necessário para que este segurado contribua para o fundo mutual em caso de ocorrência dos risco a que está exposto, em razão dos riscos que ele está trazendo para aquela comunidade denominada mutualidade. O valor de prêmio não tem apenas relação com o valor do limite máximo de indenização (antigamente denominado de importância segurada). Ao contrário, o valor do prêmio também tem relação com o valor que o fundo mutual deverá conter para poder suportar todas as indenizações que terá que pagar ao longo do período de vigência do contrato.

Nesse contexto, é preciso tratar da palavra "prêmio" historicamente e em suas origens. De fato, causa estranheza àquele que inicia o estudo dos contratos de seguro ou da área técnica-atuarial que o valor a ser pago pelo segurado para ingressar no fundo mutual receba o nome de prêmio, palavra que no cotidiano da vida social e econômica está atrelada à situação em que alguém recebe uma quantia ou uma coisa ou compete para ganhar algo que tem valor para aquele que o deseja, como é o caso do troféu por ganhar uma corrida, da medalha pela conquista esportiva, da condecoração obtida após participar de um concurso literário ou, ainda, de uma olimpíada matemática. Prêmio ganham os melhores, os vencedores, os que se destacam por bons resultados em uma competição.

No seguro, no entanto, o prêmio é a cota-parte que o segurado paga para a seguradora para poder ingressar no fundo mutual e, a partir do pagamento do prêmio, fazer jus ao recebimento de indenização nas situações em que se materializarem os riscos predeterminados no contrato.

A origem da palavra remonta à língua grega ou ao latim, e o significado seria "obter uma recompensa" ou "iniciar" algo. As duas acepções históricas guardam alguma proximidade com o sentido que a palavra possui em nossos dias quando se trata de seguro. Aquele que paga o prêmio para o segurador espera obter uma *recompensa* (indenização), na ocorrência de um risco de cujos resultados danosos pretende se prevenir. Além disso, aquele que paga o prêmio *inicia* o contrato de seguro porque, como determina a lei, o contrato sem pagamento de prêmio não gera direito a indenização.[2] É certo que as palavras *recompensa* e *inicia* não são mais utilizadas no sentido original, foram modificadas através da história da humanidade, porém, se utilizadas com propósito didático de explicar a origem da palavra *prêmio*, é possível constatar que ainda têm proximidade com as origens históricas da atividade de seguro.

---

[2] Artigos 763 e seguintes do Código Civil brasileiro.

A realidade é que no uso comum da vida contemporânea a palavra "prêmio" é muito mais um complicador do que um facilitador das relações entre segurados e seguradoras. É muito difícil para o segurado, pessoa física ou jurídica, compreender que aquilo que ele paga se chama "prêmio", quando, em todas as outras relações sociais e econômicas que se estabelecem no mundo, a palavra "prêmio" é utilizada para significar o que alguém ganha, e não um valor a ser pago.

Existe na atualidade uma maior preocupação dos seguradores em divulgar a origem e o sentido da palavra para que os segurados, em especial os consumidores de seguros massificados (auto, vida, acidentes pessoais, extensão de garantia contratual, entre outros), possam compreender que se trata de um termo técnico, com uso específico quando se trata de contratos de seguro. É relevante que os consumidores saibam, também, que essa palavra é utilizada internacionalmente com esse mesmo sentido quando se trata de contratos de seguro, o que, em grande medida, explica a impossibilidade de ser substituída no Brasil por outra expressão que facilite a compreensão dos consumidores.

A atividade de seguros é praticada em todo o mundo e há muito tempo se utiliza da expressão "prêmio de seguro" para designar aquilo que o segurado paga para o segurador poder garantir o pagamento de uma indenização, contra um risco predeterminado, durante a vigência do contrato. Esta é, aliás, a definição contida no artigo 757 do Código Civil brasileiro, que também utiliza a palavra *prêmio* para definir qual a obrigação do segurado na formação do contrato de seguro.

A obrigação do segurador é garantir o interesse legítimo do segurado, relativo a pessoa ou coisa, contra riscos predeterminados. E a obrigação do segurado é pagar o prêmio, para que essa garantia possa ser oferecida.

Assim, é fundamental para a estruturação do mutualismo que o segurado pague o prêmio e que o segurador garanta o risco. Esta garantia se dará com a organização do fundo mutual, de onde sairão os recursos para o pagamento dos danos decorrentes de riscos predeterminados, que ocorram durante o período de vigência do contrato.

Dois aspectos são de fundamental importância para a compreensão do arcabouço técnico do seguro: **a) os riscos predeterminados** e **b) a obrigação de garantir.**

Risco predeterminado significa que nem todos os riscos estarão cobertos em um contrato de seguro, mas apenas aqueles que forem expressamente designados no próprio instrumento e na lei. Mesmo os chamados contratos *all risks* (todos os riscos) não oferecem cobertura para todos os riscos indefinidamente, mas apenas para aqueles que não se encontrarem expressamente excluídos no próprio contrato.

Comumente os contratos de seguro possuem duas cláusulas de grande relevância: **os riscos cobertos** e **os riscos excluídos**. Nos contratos *all risks*, é diferente: encontram-se cobertos todos os riscos que não estiverem expressamente excluídos. Em outras palavras, mesmo nos contratos da modalidade *all risks,* existem limitações de cobertura.

Essas limitações de cobertura são essenciais para os cálculos atuariais. São elas que garantem a sustentabilidade ou a solvência desses contratos. É a precisão dos riscos cobertos que garante que, durante muitos anos de contratação/renovação, existam recursos econômicos para fazer frente ao pagamento de indenizações de riscos materializados durante a vigência do instrumento contratual, exatamente porque os cálculos atuariais que garantem essa sustentabilidade ou solvência foram feitos e atualizados com base em **riscos predeterminados,** riscos conhecidos, que podem se materializar de várias formas diferentes, porém sempre previamente avaliados por técnicos que estudam riscos e sabem dizer com grande margem de acerto quais as probabilidades de ocorrência desses riscos, qual o tipo e a extensão dos danos que costumam causar.

O segundo aspecto essencial é que a **obrigação de garantir** que as seguradoras assumem nos contratos de seguro deve estar limitada aos riscos predeterminados, pois somente assim poderão ser efetuados os cálculos atuariais e estatísticos que garantem que o fundo mutual terá valores em quantidade suficiente, durante o período de vigência do contrato, para pagar os danos resultantes dos riscos que se materializarem.

Assim, no âmbito técnico dos contratos de seguro toda a estrutura depende de cálculos atuariais e estatísticos corretos, que são essenciais para que o fundo mutual seja organizado e se saiba, previamente, quais as reservas que ele deverá conter, de forma a não faltarem valores quando for preciso custear o pagamento de danos decorrentes dos riscos cobertos.

O contrato de seguro, instrumento jurídico utilizado para materializar as tratativas entre segurados e seguradoras, se resume em estabelecer as regras para que a estrutura técnica não seja rompida, porque, uma vez mais, é importante que se diga que, sem essa estrutura, não existem meios para que o fundo mutual continue tendo recursos para pagar as indenizações decorrentes de riscos ocorridos durante o período de vigência do contrato.

Compreender o contrato de seguro como uma fotografia dos aspectos técnicos (atuariais e estatísticos) que garantem a sustentabilidade (solvência) da atividade seguradora é essencial para entender a razão pela qual não é possível interpretar as cláusulas desse contrato com ânimo extensivo.

A extensão para contemplar coberturas não elencadas entre os riscos cobertos é corrosiva para os pilares técnicos e, via de consequência, prejudicial para todos os segurados que contribuem para a formação do fundo mutual.

Nos contratos de seguro saúde, a base técnica é a mesma, ou seja, são estudos atuariais e estatísticos que determinam os valores que deverão ser cobrados de cada segurado individualmente para que ele possa ingressar no fundo mutual, de onde sairão os recursos necessários para o pagamento dos riscos ocorridos ao longo do período de vigência do contrato.

No caso dos seguros saúde, os riscos são denominados procedimentos e devem estar rigorosamente predeterminados para que se possa construir um fundo mutual com solvência e sustentabilidade, em condições de custear todos os valores necessários para os diferentes procedimentos que os segurados irão realizar ao longo do período de vigência dos contratos.

Ao garantir o interesse legítimo do segurado nos contratos de seguro saúde, as seguradoras estão, na verdade, garantindo que o fundo mutual que elas organizam e gerenciam seja provido de valores suficientes para responder com o pagamento de todos os procedimentos de saúde que forem necessários, de uma simples consulta de rotina ao oftalmologista até um transplante de coração, passando por todos os tratamentos de doenças crônicas (hipertensão arterial ou diabetes) até o de doenças graves.

Esse arco de diferentes possibilidades só se sustenta em cálculos atuariais e estatísticos, bem como em análises econômicas de custos, sob pena de os fundos mutuais não serem capazes de suportar os valores que precisam ser pagos aos prestadores de serviços de saúde.

Dois aspectos merecem especial atenção quando o tema são os contratos de seguro saúde e a técnica atuarial e estatística necessária para garantir sustentação dos fundos mutuais: **a) a precificação dos procedimentos** e **b) a indicação dos procedimentos.**

Os custos da área da saúde são construídos de forma pouco transparente. Não existem elementos técnicos objetivos para justificar os valores cobrados a título de diárias de permanência em unidades de terapia intensiva, para utilização de câmara hiperbárica ou, ainda, para realização de um exame de cateterismo. Esses custos podem variar muito de um prestador para outro, sem que haja explicação de caráter técnico e objetivo, que possa permitir a análise e, principalmente, estimular a concorrência entre prestadores.

Da mesma forma, os custos dos dispositivos médicos implantáveis não obedecem a nenhuma diretriz ou regramento governamental, em razão do respeito aos princípios da livre concorrência e da livre iniciativa, que são de caráter constitucional e devem ser amplamente respeitados. Porém, é induvidoso que isso contribui para que não haja muita transparência na composição de preços, em especial por se tratar de mercado em que a concorrência é livre, mas não necessariamente conta com grande número de empresas participantes.

Não há no Brasil, ainda, nenhum *ranking* para que se possa conhecer os índices de contaminação hospitalar dos vinte maiores hospitais do Brasil, os índices de óbito dos hospitais brasileiros nas cirurgias cardíacas ou quais são os hospitais mais eficientes no tratamento de doenças de coluna, como hérnia de disco, por exemplo.

Da mesma forma, não existe nenhuma indicação técnica e objetiva para que se possam conhecer os médicos mais eficientes – não os famosos no âmbito midiático, mas aqueles que conseguem melhores resultados de cura com os melhores procedimentos técnicos, em menor espaço de tempo e com os melhores custos.

Não existindo esses parâmetros, é razoável supor que cada médico cobra do paciente aquilo que ele considera que vale o seu trabalho, sem que essa avaliação atenda, necessariamente, ao critério objetivo dos melhores resultados, embora se possa imaginar que, em alguns casos, essa correlação efetivamente exista. Mas, não há avaliação externa objetiva que determine isso.

No tocante à **indicação dos procedimentos**, o sistema em vigor no Brasil é de total liberdade e responsabilidade do médico assistente do paciente.[3] Segundo os ditames da regulação da ética profissional dos médicos, eles devem agir com total independência, em especial em relação a hospitais e sistemas de saúde que pretendam coibir práticas para evitar custos. Nem os demais médicos do grupo ou da equipe podem se opor ao tratamento indicado pelo médico assistente.

A garantia de liberdade e independência é essencial para os médicos poderem exercer as melhores opções de tratamento para seus pacientes, porém, na atualidade, a experiência demonstra que não se pode tratar essa liberdade de forma absoluta.

O artigo 2º do Decreto 7.508, de 2012,[4] que regulamenta a Lei nº 8.080, de 19 de setembro de 1990, para dispor sobre a organização do Sistema Único de Saúde – SUS –, o planejamento da saúde, a assistência à saúde e a articulação interfederativa, define no inciso VIII que:

> VIII – Protocolo Clínico e Diretriz Terapêutica – documento que estabelece: critérios para o diagnóstico da doença ou do agravo à saúde; o tratamento preconizado, com os medicamentos e demais produtos apropriados, quando couber; as posologias recomendadas; os mecanismos de controle clínico; e o acompanhamento e a verificação dos resultados terapêuticos, a serem seguidos pelos gestores do SUS.

A existência de protocolos clínicos e de diretrizes terapêuticas no Sistema Único de Saúde é a demonstração de que a liberdade e a autonomia médicas não são absolutas, são regradas para a definição de diagnósticos e tratamentos, assim como para medicamentos a serem ministrados para pacientes. Os protocolos clínicos e as diretrizes terapêuticas são praticados em vários países do mundo e têm por objetivo a excelência do cuidado do paciente e a racionalização do uso dos recursos econômicos para o tratamento do paciente.

Esse regramento da atividade médica não tem outro objetivo que não a proteção do paciente e a garantia de que ele receba o melhor tratamento possí-

---

[3] Artigo XVI da Resolução CFM nº 1.931 de 2009.
[4] Disponível em <http://www.planalto.gov.br/ccivil_03/_ato2011-2014/2011/decreto/d7508.htm>. Acesso em 16 de maio de 2018.

vel, porém obedecidas às regras de protocolo e às diretrizes que representam o que há de melhor na experiência e na pesquisa sobre aquela determinada doença. O médico não pode pretender se prevalecer apenas e tão somente de sua experiência clínica, em especial em casos de maior complexidade ou raridade, porque, exatamente nos casos clínicos com essas características (complexidade ou raridade), a experiência dificilmente será de atendimento de muitos casos, razão pela qual é imprescindível conhecer as práticas e recomendações de outros lugares do mundo e fixar condutas que deverão ser cumpridas em consonância com o conjunto de experiências conhecidas de outros médicos e centros de tratamento.

Não se trata de limitar a capacidade médica, mas de enriquecê-la com conhecimentos seriamente obtidos e que podem ser utilizados para compor os protocolos e diretrizes clínicas.

Assim, é desaconselhável que medidas em desacordo com os protocolos e diretrizes clínicas sejam praticadas e, ainda menos, que sejam deferidas pelo Poder Judiciário calcadas unicamente na recomendação do médico assistente do paciente. Qualquer decisão do Poder Judiciário fundamentada exclusivamente na recomendação do médico assistente, sem conhecer as recomendações derivadas dos protocolos e diretrizes clínicas, é afronta ao método científico e à pesquisa, além de contrariar o decreto supracitado.

No entanto, a hipótese do tratamento deferido pelo Poder Judiciário por orientação do médico assistente ser contrário a protocolos e diretrizes clínicas pode caracterizar ativismo judicial? E nos casos do tratamento recomendado pelo médico assistente do paciente?

3. Ativismo, protagonismo ou paternalismo judicial?

A Constituição Federal brasileira de 1988 nasceu determinada a garantir aos brasileiros de todas as regiões do país o acesso a direitos fundamentais individuais e coletivos, em especial aos direitos sociais prestacionais, como todos aqueles elencados no artigo 6º do texto da lei maior.

Saúde, educação, lazer, moradia, assistência e previdência sociais, são direitos garantidos aos cidadãos brasileiros e aos estrangeiros residentes no país, sem nenhuma outra contraprestação que não seja o recolhimento de tributos, fonte de recursos que o Estado utilizará para garantir a efetividade desses direitos.

Em quase trinta anos de vida constitucional, é certo que esses direitos não se realizaram de forma adequada. Em todas as partes do país temos problemas de acesso a e qualidade da saúde e da educação, tanto quanto temos carência de políticas públicas para garantia da moradia, do pleno emprego, de lazer e assistência social.

A previdência social, por sua vez, enfrenta enormes problemas e está em vias de sofrer mudanças que poderão significar, principalmente, o aumento da idade para exercício do direito à aposentadoria.

O estabelecimento de um extenso rol de direitos sociais prestacionais não é um problema e nem defeito constitucional, ao contrário, é um passo importante para a concretização do estado de bem-estar social e, consequentemente, para o cumprimento dos objetivos da própria Constituição Federal, expressos no artigo 3º e que visam, em especial, à construção de uma sociedade livre, justa e solidária, à erradicação da pobreza e da marginalização, bem como à redução das desigualdades sociais e regionais e promover o bem de todos com desenvolvimento nacional.

Esses objetivos devem ser perseguidos por todos os poderes republicanos e sobre isso também não paira nenhuma dúvida. O ponto principal é pensar de que forma cada poder possa efetivamente contribuir para a consecução dos objetivos constitucionais e a partir de que momento a atuação dos poderes republicanos pode se tornar nociva para esses propósitos.

Os Poderes Legislativo e Executivo são os grandes protagonistas do processo de implementação de políticas públicas que possam concretizar os direitos sociais prestacionais previstos na Constituição Federal e cuja realização é fundamental para o cumprimento dos objetivos determinados pelo país como sendo os mais relevantes, conforme igualmente exposto no texto constitucional.

O Poder Judiciário não é protagonista de políticas públicas. Não tem esse papel e não pode pretender assumi-lo, simplesmente porque não participa diretamente da organização dos orçamentos públicos necessários para a garantia da eficácia das políticas de concretização dos direitos sociais prestacionais.

Poderá caber ao Poder Judiciário o papel de fiscalizar orçamentos elaborados pelo Executivo e aprovados pelo Legislativo. Também pode ser do Poder Judiciário a tarefa de fiscalizar a execução das políticas públicas previstas no orçamento. Esses papéis serão sempre exercidos mediante provocação do cidadão, do Ministério Público, do Legislativo ou da advocacia pública.

Não existe previsão constitucional para que o Poder Judiciário seja autor ou executor de políticas públicas e também não há previsão para que seja responsável por decisões que determinem qual cidadão terá direito a utilizar um direito social prestacional que é de todos. A Constituição Federal não contém previsão expressa que autorize o Poder Judiciário a escolher entre todos os cidadãos que têm direito a educação ou a saúde ou quais os que poderão utilizar os serviços e quais os que terão que esperar por um melhor momento para isso, embora tenham tanto direito e tanta necessidade quanto os demais cidadãos.

De fato, se alguém ingressa em juízo para obter uma vaga de internação em um hospital público para realização de cirurgia porque o serviço público não fez a internação por via administrativa, sob alegação de que não há vaga naquele momento, a decisão judicial que vier a conceder a vaga poderá resolver o problema individual, mas não levará em conta quantas outras pessoas se encontram com a mesma necessidade e nem tampouco quais as razões que levaram aquele estabelecimento público a ficar sem vagas para a população necessitada. A decisão judicial analisada por esse prisma não é a efetividade de um direito, mas a consecução de um privilégio porque outros cidadãos possuem necessidades e direitos semelhantes e, no entanto, não foram contemplados com a mesma possibilidade.

Há evidente interferência do Poder Judiciário em área na qual não detém poder constitucional para atuar e menos ainda para atuar em caráter de atendimento de necessidades individuais, porque, como já mencionado, são direitos sociais prestacionais destinados a todos os cidadãos brasileiros e os estrangeiros residentes no país, para serem utilizados no momento em que comprovadamente necessitarem.

Essa interferência do Poder Judiciário se tornou muito comum no Brasil, em especial nas áreas da saúde e educação. Estima-se que existam milhões de demandas judiciais em todo o país movidas por pessoas que pleiteiam acesso a medicamentos, vagas em hospitais, creches ou escolas públicas, leitos para internação, próteses, órteses ou algum tipo de material especial, entre outros muitos itens e que, por isso, vão ao Poder Judiciário em busca de decisão que lhes garantam a necessidade que pleiteiam.

Estudos do Conselho Nacional de Justiça – CNJ –[5] comprovam que, na área da saúde, essas ações judiciais são em número expressivo, muitos milhões e, se tornaram fonte de preocupação em quase todos os tribunais de justiça do país.

A prática dos magistrados de obrigar o Poder Executivo a concretizar para os cidadãos brasileiros e para os estrangeiros residentes no país o acesso a direitos constitucionalmente garantidos é fundamentada, principalmente, no texto constitucional e no argumento de garantia da dignidade da pessoa humana, fundamento republicano previsto no artigo primeiro da Constituição Federal brasileira.

Não há dúvidas de que existem argumentos constitucionais para fundamentar as decisões judiciais na dimensão jurídica. Porém, o acesso a direitos sociais prestacionais não é somente jurídico, mas, também, de caráter político e, por isso, envolve necessariamente os Poderes Executivo e Legislativo. O Poder Judiciário não pode decidir sozinho de que forma os recursos públicos serão utilizados, nem interferir no orçamento de entes políticos como União, Estados Federativos e Municípios, ainda que sob a alegação de que se trata de expediente necessário para preservação de vidas.

No âmbito da saúde privada, o fenômeno se manifestou da mesma forma, ou seja, decisões judiciais em benefício de usuários de seguros saúde para defe-

---

[5] Disponível em <www.cnj.org.br>. Acesso em 22 de maio de 2018.

rir pedidos que não se alicerçam na lei, no contrato e, muitas vezes, que sequer estão previstos no rol de procedimentos da ANS ou foram aprovados como regulares pela ANVISA.[6]

Procedimentos negados por operadoras por falta de previsão no contrato firmado entre as partes, por falta de previsão no rol de procedimentos da Agência Nacional de Saúde Suplementar – ANS – ou por falta de aprovação da técnica ou do medicamento na Agência Nacional de Vigilância Sanitária – ANVISA –, foram considerados pedidos regulares perante o Poder Judiciário e deferidos para os requerentes.

Recomendações do médico assistente do paciente diferente da avaliação técnica do médico auditor do seguro saúde e até do médico escolhido pelas partes, na realização de junta médica, passaram a ser considerados mais relevantes que as demais opiniões em sentido contrário, simplesmente pelo fato de emanarem do médico que assiste o paciente, independentemente da formação desse profissional ser, ou não, melhor do que a dos auditores, ou, ainda, independentemente do fato de existirem evidências científicas que comprovem a eficiência do tratamento recomendado.

As decisões judiciais passaram a deferir a maioria dos pedidos dos usuários de seguros saúde e, por isso, se tornaram instrumento de ameaça à sustentabilidade do fundo mutual, obrigando gestores a carregar o valor dos prêmios cobrados dos segurados, em especial nos seguros coletivos, para evitar a insolvência das reservas necessárias para custear os procedimentos de saúde dos usuários.

Tendo essas decisões do Poder Judiciário se tornado muito comuns e, em alguma medida, sido estimuladoras da propositura de demandas judiciais, porque há quase certeza por parte dos requerentes de que, em se tratando de direitos sociais prestacionais nas áreas de saúde e educação, serão proferidas decisões favoráveis, é preciso pesquisar as características do fenômeno e seus contornos para compreender as consequências que ele acarreta para a ordem política e jurídica brasileira.

Estudos contemporâneos têm se dedicado a pesquisar as práticas do Poder Judiciário, para que se possa entender se elas se caracterizam como ativismo judicial, protagonismo judicial ou como paternalismo jurídico. Apesar de serem estudos de alto nível teórico, é difícil fixar claramente as diferenças entre as três ideias ou conceitos.

Mas quando se pode caracterizar o protagonismo, o ativismo ou o paternalismo jurídico? Não há consenso entre os estudiosos sobre esses termos, embora algumas abordagens possam ser esclarecedoras.

---

[6] Exemplo da concessão pelo STF – Supremo Tribunal Federal –, de acesso para a *fosfoetanolamina*, que sequer era um medicamento aprovado pela ANVISA, em 2015. Disponível em <http://www.stf.jus.br/portal/cms/verNoticiaDetalhe.asp?idConteudo=301441>. Acesso em 25 de maio de 2018.

José Wellington Bezerra da Costa Neto resume as origens do ativismo judicial:

> O sistema de "common law" é dotado de características gerais que naturalmente induzem e desembocam numa conformação da função judicial que, olhada sob a perspectiva dos sistemas romano-germânicos, pode-se dizer, naturalmente ativista.
>
> Há uma razão histórica para tanto. No direito continental europeu a codificação era forma de pôr amarras no juiz que era assecla do "ancien régime", daí dogmas como a completude do ordenamento e da vedação à interpretação judicial das normas. Na "common law", em especial na experiência inglesa, o juiz era aliado à luta do Parlamento contra o absolutismo do monarca, de modo que a codificação nunca foi vista como forma de impedir o juiz de interpretar a lei ou criar o direito.[7]

O autor relaciona a postura de ativismo judicial com o novo cenário constitucional adotado após a II Guerra Mundial, a prevalência da dignidade da pessoa humana e o direito de exigir diretamente dos tribunais os direitos fundamentais assegurados pela Constituição Federal. No Brasil, não aconteceu de forma diferente porque a lembrança das agressões aos direitos humanos ocorrida durante o período da ditadura militar contribuíram de forma decisiva para que os direitos fundamentais fossem tratados como exigíveis de imediato. Por isso, ressalta Costa Neto:

> O fundamento decisivo do ativismo nessa seara é imperativo ético que implica a necessária asseguração de satisfação plena e efetiva dos direitos fundamentais. Nesse âmbito a função social se legitima a partir da contribuição para o desenvolvimento de uma democracia avançada, baseada no reconhecimento e proteção dos direitos fundamentais e liberdades públicas dos cidadãos, incumbindo-lhe também promover efetividade dos direitos sociais, com a finalidade de tornar realidade o princípio da igualdade.
>
> O ativismo e o crescente protagonismo judicial são produto de uma dupla falência, a do Estado de bem-estar social, e do declínio do sistema democrático-representativo. E esta dupla falência abre ensejo ao deslocamento do núcleo de legitimidade do Estado, dos Poderes Legislativo e do Executivo ao Poder Judiciário, agora dotado de legitimação democrática, o que mais do que nunca enfatiza sua necessidade de independência institucional. Fala-se então de um novo paradigma de Estado, com uma estrutura institucional diferenciada, em que o Judiciário emerge como árbitro e garante último dos direitos dos indivíduos.[8]

A questão é saber se essa forma de pensar o papel do Poder Judiciário deve ser sempre em caráter coletivo, por meio de políticas públicas e da consequente fiscalização de seu cumprimento por parte da magistratura ou, se a efetividade dos direitos sociais prestacionais pode ocorrer no plano individual para aqueles que ingressarem em juízo, sem contemplar a todos os indivíduos. Nesse último caso, contemplados os direitos por decisão judicial, por qual motivo organizar técnica e financeiramente políticas públicas ou contratos privados que estabeleçam cláusulas restritivas de direitos?

Nem todos os estudiosos demonstram esse mesmo entusiasmo sobre o tema. Elival da Silva Ramos, por exemplo, destaca:

---

[7] COSTA NETO, José Wellington Bezerra. *Protagonismo Judicial. Novo Ativismo e Teoria Geral da Função Jurisdicional*. São Paulo: Leud, 2017, p. 101.

[8] Ibidem, p. 124.

(...) por ativismo judicial deve-se entender o exercício da função jurisdicional para além dos limites impostos pelo próprio ordenamento que incumbe, institucionalmente, ao Poder Judiciário fazer atuar, resolvendo litígios de feições subjetivas (conflitos de interesse) e controvérsias jurídicas de natureza objetiva (conflitos normativos). Há, como visto, uma sinalização claramente negativa no tocante às práticas ativistas, por importarem na desnaturação da atividade típica do Poder Judiciário, em detrimento dos demais Poderes. Não se pode deixar de registrar mais uma vez, contudo, que o fenômeno golpeia mais fortemente o Poder Legislativo, o qual tanto pode ter o produto da legiferação irregular invalidado por decisão ativista (em sede de controle de constitucionalidade), quanto o seu espaço de conformação normativa invadido por decisões excessivamente criativas.[9]

E sintetiza:

Ao se fazer menção ao ativismo judicial, o que se está a referir é à ultrapassagem das linhas demarcartórias da função jurisdicional, em detrimento principalmente da função legislativa, mas, também, da função administrativa e, até mesmo, da função de governo. Não se trata do exercício desabrido de legiferação (ou de outra função não jurisdicional), que, aliás, em circunstâncias bem delimitadas, pode vir a ser deferido pela própria Constituição aos órgãos superiores do aparelho judiciário, e sim de descaracterização da função típica do Poder Judiciário, com incursão insidiosa sobre o núcleo essencial de funções constitucionalmente atribuídas a outros Poderes.[10]

Werson Rêgo, que também estudou o tema do ativismo, protagonismo e paternalismo judicial, frisa:

Ativismo judicial (...) pode ser definido como postura proativa do magistrado que se pauta em método próprio e deliberado de interpretação e aplicação dos atos normativos ao caso concreto, com intuito de alcançar a justiça naquela situação pontual.

Salienta Luís Roberto Barroso que o ativismo expressa uma postura de intérprete, um modo proativo e expansivo de interpretar a Constituição, potencializando o sentido e alcance de suas normas, para ir além do legislador ordinário. Configuraria, deste modo, uma atuação puramente ideológica do órgão (singular ou coletivo) prolator da decisão, interferindo de maneira regular e significativa nas opções políticas dos demais Poderes.

De modo ainda mais resumido, o ativismo judicial poderia ser definido como a interferência do Judiciário em assuntos de competência do Legislativo e do Executivo, ou a invasão da política pelo Direito, de tal sorte que o agente político do sistema de justiça, ampliando os próprios poderes, agiria como ator político e intérprete moral da sociedade, interferindo em e/ou invalidando decisões de outros Poderes.[11]

Bastante relevante na pesquisa de Rêgo é a contribuição de Keenan Kmiec, que identifica cinco sentidos do conceito de ativismo judicial, a saber:

(1) Invalidação judicial de atos legislativos cuja constitucionalidade é sustentável, vale dizer, o julgador deixa de aplicar as regras legais com fundamento em princípios constitucionais ou em noções de equidade e justiça (em contraposição à autolimitação judicial – *"judicial self restraint"*);
(2) Desrespeito aos precedentes judiciais (horizontais e verticais);
(3) Criação da "legislação judicial" (*"legislation from the bench"*), ou a atuação do julgador como legislador positivo;
(4) Desvio da metodologia interpretativa;

---

[9] RAMOS, Elival da Silva. *Ativismo Judicial. Parâmetros Dogmáticos*. São Paulo: Saraiva, 2010, p. 129.
[10] Ibidem, p. 116-117.
[11] RÊGO, Werson. Protagonismo Judicial, Segurança Jurídica e Reflexos nas Relações de Consumo: Novos Desafios. In: RÊGO, Werson (coord.). *Segurança Jurídica e Protagonismo Judicial. Desafios em Tempos de Incerteza. Estudos Jurídicos em Homenagem ao Ministro Carlos Mário da Silva Velloso*. Rio de Janeiro: GZ, 2017, p. 1063-1064.

(5) Julgamentos direcionados pelos resultados (*"result-oriented judging"*), ou seja, a busca por objetivos "não oficiais", não vislumbrados ou pretendidos pelo legislador e pelas políticas públicas.[12]

E conclui Werson Rêgo:

É função constitucional da Magistratura ser sensível às celeumas sociais e, dentro da esfera de poder constitucionalmente embasado e socialmente legitimado, interpretar o Direito vigente e interferir em decisões legislativas e administrativas sempre que necessário para corrigir omissões e distorções. E, friso, para corrigir omissões e distorções.

Logo, com o máximo respeito às doutas posições acadêmicas em sentido oposto – e aqui o cerne da crítica contida neste trabalho –, penso não ser função constitucional do Poder Judiciário criar direitos não expressamente previstos em lei ou na Constituição, a partir de uma interpretação ampliativa de normas escritas, ou com fundamento em princípios [*rectius*:valores] jurídicos genéricos (liberdade, igualdade, dignidade da pessoa humana etc.)

A Constituição da República, evidentemente, deve ser considerada em seu todo, a começar pelo princípio da separação dos Poderes. Deve ser interpretada e aplicada de modo sistemático e harmônico, e não a partir de um ou de outro princípio, isoladamente considerado. (...)

Não pode um julgador, ao argumento de supostamente dar concretude a um valor fundamental (como o da dignidade da pessoa humana, por exemplo), negar respeito a outro (como o da segurança jurídica, por exemplo). Observar a Constituição é dever funcional da Magistratura e não pode se sujeitar a "ideologias". Não cabe ao Poder Judiciário agir como Poder Legislativo, ou como Poder Executivo, senão nas excepcionais situações previstas na própria Constituição.

Quando um julgador extrapola o âmbito do "sentido evidente da Constituição" (*plain meaning of the Constitution*), sua atuação não mais se legitima. Extrapolar os limites da função constitucionalmente reservada ao Poder Judiciário não deixa de ser uma arbitrariedade, pouco importando a motivação do julgador. (...)

Nessa linha, cabe reavivar que o juiz:

(i) Só deve agir em nome da Constituição e das leis, e não por vontade política própria;

(ii) Deve ser deferente para com as decisões razoáveis tomadas pelo legislador, respeitando a presunção de validade das leis;

(iii) Não deve perder de vista que, embora não eleito, o poder que exerce é representativo, razão pela qual sua atuação deve estar em sintonia com o sentimento social, *na medida do possível.*

É possível a realização de direitos a partir de princípios (não de valores), reconhecendo-se a eficácia normativa dos princípios, como nos ensinam as teorias pós-positivistas, mas, ainda assim, existem limites, isto é, alternativas de ação previamente dadas aos agentes do sistema de justiça, como ponderam Alexy e Atienza. Trata-se do devido respeito ao Estado de Direito. Destarte, a atuação dos agentes do sistema de justiça deve respeitar certas balizas e um dos elementos claros desse balizamento é o texto legal. É a partir do texto da lei que a cidadania, de modo geral, cria suas perspectivas normativas.[13]

As lições do Desembargador Werson Rêgo, do Tribunal de Justiça do Estado do Rio de Janeiro, devem ser analisadas com profundidade, porque ressaltam a importância do texto constitucional como lumiar das decisões judiciais, sem que se perca de vista que o sopesamento de princípios ensinado por Alexy e Dworkin não pode decorrer da visão pessoal do magistrado sobre o conflito colocado e, sim, sobre o melhor resultado para a sociedade.

---

[12] RÊGO, Werson. Protagonismo Judicial, Segurança Jurídica e Reflexos nas Relações de Consumo: Novos Desafios. In: RÊGO, Werson (coord.) *Segurança Jurídica e Protagonismo Judicial. Desafios em Tempos de Incerteza. Estudos Jurídicos em Homenagem ao Ministro Carlos Mário da Silva Velloso*. Rio de Janeiro: GZ, 2017, p. 1066.

[13] Ibidem, p. 1066-1069.

Nesse sentido, a crítica contundente de Lenio Luiz Streck:

> (...) deslocar o problema da atribuição de sentido para a consciência é apostar, em plena era do predomínio da linguagem, no individualismo do sujeito que "constrói" o seu próprio objeto do conhecimento. Pensar assim é acreditar que o conhecimento deve estar fundado em estados de experiência interiores e pessoais, não se conseguindo estabelecer uma relação direta entre esses estados e o conhecimento objetivo de algo para além deles (Blackburn).
>
> Isso, aliás, tornou-se lugar comum no âmbito do imaginário dos juristas. Com efeito, essa problemática aparece explícita ou implicitamente. Por vezes, em artigos, livros, entrevistas ou julgamentos, os juízes (singularmente ou por intermédio de acórdãos dos Tribunais) deixam "claro" que estão julgando "de acordo com a sua consciência" ou " seu entendimento pessoal sobre o sentido da lei". Em outras circunstâncias, essa questão aparece devidamente teorizada sob o manto do poder discricionário dos juízes.
>
> Não se pode olvidar a "tendência" contemporânea (brasileira) de apostar no protagonismo judicial como uma das formas de concretizar direitos. Esse "incentivo" doutrinário decorre de uma equivocada recepção daquilo que ocorreu na Alemanha pós-segunda guerra a partir do que se convencionou a chamar de Jurisprudência dos Valores. (...)
>
> Uma coisa que não tem sido dita é que o equívoco das teorias constitucionais e interpretativas que estabelecem uma repristinação das teses da Jurisprudência dos Valores – mormente em terrae brasilis – está na busca de incorporar o *modus tensionante* do tribunal alemão em realidades (tão) distintas, que não possuíam (e não possuem) os mesmos contornos históricos acima retratados. No caso específico do Brasil, onde, historicamente até mesmo a legalidade burguesa tem sido difícil de "emplacar", a grande luta tem sido a de estabelecer condições para o fortalecimento de um espaço democrático de edificação da legalidade, plasmado no texto constitucional. (...)
>
> Construiu-se, assim, um imaginário (gnosiológico) no seio da comunidade jurídica brasileira, com forte sustentação na doutrina, no interior do qual o "decidir" de forma solipsista encontra "fundamentação" – embora tal circunstância não seja assumida explicitamente -no paradigma da filosofia da consciência. Essa questão assume relevância e deve preocupar a comunidade jurídica, uma vez que, levada ao seu extremo, a lei – aprovada democraticamente – perder (rá) (mais e mais) espaço diante daquilo que "o juiz pensa acerca da lei".[14]

A crítica de Lenio Luiz Streck é construída a partir de pesquisa a julgados em que o Poder Judiciário enfatiza a relevância da consciência do magistrado como ponto fundamental para a decisão adotada. Em especial, Lenio Streck se reporta à decisão do Superior Tribunal de Justiça, em voto proferido pelo Ministro Humberto Gomes de Barros, no Agravo Regimental em Recurso Especial nº 279.889, de Alagoas, julgado em 03/04/2001, publicado no Diário de Justiça de 11/06/2001, em que o ministro afirma textualmente:

> Não me importa o que pensam os doutrinadores. Enquanto for Ministro do Superior Tribunal de Justiça, assumo a autoridade da minha jurisdição. (...) Decido, porém, conforme minha consciência. (...) Esse é o pensamento do Superior Tribunal de Justiça, e a doutrina que se amolde a ele. É fundamental expressarmos o que somos. Ninguém nos dá lições. Não somos aprendizes de ninguém.

Ainda que possa ser compreendido como um *desabafo* ou, mais precisamente, um *arroubo* que, certamente, a própria consciência do magistrado se incumbiu de colocar em termos mais racionais e objetivos ao longo do tempo, é certo que a pesquisa empreendida por Lenio Luiz Streck identifica muitos

---

[14] STRECK, Lenio Luiz. *O que é isto – decido conforme minha consciência?* 4ª ed. Porto Alegre: Livraria do Advogado, 2013, p. 20-30.

outros julgados, singulares e colegiados, em que a **decisão em conformidade com a consciência** é apresentada de forma taxativa, como se a magistratura brasileira estivesse investida de independência perante a lei, aos princípios e aos costumes, e pudesse agir somente em consonância com um elemento que a sociedade brasileira desconhece por completo, que é a consciência do magistrado. Evidentemente, autonomia para conhecer o caso concreto com maior detalhamento e julgar, a partir de princípios que traduzem valores socialmente relevantes, são respostas necessárias do Poder Judiciário, em especial, dada a grande complexidade das relações sociais, políticas e econômicas neste momento histórico que vivemos, mas, em contrapartida, essa autonomia dos magistrados não afasta a necessidade de demonstrar os fundamentos subjacentes à decisão e, que, tais fundamentos não se resumam a tal consciência do magistrado. Esse proceder conforme a consciência do magistrado não é admissível num país cujo projeto político, social e econômico se assenta claramente no que está determinado na Constituição Federal!

Marcus Abraham convida a reflexão sobre o conceito de paternalismo judicial que, evidentemente, deriva de paternalismo estatal. E constata:

> A realidade brasileira demonstra que, se há uma forte intervenção estatal constitucionalmente garantida, alguma medida de paternalismo é-nos inevitável. Se quisermos falar em termos de paternalismo, há uma mutação de um paternalismo estatal do Executivo para um paternalismo estatal do Judiciário, em que, embora seja o mesmo Estado a buscar garantir o direito, o faz por um novo arranjo de distribuição de atribuições, em que o Judiciário passa a assumir um novo papel a latere do Executivo, quando este último falha em planejar satisfatoriamente e efetivamente cumprir as promessas constitucionais.[15]

Ativismo, protagonismo, paternalismo judicial, termos diferentes para significar uma mesma realidade da sociedade brasileira contemporânea: a atuação do Poder Judiciário com objetivo de suprir as carências efetivas da população, no que tange ao acesso a direitos sociais prestacionais, em especial a saúde e a educação.

Ocorre que o ativismo, protagonismo ou paternalismo atingiu também os contratos privados, caso específico aqui tratado da saúde suplementar, sem considerar aspectos econômicos e técnicos essenciais para a sustentação da operação que, como vimos, é toda estruturada a partir de cálculos atuariais, estatísticos e econômicos.

Lançar fora a base técnica dos contratos de seguro privado, como, por exemplo, do contrato de saúde suplementar, e ignorar a importância dos fundamentos atuariais, estatísticos e econômicos, tem provocado ainda maior conflito entre as partes contratantes e, nesse sentido, o Poder Judiciário se transforma de protetor paternalista para incentivador das demandas judiciais e, em consequência, contribui para colocar em risco a sustentabilidade de todo o sistema.

---

[15] ABRAHAM, Marcus. *Orçamento Impositivo: Uma Alternativa Possível ao Paternalismo Judicial.* In: RÊGO, Werson (coord.). *Segurança Jurídica e Protagonismo Judicial. Desafios em Tempos de Incerteza. Estudos Jurídicos em Homenagem ao Ministro Carlos Mário da Silva Velloso.* Rio de Janeiro: GZ, 2017, p. 662.

4. A negação do mutualismo e o impacto para os contratos de seguro saúde

Diariamente, são apresentadas perante o Poder Judiciário no Brasil demandas judiciais que requerem autorização para o usuário utilizar procedimentos médicos e hospitalares não previstos no rol de procedimentos da Agência Nacional de Saúde Suplementar ou medicamentos igualmente não previstos no mesmo rol de procedimentos. Em conformidade com a Lei 9.656, de 1998, se não há previsão expressa no rol de procedimentos da Agência Nacional de Saúde Suplementar ou se não há previsão contratual, o procedimento e o medicamento não podem ser utilizados pelo usuário às expensas da operadora de saúde.

Apesar disso, milhares de decisões judiciais são proferidas determinando que o usuário utilize o procedimento ou o medicamento, que os custos sejam pagos pela operadora de saúde e que o fato de não haver previsão legal ou contratual não pode ser obstáculo para o atendimento à necessidade de saúde daquela pessoa, pois ela tem direito ao seu bem-estar físico preservado e sua vida protegida.

Não há dúvida de que a saúde é essencial para preservar a vida que se constitui no maior bem a ser preservado em uma sociedade civilizada. Porém, quando se trata de um contrato de saúde suplementar, sustentado por fundo mutual, para o qual contribuem todos os potenciais usuários, com suas contribuições calculadas com fundamento em hipóteses de risco, previamente determinados (aqueles que possuem cobertura pelo rol ou pelo contrato), o descumprimento dessas premissas técnicas, mesmo com objetivo exclusivo de preservar a vida de alguém, provoca prejuízos para toda a mutualidade, para todos os usuários que contribuíram para a formação do fundo.

E o direito desses usuários não precisa ser protegido contra a corrosão que pode levar a perda de sustentabilidade?

Tratamentos não previstos no contrato ou no rol de procedimentos da Agência Nacional de Saúde Suplementar podem levar as operadoras a gastar milhões de reais, sem provisão de fundos adequada, pois, no momento da formação do fundo mutual, não havia previsão contratual ou legal, que obrigasse o fornecimento do medicamento ou realização do procedimento.

As decisões judiciais se sustentam na convicção do magistrado de que a vida precisa ser preservada, porém parece haver um descolamento da realidade, pois essa preservação não é retórica, é material e, nessa medida, para ser efetivada, necessita de recursos econômicos que não foram planejados para essa finalidade. Resultado da equação mal calculada: todos os usuários pagarão o valor do medicamento não previsto no momento da contratação e, no momento dos reajustes anuais do valor da mensalidade, esse impacto será fortemente sentido por todos, mesmo por aqueles que, ao longo da vigência do contrato, utilizaram os serviços de saúde suplementar apenas e exclusivamente para os procedimentos previstos na lei ou no contrato.

A repercussão das decisões judiciais na estrutura técnica dos contratos de seguro de saúde suplementar não tem sido considerada, o que, no entanto, não significa que o impacto não aconteça. O fato de os aspectos técnicos e econômicos dos contratos de saúde suplementar não serem levados em conta no momento da decisão judicial, não tem o condão de afastar a realidade ou, em outras palavras, não tem o dom de fazer com que a repercussão não ocorra. Não é porque se trata de cumprimento de ordem judicial que o preço do medicamento ou do procedimento se torna mais acessível para o custeio da mutualidade.

A matemática desconhece condescendência ou subjetivismo. Ou existem recursos para o "pagamento das decisões judiciais" ou o fundo mutual formado pela contribuição dos usuários será atingido indevidamente e, em consequência, terá que custear procedimentos ou medicamentos para os quais não dispunha de recursos.

O impacto é direto e imediato: para não faltar recursos para custeio de procedimentos e medicamentos cobertos pelo contrato, será preciso aumentar significativamente o valor das mensalidades, o que, muitas vezes, gera novos conflitos judiciais.

Esse círculo vicioso começa a provocar reações também para o futuro. A hipótese de que muitas operadoras de saúde não consigam prosseguir em suas atividades é concreta e pode ser que em poucos anos tenhamos muito menos concorrência nesse setor, o que, sem dúvida, será fortemente prejudicial para os usuários.

Nesse sentido, Rafaele Bifulco afirma:

1. Il tema della responsabilità intergenerazionale è espressione di un nuovo rapporto dell'uomo verso l'ambiente e verso se stesso, legato agli sviluppi della tecnologia. Esso esprime una nuova dimensione del problema della giustizia sociale;

2. (...) Nel campo dell'economia il principio trova applicazione anche se le scelte non sono caratterizzale dall'irreversibilità;

3. (...) In una prospettiva propria degli ordinamenti nazionali rientrano nella responsabilità intergenerazionale anche aspetti legati rapporti economici (come previdenza e debito pubblico).[16]

A responsabilidade intergeracional é um conceito do campo do direito internacional, que já se encontra inserido no campo do direito nacional público e, também, no privado. Como destaca Bifulco, as decisões econômicas atuais podem afetar as futuras gerações, ainda que não sejam decisões irreversíveis.

---

[16] Tradução livre: O tema da responsabilidade intergeracional é a expressão de uma nova relação entre o homem e o meio ambiente e para com ele mesmo, ligada à evolução da tecnologia. Expressa uma nova dimensão do problema da justiça social; 2. (...) no campo da economia, o princípio é aplicado mesmo que as escolhas não sejam caracterizadas pela irreversibilidade; 3. (...). Na perspectiva do ordenamento jurídico nacional a responsabilidade intergeracional também tem aspectos econômicos (como a previdência e a dívida pública). BIFULCO, Raffaele. *Diritto e generazioni future. Problemi giuridici della responsabilità intergenerazionale*. Milano: FrancoAngeli, 2008, p. 178.

Ele cita como exemplo a garantia da existência de previdência e de controle da dívida pública interna de um país, como elementos fundamentais para garantia da qualidade de vida das futuras gerações.

Seguro é uma forma de previdência, mesmo quando não se trata especificamente de previdência privada complementar. A existência de fundos mutuais com recursos econômicos para fazer frente aos danos decorrentes de riscos predeterminados é, sem dúvida, uma forma de a sociedade se prevenir contra gastos que terá que realizar quando os riscos se materializarem. No momento em que o risco ocorre em qualquer área da vida humana (morte, incêndio, acidente, doença), é, essencial, que aquela sociedade disponha de recursos públicos ou privados (e, por vezes, até de ambos), para fazer frente aos danos decorrentes do risco.

No Brasil, a Constituição Federal determina, no artigo 199, que a assistência à saúde é livre à iniciativa privada, e as instituições privadas poderão participar de forma complementar do Sistema Único de Saúde, segundo as diretrizes deste, mediante a formalização de contrato de direito público ou convênio, sendo dada preferência às entidades filantrópicas e sem fins lucrativos.

A Lei 8.080, de 1990, que dispõe sobre as condições para a promoção, proteção e recuperação da saúde, determina, no artigo 4°, que o conjunto de ações e serviços de saúde, prestados por órgãos e instituições públicas federais, estaduais e municipais, da administração direta e indireta e das fundações mantidas pelo poder público, constitui o Sistema Único de Saúde. O § 2° desse artigo determina que a iniciativa privada poderá participar do Sistema Único de Saúde (SUS) em caráter complementar, e o artigo 8° prevê que as ações e serviços de saúde, executados pelo SUS diretamente ou mediante participação complementar da iniciativa privada, serão organizados de forma regionalizada e hierarquizada em níveis de complexidade crescente.

Vale ainda destacar que o artigo 24 da Lei 8.080, de 1990, determina:

Art. 24. Quando as suas disponibilidades forem insuficientes para garantir a cobertura assistencial à população de uma determinada área, o Sistema Único de Saúde (SUS) poderá recorrer aos serviços ofertados pela iniciativa privada.

Parágrafo único. A participação complementar dos serviços privados será formalizada mediante contrato ou convênio, observadas, a respeito, as normas de direito público.

A análise sistematizada da Constituição Federal e da Lei 8.080, de 1990, permite concluir que a autorização para o funcionamento da saúde privada no Brasil não se construiu apenas como resultado da pressão dos grupos econômicos já existentes à época da Constituinte e que pretendiam manter suas atividades com objetivo de lucro. É imprescindível que o olhar crítico contemple o disposto no artigo 24 e considere que o poder público em 1988 já sabia que o SUS não chegaria integralmente a todos os pontos do país e, por isso, era preciso considerar a possibilidade de atuar em conjunto com a iniciativa privada, preferencialmente filantrópica ou sem fins lucrativos, porém sem impedir as seguradoras e medicina de grupo, quando fosse necessário e em benefício da população.

Esse aspecto constitucional tem sido desprezado de forma sistemática pelos estudos de judicialização da saúde pública e privada no Brasil, a partir do pressuposto teórico de que os recursos da iniciativa privada são infinitos, não sofrem impacto com as decisões judiciais e podem ser repostos a qualquer momento com o aumento das contratações.

Esse argumento não têm sustentação técnica e atuarial, conforme já demonstrado nesse trabalho, e, por isso, as decisões judiciais que determinam o pagamento de procedimentos não previstos no contrato ou no rol de procedimentos da ANS ou, ainda, de procedimentos e medicamentos experimentais, muitos sequer aprovados por protocolos ou diretrizes clínicas ou pela ANVISA, o resultado dessas decisões judiciais impacta o fundo mutual composto pela contribuição dos próprios usuários de saúde suplementar e, com o tempo, determinará a redução das empresas no setor e, consequentemente, abalará a concorrência e a precificação final.

As decisões judiciais que determinam o custeio de procedimentos médicos não previstos no rol da ANS ou no contrato de seguro saúde agridem o equilíbrio econômico-atuarial dos fundos mutuais e, como esses fundos são formados e administrados por atividade econômica expressamente autorizada pela Constituição Federal, o prejuízo é extensivo a toda sociedade brasileira, mesmo para aqueles que não têm acesso a contratos de saúde suplementar.

5. Conclusão

A Constituição Federal brasileira de 1988 inaugurou um novo momento no universo jurídico nacional. Na esteira das constituições construídas após períodos de exceção, como a alemã, a portuguesa e a espanhola, a Constituição brasileira abraçou a proteção da dignidade da pessoa humana como fundamento republicano e os princípios como valores de uma sociedade a serem protegidos de forma direta, com aplicação imediata pelo magistrado, em especial na garantia dos direitos fundamentais.

Direitos fundamentais de omissão do Estado, não há dúvida, devem ter aplicação imediata, como o direito de não ser preso senão em conformidade com o texto de lei ou o direito de não ser impedido de circular ou de se manifestar. Nessas situações específicas, o Estado deve não agir e garantir que o cidadão tenha sua liberdade garantida.

Mas os direitos fundamentais não são apenas políticos, são também sociais e prestacionais. A Constituição Federal reconhece a pobreza e a desigualdade no país e, a partir desse pressuposto, determina que o cidadão tem direito a saúde, educação, moradia, assistência social, previdência social, lazer, pleno emprego, entre outros. Mas esses são direitos que demandam recursos econômicos e financeiros, portanto não podem ser decididos apenas com vontade ou reconhecimento de direito. É preciso que os mecanismos políticos constitucionais sejam organizados para exigir do poder público que execute as medidas necessárias para a consecução desses direitos.

Tratar as duas diferentes espécies de direitos fundamentais – políticos e sociais – da mesma forma, como se ambos pudessem ser exequíveis apenas pela vontade do magistrado, que determina o cumprimento da sentença, é fonte de problemas maiores que nesta quadra histórica, o país tem que enfrentar e solucionar.

No âmbito da saúde pública e privada, a realidade é semelhante. Existem recursos calculados e limitados. Os recursos da saúde pública dependem do orçamento e da gestão. E os recursos da saúde privada dependem de formação de fundos mutuais organizados a partir da contribuição dos usuários para serem utilizados em **riscos específicos e predeterminados no momento da contratação.** Assim, quando os recursos do fundo mutual são destinados a outras finalidades, que não aquelas previstas na lei ou no contrato, essa utilização é indevida e tem poder de gerar impacto negativo na gestão do fundo.

Sucessivas decisões judiciais que determinem utilização não prevista vão gerar a impossibilidade de gestão desses fundos e a diminuição do interesse da iniciativa privada em continuar operando nesse seguimento. Em consequência, teremos ainda menor concorrência no setor e menor será a possibilidade de acesso para os usuários.

Decisões judiciais precisam ser fundamentadas de forma objetiva e real, mesmo quando tratem de temas essenciais para a vida humana, como é o caso da saúde. É imperioso compreender que, se um direito é garantido constitucionalmente a todos, deve ser implementado por políticas públicas, e não por decisões judiciais que contemplem apenas aqueles que vão a juízo para requerer. Nesses casos individuais, não há efetividade de direitos, mas apenas a concessão de um privilégio para quem reuniu condições de pleitear em juízo.

Na saúde suplementar, os riscos a serem cobertos pelos contratos estão especificados na lei ou no próprio contrato. O rol de procedimentos da ANS é o ponto de partida para os cálculos atuariais e estatísticos que precisam ser realizados para a formação do fundo mutual. Expandir essa previsão, após a entrada em vigor do contrato e, consequentemente, após a formação do fundo, é alterar a base de cálculo, sem que existam recursos destinados a esse objetivo. Em outras palavras, significa desequilibrar o contrato e correr o risco de que ele se torne insustentável.

A solução de problemas de grande espectro resulta de ações organizadas e em várias áreas responsáveis pelo problema. As saúdes públicas e privadas possuem problemas que não podem ser solucionados exclusivamente pelo Poder Judiciário e pelo direito.

O setor público precisa com urgência de mais recursos e de melhoria da qualidade da gestão. O setor de saúde suplementar precisa de maior transparência de sua regulação e da relação com seus prestadores de serviços, em especial médicos, hospitais, clínicas e fornecedores de medicamentos e materiais implantáveis.

Transparência no âmbito da saúde suplementar impõe atuação com ética, em conformidade com regras claras e objetivas, atuação célere e técnica da agência reguladora e prestadores de serviços que sejam também regulados para concretização do melhor atendimento aos usuários.

A era dos direitos, tão decantada a partir dos ensinamentos de Norberto Bobbio,[17] não significa que tudo será solucionado pelo direito. Ao contrário, a organização política, social e econômica, a partir dos instrumentos democráticos de participação direta e indireta da sociedade organizada, continuam sendo caminhos mais seguros do que decisões individualizadas, que, por vezes, podem perder de vista a importância do todo e, em consequência, abrigarem privilégios em situações nas quais se pretendiam garantir direitos constitucionais.

6. Referências

ABRAHAM, Marcus. Orçamento Impositivo: Uma Alternativa Possível ao Paternalismo Judicial. In RÊGO, Werson (coord.). *Segurança Jurídica e Protagonismo Judicial*. Desafios em Tempos de Incerteza. Estudos Jurídicos em Homenagem ao Ministro Carlos Mário da Silva Velloso. Rio de Janeiro: GZ, 2017.

BIFULCO, Raffaele. *Diritto e generazioni future*. Problemi giuridici della responsabilità intergenerazionale. Milano: FrancoAngeli, 2008.

BOBBIO, Norberto. *A Era dos Direitos*. São Paulo: Elsevier, 2004.

COSTA NETO, José Wellington Bezerra. *Protagonismo Judicial*. Novo Ativismo e Teoria Geral da Função Jurisdicional. São Paulo: Leud, 2017.

RAMOS, Elival da Silva. *Ativismo Judicial. Parâmetros Dogmáticos*. São Paulo: Saraiva, 2010.

STRECK, Lenio Luiz. *O que é isto – decido conforme minha consciência?* 4ª edição, Porto Alegre: Livraria do Advogado, 2013.

RÊGO, Werson. Protagonismo Judicial, Segurança Jurídica e Reflexos nas Relações de Consumo: Novos Desafios. In: RÊGO, Werson (coord.). *Segurança Jurídica e Protagonismo Judicial. Desafios em Tempos de Incerteza*. Estudos Jurídicos em Homenagem ao Ministro Carlos Mário da Silva Velloso. Rio de Janeiro: GZ, 2017.

---

[17] BOBBIO, Norberto. *A Era dos Direitos*. São Paulo: Elsevier, 2004.

— V —

Negócios processuais e seguro

Claudio Aparecido Ribas da Silva

Pós-graduado em Direito Processual Civil pela PUC/SP. Bacharel em Direito pela Universidade Mackenzie. Professor de Direito Processual Civil e Saúde Suplementar e de Legislação do Seguro na Fundação Escola Nacional de Seguros. Vice-Presidente do Grupo Nacional de Trabalho da AIDA no Grupo de Saúde Suplementar e de Processo Civil.

Mauricio Conde Tresca

Advogado graduado pela Universidade São Judas Tadeu e graduado em Administração de Empresas pela FAAP. Pós-graduado em gestão de riscos pela Eastern Illinois University. Membro do GNT- Processo Civil e Seguro da AIDA/Brasil e da Comissão de direito securitário da OAB/SP.

Sumário: 1. Introdução; 2. Origem do instituto e natureza jurídica; 3. Classificação e espécies de negócios processuais; 4. Aplicação do instituto no mercado segurador; 4.1. Os negócios processuais nas relações de resseguro e retrocessão; 4.1.1. Eleição de foro; 4.1.2. Legitimidade; 4.1.3. Forma de citação; 4.1.4. Audiência de conciliação; 4.1.5. Intervenção de terceiros; 4.1.6. Julgamento antecipado da lide; 4.1.7. Provas; 4.1.8. Prazos e calendário processual; 4.1.9. Acordo de instância; 4.2. Os negócios processuais nos contratos de seguro; 4.2.1. Eleição de foro; 4.2.2. Legitimidade; 4.2.3. forma de citação; 4.2.4. Audiência de conciliação; 4.2.5. Intervenção de terceiros; 4.2.6. Julgamento antecipado da lide; 4.2.7. Provas; 5. Conclusão; 6. Referências.

1. Introdução

Algumas razões justificaram a necessidade de criação de um novo Código de Processo Civil, especialmente por força de diversas alterações legislativas de diplomas importantes ocorridas desde 1973, com destaque, só para exemplificar, a Lei do Divórcio, de 1977, Constituição Federal (CF), editada em 1988, o Código de Defesa do Consumidor (CDC), de 1990, e um novo Código Civil (CC), editado em 2002. Tais normas de importância preponderante alteraram sobremaneira o arcabouço jurídico brasileiro nesse período.

O Código de 1973 já estava ultrapassado do ponto de vista da tecnologia e de novos valores existentes na nossa sociedade em decorrência da modernização dos meios de comunicação e na formação de verdadeira aldeia global, onde a forma e a ritualística dos procedimentos devem adaptar-se a estes novos tempos.

O CPC/2015 propõe mudanças substanciais em torno da figura do Ministério Público; da Defensoria Pública, que sequer era prevista na Lei anterior; do procedimento de arbitragem; da mediação e conciliação; do incidente de desconsideração de pessoa jurídica, uma das modificações que decorrem da interpretação jurisprudencial; do incidente de demandas repetitivas; da expressa permissão para a realização dos negócios processuais; dentre outros exemplos. Busca-se com a inovação processual e as técnicas inovadoras dela decorrente, tornar o processo e os procedimentos instrumentos da busca da justiça de modo célere e eficaz.[1]

Hoje, a título de exemplo, o juiz detém maior poder em decorrência das normas de direito material fortalecerem suas deliberações, especialmente na aplicação da força normativa dos princípios jurídicos e dos mecanismos de alterações pontuais que melhoraram substancialmente o acesso à justiça, com eficiência que certamente será aprimorada com o novo texto da lei.

Deve a lei que rege os procedimentos espelhar o momento vivido pela sociedade e também, por consequência, pela ciência jurídica, visando a permitir o pleno acesso à justiça, devendo, assim, referida norma importante acompanhar a modernidade do direito em todos os seus aspectos.

Assim sendo, o CPC/1973 cumpriu com seu papel de importante instrumento de realização do direito no período que passou, mas a nova norma deve se adequar ao momento atual e todas as transformações que desde então ocorreram.

Com a contemplação de direitos decorrentes do Código de Defesa do Consumidor, do Código Civil de 2002, dentre outros diplomas, é certo que o Judiciário deve se adaptar ao aumento expressivo de demandas. Para tanto, foi importante a criação do novo Código de Processo Civil, moderno, naquilo que os legisladores perceberam da evolução do direito e do acesso à justiça desde 1973.

Neste sentido, o mercado de grande massa de consumidores e as demandas daí decorrentes repercutiram diretamente no exercício da função jurisdicional, com o aumento exponencial do número de processos em tramitação e a

---

[1] O CPC/2015 foi idealizado com o compromisso de resgatar a credibilidade do Poder Judiciário, solucionando o problema de morosidade nos julgamentos, democratizando o processo, melhorando o acesso à justiça, simplificação e aprimoramento as técnicas processuais e harmonizando os valores constitucionais da segurança jurídica e da efetividade. (CABRAL, Trícia Navarro Xavier, *Negócios Processuais Sob a Perspectiva do Juiz. Processo em Jornadas*. XI Jornadas Brasileiras de Direito Processual. Coordenadores. Juspodivm. 2016, p. 970).

qualidade dos serviços prestados ao jurisdicionado, que nunca foi um primor de prestação, tendeu a piorar.

O fenômeno da massificação de conflitos não pôde ser ignorado na elaboração de um novo Código de Processo Civil e, neste sentido, a nova norma cumpre seu papel, seja com a criação de novos institutos ou o aperfeiçoamento daqueles já existentes.

Nesta seara das novidades do CPC/2015, o presente artigo tem por finalidade trazer à tona o instituto dos negócios processuais ou convenções processuais conforme denominam alguns doutrinadores. A pesquisa demonstrou que a denominação "convenções processuais" é a preferida por Barbosa Moreira ainda na interpretação do CPC1973, onde existiam os denominados negócios processuais típicos, assunto que será abordado adiante. Sobre a denominação do instituto esclarece Trícia Xavier Navarro Cabral:[2]

> Inicialmente deve ser pontuado que não há consenso na doutrina sobre a denominação que deve ser empregada nas convenções em tema de processo. Na doutrina nacional o assunto é chamado de negócios processuais, acordos processuais e contratos processuais. O significado jurídico dos termos "convenção", "negócios", "contratos" e "acordos" é bem próximo, sendo que todos eles envolvem manifestações de vontade, visando um fim especifico e a produção de efeitos jurídicos. No direito estrangeiro o instituto recebe locuções distintas.

E conclui a eminente processualista adotando a denominação que julgamos também a mais correta, dada a popularização da expressão *negócios processuais*:

> Todavia, para traduzir o fenômeno em que duas ou mais pessoas expressam declarações de vontade que se fundem para formar um ato uno, novo, com a produção de efeitos processuais, mostra-se mais apropriado o uso do termo "convenção", embora não seja adequado o acompanhamento do adjetivo "processual" para designar uma avença cujo conteúdo é relacionado a processo, mas cuja natureza jurídica é de direito material. Prefere-se, pois, falar em "convenções em matéria processual". Contudo, a expressão "negócios processuais" parece estar mais popularizada, e sua utilização não compromete e eficiência do instituto.

O instituto, a grosso modo, consiste em permitir que as partes por meio de ajuste e, obedecidos os critérios estabelecidos no CPC de 2015, possam praticar os atos processuais na medida daquilo que possa ser-lhes conveniente na condução dos atos processuais.

A abordagem, sem a pretensão de esgotar o tema, pretende focar a possibilidade de uso do instituto na importante seara do direito do seguro, em suas diversas *nuances* de demandas que possam surgir na interpretação de tal modalidade de contrato.

2. Origem do instituto e natureza jurídica

Dentre os institutos que mereceram revisão ou aprimoramento, temos os negócios processuais, que consagra, de vez e de forma expressa, e não mais

---
[2] CABRAL. *Negócios Processuais*, cit., p. 971/972.

esparsa como era anteriormente, a aplicação do princípio do autorregramento da vontade no processo, em decorrência de um princípio mais amplo que é o da liberdade ou mesmo da autonomia em seara tradicionalmente rígida na formalidade da prática de atos.³

Alexandre Freitas Câmara menciona objetivamente o escopo do instituto ao mencionar que "... estabelece o art.190 que nas causas que versam sobre 'direitos que admitam a autocomposição' partes capazes podem estipular mudanças no procedimento para ajustá-lo as especificidades da causa e convencionar sobre seus ônus, poderes, faculdades e deveres processuais, antes ou durante o processo".⁴

Leonardo Carneiro da Cunha revela o panorama propício que o CPC/2015 trouxe para ser inserida a inovação de modo mais abrangente do que na sistemática anterior:

> A efetiva participação dos sujeitos processuais é medida que consagra o princípio democrático do direito inspirados na Constituição de 1988, cujos fundamentos são vetores hermenêuticos para a aplicação das normas jurídicas.⁵

O instituto propõe a quebra da rigidez dos atos processuais típicos na forma e modos de sua prática, permitindo aos litigantes, baseado na técnica de negociação e da consensualidade, estabelecer como pretendem realizar atos processuais na medida de suas conveniências e de acordo com o que lhes aprouver, desde que em atos processuais existentes ou que possam vir a existir, em demandas que tratem dos denominados direitos disponíveis.⁶

Além disso, o instituto preconiza e prestigia a consensualidade e a cooperação aplicáveis à jurisdição permitindo que as imposições decorrentes dos ônus processuais possam ser, nas situações previstas, viabilizadas de modo conjunto

---

³ Conforme Daniela Santos Bomfim, o CPC /1973 já prevê alguns negócios jurídicos processuais (negócios jurídicos processuais típicos), como é o caso da desistência (art.267, VIII, do CPC), negócio jurídico processual. Barbosa Moreira, em seu trabalho "Convenções das partes sobre matéria processual" já reconhecia a referência legal a convenções processuais (usadas pelo autor), como da cláusula de eleição de foro, convenções sobre suspensão do processo, adiamento da audiência por convenção das partes etc. BOMFIM, Daniela Santos. *Negócios Processuais. Coletânea Mulheres no Processo Civil Brasileiro*, volume único, 2017, Salvador, editora Juspodivm, p.124, citando Moreira, José Carlos Barbosa. Convenções das partes sobre matéria processual. In temas de direito processual. Terceira série. São Paulo, Saraiva, 1984, p. 87.

⁴ CÂMARA, Alexandre Freitas. *O Novo Processo Civil Brasileiro*. Volume único. São Paulo: Atlas, 2015, p. 126.

⁵ CUNHA, Leonardo Carneiro da. *Negócios Jurídicos Processuais no Processo Civil Brasileiro*, in Cabral, Antonio do Passo e Nogueira, Pedro Henrique (Coords.). *Negócios Processuais*, JusPODIVM, 2015, p. 45.

⁶ Alexandre Freitas Câmara distingue direitos que admitem autocomposição de direitos disponíveis ao propor que "... a lei limita a validade dos negócios processuais, restringindo-a as causas que versem sobre direitos que admitam a autocomposição. Não fala a lei, corretamente em 'direitos indisponíveis', mas em direitos que admitam autocomposição". É que há casos em que, não obstante a indisponibilidade do direito material há aspectos que admitem a autocomposição, como se dá em matéria de alimentos, por exemplo. *O Novo Processo Civil Brasileiro*. São Paulo: Atlas, 2015, p. 126.

e na medida da conveniência dos postulantes com objetivo de se chegar à plena cognição do litígio em atos de livre disposição das partes.

Pode-se ainda acrescer que o CPC/2015 consagra, dentre os princípios aplicáveis e fundamentais para que a norma instrumental cumpra sua finalidade preponderante, o princípio da cooperação que deve ser obedecido por todos os sujeitos do processo. O princípio da cooperação envolve a ideia de boa-fé das partes litigantes, do magistrado e de todos demais entes processuais, que devem agir com espírito de harmonia e colaboração de modo que o processo alcance um resultado justo e eficaz.[7]

Segundo Fredie Didier Junior, negócio processual é o ato voluntário, em cujo suporte fático se reconhece ao sujeito o poder de regular, dentro dos limites fixados no próprio ordenamento jurídico, certas situações jurídicas processuais ou alterar o procedimento.[8]

A ingerência estatal e a ordem pública preponderante no processo perdem lugar ao desejo das partes estabelecerem, delimitarem e preverem os caminhos do conflito de interesses.

O instituto dos negócios processuais rompe a estrutura pública do Direito Processual Civil e a tradição do rigor formal até então vigente, embora na égide do CPC de 1973 já tínhamos situações esparsas típicas de livre convenção ou autonomia da vontade das partes.

De se destacar que tal dinâmica na prática de atos típicos de convenção ou de negócio processual sempre estarão relacionados aos atos de livre disposição das partes, ou seja, nas demandas que permitam a denominada autocomposição.

A origem do instituto situa-se, inicialmente, nos denominados atos jurídicos, qual seja, aquele que tem repercussão no mundo jurídico e que seja apto a ter a denominada relevância jurídica decorrente de ato consciente da vontade humana que possa ser relevante para o direito. O resultado deste ato será importante, pois o agente busca uma consequência juridicamente protegida e possível em seu ato.

Daniela Santos Bomfim, citando Marcos Bernardes de Mello, mostra que o ato jurídico seria caracterizado por três elementos: (i) um ato humano volitivo, vale dizer, uma conduta que represente a exteriorização consciente da vontade, juridicamente relevante, razão por que figura como cerne do suporte fático de dada norma jurídica (suporte fático abstrato); (ii) a consciência da exteriorização da vontade (vale dizer: o intuito de realizar a conduta); (iii) que

---

[7] Fredie Didier Junior menciona que: "A concretização do princípio da cooperação e, no caso, também é uma concretização do princípio do contraditório, que assegura aos litigantes o poder de influenciar na solução da controvérsia". In DIDIER JUNIOR. Os três modelos de direito processual: inquisitivo, dispositivo e cooperativo. São Paulo, *Revista de Processo*, v. 198, 2011, p. 223/224.

[8] DIDIER JÚNIOR, Fredie. *Curso de direito processual civil: introdução ao direito processual civil, parte geral e processo de conhecimento*, vol. 1. Salvador: Juspodivm, 2016, p. 134.

o ato se dirija à obtenção de um resultado (o ato jurídico há de ser, ao menos, potencialmente eficaz).[9]

Dos denominados atos jurídicos em sentido lato, temos sua principal espécie que é denominada de negócios jurídicos e representa a vontade exteriorizada em forma e modo previsto no sistema jurídico e de cuja amplitude é variada em todos os ramos do direito.

Marcos Bernardes de Mello decompõe de modo a demonstrar a natureza jurídica do negócio jurídico da seguinte forma: a) cuida-se de espécie de ato jurídico em sentido lato, já que a exteriorização da vontade é cerne do núcleo de seu suporte fático; b) à vontade exteriorizada atua também no exercício do poder de escolha no âmbito da eficácia jurídica, nos limites predeterminados pelo sistema jurídico e de amplitude variada. Há, no mínimo, poder de escolha de categoria jurídica eficacial; pode haver escola do conteúdo e estruturação do conteúdo eficacial das relações jurídicas.[10]

Conforme já dito, os atos processuais sempre tiveram submissão a um modelo previamente estabelecido. O processo tem seu rito na prática de atos processuais em ordem lógica, formal ou preestabelecida que visam a possibilitar a ampla cognição com objetivo de se obter uma sentença.

A livre disposição das partes na prática de atos processuais era admitida de modo bastante restrito e tímido, ainda assim de modo pouco usual, na medida em que os operadores do direito tinham na submissão ao sistema procedimental como que um hábito na prática forense.

Tal qual o negócio jurídico está para a prática de atos jurídicos que tenham repercussão no mundo jurídico, especialmente no âmbito do direito privado, o negócio processual permite a possibilidade de serem estabelecidas convenções, obedecidos os requisitos de validade previstos no CPC, para permitir a flexibilização ou o rigor na prática de atos do processo.

Bruno Garcia Redondo elenca os requisitos de existência, validade e eficácia dos negócios jurídicos processuais:

> São 05 (cinco) os pressupostos de existência dos negócios processuais: (i) agente (capacidade de ser parte); (ii) vontade; (iii) autorregramento da vontade; (iv) objeto; e (v) forma. Por seu turno, são 07(sete) os requisitos de validade dos negócios: (i) capacidade processual (e postulatória, quando o negócio for judicial); (ii) liberdade (da vontade); (iii) equilíbrio (inexistência de vulnerabilidade ou hipossuficiência); (iv) precisão, determinabilidade, previsibilidade, possibilidade e licitude do objeto; (v) direito substancial (*res in iudicium dedecta*) passível de autocomposição; (vi) adequação (da forma); e (vii) proporcionalidade/razoabilidade do conteúdo convencionado (ato, instituto ou medida).[11]

---

[9] BOMFIM. *Negócios* processuais, cit., p.125.
[10] MELLO, Marcos Bernardes de. *Teoria do Fato Jurídico. Plano da Existência*. 12ª ed. São Paulo: Saraiva, 2003, p.184.
[11] REDONDO, Bruno Garcia. *Negócios Jurídicos Processuais: existência, validade e eficácia. Panorama atual do novo CPC*. Pedro Miranda de Oliveira. (*et al*); Coordenador: Paulo Henrique dos Santos Lucon e Pedro Miranda de Oliveira. Florianópolis: Empório do Direito, 2016. p. 28-29.

Mas referida possibilidade de serem estabelecidas as denominadas regras de modo convencional em torno da prática dos atos do processo não se trata de expediente ilimitado a ponto de serem supridas as regras determinantes do direito processual naqueles atos afetos à deliberação exclusiva do Juiz ou mesmo a forma e modo de ser dos institutos ditos compulsórios afetos ao Poder Estatal inerente ao processo.

Neste sentido, HUMBERTO THEODORO JÚNIOR esclarece que "a possibilidade de as partes convencionarem sobre ônus, deveres e faculdades deve limitar-se aos seus poderes processuais, sobre os quais têm disponibilidade, jamais podendo atingir aqueles conferidos ao juiz. Assim, não é dado às partes, por exemplo, vetar a iniciativa de prova do juiz, ou o controle dos pressupostos processuais e das condições da ação, e nem qualquer outra atribuição que envolva matéria de ordem pública inerente à função judicante".[12]

Por sua vez, Leonardo Greco, mencionado por Trícia Navarro Xavier Cabral, faz interessante observação acerca da natureza jurídica pública ou privada da prática de negócios processuais ao afirmar que:

> De outra banda, Leonardo Greco atribui a problemática da matéria ao tipo de sujeito que pratica o ato. Para ele, os atos praticados pelos sujeitos públicos (juiz, escrivão, oficial de justiça ou ministério público) são regidos pelo direito público, enquanto que os atos dos sujeitos privados desdobram-se em: atos de direito privado, se praticados por sujeitos privados, com a aplicação da teoria dos atos ou negócios jurídicos de direito civil; e atos praticados por partes que são órgãos públicos. E nesse último que residiria dúvida se o ato se enquadraria no regime de direito civil ou de direito público.[13]

Disso resulta que o ato praticado pelos sujeitos do processo ou mesmo um ato praticado fora do processo, mas a ele trazido, é um ato eminentemente processual, pois que tem finalidade de movimentá-lo e, portanto, os negócios processuais são pactos ou convenções que submetem os subscritores e visam a possibilitar a flexibilização do rigor formal do processo no interesse dos litigantes.

Por fim, deve-se destacar que a prática de negócios processuais exige, evidentemente, restrições de validade e eficácia tanto do ponto de vista do ato ou negócio jurídico de natureza material, como também de natureza processual, quais sejam, a capacidade postulatória e a de estar em juízo.

3. Classificação e espécies de negócios processuais

A doutrina vem se debruçando acerca das espécies de negócios processuais permitidas no sistema, vez que o dispositivo de Lei é aberto, ou seja, adota um

---
[12] THEODORO JUNIOR, Humberto. *Curso de direito processual civil*, vol. 1, 56. ed. Rio de Janeiro: Forense, 2015, p. 470).
[13] CABRAL. *Negócios processuais no processo civil* brasileiro, cit., p. 976/977, citando GRECO Leonardo. *Instituições de processo civil: introdução do direito processual civil*, cit., vol. 1, p. 274/275.

conceito normativo e nele encontramos as situações que possam ser permitidas nos denominados negócios processuais atípicos (artigo 190 do CPC/2015).[14]

Já o artigo 191 trata de negócio processual típico, ou seja, diferentemente de estabelecer parâmetros para permitir que as partes possam estabelecer convenções em torno da prática dos atos processuais, a norma menciona o ajuste expressamente permitido quanto ao calendário para a realização dos atos, seja quanto a prazos e momentos de sua prática, sempre levando em conta a sequência da dinâmica do procedimento previsto no Código de Processo Civil.[15]

Os negócios processuais se dividem, inicialmente, portanto, em típicos e atípicos, quais sejam, aqueles expressamente tipificados e aqueles que são permitidos por força da interpretação do disposto no artigo 190 quanto a poderem ser efetuados.

Juliane Dias Facó menciona quais eram os negócios processuais típicos previstos no CPC/1973:

> Os negócios processuais típicos já encontravam previsão no CPC/1973, materializados nas seguintes hipóteses: a) eleição de foro (art.111); b) prorrogação da competência territorial pelo silêncio do réu (art.114); c) desistência do recurso (art.158 c/c art.500, III); d) suspensão convencional do processo (art.265, II); e) adiamento da audiência por convenção das partes (art.453, I); f) renúncia ao direito de recorrer (art.502); dentre outras.

Acrescenta, mencionando que o CPC/2015 ampliou o rol dos negócios processuais típicos:

> O CPC/2015 ampliou o rol dos negócios processuais típicos, além de aperfeiçoar alguns já existentes. Institui-se, por exemplo, o calendário processual (art.191), a possibilidade de reduzir os prazos peremptórios com a anuência das partes (art. 222, parágrafo primeiro) escolha consensual do perito (art.471) e a organização compartilhada do processo (art.357, parágrafos segundo e terceiro).[16]

Outra classificação diz respeito ao momento de realização do negócio processual, quais sejam, negócios processuais ou processuais, vale dizer, se realizado antes mesmo da instauração do processo com a formação da relação processual ou depois dele já estar formado ou já no seu curso.

---

[14] Art. 190. Versando o processo sobre direitos que admitam autocomposição, é lícito às partes plenamente capazes estipular mudanças no procedimento para ajustá-lo às especificidades da causa e convencionar sobre os seus ônus, poderes, faculdades e deveres processuais, antes ou durante o processo. Parágrafo único. De ofício ou a requerimento, o juiz controlará a validade das convenções previstas neste artigo, recusando-lhes aplicação somente nos casos de nulidade ou de inserção abusiva em contrato de adesão ou em que alguma parte se encontre em manifesta situação de vulnerabilidade.

[15] Art. 191. De comum acordo, o juiz e as partes podem fixar calendário para a prática dos atos processuais, quando for o caso. § 1º O calendário vincula as partes e o juiz, e os prazos nele previstos somente serão modificados em casos excepcionais, devidamente justificados. § 2º Dispensa-se a intimação das partes para a prática de ato processual ou a realização de audiência cujas datas tiverem sido designadas no calendário.

[16] FACÒ, Juliana Dias. *Negócios Processuais. Coletânea Mulheres no Processo Civil Brasileiro*, volume único. Salvador: Juspodivm, 2017, p.253.

Como exemplo mais típico do negócio processual realizado antes do início de um processo, tem a possibilidade de as partes definirem o denominado foro de eleição.

O dispositivo que permite de modo expresso a realização dos denominados negócios processuais, em uma interpretação sistemática acerca de tipos ou espécies permitidas pela simples interpretação da norma, admite-se a realização de negócio jurídico processual acerca de alterações dos procedimentos, convenção quanto ao ônus da prova, faculdades e deveres processuais dentre outros.[17]

O negócio jurídico processual pode ser celebrado tanto no curso do processo como em caráter pré-processual. Na fase pré-processual ele não se restringe, como era no regime do CPC/1973, a simples eleição de foro, mas também, por exemplo, por meio de cláusula contratual estabelecer a estipulação acerca do ônus da prova ou mesmo a imposição em torno do cômputo de prazos e outras situações que possam não serem contrárias às regras estabelecidas no artigo 190 do CPC/2015.

Neste sentido é a lição de Alexandre Freitas Câmara:

> O negócio processual pode ser celebrado no curso do processo, mas pode também ser realizado em caráter pré-processual. Imagine-se, por exemplo, um contrato celebrado entre duas empresas no qual se insira uma cláusula em que se prevê que na eventualidade de instaurar-se processo judicial entre os contratantes, para dirimir litígio que venha a surgir entre as partes em razão do aludido contrato, todos os prazos processuais serão computados em dobro.[18]

Obviamente que todo e qualquer negócio jurídico processual que possa ser efetuado pelas partes se sujeita ao controle judicial, conforme prevê o parágrafo único do artigo 190, tal qual os demais atos processuais que sempre são submetidos à chancela judicial.[19]

---

[17] O enunciado 19 do FPPC – Fórum Permanente de Processualistas Civis – orienta que: "São admissíveis os seguintes negócios processuais, dentre outros: pacto de impenhorabilidade, acordo de ampliação de prazos das partes de qualquer natureza, acordo de rateio de despesas processuais, dispensa consensual de assistente técnico, acordo para retirar o efeito suspensivo de recurso, acordo para não promover execução provisória; pacto de mediação ou conciliação extrajudicial prévia obrigatória, inclusive com a correlata previsão de exclusão da audiência de conciliação ou de mediação prevista no art. 334; pacto de exclusão contratual da audiência de conciliação ou de mediação prevista no art. 334; pacto de disponibilização prévia de documentação (pacto de *disclosure*), inclusive com estipulação de sanção negocial, sem prejuízo de medidas coercitivas, mandamentais, sub-rogatórias ou indutivas, previsão de meios alternativos de comunicação do acordo para não promover execução provisória; pacto de mediação ou conciliação extrajudicial prévia obrigatória, inclusive com a correlata previsão de exclusão da audiência de conciliação ou de mediação prevista no art. 334; pacto de exclusão contratual da audiência de conciliação ou de mediação prevista no art. 334; pacto de disponibilização prévia de documentação (pacto de *disclosure*), inclusive com estipulação de sanção negocial, sem prejuízo de medidas coercitivas, mandamentais, sub-rogatórias ou indutivas; previsão de meios alternativos de comunicação das partes entre si; acordo de produção antecipada de prova; a escolha consensual de depositário-administrador no caso do art. 866; convenção que permita a presença da parte contrária no decorrer da colheita de depoimento pessoal" (Grupo: Negócio Processual; redação revista no III FPPC- RIO, no V FPPC-Vitória e no VI FPPC-Curitiba).

[18] CÂMARA. *O Novo Processo Civil Brasileiro*, cit., p. 127

[19] Enunciado 403 FPPC: (art. 190; art. 104, Código Civil) *A validade do negócio jurídico processual, requer agente capaz, objeto lícito, possível, determinado ou determinável e forma prescrita ou não defesa em lei.* (Grupo: Negócios Processuais)

Considerando a necessária submissão aos requisitos de validade para a possibilidade de prática de negócios processuais, o FPPC elencou algumas situações em que não se poderá admitir a utilização do instituto, conforme Enunciado de número 20:

> Não são admissíveis os seguintes negócios bilaterais, dentre outros: acordo para modificação da competência absoluta, acordo para supressão da primeira instância, acordo para afastar motivos de impedimento do juiz, acordo para criação de novas espécies recursais, acordo para ampliação das hipóteses de cabimento de recursos. (Grupo: Negócio Processual; redação revista no VI FPPC-Curitiba)

Portanto, conclui-se que sendo respeitados os requisitos de validade dos atos jurídicos e negócios jurídicos em geral e, por consequência, a sujeição aos critérios expressos do artigo 190 do CPC/2015, especialmente a autonomia da vontade e a bilateralidade de deliberação por meio da denominada capacidade postulatória, além da submissão ao órgão judicante, que deverá zelar pela licitude do ato e, assim, permitir, na prática forense, possam surgir outros tipos de negócios processuais, considerando não existir rol exaustivo naqueles classificados como atípicos.

4. Aplicação do instituto no mercado segurador

Nos itens anteriores, foram apresentadas a origem e as principais características dos negócios processuais.

Como dito anteriormente, os negócios processuais se dividem em duas grandes categorias: Típicos e Atípicos.

Passe-se agora a analisar as possibilidades que o conjunto desses negócios propiciam para uma melhor solução dos conflitos no âmbito da indústria securitária.

Dadas as inúmeras possibilidades decorrentes o art. 190, que dispõe sobre os negócios atípicos, o objetivo não é esgotar todos os negócios possíveis. Ao invés, o objetivo é tratar de algumas possibilidades e convidar o leitor a refletir e colocar em prática inúmeras outras.

Para fins de análise, dadas as peculiaridades, que a maioria dos operadores do direito reconhece, dos contratos de seguro e resseguro, analisam-se os negócios processuais nas relações representadas pelos contratos de resseguro e retrocessão e, posteriormente, nos contratos que representam as relações securitárias *strictu sensu*.

4.1. Os negócios processuais nas relações de resseguro e retrocessão

Ao se analisarem as relações representadas pelos contratos de resseguro e retrocessão, parte-se da premissa que se está diante de partes capazes, em condições de igualdade, assistidas por advogados e que detêm amplo conhecimento das peculiaridades dos contratos que celebram.

Partindo desse pressuposto, largar-se com a análise que as partes no contrato de resseguro e retrocessão detêm capacidade subjetiva e também podemos inferir que a natureza do direito envolvido no contrato de resseguro é disponível, logo nesse tipo de relação as partes detêm capacidade subjetiva e objetiva para contratar negócios processuais.

O mais amplo dos negócios jurídicos é a convenção de arbitragem e esse tema há muito tem sido estudado e aplicado nas relações de resseguro e retrocessão.

Sem medo de se cometer um erro crasso, pode-se dizer que é muito comum os contratos de resseguro e retrocessão conterem cláusulas com previsão de arbitragem e, quando não contêm tal previsão, também é comum que as partes decidam pelo negócio processual da arbitragem para resolverem seus conflitos quando surgem.

Como exposto inicialmente, sendo esta o mais amplo dos negócios processuais, podemos refletir, como muitos autores têm feito, que se com arbitragem temos uma ampla liberdade procedimental, inclusive com o afastamento da jurisdição estatal, essa mesma liberdade possibilita deliberar sobre os procedimentos ainda que se esteja submetido à jurisdição estatal.

Tendo em vista que a arbitragem é em larga medida aplicada nos contratos de resseguro e retrocessão, deixa-se de avaliá-la e passa-se ao estudo das outras possibilidades.

4.1.1. Eleição de foro

O primeiro dos negócios processuais e talvez o mais disseminado seja Eleição de Foro. Nos contratos de resseguro e retrocessão não há nada que obste aos contratantes definir o foro mais conveniente para solucionar suas disputas.

A análise das decisões pode indicar, em larga medida, qual o entendimento que determinada corte tem sobre aspectos do contrato que se estabelece. O entendimento da corte é fonte importante na interpretação dos contratos e pode garantir previsibilidade na interpretação contratual. Sendo a previsibilidade um elemento importantíssimo nas relações negociais, é recomendável que as partes elejam o foro competente e interpretem o negócio em conformidade com a interpretação da corte eleita.

Não menos importante, dada a situação do nosso Poder Judiciário, é a questão da celeridade das diferentes cortes. Tão importante quanto a qualidade da decisão é a celeridade da decisão. E considerando tal parâmetro, seria muito importante que as partes elegessem e submetessem as suas disputas a cortes que sejam céleres. E nesse caso o negócio processual de eleição de foro é totalmente aplicável.

4.1.2. Legitimidade

Uma das questões mais intrigantes é a questão da quantidade de partes que devem figurar em um procedimento judicial. Em um contrato com pluralidades de partes, como nos contratos de resseguro e retrocessão, *ab initio* e conservadoramente, a ação deveria ser proposta em face de todas as partes legítimas para figurar no polo passivo, pois seria o caso de litisconsórcio passivo unitário necessário, partindo do princípio que a mesma decisão deveria atingir a todos os réus que deveriam ser citados.

Essa premissa se torna efetivamente custosa e contraproducente, acarretando demora ao processo, mas por outro lado, respeita o direito de defesa e o amplo contraditório, tanto que as disposições previstas no código de processo civil falam em extinção de processo e nulidade da sentença para quem não participou do contraditório.

Essa questão é de tal relevância e, por analogia, não podemos deixar de destacar que existe esse debate permanente inclusive representado por uma previsão específica no projeto de lei que trata do seguro para a substituição processual.

Há de se buscar um equilíbrio no caso concreto e, melhor que uma determinação geral, incapaz de observar as peculiaridades dos casos, é a possibilidade que as partes construam um negócio processual definindo quem substituirá as partes em um procedimento judicial.

Como já discutido, no caso concreto não há possibilidade de limitar o direito de peticionar a determinadas partes, pois iria de encontro às previsões constitucionais, mas por outro lado, não há nenhum óbice que a ação seja em face de determinadas partes que previamente seriam escolhidas para substituir, em legitimação extraordinária, o conjunto em uma ação, com a estipulação que a decisão proferida vincularia o conjunto das substituídas. Por exemplo, poderia ser definido que a propositura de qualquer ação seria em face da líder (resseguradora ou cosseguradora) que substituiria as demais, havendo legitimidade ordinária e extraordinária simultaneamente. Alternativamente, que a ação seria proposta em face da líder e da parte com maior participação, ou ainda daquela que estivesse estabelecida no Brasil, ou no país da ocorrência do dano. Ou ainda, que se designasse uma parte que fosse reconhecida como esperta naquele tipo de resseguro.

Um negócio processual desse tipo que limita o número de partes envolvidas na ação judicial propicia que ação seja menos custosa, pois as partes podem acordar que as despesas e honorários advocatícios sejam rateados entre todas as envolvidas; pode trazer mais celeridade, pois serão menos partes argumentando no processo e ao mesmo tempo trará uma sensação de segurança, pois as partes estão sendo substituídas por quem foi previamente escolhida.

Somam-se ainda às possibilidades de legitimidade as hipóteses de intervenção de terceiros, que serão analisadas adiante, fazendo com que o negócio processual possa trazer equilíbrio entre direito de defesa, amplo contraditório e celeridade da ação.

4.1.3. Forma de citação

Um dos atos mais importantes e por vezes um dos mais custosos é a citação. O processo somente tem "início" com a citação.

O ordenamento jurídico pátrio está avançando com o objetivo de incorporar as novas tecnologias e de fazer com que a citação seja um ato célere e efetivo. Já há previsão que as pessoas jurídicas mantenham nos bancos de dados dos tribunais endereço eletrônico para a citação.

Assim, seria muito bom que os contratantes estabelecessem a forma como se daria a citação nos casos de disputa. Uma possibilidade, em linha com a previsão legal, e que no contrato ficasse determinado em qual endereço eletrônico deveria ser enviada a citação em conjunto com a obrigação das partes de manterem tal endereço atualizado. Subsidiariamente, poderia ser definida uma segunda forma, por exemplo, carta registrada para um determinado endereço.

Ainda com relação à citação, as partes, tendo em vista a liberdade procedimental, poderiam estipular que protocolada e distribuída a inicial, a parte autora imediatamente, ou em prazo estipulado, faria a citação da requerida e juntaria nos autos tal comprovante.

Tal ajuste poderia acelerar muito o início efetivo do processo, principalmente nos casos que envolvem resseguradores eventuais.

4.1.4. Audiência de conciliação

Uma das novidades do novo CPC é a previsão da audiência de conciliação. As soluções adequadas de conflitos são muito bem vindas e necessárias na atual conjuntura do Poder Judiciário. A audiência de conciliação prevista, ainda que controversa, tanto do ponto de vistas de alguns advogados quanto de alguns magistrados, é um instrumento de difusão e conscientização dos métodos adequados de solução de conflitos.

Sendo essencialmente um ato consensual, as partes poderiam estabelecer, por meio de um negócio processual, que as partes, antes de ingressarem em juízo, se submeteriam a um procedimento conciliatório, pré-definido e que em restasse infrutífero o procedimento as partes ingressariam em juízo já pedindo a dispensa da audiência prevista no art. 334 do CPC 2015.

Neste ponto, podemos lembrar das inúmeras cláusulas de escalonamento, conhecidas como cláusulas *med-arbri*, que já estão sendo adotadas nos contratos de resseguro e retrocessão.

Outra alternativa é que as partes poderiam acordar antecipadamente pela não realização da audiência de conciliação, também uma das possibilidades decorrentes da aplicação dos negócios processuais.

4.1.5. Intervenção de terceiros

Umas das questões mais caras às partes é a intervenção de terceiros, dada a natureza plural dos contratos de resseguro e retrocessão, onde via de regra há mais de duas empresas contratando, que por sua vez, têm outros contratos diretamente ligados ao primeiro.

No modelo atual do procedimento estatal, duas figuras se destacam: a Assistência e a Denunciação da Lide.

A Denunciação da Lide, no novo ordenamento, tem limitações, sendo prevista apenas uma denunciação sucessiva.

Esse tema, da mesma forma que a legitimidade, carrega consigo um conflito: quantidade de partes envolvidas no litígio e celeridade do processo.

O envolvimento das partes está relacionado, por sua vez, às garantias do direito de defesa e amplo contraditório.

Nesse caso, a relação é diretamente proporcional: quanto mais partes atuando no processo, maior o tempo processual. Contudo, o mais importante é buscar um ponto de equilíbrio entre direitos de defesa e contraditório das partes com a celeridade processual.

Aqui o equilíbrio, via de regra, depende de uma avaliação criteriosa da contratação de resseguro e retrocessão. As partes, antes de fechar o negócio, podem e devem discutir em qual qualidade estão entabulando o negócio: Na qualidade de líder ou de *follower*. Se estão com uma participação relevante ou não na cessão. Se a capacidade ofertada é própria ou está calcada em um contrato de retrocessão relevante.

As possibilidades aqui aventadas estão diretamente relacionadas ao tamanho do ônus financeiro que as partes estarão assumindo direta ou indiretamente naquele negócio.

Seria prudente que as partes mais oneradas no conflito pudessem participar do processo, a fim de se evitar que um conflito se torne uma pluralidade de conflitos decorrentes das ações de regresso que poderiam ser propostas.

Com esse intuito, as partes, por meio de um negócio processual, poderiam estabelecer regras para a assistência e para a denunciação da lide. Poderiam, por exemplo, limitar ou determinar a assistência apenas ao líder ou à parte que teria o maior valor a indenizar.

Com relação à denunciação da lide, poderiam previamente definir quem seria o denunciado e quem faria a denunciação.

Em suma, através de um negócio processual, a exemplo do que foi colocado quando tratamos da legitimidade, poderiam ser definidas quais as partes que efetivamente estariam atuando no procedimento.

4.1.6. Julgamento antecipado da lide

Há muitas vezes questões que são levadas ao Judiciário nas quais os fatos são incontroversos, e a questão discutida é eminentemente de direito. Por exemplo, discussões relativas à prescrição e decadência ou discussões sobre aplicação de uma determinada norma ao caso concreto.

Em situações como essa, as partes poderiam fazer um negócio processual estipulando que após a contestação, as partes "saneariam o processo" indicando quais seriam as questões ainda pendentes que necessitariam de uma decisão judicial e submeteriam imediatamente a questão para ser sentenciada.

Aqui estamos, grosso modo, adotando um rito abreviado, um rito sumário, privilegiando a celeridade do processo.

4.1.7. Provas

Em uma solução de conflito por heterocomposição, a questão fundamental é a produção de provas. A prova se torna o centro do procedimento, todos os atos que antecedem ou seguem a prova a têm como fio condutor. Não é exagero dizer que a prova é a protagonista do processo, seja no âmbito judicial ou arbitral.

Sendo a prova protagonista da solução do conflito, nada mais coerente que as partes contratem a forma de como se darão as provas.

Nos contratos de resseguro e retrocessão, a definição dos meios de prova, dadas as idiossincrasias, é fundamental para o desenrolar do processo. As partes são as melhores pessoas para indicar quais provas são pertinentes e quais provas são irrelevantes para a solução do conflito. Não é incomum que provas imprescindíveis sejam muitas vezes indeferidas, fazendo com que recursos e mais recursos sejam apresentados, comprometendo a celeridade do processo, bem como também não é incomum que provas irrelevantes sejam deferidas gerando custos e morosidade ao processo.

O negócio processual, principalmente o negócio processual antecedente, pode ser a resposta para que as partes definam quais provas deverão ser produzidas em caso de disputa.

Além da prova em si, as partes podem definir quando, como e quem produzirá as provas.

No caso de resseguro e retrocessão, por exemplo, naqueles contratos com cláusula de inspeção, poderia constar que em caso de disputa e se feita a inspeção pelo ressegurador, caberia a este e tão somente a este produzir as provas que instruiriam o processo.

Por outro lado, nos contratos que não contivessem tal previsão, poderia ser estipulado que caberia à cedente fazer as provas.

As partes poderiam convencionar, por exemplo, que os laudos de regulação produzidos por regulador escolhido pelos contratantes seriam prova das obrigações e limites de responsabilidade.

Na mesma linha podem definir que em caso de disputa as partes definiriam de comum acordo o perito.

Poderiam ainda estipular uma mudança no momento da produção de provas, estipulando que a petição inicial viria com todas as provas e que antes da audiência de conciliação seria apresentada a contestação também com todas as provas. Possibilitando que as partes iniciassem a conciliação com todos os elementos probatórios em linha com a previsão legal.

Incidentalmente poderia, dependendo da complexidade e valor do caso, estipular que seriam aceitas somente provas documentais ou testemunhais.

O dever de cooperação é um novo paradigma no processo. As partes devem contribuir efetivamente para a busca da verdade, em contratos de resseguro e retrocessão, esse corolário e ainda mais significativo, pois são contratos regidos pela máxima boa-fé. Nesse sentido, também podem as partes, como dito antes, acordar por meio de um negócio processual que os custos de produção das provas serão divididos pelas partes independentemente de quem produza as provas, ou ainda em caso de litisconsórcio que seria rateado de forma proporcional ao interesse, leia-se aqui, a participação de cada ressegurador, cooperando todos para o bem desenrolar do processo.

4.1.8. *Prazos e calendário processual*

Umas das possibilidades mais interessantes que podem ser feitas atualmente por meio de um negócio processual é a definição de prazos e o calendário processual.

De forma incidental, uma vez que já será conhecida a natureza da disputa, as partes em conjunto com o juiz podem apresentar um calendário estipulando em que datas seriam produzidos os atos processuais. A audiência de conciliação, se infrutífera, como sugestão, pode ser um excelente momento para se discutir a proposta de calendário processual.

A definição de um calendário consensual é um instrumento poderoso para o bom andamento do processo. As partes, antecipadamente, já sabem o que e quando deverão fazer, podendo se planejar adequadamente e fazendo que o processo tenha efetivamente a tão desejável duração razoável.

4.1.9. Acordo de instância

Dependendo da complexidade da causa e do valor, as partes podem acordar que o julgamento será realizado apenas pela primeira instância, e as partes antecipadamente renunciam o direito de recurso e solicitam o trânsito em julgado. Essa possibilidade é muito conveniente para questões cuja jurisprudência é pacífica e frequentemente aplicada, pois sinalizam uma previsibilidade das decisões e podem dar o conforto para que as partes concordem com uma decisão monocrática. O mesmo raciocínio serve para determinar que as questões sejam discutidas no máximo em segunda instância.

O grande objetivo de negócios processuais dessa natureza e evitar que os processos demorem anos e anos para transitar em julgado, implicando, por exemplo, manutenção de reservas.

4.2. Os negócios processuais nos contratos de seguro

Antes de se falar das possibilidades dos negócios processuais nos contratos de seguro, uma questão se coloca: É possível a estipulação de negócios processuais nas apólices de seguro?

A questão se coloca, pois a primeira indagação será: sendo o contrato de seguro uma relação de consumo, estariam vedados os negócios processuais para as relações de consumo?

Como de praxe, há duas correntes: A primeira, como nas lições de Flávio Tartuce,[20] entende que não é possível a contratação de negócios processuais quando estamos diante de uma relação de consumo. A segunda, a exemplo de Fernando da Fonseca Gajardo,[21] entende que sim é possível, pois o ordenamento jurídico está evoluindo para um maior respeito à autonomia da vontade.

Aqui se inclina pela possibilidade da celebração de negócios processuais em linha com os argumentos da linha que defende a sua possibilidade.

Destaca-se que a própria disposição da lei submete o caso concreto ao escrutínio do juiz que poderá anular o negócio em caso de abusividade, nulidade ou em caso de vulnerabilidade.

---

[20] Negócio jurídico processual em contrato de consumo: posição contrária. Disponível em: http://www.cartaforense.com.br/conteudo/artigos/negocio-juridico-processual-em-contrato-de-consumo-posicao-contraria/18034. Acesso em: 19 jan.2018.
[21] Idem.

Olhando para as peculiaridades da indústria, não se pode deixar de mencionar que há diferentes tipos de segurados e que muitos têm interesse em contratar negócios processuais, afastando qualquer possibilidade de vulnerabilidade.

Superada a discussão da possibilidade ou não dos negócios processuais nos contratos de seguro, relevante indicar que as condições pactuadas, sejam em contratos de adesão ou em instrumentos apartados contenham aceitação expressa do segurado, nos moldes da previsão contida na lei de arbitragem.

4.2.1. Eleição de foro

Que os contratos de seguro encerram uma relação de consumo na grande maioria das vezes já é pacífico, que a praxe de contratação espelha contratos de adesão também já é pacífica, sendo, portanto, contratos de adesão acolhidos pela legislação consumerista, uma análise superficial indicaria que a cláusula de eleição de foro seria uma cláusula nula e que prevaleceria o foro do consumidor como foro competente.

Contudo, uma análise mais atenta, em consonância com a atual jurisprudência do STJ, indica que são válidas as cláusulas de eleição de foro, desde que na eleição não haja hipossuficiência ou a dificuldade de acesso da parte ao Poder Judiciário, devendo tais condições ser averiguadas no caso concreto.

Demonstrada a possibilidade de eleição de foro, seria muito interessante que os contratantes debatessem qual o melhor local para discutir alguma disputa decorrente do contrato de seguro. Como dito anteriormente, essa escolha deveria seguir uma análise da jurisprudência da corte escolhida, como um guia para a interpretação contratual.

Nos seguros empresariais e nos produtos mais sofisticados, sem querer desmerecer a capacidade de qualquer magistrado, seria interessante que a discussão fosse submetida a cortes mais habituadas com tal tipo de discussão.

Se a corte escolhida tem repositório de julgados e uma consistência nas decisões, sempre será mais tranquilo para as partes acatarem as decisões proferidas evitando interminável propositura de recursos que tornam o processo custoso e demorado.

Hipoteticamente, e apenas para exemplificar, uma apólice de casco marítimo ou operador portuário poderia eleger a comarca de Santos ou do Rio de Janeiro para dirimir qualquer controvérsia, ainda que o segurado fosse de Uberlândia. Certamente tais comarcas estão mais habituadas a enfrentar questões que envolvem esse tipo de seguro.

4.2.2. Legitimidade

Quando falamos sobre a legitimidade nos contratos de resseguro e retrocessão, falamos da legitimação extraordinária convencional, quando as partes podem eleger alguém para ser o substituo processual. Nosso entendimento é que esse tipo de legitimação somente pode ser passiva, pois a legitimação extraordinária ativa criaria uma situação que a parte ficasse impedida de peticionar se o legitimado não o fizesse, o que colide com direito de petição protegido pela constituição.

Sendo perfeitamente viável a legitimação extraordinária passiva convencional, os casos de cosseguro seriam uma das hipóteses mais interessantes. Poderiam as partes eleger quem substituiria as congêneres em caso de disputa. Podem as partes eleger, por exemplo, a líder, ou ainda a cosseguradora com maior participação no risco, ou ainda aquela que tiver filial ou escritório naquela região. Um negócio processual antecedente certamente provocaria a discussão e avaliação mais criteriosa da oferta e aceitação de cosseguro. Se as cosseguradoras vão escolher, juntamente com o segurado, uma substituinte, é certo que há um maior grau de harmonia entre as cosseguradoras. Se uma cosseguradora precisa, por exemplo, concordar com a legitimação de uma terceira, mas não está segura, por exemplo, quanto à qualidade da regulação ou da subscrição, pensará melhor antes de tomar parte no negócio. Para o segurado também é melhor, não apenas por ter que discutir em face de menos partes, mas também por implicitamente estar contratando com um grupo de cosseguradoras que confiam umas nas outras.

4.2.3. Forma de citação

Como dito anteriormente, nosso ordenamento evolui para adotar diferentes formas para a citação, sendo que há uma clara preferência pela citação por meios eletrônicos.

Nas apólices contratadas por pessoas jurídicas, poderia ser incluída cláusula que a citação seria feita no email informado pelas partes na apólice, em linha com a previsão legal.

Uma alternativa interessante também seria estipular um negócio processual acordando que a citação seria nos processos digitais feita pela parte-autora que encaminharia o protocolo da petição inicial juntamente com cópia dos documentos protocolados, e que a parte contrária deveria apresentar a contestação em 15 dias do recebimento da citação.

Uma nova metodologia de citação poderá trazer muita celeridade aos processos. Na atualidade, não deveria haver mais espaço para que as partes, principalmente em uma contratação que deve observar a máxima boa-fé, protelem a discussão e a solução de seus conflitos por meio de atrasos na citação.

4.2.4. Audiência de conciliação

Uma das grandes inovações, ainda que muito controversa, é a previsão da audiência de conciliação.

Os métodos adequados de solução de conflitos, como já dito, são ferramentas importantes para uma solução construtiva dos conflitos. Como há muitas críticas à forma como são conduzidas na prática as audiências de conciliação, há nos negócios processuais uma grande oportunidade de transformar as audiências em algo mais efetivo. Nesse sentido, a inclusão de uma previsão contratual nas apólices, encaminhando a disputa que surgirem para a mediação e conciliação como um passo necessário e antecedente para disputa judicial seria muito interessante. Mas tal previsão não seria apenas repetir a previsão legal, mas sim encaminhar para centros de mediação e conciliação e para medidores e conciliadores que fossem realmente afetas as questões securitárias. Já há centros e profissionais especializados no segmento securitário e no médio prazo são grandes as chances de os conflitos serem resolvidos na mediação e conciliação.

Com a conciliação prévia, as partes inclusive podem acordar pela dispensa da audiência de conciliação caso reste infrutífera. Aqui também haverá ganhos de celeridade, pois as partes não necessitarão esperar uma sessão de conciliação se já fizerem uma tentativa prévia.

Por fim, ainda que não recomendável, diante das condições atuais do nosso Judiciário, as partes também podem, através de um negócio processual, acordar pela não realização da audiência prevista no Código de Processo Civil.

4.2.5. Intervenção de terceiros

Como acima mencionado, a intervenção de terceiros está diretamente ligada ao número de partes envolvidas no processo e a celeridade do mesmo. Quanto mais partes, mais demorado o processo.

A fim de se buscar um equilíbrio, as partes podem estabelecer um negócio processual que limite e indique as partes chaves para a solução do conflito.

Nos casos de cosseguro, por exemplo, poder-se-ia limitar o número de assistentes simples ou litisconsorcial, admitindo que o líder do cosseguro e o cossegurador com maior participação ingressassem no feito.

Quanto à denunciação da lide, na mesma linha, poderia ser indicado, por meio de um negócio processual, quem poderia ser denunciado. Nos contratos que há seguro facultativo expressivo, poderia ser definido que o líder ou ressegurador com maior participação no risco fossem denunciados.

Em outra direção, mas também, como possibilidade decorrente de um negócio processual, nos contratos que contam com resseguro automático, poderia ser estipulada que é vedada a denunciação da lide dos resseguradores e o ingresso deles como assistentes. Um breve esclarecimento se faz importante como as condições da apólice fazem parte do contrato de resseguro, disposições de tal natureza estariam sendo acordadas também pelos resseguradores, de tal sorte que não se poderia alegar que o negócio processual foi celebrado sem a participação dos resseguradores, salvo se tal negócio é feito em instrumento apartado e fora das condições da apólice apresentadas na contratação do resseguro.

4.2.6. Julgamento antecipado da lide

Como colocado, quando tratado o contrato de resseguro e retrocessão, nos contratos de seguro também pode ser estabelecido, via negócio processual, que as partes solicitarão o julgamento da lide tão logo seja apresentada a contestação quando a questão for exclusivamente de direito e não haver controvérsia sobre os fatos.

Tal previsão seria muito interessante, por exemplo, nos casos em que se discute a prescrição. Se a disputa gira em torno se ocorreu ou não a prescrição, pois as partes não têm dúvidas quanto à data do fato, após a contestação, o juiz poderia imediatamente sentenciar.

4.2.7. Provas

São inúmeras as possibilidades de negócios processuais que envolvem o tema de prova. Desde a limitação de quais provas serão admitidas, por exemplo, limitando a oitiva de testemunhas, ou a documentos, passando pela escolha prévia e comum de peritos, até a inversão do ônus da prova.

Para os casos concretos, parecem-nos muito adequados os negócios processuais que estabeleçam meios de antecipar as provas. Construções com a previsão de que a petição inicial e a contestação devam ser instruídas com todas as provas previamente à audiência de mediação e conciliação, ou mesmo que antes de propor ação principal, as partes devem fazer a produção antecipada de provas.

Casos como discussão da preexistência ou não de danos, cuja prova condiciona ou não o deferimento da cobertura, deveriam ter qualquer discussão precedida pela produção de provas. As disputas poderiam ser muito mais céleres e objetivas.

5. Conclusão

Ao longo dos itens anteriores, discutiu-se a origem e os pressupostos que embasam a possibilidade de as partes celebrarem negócios jurídicos processuais. O novo diploma processual alarga essa possibilidade, ampliando o rol de negócios processuais típicos e elenca os requisitos necessários para que sejam criados outros tantos negócios, agora atípicos.

A possibilidade de se estabelecerem negócios processuais atípicos é instrumento que os operadores do direito devem incorporar no seu dia a dia de forma a propiciar uma melhor prestação jurisdicional.

No item anterior, foram elencadas algumas possibilidades de negócios processuais que podem inspirar os militantes do direito securitário, sendo um importante instrumento para que o processo possa ser dirimido de modo mais equilibrado, do ponto de vista da flexibilização dos atos processuais efetuados de comum acordo.

A conclusão, que se chega é que hoje o ordenamento jurídico pressupõe uma postura colaborativa e proativa das parte e o instrumento para que se possa concretizar essa postura é o negócio processual. Caberá a todos aqueles que direta ou indiretamente atuem com o direito securitário, proporem negócios processuais para que os conflitos submetidos ao Judiciário sejam solucionados de forma célere e adequada. Não há mais lugar para posturas passivas. O ordenamento jurídico permite e cabe a todos os envolvidos buscarem e implementarem negócios processuais que sejam adequados para solucionar as disputas securitárias.

6. Referências

BOMFIM, Daniela Santos. *Negócios Processuais*. Coletânea Mulheres no Processo Civil Brasileiro. Volume único. Salvador: JusPODIVM, 2017.

CABRAL, Trícia Navarro Xavier. *Negócios Processuais Sob a Perspectiva do Juiz. Processo em Jornadas*. XI Jornadas Brasileiras de Direito Processual. Coordenadores. Salvador: JusPODIVM, 2016.

CÂMARA, Alexandre Freitas. *O Novo Processo Civil Brasileiro*. Volume único. Salvador: Atlas, 2015.

CUNHA, Leonardo Carneiro da. Negócios Jurídicos Processuais no Processo Civil Brasileiro. In: Cabral Antonio do Passo Nogueira e Pedro Henrique (Coords.) *Negócios Processuais*. Salvador: JusPODIVM, 2015.

DIDIER JÚNIOR, Fredie. *Curso de direito processual civil*: introdução ao direito processual civil, parte geral e processo de conhecimento. Vol. 1. 18. ed. Salvador: JusPODIVM, 2016.

——. *Os três modelos de direito processual*: inquisitivo, dispositivo e cooperativo. São Paulo: Revista de Processo, v. 198, 2011.

FACÒ, Juliana Dias. Negócios Processuais. *Coletânea Mulheres no Processo Civil Brasileiro*, volume único. Salvador: Juspodivm, 2017.

GAJARDONI, Fernando da Fonseca. *Negócio jurídico processual em contratos de consumo: possibilidade*. Disponível em <http://www.cartaforense.com.br/conteudo/artigos/negocio-juridico-processual-em-contratos-de-consumo-possibilidade/18035>. Acesso em 19 jan. 2018.

MELLO, Marcos Bernardes de. *Teoria do Fato Jurídico. Plano da Existência*. 12ª ed. São Paulo: Saraiva, 2003.

MOREIRA, José Carlos Barbosa. Convenções das partes sobre matéria processual. In: *Temas de direito processual*. Terceira série. São Paulo: Saraiva, 1984.

REDONDO, Bruno Garcia. Negócios Jurídicos Processuais: existência, validade e eficácia. Panorama atual do novo CPC. Pedro Miranda de Oliveira (*et al.*); Coordenador: Paulo Henrique dos Santos Lucon e Pedro Miranda de Oliveira. Florianópolis: Empório do Direito, 2016.

TARTUCE, Flávio. *Negócio jurídico processual em contrato de consumo: posição contrária*. Disponível em: <http://www.cartaforense.com.br/conteudo/artigos/negocio-juridico-processual-em-contrato-de-consumo-posicao-contraria/18034>. Acesso em: 19 jan. 2018

THEODORO JUNIOR, Humberto. *Curso de direito processual civil*. Vol. 1. 56.ed. Rio de Janeiro: Forense, 2015.

— VI —

Algumas questões sobre as colocações de grandes riscos

Guadalupe de Andrade Nascimento

Advogada. Graduada em Direito pela Universidade Presbiteriana Mackenzie. Pós-Graduada em Direito Empresarial pela Escola Superior de Advocacia. Mestranda em Direito Civil pela Universidade de São Paulo – USP. Membro do GNT de Resseguros da AIDA/Brasil.

Patrícia Godoy Oliveira

Advogada. Graduada em Direito pela Universidade Presbiteriana Mackenzie. Mestrado *latu sensu* (LL.M.) na University of Chicago. Aperfeiçoamento Gerencial em Seguros na FIA/FEA-USP. Pós-graduada em Administração de Empresas – CEAG na Fundação Getúlio Vargas. Presidente do GNT de Resseguros da AIDA/Brasil.

Sumário: 1. Introdução, conceituação básica e grandes riscos; 2. O resseguro e suas modalidades; 2.1. Contratos automáticos (*treaties*); 2.2. Resseguro facultativo (fac); 2.3. Resseguros proporcionais e não proporcionais; 3. Partes envolvidas na colocação de resseguro de grandes riscos; 3.1. Segurado; 3.2. Corretor de seguros; 3.3. Seguradora ou cedente; 3.4. Corretor de resseguros; 3.5. Ressegurador ou cessionário; 4. Efeito relativo dos contratos de resseguro e colocação facultativa; 4.1. Posição do segurado e contemporaneidade das negociações; 4.2. Investidores ou financiadores do segurado; 5. *Letters of undertaking*; 6. Considerações finais; 7. Referências.

1. Introdução, conceituação básica e grandes riscos

As colocações facultativas de resseguro, em especial aquelas voltadas aos riscos envolvendo grandes projetos financiados, são atividades de extrema complexidade que geram diversos questionamentos entre todas as partes envolvidas na negociação e efetivação das coberturas.

Para tentar minimizar as dúvidas ou possíveis conflitos em tais colocações, faz-se necessária uma análise teórica e prática da atividade para buscar a compreensão da sua natureza, papéis e responsabilidades de cada uma das várias partes envolvidas. A cobertura de grandes riscos exige troca de informações entre segurados, investidores, corretores, seguradoras, resseguradores e outros tantos profissionais envolvidos em tais casos.

O resseguro é a maneira pela qual as seguradoras (cedentes) cedem a empresas terceiras (resseguradores/cessionários) parte de seus riscos assumidos em contratos de seguro, de acordo com termos e condições que elas, seguradoras, vierem a acordar com aos resseguradores. Os resseguradores fornecem às seguradoras, dentre outros benefícios, a capacidade para a subscrição de riscos. Assim, por analogia, o resseguro seria um contrato de seguro que viabiliza a atividade seguradora.

Existem diversas modalidades de contratação de resseguro, cada uma adequada a uma finalidade diferente da seguradora que busca a sua contratação. E, dependendo da sua necessidade, a seguradora pode-se valer dos serviços de corretores de resseguro, que são os intermediários licenciados para atuar nas colocações de resseguro. Tal qual ocorre no seguro, a utilização de intermediários não é uma exigência legal, embora seja praxe. Na intermediação de resseguro, o corretor normalmente traz a experiência de mercado para auxiliar as seguradoras na escolha das modalidades, nas cotações dos resseguradores que queiram oferecer cobertura, na consolidação das opções disponíveis no mercado e também para auxiliar na troca de informações ao longo da vigência do contrato de resseguro, consolidando informações, ofertas e programas, e fazendo a remessa de prêmio e coleta de indenizações em resseguro.

Pela breve descrição acima, o contrato de seguro, celebrado entre segurado e seguradora, não se confunde e não se mistura com o contrato de resseguro, entre seguradora/cedente e ressegurador/cessionário. O papel e as responsabilidades do corretor de seguro não têm relação com aqueles do corretor de resseguro e assim é, nos termos da Lei Complementar 126/07.

Na prática, ao se falar de colocações de grandes riscos, que são aqueles riscos complexos, de altíssimo valor envolvendo enormes empresas (muitas vezes até mesmo com financiamento estatal), a aceitação de cobertura e emissão das apólices de seguro passam por estudos detalhados do risco original por parte de seguradores e resseguradores, geralmente com o suporte de grandes grupos corretores (tanto de seguro quanto de resseguro). Estas negociações são quase sempre internacionais, dado que a atividade ressecuritária é extremamente globalizada (é interessante ao segurado, por vários motivos, buscar opções em diversos países, desde que respeitada a regulamentação específica do setor). Nesse contexto, os papéis e responsabilidades de cada parte envolvida podem ser questionados e gerar confusão, trazendo consequências *a priori* não consideradas.

Mas o que são grandes riscos? A União Europeia, em sua Diretiva 88/357,[1] define como grandes riscos aqueles classificados nas classes de transporte de

---

[1] '(d) "large risks" means: (i) risks classified under classes 4, 5, 6, 7, 11 and 12 of point A of the Annex; (ii) risks classified under classes 14 and 15 of point A of the Annex, where the policy-holder is engaged professionally in an industrial or commercial activity or in one of the liberal professions,

cargas e mercadorias, aeronáutico e *marine* (incluindo responsabilidade civil), crédito e garantia (no caso de segurado envolvido profissionalmente em atividade industrial ou comercial). Há, ainda, os riscos menores, tais como incêndio, *property*, responsabilidade civil geral, perdas financeiras e riscos diversos, que podem ser considerados grandes riscos se o segurado exceder os limites de exposição definidos na Diretiva.

Hoje, no Brasil, não há uma definição regulatória ou jurídica sobre o que seriam os grandes riscos. Conforme mencionado acima, a classificação considera a complexidade e o valor do risco envolvido na operação. Assim, seguindo as premissas da União Europeia, combinadas com a análise do binômio complexidade *versus* exposição, pode-se concluir que carteiras de riscos aeronáuticos, transportes, marítimos, engenharia, petróleo, dentre outros, podem ser consideradas como grandes riscos. É importante salientar que a definição de grandes riscos pode não envolver ramos específicos, mas apólices que, pela complexidade ou valor de cobertura, podem ser analisadas separadamente, como se verá mais à frente.

A forte influência do mercado estrangeiro na colocação dos grandes riscos ocorre em função do alto grau de expertise necessária para a sua aceitação de uma forma eficaz. Conforme já ventilado, não se trata da contratação de um seguro para um automóvel de passeio, mas, sim, da construção de uma grande usina hidrelétrica, ou de uma plataforma de extração de petróleo, por exemplo. A complexidade de tais atividades vai desde a definição do projeto até a colocação da obra em operação. Logo, a busca de suporte em mercados mais desenvolvidos e com maior *expertise* é questão primordial àqueles que financiarão a operação, em busca de uma melhor estruturação para a sua execução.

Assim começa o desenho do risco: definida a operação, passa-se a analisar os riscos inerentes, costurando-se as garantias necessárias (para os riscos seguráveis), negociando-se as coberturas e buscando a seguradora que emitirá a apólice. E é nesse momento que as companhias seguradoras e resseguradoras entram na operação.

É sabido que, para que uma Companhia Seguradora possa emitir uma apólice, o risco deve se enquadrar dentro dos seus limites de retenção.[2] Caso

---

and the risks relate to such activity; (iii) risks classified under classes 8, 9, 13 and 16 of point A of the Annex in so far as the policy-holder exceeds the limits of at least two of the following three criteria: first stage: until 31 December 1992: - balance-sheet total: 12,4 million ECU, - net turnover: 24 million ECU, - average number of employees during the financial year: 500. second stage: from 1 January 1993: - balance-sheet total: 6,2 million ECU, - net turnover: 12,8 million ECU, - average number of employees during the financial year: 250. If the policy-holder belongs to a group of undertakings for which consolidated accounts within the meaning of Directive 83/349/EEC (7) are drawn up, the criteria mentioned above shall be applied on the basis of the consolidated accounts. Disponível em: <https://eur-lex.europa.eu/LexUriServ/LexUriServ.do?uri=CELEX:31988L0357:EN:HTML>. Acesso em 03.jun.2018.

[2] Limites de Retenção são valores máximos a que cada seguradora pode se obrigar, definidos pelo órgão regulador de seguros, a SUSEP.

isso não ocorra, duas são as possibilidades: (i) aceitar o risco em cosseguro; (ii) buscar suporte no resseguro.

De acordo com a Lei Complementar 126/07, cosseguro é "a operação de seguro em que 2 (duas) ou mais sociedades seguradoras, com anuência do segurado, distribuem entre si, percentualmente, os riscos de determinada apólice, sem solidariedade entre elas".[3] Ou seja, a aceitação do risco em cosseguro nada mais é do que dividir horizontalmente, com outras companhias seguradoras, o risco colocado, mediante a emissão de uma só apólice, com um só clausulado. Logo, as cosseguradoras envolvidas aceitarão, com anuência do segurado, uma parcela do risco que se enquadre dentro dos limites da sua retenção, fazendo jus a uma parcela do prêmio e arcando com a cobertura dos riscos contratados até o limite da sua participação, cada uma obrigando-se pela sua parte no risco.

O cosseguro pode ser uma opção viável para o segurado, dependendo do *pool* de cosseguradoras envolvidas, pois permite a colocação do seu risco e emissão da apólice, e, consequentemente, a cobertura da sua operação.

Contudo, para alguns riscos, a colocação em cosseguro não é suficiente em razão da complexidade da operação e do valor em risco, e encontrar seguradoras no Brasil com capacidade e expertise para a emissão da apólice e garantia do risco é a parte mais difícil do processo. Pode, também, haver outros motivos comerciais e de mercado para que o cosseguro não seja uma opção. Para isso, há o resseguro, que será tratado a seguir.

2. O resseguro e suas modalidades

O resseguro é uma forma de pulverização do impacto financeiro decorrente da atividade da Companhia Seguradora.

Por meio do resseguro, a seguradora consegue não só administrar a sua exposição nos riscos assumidos, como também, melhorar sua solvência, estabilizar resultados, desenvolver sua carteira, receber transferência de *know-how* de resseguradores, aumentar sua capacidade de assunção de riscos, dentre outros.

O mercado ressegurador brasileiro no modelo aberto é relativamente novo, visto que foi operado sob regime de monopólio estatal do Instituto Brasileiro de Resseguros[4] por aproximadamente setenta anos. A abertura do mercado deu-se efetivamente ao final de 2007, com o advento da já mencionada Lei Complementar 126/07, seguida da publicação da Resolução do Conselho Nacional de Seguros Privados 168/07.[5]

---

[3] Lei Complementar n. 126, de 15 de janeiro de 2007 – Artigo 2º, § 1º, II.
[4] Hoje IRB-RE Brasil S.A.
[5] Resolução CNSP 168, de 17 de dezembro de 2007 – Dispõe sobre a atividade de resseguro, retrocessão e sua intermediação e dá outras providências.

A nova legislação permitiu a atuação dos resseguradores em três modalidades: locais, admitidas e eventuais, devidamente cadastradas e autorizadas a realizar operações de resseguros (e retrocessão) em território nacional, ficando sujeitas à legislação brasileira que regula a matéria.

Com a nova regulamentação, a entrada de resseguradores estrangeiros no mercado brasileiro possibilitou que estes *players* trouxessem e dividissem com o mercado local a experiência desenvolvida nos seus mercados, profissionalizando e aperfeiçoando toda a colocação de resseguros no Brasil.

Além dos resseguradores, novos intermediários de resseguros (*brokers*) também tiveram a oportunidade de estabelecer escritórios locais, intensificando e potencializando a intermediação das operações desse mercado.

Feitas essas considerações, passa-se a analisar a operação de resseguro em si.

Dentre as modalidades de resseguro disponíveis no mercado, as principais são os resseguros automáticos (*treaty*) e resseguros facultativos.

2.1. Contratos automáticos (treaties)

A Resolução CNSP 168/07 define os resseguros automáticos como:

(...) operação de resseguro através da qual a cedente acorda com ressegurador ou resseguradores a cessão de uma carteira de riscos previamente definidos entre as partes e compreendendo mais de uma apólice ou plano de benefícios, subscritos ao longo de um período pré-determinado em contrato.

É o resseguro que cobre a carteira de riscos de uma seguradora, em uma determinada modalidade.

Por tais contratos, a seguradora se obriga a ceder, e o ressegurador se obriga a aceitar a parte dos riscos assumidos pela seguradora, desde que os riscos se enquadrem nas condições determinadas em seu contrato denominado guarda-chuva (*umbrella agreement*).

Como o foco deste artigo são os contratos de resseguros de grandes riscos, contratados individualmente, passa-se a analisar a modalidade facultativa.

2.2. Resseguro facultativo (fac)

Ainda segundo a mesma norma, o resseguro facultativo é definido como:

(...) Operação de resseguro através da qual o ressegurador ou resseguradores dão cobertura a riscos referentes a uma única apólice ou plano de benefícios ou grupo de apólices ou planos de benefícios já definidos quando da contratação entre as partes.

Logo, para o resseguro facultativo, fala-se de cobertura risco a risco, o que pode incluir riscos excluídos e/ou capacidade adicional nos contratos automáticos. Nessa modalidade, em geral, não há obrigatoriedade de aceitação, pelo ressegurador, de quaisquer riscos. O ressegurador faz análise caso a caso, de acordo com toda a informação fornecida a ele pela seguradora.

Nas colocações facultativas, o risco que está sendo ofertado deve ser conhecido por todas as partes envolvidas na operação: (i) o segurado e seus eventuais financiadores, para a definição da operação, (ii) corretor de seguros, para auxiliar na escolha de uma seguradora com a *expertise* necessária para a boa colocação/administração do risco segurado, (iii) a seguradora a cobrir os riscos com a emissão da apólice nos termos acordados, dentro das condições permitidas pelo órgão regulador do setor, (iv) o corretor de resseguros (*broker*), para que a capacidade necessária à seguradora seja eficazmente buscada no mercado ressegurador, e (iv) resseguradores que não só tenham a solidez necessária para garantir o risco, como também possam auxiliar os demais *players* na melhor administração do risco cedido.[6]

A análise individual dos riscos tanto pela seguradora quanto pelo ressegurador é uma característica das colocações facultativas. Essa análise específica exige tempo e vem acompanhada de negociações sobre os termos e as condições de aceitação pelo ressegurador.

Em geral, os contratos facultativos são negociados em um ambiente de seleção adversa,[7] ou seja, há uma transferência proposital de riscos que não são necessariamente atrativos para a seguradora. Ainda assim, a seguradora resolve emitir tais coberturas por motivos variados, buscando a melhor estratégia para reter a parte do risco que lhe interessa e ceder em resseguro a parte que não lhe atrai.

O uso do resseguro facultativo pode ser decidido por diversos motivos. Um primeiro deles é o aumento de capacidade de emissão da seguradora. Dependendo de sua capacidade financeira, a seguradora tem um determinado limite de retenção imposto pelo regulador, e pode desejar emitir apólices com valores maiores. O cosseguro (já citado anteriormente) pode não ser interessante naquele momento, pois a seguradora pode não querer se aliar a uma competidora.

Outro motivo que pode levar uma seguradora a pretender contratar um resseguro facultativo é proteger a parte do risco que ela, seguradora, efetivamente reterá. Ela pode usar o resseguro, neste caso, para garantir, por exemplo, a rentabilidade de sua retenção.

Por outro lado, a seguradora pode buscar proteger o seu contrato automático de resseguro (*treaty*). Normalmente, esses contratos envolvem relações de prazo extenso, e é do interesse da seguradora proteger o equilíbrio desses

---

[6] Eventualmente, os resseguradores também pulverizam seus riscos por meio de contratos chamados de retrocessão, similares aos contratos de resseguro. Por motivos de limitação de espaço, não trataremos neste artigo de tais contratos.
[7] COUNTRYMAN, John D., *Facultative Reinsurance*, article included in Reinsurance, edited by Robert W. Strain, 1997.

contratos, de maneira que sua sinistralidade não aumentem além do esperado ao longo do tempo. Assim, determinados riscos que parecem mais incertos à seguradora, e com valores de cobertura muito altos, podem ser tratados em separado entre seguradora e ressegurador. Também há a situação de riscos que são expressamente excluídos do contrato automático, dada a sua especificidade. Para não ficar sem cobertura de resseguro, resta à seguradora a negociação individual na colocação facultativa.

A seguradora também pode usar o resseguro facultativo para buscar a sua própria proteção contra catástrofes. Em matéria de cobertura de risco, o preço é definido pela relação entre frequência e severidade. Eventos catastróficos são aquelas situações mais raras (com menor frequência), porém que custam muito caro (maior severidade) quando ocorrem. O resseguro facultativo pode ser contratado para cobrir estes tipos de situações, a um preço razoável, dependendo da quantidade de informação disponível sobre o risco.

Um outro aspecto bem interessante que pode justificar a contratação facultativa de resseguro é o auxílio que o ressegurador pode prestar à seguradora na análise do risco a ser subscrito (é o que se chama de "*underwriting assistance*). Resseguradores lidam com muitas sortes de riscos, de várias localidades diferentes, e, portanto, têm uma amostra de dados muito maior do que a seguradora obteria em seu próprio país de origem. O auxílio que o ressegurador pode dar na precificação, por exemplo, pode ser de extrema valia à seguradora.

A seguradora pode pretender cobrir determinados riscos também por razões mercadológicas, seja porque quer crescer, ou quer entrar em uma nova linha de negócio, seja porque quer aumentar a sua carteira de negócios com determinados corretores de seguros ou segurados. Esses negócios "de acomodação" também podem ser aceitos em razão da pulverização de riscos pelo resseguro facultativo.

Em geral, a aceitação dos resseguros facultativos leva em consideração a divisão da cobertura em três faixas (ou *layers*, no jargão do mercado): a faixa (*primary layer*), a faixa de excesso (também chamado de *buffer* ou *working excess layer*), e a faixa de catástrofe (*catastrophe layer*). O primeiro *layer* é composto dos riscos mais frequentes e mais previsíveis, o que gera um preço menos volátil. Tem-se bastante informação sobre o que é coberto nessa faixa, e em geral esta parte da cobertura securitária não é cedida em resseguro. A cobertura do resseguro facultativo normalmente se inicia no segundo *layer*, em que os sinistros são esperados, porém menos frequentes e com menos informação disponível. A definição de preço, então, traz mais incerteza, daí se encaixar perfeitamente no objetivo da contratação de resseguro. O último *layer* traz riscos cuja materialização é, individualmente, extremamente inesperada e incomum, e também traz indenizações altamente custosas.

A atividade resseguradora, assim como a atividade seguradora, visa ao lucro, que, no caso da cobertura de riscos, é trazido pela correta precificação atuarial das coberturas emitidas, combinada com uma eficaz gestão de despesas.

No caso dos resseguros facultativos, como a análise do risco é feita caso a caso, quanto mais informação o ressegurador tiver sobre os detalhes da cobertura que ela está analisando, maior acuidade terá em tais cálculos. Para tanto, deve levar em consideração aspectos como a exposição da operação do segurado, o gerenciamento de risco por ela realizado, o risco moral (*moral hazard*) do segurado, a sua escolha do corretor de seguros (e o apoio e conhecimento técnico por ele aportado à mesa de negociações), a solvência da seguradora, sua forma de atuação nos sinistros, o gerenciamento de riscos da própria seguradora, o corretor de resseguros escolhido e a capacidade técnica e de negociação (além do poder de barganha) que ele traz, enfim, uma série de informações que serão primordiais para o ressegurador precificar aquela colocação. Isto sem falar na própria análise da apólice de seguro cujos riscos se pretendem ver pulverizados em resseguro facultativo. O conjunto desses fatores é fundamental para que o ressegurador estime o quanto de gastos terá com aquele contrato e possa cobrar um preço que recompense o seu acionista.

Como parte dos gastos que o ressegurador terá, ela precisa levar em consideração as provisões contábeis que precisará fazer ao longo do contrato e após a sua vigência, tanto para sinistros ocorridos e avisados quanto para aqueles que ainda não tenham sido avisados (a chamada Provisão de Sinistros Ocorridos mas Não Avisados, ou *IBNR – Incurred But Not Reported*). E também deverá considerar o impacto da inflação e, por outro lado, as receitas financeiras dos investimentos do dinheiro do prêmio de resseguro, sem contar com as despesas administrativas para a manutenção da sua atividade.

2.3. Resseguros proporcionais e não proporcionais

Ambas as modalidades de resseguro ("*treaty*" ou facultativo) podem ser contratadas de forma proporcional ou não proporcional.

Nos contratos proporcionais, a participação do ressegurador nos prêmios e sinistros sempre seguirá um percentual definido no contrato de resseguro. Esse percentual pode ser fixo, no caso dos contratos Cota-Parte, ou variável, nos casos de contratos de Excedente de Responsabilidade (*surplus*). Em razão dessa proporcionalidade, pode-se dizer que o ressegurador compartilha o risco da seguradora (resseguro de riscos).

Já nos contratos não proporcionais, a participação do ressegurador não se reflete em percentual entre os prêmios e sinistros. O ressegurador somente ressarcirá a seguradora das perdas efetivas (indenizações) que superarem um valor preestabelecido (também chamado de prioridade, que é a retenção da seguradora nos sinistros ocorridos), até o limite da sua participação no risco (teto máximo). Em outras palavras, o resseguro não proporcional é também chamado de resseguro de sinistros. Os principais tipos da modalidade não proporcional são: o excesso de danos (por evento ou por risco) e o excesso de sinistros (ou *stop loss*). O tipo de resseguro define como será aplicada a prioridade: se a cada risco atingido, se a cada evento de sinistro ocorrido, ou com base na sinistralidade (correlação entre receita de prêmios e pagamento de sinistros) anual ou periódica da seguradora.

3. Partes envolvidas na colocação de resseguro de grandes riscos

3.1. Segurado

A premissa lógica para que haja um resseguro colocado é haver uma apólice de seguro vigente ou risco pelo qual a seguradora ainda tenha responsabilidade (nos casos de seguros de cauda longa[8]). Ou seja, é necessário que haja risco efetivamente coberto. Contudo, conforme mencionado anteriormente, este artigo versa sobre a colocação de resseguro de grandes riscos, ou seja, riscos não só complexos, como também, vultosos. Não se trata de riscos massificados, nos quais a contraparte, segurado, é um consumidor, hipossuficiente ou vulnerável. Na relação de colocação de grandes riscos, o segurado é o *expert* na atividade que exerce, extremamente sofisticado e conhecedor de seu negócio. É ele quem conhece (ou deveria conhecer) profundamente os riscos aos quais sua operação está exposta e é ele quem decide quais são os riscos sobre os quais deseja buscar eventual proteção securitária.

Segundo Silvio de Salvo Venosa, o risco é o *"acontecimento futuro e incerto previsto no contrato, suscetível de causar dano"*.[9] Ainda sem tecer comentários sobre a possibilidade de cobertura desse risco no contrato de seguro, tem-se que o risco é um acontecimento que pode causar um dano.

Não são raras as ocasiões nas quais os segurados participam ativamente da elaboração das condições de seguro, em especial nos casos em que o risco é tão específico que não há, no mercado, produto específico já aprovado pelo órgão regulador. Assim, o segurado se torna parte essencial na delimitação, entendimento e definição do risco a ser segurado. Esta é a regra ao se falar de grandes riscos, e qualquer análise sobre o efeito relativo do contrato de resseguro deverá ter esta certeza em mente.

Em razão disso, faz-se necessário que o segurado declare ao segurador todas as circunstâncias que poderiam influenciá-lo (segurador) na avaliação e

---

[8] Seguros de cauda longa são aqueles nos quais os sinistros podem acontecer muito tempo depois do fim da vigência da apólice, porém, terão cobertura se o fato gerador (ou a notificação sobre o fato gerador) ocorreu durante a sua vigência (por exemplo: seguro de responsabilidade civil, cobertura de asbestos etc).

[9] VENOSA, Silvio de Salvo. *Direito civil*: contratos em espécie. 5ª ed. São Paulo: Atlas, 2005.

precificação do risco, visto que ele (segurado) é o maior conhecedor acerca da operação a ser segurada, bem como o seu interesse em tê-la protegida por meio do seguro.

3.2. Corretor de seguros

O corretor de seguros, na Lei 4.594/1964, é definido como segue:

> Art. 1º O corretor de seguros, seja pessoa física ou jurídica, é o intermediário legalmente autorizado a angariar e a promover contratos de seguros, admitidos pela legislação vigente, entre as Sociedades de Seguros e as pessoas físicas ou jurídicas, de direito público ou privado.

A atuação do corretor de seguros que intermedeia a colocação de riscos massificados (como, por exemplo, os seguros de automóveis ou residenciais) e aquele que faz colocações de grandes riscos é extremamente distinta. O conhecimento específico sobre os grandes riscos que se pretende cobrir, ou mesmo sobre se tais riscos são passíveis ou não de contratação de seguro, é crucial para aqueles que se prestam a auxiliar segurados sobre a melhor estratégia de proteção das suas atividades.

A lei do corretor de seguros não traz tais especificidades, porém a realidade impõe papéis, expectativas (e remunerações) que vão muito além da angariação e promoção de contratos de seguro. Os serviços que os corretores prestam não se misturam com a cobertura securitária, a cargo exclusivo da seguradora. O corretor assume uma obrigação de meio, e não de resultado, já que a sua busca pode não encontrar capacidade securitária disponível no mercado (seja no mercado local ou mesmo no mercado internacional, quando a lei assim permite). Caso não haja seguradora que queira cobrir os riscos que o segurado pretende ver cobertos, não haverá contrato de seguro. E o corretor não garante – nem pode garantir – que haja cobertura disponível no mercado.

Independentemente de quem venha a pagar a remuneração do corretor de grandes riscos (comissão de intermediação), o papel desse profissional será sempre o de intermediação entre as duas partes no contrato de seguro: segurado e seguradora. E, no caso de riscos complexos, parte das suas funções consiste em auxiliar no trânsito das informações necessárias no momento pré-contratual, repassando à seguradora os dados recebidos do segurado e cobrando dele o quanto a seguradora lhe pede, para poder corretamente avaliar os riscos a serem cobertos. Na prática, um bom corretor[10] pode facilitar em muito a negociação das apólices complexas de grandes riscos.[11]

---

[10] Vale ressaltar que o corretor de seguros não é parte do contrato de seguro, embora possa receber sua remuneração diretamente da seguradora.

[11] Ressalte-se que o corretor não pode atuar como advogado do segurado na análise e negociação do contrato de seguro, já que esta atividade é, também, regulamentada e privativa de advogados licenciados.

3.3. Seguradora ou cedente

A seguradora é a empresa legalmente autorizada pela Superintendência de Seguros Privados – SUSEP – a funcionar no Brasil e que, recebendo o prêmio, garante os riscos descritos no contrato de seguro. Constituída sob a figura de uma sociedade por ações, tem como objetivo garantir, por meio de contratos de seguros por ela emitidos os interesses legítimos dos segurados, relativos a riscos predeterminados.[12]

A atuação das seguradoras nas colocações de resseguros facultativos de grandes riscos dependerá da estratégia adotada pelo segurado (se há colocação em cosseguro ou não), limites, exposição. O termo *cedente* se dá em razão da cessão dos riscos, pela seguradora, em resseguro a um ressegurador.

Além disso, há que se ressaltar que, uma vez que não se trata da colocação de um seguro massificado, a cautela da seguradora na aceitação do risco é muito mais efetiva e presente, podendo contar com vistoria prévia no local a ser segurado, acompanhamento do cronograma da operação segurada, aconselhamento acerca das formas de mitigação dos riscos (gerenciamento de riscos), dentre outros procedimentos possíveis.

Vale lembrar ainda que, nos termos da Circular SUSEP 251/04,[13] uma vez recebida a proposta de seguro pela seguradora, esta tem o prazo de 15 (quinze) dias para a manifestação. Em sendo o proponente uma pessoa jurídica, a seguradora poderá solicitar documentos complementares durante o referido prazo, desde que justificado, para que a análise, precificação e aceitação do risco seja feita de forma adequada. O prazo de manifestação, nesses casos, será suspenso e voltará a correr a partir da data da entrega da documentação solicitada.

Contudo, o mesmo normativo também prevê que, em se tratando de aceitação de proposta que dependa de contratação de resseguro facultativo, o prazo de 15 (quinze) dias de aceitação fica suspenso até que haja manifestação expressa do(s) ressegurador(es) acerca da aceitação do resseguro facultativo, ficando a seguradora obrigada a informar, por escrito, ao proponente, repre-

---

[12] Artigo 757 do Código Civil.
[13] Circular SUSEP 251, de 15 de abril de 2004: "(...) Art. 2º A sociedade seguradora terá o prazo de 15 (quinze) dias para manifestar-se sobre a proposta, contados a partir da data de seu recebimento, seja para seguros novos ou renovações, bem como para alterações que impliquem modificação do risco. (...) § 2º Se o proponente for pessoa jurídica, a solicitação de documentos complementares, poderá ocorrer mais de uma vez, durante o prazo previsto no *caput* desde artigo, desde que a sociedade seguradora indique os fundamentos do pedido de novos elementos, para avaliação da proposta ou taxação do risco. § 3º No caso de solicitação de documentos complementares, para análise e aceitação do risco ou da alteração proposta, conforme disposto nos parágrafos anteriores, o prazo de 15 (quinze) dias previsto no *caput* deste artigo ficará suspenso, voltando a correr a partir da data em que se der a entrega da documentação. (...)".

sentante legal ou corretor de seguros sobre a inexistência de cobertura. Nesse período, não poderá haver cobrança de prêmio.[14]

Independentemente da eventual contratação de resseguro (facultativo ou não) para pulverizar seus próprios riscos assumidos na apólice emitida, a seguradora responde perante o segurado com relação à totalidade da garantia prevista no contrato de seguro a que se obrigou. Isto significa dizer que, por lei e pela regulamentação do setor, somente a seguradora tem legitimidade passiva para responder pela cobertura contratada perante o segurado. Existem normas específicas direcionadas a punir administradores de seguradoras que falham em contratar cobertura ressecuritária aquém do limite de retenção. Ou seja, não só a seguradora é responsável perante o segurado, independentemente do ressegurador, como também a pessoa física do administrador responde por infração regulatória caso não contrate resseguro nas situações em que a lei determina (independentemente da ocorrência de sinistros na apólice).

3.4. Corretor de resseguros

Apesar de a participação do corretor não ser obrigatória (seja no seguro, seja no resseguro), é praxe a utilização, pelas seguradoras, do corretor de resseguro na busca pela colocação de riscos em resseguro.[15]

Essa atividade é regulada pela SUSEP, que também exige atuação do intermediário do resseguro segregada da intermediação de seguros. Ou seja, uma mesma empresa/corretor não pode promover a colocação de seguros e resseguros.[16] Há, também, penalidades e exigências regulatórias distintas, inclusive com relação à necessidade de contratação de seguro de responsabilidade civil para a intermediação de contatos de resseguro de grandes riscos.

Os *brokers* de resseguro conhecem não só o mercado ressegurador local como também mercados ao redor do mundo. Por isso podem auxiliar a cedente na melhor estratégia da pulverização do risco da operação.

A atividade dos corretores de resseguro normalmente abrange a coleta de prêmios de resseguro (e sua posterior remessa ao ressegurador) e de indenizações de sinistros em contratos de resseguro (e seu envio à seguradora). Ou

---

[14] Circular SUSEP 251, de 15 de abril de 2004: "(...) Art. 3º Nos casos em que a aceitação da proposta dependa de contratação ou alteração da cobertura de resseguro facultativo, os prazos previstos no artigo 2º desta Circular serão suspensos, até que o ressegurador se manifeste formalmente. § 1º A sociedade seguradora, nos prazos estabelecidos no art. 2º desta Circular, deverá informar, por escrito, ao proponente, seu representante legal ou corretor de seguros, sobre a inexistência de cobertura. § 2º Na hipótese prevista no *caput* deste artigo, é vedada a cobrança de prêmio total ou parcial, até que seja integralmente concretizada a cobertura de resseguro e confirmada a aceitação da proposta. (...)"

[15] A Resolução CNSP 173, de 17 de dezembro de 2007, disciplina a atividade do corretor de resseguros no Brasil.

[16] A corretora de seguros e a corretora de resseguros podem pertencer ao mesmo grupo econômico, mas as atividades são distintas, pela regulamentação do setor.

seja, é comum a corretora de resseguros manter uma conta fiduciária, muitas vezes em dólares, dada a característica internacional das suas intermediações. Há normas também versando sobre os efeitos do envio do prêmio de resseguro ao *broker* pela seguradora (que equivale ao envio ao ressegurador) e da remessa de indenizações ressecuritárias ao *broker* pelo ressegurador (que só são tidas como pagas à seguradora uma vez que os valores ingressam nas contas da seguradora). Ou seja, o risco de inadimplência do *broker* é suportado pelo ressegurador.

Outro ponto importante refere-se à responsabilidade do *broker* com relação aos avisos de sinistro no contrato de resseguro. Da mesma forma que o corretor de seguros só tem a função de comunicar eventuais sinistros ao segurador se o segurado assim o solicitar, o *broker* de resseguro também deverá ser acionado pela seguradora cedente antes de tomar qualquer ação para avisar sobre sinistros. Há uma série de motivos para tal determinação, a começar pela impossibilidade de adivinhar a ocorrência de eventual sinistro coberto. Mas além disso, a seguradora é a parte que mais conhece de seus próprios riscos e da cobertura que ela contratou com o ressegurador (foi ela quem firmou o contrato).

Vale aqui uma nota relevante, e quase nunca corretamente enquadrada: embora o corretor de resseguros faça a intermediação, ele não é parte no contrato de resseguro.

Existe uma obrigação regulatória, proveniente dos costumes do mercado ressegurador, que impõe ao corretor de resseguro a emissão de um documento chamado Nota de Cobertura em até 5 (cinco) dias a contar da efetivação da colocação dos riscos. Esse documento traz um resumo da colocação intermediada pelo *broker* de resseguro, e não é assinado pelo ressegurador ou pela seguradora. Assim, trata-se de uma declaração unilateral do corretor de resseguro, informando sobre os detalhes do trabalho de colocação realizado.

Independentemente da obrigatoriedade de emissão da Nota de Cobertura pelo *broker*, a efetiva formalização da colocação do risco em resseguro é obrigatória, e deve ser concluída em até 270 (duzentos e setenta) dias a contar da colocação. Esse contrato de resseguro pode ter forma simplificada, porém há cláusulas que são obrigatórias, por normas regulamentares.

3.5. Ressegurador ou cessionário

O ressegurador é aquele que recebe as propostas de resseguro feitas pelas seguradoras, com ou sem o intermédio de corretores de resseguro, analisa os riscos, precifica, determina as condições de aceitação e, mediante aceitação expressa da seguradora, passa a garantir o risco cedido, posteriormente formalizado mediante a assinatura do contrato de resseguro. A efetividade da negociação depende da clareza no recebimento das informações prestadas, desde a definição do risco a ser segurado, quando da elaboração do projeto a ser executado, até as características do resseguro facultativo de grandes riscos necessário para a efetivação da apólice de seguro. Dessa forma, podem-se evitar eventuais descasamentos de cobertura, divergência entre riscos e limites contratados na apólice e resseguro, esclarecimento de subjetividades eventualmente solicitadas, dentre outros temas que podem ser considerados desafios às colocações de resseguros facultativos de grandes riscos.

Como já explicitado anteriormente, a lei e a regulamentação brasileira permitem que três modalidades de resseguradores aceitem riscos localizados no Brasil: locais, admitidos e eventuais. As três modalidades têm exigências específicas que são verificadas previamente pela SUSEP. Porém, a Resolução CNSP 241/11[17] admite exceções a essa regra, que deverão ser interpretadas restritivamente.

Após a abertura do mercado, o atual cenário do mercado ressegurador brasileiro é o seguinte: i) 16 resseguradores locais; ii) 39 resseguradores admitidos; iii) 77 resseguradores eventuais.

No contrato de resseguro facultativo de grandes riscos, uma das cláusulas que são negociadas em detalhes é a que versa sobre a participação do ressegurador no momento do sinistro ou da expectativa de sinistro: se ele deverá ou não ser envolvido, desde quando, e os limites de sua participação (se controlará a regulação do sinistro ou simplesmente cooperará na sua realização pela seguradora).

A apólice de seguro claramente define as situações em que o segurado deverá avisar o sinistro ou a expectativa de sinistro (há situações em que circunstâncias precisam ser apuradas até que se defina se determinado evento é ou não coberto pelo contrato de seguro, e ainda assim é obrigatório o aviso à seguradora).[18] Uma vez avisada a seguradora, caso ela tenha contratado resseguro facultativo que possa vir a cobrir tais eventos, ela deverá também avisar o ressegurador. Esse aviso dá ao ressegurador a oportunidade de decidir se irá ou não avocar para si a regulação de sinistros (nas hipóteses em que a lei permita) ou se irá cooperar com seu conhecimento técnico para a devida apuração dos fatos.[19] O artigo 39[20] da Resolução CNSP 168/07 impõe expressamente à

---

[17] Resolução CNSP 241, de 1º de dezembro de 2011 – Dispõe sobre transferências de riscos, em operações de resseguro e de retrocessão, com pessoas não abrangidas pelos incisos I e II do art. 9º da Lei Complementar nº 126, de 15 de janeiro de 2007, e sobre os critérios para comprovação da insuficiência de oferta de capacidade do mercado ressegurador.

18 Situação muito comum nos seguros de responsabilidade civil.

[19] Caso o ressegurador escolha participar da regulação de sinistro, ele poderá ter contato direto com o segurado, mas sempre no propósito de auxiliar a seguradora em sua obrigação legal de regular sinistros. Ainda que o ressegurador avoque para si o controle da regulação de sinistros (que pode ser permitido no contrato de resseguro), a seguradora continua legalmente responsável perante o segurado.

[20] Resolução CNSP 168, de 17 de dezembro de 2007: "(...) Art. 39: Poderá ser prevista a participação do ressegurador na regulação de sinistros, sem prejuízo da responsabilidade da seguradora perante o segurado. Parágrafo único. Os contratos de resseguro, automáticos ou facultativos, poderão

seguradora a responsabilidade pela regulação de sinistro perante o segurado, embora autorize a participação do ressegurador em tal procedimento.

Outro motivo para que a seguradora seja obrigada a avisar o sinistro ou expectativa de sinistro do contrato de resseguro facultativo é dar a oportunidade ao ressegurador de fazer, tempestivamente, provisões contábeis para os riscos que tiver que cobrir.

Além disso, na operação de resseguros, não se fala em relacionamento em desequilíbrio, no qual uma parte detém a expertise enquanto a outra apresenta vulnerabilidade técnica. Ambas são *experts* no seu ramo de atividade, logo, têm mais liberdade para contratar. Contar com um ressegurador com *expertise* no ramo da apólice emitida viabiliza o auxílio à seguradora na melhor forma de administração da sua apólice, bem como a prestação de serviços que aprimoram a operação securitária, potencializando a atuação da sua parceria.

Ainda nesse sentido, a solvência do ressegurador deve ser questão primordial para a sua inclusão no *pool* de resseguros. Vale ressaltar que a SUSEP determina aos resseguradores admitidos e eventuais a manutenção de um *rating* mínimo para atuação no Brasil.[21] A manutenção do *rating* não se aplica aos resseguradores locais, visto que as suas atividades são integralmente monitoradas pela SUSEP.

A escolha do ressegurador (ou painel de resseguros) dará a segurança necessária à seguradora para assumir o risco do seguro ora proposto. Isso porque, conforme já mencionado, num primeiro momento, é a seguradora que responde perante o segurado ou beneficiário, pelo valor integral do capital segurado pela apólice, salvo nos casos previstos no artigo 34[22] da Resolução CNSP 168/07.

---

prever cláusula de controle de sinistro a favor do ressegurador local, quando este detiver maior cota de participação proporcional no risco. (Parágrafo incluído pela Resolução CNSP nº 225/2010). (...)".

[21] Resolução CNSP 168/07, art. 23:

Nivel de classificação de risco do ressegurador conforme a agência:			Fator de Ponderação (Percentual a ser multiplicado pelo valor da provisão)
Standard & Poors ou Fitch	Moody's	AM Best	
A ou superior	A3 ou superior	A- ou superior	0%
BBB+	Baa1	B++	10%
BBB	Baa2	-	20%
BBB-	Baa3	B+	30%

[22] Resolução CNSP 168, de 17 de dezembro de 2007: "(...) Art. 34: Os resseguradores e os seus retrocessionários não responderão diretamente perante o segurado, participante, beneficiário ou assistido pelo montante assumido em resseguro e em retrocessão, ficando as cedentes que emitiram o contrato integralmente responsáveis por indenizá-los. Parágrafo único. Nos casos de insolvência, liquidação ou falência da cedente é permitido o pagamento direto ao segurado, participante, beneficiário ou assistido, da parcela de indenização ou benefício correspondente ao resseguro, desde que o pagamento da respectiva parcela não tenha sido realizado ao segurado pela cedente nem pelo ressegurador à cedente, quando: I – o contrato for facultativo; II – nos demais casos, se houver cláusula contratual de pagamento direto. (...)"

Nas contratações de resseguro facultativo, foco desse artigo, a Lei Complementar 126/07 determina que, em caso de insolvência da seguradora, o ressegurador poderá fazer o pagamento direto de suas obrigações contratuais ressecuritárias ao segurado final, desde que ele já não tenha recebido a indenização securitária e desde que o ressegurador já não tenha pago a indenização à seguradora.

Ressalte-se que a possibilidade de pagamento direto existe em uma específica situação: a insolvência da seguradora. Nesse caso, o ressegurador poderá, até o limite da sua participação na colocação, realizar o pagamento da recuperação de resseguro diretamente ao segurado, não respondendo por quaisquer valores acima deste limite, seja em razão do valor reclamado, seja decorrente da participação dos demais resseguradores do painel. Ressalte-se que o pagamento direto feito pelo ressegurador ao segurado original ou beneficiário é matéria extremamente controversa quanto às demais eventuais consequências para os resseguradores, no que se refere à massa liquidanda. Por isso, os resseguradores podem resistir a aceitar tal cláusula, o que pode dificultar a colocação do risco.

O mercado segurador brasileiro é sólido, e, portanto, deixemos de lado as hipóteses de insolvência da seguradora, que são raras. Em todas as outras indenizações securitárias, a seguradora permanece obrigada pelas leis e normas a cumprir seu dever de regulação de sinistro e liquidação dos valores cobertos (pagamento aos segurados ou beneficiários). Esses deveres legais independem de sua recuperação junto ao ressegurador facultativo. Ou seja, como já dito, as obrigações por ela assumidas no contrato de seguro devem ser cumpridas.

Como as obrigações do ressegurador estão limitadas aos termos e condições de seu contrato de resseguro com a seguradora (e não aos termos do contrato de seguro), uma das cláusulas passíveis de contratação consiste numa disposição pela qual o ressegurador aceita cobrir responsabilidades extracontratuais (as chamadas *ECO – Extra Contractual Obligations*), desde que o segurador venha a ser obrigado, em razão de decisão judicial transitada em julgado, a cobrir riscos que não estejam cobertos pela apólice de seguro.

4. Efeito relativo dos contratos de resseguro e colocação facultativa

4.1. Posição do segurado e contemporaneidade das negociações

A Lei complementar 126/07, em seu artigo 14,[23] é clara e expressa ao definir que o segurado não terá relação direta com o ressegurador, ou seja, o res-

---

[23] "(...) Art. 14. Os resseguradores e os seus retrocessionários não responderão diretamente perante o segurado, participante, beneficiário ou assistido pelo montante assumido em resseguro e em retrocessão, ficando as cedentes que emitiram o contrato integralmente responsáveis por indenizá-los. Parágrafo único. Na hipótese de insolvência, de decretação de liquidação ou de falência da cedente, é permitido o pagamento direto ao segurado, participante, beneficiário ou assistido, da parcela de indenização ou benefício correspondente ao resseguro, desde que o pagamento da respectiva parcela não tenha sido realizado ao segurado pela cedente nem pelo ressegurador à ce-

segurador não responde perante o segurado. Essa regra também existe ao redor do mundo, e é amplamente aceita como norma nos países que adotam o sistema de *Common Law*. Trata-se do *Privity of Contract*, doutrina que determina que somente as partes de um contrato podem exigir as obrigações lá descritas das outras partes ao contrato. Por essa tese, nenhum terceiro, que não seja parte em um contrato, tem legitimidade para exigir o cumprimento contratual.

A regra geral foi reafirmada em uma decisão de 2016 do Estado da Pensilvânia, Estados Unidos – *Hartford Steam Boiler Insp. & Ins. Co. v. Int'l Glass Prods., LLC*, N. 2:08 cv 1564 (W.D. Pa. Sep't 29, 2016), citada por Larry P. Schiffer em seu artigo.[24] Em tal artigo, o autor informa que a decisão das cortes daquele estado não autorizou o seguimento de uma ação pela qual o ressegurador pretendia a declaração de uma fraude supostamente perpetrada pelo segurado. O Judiciário determinou a ausência de legitimidade ativa do ressegurador para pedir a declaração em contrato de seguro do qual ela não é parte. E, naquele caso, o ressegurador havia assumido, em resseguro facultativo, a integralidade (100%) dos riscos de determinada cobertura securitária. Mesmo assim, prevaleceu a regra geral consuetudinária.

Nas colocações facultativas de grandes riscos, a realidade é que as negociações entre segurado, corretor de seguros, seguradora, corretor de resseguros e ressegurador (muitas vezes não só um, mas um verdadeiro painel de resseguradores) ocorrem simultaneamente. Ou seja, a emissão da apólice de seguros não é prévia à busca por capacidade de resseguro, em especial nos casos cuja emissão dependa da colocação de resseguro facultativo, conforme tratado no item 3.3 deste artigo.

Naturalmente é assim, já que se fala em montantes elevadíssimos e riscos extremamente complexos. Aceitar riscos e emitir apólice de seguro além do limite de retenção antes de garantir cobertura ressecuritária seria não só mau negócio, mas também uma infração regulatória por parte dos administradores de qualquer seguradora. Dessa forma, não existe possibilidade racional e lógica, na opinião destas autoras, para que as negociações securitárias e ressecuritárias, em caso de colocações facultativas de grandes riscos, ocorram em momentos distintos.

Apesar da contemporaneidade das negociações, entende-se que as relações que se formam são, de fato e de direito, distintas. Não só porque as responsabilidades e obrigações da seguradora e do ressegurador são diferentes, mas também porque os interesses são distintos, os prêmios são distintos,[25] as partes

---

dente, quando: I – o contrato de resseguro for considerado facultativo na forma definida pelo órgão regulador de seguros; II – nos demais casos, se houver cláusula contratual de pagamento direto".

[24] Disponível em: <https://www.inredisputesblog.com/2016/10/contractual-privity-and-reinsurance/>. Acesso em 04.jun.2018.

[25] Para citar um exemplo, o contrato de seguro normalmente inclui a comissão do corretor de seguros, e é comum o prêmio de resseguro incluir a comissão do corretor de resseguros, além de outras verbas que venham a ser acordadas entre ressegurador e seguradora.

no contrato são distintas, os intermediários são distintos, os riscos cobertos normalmente não são exatamente iguais, e por fim os deveres regulatórios são distintos.

4.2. Investidores ou financiadores do segurado

Tratando-se de grandes segurados em colocações de seus grandes riscos, é comum deparar com outras partes relacionadas que têm interesse sobre a efetiva contratação de seguros e resseguros e que, muitas vezes, também se fazem representar na negociação de tais transferências de riscos. Exemplos são os projetos estruturados para a construção de grandes obras de engenharia, nos quais as receitas futuras da operação são dadas em garantia ao financiamento do projeto. Nessa hipótese, em que a efetiva conclusão da obra de acordo com o projeto é crucial para que os financiadores garantam seus investimentos, a contratação de seguros para a fase de construção da obra é medida essencial de mitigação de risco de inadimplência.

Nesse sentido, é do interesse dos investidores/financiadores que as apólices sejam emitidas por seguradoras de primeira linha que tenham suporte de resseguradores de primeira linha, também, com intermediários de seguro e resseguro que tenham um nível de serviço de alta capacidade técnica, para garantir que todas as coberturas devidas sejam contratadas corretamente.

Em tais situações, é comum que os investidores/financiadores nomeiem escritórios de advocacia para defender seus interesses, e que também contem com o apoio de consultores especializados não só em seguros e resseguros, mas também em engenharia, e é comum que determinem o acompanhamento efetivo da gestão do projeto.

Caso o financiamento seja buscado após o início da obra, é provável que todas as partes envolvidas na colocação dos riscos em seguros e resseguros sejam chamadas a endossar apólices e contratos de resseguro e a prestar declarações sobre os produtos e serviços já contratados, incluindo o dever de indenizar diretamente os investidores/financiadores. Alguns desses documentos são comumente chamados de *Letters of Undertaking*.

5. Letters of undertaking

A exigência de assinatura de *Letters of Undertaking* é muito comum em grandes projetos. No Brasil, em matéria securitária, esta prática também começa a existir. O trabalho de implementação de garantia para os investidores/financiadores em seguros é extenso.

As seguradoras são instadas a endossar suas apólices para adequar os riscos cobertos. As seguradoras são requeridas a aceitar cláusulas e condições específicas, que permitam o pagamento direto de indenizações aos investidores/financiadores. O mesmo ocorre em relação aos resseguradores, no caso de insolvência das seguradoras.

Por fim, os corretores de seguros e resseguros são pressionados a assinar cartas contendo inúmeras declarações e garantias que, por vezes, fogem às suas obrigações regulatórias ou até mesmo conflitam com elas. Como, em muitos casos, corretores de seguro e de resseguro envolvidos nas grandes colocações de risco pertencem a grandes grupos econômicos, existe o risco de que os investidores pretendam que ambas as empresas assinem um mesmo documento. Pelas questões regulatórias já citadas nesse artigo, esta solução seria inadequada, dados os interesses divergentes e potencialmente conflitantes, sem falar na segregação de atividades entre a intermediação de seguros e de resseguros.

É comum, por exemplo, que os corretores de seguros sejam chamados a atestar o tempestivo pagamento de prêmio de seguro, por parte do segurado (que recebe o financiamento). Porém, no mercado brasileiro, o corretor de seguros não faz coleta de prêmios (diferentemente, por exemplo, do corretor de resseguros). Assim, somente a seguradora deveria ser questionada e prestar declaração sobre a tempestividade do pagamento dos prêmios de seguro.

Cada parte envolvida só deverá prestar as declarações e garantias que lhe couberem, seja pela realidade fática, seja pelas suas responsabilidades e obrigações contratuais e regulatórias, sob pena do dever de indenizar. As responsabilidades e atribuições das partes, conforme citado anteriormente neste artigo, devem ser revistas e pensadas para balizar as declarações e garantias que tal parte pode assumir.

Todas as partes envolvidas nestes casos devem buscar aconselhamento jurídico específico, de maneira que as obrigações então assumidas sejam passíveis de cumprimento e efetivamente verificadas, com relação às colocações facultativas de seguros e resseguros que já tenham ocorrido.

6. Considerações finais

A contratação de seguros e resseguros para grandes riscos envolve uma enorme complexidade técnica. Sequer existe definição clara do que são grandes riscos. Nenhuma das partes relacionadas em tais operações apresenta qualquer vulnerabilidade ou hipossuficiência técnica ou econômica. A extensa maioria das grandes empresas que contratam seguros para seus grandes riscos contam com departamentos inteiros de gestão de risco, muitas vezes com pessoal mais qualificado até mesmo do que os de seguradoras ou de corretores de seguros e resseguros.

O estudo das diversas características das colocações facultativas de resseguro em capítulo específico nesse artigo mostra as diferenças claras entre os interesses protegidos por contratos de resseguro e aqueles protegidos pela seguradora em contratos de seguro. Interesses que não se misturam embora possam ter alguma semelhança.

As grandes obras podem contar com investidores ou financiadores qualificados, que trazem consigo uma incontável capacidade técnica, seja diretamente ou por meio de consultores especializados nas mais diversas áreas.

Em razão das afirmações acima, justificadas com fatos citados ao longo deste artigo, recomenda-se considerar a capacidade de autodeterminação de cada uma das partes envolvidas nas colocações de seguros e resseguros de grandes riscos. E deve-se considerar também a pouca regulamentação existente sobre a matéria de resseguros, até mesmo por ausência de necessidade de intervenção legislativa, que só se justificaria caso houvesse algum tipo de vulnerabilidade.

Não há vulnerabilidade nas relações de resseguro. A legislação brasileira, em especial a Lei Complementar 126/07, que acabou com o monopólio do resseguro em solo nacional, já traz as bases necessárias para a correta equalização dos interesses. Lá está claramente definido o princípio que dispõe que o ressegurador não tem relação direta com o segurado, exceto em uma única hipótese de insolvência da seguradora (e ainda assim com ressalvas).

A regulamentação do setor já define a segregação de atividades e a necessidade de licenças distintas entre corretores de seguros e corretores de resseguros, dados os interesses envolvidos.

De uma maneira geral, o mercado segurador brasileiro é estável e solvente, e a SUSEP tem feito um trabalho de supervisão e fiscalização prudencial efetivo.

Dessa forma, apesar da potencialidade de conflitos nas colocações de grandes riscos, em especial nas diferenças de cobertura de seguro e resseguro, entende-se não ser necessário ou mesmo conveniente mais regulamentação estatal ou ativismo judicial para buscar a proteção de interesses particulares, já que não há vulnerabilidade entre as diversas partes e isso traria custos adicionais desnecessários.

7. Referências

COUNTRYMAN, John D. *Facultative Reinsurance*, article included in Reinsurance, edited by Robert W. Strain, 1997.
BARROSO DE MELLO, Sergio Ruy. *Contrato de Resseguro*. Rio de Janeiro: Funenseg, 2011.
DINIZ, Maria Helena. *Curso de Direito Civil Brasileiro*. 27ª ed. São Paulo: Saraiva, 2010.
DIRUBE, Ariel. *Manual de Resseguros*. São Paulo: Generale Cologne Re, 1991.
FRANCO, Vera Helena de Mello. *Lições de Direito Securitário*. São Paulo: Maltese, 1993.
GONÇALVES, Carlos Roberto. *Direito Civil Brasileiro*. São Paulo: Saraiva, 2006. v.1.
VENOSA, Silvio de Salvo. *Direito civil*: contratos em espécie. 5ª ed. São Paulo: Atlas, 2005.

— VII —

Novo marco regulatório para mecanismos financeiros: análise da copartipação e franquia em planos de saúde e a reforma normativa proposta pela Agência Nacional de Saúde Suplementar (ANS)

Lidiane Mazzoni

Advogada especialista em saúde suplementar e regulação, graduada pela PUC-Campinas e especialização em contratos pela ESAMC. Mestranda pela FMUSP. Membro da Comissão de Estudos de Planos de Saúde da OAB/SP e membro do GNT de Saúde Suplementar da AIDA/Brasil.

Milena Carvalho Fratin

Advogada especialista na área de direito securitário, graduada pela USF – Universidade São Francisco e especialista em Processo Civil pela PUC/SP e em Direito Securitário pela FGV/SP. MBA em Seguros e Resseguros pela FIA/USP. Presidente do GNT de Saúde Suplementar da AIDA/Brasil.

Sumário: 1. Introdução; 2. Panorama geral dos institutos, franquia e coparticipação para o mercado segurador; 3. Cenário atual do mercado de saúde suplementar; 4. Aplicação de mecanismos de regulação ao mercado de saúde suplementar; 5. Proposta de alteração da Agência Nacional de Saúde Suplementar; 6. Considerações finais; 7. Referências.

1. Introdução

A renovação do sistema de saúde no país ocorreu há 30 anos mediante a promulgação da Constituição da República em 1988. O cenário antes de 1988 já era dramático para o cidadão que necessitasse de acesso ao serviço de saúde. A garantia ao atendimento em saúde tinha como premissa o vínculo trabalhista à empresa. Como o sistema era gerido pelo Instituto Nacional de Assistência Médica da Previdência Social (INAMPS), em uma espécie de seguro social, somente era garantido o atendimento àqueles que comprovassem o emprego formal. Aqueles que não possuíam o vínculo tinham como socorro as filantropias e ações pontuais do governo.

Aith e Scheffer apresentam um estudo detalhado sobre esse cenário quando tratam da Reforma Sanitária Brasileira.[1] Os apontamentos de Arretche sobre o tema saúde, ao analisar o panorama do tratamento da desigualdade no Brasil, contribuem significativamente para os estudos. Ela indica o acesso a serviços de saúde como um dos parâmetros para constatação de redução das desigualdades na sociedade, um processo denominado "inclusão dos outsiders na redemocratização".[2]

A Constituição de 1988 inaugura um novo quadro da saúde no país, fundada na integralidade e universalidade de atendimento em saúde (artigo 198). Além disso, foi criada a possibilidade de participação de particulares na prestação de serviços de saúde (art. 199), seja de forma complementar ou sob a forma suplementar. Interessa ao presente trabalho a participação da iniciativa privada na saúde suplementar, com a prestação do plano privado de assistência à saúde e do seguro saúde.

2. Panorama geral dos institutos, franquia e coparticipação para o mercado segurador

Antes de aprofundar o tema sobre a aplicação de franquia e coparticipação nos planos privados de assistência à saúde e seguros saúde, vale retroagir aos primórdios do seguro. O contrato de seguro vem ganhando seu reconhecimento e fim social, ou seja, seu merecido reconhecimento. Vieira traz interessante apontamento nesse mesmo sentido:

> O mais recente exemplo envolve o Prêmio Nobel de Economia de 2.016. Isso porque seus ganhadores, os professores Oliver Hart e Bengt Holmströn, fizeram jus ao prêmio por suas contribuições não só para a teoria dos contratos, mas também para a importância do contrato de seguro para o mundo. Eles fizeram menções a conceitos relevantes como "coparticipação", "franquia", "carência", "função econômica do seguro" etc. Segundo eles, as características e mecanismos existentes no contrato de seguro representam "uma forma incrivelmente poderosa de pensar sobre partes da economia", porque "contratos bem-feitos diminuem custos, reduzem riscos, aumentam lucros e contribuem para um melhor funcionamento da economia.[3]

O seguro chegou ao Brasil efetivamente em 1808, com a Família Real Portuguesa, sendo sujeito ainda às leis portuguesas. Somente em 1850, com a promulgação do Código Comercial, se iniciou outra fase do seguro no país, sendo depois reforçada, após entrada em vigor do Código Civil de 1916.

---

[1] SCHEFFER, Mario; AITH, Fernando. Sistema de Saúde Brasileiro. In: *Clínica Médica*, vol. 1. São Paulo: Manole, 2016, p. 359.

[2] ARRETCHE, Marta. Democracia e redução da desigualdade econômica no Brasil. A inclusão dos outsiders. *Revista Brasileira de Ciências Sociais*, vol 33, n. 96, 2018, p. 14.

[3] FARIA, Lauro Vieira. *Função Social e Econômica do Seguro*. Rio de Janeiro: CNSeg, 2016, p. 9. Disponível em <http://cnseg.org.br>. Acesso em: 29 de mai. 2018.

O seguro tem como base o mutualismo, pois reparte os prejuízos em pequenas parcelas que não impactam a atividade econômica de cada um dos segurados. Constitui-se um fundo comum onde todos compartem para fazer frente à ocorrência de eventuais sinistros. Em síntese, o contrato de seguro é uma operação em que a seguradora/operadora recebe de seus segurados/beneficiários uma contraprestação, hoje denominada prêmio ou pagamento de mensalidade, forma um fundo comum por elas administrado, com objetivo de garantir o pagamento de eventuais sinistros ou coberturas médico assistenciais.

O contrato de seguro possui relevância social pois além de reduzir as perdas financeiras, proporciona às pessoas, empresários e até ao governo uma segurança e proteção relevantes para o aumento das atividades econômicas. Sem essa sua garantia, poderiam vir a ser reduzidas ou até nem existiriam. Por isso o papel social do seguro tem fundamental relevância, atenuando os efeitos financeiros de eventos sobre os quais há pouco ou nenhum controle, contribuindo, portanto, para uma estabilidade econômica.

O seguro alivia o ônus do Estado na prestação de todos os serviços de proteção social aos cidadãos via sistemas de seguridade social. As seguradoras acabam por se tornar grandes investidoras institucionais pela aplicação de suas reservas técnicas, contribuindo, portanto, para a liquidez e incremento da poupança, essenciais para o processo de crescimento econômico.

O instituto de seguro ou plano de saúde possui tratamento legal na legislação brasileira. Tanto na Lei nº 9656/98 como na Lei nº 9.961/00, que criou o Conselho de Saúde Suplementar – CONSU – e a Agência Nacional de Saúde Suplementar – ANS.

A ANS é que regulamenta e fiscaliza as operadoras de planos de saúde, quanto à modalidade do produto registrado junto a ela, dos serviços e contratos que garantam a da cobertura financeira da assistência médica, hospitalar, ambulatorial, bem como odontológica, além de outras características desta modalidade contratual, como por exemplo: custeio das despesas médicas, fornecimento de rede referenciada, reembolso de despesas, mecanismos de regulação, restrições contratuais, técnicas ou operacionais para a cobertura da assistência contratada.

Relevante transcrever a interpretação de Maury Ângelo Bottesini e Mauro Conti Machado, nos comentários sobre a Lei nº 9656/98:

> A coparticipação pode ser definida como um gênero de que a franquia e os limites financeiros das coberturas seriam espécies, A franquia é instituto típico do direito securitário e pode ser vista como uma das medidas inibitórias das condutas descuidadas ou pródigas dos segurados, dos credenciados e referenciados. Sabendo que parte do custo da cobertura do seguro será carreada ao patrimônio do usuário, é certo que ele e seus dependentes serão mais parcimoniosos no uso das coberturas. A contratação de alguma forma de coparticipação também implica a diminuição do custo do seguro ou da mensalidade do plano.[4]

---

[4] BOTTESINI, Maury Angelo; MACHADO, Mauro Conti. *Lei dos Planos de Saúde Comentada*. ed. 3. Rio de Janeiro: Forense, 2015, p. 161.

Em todas as modalidades de seguro, diferentes do ramo de saúde, o contrato pode conter a participação obrigatória do segurado nas despesas sobre a indenização do sinistro (franquia), ou seja, participação do segurado em parte dos prejuízos, o que resulta na diminuição da responsabilidade das seguradoras quanto ao pagamento da indenização.

O instituto da franquia ajuda a diminuir os pagamentos de sinistros mais frequentes, em que, em razão da sua maior ocorrência, pode resultar em grandes pagamentos pela seguradora e que poderia acarretar riscos para o equilíbrio econômico-financeiro do contrato.

Pode-se exemplificar com os casos de seguros de automóveis, o valor da franquia vem expresso na apólice, o que significa que nos sinistros ocorridos até este valor, o segurado não terá direito ao recebimento da indenização. O direito existe quando ultrapassado o valor definido na apólice. A aplicação da franquia em outros ramos diversos do plano de saúde pode ser calculada sob um percentual do Limite de Indenização, bem como pode ser prevista com um valor pré-determinado expresso na apólice, mais comum em apólices de automóveis.

Para os demais ramos de seguros, são verificadas duas principais modalidades de franquias: a dedutível e a simples.

Franquia Dedutível, modalidade mais utilizada no mercado segurador, em que o valor é deduzido de todos os prejuízos e coberturas contratadas. Em algumas modalidades de seguros privados, esta modalidade de franquia não é aplicável em situações de indenização integral, desde que esteja expresso tal condição na apólice. Aqui o segurado é o responsável pelos prejuízos sofridos até o valor da franquia e, para os valores que a superarem, a seguradora arca com os prejuízos, deduzindo o valor da franquia. Esta modalidade visa a garantir e evitar que o segurado aumente seus prejuízos por não ser responsável por nenhum valor, acarretando sua não participação com qualquer despesa.

A segunda modalidade a ser destacada é a *Franquia Simples,* em que, na ocorrência do sinistro, caso o prejuízo ultrapasse o montante fixado, a franquia deixa de ser aplicada. Esta modalidade não é muito utilizada no mercado segurador.

A aplicação tanto da franquia como da coparticipação no ramo segurador aproxima o beneficiário do processo decisório dos gastos, especialmente nos casos de saúde. Ainda, para evitar que os beneficiários de planos de saúde deixem de procurar assistência médica quando preciso, é importante que os planos com franquia e coparticipação tenham algumas salvaguardas e hipóteses de isenção.

Uma das principais motivações para aplicação dos fatores moderadores, como a franquia, é o fato de prêmio e franquia serem valores inversamente proporcionais, pois quanto maior for a franquia, menor será o valor do prêmio a ser pago pelo segurado/beneficiário, assim como quanto menor for a franquia, maior será o valor do prêmio da apólice.

A aplicação da franquia e da coparticipação nos contratos de planos de saúde já é regulada pela Resolução do CONSU nº 8/1998 da ANS. Nos planos de saúde há apenas estes dois mecanismos financeiros de regulação que são aceitos internacionalmente, por serem institutos que inibem abusos e utilização indevida do plano de saúde.

As despesas administrativas que as seguradoras têm que arcar em casos de regulação de sinistros representam um relevante peso no custo do seguro, sendo que na ponderação, em cada caso, o valor arcado é inversamente proporcional ao custo individual. Levando em consideração as hipóteses em que o segurado aciona a seguradora sem controle, a aplicação da franquia diminui o custo da seguradora. Isso se dá porque o segurado acaba participando com parte de qualquer sinistro, mesmo aqueles aparentemente insignificantes em que não se justificaria a aplicação da participação do segurado. Diante disso, as seguradoras, para não arcarem sozinhas com estes tipos de despesas, instituíram a franquia, uma forma técnica da seguradora reduzir suas despesas, não apenas o sinistro, determinando que o segurado arque com uma parte dele. Neste caso, o segurado passa a ser o segurador na parte franqueada.

Desde sua instituição, a franquia recebe muitas críticas. Todavia, ela é um instrumento técnico que traz vantagens tanto para o segurado quanto para o segurador, pois para o segurado, acaba por obrigá-lo a ser mais cauteloso, tornando-se mais consciente do risco, além de reduzir o valor do prêmio que pagará à seguradora. Sem este instituto o valor do prêmio poderia ser tão alto que o segurado não conseguiria contratar o seguro. Para a seguradora também se mostra vantajoso, vez que ela diminui seu custo de regulação com pequenos sinistros.

3. Cenário atual do mercado de saúde suplementar

O sistema público sofre com o subfinanciamento, sinalizando falhas gerenciais da política pública do atendimento à saúde. Contrariamente, a saúde suplementar, responsável por atender cerca de 25% da população no país, passa por um momento de aumento nas demandas por acesso ao serviço, em contrapartida à necessidade de controle de gastos por parte dos pagadores dos planos privados de assistência à saúde.

Os planos privados de assistência à saúde são vistos pela população como elementos facilitadores de acesso à saúde. Tais planos são vislumbrados como uma forma garantida de acesso à saúde com qualidade e rapidez e por isso estão entre os maiores desejos dos brasileiros,[5] tornando esse mercado bastante atrativo para a iniciativa privada.

Tabela 1 – Beneficiários em planos de assistência Médica

Número de beneficiários em planos de assistência médica

COMPETÊNCIA	Total	Coletivo			Individual	Não Informado
		Empresarial	Por adesão	NI		
mar/17	47.307.463	31.335.542	6.462.382	1.680	9.323.032	184.827
fev/18	47.370.273	31.623.413	6.408.288	1.650	9.174.605	162.317
mar/18	47.435.915	31.700.382	6.413.040	1.647	9.159.238	161.608

Fonte: ANS (2018)

O mercado de planos de saúde no Brasil é essencialmente composto por planos coletivos empresariais, conforme os dados disponibilizados pela Agência Nacional de Saúde Suplementar (TABELA 01).[6] Para formação de grupos de beneficiários, as chamadas carteiras, é considerado um perfil de usuário, e os riscos de utilização são diluídos na massa de beneficiários ativos. Aplicam-se os princípios da solidariedade e a mutualidade, em que o custeio do plano de saúde pelos beneficiários saudáveis compensa os altos gastos dos maiores usuários com situações precárias de saúde. Dessa forma, impede-se que os custos, caso considerados individualmente, sejam excessivamente altos e impeditivos da manutenção do benefício para aqueles que mais dele necessitam.

A recente crise econômica no país, iniciada em 2015, resultou em um grande número de demissões que, consequentemente, esvaziaram as carteiras de planos de saúde[7] (GRÁFICO 1). Consequentemente, os efeitos do mutualismo em tais contratos foram prejudicados, impactando os custos envolvidos para a operação de tais produtos.

---

[5] Conforme pesquisa Ibope Inteligência, em 2017 os planos de saúde foram o terceiro bem mais desejado pela população. Disponível em: <https://www.iess.org.br/?p=blog&id=582>. Acesso em: 11 de mai. 2018.
[6] Os dados do setor são periodicamente disponibilizados pela ANS. Disponível em <http://www.ans.gov.br/perfil-do-setor/dados-e-indicadores-do-setor>. Acesso em: 11 de mai. 2018.
[7] Conforme dados extraídos do Ibope e do Tabnet ANS, em pesquisa realizada pelo Instituto De Estudos De Saúde Suplementar-IESS. Disponível em <https://www.iess.org.br/cms/rep/conj.pdf>. Acesso em: 11 de mai. 2018.

Gráfico 1 – Variação do número de beneficiários de planos de assistência à saúde e demissões durante o período de 2013 a 2017

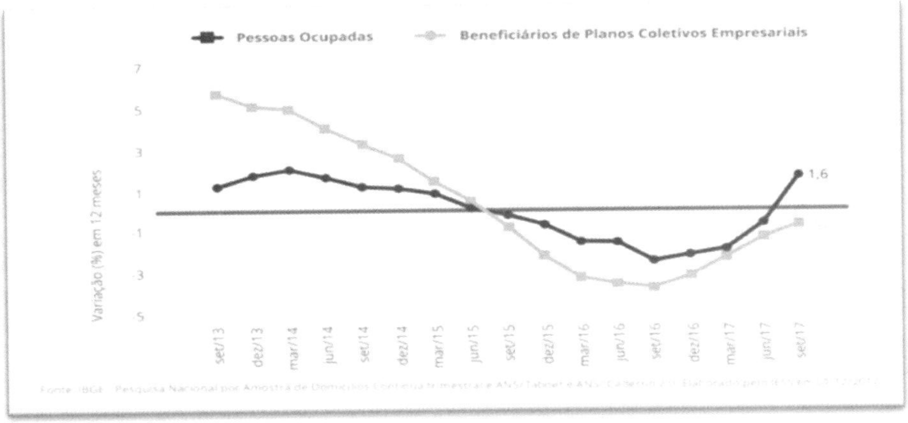

Fonte: ANS (2018)

Outro fator importante para análise dos custos dos planos privados de assistência à saúde é o fato de muitos deles serem custeados integralmente pelos empregadores, sem qualquer contrapartida monetária dos empregados beneficiados. Essa condição promove um afastamento do beneficiário do real valor do produto ao qual ele se encontra vinculado, conduzindo-o a uma ilusão prejudicial que o plano de saúde não tem qualquer custo e de despertencimento do benefício que lhe é conferido (sentimento de vingança contra o plano de saúde). Embora esse quadro seja verdadeiro nas modalidades de planos de saúde individual e familiar e coletivos por adesão, ele se destaca na modalidade empresarial. Consequentemente, esses sentimentos ilusórios dos beneficiários, somados a incentivos da sociedade de consumo, conduzem à utilização do plano de saúde sem controle.

O reflexo da utilização do plano de forma abusiva e sem o devido controle se torna oneroso para todas as partes envolvidas. O cálculo elaborado pela operadora de planos de saúde para fixação da mensalidade considera as expectativas de utilização dos serviços com base no perfil da carteira de beneficiários, conhecido como cálculo atuarial. Toda utilização que exceda tal previsão é computada para o cálculo do próximo reajuste anual, visando a retomar o equilíbrio estipulado para aquele contrato. O "excesso" na utilização do plano além da previsão atuarial denomina-se sinistralidade da carteira

Anualmente a média dos reajustes dos planos de saúde vem mostrando significativa elevação, sendo pressionada em parte pela estrutura que incentiva excesso de procedimentos e desperdícios na utilização do plano. Essa elevação dos preços tem sido uma reclamação constante, não somente para os planos coletivos empresariais, para todas as modalidades de planos de saúde[8] (Gráfico 2).

Gráfico 2 – Comparação de Variação dos Índices de VCMH e IPCA

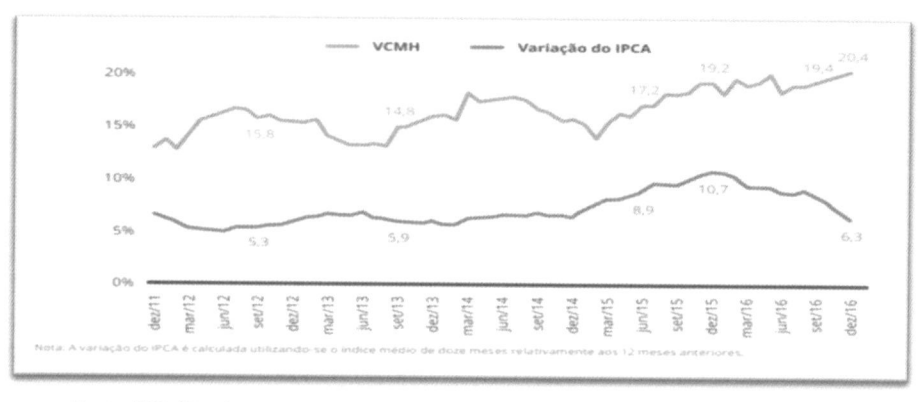

Fonte: ANS (2018)

O gráfico abaixo traz as taxas de sinistralidade para as operadoras médico-hospitalares,[9] mostrando que elas superam os 80%, um fator alarmante para o mercado (gráfico 3).

Gráfico 3 – Taxas de Sinistralidade conforme modalidade de operadora de planos de saúde

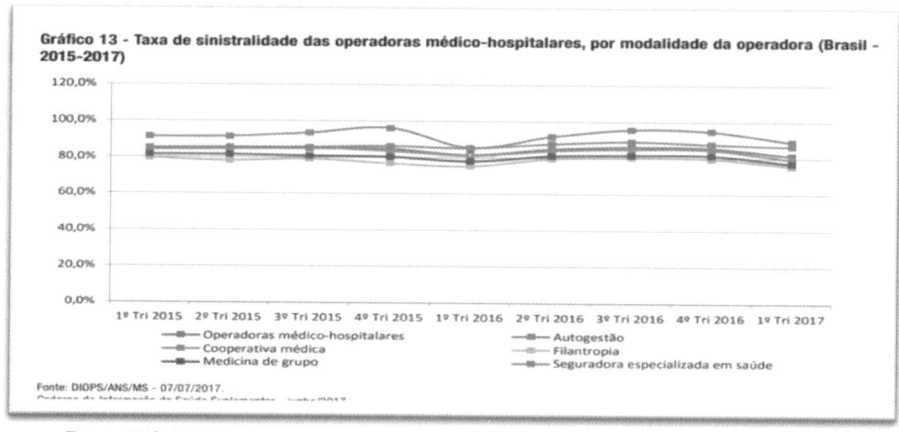

Fonte: ANS (2018)

---

[8] Um dos principais componentes do reajuste anual aplicado aos planos coletivos empresariais é o índice denominado VCMH, que é a variação de custos médicos e hospitalares avaliado pelo setor calculada por operadora. A tabela compara a evolução do IPCA e da média do VCMH das operadoras de planos de saúde. Disponível em <https://www.iess.org.br/cms/rep/VCMH_set17.pdf>. Acesso em: 11 de mai. 2018.

[9] AGÊNCIA NACIONAL DE SAÚDE SUPLEMENTAR. Caderno de informação de saúde suplementar. Rio de Janeiro, junho de 2017, p.32.

Recente estudo do Instituto de Ensino e Pesquisa (Insper)[10] sobre a Cadeia de Saúde Suplementar no Brasil analisou as falhas de mercado que mais pressionam o setor de saúde suplementar. Elas prejudicam todos os agentes desse mercado, pois impõe a elevação dos custos nas mensalidades por parte das operadoras de planos de saúde a ponto de expulsar os beneficiários, deixando-os em situação de risco.

O referido estudo aponta as falhas de mercado categorizando-as pelo tipo de relação em que se inserem: beneficiários, prestadores, operadoras. A este trabalho, interessam as falhas apontadas na relação dos beneficiários. De acordo com o estudo, a relação com beneficiários ocorre no momento da contratação do plano de saúde e na utilização do serviço, momento este em que há agentes diversos presentes, como médicos, hospitais, laboratórios, operadoras etc.

Durante a fase de contratação, usualmente há um corretor que avalia o melhor produto disponível para o perfil do consumidor interessado. Vale lembrar que a ANS estabelece regras claras quanto aos parâmetros e direitos mínimos a constar do produto de plano de saúde e, ainda assim, esse momento é marcado por uma forte assimetria de informação, por falta de acesso a dados importantes de qualidade da rede e pela falta de transparência de ambas as partes.

Superado o momento da contratação e do cumprimento de eventuais períodos de carência, o consumidor se torna beneficiário e busca a maximização do produto adquirido, acessando a rede de prestadores sem maiores preocupações quanto ao custo unitário dos serviços. Ressalta-se que, em contrapartida, o sistema contratual vigente não cria incentivos para que o consumidor faça uso racional do plano de saúde contratado e aplica a lógica do mercado de consumo, em que os serviços disponíveis são utilizados ainda que de forma excessiva.

O pensamento individual é racional, porém acaba por prejudicar a coletividade. Como previamente mencionado, o sistema é calcado no princípio da mutualidade dos seguros, e esse excesso na utilização dos serviços tem como consequência o aumento dos preços dos planos de saúde.

Os principais mecanismos que incentivam o uso desmedido dos serviços apontados pelo estudo são o não comparecimento nas consultas e nos exames agendados, ausência de banco de dados com histórico do paciente, falta de orientação na busca de especialistas médicos e, com maior destaque, pouco esclarecimento sobre as regras de utilização de plano de saúde.

Nessa última hipótese, os estudos do Insper mostram que os incentivos à utilização excessiva são reduzidos nos planos de saúde com previsão de coparticipação e franquia, pois há incidência de percentual do pagamento a cada utilização. O estudo sobre a cadeia da saúde suplementar também revela o con-

---

[10] AZEVEDO, Paulo Furquim de. *A Cadeia de Saúde Suplementar no Brasil: Avaliação de Falhas de Mercado e Propostas de Políticas*. São Paulo, 2016, p. 65 e seguintes. Disponível em <https://www.insper.edu.br/wp-content/uploads/2016/09/estudo-cadeia-de-saude-suplementar-Brasil.pdf>. Acesso em 11 de mai. 2018.

traponto do questionamento por parte dos beneficiários, diante do entendimento de duplo pagamento à operadora de planos de saúde.

A preocupação com a escalda de custos tem dimensão mundial no setor de saúde. Uma das medidas sugeridas para o controle é a maior participação do usuário no custeio do plano, com a criação do senso de responsabilidade pela utilização, por meio de emprego de mecanismos financeiros de regulação.

Estudos da Organização para a Cooperação e Desenvolvimento Econômico – OCDE – mostram que mecanismos de compartilhamento de custos com os beneficiários do plano privado são amplamente utilizados nos países membros, variando a forma de cobrança em valores fixos e cobranças em percentuais.[11] Muitos países utilizam ainda o cosseguro para minimizar os custos, transferindo os custos para uma seguradora. Os dados colhidos pela OCDE demonstram que os mecanismos financeiros são comumente utilizados pelos países-membros.

Para apresentação da proposta de alteração da regulamentação de mecanismos de regulação, a ANS elaborou a Análise de Impacto Regulatório da proposta de normativa. Tal instrumento de gestão apresenta como os mecanismos financeiros são tratados mundialmente, a fim de trazer as melhores experiências para o plano nacional.

A preocupação então passa a ser a alteração da norma para um quadro em que se reduza a incidência de risco moral, induzindo a utilização adequada dos planos de saúde pelos beneficiários. Essa proposta busca por atender aos anseios de todos os agentes do mercado, pois a elevada taxa de sinistralidade implica em valores de mensalidade elevados, com riscos maiores para os consumidores, refletindo na cadeia como um todo.

4. Aplicação de mecanismos de regulação ao mercado de saúde suplementar

Feita a contextualização sobre o papel do mercado de seguro em geral e a exposição do cenário atual do mercado de saúde suplementar, vale o apontamento dos conceitos de franquia e coparticipação aplicáveis ao mercado segurador em geral, para que seja analisada a possibilidade de apropriação de tais conceitos para o ramo de saúde.

Para a correta compreensão da matéria, importante passo metodológico é situar sua natureza diante das variadas vertentes aplicáveis. Isso porque, de acordo com o parâmetro eleito para a análise, a análise poderá apresentar resultados diferenciados, afetando a eficiência da ação regulatória.

---

[11] A OCDE apresenta uma análise do compartilhamento de riscos em cuidados ambulatoriais, ficando evidente a participação do Co-Seguro para minimizar riscos. Disponível em <http://www.oecd.org/health/health-systems/characteristics.html>. Acesso em 11 de mai. 2018.

O primeiro cenário a ser considerado é a atual indefinição do conceito de mecanismos financeiros, eis que os efeitos da aplicação do instituto serão diversos diante de conceituações diferentes. A incerteza sobre os institutos gera insegurança no setor, criando empecilhos para diversificação de produtos que contenham tais características. Ainda, a indefinição do cenário atual, conforme os estudos apresentados pela ANS,[12] faz com que operadoras abusem da aplicação dos mecanismos para maximizar custos. Verifica-se, portanto, que a norma vigente não atende os fins regulatórios e sua manutenção contribui para a insegurança e para a pasteurização dos produtos oferecidos ao mercado.

Os mecanismos de regulação poderiam também ser encarados como forma de cofinanciamento do plano de saúde pelo beneficiário. O risco para tal configuração seria a possibilidade de, em caso de não pagamento do montante da coparticipação, a rescisão do plano por inadimplência. E esse risco, aos olhos do regulador, não compensaria a vantagem de considerar o pagamento do mecanismo de regulação para fins de obtenção dos direitos previstos nos artigos 30 e 31 da Lei nº 9.656/98 (extensão do plano para demitidos e aposentados), no caso de planos coletivos empresariais.

Por fim, a terceira possibilidade de cenário é a adoção da natureza dos mecanismos de regulação como redutor de risco moral. Essa natureza permite que seja imputado custeio integral de determinados procedimentos para evitar uso desnecessário, o que atualmente é vedado diante da incerteza quanto ao conceito. Para tal natureza, é essencial a clara divulgação de informações para os beneficiários, sob pena do crescimento de informações conflitantes. Por outro lado, em seu adequado funcionamento, essa natureza contribui para melhor eficiência, menos custos e mais concorrência no mercado. E é esse o conceito melhor aceito pelo mercado atualmente.

Em resumo, os principais problemas a serem enfrentados pela nova regra, de acordo com a Análise de Impacto Regulatório da ANS,[13] seriam (a) o dilema entre uso consciente e acesso aos serviços de assistência à saúde; (b) as lacunas na regulação vigente quanto ao uso do mecanismo de regulação; (c) o pouco uso da franquia; (d) a falta de clareza quanto à cobrança de mecanismos de regulação na internação; (e) a ausência de limites para cobrança do fator moderador, e (f) a ausência de definição do "fator restritor severo".

Atualmente, os mecanismos financeiros possuem previsão na Lei nº 9.656/98, quanto à possibilidade de serem inseridos nos planos de saúde, bem como na impossibilidade de serem considerados como fonte de custeio para fins da aplicação dos artigos 30 e 31 da referida lei. Como dito, a Lei nº 9.961/00

---

[12] AGÊNCIA NACIONAL DE SAÚDE SUPLEMENTAR. Exposição de Motivos: Consulta Pública nº 60. Disponível em <http://www.ans.gov.br/images/stories/Particitacao_da_sociedade/consultas_publicas/cp60/cp60_exposicao_de_motivos.pdf , acesso em 16.05.2018>. Acesso em 11 de mai. 2018.
[13] AGÊNCIA NACIONAL DE SAÚDE SUPLEMENTAR. *Relatório de Análise de Impacto Regulatório. Mecanismos Financeiros de Regulação* – Coparticipação e Franquia. Rio de Janeiro, Março de 2017, p. 23.

trata da competência da ANS para regular tais institutos, e a regulação vigente se dá por meio da Resolução do Conselho de Saúde Suplementar – CONSU – nº 8 de 1998, uma das últimas CONSU ainda vigentes.

O arranjo normativo é escasso e falho para atender aos anseios de um mercado que constantemente se movimenta em busca de soluções criativas para a contenção de custos sem afetar a atenção assistencial. As falhas de mercado verificadas necessariamente levam questões à solução do Judiciário, ponto que merece destaque diante da alta judicialização do setor.

Assim, atualmente, define-se *Coparticipação* como o valor pago pelo beneficiário (titular ou dependente) de plano médico/odontológico, como forma de prover o uso consciente dos procedimentos. A cobrança é realizada em forma de percentual, podendo ser limitado em valor fixo.

Trata-se de cota-parte de responsabilidade do beneficiário para a realização de qualquer procedimento, parte efetivamente paga pelo beneficiário à operadora referente à realização de um procedimento médico coberto pelo contrato de plano de saúde. É proibido estabelecer coparticipação que acarrete no financiamento integral do procedimento ou fator restritivo severo aos acessos aos serviços pelo beneficiário.

Franquia é um valor pelo qual o segurado se compromete a arcar até determinado valor, e somente após superar este valor a seguradora fornecerá cobertura. A aplicação da franquia desobriga a seguradora de eventual pagamento ou cobertura assistencial em caso de os valores serem inferiores ao da franquia predeterminado em contrato. Este valor deve ser previamente estabelecido no contrato entre seguradora e segurado. Da mesma forma que na coparticipação, a franquia não pode estabelecer um valor que corresponda ao pagamento integral da cobertura assistencial pelo beneficiário.

Especificamente em seguro/plano de saúde, a franquia é o valor fixo aplicado nas internações, consultas e exames a serem arcados pelo beneficiário diretamente na rede da operadora, uma vez que a esta não possui responsabilidade de cobertura até o referido limite. Atualmente, somente internações psiquiátricas possuem cobrança em forma de percentual, podendo chegar a até 50% a partir do 31º dia de tal internação por ano de contrato. A operadora/seguradora também não pode, em casos de internação hospitalar, aplicar franquia em percentual por evento, somente por valor monetário.

Importante esclarecer que a Lei nº 9.656/98 não proíbe a aplicação de franquia no contrato de plano de saúde, considerando válida previsão de cláusula nestes contratos, que estipule franquia ou coparticipação do beneficiário.

Sobre mecanismos de regulação, a normativa vigente é de origem do CONSU. O CONSU é o órgão que estabelece, supervisiona, executa políticas e diretrizes gerais, aprova contratos de gestão do setor de saúde suplementar, além de acompanhar e supervisionar a atuação da ANS. Este Conselho é que determina as normas para constituição, funcionamento, organização e fiscalização das operadoras de planos de saúde.

A previsão na regulação normativa consta da Resolução do CONSU nº 08/1998, da ANS, em seus artigos 1º, §2º, 2º, VII, e 3º. que assim dispõem:

> Art. 1º, § 2º As operadoras de saúde privados somente poderão utilizar mecanismos de regulação financeira, assim entendidos, franquia e coparticipação, sem que isto implique no desvirtuamento da livre escolha do segurado. (...)
> Art. 2º Para adoção de práticas referentes à regulação de demanda da utilização dos serviços de saúde, estão vedados: (...)
> VII – estabelecer coparticipação ou franquia que caracterize financiamento integral do procedimentos por parte do usuário, ou fator restritor severo ao acesso aos serviços.
> Art. 3º Para efeitos desta regulamentação, entende-se como:
> I – "franquia" o valor estabelecido no contrato de plano ou seguro privado de assistência à saúde e/ou odontológico, até o qual a operadora não tem responsabilidade de cobertura, quer no casos de reembolsos ou nos casos de pagamento à rede credenciada ou referenciada;
> II – "coparticipação", a parte efetivamente paga pelo consumidor à operadora de plano ou seguro privado de assistência à saúde e/ou odontológico, referente à realização de procedimento.
> Parágrafo único: Nos planos ou seguros de contratação coletiva empresarial custeados integralmente pela empresa, não é considerada contribuição a coparticipação do consumidor, única e exclusivamente em procedimentos, como fator moderador, na utilização dos serviços de assistência médica e/ou hospitalar, para fins do disposto nos artigos 30 e 31 da Lei nº 9.656/98.

No ramo dos seguros e planos de saúde, com a aplicação efetiva destes institutos, o beneficiário passa a ser mais responsável e consciente sobre suas escolhas, passando a ter capacidade de definição.

A ampliação da utilização da franquia e da coparticipação poderá ajudar na redução dos custos da assistência médica de hoje, que beneficia o próprio beneficiário e a operadora. Com a franquia, o beneficiário deverá arcar com um determinado valor contratado para despesas, em que somente após ultrapassar este valor que a operadora passa a assumir a responsabilidade pelas despesas médicas, fazendo com que o beneficiário utilize da melhor forma seus recursos pelo plano de saúde, passando a ser seu próprio fiscal quando seus médicos prescreverem indicações, o valor cobrado pelos prestadores, se há meio alternativo para resolver seu caso etc.

A aplicação e definição do valor ou percentual da franquia para cada contrato não é algo simples de se calcular, porque a seguradora precisa obedecer a alguns critérios técnicos. O percentual não pode ser muito baixo, que acabe não reduzindo as despesas operacionais das seguradoras, e também não pode ser muito alto, pois a seguradora estaria criando o "auto seguro", situação oposta à atividade por ela exercida.

A título de comparação, no mercado de saúde suplementar dos Estados Unidos da América, há várias opções de franquias em planos de saúde. O segurado pode optar por contratar um plano com uma franquia bem alta, pois sabe que o grande risco estará coberto, preferindo arcar com as pequenas despesas (consulta médica, exames laboratoriais mais simples, etc.), e, em contrapartida, terá uma mensalidade de menor valor.[14]

De forma geral, seja nos Estados Unidos da América, seja em outro país que se aplique o instituto da franquia, quanto maior ela for, menor será o custo da mensalidade. Os norte-americanos têm visto a franquia como uma forma de reduzirem suas despesas com saúde, o que vem aumentando sua contratação.

O instituto da coparticipação ou franquia é uma opção que a operadora oferta a seus beneficiários quando da contratação do plano de saúde, como uma forma de reduzir a precificação do plano de saúde e torná-lo mais atrativo pelo menor custo da mensalidade (comparado com o plano sem que estes institutos seriam aplicados). Esta oferta de modalidade de contratação oferecida aos beneficiários é legalmente prevista e autorizada na Lei 9.656/98, em seu artigo 16, VIII, abaixo transcrito:

> Art. 16. Dos contratos, regulamentos ou condições gerais dos produtos de que tratam o inciso I e o § 1º do art. 1º desta Lei devem constar dispositivos que indiquem com clareza: (Redação dada pela Medida Provisória nº 2.177-44, de 2001). (...)
> VIII – a franquia, os limites financeiros ou o percentual de co-participação do consumidor ou beneficiário, contratualmente previstos nas despesas com assistência médica, hospitalar e odontológica; (Redação dada pela Medida Provisória nº 2.177-44, de 2001).

Importante reforçar que a contratação pelos beneficiários para estes institutos não é, nem será, uma condição obrigatória para que estes os contratem, ao contrário, será o beneficiário que decidirá se quer ou não contratar o plano com a aplicação destes dois fatores de moderação.

Atualmente, de um total de 47,4 milhões de beneficiários, mais de 50% destes possuem produtos com algum mecanismo de regulação, de acordo com dados recentes da ANS (março de 2018).[15] O Ministro da Saúde Gilberto Occhi, ao apresentar um panorama do setor, em uma Audiência Pública na Comissão de Defesa do Consumidor, informou que atualmente 52% dos beneficiários de planos de saúde estão em planos com coparticipação ou franquia – 24,7 milhões de pessoas.[16]

A aplicação dos institutos de coparticipação e/ou franquia já são utilizados pela sociedade, portanto, não se trata de uma novidade ou algo desconhecido por todos ou que a aplicação destes institutos poderá gerar "instabilidade". Com a nova regra proposta, passará a ser regulamentada a sua utilização, vez que cada vez mais os beneficiários querem se utilizar dessa modalidade quando

---

[14] INSTITUTO DE ESTUDOS DE SAÚDE SUPLEMENTAR. *Área Temática*: Planos com franquia e coparticipação. Disponível em <https://www.iess.org.br/?p=area_tematica&tema=franquia,coparticipacao,catastrofico,novos%20produtos>. Acesso em 26 de mai. 2018.

[15] Idem.

[16] AGÊNCIA CÂMARA NOTÍCIAS. *Ministro e ANS defendem novo modelo de franquia para planos de saúde*. Brasília, 2018. Disponível em <http://www2.camara.leg.br/camaranoticias/noticias/SAUDE/557079-MINISTRO-E-ANS-DEFENDEM-NOVO-MODELO-DE-FRANQUIA-PARA-PLANOS-DE-SAUDE.html>. Acesso em 25 de mai. 2018.

da contratação dos planos de saúde. A regulamentação oferece uma maior garantia ao beneficiário, com amparo legal aos consumidores.

A coparticipação em contratos coletivos empresariais passou a ser um fator importante para a sustentabilidade do benefício nas empresas, nas operadoras, bem como para o uso consciente do plano de saúde.

Importante destacar que os planos de saúde com franquia e coparticipação têm como principal distinção o custo reduzido das contraprestações, o que torna este tipo de plano mais acessível aos beneficiários, além do fato de que ao migrar ou contratar um plano com estes institutos, continuará a ter acesso aos serviços que teria em outro plano com o mesmo tipo de cobertura assistencial (ambulatorial, hospitalar sem obstetrícia, hospitalar com obstetrícia, odontológico ou de referência).

Tanto para mercado de saúde suplementar quanto para a ANS, esses mecanismos financeiros de regulação que podem vir a ser aplicados aos planos de saúde serão importantes por conter os custos excessivos para a realização destes procedimentos. Com isso, espera-se que o valor da mensalidade do plano de saúde do beneficiário irá diminuir substancialmente. A aplicação destes institutos, franquia de coparticipação não são para inibir a utilização do plano, mas sim para que seja utilizado de forma mais consciente.[17]

Importante reforçar o que já foi exposto que, os casos de consultas, exames e tratamentos preventivos e de promoção da saúde, em geral, são arcados exclusivamente pela operadora, mesmo antes de se atingir o valor da franquia anual, como uma forma de estimular os beneficiários a cuidarem da própria saúde. As situações de doenças crônicas, também possuem um tratamento diferenciado, em virtude da assiduidade da assistência médica que acaba consumindo mais rapidamente o montante da franquia.

5. Proposta de alteração da Agência Nacional de Saúde Suplementar

Diante das deficiências bem como da insegurança apontada, o órgão regulador propôs uma alteração significativa na regulamentação de mecanismos financeiros. Em cumprimento das diretrizes do sistema de saúde brasileiro definidas na Constituição, a ANS incitou a comunidade a participar do debate sobre a nova proposta. Porém, observa-se a constatação dos estudos sobre participação popular na saúde em que a desigualdade de informação restringe a participação política do cidadão e reforça o déficit de representação dos agentes

---

[17] INSTITUTO DE ESTUDOS DE SAÚDE SUPLEMENTAR. *Área Temática*: Planos com franquia e coparticipação. Disponível em <https://www.iess.org.br/?p=area_tematica&tema=franquia,coparticipacao,catastrofico,novos%20produtos>. Acesso em 26 de mai. 2018.

do mercado que se encontram em desvantagem,[18] o que se confirma pelas listas de presença das reuniões realizadas na ANS.

Iniciou-se a discussão do tema no âmbito da ANS há mais de dez anos, em um debate modesto, mas que não apresentou grandes evoluções. Em julho de 2016, o debate sobre as propostas do setor foi retomado por um o grupo técnico. O grupo de trabalho comandado pela Diretoria de Desenvolvimento Setorial – DIDES – da ANS passou por cinco reuniões e submeteu o tema à audiência pública, em março de 2017, e então a proposta foi apresentada à consulta pública, a Consulta Pública nº 60, entre março e maio de 2017, para maior legitimidade e participação de todos os segmentos que pudessem ser afetados pelas alterações propostas. Após a consulta pública, o conteúdo da nova normativa foi submetido à Diretoria Colegiada – DICOL – para aprovação, em um novo debate entre os diretores da ANS.

Recentemente, diversos órgãos vêm divulgando sua posição contrária à proposta da ANS refletindo em importantes repercussões na mídia. Consequentemente, a ANS concedeu esclarecimentos perante a sociedade, resumindo os pontos a serem alterados e enfatizou a necessidade de mudanças para garantir a segurança dos beneficiários.

Os pontos levantados especialmente pelos órgãos de defesa dos usuários do sistema de saúde são expostos neste trabalho. Um dos pontos principais é que o momento atual deve ser de organizar o sistema de saúde como um todo, ao invés de baratear o acesso aos planos privados.

Além disso, essa redução do valor da mensalidade seria ilusória, uma vez que os elevados percentuais de coparticipação podem representar restrição a coberturas e encaminhamento dos beneficiários ao Sistema Único de Saúde. O Instituto de Defesa do Consumidor – IDEC – defende que a utilização dos mecanismos financeiros de regulação impede o planejamento dos valores a serem arcados mensalmente com gastos em saúde, que na verdade é a real intenção ao contratar o plano de saúde.[19] A Fundação PROCON SP também se manifestou, afirmando que o consumidor não tem liberalidade para decidir o que é desperdício na utilização, seguindo tão somente as orientações do médico assistente.[20]

No cenário brasileiro, a adoção de coparticipação em internações se mostra como medida arriscada, especialmente pelo impacto que o evento pode re-

---

[18] COELHO, Vera Schattan P. A democratização dos Conselhos de Saúde: o paradoxo de atrair não aliados. Novos Estudos-CEBRAP, n. 78, p. 77-92, 2007. Disponível em <http://www.scielo.br/pdf/nec/n78/09.pdf>. Acesso em 15.mai.2018.

[19] INSTITUTO BRASILEIRO DE DEFESA DO CONSUMIDOR-IDEC. *Planos de saúde podem ficar mais caros com franquia e coparticipação*. São Paulo, 14.05.2018. Caderno Saúde. Disponível em <https://idec.org.br/noticia/planos-de-saude-podem-ficar-mais-caros-com-franquia-e-coparticipacao>. Acesso em 14.mai.2018.

[20] FUNDAÇÃO PROCON. *Planos de Saúde* – A campanha contra mudanças na Lei continua. São Paulo, 26.04.2018. Disponível em <http://www.procon.sp.gov.br/noticia.asp?id=5545>. Acesso em 14.mai.2018.

presentar ao beneficiário somado à realidade econômico-financeira do país. A franquia se adequaria melhor à situação das internações, podendo ainda ser estabelecida por um pacote de procedimentos.

O ponto negativo que mais se destaca é que não há garantia de redução efetiva dos valores de mensalidade, podendo as operadoras de planos de saúde apropriarem-se de tal alteração para garantirem o aumento do caixa.

Outro ponto a ser considerado na alteração da normativa é o viés contrário à possibilidade de diversificação de produtos levantada pela Agência, uma vez que haja um produto mais vantajoso para as operadoras de planos de saúde, os outros que não representem vantagem comercial sejam descontinuados. Consequentemente, ocorre o desaparecimento dos planos sem fator moderador, como aconteceu com planos individuais diante das vantagens verificadas na comercialização de planos coletivos. Verifica-se a necessidade de a ANS certificar o real interesse em tamanha intervenção no mercado de saúde suplementar para compelir as operadoras de planos de saúde a manterem a comercialização de produtos que poderiam fugir ao seu interesse comercial, em prol da garantia de manutenção de interesse dos beneficiários.

Certo é que o cenário vigente gera ineficiência do setor e a proposta de normativa traz novas configurações para o tema. As principais novidades trazidas pela ANS podem ser resumidas em cinco itens: limite de copartipação, diferentes formas de aplicação de franquia e copartipação, isenção de procedimentos preventivos e doenças crônicas, transparência e regras de uso.

O **limite** de copartipação passaria a ser de 40%. O entendimento jurisprudencial, especialmente no estado de São Paulo, fixa o limite de 30%. Na atual regulamentação verifica-se a falta de limite de exposição financeira, ou seja, o teto de valor a ser cobrado em uma mensalidade com coparticipação.

Outro ponto é o acréscimo de diferentes produtos com diferentes formas de aplicação de franquia e copartipação, o que não ocorre pela normativa vigente. Há três modalidades de franquia previstas: (a) franquia acumulada, em que o beneficiário arca com as despesas acumuladas em até um ano ou até atingirem um valor acordado (conforme definido em contrato); (b) franquia por evento/grupo de eventos, hipótese em que o beneficiário arca com o custcio dos procedimentos até determinado valor (conforme contrato) e; (c) franquia limitada, modalidade das hipóteses em que o mecanismo de regulação incidem quando os procedimentos/eventos tenham custo acima do valor determinado (estabelecido em contrato).

No que tange à coparticipação, são trazidas quatro possibilidades: percentual sobre do valor do procedimento pago ao prestador; percentual sobre uma tabela de valores médios praticados no mercado; valores em Real predefinidos para os procedimentos; ou percentual que incide na mensalidade. A forma eleita deverá estar claramente prevista no contrato firmado pelo beneficiário.

Quanto à questão assistencial, a nova regulamentação prevê a isenção de procedimentos preventivos e doenças crônicas, fator não levantado na normativa vigente.

A nova regulamentação também traria maior transparência, por exigir das operadoras de planos de saúde a criação de simuladores de pré-contratação, pré-utilização e a obrigação da entrega do extrato de utilização de uso aos beneficiários. Esses simuladores permitem que o beneficiário tome conhecimento dos valores a serem gastos no caso de utilização dos serviços oferecidos pelo plano de saúde. Com tais dados, a ANS entende que os beneficiários poderão escolher o plano de saúde que melhor se adeque ao seu perfil. Além disso, os extratos demonstram os detalhes da utilização do plano, que ficarão disponíveis eletronicamente para consulta. As informações precisas sobre os gastos do beneficiário poderão conferir maior transparência à relação com a operadora de planos de saúde, relação esta que se encontra impregnada de dúvidas e desconfiança por ambas as partes.

A transparência das informações é fator muito importante quando se trata da incidência de mecanismos reguladores sobre a utilização do plano de saúde. Por isso, é preciso assegurar que as tabelas de preços sejam públicas aos beneficiários, bem como quais os valores a serem cobrados. A ausência de transparência gera o risco do aumento da assimetria de informação do setor, resultando em um problema ainda mais preocupante.

A proposta de normativa traz regras de uso para os mecanismos financeiros de regulação. Fica vedada a incidência de franquia e coparticipação em um mesmo procedimento.

Embora nem todo beneficiário possua perfil para contratação de planos de saúde com mecanismos financeiros, a sua utilização pode representar economia para os usuários. O regulador ainda faz uma importante observação sobre o tema, acerca da necessidade de previsão de isenções de incidência dos mecanismos financeiros, impedindo a cobrança dos beneficiários em casos específicos, como verificado no cenário internacional.

Fato é que a proposta possui pontos a serem considerados como vantagens diante do cenário atual da regulamentação, mas a análise deve ser feita com muita cautela. Para o consumidor, o valor da mensalidade poderá ser menor, mas ele passará a concorrer no risco com a operadora de saúde. Dependendo de sua frequência de utilização, ele terá um custo menor com despesas de saúde durante o ano. Esse ponto é demonstrado no próprio estudo da ANS quando da apresentação da proposta de reforma.

De fato, a nova proposta caracteriza um produto vantajoso para jovens com poucos problemas de saúde. Mostra-se também como opção interessante para aqueles que desejam ter a garantia de que despesas com tratamentos de alto custo estejam asseguradas pelo plano de saúde, mas que não pode assumir um custo mensal elevado.

6. Considerações finais

A coparticipação e a franquia têm sido elevadas à condição de salvadoras para os graves erros de gestão na condução da saúde suplementar cometidos por todos os agentes desse mercado. Ocorre que a utilização unicamente de instrumentos financeiros, como coparticipação, penalidades, incentivos entre outros, não é suficiente para a gestão dos processos internos e programas que busquem adesão a novo estilo de vida, tratamentos, cuidado com a própria saúde dos beneficiários

O controle de custos é uma medida emergencial, mas a sociedade não recebe informações suficientes para compreender o mecanismo que se busca aplicar para melhoria do cenário atual. A judicialização das questões envolvendo mecanismos financeiros de regulação evidencia que as normas vigentes não atendem aos seus fins e não equilibra a relação entre os agentes do mercado.

O ruído causado no mercado com a divulgação das propostas para alteração da regulamentação sinaliza a falta de legitimidade da ANS para trazer mudanças ao setor, o qual ela regula, reflete no equilíbrio das relações existentes nesse mercado. A ANS tem encontrado dificuldades em representar os anseios da sociedade e o reflexo imediato é o aumento da judicialização do setor. A participação efetiva da população em tais desenhos de propostas se mostra como uma das saídas para conferir maior legitimidade ao órgão do Executivo para executar políticas em prol do efetivo equilíbrio do mercado.

A nova regra é positiva, pois irá limitar o valor e percentual da franquia de coparticipação, o que hoje não existe. O mercado de saúde suplementar precisa urgentemente de novos produtos e essas medidas podem auxiliar no processo de empoderamento do beneficiário. No caso da franquia e da coparticipação, ocorrerá uma atualização de um desenho de produto já existente e que cada vez mais se consolida no mercado, trazendo uma maior capilaridade de contratação e amparo aos beneficiários.

7. Referências

AGÊNCIA NACIONAL DE SAÚDE SUPLEMENTAR. *Caderno de informação de saúde suplementar.* Rio de Janeiro, junho de 2017.

——. *Dados do Setor.* Disponível em http://www.ans.gov.br/perfil-do-setor/dados-e-indicadores-do-setor.

——. Exposição de Motivos. Consulta Pública nº 60. Disponível em <http://www.ans.gov.br/images/stories/Particitacao_da_sociedade/consultas_publicas/cp60/cp60_exposicao_de_motivos.pdf>, acesso em 16.05.2018.

——. *Relatório de Análise de Impacto Regulatório.* Mecanismos Financeiros de Regulação – Coparticipação e Franquia. Março de 2017.

AGUILLAR, Fernando Herren; BARBUGIANI, Luiz Henrique Sormani. *Planos de saúde: doutrina, jurisprudência e legislação.* São Paulo: Saraiva, 2015.

AITH, Fernando Mussa Abujamra. *Direito à Saúde e Democracia Sanitária*: Soberania Popular e Participação nas Decisões Estatais de Saúde. Tese (Livre-Docência) – Faculdade de Direito da Universidade de São Paulo, FADUSP, Brasil. 2015.

——. O Princípio da Legalidade e o Poder Normativo da Agência Nacional de Vigilância Sanitária no âmbito do Estado Democrático de Direito Brasileiro. In: Maria Célia Delduque; Luiz Carlos Romero. (Org.). *Produção Normativa em Saúde:* Políticas Setoriais e Regulação. Brasília: Senado Federal, 2012.

ALVES, Sandro Leal. *Fundamentos, Regulação e Desafios da Saúde Suplementar no Brasil*. Rio de Janeiro: Funenseg, 2015.

ARRETCHE, Marta. Democracia e redução da desigualdade econômica no Brasil. A inclusão dos outsiders. *Revista Brasileira de Ciências Sociais*, vol. 33, n. 96, 2018.

AZEVEDO, Paulo Furquim de e outros. *A Cadeia de Saúde Suplementar no Brasil:* Avaliação de Falhas de Mercado e Propostas de Políticas. Disponível em <https://www.insper.edu.br/wp-content/uploads/2016/09/estudo-cadeia-de-saude-suplementar-Brasil.pdf>.

BAHIA, Lígia. SESTELO, José Antonio de Freitas; SOUZA, Luis Eugênio Portela Fernandes de. *Saúde suplementar no Brasil:* revisão crítica da literatura de 2000 a 2010. Saúde em Debate, Set 2014, Volume 38, nº 102.

BOTTESINI, Maury Angelo; MACHADO, Mauro Conti. Lei dos Planos de Saúde Comentada. ed. 3. Rio de Janeiro: Forense, 2015.

COELHO, Vera Schattan P. *A democratização dos Conselhos de Saúde:* o paradoxo de atrair não aliados. Novos Estudos-CEBRAP, n. 78, p. 77-92, 2007. Disponível: <http://www.scielo.br/pdf/nec/n78/09.pdf>.

DALLARI, Sueli Gandolfi. *Os Estados Brasileiros e o Direito à Saúde*. São Paulo: Hucitec, 1995.

——. A Construção do Direito à Saúde no Brasil. In *Revista de Direito Sanitário*, v.9, n. 2. São Paulo, 2008.

——. AITH, F. M. A.; VENTURA, D. F. L.; GUERRA, L. D. S.; SILVA, R. R.; FALCAO, M. Z.; BALBINOT, R. A. A.; BUJDOSO, Y. L. V. *A e-democracia sanitária no Brasil:* em busca da identificação de atores de mecanismos virtuais de participação na elaboração de normas de direito sanitário. Saúde e Sociedade (Online), v. 25, p. 943-949, 2016.

——. Sistemas públicos universais de saúde e participação popular: o papel do Judiciário. *Revista Cadernos Ibero-Americanos de Direito Sanitário*, v. 03, p. 25-32, 2014.

——. Aspectos particulares da chamada judicialização da saúde. Revista de Direito Sanitário, v. 14, p. 77-81, 2013.

IBOPE. Pesquisa Inteligência, em 2017 os planos de saúde foram o terceiro bem mais desejado. Disponível em <https://www.iess.org.br/?p=blog&id=582>.

INSTITUTO BRASILEIRO DE DEFESA DO CONSUMIDOR. *Planos de saúde podem ficar mais caros com franquia e coparticipação*. São Paulo, 14.05.2018. Caderno Saúde. Disponível em <https://idec.org.br/noticia/planos-de-saude-podem-ficar-mais-caros-com-franquia-e-coparticipacao>.

INSTITUTO DE ESTUDOS DE SAÚDE SUPLEMENTAR. *Pesquisa Tabnet*. São Paulo. Disponível em <https://www.iess.org.br/cms/rep/conj.pdf>.

——. *Tabela VCMH/IESS das operadoras de planos de saúde*. Disponível em <https://www.iess.org.br/cms/rep/VCMH_set17.pdf>.

ORGANIZAÇÃO PARA A COOPERAÇÃO E DESENVOLVIMENTO ECONÔMICO. *Análise do compartilhamento de riscos em cuidados ambulatoriais*. Disponível em <http://www.oecd.org/health/health-systems/characteristics.htm>.

ROMERO, Luiz Carlos. A produção normativa em saúde como um novo campo de estudo. In: *Revista de Direito Sanitário*. v.16, n. 2. São Paulo, 2015. Disponível em <http://www.revistas.usp.br/rdisan/article/view/106881>. Acesso em 16.10.2017.

SALVATORI, Rachel Torres; VENTURA, Carla A. Arena. *A Agência Nacional de Saúde Suplementar – ANS*: onze anos de regulação dos planos de saúde. Organizações & Sociedade – Salvador, v. 19 – n. 62, p. 471-487 – Julho/Setembro – 2012.

SCHEFFER, Mario; AITH, Fernando. Sistema de Saúde Brasileiro. In: *Clínica Médica*, vol. 1. São Paulo: Manole, 2016.

SILVA, Jose Luiz Toro da. *Comentários à lei dos planos de saúde*. Porto Alegre: Síntese, 1998.

TRETTEL, Daniela Batalha. Teoria e prática da participação na Agência Nacional de Saúde Suplementar. In: Revista de Direito Sanitário. v. 15, n. 3. São Paulo, 2014. Disponível em <http://www.revistas.usp.br/rdisan/article/view/97329>.

— VIII —

Breves considerações sobre o Regulamento Geral de Proteção de Dados (RGPD) e o Encarregado de Proteção de Dados (EPD) ou *General Data Protection Regulation (DPR) and Data Protection Officer (DPO)*: alguns aspectos do cenário brasileiro

Liliana Caldeira

Advogada. Graduada pela UFRJ, Mestre em Direito Econômico pela UFRJ, Especialista em Direito Empresarial pela FGV/RJ. Licenciada em Filosofia pela UERJ. Professora e coordenadora do MBA da ENS. Membro do GNT RC AIDA/Brasil.

Sumário: 1. Introdução; 2. Principais aspectos do Regulamento Geral de Proteção de Dados; 2.1. Em relação aos "considerandos"; 2.2. Em relação aos artigos; 3. A proteção dos dados pessoais no Brasil; 4. Casuística recente; 5. Considerações finais; 6. Referências.

1. Introdução

O RGPD (Regulamento Geral de Proteção de Dados) ou GDPR (*General Data Protection Regulation*) é uma norma europeia (EU 2016/679), a qual estabelece regras referentes à proteção, tratamento e livre circulação de dados pessoais de pessoas físicas, em todos os países membros da União Europeia.[1]

O Regulamento foi aprovado em 27 de abril de 2016, após quase cinco anos de negociações e milhares de emendas, devendo "ser aplicado" (terminologia do regulamento) a partir de 25 de maio de 2018, sem qualquer necessidade de transposição para a ordem jurídica interna dos países-membros.

---

[1] Disponível em <http://eur-lex.europa.eu/legal-content/PT/TXT/?uri=CELEX:32016R0679>. Acesso em 16/02/2018.

A norma em questão teve como objetivo principal o de reforçar a Proteção de Dados, prevista no art. 8º da Carta dos Direitos Fundamentais da União Europeia, e, também, busca harmonizar a legislação existente nos Estados-Membros, criando as bases para o mercado único digital.

O normativo em comento aplica-se a todas as organizações estabelecidas em território da União Europeia e àquelas que, estando localizadas fora da UE, tratem dados de titulares lá residentes, desde que comercializem os seus produtos/serviços (a título oneroso ou gratuito) ou monitorem comportamentos que ocorram dentro da União Europeia.

As dificuldades para as empresas estarem em conformidade com a nova regra decorrem da complexidade da gestão e do trato de dados pessoais de todas as partes relacionadas (pessoas físicas) com que se vinculam (colaboradores, empregados, clientes, fornecedores).

São exemplos de dados pessoais: números de identificação, *e-mails*, contatos telefônicos, *cookies*, endereços, informação de localização, *ou qualquer outra informação relativa a uma pessoa, que possa ser usada direta ou indiretamente para identificá-la.*

Tais dados pessoais, possivelmente, estão dispersos por diversos sistemas corporativos, sendo alvos de falhas de segurança, provavelmente desatualizados, quiçá com registros duplicados, e disseminados não apenas em sistemas corporativos internos, mas também em sistemas de subcontratados, parceiros ou quaisquer outros terceiros prestadores de serviços.

2. Principais aspectos do Regulamento Geral de Proteção de Dados

A versão em português do RGPD – Regulamento Geral de Proteção de Dados – possui 173 (cento e setenta e três) "considerandos" e 99 (noventa e nove) artigos.

Passa-se abaixo a sintetizar, com espírito seletivo e critérios restritivos, num juízo próprio e peculiar desta autora, suas principais disposições encontradas nos "considerandos" e nos artigos do regulamento, os quais elencamos num breve resumo de cunho pessoal.

Justifica-se que tal juízo teve como seu objetivo trazer luz para as disposições mais inovadoras para o nosso Direito Nacional e que podem tanto nos dar conhecimento sobre o estado da arte deste tema na Europa, como nos inspirar em nossas atividades profissionais.

2.1. Em relação aos "considerandos"

Considerando 6 – O RGPD parte do essencial pressuposto de que a rápida evolução tecnológica e a globalização criaram novos desafios em matéria de proteção de dados pessoais e de que a captação e a partilha de dados pessoais registraram um aumento significativo, porque as novas tecnologias permitiram às empresas privadas e às entidades públicas a utilização de dados pessoais numa escala sem precedentes no exercício das suas atividades.

Considerando 7 – Esta evolução exige um quadro de proteção de dados sólido e mais coerente na União Europeia, apoiado por uma aplicação rigorosa das regras, pois é importante gerar a confiança necessária ao desenvolvimento da economia digital no conjunto do mercado interno europeu.

Considerando 10 – A fim de assegurar um nível de proteção coerente e elevado às pessoas físicas e eliminar os obstáculos à circulação de dados pessoais na UE é conveniente assegurar em toda a União a aplicação coerente e homogênea das regras de defesa dos direitos e das liberdades fundamentais das pessoas físicas no que diz respeito ao tratamento de dados pessoais. O regulamento dá aos Estados-Membros margem de manobra para especificarem as suas regras, inclusive em matéria de tratamento de categorias especiais de dados pessoais («dados sensíveis»).

Considerando 16 – O regulamento não se aplica às questões de defesa dos direitos e das liberdades fundamentais ou da livre circulação de dados pessoais relacionados com atividades que se encontrem fora do âmbito de aplicação do direito da União, como as que se prendem com a segurança nacional.

Considerando 18 – O regulamento não se aplica ao tratamento de dados pessoais efetuado por pessoas físicas no exercício de atividades exclusivamente pessoais ou domésticas e, portanto, sem qualquer ligação com uma atividade profissional ou comercial.

Considerando 20 – Na medida em que o regulamento é igualmente aplicável, entre outras, às atividades dos tribunais e de outras autoridades judiciais, poderá determinar-se no direito da União ou dos Estados-Membros quais as operações e os procedimentos a seguir pelos tribunais e outras autoridades judiciais para o tratamento de dados pessoais. Contudo, a competência das autoridades de controle não abrange o tratamento de dados pessoais efetuado pelos tribunais no exercício da sua função jurisdicional, a fim de assegurar a independência do poder judicial no exercício da sua função jurisdicional, nomeadamente a tomada de decisões.

Considerando 27 – O regulamento não se aplica aos dados pessoais de pessoas falecidas. Os Estados-Membros poderão estabelecer regras para o tratamento dos dados pessoais de pessoas falecidas.

Considerando 28 – A aplicação da "pseudonimização" aos dados pessoais pode reduzir os riscos para os titulares de dados em questão e ajudar os responsáveis pelo tratamento e os seus subcontratantes a cumprir as suas obrigações de proteção de dados.

Considerando 32 – O consentimento do titular dos dados deverá ser dado mediante um ato positivo claro que indique uma manifestação de vontade livre, específica, informada e inequívoca de que o titular de dados consente no tratamento dos dados que lhe digam respeito, como, por exemplo, mediante uma declaração escrita, inclusive em formato eletrônico, ou uma declaração oral. O consentimento pode ser dado validando uma opção ao visitar um sítio na Internet, selecionando os parâmetros técnicos para os serviços da sociedade da informação ou mediante outra declaração ou conduta que indique claramente nesse contexto que aceita o tratamento proposto dos seus dados pessoais. O silêncio, as opções pré-validadas ou a omissão não deverão, por conseguinte, constituir um consentimento. O consentimento deverá abranger todas as atividades de tratamento realizadas com a mesma finalidade. Nos casos em que o tratamento sirva fins múltiplos, deverá ser dado um consentimento para todos esses fins. Se o consentimento tiver de ser dado no seguimento de um pedido apresentado por via eletrônica, esse pedido tem de ser claro e conciso e não pode perturbar desnecessariamente a utilização do serviço para o qual é fornecido.

Considerando 33 – Os titulares dos dados deverão poder dar o seu consentimento para determinadas áreas de investigação científica, desde que estejam de acordo com padrões éticos reconhecidos para a investigação científica.

Considerando 34 – Os dados genéticos deverão ser definidos como os dados pessoais relativos às características genéticas, hereditárias ou adquiridas, de uma pessoa física que resultem da análise de uma amostra biológica da pessoa física em causa, nomeadamente da análise de cromossomas, ácido desoxirribonucleico (ADN) ou ácido ribonucleico (ARN), ou da análise de um outro elemento que permita obter informações equivalentes.

Considerando 38 – As crianças merecem proteção especial quanto aos seus dados pessoais, uma vez que podem estar menos cientes dos riscos, consequências e garantias em questão e dos seus direitos relacionados com o tratamento dos dados pessoais.

Considerando 58 – O princípio da transparência exige que qualquer informação destinada ao público ou ao titular dos dados seja concisa, de fácil acesso e compreensão, bem como formulada numa linguagem clara e simples, e que se recorra, adicionalmente, à visualização sempre que for adequado. Uma vez que as crianças merecem proteção específica, sempre que o tratamento lhes seja dirigido, qualquer informação ou comunicação deverá estar redigida numa linguagem clara e simples que a criança compreenda facilmente.

Considerando 65 – Os titulares dos dados deverão ter direito a que os dados que lhes digam respeito sejam retificados e o «direito a serem esquecidos» quando a conservação desses dados violar o regulamento ou o direito da União ou dos Estados-Membros aplicável ao responsável pelo tratamento.

Considerando 66 – Para reforçar o direito a ser esquecido no ambiente por via eletrônica, o âmbito do direito ao apagamento deverá ser alargado através da imposição ao responsável pelo tratamento que tenha tornado públicos os dados pessoais da adoção de medidas razoáveis, incluindo a aplicação de medidas técnicas, para informar os responsáveis que estejam a tratar esses dados pessoais de que os titulares dos dados solicitaram a supressão de quaisquer ligações para esses dados pessoais ou de cópias ou reproduções dos mesmos.

Considerando 75 – O risco para os direitos e liberdades das pessoas físicas, cuja probabilidade e gravidade podem ser variáveis, poderá resultar de operações de tratamento de dados pessoais suscetíveis de causar danos físicos, materiais ou imateriais, em especial quando o tratamento possa dar origem à discriminação, à usurpação ou roubo da identidade, a perdas financeiras, prejuízos para a reputação, perdas de confidencialidade de dados pessoais protegidos por sigilo profissional, à inversão não autorizada da pseudonimização, ou a quaisquer outros prejuízos importantes de natureza econômica ou social.

Considerando 76 – A probabilidade e a gravidade dos riscos para os direitos e liberdades do titular dos dados deverão ser determinadas por referência à natureza, âmbito, contexto e finalidades do tratamento de dados.

Considerando 85 – Logo que o responsável pelo tratamento tenha conhecimento de uma violação de dados pessoais, deverá notificá-la à autoridade de controle, sem demora injustificada e, sempre que possível, no prazo de 72 horas após ter tido conhecimento do ocorrido, a menos que seja capaz de demonstrar em conformidade com o princípio da responsabilidade, que essa violação não é suscetível de implicar um risco para os direitos e liberdades das pessoas físicas.

Considerando 98 – As associações ou outras entidades que representem categorias de responsáveis pelo tratamento ou de subcontratantes deverão ser incentivadas a elaborar códigos de conduta, no respeito do regulamento, com vista a facilitar a sua aplicação efetiva.

Considerando 100 – A fim de reforçar a transparência e o cumprimento do regulamento, deverá ser encorajada a criação de procedimentos de certificação e selos e marcas de proteção de dados, que permitam aos titulares avaliar rapidamente o nível de proteção de dados proporcionado pelos produtos e serviços em causa.

Considerando 148 – A fim de reforçar a execução das regras do regulamento, deverão ser impostas sanções, incluindo multas, por violação.

Considerando 153 – O direito dos Estados-Membros deverá conciliar as normas que regem a liberdade de expressão e de informação, nomeadamente jornalística, acadêmica, artística e/ou literária com o direito à proteção de dados pessoais nos termos do regulamento.

2.2. Em relação aos artigos

No capítulo I do RGPD encontramos suas Disposições Gerais divididas em quatro artigos: Artigo 1º Objeto e objetivos; Artigo 2º Âmbito de aplicação material; Artigo 3º Âmbito de aplicação territorial e Artigo 4º Definições.

O capítulo II trata dos Princípios nos seguintes artigos: Artigo 5º Princípios relativos ao tratamento de dados pessoais; Artigo 6º Licitude do tratamento; Artigo 7º Condições aplicáveis ao consentimento; Artigo 8º Condições aplicáveis ao consentimento de crianças em relação aos serviços da sociedade da informação; Artigo 9º Tratamento de categorias especiais de dados pessoais; Artigo 10 Tratamento de dados pessoais relacionados com condenações penais e infrações e Artigo 11 Tratamento que não exige identificação.

Destaca-se o Artigo 5º que estabelece os *Princípios* relativos ao tratamento de dados pessoais, prevendo, essencialmente, que os dados pessoais devem ser:

- objeto de um tratamento lícito, leal e transparente em relação ao titular dos dados *(«licitude, lealdade e transparência»);*
- recolhidos para finalidades determinadas, explícitas e legítimas, não podendo ser tratados posteriormente de uma forma incompatível com essas finalidades *(«limitação das finalidades»);*
- adequados, pertinentes e limitados ao que é necessário relativamente às finalidades para as quais são tratados *(«minimização dos dados»);*
- exatos e atualizados sempre que necessário; devendo ser adotadas todas as medidas adequadas para que os dados inexatos, tendo em conta as finalidades para que são tratados, sejam apagados ou retificados sem demora *(«exatidão»);*
- conservados de uma forma que permita a identificação dos titulares dos dados apenas durante o período necessário para as finalidades para as quais são tratados; os dados pessoais podem ser conservados durante períodos mais longos, desde que sejam tratados exclusivamente para fins de arquivo de interesse público, ou para fins de investigação científica ou histórica ou para fins estatísticos, sujeitos à aplicação das medidas técnicas e organizativas adequadas exigidas pelo regulamento, a fim de salvaguardar os direitos e liberdades do titular dos dados *(«limitação da conservação»);*
- tratados de uma forma que garanta a sua segurança, incluindo a proteção contra o seu tratamento não autorizado ou ilícito e contra a sua perda, destruição ou danificação acidental, adotando as medidas técnicas ou organizativas adequadas *(«integridade e confidencialidade»).*

É também Princípio que o responsável pelo tratamento é responsável pelo cumprimento do disposto no regulamento e tem de poder comprová-lo *(«responsabilidade»).*

O Artigo 9º estipula o tratamento de categorias especiais de dados pessoais, definindo que é proibido o tratamento de dados pessoais que revelem a origem racial ou étnica, as opiniões políticas, as convicções religiosas ou filosóficas, ou a filiação sindical, bem como o tratamento de dados genéticos, dados biométricos para identificar uma pessoa de forma inequívoca, dados relativos à saúde ou dados relativos à vida sexual ou orientação sexual de uma pessoa («dados sensíveis»).

Contudo, o mesmo artigo prevê que a proibição não se aplica na ocorrência de hipóteses específicas, dentre as quais se podem mencionar algumas a seguir destacadas:

a) Se o titular dos dados tiver dado o seu consentimento explícito para o tratamento desses dados pessoais para uma ou mais finalidades específicas, exceto se o direito da União ou de um Estado-Membro prever que a proibição em questão não pode ser anulada pelo titular dos dados;

b) Se o tratamento for necessário para efeitos do cumprimento de obrigações e do exercício de direitos específicos do responsável pelo tratamento ou do titular dos dados em matéria de legislação laboral, de segurança social e de proteção social, na medida em que esse tratamento seja permitido pelo direito da União ou dos Estados-Membros ou ainda por uma convenção coletiva nos termos do direito dos Estados-Membros que preveja garantias adequadas dos direitos fundamentais e dos interesses do titular dos dados;

c) Se o tratamento for necessário para proteger os interesses vitais do titular dos dados ou de outra pessoa física, no caso de o titular dos dados estar física ou legalmente incapacitado de dar o seu consentimento;

d) Se o tratamento for efetuado, no âmbito das suas atividades legítimas e mediante garantias adequadas, por uma fundação, associação ou qualquer outro organismo sem fins lucrativos e que prossiga fins políticos, filosóficos, religiosos ou sindicais, e desde que esse tratamento se refira exclusivamente aos membros ou antigos membros desse organismo ou a pessoas que com ele tenham mantido contatos regulares relacionados com os seus objetivos, e que os dados pessoais não sejam divulgados a terceiros sem o consentimento dos seus titulares;

e) Se o tratamento se referir a dados pessoais que tenham sido manifestamente tornados públicos pelo seu titular.

O mesmo artigo dispõe que os Estados-Membros podem manter ou impor novas condições, incluindo limitações, no que diz respeito ao tratamento de dados genéticos, dados biométricos ou dados relativos à saúde.

O capítulo III dispõe sobre os *Direitos do titular dos dados*. Está dividido em cinco Seções, quais sejam:

Seção 1 – Transparência e regras para o exercício dos direitos dos titulares dos dados;

Seção 2 – Informação e acesso aos dados pessoais;

Seção 3 – Retificação e apagamento;

Seção 4 – Direito de oposição e decisões individuais automatizadas;

Seção 5 – Limitações.

O capítulo IV estabelece regras acerca do *Responsável pelo tratamento e subcontratante*. Divide-se também em cinco Seções, que são:

Seção 1 – Obrigações gerais;

Seção 2 – Segurança dos dados pessoais;

Seção 3 – Avaliação de impacto sobre a proteção de dados e consulta prévia;

Seção 4 – Encarregado da proteção de dados;

Seção 5 – Códigos de conduta e certificação.

Com relação à segurança dos dados pessoais, o Artigo 32 dispõe que tendo em conta as técnicas mais avançadas, os custos de aplicação e a natureza, o âmbito, o contexto e as finalidades do tratamento, bem como os riscos, de probabilidade e gravidade variável, para os direitos e liberdades das pessoas físicas, o responsável pelo tratamento e o subcontratante aplicam as medidas técnicas e organizativas adequadas para assegurar um nível de segurança adequado ao risco, incluindo, consoante o que for adequado:

- a) A pseudonimização e a cifragem dos dados pessoais;
- b) A capacidade de assegurar a confidencialidade, integridade, disponibilidade e resiliência permanentes dos sistemas e dos serviços de tratamento;
- c) A capacidade de restabelecer a disponibilidade e o acesso aos dados pessoais de forma atempada no caso de um incidente físico ou técnico;
- d) Um processo para testar, apreciar e avaliar regularmente a eficácia das medidas técnicas e organizativas para garantir a segurança do tratamento.

Já o Artigo 33 prevê que em caso de violação de dados pessoais, o responsável pelo tratamento notifica desse fato a autoridade de controle competente sem demora injustificada e, sempre que possível, até 72 horas após ter tido conhecimento da mesma, a menos que a violação dos dados pessoais não seja suscetível de resultar num risco para os direitos e liberdades das pessoas físicas. Se a notificação à autoridade de controle não for transmitida no prazo de 72 horas, deverá ser acompanhada dos motivos do atraso.

No Artigo 34, estipula-se que quando a violação dos dados pessoais for suscetível de implicar um elevado risco para os direitos e liberdades das pessoas físicas, o responsável pelo tratamento deve comunicar a violação de dados pessoais ao titular dos dados sem demora injustificada.

A comunicação ao titular dos dados deve descrever em linguagem clara e simples a natureza da violação dos dados pessoais. Contudo, esta comunicação não será exigida se for preenchida uma das seguintes condições:

- a) O responsável pelo tratamento tiver aplicado medidas de proteção adequadas, tanto técnicas como organizativas, e essas medidas tiverem sido aplicadas aos dados pessoais afetados pela violação de dados pessoais, especialmente medidas que tornem os dados pessoais incompreensíveis para qualquer pessoa não autorizada a aceder a esses dados, tais como a cifragem;
- b) O responsável pelo tratamento tiver tomado medidas subsequentes que assegurem que o elevado risco para os direitos e liberdades dos titulares dos dados já não é suscetível de se concretizar; ou
- c) Implicar um esforço desproporcionado. Nesse caso, é feita uma comunicação pública ou tomada uma medida semelhante através da qual os titulares dos dados são informados de forma igualmente eficaz.

No entanto, se o responsável pelo tratamento não tiver já comunicado a violação de dados pessoais ao titular dos dados, e a autoridade de controle, tendo considerado a probabilidade de a violação de dados pessoais resultar num elevado risco, pode exigir-lhe que proceda a essa notificação.

O Artigo 35 prevê que, quando um tipo de tratamento, em particular que utilize novas tecnologias e tendo em conta a sua natureza, âmbito, contexto e finalidades, for suscetível de implicar um elevado risco para os direitos e liberdades das pessoas físicas, o responsável pelo tratamento procede, antes de iniciar o tratamento, a uma *avaliação de impacto das operações de tratamento previstas sobre a proteção de dados pessoais*.

Ao efetuar uma *avaliação de impacto sobre a proteção de dados*, o responsável pelo tratamento deve solicitar o parecer do encarregado da proteção de dados, nos casos em que este tenha sido designado.

Este mesmo artigo define as situações em que a realização de uma avaliação de impacto sobre a proteção de dados é obrigatória.

Os Artigos 37 e seguintes normatizam a função do *encarregado da proteção de dados*, estabelecendo condições em que esta função deva ser criada, entre as quais destacamos a situação de que as atividades principais do responsável pelo tratamento ou do subcontratante consistam em operações de tratamento que, devido à sua natureza, âmbito e/ou finalidade, exijam um controle regular e sistemático dos titulares dos dados em grande escala.

O encarregado da proteção de dados deve ser designado com base nas suas qualidades profissionais e, em especial, nos seus conhecimentos especializados no domínio do direito e das práticas de proteção de dados, bem como na sua capacidade para desempenhar as funções referidas no artigo 39, podendo ser um elemento do pessoal da entidade responsável pelo tratamento ou do subcontratante, ou exercer as suas funções com base num contrato de prestação de serviços.

O *encarregado da proteção de dados* está vinculado à obrigação de sigilo ou de confidencialidade no exercício das suas funções, em conformidade com o direito da União ou dos Estados-Membros.

O *encarregado da proteção de dados* pode exercer outras funções e atribuições. O responsável pelo tratamento ou o subcontratante assegura que essas funções e atribuições não resultam num conflito de interesses.

As funções do encarregado da proteção de dados estão definidas no Artigo 39:

a) Informar e aconselhar o responsável pelo tratamento ou o subcontratante, bem como os trabalhadores que tratem os dados, a respeito das suas obrigações nos termos do regulamento e de outras disposições de proteção de dados da União ou dos Estados-Membros;

b) Controlar a conformidade com o regulamento, com outras disposições de proteção de dados da União ou dos Estados-Membros e com as políticas do responsável pelo tratamento ou do subcontratante relativas à proteção de dados pessoais, incluindo a repartição de responsabilidades, a sensibilização e formação do pessoal implicado nas operações de tratamento de dados, e as auditorias correspondentes;

c) Prestar aconselhamento, quando tal lhe for solicitado, no que respeita à avaliação de impacto sobre a proteção de dados e controlar a sua realização nos termos do artigo 35;

d) Cooperar com a autoridade de controle;

e) ser o Ponto de contato para a autoridade de controle sobre questões relacionadas com o tratamento.

O Capítulo V dispõe sobre transferências de dados pessoais para países terceiros ou organizações internacionais nos artigo 44 a 50.

O Capítulo VI regulamenta as autoridades de controle independentes. Divide-se em duas Seções, que são:
Secção 1 – Estatuto independente
Secção 2 – Competência, atribuições e poderes.

De acordo com o artigo 51, os Estados-Membros devem estabelecer que cabe a uma ou mais autoridades públicas independentes a responsabilidade pela fiscalização da aplicação do regulamento, a fim de defender os direitos e liberdades fundamentais das pessoas físicas relativamente ao tratamento e facilitar a livre circulação desses dados na União (*«autoridade de controle»*)

O Capítulo VII trata da *Cooperação e Coerência*. Divide-se em três Seções, que são:
Seção 1 – Cooperação;
Seção 2 – Coerência;
Seção 3 – Comitê Europeu para a Proteção de Dados.

O Artigo 60 prevê a cooperação entre a autoridade de controle principal e as outras autoridades de controle interessadas.

O Artigo 63 regulamenta o procedimento de controle da coerência estabelecendo que, a fim de contribuir para a aplicação coerente do regulamento em toda a União, as autoridades de controle cooperam entre si e, quando for relevante, com a Comissão, através do procedimento de controle da coerência previsto no regulamento.

O Artigo 68 estabelece que o Comitê Europeu para a Proteção de Dados («Comitê») é criado enquanto organismo da União e está dotado de personalidade jurídica, sendo representado pelo seu presidente e sendo composto pelo diretor de uma autoridade de controle de cada Estado-Membro e da Autoridade Europeia para a Proteção de Dados, ou pelos respectivos representantes.

No Artigo 70 há extensa listagem das atribuições do Comitê.

O Capítulo VIII dispõe sobre as vias de recurso, responsabilidade e sanções nos artigos 77 a 84.

O Artigo 82 trata do Direito de indenização e responsabilidade estabelecendo, em síntese, que:

Qualquer pessoa que tenha sofrido danos materiais ou imateriais devido a uma violação do regulamento tem direito a receber uma indenização do responsável pelo tratamento ou do subcontratante pelos danos sofridos;

Qualquer responsável pelo tratamento que esteja envolvido no tratamento é responsável pelos danos causados por um tratamento que viole o regulamento;

Os processos judiciais para exercer o direito de receber uma indenização são apresentados perante os tribunais competentes nos termos do direito de cada Estado-Membro.

O Artigo 83 estabelece as condições gerais para a aplicação de multas.

As multas podem variara de até 10 000 000 EUR ou, no caso de uma empresa, até 2 % do seu volume de negócios anual a nível mundial correspondente ao exercício financeiro anterior, consoante o montante que for mais elevado; ou até 20 000 000 EUR ou, no caso de uma empresa, até 4 % do seu volume de negócios anual a nível mundial correspondente ao exercício financeiro anterior, consoante o montante que for mais elevado; tudo a depender da gravidade e das características das violações perpetradas.

O Capítulo IX trata sobre disposições relativas a situações específicas de tratamento nos artigos 85 a 91.

O Artigo 85 dispõe sobre o tratamento e liberdade de expressão e de informação estabelecendo que os Estados-Membros devem conciliar por lei o direito à proteção de dados pessoais nos termos do regulamento com o direito à liberdade de expressão e de informação, incluindo o tratamento para fins jornalísticos e para fins de expressão acadêmica, artística ou literária.

O Capítulo X trata dos atos delegados e atos de execução nos artigos 92 e 93, e o Capítulo XI contém as Disposições finais nos 94 a 99.

O Artigo 99 estabelece que o regulamento entra em vigor no vigésimo dia seguinte ao da sua publicação no Jornal Oficial da União Europeia, sendo aplicável a partir de 25 de maio de 2018 e sendo obrigatório em todos os seus elementos e diretamente aplicável a todos os Estados-Membros.

3. A proteção dos dados pessoais no Brasil

Atualmente há três iniciativas legislativas em tramitação no Congresso Nacional: os Projetos de Lei 4.060/12 e 5.276/16 e o Projeto de Lei do Senado 330/13.

O de número 5.276/16 foi originado de uma iniciativa do projeto "Pensando o Direito" do Ministério da Justiça e submetido à consulta pública em dois momentos distintos entre os anos de 2010 e 2011.

Apenas a título de ilustração:

PL 5276[2]

Autor: Poder Executivo

Apresentação: 13/05/2016

Ementa: Dispõe sobre o tratamento de dados pessoais para a garantia do livre desenvolvimento da personalidade e da dignidade da pessoa natural.

Última Ação Legislativa

09/11/2016 – Comissão Especial destinada a proferir parecer ao Projeto de Lei nº 4060, de 2012, do Dep. Milton Monti, que "dispõe sobre o tratamento de dados pessoais e dá outras providências", e apensado (PL406012)

---

[2] Disponível em <http://www.camara.gov.br/proposicoesWeb/fichadetramitacao?idProposicao =2084378>. Acesso em 21/03/2018.

Recebimento pela PL406012, apensado ao PL-4060/2012
PL 4060[3]
Autor: Milton Monti – PR/SP
Apresentação: 13/06/2012
Ementa: Dispõe sobre o tratamento de dados pessoais, e dá outras providências.
Última Ação Legislativa
12/07/2017 – Comissão Especial destinada a proferir parecer ao Projeto de Lei nº 4060, de 2012, do Dep. Milton Monti, que "dispõe sobre o tratamento de dados pessoais e dá outras providências", e apensado (PL406012). Aprovado requerimento do Sr. Thiago Peixoto que requer a realização de Audiência Pública desta Comissão Especial com a Sra. Cris Camargo, Diretora Executiva da Interactive Advertising Bureau – IAB Brasil.

Projeto de Lei do Senado 330, de 2013[4]
Autor: Senador Antonio Carlos Valadares (PSB/SE)
Ementa: Dispõe sobre a proteção, o tratamento e o uso dos dados pessoais, e dá outras providências.
Situação Atual: Em tramitação
Relator atual: Sérgio de Castro
Última Ação Legislativa
Relator atual:Ricardo Ferraço
Último local:14/03/2018 – Comissão de Assuntos Econômicos (Secretaria de Apoio à Comissão de Assuntos Econômicos)
Último estado: 14/03/2018 – MATÉRIA COM A RELATORIA"

4. Casuística recente

Apenas a título de ilustrar acontecimentos recentes no Brasil e no mundo, que demonstram a importância do tema da proteção de dados pessoais e da necessidade de sua regulamentação e regramento, trazemos a reflexão alguns incidentes, devidamente noticiadas pela mídia:

Caso Netshoes. Segundo o *site* "O Globo":

O Ministério Público do Distrito Federal (MPDF) instaurou inquérito civil público e recomendou que a Netshoes entre em contato com os quase 2 milhões de clientes afetados com o vazamento de informações de dados pessoais. Segundo o MP, apesar de não terem sido reveladas informações como cartão de crédito ou senhas, o incidente de segurança comprometeu dados pessoais como nome, CPF, e-mail, data de nascimento e histórico de compras. Na recomendação, o promotor de Justiça Frederico Meinberg diz que a atuação é necessária "diante da gravidade dos fatos, do risco de prejuízos graves aos consumidores e da quantidade de titulares dos dados pessoais afetados".
O documento relata que houve um "incidente de segurança" em dezembro de 2017 e outro em janeiro deste ano.

---

[3] Disponível em <http://www.camara.gov.br/proposicoesWeb/fichadetramitacao?idProposicao =548066>. Acesso em 21/03/2018.

[4] Disponível em <https://www25.senado.leg.br/web/atividade/materias/-/materia/113947>. Acesso em 21/03/2018.

A Netshoes deve entrar em contato com os clientes por meio de correspondência com aviso de recebimento ou contato telefônico. O MP considera "insuficientes" as medidas até agora adotadas pela empresa com envio de um e-mail "genérico para base de consumidores".

De acordo com as informações, o incidente de segurança comprometeu os dados pessoais de centenas de servidores. Foram constatados diversos clientes registrados com e-mails de órgãos públicos, como Tribunal de Contas da União (@tcu.gov.br), Câmara dos Deputados (@camara.leg.br), Tribunal de Justiça do Distrito Federal e Territórios (@tjdft.jus.br), Polícia Federal (@dpf.gov.br), Superior Tribunal de Justiça (@stj.jus.br), Supremo Tribunal Federal (@stf.jus.br), Ministério da Justiça (@mj.gov.br), Advocacia-Geral da União (@agu.gov.br) e Presidência da República (@presidencia.gov.br).

Levantamento realizado pelo MP constatou que os códigos de referência das compras no *site* indicaram a aquisição de produtos de saúde, como monitor de pressão arterial, o que caracteriza dados pessoais sensíveis dos titulares. "O Ministério Público realizou levantamentos, por amostragem, que demonstraram a veracidade dos dados pessoais comprometidos e dos produtos adquiridos. Essas informações, nas mãos erradas, deixam as pessoas vulneráveis a diversas espécies de fraudes", explica Meinberg. (...)

Em nota, a assessoria da Netshoes informou que "está em contato com o Ministério Público a fim de avaliar as medidas cabíveis ao caso dentro do prazo estabelecido". A empresa "reforça ainda que tem a proteção de dados como um de seus mais sólidos compromissos e que, desde o princípio, envolve órgãos competentes neste caso para a mais breve apuração, esclarecimento e solução do ocorrido com total transparência"

Segundo a nota, após minuciosa apuração interna que contou com apoio de empresa especializada em segurança digital e comunicação à Polícia Federal desde o início do caso, "chegou-se à conclusão, de que não há qualquer indício de invasão à sua estrutura"[5] tecnológica". A empresa diz que todas as providências jurídicas e tecnológicas cabíveis foram tomadas.

O caso Netshoes revela a necessidade de uma legislação nacional que obrigue empresas a comunicar espontaneamente o vazamento de dados pessoais de seus clientes e a necessidade de maior rigor e controles internos dessas mesmas empresas, dada a magnitude de dados "vazados".

Caso do teste de aparência com o gênero oposto, divulgado pelo Facebook. Segundo o *site* "Olhar Digital":[6]

Testes de Facebook costumam fazer sucesso, e há bons motivos para isso. Eles são cuidadosamente criados para incitar a curiosidade, e o exemplo mais recente é um teste de um site chamado Kueez que converte os rostos para o gênero oposto usando a tecnologia de um aplicativo sobre o qual o Olhar Digital já falou no passado: o FaceApp.

O sistema em questão puxa a sua foto de Facebook e, graças a um intenso treinamento de uma inteligência artificial, a máquina é capaz de identificar os fatores marcantes do seu rosto e misturá-los com características do gênero oposto para criar um rosto novo, mas bastante similar ao seu. Não há como negar que o resultado é impressionante, mas será que realmente é uma boa ideia usar esse recurso?

Para descobrir isso, fomos analisar a política de privacidade do site Kueez, operado por uma empresa identificada como Yoto Media Group, onde há alguns pontos suspeitos que, se fossem

---

[5] Disponível em <https://oglobo.globo.com/economia/defesa-do-consumidor/mp-recomenda-que-netshoes-avise-clientes-sobre-vazamento-de-dados-pessoais-22333466>. Acesso em 21/03/2018.

[6] Disponível em <https://olhardigital.com.br/fique_seguro/noticia/por-que-voce-nao-deve-fazer-o-teste-que-mostra-sua-aparencia-como-genero-oposto/74151>. Acesso em 21/03/2018.

apresentados de forma mais clara aos usuários, poderiam desencorajar o compartilhamento de informações por parte dos usuários.

Entre os artigos suspeitos que encontramos na política de privacidade estão:

• "Nós podemos compartilhar informações agregadas dos nossos usuários, após excluir as partes identificáiveis, com determinadas empresas que tiverem o interesse em oferecer a você certos conteúdos promocionais que possamos achar relevantes para você"

• "Nós podemos compartilhar suas informações pessoais parcial ou integralmente com nossas subsidiárias, outros sites operados por nós, *joint ventures* e outros afiliados confiáveis que nós temos ou possamos vir a ter no futuro"

• "De acordo com o nosso Termo de Serviços, podemos usar o conteúdo enviado por você (incluindo suas fotos e de outras pessoas vinculadas à sua conta no Facebook) para aparecer como parte integral de partes dos serviços que oferecemos (por exemplo, sua foto pode aparecer em alguns quizzes ou games até mesmo para pessoas que você não conheça)."

O que o documento nos informa é que a empresa pode compartilhar informações com outras empresas para fins comerciais. Além disso, a Yoto afirma que pode usar sua foto em outros jogos no futuro, sem pedir sua permissão, exibindo-a inclusive para pessoas que você não conhece.

Para completar, o teste ainda pede uma série de permissões à sua conta no Facebook. Se o usuário não editar essa configuração, o aplicativo ganha acesso a:

• Seu nome;

• Sua foto de perfil;

• Idade e data de nascimento;

• Endereço de email;

• Todas as suas fotos (as que você carregou e as que você está marcado);

• Envio de notificações pelo Facebook para você. (grifos nossos)

O caso do teste de aparência revela a total ausência de clareza e de transparência para o usuário quanto ao destino e aos detalhes sobre o uso que será feito de seus dados pessoais, bem como à gama de acesso concedido por ele, desavisadamente, à empresa proprietária do aplicativo em questão.

Caso Facebook e a campanha de Donald Trump.[7] Segundo o *site* "Tecmundo":

O imbróglio envolvendo o Facebook e a Cambridge Analytica, companhia de inteligência de dados para que trabalhou na campanha de Donald Trump à presidência dos Estados Unidos, ainda está longe de uma solução. O novo capítulo vem de autoridades do país norte-americano, que começaram a investigar a participação da rede social no caso.

A Federal Trade Comission (FTC) abriu inquérito para averiguar se houve violação dos termos de um acordo de 2011 sobre transferência de dados. No acordo, assinado entre a FTC e a empresa de Mark Zuckerberg, o Facebook concordava em condicionar algumas mudanças em sua política de privacidade à concordância do usuário, deixando a critério de quem acessa a rede a quantidade de informação a seu respeito que será compartilhada com terceiros.

Ainda segundo o órgão estadunidense, o Facebook teria realizado alterações sem notificar os usuários, resultado no caso da Cambridge Analytica e da campanha de Trump. Caso isso seja comprovado, o FTC pode aplicar uma multa de alguns milhares de dólares por dia em que a violação foi identificada.

---

[7] Disponível em <https://www.tecmundo.com.br/redes-sociais/128357-eua-investiga-facebook-dados-privados-usados-campanha-trump.htm>. Acesso em 21/03/2018.

Relembre o caso:

O caso envolvendo o uso de dados privados do Facebook de 50 milhões de cidadãos dos EUA veio à tona no último final de semana, quando a empresa suspendeu a Cambridge Analytica de sua plataforma e um ex-funcionário da empresa denunciou à imprensa os métodos escusos da companhia.

A empresa tem Robert Mercer, um bilionário apoiador de causas de extrema-direita, como um de seus principais investidores e é comandada por Steve Bannon, assessor de Trump durante a campanha eleitoral de 2016 até meados de 2017, quando ele já havia assumido a presidência dos EUA.

A Cambridge Analytica trabalhou tanto na campanha de Donald Trump quanto na campanha pela saída do Reino Unido da União Europeia (Brexit), ambas vitoriosas. (grifos nossos)

O caso do Facebook e a campanha de Donald Trump revela a possibilidade de um descumprimento de acordo sobre transferência de dados, podendo ter havido uso indevido de informações dos usuários do Facebook, de forma que os discursos e as propagandas eleitorais do então candidato fossem "moldados" e "direcionados" ao perfil do usuário, usando linguagem e informações que lhes fossem sensíveis e aderentes, de modo a cooptar sua simpatia, e, consequentemente, seus votos. O caso é muito grave e pende de apuração.

5. Considerações finais

Pretendemos apenas demonstrar, com este breve texto, a complexidade e relevância do tema – *Proteção dos Dados Pessoais* – vez que este envolve aspectos legais de responsabilidade civil, de conformidade, de governança corporativa, de direito internacional público e privado, bem como aspectos de tecnologia da informação e de riscos cibernéticos – todos trazidos a lume por uma nova realidade digital que nos cerca e da qual somos parte integrante, voluntária ou involuntariamente.

Assim, há necessidade premente de seu regramento em nosso país, sob pena de estarmos expostos e vulneráveis (o que, efetivamente, já estamos), sem que nos sejam dados direitos essenciais ao exercício de nossas garantias de constitucionais de privacidade e liberdade de expressão.

6. Referências

Disponível em <http://eur-lex.europa.eu/legal-content/PT/TXT/?uri=CELEX:32016R0679>. Acesso em 16/02/2018.

Disponível em <http://www.camara.gov.br/proposicoesWeb/fichadetramitacao?idProposicao=2084378>. Acesso em 21/03/2018.

Disponível em <http://www.camara.gov.br/proposicoesWeb/fichadetramitacao?idProposicao=548066>. Acesso em 21/03/2018.

Disponível em <https://www25.senado.leg.br/web/atividade/materias/-/materia/113947>. Acesso em 21/03/2018.

Disponível em <https://oglobo.globo.com/economia/defesa-do-consumidor/mp-recomenda-que-netshoes-avise-clientes-sobre-vazamento-de-dados-pessoais-22333466>. Acesso em 21/03/2018.

Disponível em <https://olhardigital.com.br/fique_seguro/noticia/por-que-voce-nao-deve-fazer-o-teste-que-mostra-sua-aparencia-como-genero-oposto/74151>. Acesso em 21/03/2018.

Disponível em <https://www.tecmundo.com.br/redes-sociais/128357-eua-investiga-facebook-dados-privados-usados-campanha-trump.htm>. Acesso em 21/03/2018.

— IX —

Embriaguez no seguro de automóvel: comentários sobre a nova orientação do Superior Tribunal de Justiça

Luiza Moreira Petersen

Advogada. Professora Universitária. Doutoranda e mestre em Direito pela UFRGS. Especialista em Direito dos Seguros pela FMP. Graduada em Direito pela PUC-RS. Secretária da Comissão do Jovem Advogado da AIDA Brasil. Membro do GRT Sul da AIDA/Brasil.

Sumário: 1. Introdução; 2. Embriaguez ao volante como hipótese de agravamento do risco; 2.1. Fundamentos da presunção de agravamento do risco; 2.2. Implicações da presunção de agravamento do risco: ônus da prova; 3. Embriaguez ao volante e a figura do terceiro: vítima e causador do dano; 3.1. Embriaguez de terceiro como agravamento imputável ao segurado; 3.2. Embriaguez e cobertura por dano à vítima; 4. Considerações finais; 5. Referências; Jurisprudência comentada.

1. Introdução

A embriaguez ao volante é um tema muito controverso quando relacionado ao contrato de seguro. Nas relações de seguro, discute-se se o segurador estaria obrigado a indenizar o sinistro – acidente de trânsito – na hipótese em que o veículo segurado é conduzido por pessoa em estado de embriaguez. Como uma das principais causas de litigiosidade entre segurado e segurador nos seguros de automóvel, a questão tem suscitado intenso debate na doutrina e na jurisprudência brasileira, especialmente após o advento da "Lei Seca" (Lei nº 12.760, de 2012), que instituiu como ilícito penal a condução de veículo sob influência de álcool.

Tradicionalmente, a embriaguez ao volante é prevista nas Condições Gerais do Seguro como hipótese de risco excluído, ou seja, de risco não coberto pelo seguro de automóvel, inclusive quanto à cobertura de responsabilidade civil por danos causados a terceiros. Ademais, além de ser objeto de expressa exclusão contratual, costuma ser compreendida, por muitos, como hipótese de agravamento intencional do risco, o que, nos termos do art. 768 do Código Civil brasileiro, leva à perda do direito à garantia.[1]

Nas últimas décadas, porém, a jurisprudência do Superior Tribunal de Justiça consolidou o entendimento de que a simples prova da embriaguez do segurado no momento do sinistro não justificaria, por si só, a negativa de pagamento da indenização. De acordo com a jurisprudência, para a incidência da exclusão, com o reconhecimento do agravamento do risco, a embriaguez deveria ser o fator determinante para ocorrência do sinistro, devendo o segurador comprovar, para eximir-se do pagamento da indenização, o nexo de causalidade entre a embriaguez e o acidente.[2] Ademais, entendia o Tribunal, nos casos em que o veículo não é conduzido pelo segurado, mas por terceiro, que nem sempre o agravamento poderia ser imputável ao segurado, de modo a configurar uma quebra contratual.[3]

Este entendimento prevaleceu na jurisprudência do Superior Tribunal de Justiça por um longo período, sendo observado também nas instâncias inferiores. Já sob a égide do Código Civil de 1916, cujo art. 1.454 dispunha "o segurado abster-se-á de tudo quanto possa aumentar os riscos ou seja contrário aos termos do estipulado, sob pena de perder o direito ao seguro", verificavam-se decisões que condicionavam a exclusão da cobertura à prova do nexo de causalidade entre a embriaguez e o acidente[4] e que adotavam uma interpretação

---

[1] "Art. 768. O segurado perderá o direito à garantia se agravar intencionalmente o risco objeto do contrato".

[2] "A jurisprudência desta Corte é firme no sentido de afirmar que a embriaguez do segurado, por si só, não agrava o risco do seguro, só se exonerando a seguradora de pagar a indenização contratada se provar o nexo causal entre a ingestão da bebida alcoólica e o sinistro" (STJ, TERCEIRA TURMA, DIREITO PRIVADO, AgRg no REsp 1534564/MG, Rel. Ministro MARCO AURÉLIO BELLIZZE, julgado em 15/12/2015, DJe 03/02/2016); "A embriaguez do segurado, por si só, não exime o segurador do pagamento de indenização prevista em contrato de seguro de vida, sendo necessária a prova de que o agravamento de risco dela decorrente influiu decisivamente na ocorrência do sinistro" (STJ, TERCEIRA TURMA, DIREITO PRIVADO, AgRg no AREsp 57.290/RS, Rel. Ministra NANCY ANDRIGHI, julgado em 01/12/2011, DJe 09/12/2011).

[3] "A exclusão da cobertura do seguro por embriaguez dá-se tão somente quando o segurado contribuiu diretamente para o agravamento do risco previsto no contrato" (STJ, TERCEIRA TURMA, DIREITO PRIVADO, AgRg no AREsp 214.877/SP, Rel. Ministro JOÃO OTÁVIO DE NORONHA, julgado em 02/08/2016, DJe 17/08/2016); "O mero empréstimo do veículo a terceiro, sem a ciência de que viria ele a conduzir embriagado, não configura, por si só, o agravamento intencional do risco por parte do segurado apto a afastar a cobertura securitária" (STJ, QUARTA TURMA, DIREITO PRIVADO, REsp 1071144/SP, Rel. Ministra MARIA ISABEL GALLOTTI,, julgado em 02/12/2014, DJe 12/12/2014); "A perda do direito à indenização deve ter como causa a conduta direta do segurado que importe num agravamento, por culpa ou dolo, do risco objeto do contrato. A presunção de que o contratante-segurado tem por obrigação não permitir que o veículo segurado seja conduzido por pessoa em estado de embriaguez é válida e esgota-se, efetivamente, até a entrega do veículo a terceiro" (STJ, QUARTA TURMA, DIREITO PRIVADO, EDcl no REsp 995.861/SP, Rel. Ministro FERNANDO GONÇALVES, julgado em 18/08/2009, DJe 31/08/2009).

[4] "Para a configuração da hipótese de exclusão da cobertura securitária prevista no art. 1.454 da lei substantiva civil, exige-se que o segurado tenha diretamente agido de forma a aumentar o risco, o que não ocorre meramente pelo fato de ter sido constatado haver ingerido dose etílica superior à admitida pela legislação do trânsito, sem que tenha ré, cuja atividade se direciona exatamente para a cobertura de eventos incertos, demonstrado, concretamente, que sem o estado mórbido o si-

restritiva quanto aos casos em que seria possível imputar ao segurado o agravamento do risco decorrente de ato de terceiro.[5]

Este entendimento, contudo, passou a ser muito criticado sobretudo após o advento da "Lei Seca": frente à nova orientação legislativa, como poderia o segurador ser compelido ao pagamento da indenização securitária nos casos em que o segurado ou terceiro pratica ilícito penal, conduzindo o veículo em estado de embriaguez?

Assim, mais recentemente, desde o final do ano de 2016, assiste-se, no Tribunal Superior, a um movimento de revisão do antigo entendimento. Em dezembro de 2016, por unanimidade, a Terceira Turma do Tribunal modificou sua orientação (REsp 1.485.717-SP), decidindo, em caso em que o preposto da empresa segurada conduzia o veículo em estado de embriaguez, que, "constatado que o condutor do veículo estava sob influência de álcool quando se envolveu em acidente de trânsito – fato este que compete à seguradora comprovar – há presunção relativa de que o risco da sinistralidade foi agravado, a ensejar a aplicação da pena do art. 768 do CC".[6]

Ademais, embora tenha constado expressamente do voto do Relator, no REsp 1.485.717-SP, sob o fundamento da proteção da vítima do acidente, que "a embriaguez só não excluiria a cobertura no caso de seguro de responsabilidade civil", a Terceira Turma, em decisão recentíssima, de julho de 2017 (REsp 1.441.620-ES), reconheceu, por maioria de votos, a validade da exclusão de cobertura por embriaguez ao volante também quanto ao seguro de responsabilidade civil.[7]

Nesse contexto, o presente artigo tem por objetivo analisar esta nova orientação da Terceira Turma do Superior Tribunal de Justiça quanto ao tema da embriaguez ao volante, identificando os fundamentos e as implicações das decisões proferidas, as quais modificam o entendimento anterior em duplo aspecto: de um lado, reconhecem a embriaguez ao volante como hipótese de presunção relativa de agravamento intencional do risco, inclusive quanto ao seguro de responsabilidade civil, e, de outro, imputam ao segurado, enquanto falta contratual, o agravamento do risco decorrente de ato de terceiro.

---

nistro incorreria" (STJ, QUARTA TURMA, DIREITO PRIVADO, REsp 341.372/MG, Rel. Ministro ALDIR PASSARINHO JÚNIOR, julgado em 06/02/2003, DJ 31/03/2003).

[5] "A culpa exclusiva de preposto na ocorrência de acidente de trânsito, por dirigir embriagado, não é causa de perda do direito ao seguro, por não configurar agravamento do risco, previsto no art. 1.454 do Código Civil, que deve ser imputado à conduta direta do próprio segurado" (STJ, TERCEIRA TURMA, DIREITO PRIVADO, REsp 231.995/RS, Rel. Ministro CARLOS ALBERTO MENEZES DIREITO, julgado em 15/09/2000, DJ 06/11/2000).

[6] STJ, TERCEIRA TURMA, DIREITO PRIVADO, REsp 1485717/SP, Rel. Ministro RICARDO VILLAS BÔAS CUEVA, julgado em 22/11/2016, DJe 14/12/2016. p. 9.

[7] STJ, TERCEIRA TURMA, DIREITO PRIVADO, REsp 1441620/ES, Rel. Ministro PAULO DE TARSO SANSEVERINO, Rel. p/ Acórdão Ministra NANCY ANDRIGHI, julgado em 27/06/2017, DJe 23/10/2017.

2. Embriaguez ao volante como hipótese de agravamento do risco

As decisões da Terceira Turma do Superior Tribunal de Justiça representam um novo paradigma no tratamento da situação de embriaguez no seguro de automóvel. Com o novo entendimento, a embriaguez ao volante passa a ser compreendida como presunção relativa de agravamento intencional do risco, dispensando-se, para a incidência da pena do art. 768 do CC ou da cláusula de exclusão de cobertura, a prova do nexo causal entre a embriaguez e o acidente.

Nos termos da Ementa do REsp 1.485.717-SP:

> Constatado que o condutor do veículo estava sob influência de álcool quando se envolveu em acidente de trânsito – fato este que compete à seguradora comprovar – há presunção relativa de que o risco da sinistralidade foi agravado, a ensejar a aplicação da pena do art. 768 do CC. Por outro lado, a indenização securitária deverá ser paga se o segurado demonstrar que o infortúnio ocorreria independentemente do estado de embriaguez (como culpa do outro motorista, falha do próprio automóvel, imperfeições na pista, animal na estrada, entre outros).[8]

Assim, ao reconhecer que a prova da embriaguez é suficiente para que haja perda do direito à cobertura por agravamento do risco, a Terceira Turma supera o antigo entendimento que exigia do segurador a prova do nexo de causalidade entre a embriaguez e o acidente. A mudança de entendimento, porém, é sutil. Seguindo a linha da jurisprudência anterior, a nova orientação ainda filia-se à corrente que condiciona a incidência da norma do agravamento à existência de nexo de causalidade entre o ato que agrava o risco (embriaguez) e o sinistro (acidente de trânsito).[9] A diferença, porém, é que, a partir de agora, o nexo causal se presume com a prova da embriaguez, cabendo a contraprova ao segurado.

2.1. Fundamentos da presunção de agravamento do risco

Diversos foram os fundamentos apontados no REsp 1.485.717-SP para a modificação da jurisprudência. Nos termos do voto do Ministro-Relator: "seja pela presunção de agravação do risco no contrato de automóvel, seja pela inci-

---

[8] STJ, TERCEIRA TURMA, DIREITO PRIVADO, REsp 1485717/SP, Rel. Ministro RICARDO VILLAS BÔAS CUEVA, julgado em 22/11/2016, DJe 14/12/2016.

[9] Em sentido contrário, se posiciona Donati: "Con tal que sea imprevisto o imprevisible y relevante sobre el riesgo (...) es indiferente que sea duradero y el puramente transitorio; que contribuya o no a producir el siniestro" (DONATI, Antigono. *Los Seguros Privados*: manual de derecho. Trad. Arturo Vidal Solá. Barcelona: Libreria Bosch, 1960. p. 285). No mesmo sentido, é o entendimento de Andrea Signorino Barbat: "Ahora bien, en esto no tiene que ver la relación de causalidad entre la agravación del riesgo y el siniestro; la agravación de riesgo se configura independientemente del siniestro. En todo caso podrá ser causa coadyuvante del mismo, más eso no debe desnaturalizar al instituto de la agravación del riesgo, menos en legislaciones que no vinculan expresamente ambas figuras (BARBAT, Andrea Signorino. Una mirada actual sobre la agravación del riesgo. In: JARAMILLO, Carlos Ignacio; BERNAL, Sandra Ramírez; SALGADO, Patricia (org.). *Derecho de Seguros e Reaseguros*: *Liber Amicorum* en homenaje al Profesor Arturo Díaz Bravo. Bogotá: Grupo Editorial Ibañez, 2015. p. 87-108).

dência da boa-fé objetiva conjugada com a função social do contrato, propõe-se a revisão do entendimento desta Terceira Turma".[10]

De um lado, o estabelecimento – *ope judicis* – da presunção relativa de agravamento do risco no caso de embriaguez se apoiou em dados científicos que evidenciam que a condução do veículo sob influência de álcool aumenta consideravelmente a probabilidade de sinistro. Conforme consignado no voto do Relator:

> Especificamente no caso da ingestão de álcool e da condução de veículo automotor, são cientificamente comprovados os efeitos nocivos dessa substância no organismo humano, capaz de reduzir o discernimento, os atos reflexos, o processamento de informações no cérebro, entre outras consequências danosas, o que torna o motorista menos apto a dirigir, aumentando sensivelmente o risco de o sinistro acontecer. Assim, há clara relação entre o consumo consciente da bebida alcoólica e a majoração da taxa de acidentalidade, demonstrada, inclusive, por dados estatísticos.[11]

Nesse sentido, o estabelecimento da presunção guarda sintonia com o art. 375 do CPC, segundo o qual "o juiz aplicará as regras de experiência comum subministradas pela observação do que ordinariamente acontece e, ainda as regras de experiência técnica, ressalvado, quanto a estas, o exame pericial".

De outro lado, o estabelecimento da presunção de intencionalidade do agravamento se funda no argumento de que "todo consumo de álcool é feito com o deliberado propósito de submeter-se a seus efeitos, ciente (o motorista) inclusive, de que isto alterará a sua própria capacidade de conduzir veículos automotores, distanciando-o da aptidão que tem o homem comum".[12]

Seguindo esta linha de raciocínio, o Tribunal adota uma interpretação extensiva do art. 768 do CC,[13] aproximando-se da corrente que reserva a hipótese legal não apenas àqueles casos em que o segurado age com a intenção específica de agravar o risco, isto é, com a intenção de facilitar a ocorrência do sinistro e de se beneficiar com o valor da cobertura (e.g. estacionar o veículo segurado com a chave na ignição com a intenção de facilitar o furto), estendendo a norma, também, àqueles casos em que – embora a intenção do segurado não seja propriamente facilitar a ocorrência do sinistro, mas apenas praticar o ato que leva ao agravamento (embriaguez ao volante) –, o agravamento do risco, uma vez praticado o ato que o desencadeia, é algo previsível à luz das regras ordinárias do conhecimento.[14]

---

[10] STJ, TERCEIRA TURMA, DIREITO PRIVADO, REsp 1485717/SP, Rel. Ministro RICARDO VILLAS BÔAS CUEVA, julgado em 22/11/2016, DJe 14/12/2016. p. 10.

[11] Ibidem, p. 5.

[12] Idem.

[13] Rememora-se, a propósito, que, nos termos do art. 768 do CC, a perda do direito à cobertura pressupõe o agravamento intencional do risco pelo segurado: "O segurado perderá o direito à garantia se agravar intencionalmente o risco objeto do contrato".

[14] TZIRULNIK, Ernesto; CAVALCANTI, Flávio; PIMENTEL, Ayrton. *O Contrato de Seguro*. 2. ed. São Paulo: Revista dos Tribunais, 2003. p. 81. CAVALIERI FILHO, Sergio. *Programa de responsabilidade civil*. 8ª ed. São Paulo: Atlas, 2008. p. 488-489. CAMPOY, Adilson José. *Contrato de Seguro de Vida*. São Paulo: Revista dos Tribunais, 2014. p. 42.

A propósito, destaca-se trecho do voto do Relator,[15] em que este esclarece o âmbito de incidência do art. 768 do CC, citando Tzirulnik, Cavalcanti e Pimentel:[16]

> É necessário diferenciar a intenção de agravar o risco da prática intencional de ato que leva despercebidamente a essa agravação. Neste último caso, a solução dependerá da gravidade ou intensidade dos efeitos gravosos do comportamento. Comportando-se o segurado de maneira que a realização do risco ou aumento da intensidade dos seus efeitos se torne previsível, é de se aplicar a regra da caducidade.

Ademais, a decisão se apoia nos princípios da boa-fé objetiva (art. 422 do CC) e da função social do contrato (art. 421 do CC). Nas palavras do Relator (REsp 1.485.717-SP):

> O seguro de automóvel não pode servir de estímulo para a assunção de riscos imoderados que, muitas vezes, beiram o abuso de direito, a exemplo da embriaguez ao volante. A função social desse tipo contratual torna-o instrumento de valorização da segurança viária, colocando-o em posição de harmonia com as leis penais e administrativas que criaram ilícitos justamente para proteger a incolumidade pública no trânsito". "Sob o prisma da boa-fé, é possível concluir que o segurado, quando ingere bebida alcoólica e assume a direção do veículo frustra a justa expectativa das partes contratantes na execução do contrato", rompendo com "os deveres anexos", "como os de fidelidade e cooperação.[17]

No mesmo sentido, observa a Min. Nancy Andrighi (REsp 1.441.620-ES):

> "A ingestão de álcool conjugada à direção viola a moralidade do contrato de seguro, por se manifesta violação à boa-fé contratual"; "o seguro tem impactos amplos na sociedade, uma vez que influenciam o comportamento das pessoas. Por isso mesmo, o objeto de um seguro não pode ser incompatível com a lei. Não é possível que um seguro assegure uma pratica socialmente nociva, uma vez que pode servir de estimulo para a assunção de riscos imoderados".[18]

Nesse contexto, observa-se que a questão discutida em sede de agravamento do risco por embriaguez em muito se aproxima daquela relativa à impossibilidade de cobertura de ato doloso do segurado (art. 762 do CC).[19] Como observa a doutrina, a vedação da cobertura de ato doloso encontra fundamento, antes de tudo, à semelhança da vedação da cobertura da embriaguez, "em considerações de ordem pública e de moralidade",[20] em padrões éticos e morais e nos bons costumes que presidem os contratos; "subjacente está ainda o princípio assente na boa-fé, de que ninguém deve ser beneficiado pelo ilícito próprio".[21]

---

[15] STJ, TERCEIRA TURMA, DIREITO PRIVADO, REsp 1485717/SP, Rel. Ministro RICARDO VILLAS BÔAS CUEVA, julgado em 22/11/2016, DJe 14/12/2016. p. 7.

[16] TZIRULNIK, Ernesto; CAVALCANTI, Flávio; PIMENTEL, Ayrton. *O Contrato de Seguro*. 2. ed. São Paulo: Revista dos Tribunais, 2003. p. 81.

[17] STJ, TERCEIRA TURMA, DIREITO PRIVADO, REsp 1485717/SP, Rel. Ministro RICARDO VILLAS BÔAS CUEVA, julgado em 22/11/2016, DJe 14/12/2016. p. 6-7.

[18] STJ, TERCEIRA TURMA, DIREITO PRIVADO, REsp 1441620/ES, Rel. Ministro PAULO DE TARSO SANSEVERINO, Rel. p/ Acórdão Ministra NANCY ANDRIGHI, julgado em 27/06/2017, DJe 23/10/2017. p. 33-34.

[19] "Art. 762. Nulo será o contrato para a garantia de risco proveniente de ato doloso do segurado, do beneficiário, ou de representante de um ou de outro".

[20] ALMEIDA, J. C. Moitinho. *O Contrato de Seguro no Direito Português e Comparado*. Lisboa: Livraria Sá da Costa, 1971. p. 101-102.

[21] MENEZES CORDEIRO, António. *Direito dos Seguros*. Lisboa: Almedina, 2013. p. 677.

Igualmente, relacionando os conceitos de risco, mutualidade e técnica atuarial, a decisão reconhece o papel de destaque das normas que disciplinam o agravamento do risco para com o equilíbrio econômico do contrato. Conforme consignado do Voto:

> A seguradora, utilizando-se das informações prestadas pelo segurado, como na cláusula perfil, chega a um valor de prêmio conforme o risco garantido e a classe tarifaria enquadrada, de modo que qualquer risco não previsto no contrato ou o seu incremento intencional desequilibra o seguro economicamente.[22]

Observa-se, nesse sentido, que as normas que disciplinam o agravamento do risco visam a assegurar a manutenção da relação de correspondência entre prêmio pago e risco garantido durante o transcurso da relação contratual. Ademais, a manutenção desta relação de correspondência se impõe para evitar um ônus excessivo ao segurador e a onerosidade do próprio sistema contratual que subjaz o contrato de seguro.[23] Nas palavras de Vivante:

> Nell'assicurazione il premio dovrebbe essere l'equivalente del rischio non solo nel momento incui si stipula, ma anche in tutti i momenti sucessivi del contratto". Ademais, como prossegue o autor, "per mantenere l'esquivalenza obbiettiva delle prestazioni per tutta la durata del contratto il Codice ha interdetto all'asscurato di aggravare voluntariamente il rischio.[24]

Por fim, ainda quanto ao ponto do agravamento do risco, importante atentar que o Tribunal reconhece que, pelo princípio do absenteísmo, teria o segurado o dever geral de "abster-se de tudo que possa incrementar, de forma desarrazoada, o risco contratual".[25] A questão, porém, merece ser contextualizada à luz dos dispositivos do Código Civil que tratam da matéria. À luz do art. 768, é possível falar em um dever do segurado de não agravar intencionalmente o risco coberto. Tratando-se, porém, de agravamento causal, por ato não intencional do segurado (art. 769, §§ 1º e 2), em que a consequência, após a comunicação do agravamento, será a possibilidade de revisão ou de resolução do contrato, não há propriamente um dever de não agravar o risco coberto, mas apenas de comunicação do agravamento ao segurador.

2.2. Implicações da presunção de agravamento do risco: ônus da prova

A decisão, ao reconhecer que a embriaguez ao volante leva à presunção relativa de agravamento do risco, traz importantes implicações quanto ao ônus da prova. À luz da jurisprudência anterior, para eximir-se do pagamento da inde-

---

[22] STJ, TERCEIRA TURMA, DIREITO PRIVADO, REsp 1485717/SP, Rel. Ministro RICARDO VILLAS BÔAS CUEVA, julgado em 22/11/2016, DJe 14/12/2016. p. 4-5.
[23] DONATI, Antigono. *Trattato del Diritto delle Assicurazioni Private*, v. II. Milano: Dott. A. Giuffrè, Milano,1952. p. 401-402.
[24] VIVANTE, Cesare. *Del Contratto di Assicurazine*. Torino: Unione Tipografico-Editrice Torinese, 1936. p. 200.
[25] STJ, TERCEIRA TURMA, DIREITO PRIVADO, REsp 1485717/SP, Rel. Ministro RICARDO VILLAS BÔAS CUEVA, julgado em 22/11/2016, DJe 14/12/2016. p. 10.

nização, cabia ao segurador a prova do nexo de causalidade entre a embriaguez e o acidente. Agora, contudo, para fazer jus ao recebimento da indenização, cabe ao segurado comprovar que a embriaguez não foi a causa determinante do sinistro. Inverte-se, portanto, o ônus da prova.

A questão, porém, é da mais alta relevância, considerando as dificuldades que envolvem a prova da relação de causalidade. Sendo a embriaguez um estado subjetivo do agente, como comprovar, por meio de prova clara e convincente, que a embriaguez foi a causa determinante do evento? Ademais, diante de todo complexo fático que muitas vezes permeia o acidente de trânsito (e.g. condutor embriagado, interferência de outro veículo, chuva na pista, visibilidade e sinalização precária, pedestre ou animal na pista), como determinar se a embriaguez foi a causa determinante do evento? Em tais casos, em que várias condições circundam o evento, podendo ter contribuído para a ocorrência, delimitar qual – ou quais – delas devem ser consideradas a causa necessária (ou adequada) torna-se uma questão problemática.

Nesse contexto, na análise do nexo causal entre a embriaguez e o acidente ganham destaque as circunstâncias indiciárias, vale dizer, o conjunto de circunstâncias que – embora individualmente não comprovem diretamente o fato controvertido (nexo causal) – quando valoradas em conjunto, e uma vez coerentes e concatenadas entre si, permitem ao juiz a formação de um juízo de certeza quanto ao fato controvertido.[26]

Ademais, na apreciação do nexo de causalidade, gozam de maior aceitação, no direito brasileiro, as teorias da causalidade adequada e do dano direito e imediato.[27] De acordo com a primeira, a causa do evento é a condição não só necessária, sem a qual o evento não teria ocorrido, mas também a mais adequada à produção do resultado à luz do que ordinariamente acontece. Conforme explica Agostinho Alvim:

> O raciocínio em que ela se apoia é o seguinte: apreciando certo dano, temos que concluir que o fato que o originou era capaz de lhe dar causa. Mas pergunta-se: tal relação de causa e efeito existe sempre, em casos dessa natureza, ou existiu nesse caso, por força de circunstâncias especiais? Se existe sempre, diz-se que a causa era adequada a produzir o efeito.[28]

Para a segunda teoria, por sua vez, ainda que muitas sejam as condições que contribuam para a produção do dano, nem todas elas devem ser chamadas de causa, mas apenas aquelas que se ligam ao dano diretamente, em uma relação de necessariedade[29] (art. 403 do CC).[30] Nas palavras de Agostinho Alvim:

---

[26] KNIJINIK, Danilo. *A prova nos juízos cível, penal e tributário*. Rio de Janeiro: Forense, 2007. p. 49 e ss.

[27] MIRAGEM, Bruno. *Direito Civil: Responsabilidade Civil*. São Paulo: Saraiva, 2015. p. 238-239.

[28] ALVIM, Agostinho. *Da inexecução das obrigações e suas consequências*. 4. ed. São Paulo: Saraiva, 1972. p. 345.

[29] MIRAGEM, Bruno. *Direito Civil: responsabilidade Civil*. São Paulo: Saraiva, 2015. p. 230-237.

[30] "Art. 403. Ainda que a inexecução resulte de dolo do devedor, as perdas e danos só incluem os prejuízos efetivos e os lucros cessantes por efeito dela direito e imediato, sem prejuízo do disposto na lei processual".

Suposto certo dano, considera-se causa dele a que lhe é próxima ou remota, mas, com relação a esta última, é mister que ela se ligue ao dano, diretamente. Ela é causa necessária desse dano, porque a ela ele se filia necessariamente; é causa exclusiva, porque opera por si, dispensadas outras causas.[31]

Nesse contexto, as teorias clássicas do nexo de causalidade assumem papel central para a apuração da causa do sinistro nos casos de embriaguez, especialmente para apuração da existência de alguma causa de rompimento do nexo causal (e.g. fato exclusivo da vítima, fato de terceiro ou caso fortuito ou força maior), a afastar o nexo entre a embriaguez do condutor do veículo segurado e o acidente. Assim, juntamente com o recurso à prova indiciária, é mediante a aplicação das teorias causais que o segurado deverá sustentar o seu direito à indenização securitária, comprovando a ausência de nexo de causalidade entre o estado de embriaguez e o acidente.

3. Embriaguez ao volante e a figura do terceiro: vítima e causador do dano

As decisões do Superior Tribunal de Justiça, além de inovarem ao reconhecer a embriaguez ao volante como hipótese de presunção de agravamento do risco, também são paradigmáticas, pois estabelecem uma nova orientação sobre duas questões complexas envolvendo a exclusão da cobertura por embriaguez e a figura do terceiro, seja ele o causador ou a vítima do dano.

Deveria o segurado ser penalizado com a perda do direito à cobertura quando o agravamento é provocado por terceiro, isto é, quando um terceiro (e.g. proposto ou familiar) dirige o veículo segurado em estado de embriaguez e causa o acidente? Por outro lado, no seguro de responsabilidade civil, seria legítima a cláusula de exclusão de cobertura por embriaguez ao volante ou, ao contrário, sua aplicação deveria ser afastada como medida de proteção da vítima do acidente? Estas também são questões enfrentadas pelo Tribunal Superior nos julgamentos do REsp 1.485.717-SP e do Resp 1.441.620-ES.

3.1. Embriaguez de terceiro como agravamento imputável ao segurado

No julgamento do REsp 1.485.717-SP, a Terceira Turma do STJ, modificando seu posicionamento, firma o entendimento de que o agravamento do risco decorrente da condução do veículo segurado por terceiro embriagado é fato imputável ao segurado, levando à perda do direito à cobertura, nos termos

---

[31] ALVIM, Agostinho. *Da inexecução das obrigações e suas consequências*. 4. ed. São Paulo: Saraiva, 1972. p. 356.

do art. 768 do CC.³² No caso *sub judice*, em que se discutia o cabimento da indenização securitária na situação em que o veículo era conduzido pelo preposto da empresa segurada em estado de embriaguez, a Terceira Turma distancia-se da interpretação literal do art. 768, até então prevalente, segundo a qual o ato de agravar o risco pressuporia uma conduta praticada pelo próprio segurado, e não por terceiro.

Inicialmente, partindo do pressuposto de que o art. 768 do CC abarcaria tanto a hipótese de dolo como a de culpa grave, a decisão se apoia nos institutos da culpa *in vigilando* e da culpa *in eligendo* para justificar a imputação ao segurado do agravamento do risco causado por terceiro. Nos termos do voto do Relator, cujo trecho constou na Ementa do Acórdão:

> A configuração do risco agravado não se dá somente quando o próprio segurado se encontra alcoolizado na direção do veículo, mas abrange também os condutores principais (familiares, empregados e prepostos), visto que o agravamento intencional de que trata o art. 768 do CC, envolve tanto o dolo quanto a culpa grave do segurado, que tem o dever de vigilância (culpa *in vigilando*) e o dever de escolha adequada daquele a quem confia a prática do ato (culpa *in eligendo*).³³

Nesse sentido, valendo-se da culpa *in vigilando* e *in eligendo*, busca o Tribunal enquadrar como hipótese de culpa grave, por violação dos deveres de vigilância ou de escolha adequada daquele a quem confia a prática do ato, a conduta do segurado que confia o automóvel a terceiro – seja familiar ou preposto – que conduz o veículo em estado de embriaguez. A respeito da questão, explica Sergio Cavalieri:

> Na vigência do Código de 1916 falava-se em culpa *in eligendo* para caracterizar a má escolha do preposto. A culpa do patrão ou comitente era presumida pelo ato culposo do empregado ou preposto, consoante a Súmula 341 do Supremo Tribunal Federal, em razão da má escolha do mesmo. A culpa *in vigilando*, por sua vez, decorria da falta de atenção de cuidado com o procedimento de outrem que estava sob a guarda ou responsabilidade do agente. Os pais respondiam pelos atos dos filhos menores, via de regra, pela falta de vigilância.³⁴

A interpretação, porém, vai de encontro à doutrina que entende que o agravamento intencional a que se refere o art. 768 do CC abarca apenas a hipótese de dolo, seja quanto ao agravamento em si, seja quanto ao ato que desencadeia o agravamento, e não propriamente a culpa.³⁵ Ademais, ao evocar a culpa *in vigilando* e a culpa *in eligendo*, a decisão se apoia em institutos próprios de um "estágio do desenvolvimento da objetivação da responsabilidade

---

[32] STJ, TERCEIRA TURMA, DIREITO PRIVADO, REsp 1485717/SP, Rel. Ministro RICARDO VILLAS BÔAS CUEVA, julgado em 22/11/2016, DJe 14/12/2016. p. 7-8.

[33] STJ, TERCEIRA TURMA, DIREITO PRIVAD, REsp 1485717/SP, Rel. Ministro RICARDO VILLAS BÔAS CUEVA, julgado em 22/11/2016, DJe 14/12/2016. p. 7-8.

[34] CAVALIERI FILHO, Sergio. *Programa de responsabilidade civil*. 8 ed. São Paulo: Atlas, 2008. p. 38.

[35] Nesse sentido: MIRAGEM, Bruno. O Direito dos Seguros no Sistema Jurídico Brasileiro: uma introdução. In: MIRAGEM, Bruno; CARLINI, Angélica (org.). *Direito dos Seguros: fundamentos de direito civil, direito empresarial e direito do consumidor*. São Paulo: Revista dos Tribunais, 2015. p. 51; TZIRULNIK, Ernesto; CAVALCANTI, Flávio; PIMENTEL, Ayrton. *O Contrato de Seguro*. 2. ed. São Paulo: Revista dos Tribunais, 2003. p. 123; PASQUALOTTO, Adalberto. *Contratos Nominados III. Seguro, constituição de renda, jogo e aposta, fiança, transação e compromisso*. São Paulo: Revista dos Tribunais, 2008. p. 116.

civil", cuja aplicação, atualmente, se encontra reduzida.[36] Como observa Sergio Cavalieri, "essas espécies de culpa estão em extinção, porque o Código Civil de 2002, em seu art. 933, estabeleceu responsabilidade objetiva para os pais, patrão, comitente, detentor de animal etc., e não mais responsabilidade com culpa presumida, como era no Código anterior".[37]

Nesse contexto, divergindo dos fundamentos da decisão, alguns autores vão encontrar justamente nas hipóteses de responsabilidade objetiva (art. 932 do CC) – como a do empregador pelos atos do preposto e a do proprietário do veículo pelos danos causados em razão do seu uso por terceiro autorizado – o caminho para imputar ao segurado o agravamento decorrente de ato de terceiro. Como observa Marcus Frederico Fernandes, "a entrega voluntária ou assentida do veículo a terceiros implica na integral responsabilização civil do proprietário pelas consequências daí advindas, sem que se perquira acerca da sua culpa *in vigilando* ou *in eligendo*". Ademais, como sustenta o autor:

> Se o proprietário do veículo responde incondicionalmente pelos danos causados a terceiros, em princípio não se justificaria que esta mesma circunstância – de ser apenas o proprietário e não o autor da conduta infracional – servisse para isentá-lo da incidência do clausulado do contrato de seguro que subtrai a garantia quando o veículo estiver sob a condução de condutor alcoolizado.[38]

Por fim, outro aspecto a ser destacado da decisão comentada é que ela termina por equiparar o terceiro condutor principal à condição de segurado, atribuindo também àquele a obrigação de cautela e de cuidado para com o bem segurado, assim como o dever de não agravar intencionalmente o risco coberto. Conforme consignado do voto do Relator:

> O principal condutor do veículo, se não for o próprio segurado, equipara-se a ele, o que afasta qualquer caracterização de terceiro eventual, trazendo-lhe, portanto, a obrigação de observar as mesmas condições e cautelas na direção do veículo, para assim não aumentar intencionalmente o risco objeto do contrato.[39]

3.2. Embriaguez e cobertura por dano à vítima

Por outro lado, no julgamento do REsp 1.441.620-ES, a Terceira Turma do Tribunal Superior confere nova orientação quanto à questão da embriaguez no seguro de responsabilidade civil por danos causados a terceiro. Até então, antes do referido julgamento, vigorava, na Terceira Turma, sob a égide do REsp 1.485.717-SP, o entendimento de que a cláusula de exclusão por embriaguez, ainda que legítima nos seguros de automóvel, não seria aplicável à cobertura de

---

[36] MIRAGEM, Bruno. Direito Civil: Responsabilidade Civil. São Paulo: Saraiva, 2015. p. 270.
[37] CAVALIERI FILHO, Sergio. *Programa de responsabilidade civil*. 8 ed. São Paulo: Atlas, 2008. p. 38.
[38] FERNANDES, Marcus Frederico B. Seguro de automóvel: perda do direito decorrente de condução por terceiro sob efeito de álcool. In: MIRAGEM, Bruno; CARLINI, Angélica (org.). *Direito dos Seguros: fundamentos de direito civil, direito empresarial e direito do consumidor*. São Paulo: Revista dos Tribunais, 2015. p. 456-458.
[39] STJ, TERCEIRA TURMA, DIREITO PRIVADO, REsp 1485717/SP, Rel. Ministro RICARDO VILLAS BÔAS CUEVA, julgado em 22/11/2016, DJe 14/12/2016. p. 8.

responsabilidade civil. Nos termos do Voto do Relator, "a embriaguez só não excluiria a cobertura no caso de seguro de responsabilidade civil porque este destina-se a reparar os danos causados pelo segurado a terceiros".[40]

No julgamento do REsp 1.441.620-ES, ocorrido em julho de 2017, contudo, a Terceira Turma, reconheceu, por maioria de votos, a validade da exclusão de cobertura no caso embriaguez ao volante também quanto ao seguro de responsabilidade civil.[41] No caso *sub judice*, em que os pais de vítima fatal de acidente de trânsito buscavam indenização por danos morais contra o segurado que deu causa ao acidente por dirigir embriagado, foi reconhecida a validade da cláusula de exclusão quanto à cobertura de responsabilidade civil, julgando-se improcedente a denunciação da lide do segurador.

A decisão, contudo, não foi unânime. Votaram com a Relatora do Acórdão, Ministra Nancy Andrighi, os Ministros Marco Aurélio Bellizze e Moura Ribeiro. De outro lado, votaram vencidos os Ministros Paulo de Tarso Sanseverino e Ricardo Villas Bôas Cueva. Conforme fundamentação divergente do Ministro Villas Bôas Cueva:

> Deve ser dotada de ineficácia para terceiros (garantia de responsabilidade civil) a cláusula de exclusão da cobertura securitária na hipótese de o acidente de trânsito advir da embriaguez do segurado, visto que solução contrária puniria não o causador do dano, mas as vítimas do sinistro, as quais não contribuíram para o agravamento do risco.[42]

De outro lado, tem-se a fundamentação vencedora, da Ministra Nancy Andrighi:

> É certo que em seguros de responsabilidade civil a seguradora tem o dever de garantir o pagamento às vítimas de dano causado pelo segurado – tal é o que dispõe o Código Civil de 2002. Ocorre, entretanto, que esse fato não faz perder força o argumento de que a ingestão de álcool conjugada à direção viola a moralidade do contrato de seguro, por ser manifesta violação à boa-fé contratual. Principalmente quando a conduta do segurado não só viola a boa-fé contratual como também viola a própria literalidade do contrato". "Ressalta-se aqui que não se trata de decisão que leva à não reparação dos pais da vítima. Estes serão reparados, uma vez que já decidido pela responsabilização do causador do dano; trata-se, simplesmente, de não agraciar o causador do dano com a cobertura do seguro, ao arrepio do princípio da boa-fé, do mutualismo, da função social do contrato de seguro, da *pacta sunt servanda*, de suas obrigações contratuais e da própria lei.[43]

Nesse contexto, observa-se que o princípio da função social do contrato aparece como uma via de mão dupla. De um lado, justifica a exclusão da cobertura da embriaguez ao volante em prol da segurança da coletividade e dos padrões éticos e fins sociais que presidem o contrato de seguro. Afinal: impor a cobertura da embriaguez ao volante corresponderia a um ato de chancela e de estímulo à prática do ilícito penal. De outro lado, o princípio da função

---

[40] STJ, TERCEIRA TURMA, DIREITO PRIVADO, REsp 1485717/SP, Rel. Ministro RICARDO VILLAS BÔAS CUEVA, julgado em 22/11/2016, DJe 14/12/2016. p. 12.
[41] STJ, TERCEIRA TURMA, DIREITO PRIVADO, REsp 1441620/ES, Rel. Ministro PAULO DE TARSO SANSEVERINO, Rel. p/ Acórdão Ministra NANCY ANDRIGHI, julgado em 27/06/2017, DJe 23/10/2017.
[42] Ibidem, p. 20.
[43] Ibidem, p. 33-34.

social também é utilizado para afastar a aplicação da cláusula de exclusão por embriaguez. Em prol da proteção das vítimas do acidente, busca-se assegurar a reparação integral do dano, especialmente considerando aquelas situações em que o patrimônio do segurado não é suficiente para a garantia da integralidade da indenização.

A solução da questão, contudo, varia em cada ordenamento jurídico. No direito brasileiro, a partir da nova orientação da Terceira Turma, é possível afirmar que a tendência tem sido a opção pela aplicação da cláusula de exclusão nos seguros de responsabilidade civil. Em outros ordenamentos, contudo, a solução é diversa. Em Portugal, por exemplo, no tocante ao seguro de responsabilidade civil obrigatório, adota-se uma solução alternativa. Nos termos do art. 27 do Decreto-Lei 291 de 2007, "satisfeita a indenização ao terceiro", a seguradora tem direito de regresso contra o condutor do veículo segurado quando este tenha dado causa ao acidente por conduzir o veículo "com uma taxa de alcoolemia superior à legalmente admitida".[44]

4. Considerações finais

As decisões da Terceira Turma do Superior Tribunal de Justiça (REsp 1.485.717-SP e REsp 1.441.620-ES), ora comentadas, são paradigmáticas, representando o início de um movimento de revisão da jurisprudência quanto ao tema da embriaguez ao volante no seguro de automóvel.

É importante notar, porém, que o novo entendimento ainda não é pacífico. Além de representar a interpretação de apenas uma das Turmas responsáveis por julgar a matéria no Tribunal Superior, as decisões comentadas ainda não transitaram em julgado, tendo sido impugnadas por embargos de divergência. No julgamento destes recursos, que se destinam à uniformização da jurisprudência, a matéria será apreciada pela Segunda Seção, composta por ambas as Turmas – Terceira e Quarta – competentes para apreciação das demandas envolvendo relações de seguro. Na ocasião, portanto, a Segunda Seção terá a oportunidade de consolidar a nova orientação proposta pela Terceira Turma. Assim, a questão tende a ser amadurecida e objeto de novas manifestações por parte da Corte.

No julgamento do REsp 1.485.717-SP, em que se discutia o cabimento da indenização securitária em caso em que o preposto da empresa segurada conduzia o veículo em estado de embriaguez, a Terceira Turma modificou sua orientação em um duplo sentido. De um lado, passou a reconhecer a embriaguez ao volante como hipótese de presunção relativa de agravamento intencional do risco (art. 768 do CC), dispensando, para a incidência da exclusão contratual,

---

[44] MENEZES CORDEIRO, António. *Direito dos Seguros*. Lisboa: Almedina, 2013. p. 677.

a prova do nexo causal entre a embriaguez e o acidente, a qual, agora, se presume.

Para fundamentar a presunção de agravamento do risco, a decisão se apoia em regras de experiência e em estudos científicos, interpretando a intencionalidade do ato, de que trata o art. 768 do CC, como previsibilidade do agravamento e intencionalidade do ato de embriaguez ao volante. Ademais, entre os fundamentos da decisão, destacam-se os princípios da boa-fé objetiva, da função social do contrato, assim como do equilíbrio contratual. Nesse sentido, como já observado em trabalho anterior, o que se verifica, observando a jurisprudência, é que o reconhecimento das situações que configuram agravamento intencional do risco – para além da análise da intencionalidade do ato – passa, sobretudo, pela consideração do grau de reprovabilidade da conduta à luz daquilo que é socialmente esperável e aceito, assim como pela avaliação do grau de severidade do agravamento.[45]

De outro lado, a Terceira Turma revisa o entendimento anterior, na medida em que passa a reconhecer que também o agravamento do risco provocado por terceiro é imputável ao segurado, levando à perda do direito à cobertura, nos termos do art. 768 do CC. De acordo com o Tribunal, o agravamento do risco, de que trata o art. 768, se dá não apenas quando o próprio segurado conduz o veículo sob influência de álcool, mas também quando os condutores principais (familiares, empregados ou prepostos) o fazem. Ademais, para fundamentar a decisão, o Tribunal adota uma interpretação extensiva do art. 768, no sentido de que este também abarcaria a culpa grave do segurado, justificando a imputação do agravamento ao segurado nos institutos da culpa *in vigilando* e da culpa *in eligendo*.

No julgamento do REsp 1.441.620-ES, por sua vez, o Tribunal confere uma nova orientação quanto à questão da embriaguez no seguro de responsabilidade civil, reconhecendo, por maioria de votos, a validade da exclusão de cobertura por embriaguez ao volante quanto ao seguro de responsabilidade civil. A referida decisão fundamenta-se, sobretudo, nos princípios da boa-fé e da função social do contrato. Quanto à função social, contudo, observa-se, da análise dos votos divergentes, que esta se apresenta como uma via de mão dupla, podendo, tanto justificar a não aplicação da cláusula de exclusão por embriaguez ao volante para a proteção da vítima do acidente, como a aplicação da cláusula, em respeito aos padrões éticos e aos fins sociais que presidem o contrato de seguro.

---

[45] PETERSEN, Luiza Moreira. *Risco como elemento do contrato de seguro*. 2017. 117 f. Dissertação (Mestrado em Direito) – Universidade Federal do Rio Grande do Sul: Faculdade de Direito. Porto Alegre, 2017. p. 104.

5. Referências

AGUIRRE, Felipe; ROITMAN, Horácio. *La Agravación del Riesgo en el Contrato de Seguro*. 2. ed. Buenos Aires: Abeledo Perrot, 2012.

ALMEIDA, J. C. Moitinho. *O Contrato de Seguro no Direito Português e Comparado*. Lisboa: Livraria Sá da Costa, 1971.

ALVIM, Agostinho. *Da inexecução das obrigações e suas consequências*. 4. ed. São Paulo: Saraiva, 1972.

ALVIM, Pedro. *O Contrato de Seguro*. 2. ed. Rio de Janeiro: Forense, 1986.

──. *O Seguro e o Novo Código Civil*. 1. ed. Rio de Janeiro: Forense, 2007.

BARBAT, Andrea Signorino. Una mirada actual sobre la agravación del riesgo. In: JARAMILLO, Carlos Ignacio; BERNAL, Sandra Ramírez; SALGADO, Patricia (org.). *Derecho de Seguros e Reaseguros: Liber Amicorum en homenaje al Profesor Arturo Díaz Bravo*. Bogotá: Grupo Editorial Ibañez, 2015. p. 87-108

CAMPOY, Adilson José. *Contrato de Seguro de Vida*. São Paulo: Revista dos Tribunais, 2014.

CAVALIERI FILHO, Sergio. *Programa de responsabilidade civil*. 8 ed. São Paulo: Atlas, 2008.

DONATI, Antigono. *Trattato del Diritto delle Assicurazioni Private*. v. 2. Milano: Dott. A. Giuffrè, 1952.

FERNANDES, Marcus Frederico B. Seguro de automóvel: perda do direito decorrente de condução por terceiro sob efeito de álcool. In: MIRAGEM, Bruno; CARLINI, Angélica (org.). *Direito dos Seguros: fundamentos de direito civil, direito empresarial e direito do consumidor*. São Paulo: Revista dos Tribunais, 2015. 453-456.

KNIJINIK, Danilo. *A prova nos juízos cível, penal e tributário*. Rio de Janeiro: Forense, 2007.

MENEZES CORDEIRO, António. *Direito dos Seguros*. Lisboa: Almedina, 2013.

MIRAGEM, Bruno. O Direito dos Seguros no Sistema Jurídico Brasileiro: uma introdução. In: MIRAGEM, Bruno; CARLINI, Angélica (org.). *Direito dos Seguros: fundamentos de direito civil, direito empresarial e direito do consumidor*. São Paulo: Revista dos Tribunais, 2015. p. 25-64.

──. *Direito Civil: Responsabilidade Civil*. São Paulo: Saraiva, 2015.

MORANDI, Juan Carlos F. *El riesgo en el contrato de seguro: regimen de las modificaciones que lo agravan*. Buenos Aires: Astrea, 1974.

PASQUALOTTO, Adalberto. *Contratos Nominados III. Seguro, constituição de renda, jogo e aposta, fiança, transação e compromisso*. São Paulo: Revista dos Tribunais, 2008.

PETERSEN, Luiza Moreira. *Risco como elemento do contrato de seguro*. 2017. 117 f. Dissertação (Mestrado em Direito) – Universidade Federal do Rio Grande do Sul: Faculdade de Direito. Porto Alegre, 2017.

PONTES DE MIRANDA, Francisco Cavalcanti. *Tratado de direito Privado*. 3. ed. Tomo. XLV e XLVI. São Paulo: Revista dos Tribunais, 1984.

SARRO, Luis Antônio Ciampaulo. Indenização securitária decorrente de acidente de trânsito causado por terceiro condutor que estava embriagado – inadmissibilidade – empresa que, ao emprestar carro ao preposto, incrementa o risco contratado, v. 981, *Revista dos Tribunais*, São Paulo, p. 523-535 (2017).

SARRO, Mariana Kaludin; ANGOTTI JUNIOR, Roberto. Agravamento do risco segurado por embriaguez ao volante: principal condutor não é terceiro. In: CARLINI, Angélica; SARAIVA, Pery (Org.). *Aspectos jurídicos dos contratos de seguro*. Aida Brasil. Porto Alegre: Livraria do Advogado, 2013.

STIGLITZ, Rubén. *Derecho de Seguros*. Tomo I e II. 3. ed. Buenos Aires: Abeledo-Perrot, 2001.

TZIRULNIK, Ernesto; CAVALCANTI, Flávio; PIMENTEL, Ayrton. *O Contrato de Seguro*. 2. ed. São Paulo: Revista dos Tribunais, 2003.

VIVANTE, Cesare. *Del Contratto di Assicurazione*. Torino: Unione Tipografico-Editrice Torinese, 1936.

Jurisprudência comentada

RECURSO ESPECIAL. CIVIL. SEGURO DE AUTOMÓVEL. EMBRIAGUEZ AO VOLANTE. TERCEIRO CONDUTOR (PREPOSTO). AGRAVAMENTO DO RISCO. EFEITOS DO ÁLCOOL NO ORGANISMO HUMANO. CAUSA DIRETA OU INDIRETA DO SINISTRO. PERDA DA GARANTIA SECURITÁRIA. CULPA GRAVE DA EMPRESA SEGURADA. CULPA IN ELIGENDO E CULPA *IN VIGILANDO*. PRINCÍPIO DO ABSENTEÍSMO. BOA-FÉ OBJETIVA E FUNÇÃO SOCIAL DO CONTRATO DE SEGURO. 1. Cinge-se a controvérsia a definir se é devida indenização securitária decorrente de contrato de seguro de automóvel quando o causador do sinistro foi terceiro condutor (preposto da empresa segurada) que estava em estado de embriaguez. 2. Consoante o art. 768 do Código Civil, "o segurado perderá o direito à garantia se agravar intencionalmente o risco objeto do contrato". Logo, somente uma conduta imputada ao segurado, que, por dolo ou culpa grave, incremente o risco contratado, dá azo à perda da indenização securitária. 3. A configuração do risco agravado não se dá somente quando o próprio segurado se encontra alcoolizado na direção do veículo, mas abrange também os condutores principais (familiares, empregados e prepostos). O agravamento intencional de que trata o art. 768 do CC envolve tanto o dolo quanto a culpa grave do segurado, que tem o dever de vigilância (culpa *in vigilando*) e o dever de escolha adequada daquele a quem confia a prática do ato (culpa *in eligendo*). 4. A direção do veículo por um condutor alcoolizado já representa agravamento essencial do risco avençado, sendo lícita a cláusula do contrato de seguro de automóvel que preveja, nessa situação, a exclusão da cobertura securitária. A bebida alcoólica é capaz de alterar as condições físicas e psíquicas do motorista, que, combalido por sua influência, acaba por aumentar a probabilidade de produção de acidentes e danos no trânsito. Comprovação científica e estatística. 5. O seguro de automóvel não pode servir de estímulo para a assunção de riscos imoderados que, muitas vezes, beiram o abuso de direito, a exemplo da embriaguez ao volante. A função social desse tipo contratual torna-o instrumento de valorização da segurança viária, colocando-o em posição de harmonia com as leis penais e administrativas que criaram ilícitos justamente para proteger a incolumidade pública no trânsito. 6. O segurado deve se portar como se não houvesse seguro em relação ao interesse segurado (princípio do absenteísmo), isto é, deve abster-se de tudo que possa incrementar, de forma desarrazoada, o risco contratual, sobretudo se confiar o automóvel a outrem, sob pena de haver, no Direito Securitário, salvo-conduto para terceiros que queiram dirigir embriagados, o que feriria a função social do contrato de seguro, por estimular comportamentos danosos à sociedade. 7. Sob o prisma da boa-fé, é possível concluir que o segurado, quando ingere bebida alcoólica e assume a direção do veículo ou empresta-o a alguém desidioso, que irá, por exemplo, embriagar-se (culpa *in eligendo* ou *in vigilando*), frustra a justa expectativa das partes contratantes na execução do seguro, pois rompe-se com os deveres anexos do contrato, como os de fidelidade e de cooperação. 8. Constatado que o condutor do veículo estava sob influência do álcool (causa direta ou indireta) quando se envolveu em acidente de trânsito – fato esse que compete à seguradora comprovar –, há presunção relativa de que o risco da sinistralidade foi agravado, a ensejar a aplicação da pena do art. 768 do CC. Por outro lado, a indenização securitária deverá ser paga se o segurado demonstrar que o infortúnio ocorreria independentemente do estado de embriaguez (como culpa do outro motorista, falha do próprio automóvel, imperfeições na pista, animal na estrada, entre outros). 9. Recurso especial não provido (STJ, TERCEIRA TURMA, DIREITO

PRIVADO, REsp 1485717/SP, Rel. Ministro RICARDO VILLAS BÔAS CUEVA, julgado em 22/11/2016, DJe 14/12/2016).

CIVIL E PROCESSUAL CIVIL. RECURSO ESPECIAL. AÇÃO DE COMPENSAÇÃO POR DANOS MORAIS. EMBRIAGUEZ AO VOLANTE. DENUNCIAÇÃO DA LIDE À SEGURADORA. LITISCONSÓRCIO PASSIVO. AUSÊNCIA. NEGATIVA DE PRESTAÇÃO JURISDICIONAL. AUSÊNCIA. MAJORAÇÃO DO *QUANTUM* INDENIZATÓRIO. IMPOSSIBILIDADE. SÚMULA 7/STJ. JUROS DE MORA. MARCO INICIAL. SÚMULA 54/STJ. SEGURADORA. RESPONSABILIDADE. CLÁUSULA DE EXCLUSÃO. O propósito recursal é julgar acerca da eficácia da cláusula de exclusão da cobertura securitária na hipótese de o acidente de transito ser causado pelo segurado em estado de embriaguez e, ainda, da possibilidade de condenar a seguradora direta e solidariamente ao pagamento da indenização. Tem-se nesse julgamento duas lides distintas: a principal, onde se deve decidir acerca da responsabilidade do autor em reparar a vítima pelo dano causado e a lide secundária, decorrente da denunciação do réu, para decidir sobre a existência de direito de regresso do segurado em face da seguradora. Diante da denunciação da lide à seguradora por parte do segurado, pode a denunciada: (i) aceitar a denunciação e contestar o pedido autoral ou (2) se contrapor à própria existência de direito de regresso do segurado. A aceitação da denunciação da lide e a contestação dos pedidos autorais por parte da seguradora fazem com que esta assuma posição de litisconsorte passivo na demanda principal, podendo ser condenada direta e solidariamente a pagar os prejuízos, nos limites contratados na apólice para a cobertura de danos causados a terceiros. O mesmo raciocínio não se aplica, entretanto, quando a seguradora contesta a existência de direito de regresso do segurado. Nesse contexto, deve o Tribunal julgar a questão em lide secundária. Na espécie se conclui por não ser possível a cobrança direta e solidária da seguradora. É legítima a cláusula que exclui cobertura securitária na hipótese de dano causado por segurado dirigir em estado de embriaguez. A ingestão de álcool conjugada à direção viola a moralidade do contrato de seguro, por ser manifesta ofensa à boa-fé contratual, necessária para devida administração do mutualismo, manutenção do equilíbrio econômico do contrato e, ainda, para que o seguro atinja sua finalidade precípua de minimizar os riscos aos quais estão sujeitos todos os segurados do fundo mutual. A nocividade da conduta do segurado se intensifica quando há também violação da própria literalidade do contrato, em manifesto descumprimento à pacta sunt servanda, imprescindível para a sustentabilidade do sistema securitário. Contratos de seguro tem impactos amplos em face da sociedade e acabam influenciando o comportamento humano. Por isso mesmo, o objeto de um seguro não pode ser incompatível com a lei. Não é possível que um seguro proteja uma prática socialmente nociva, porque esse fato pode servir de estímulo para a assunção de riscos imoderados, o que contraria o princípio do absenteísmo, também basilar ao direito securitário. A revisão da compensação por danos morais só é viável em recurso especial quando o valor fixado for exorbitante ou ínfimo. Há incidência da Súmula 7/STJ, impedindo o acolhimento do pedido. Parcial provimento (STJ, TERCEIRA TURMA, DIREITO PRIVADO, REsp 1441620/ES, Rel. Ministro PAULO DE TARSO SANSEVERINO, Rel. p/ Acórdão Ministra NANCY ANDRIGHI, julgado em 27/06/2017, DJe 23/10/2017).

— X —

Contrato de seguro e relações de consumo: reflexões sobre os Projetos de Lei do Senado 281/2012 e 283/2012

Marcel Brasil de Souza Moura

Mestre em Direito das Relações Econômicas Internacionais
pela PUC/SP. Especialista em Direito Processual Civil pela
Universidade Presbiteriana Mackenzie. Membro do Grupo Nacional
de Trabalho sobre Relações de Consumo da AIDA/Brasil

Sumário: 1. Introdução; 2. Interpretação jurídica; 3. Política nacional das relações de consumo; 4. Direitos básicos do consumidor; 5. Publicidade abusiva; 6. Cláusulas abusivas; 7. Superendividamento; 8. Comércio eletrônico; 9. Sanções; 10. Considerações finais; 11. Referências.

1. Introdução

No Brasil, o contrato de seguro é regido pelo Código Civil em seus artigos 757 a 802. Topograficamente, essa disciplina se encontra no Título XI do Código Civil, que disciplina diversas espécies de contrato. Portanto, o contrato de seguro é típico instrumento de direito privado. Porém, o contrato de seguro não é disciplinado somente pelo Código Civil.

Para entender os diversos regramentos incidentes sobre as relações securitárias, convém uma breve contextualização histórica.

A partir da Revolução Francesa de 1789, pela qual a classe burguesa ascendeu ao poder político, o direito privado se caracterizou por privilegiar a liberdade das pessoas para contratar, não cabendo ao Estado qualquer interferência na seara contratual. Essa liberdade se refletiu em diversos ramos do direito, como o direito do trabalho e, no que nos interessa mais de perto, o direito civil.

Não obstante, o desenrolar histórico demonstrou que a liberdade desenfreada traz consequências sociais indesejáveis, como o predomínio dos economicamente mais fortes sobre os mais fracos.

Nesse sentido, chegou-se à concepção de que o Estado deve tutelar os interesses das pessoas mais fracas nas relações contratuais.

Assim, o Estado deixa de atuar apenas em áreas essenciais para intervir na atividade econômica e, portanto, nas relações contratuais em que se entenda haver a necessidade de proteção da parte hipossuficiente.

Analisando o contrato de seguro nesse contexto, justifica-se a atuação da Superintendência de Seguros Privados – SUSEP –, autarquia federal criada para regular o mercado segurador, aprovando previamente condições de seguro a fim de assegurar que os produtos postos à disposição dos consumidores obedeçam a requisitos técnicos estabelecidos previamente.

Além disso, justifica-se também a incidência do Código do Consumidor nas relações securitárias, sem prejuízo da específica disciplina trazida pelo Código Civil.

A respeito, convém mencionar que o Código do Consumidor, em seu artigo 3º, § 2º, prevê expressamente a atividade securitária como serviço prestado por fornecedor, atraindo, portanto, as regras consumeristas para as relações de direito securitário.

Desse modo, conclui-se que o contrato de seguro é regido não somente pelo Código Civil, mas também pelo regramento produzido pela Superintendência de Seguros Privados – SUSEP – e pelo Código do Consumidor.

No desenvolvimento deste artigo, indicaremos as propostas de alteração do Código do Consumidor formuladas no projeto de lei do Senado n. 281/2012, que, na Câmara dos Deputados, se denomina Projeto de Lei n. 3514/2015.

Outrossim, indicaremos as propostas de alteração formuladas no Projeto de Lei do Senado n. 283/2012, que, na Câmara dos Deputados, denomina-se projeto de lei n. 3515/2015.

Tais indicações serão permeadas por comentários sobre o que se trará de novo às relações de direito securitário, caso aprovados tais projetos.

Ao final, serão expostas as conclusões do presente artigo.

2. Interpretação jurídica

Inicialmente, o Projeto de Lei do Senado n. 281/2012 prevê a inclusão do artigo 3º-A no Código do Consumidor, com a seguinte redação: "As normas e os negócios jurídicos devem ser interpretados e integrados da maneira mais favorável ao consumidor".

Trata-se de clara ampliação do previsto no artigo 47 do Código do Consumidor. Previsto no capítulo que trata da proteção contratual do consumidor, o artigo 47 prevê que "as cláusulas contratuais serão interpretadas de maneira mais favorável ao consumidor".

Enquanto o artigo 47 fala em interpretação de cláusulas contratuais de modo mais favorável ao consumidor, o artigo 3º-A sob exame falaria em interpretação e integração de normas e negócios jurídicos da maneira mais favorável ao consumidor.

Tal dispositivo traz mudanças substanciais em relação ao atual regramento consumerista. Com efeito, interpretação corresponde à determinação do preciso significado da lei, enquanto integração significa o preenchimento de eventuais lacunas existentes na lei, conforme entendimentos doutrinários abaixo citados.

Sobre a noção de interpretação, convém mencionar a lição de Friede:

Interpretar, em seu conceito fundamental, não á senão conhecer, saber, em essência, exatamente a consistência da própria norma, o que ela quer dizer; afirmar o seu significado, as suas finalidades e, associadas a estas, as razões do seu aparecimento e as causas de sua elaboração.[1]

Quanto à noção de integração, transcreve-se a lição de Soares:

No campo da Hermenêutica Jurídica, entende-se por integração do Direito a atividade de preenchimento das lacunas jurídicas, que são vazios ou imperfeições que comprometem a ideia de completude do sistema jurídico.[2]

Diante de tais noções, verifica-se que, caso incluída esta previsão no Código do Consumidor, as lacunas interpretativas não só das normas jurídicas, como também dos negócios jurídicos, deverão ser preenchidas da maneira mais favorável ao consumidor. Note-se que na redação atual do Código do Consumidor somente as cláusulas contratuais são objeto de interpretação mais favorável. Na proposta de alteração, não só as cláusulas contratuais serão objeto de interpretação mais favorável, como também as normas jurídicas e os negócios jurídicos, ou seja, os contratos de consumo considerados em sua formação, execução e conclusão.

3. Política nacional das relações de consumo

A política nacional das relações de consumo está prevista nos artigos 4º e 5º do Código do Consumidor. Tais artigos abrangem não só a política nacional das relações de consumo, como também os instrumentos públicos para execução desta política. As alterações e inclusões propostas dizem respeito especialmente à produção e ao consumo sustentáveis, incluindo o estímulo de ações tendentes à educação financeira e ambiental dos consumidores. Portanto, trata-se da preservação do meio ambiente trazida expressamente à disciplina consumerista.

Chama a atenção a proposta de inclusão do inciso VI no artigo 5º do Código do Consumidor, contida no Projeto de Lei do Senado n. 281/2012, prevendo,

---

[1] FRIEDE, Reis. *Ciência do direito, norma, interpretação e hermenêutica jurídica*. 9. ed. São Paulo : Manole, 2015, p. 160.
[2] SOARES, Ricardo Maurício Freire. *Hermenêutica e interpretação jurídica*. 3. ed. São Paulo: Saraiva, 2017, p. 111.

como instrumento do poder público para execução da Política Nacional, o "conhecimento pelo Poder Judiciário, no âmbito do processo em curso e assegurado o contraditório, de violação a normas de defesa do consumidor".

Salvo melhor juízo, tal norma é desnecessária. Com efeito, uma vez ajuizado um processo judicial por consumidor contra fornecedor de produtos ou serviços, o Poder Judiciário, na pessoa do julgador, tomará conhecimento dos fatos e, à luz do contraditório, decidirá se houve ou não violação a normas de defesa do consumidor na relação jurídica posta em discussão. É o que decorre do sistema processual brasileiro, sendo certo que ao juiz cabe dizer o direito, ou seja, aplicar as regras jurídicas pertinentes ao caso concreto.

Não se vislumbra em que medida seria socialmente útil o Poder Público levar ao conhecimento do juiz a violação de normas de defesa do consumidor em determinado caso concreto. Deve-se ter em conta que o juiz tem formação específica para dirimir conflitos, cabendo ao magistrado, com auxílio dos advogados e da promotoria de justiça quando o caso, aplicar o direito ao caso concreto.

Ainda que se repute necessária a atuação do Poder Público (parece-nos que especialmente do Poder Executivo) no processo judicial para levar violação de normas consumeristas ao conhecimento do juiz, vale questionar como aconteceria efetivamente essa atuação. Qual órgão público seria responsável por executar o instrumento previsto no inciso VI do artigo 5º do Código do Consumidor? Que posição processual o órgão público ocuparia no processo? Certamente, caso tal proposta seja aprovada, o que não se justifica diante das considerações apontadas, será necessário que o Poder Executivo Federal regulamente a norma em questão.

Outra proposta de inclusão de instrumento público para a execução da Política Nacional das Relações de Consumo prevista no Projeto de Lei do Senado n. 281/2012 consiste na "instituição de Câmaras de Conciliação das Relações de Consumo de Serviços Públicos, no âmbito da Advocacia Pública federal, estadual e municipal, garantida a efetiva participação do órgão de defesa do consumidor local".

Ao contrário da proposta anteriormente analisada, a instituição de Câmaras de Conciliação no setor público se mostra favorável, tendo em vista que evitaria o ajuizamento de demandas judiciais desnecessárias, desafogando o Poder Judiciário para que este possa se debruçar sobre outros processos em que não foi possível a conciliação.

A respeito da possibilidade de conciliação pelo setor público, merece referência o entendimento de no sentido de que a Administração Pública tem o poder-dever de transigir em determinadas situações para que o interesse público seja atingido.[3]

---

[3] GAZDA, Emmerson. *Administração Pública em juízo: poder-dever de transigir*. Disponível em: <https://bdjur.stj.jus.br>. Acesso em: 10 abr. 2018.

Continuando a análise, é proposta, no Projeto de Lei do Senado n. 281/2012, a inclusão do artigo 10-A na seção I do Código do Consumidor, referente à proteção da saúde e à segurança do consumidor.

Segundo a proposta, "as regras preventivas e precautórias dos arts. 8º, 9º e 10 desde Código aplicam-se aos riscos provenientes de impactos ambientais decorrentes de produtos e serviços colocados no mercado de consumo".

Basicamente, os artigos 8º, 9º e 10 do Código do Consumidor dispõem sobre a impossibilidade de se colocar, no mercado de consumo, produtos e serviços que tragam riscos à saúde ou à segurança dos consumidores, salvos os produtos e serviços que, por sua natureza, tragam algum risco, como produtos de limpeza, fogos de artifício etc. Em caso de risco ínsito ao produto ou serviço, é dever do fornecedor prestar informações adequadas ao consumidor.

Nesse contexto, verifica-se que o fornecedor, além de informar sobre os riscos à saúde e à segurança do consumidor em razão da utilização do produto ou serviço, deve informar também sobre os riscos decorrentes de impactos ambientais advindos do produto ou serviço.

No mais, o artigo 10-A do Projeto de Lei do Senado n. 281/2012 amplia a incidência das regras de proteção à saúde e segurança aos riscos de impactos ambientais decorrentes de produtos e serviços colocados no mercado de consumo.

Por exemplo, isso significa que, além de especificar o risco à saúde e à segurança quando do fornecimento do produto ou serviço, o fornecedor deve também especificar qual o impacto ambiental da utilização do produto. Não verificamos consequências no âmbito da atividade securitária.

No mesmo contexto, a proposta de inclusão do inciso XIV no artigo 39 do Código do Consumidor concerne ao enquadramento, como prática abusiva, da oferta de produto ou serviço com potencial de impacto ambiental negativo sem tomar as devidas medidas preventivas e de precaução. Ademais, propõe-se a inclusão do inciso XV no mesmo artigo, prevendo como prática abusiva a cobrança de tarifa de cadastro e de abertura de crédito, sob qualquer designação. A nosso sentir, aplica-se à atividade securitária a impossibilidade de cobrança de tarifa de cadastro; a restrição referente à tarifa de abertura de crédito, naturalmente, aplica-se às instituições financeiras que atuem na área de crédito pessoal.

4. Direitos básicos do consumidor

Os direitos em referência estão previstos nos artigos 6º e 7º do Código do Consumidor.

No Projeto de Lei do Senado n. 281/2012, verifica-se proposta de inclusão de três incisos no artigo 6º do Código do Consumidor. O artigo 6º prevê um rol de direitos básicos do consumidor, pretendendo-se acrescer ao rol "a privacidade e a segurança das informações e dados pessoais prestados ou coletados, por qualquer meio, inclusive o eletrônico, assim como o acesso gratuito do consumidor a estes e as suas fontes", "a liberdade de escolha, principalmente frente a novas tecnologias e redes de dados, vedada qualquer forma de discriminação e assédio de consumo", bem como "a informação ambiental veraz e útil, observados os requisitos da Política Nacional de Resíduos Sólidos".

Inicialmente, trata-se de especificação do direito à informação, assegurado no artigo 5º, inciso XIV, da Constituição Federal.

Quanto à liberdade de escolha, principalmente frente a novas tecnologias e redes de dados, não é certo o âmbito de incidência da norma proposta.

Consultando a justificação do Projeto de Lei do Senado n. 281/2012, verifica-se, dentre outros aspectos, que, segundo a proposição:

(...) a crescente complexidade das relações de consumo demanda a previsão de princípios que reforcem a proteção do consumidor frente a novos desafios, principalmente os relacionados com o diálogo com outras fontes normativas, a segurança nas transações, bem como a proteção da autodeterminação e da privacidade de dados.

Em que pese tal justificativa, a norma que prevê "a liberdade de escolha, principalmente frente a novas tecnologias e redes de dados" é imprecisa, não dando margem a verificar seu âmbito de incidência.

Quanto à "informação ambiental veraz e útil", observada a Política Nacional de Resíduos Sólidos, trata-se de reforçar que referida política, prevista na Lei n. 12.305/2010, aplica-se aos fornecedores de produtos e serviços também no âmbito consumerista.

No Projeto de Lei do Senado n. 283/2012, a proposta de inclusão de direitos básicos do consumidor tem enfoque prevalente no instituto do superendividamento, que é objeto de item específico do presente artigo.

5. Publicidade abusiva

No Código do Consumidor, a normatização da publicidade está prevista nos artigos 36 a 38.

No Projeto de Lei do Senado n. 283/2012, propõe-se a inclusão, como abusiva, da publicidade: discriminatória; que incite à violência; que explore o medo ou a superstição; que se aproveite da deficiência de julgamento e de experiência da criança; que desrespeite valores ambientais; que seja capaz de induzir o consumidor a agir de modo prejudicial a sua saúde ou segurança; que contenha apelo imperativo ao consumo infantil; que empregue criança ou adolescente como porta-voz direto de mensagem de consumo; que promova qualquer forma de discriminação ou sentimento de inferioridade entre crianças e adolescentes.

Como se nota, trata-se de proteger valores caros à sociedade brasileira, como o meio ambiente, a saúde das crianças e adolescentes e a paz social. Certamente, pode-se entender que tal espécie de publicidade já é vedada pela ordem jurídica pátria, tendo em vista os artigos 227 e 170, VI, da Constituição Federal, que tratam, respectivamente, da proteção das crianças e adolescentes e do meio ambiente. Sem prejuízo, a proposta de alteração legislativa vem para reforçar a normatização já existente.

6. Cláusulas abusivas

As cláusulas abusivas estão previstas em rol exemplificativo no artigo 51 do Código do Consumidor.

No Projeto de Lei do Senado n. 283/2012, propõe-se a inclusão de outras hipóteses de cláusulas abusivas.

Inicialmente, afasta-se a cláusula contratual que qualquer forma condicione ou limite o acesso ao poder judiciário. Tal proposta tem fundamento no artigo 5º, inciso XXXV, da Constituição Federal, que prevê a inafastabilidade do Poder Judiciário quanto às apreciações de lesão ou ameaça a direito. Nesse sentido, a proposta é desnecessária, pois apenas repete o que a Constituição Federal já disciplina.

Outra proposta é de afastamento de cláusula contratual que implique a renúncia à impenhorabilidade de bem de família do consumidor ou do fiador. Ressalvadas posições contrárias, tal previsão é também desnecessária, tendo em vista a disciplina do bem de família prevista no Código Civil e na Lei Federal n. 8.009/90 que traz a regra da impenhorabilidade.

Mais uma proposta é a de afastamento de cláusula contratual que preveja prazo de carência em caso de impontualidade das parcelas mensais ou vedem o restabelecimento integral dos direitos do consumidor e de seus meios de pagamento a partir da purgação da mora ou do acordo com os credores. Este acordo com os credores é previsto na instituição do superendividamento.

Outra proposta, que nos parece de especial relevo no direito securitário, é a que considere o simples silêncio do consumidor como aceitação de valores cobrados, dentre outros, em contratos securitários.

Como cediço, nos contratos de seguro de vida em grupo é corriqueira a cláusula que dispõe sobre a renovação automática do pacto securitário após encerrado o período de vigência contratual de um ano.

Caso tal proposta seja aprovada, estaria inviabilizada a renovação automática dos contratos de seguro, de modo que as seguradoras precisariam da anuência expressa dos consumidores para a renovação contratual.

Realmente, ressalvado entendimento diverso, o Código Civil não traz tal exigência para as sociedades seguradoras, não se confundindo a possibilidade de renovação automática da apólice nas mesmas condições, possibilidade esta decorrente da interpretação do artigo 760, "caput" combinado com o artigo 111, ambos do Código Civil, com a possibilidade de modificação da apólice em vigor prevista no artigo 801, §2º, do mesmo diploma legal, o que demanda anuência expressa de segurados que representem três quartos do grupo. Desse modo, a proposta ora analisada geraria necessidade de drástica mudança na operacionalização das apólices de seguro de vida em grupo.

Por fim, propõe-se o afastamento de cláusula contratual que preveja a aplicação de lei estrangeira que de algum modo limite a proteção assegurada pelo Código do Consumidor ao consumidor domiciliado no Brasil. Aqui, trata-se simplesmente de assegurar a efetividade da lei brasileira nas relações de consumo.

7. Superendividamento

A proposta de alteração do Código de Defesa do Consumidor contida no Projeto de Lei do Senado n. 283/2012 prevê a inclusão de um novo instituto no Direito brasileiro: a figura do superendividamento.

A legislação francesa assim define o superendividamento[4] no art. L.330-1 do *Code de la Consommation*: "A situação de superendividamento das pessoas físicas se caracteriza pela impossibilidade manifesta para o devedor de boa-fé honrar o conjunto de suas dívidas não profissionais, exigíveis e vincendas" (tradução livre).

O legislador, ao criar os artigos do projeto de lei sob exame, baseou-se neste conceito para criar este instituto que já é bastante discutido nos Tribunais, mas nunca foi regulamentado.

Dentro do conceito de superendividado, deve-se levar em consideração o caso concreto. Não há um valo mínimo de débito que defina a pessoa como superendividada, devendo ser comparado o passivo do indivíduo com seu ativo, tendo como parâmetro a possibilidade de manutenção de seu sustento próprio e de sua família.[5]

Existem duas hipóteses de superendividamento, a saber: as hipóteses de superendividamento ativo e passivo. No caso do superendividamento ativo, trata-se do consumidor que se endivida voluntariamente, induzido pelas estratégias de *marketing* das empresas fornecedoras de crédito; no caso do superendividamento passivo, o consumidor contrai dívidas em decorrências de fatores

---

[4] COSTA, Geraldo de Faria Martins da. *Superendividamento: a proteção do consumidor de crédito em direito comparado brasileiro e francês*. São Paulo. RT, 2002, p. 10; PAISANT, Gilles. A Reforma do Procedimento de Tratamento do Superendividamento pela Lei de 1º de Agosto de 2003 sobre a Cidade e a Renovação Urbana. In: MARQUES, Cláudia Lima; CAVALLAZZI, Rosângela Lunardelli (Coord.). *Direitos do consumidor endividado*: superendividamento e crédito. São Paulo: RT, 2006, p. 111.

[5] COSTA, Geraldo de Faria Martins da. *Superendividamento*, cit., p. 119.

externos chamados de "acidentes da vida", tais como desemprego, divórcio, nascimento, doença ou morte de familiar, necessidade de empréstimos suplementares, redução de salário, entre outras hipóteses.[6]

Assim, tem-se que o consumidor enquadrado na hipótese de superendividamento passivo não tem um excesso de dívidas, mas sim uma insuficiência de recursos. Fenômeno diferente ocorre na primeira categoria, a do superendividamento ativo, a qual se subdivide em duas: o superendividamento ativo consciente e o inconsciente.

A respeito, confira-se a seguinte lição:

> A doutrina europeia distingue superendividamento passivo, se o consumidor não contribuiu ativamente para o aparecimento desta crise de solvência e de liquidez, e superendividamento ativo, quando o consumidor abusa do crédito e "consome" demasiadamente acima das possibilidades de seu orçamento. Nestas leis geralmente encontra-se alguma solução (mais tempo para pagar as dívidas em um "plano de repagamento" ou até mesmo o perdão das dívidas, como no art. 778 do Código de Processo Civil de 2002) para aqueles consumidores de boa-fé, que contrataram podendo e querendo pagar. A estes que sofrem um "acidente da vida" (divórcio, separação, morte na família, doença, acidentes, desemprego, redução de carga horária ou de salário, nascimento de filhos, volta de filhos para a casa dos pais, etc.) chamamos de superendividados passivos, pois seu estado nada tem a ver com "culpa", pobreza ou falta de capacidade de lidar com a sociedade de consumo e o crédito fácil. Por outro lado, existem aqueles poucos que abusam do crédito consumindo desenfreadamente acima de suas condições econômicas ou de patrimônio. A estes que abusam do crédito, chamamos de superendividados "ativos", que podem ser conscientes ou inconscientes, de boa ou de má-fé subjetiva ao contratar, que podem ou não encontrar solução de seus problemas na lei.[7]

Assim, o superendivididado consciente é aquele que de má- fé contrai dívidas, sabendo que não poderá honrá-las, ludibriando o fornecedor e deixando de cumprir com sua obrigação. Esse superendividamento não receberá apoio do Judiciário para recuperar-se, pois ausente a boa-fé do consumidor.

Por outro lado, o superendividamento ativo inconsciente é aquele em que o consumidor age impulsivamente, de forma imprevidente na fiscalização de seus gastos, superendividando-se por inconsequência, sem dolo de enganar o fornecedor. Nesse caso, o consumidor se endivida por agir impelido pelos impulsos da sociedade capitalista em que se estimular o consumidor a adquirir produtos supérfluos, pelo simples impulso de compra ou para adquirir *status*, o que é agravado com o crédito facilitado, gerando um endividamento crônico deste consumidor.

---

[6] MARQUES, Cláudia Lima. Sugestões para uma Lei sobre o Tratamento do Superendividamento de Pessoas Físicas em Contratos de Crédito de Consumo: proposições com base em pesquisa empírica de 100 casos no Rio Grande do Sul. In: MARQUES, Cláudia Lima; CAVALLAZZI, Rosângela Lunardelli (Coord.). *Direitos do consumidor endividado*: superendividamento e crédito. São Paulo: RT, 2006, p. 258.
[7] MARQUES, Cláudia Lima; LIMA, Clarissa Costa; BERTONCELLO, Káren. *Prevenção e tratamento do superendividamento*. Brasília: 2010, p. 21-22. Disponível em: <www.justica.gov.br>. Acesso em: 15 jun 2018.

Logo, com base na legislação francesa, teremos na ordem jurídica brasileira, caso aprovado o Projeto de Lei n. 283/2012, um sistema que protegerá o consumidor que se enquadrar no superendividamento passivo e ativo inconsciente, ajudando o cenário econômico nacional como um todo.

Com base nas noções acima, a ideia é incluir um capítulo exclusivo no Código referente ao assunto, qual seja, o capítulo VI-A, que trata da prevenção e do tratamento do superendividamento.

O art. 54-A do Projeto de Lei n. 283/2012 define o superendividamento como a impossibilidade manifesta de o consumidor, pessoa natural, de boa-fé, pagar a totalidade de suas dívidas de consumo, exigíveis e vincendas, sem comprometer seu mínimo existencial, nos termos da regulamentação, excluindo as dívidas adquiridas mediante fraude ou má-fé.

Na sequência, o projeto se preocupa em proteger o consumidor para que este receba a máxima informação no momento das contratações de créditos, tudo visando a orientar corretamente a contratação de eventual serviço, inclusive com orientação sobre as consequências do inadimplemento, como se observa no art. 54-D do Projeto de Lei n. 283/2012:

> Art. 54-D. Na oferta de crédito, previamente à contratação, o fornecedor ou intermediário deve, entre outras condutas:
> I – informar e esclarecer adequadamente o consumidor, considerando sua idade, saúde, conhecimento e condição social, sobre a natureza e a modalidade do crédito oferecido, sobre todos os custos incidentes, observado o disposto nos arts. 52 e 54-B, e sobre as consequências genéricas e específicas do inadimplemento;
> II – avaliar a capacidade e as condições do consumidor de pagar a dívida contratada, mediante solicitação da documentação necessária e das informações disponíveis em bancos de dados de proteção ao crédito, observado o disposto neste Código e na legislação sobre proteção de dados;
> III – informar a identidade do agente financiador e entregar ao consumidor, ao garante e a outros coobrigados cópia do contrato de crédito.
> Parágrafo único. O descumprimento de qualquer dos deveres previstos no caput deste artigo, no art. 52 e no art. 54-C poderá acarretar judicialmente a inexigibilidade ou a redução dos juros, dos encargos ou de qualquer acréscimo ao principal e a dilação do prazo de pagamento previsto no contrato original, conforme a gravidade da conduta do fornecedor e as possibilidades financeiras do consumidor, sem prejuízo de outras sanções e de indenização por perdas e danos, patrimoniais e morais, ao consumidor.

Caso aprovado o Projeto de Lei n. 283/2012, nos contratos em que o modo de pagamento da dívida envolva autorização prévia do consumidor pessoa natural para consignação em folha de pagamento, a soma das parcelas reservadas para pagamento de dívidas não poderá ser superior a 30% (trinta por cento) de sua remuneração mensal líquida, podendo o juiz em caso de não cumprimento pelo fornecedor revisar o contrato.

Ainda, inclui-se a possibilidade de arrependimento da obtenção do crédito consignado, podendo o consumidor desistir da contratação do produto no prazo de 7 (sete) dias a contar da data da celebração do contrato ou do recebimento da respectiva cópia, sem necessidade de indicar o motivo, devolvendo logicamente o valor que lhe foi entregue, tudo nos termos do art. 54-E e parágrafos do Projeto de Lei do Senado n. 283/2012.

A atualização do Código do Consumidor proposta no Projeto de Lei do Senado n. 283/2012 prevê ainda a inclusão de mais algumas condutas abusivas, sem prejuízo das consideradas no art. 39 do Código, vedando ao fornecedor de produtos ou serviços as seguintes condutas:

> I – realizar ou proceder à cobrança ou ao débito em conta de qualquer quantia que houver sido contestada pelo consumidor em compra realizada com cartão de crédito ou meio similar, enquanto não for adequadamente solucionada a controvérsia, desde que o consumidor haja notificado a administradora do cartão com antecedência de pelo menos 7 (sete) dias da data de vencimento da fatura, vedada a manutenção do valor na fatura seguinte e assegurado ao consumidor o direito de deduzir do total da fatura o valor em disputa e efetuar o pagamento da parte não contestada;
>
> II – recusar ou não entregar ao consumidor, ao garante e aos outros coobrigados cópia da minuta do contrato principal de consumo ou do de crédito, em papel ou outro suporte duradouro, disponível e acessível, e, após a conclusão, cópia do contrato;
>
> III – impedir ou dificultar, em caso de utilização fraudulenta do cartão de crédito ou meio similar, que o consumidor peça e obtenha, quando aplicável, a anulação ou o imediato bloqueio do pagamento, ou ainda a restituição dos valores indevidamente recebidos.

Quanto ao consumidor que deseja realizar o pagamento de suas dívidas mediante cartão débito em conta, fica vedado à administradora ou ao emissor do cartão debitar quantia contestada pelo consumidor ou em disputa com o fornecedor, inclusive tarifas de financiamento ou outras relacionadas, se a existência da disputa ou da contestação tiver sido informada com antecedência de pelo menos 7 (sete) dias da data de vencimento da fatura.

Sendo assim, com tais obrigações, espera-se equilibrar ainda mais as relações de consumo, atendendo o caráter principiológico do Código, evitando com que mais consumidores figurem entre os superendividados.

Quanto aos consumidores já superendividados, evidente a preocupação do legislador ao incluir ainda as conciliações para recuperação deste consumidor, desde que haja o devido requerimento, com algumas previsões legais visando a facilitar soluções para a situação financeira do consumidor superendividado. Tal requerimento ocorreria na esfera judicial, conforme se verifica na proposta de inclusão formulada no Projeto de Lei do Senado n. 283/2012:

> Art. 104-A. A requerimento do consumidor superendividado pessoa natural, o juiz poderá instaurar processo de repactuação de dívidas, visando à realização de audiência conciliatória, presidida por ele ou por conciliador credenciado no juízo, com a presença de todos os credores, em que o consumidor apresentará proposta de plano de pagamento com prazo máximo de 5 (cinco) anos, preservados o mínimo existencial, nos termos da regulamentação, e as garantias e as formas de pagamento originalmente pactuadas.
>
> § 1º Excluem-se do processo de repactuação as dívidas de caráter alimentar, as fiscais, as parafiscais e as oriundas de contratos celebrados dolosamente sem o propósito de realizar o pagamento, bem como as dívidas oriundas dos contratos de crédito com garantia real, dos financiamentos imobiliários e dos contratos de crédito rural.
>
> § 2º O não comparecimento injustificado de qualquer credor, ou de seu procurador com poderes especiais e plenos para transigir, à audiência de conciliação de que trata o caput deste artigo acarretará a suspensão da exigibilidade do débito e a interrupção dos encargos da mora.

§ 3º No caso de conciliação, com qualquer credor, a sentença judicial que homologar o acordo descreverá o plano de pagamento da dívida, tendo eficácia de título executivo e força de coisa julgada.

§ 4º Constarão do plano de pagamento:

I – medidas de dilação dos prazos de pagamento e de redução dos encargos da dívida ou da remuneração do fornecedor, entre outras destinadas a facilitar o pagamento das dívidas;

II – referência à suspensão ou extinção das ações judiciais em curso;

III – data a partir da qual será providenciada a exclusão do consumidor de bancos de dados e cadastros de inadimplentes;

IV – condicionamento de seus efeitos à abstenção, pelo consumidor, de condutas que importem o agravamento de sua situação de superendividamento.

§ 5º O pedido do consumidor a que se refere o caput deste artigo não importa declaração de insolvência civil e poderá ser repetido somente após decorrido o prazo de 2 (dois) anos, contado da liquidação das obrigações previstas no plano de pagamento homologado, sem prejuízo de eventual repactuação.

Em caso de restarem infrutíferas as hipóteses de conciliação, poderá o juiz, desde que seja provocado pelo consumidor, instaurar processo para revisão da dívida, podendo nomear até mesmo, se o caso, um administrador das dívidas para organizar um plano de pagamento, respeitando a dívida original com os credores.

Todo esse procedimento para prevenção e tratamento aos consumidores superendividados será de responsabilidade dos órgãos públicos integrantes do Sistema Nacional de Defesa do Consumidor no intuito de resolver a situação de forma administrativa.

Logo, com a aprovação do presente projeto, a possibilidade da recuperação judicial do consumidor superendividado será possível, sendo a tendência diminuir a quantidade de consumidores nesta posição mediante a política de prevenção criada.

8. Comércio eletrônico

O Projeto de Lei do Senado n. 281/2012, entre outros temas, estabelece a inclusão de alguns artigos no Código de Defesa do Consumidor visando à proteção do consumidor na esfera do comércio eletrônico, em especial com a inclusão do inciso XI no art. 6°, que versa sobre os direitos básicos do consumidor.

Art. 6°, XI – a privacidade e a segurança das informações e dados pessoais prestados ou coletados, por qualquer meio, inclusive o eletrônico, assim como o acesso gratuito do consumidor a estes e a suas fontes.

Levando em consideração que o Código de Defesa do Consumidor foi promulgado no ano de 1990, época que a figura da *internet* era inimaginável nos moldes atuais, o legislador não se preocupou com os conflitos existentes no mundo virtual.

Por outro lado, não significa que até a presente data não é possível resolver os conflitos oriundos desta nova era mundial, do comércio eletrônico. Pelo contrário.

O Código de Defesa do Consumidor é uma norma de caráter principiológico, ou seja, contém diversos princípios em seu bojo, tendo como escopo restabelecer o equilíbrio contratual entre as partes na relação de consumo. Os inúmeros conflitos existentes relacionados ao mercado do comércio eletrônico são solucionados com a aplicação do Código de Defesa do Consumidor.

O que se pretende com a reforma é apenas aprimorar o Código no sentido de atualizar a legislação para algo que sequer se imaginava à época de sua criação.

Como já visto, tal atualização seria inclusa no rol de direitos básicos do consumidor elencado junto ao art. 6º do Código do Consumidor, além de criada uma Seção específica no texto de lei, denominada "Do comércio eletrônico".

Sua criação é justificada para trazer as normas gerais de proteção do consumidor no comércio eletrônico e a distância, visando a fortalecer sua confiança e assegurar sua tutela efetiva, mediante a diminuição da assimetria de informações, a preservação da segurança nas transações e a proteção da autodeterminação e da privacidade dos dados pessoais, como se verifica no artigo 45-A do Projeto de Lei do Senado n. 281/2012.

Com a preocupação do legislador em atender os anseios da sociedade de consumo nos dias atuais, entende-se necessário normatizar algumas situações contratuais de forma eletrônica, como também as comunicações enviadas ao consumidor, sendo essencial nos contratos dessa modalidade a inclusão obrigatória de algumas informações (art. 45-B do Projeto de Lei do Senado n. 281/2012):

I – nome empresarial e número de inscrição do fornecedor, quando houver, no Cadastro de Pessoas Físicas ou no Cadastro Nacional da Pessoa Jurídica;

II – endereços físico e eletrônico e demais informações necessárias para sua localização e contato;

III – discriminação, no preço, de quaisquer despesas adicionais ou acessórias, tais como as de entrega;

IV – condições integrais da oferta, incluindo modalidades de pagamento, disponibilidade e forma e prazo da execução do serviço ou da entrega ou disponibilização do produto ou serviço;

V – características essenciais do produto ou serviço, incluídos os riscos à saúde e à segurança dos consumidores;

VI – prazo de validade da oferta, inclusive do preço;

VII – informações claras e ostensivas a respeito de quaisquer restrições à fruição da oferta.

Atualmente, o consumidor, salvo quando se trata de grandes sociedades empresárias que são simples de localizar, não detém meios necessários para localizar os fornecedores após a existência de conflitos, sendo comum que fornecedores, aproveitando-se da ausência de legislação, omitam informações em seus sítios eletrônicos, o que se espera acabar mediante as obrigações que se pretende criar com o Projeto de Lei do Senado n. 281/2012.

Assim, a informação, ao consumidor, do CNPJ do fornecedor de forma clara, por exemplo, na pagina principal do sítio eletrônico, bem como a informação de endereço físico, trarão facilidade ao consumidor caso este precise demandar o fornecedor judicial ou administrativamente.

Ademais, o Projeto de Lei do Senado n. 281/2012 prevê a inclusão das seguintes informações nos contratos:

I – quantidade mínima de consumidores para a efetivação do contrato;
II – prazo para utilização da oferta pelo consumidor;
III – identificação do fornecedor responsável pelo sítio eletrônico e do fornecedor do produto ou serviço ofertado.
Parágrafo único. O fornecedor de compras coletivas, como intermediador legal do fornecedor responsável pela oferta do produto ou serviço, responde solidariamente pela veracidade das informações publicadas e por eventuais danos causados ao consumidor.

Será notório o avanço no microssistema de consumo com tais inclusões, sendo ainda reiterados alguns princípios do código que já existem e deveriam ser aplicados nos contratos, tal como a previsão do §4° do art. 54 do Código de Defesa do Consumidor.

Nesse sentido, o art. 45-D, que será incluído no Código do Consumidor caso aprovado o Projeto de Lei do Senado n. 281/2012, determina de forma direta dentro da Seção de Comércio Eletrônico a obrigação, do fornecedor que utilizar meio eletrônico ou similar, de apresentar o sumário do contrato antes da contratação, destacando as cláusulas que limitem direitos do consumidor, bem como a obrigação de manter disponível serviço adequado, facilitado e eficaz de atendimento que possibilite ao consumidor enviar e receber comunicações, inclusive notificações, reclamações e demais informações necessárias à efetiva proteção de seus direitos.

Será ainda obrigação do fornecedor manter disponibilidade de acesso rápido e eficaz para o consumidor manifestar seu arrependimento ou cancelamento do contrato.

Além da obrigatoriedade do fornecedor nesse sentido, este ainda terá obrigação de utilizar mecanismos de segurança eficazes para pagamento e para tratamento de dados do consumidor, informando imediatamente às autoridades competentes e ao consumidor sobre vazamento de dados ou comprometimento, mesmo que parcial, da segurança do sistema utilizado. Certamente, a questão da proteção de dados merece estudo apartado e aprofundado.

Outro ponto que traz problemas atualmente é a não disponibilização do contrato para o consumidor, explicitando o Projeto de Lei do Senado n. 281/2012 tal obrigação, incluindo ainda a obrigatoriedade do fornecedor confirmar até mesmo se o consumidor aceitou a oferta.

Além disso, o Projeto de Lei do Senado n. 281/2012 dispõe que, nos casos em que o fornecedor não disponha formulário em seu sítio eletrônico para garantir o preenchimento pelo consumidor em caso de arrependimento, será aumentado o prazo atual de 7 (sete) dias já previsto no *caput* do art. 49 por mais 14 (quatorze) dias.

Com tais regulações no que tange ao comércio eletrônico, o legislador também se atentou às obrigações de não fazer que devem ser respeitadas pelos fornecedores deste meio.

É difícil imaginar uma pessoa cujo aparelho celular nunca tenha recebido mensagem eletrônica de fornecedores com os quais o titular jamais manteve relação jurídica.

A solução para evitar tal abuso se dá com a vedação expressa ao fornecedor de enviar mensagem eletrônica não solicitada a destinatário que:

I – não possua relação de consumo anterior com o fornecedor e não tenha manifestado consentimento prévio e expresso em recebê-la;
II – esteja inscrito em cadastro de bloqueio de oferta;
III – tenha manifestado diretamente ao fornecedor a opção de não recebê-la.

Não obstante, naqueles casos em que há relação de consumo, para que as mensagens possam ser enviadas será necessário disponibilizar ao consumidor a possibilidade de recusar o recebimento.

No caso de o consumidor pretender receber mensagens eletrônicas do fornecedor, nestas deverão constar adequadamente o meio imediato de cancelamento de envio.

Nesse sentido, entende-se que as possibilidades de abusividades ou excessos praticados pelos fornecedores serão diminuídos, levando em consideração a devida regulamentação sobre o tema.

A seguir, serão abordadas as sanções que se pretende implementar com a aprovação do Projeto de Lei do Senado n. 281/2012.

9. Sanções

O Capítulo VII do Código de Defesa do Consumidor trata expressamente das sanções em caso de descumprimento da legislação consumerista, não abrangendo punição para casos específicos de relação de consumo mediante comércio eletrônico.

O Projeto de Lei do Senado n. 281/2012 prevê a inclusão de punições específicas nas novas possibilidades de relações de consumo, como, por exemplo, suspender de forma temporária o sítio eletrônico ou até mesmo proibir as ofertas e o comércio. Tal inclusão viria como um inciso XIII no artigo 56 do Código do Consumidor, como se verifica no mencionado Projeto de Lei.

Não obstante a criação do marco civil da *internet*, pretende o legislador criar outro mecanismo para garantir a efetividade da medida de suspensão ou proibição do comércio eletrônico, qual seja, a possibilidade de o Poder Judiciário determinar que os prestadores de serviços financeiros suspendam os pagamentos e transferências financeiras para o fornecedor de comércio eletrônico ou até mesmo que bloqueiem as contas bancárias do fornecedor.

Assim, nota-se a preocupação do legislador quanto ao cumprimento das normas regulamentadoras.

Existe ainda a previsão de aumento da punição em caso de reiteração do descumprimento pelos fornecedores.

Ademais, prevê-se a possibilidade de condenação mediante multa civil num valor adequado à gravidade da conduta, desde que seja suficiente para inibir novas violações pelos fornecedores, sem prejuízo das sanções penais e administrativas cabíveis e da indenização por perdas e danos, patrimoniais e morais, ocasionados aos consumidores.

Não obstante a possibilidade de o Poder Judiciário multar os fornecedores, o projeto prevê ainda a inclusão do art. 60-B, o qual possibilita as autoridades administrativas a instaurar processo administrativo para análise do caso, e, se o caso, também aplicar multa.

Outro caso previsto no projeto de lei consiste na aplicação de sanção aos fornecedores em caso de descumprimento no que tange a privacidade dos consumidores, como se nota no art. 72-A:

> Art. 72-A. Veicular, exibir, licenciar, alienar, compartilhar, doar ou de qualquer forma ceder ou transferir dados, informações ou identificadores pessoais sem a autorização expressa e o consentimento informado de seu titular.
> Pena – Detenção de três meses a um ano e multa.
> Parágrafo único. Não constitui crime a prática dos atos previstos no caput:
> I – entre fornecedores que integrem um mesmo conglomerado econômico;
> II – em razão de determinação, requisição ou solicitação de órgão público.

Com tal determinação específica, em conjunto com a legislação do marco civil da *internet* (Lei n. 12.965/14), é de se esperar que o consumidor tenha seus direitos de privacidade resguardados.

10. Considerações finais

No presente estudo, foram abordadas diversas propostas de alteração no Código de Defesa do Consumidor, consubstanciadas nos Projetos de Lei do Senado n°s 281 e 283, ambos de 2012. Como se pôde verificar, as propostas abrangem diversos temas previstos no Código do Consumidor, a saber, interpretação jurídica, Política Nacional das Relações de Consumo, direitos básicos do consumidor, cláusulas abusivas, publicidade abusiva, superendividamento, comércio eletrônico e sanções pelo descumprimento das normas consumeristas.

As alterações legislativas tendem a retirar os agentes econômicos de sua zona de conforto, vindo eventualmente a gerar aumento de custos dos produtos colocados no mercado. Durante a tramitação dos projetos de lei, o papel dos agentes econômicos é buscar o aperfeiçoamento da legislação, evitando alterações inócuas ou mesmo indesejadas.

Caso as propostas venham a se concretizar, devem os agentes econômicos se atentar para adequar sua atividade à nova legislação. Tratando especificamente das sociedades empresárias do ramo securitário, é primordial que haja diálogo entre todas as áreas envolvidas, como a área comercial e jurídica, de modo a que a adequação seja feita de modo adequado e a elevar os custos produtivos o mínimo possível.

11. Referências

BRASIL. Relatório do Senado sobre PLS nº 281, 282 e 283, de 2012 do Senador JOSÉ SARNEY, que alteram a Lei nº 8.078, de 11 de setembro de 1990. Disponível em: <http://www.senado.gov.br>. Acesso em: 10 abr. 2018.

BRASIL. Projeto de Lei nº 3515/2015 da Câmara dos Deputados de Autoria do Sen. JOSÉ SARNEY que alteram a Lei nº 8.078, de 11 de setembro de 1990. Disponível em: <http://www.camara.gov.br>. Acesso em: 10 abr. 2018.

COSTA, Geraldo de Faria Martins da. *Superendividamento*: a proteção do consumidor de crédito em direito comparado brasileiro e francês. São Paulo: RT, 2002.

GAZDA, Emmerson. *Administração Pública em juízo*: poder-dever de transigir. Disponível em: <https://bdjur.stj.jus.br>. Acesso em: 10 abr. 2018.

MARQUES, Cláudia Lima. Sugestões para uma Lei sobre o Tratamento do Superendividamento de Pessoas Físicas em Contratos de Crédito de Consumo: proposições com base em pesquisa empírica de 100 casos no Rio Grande do Sul. In: MARQUES, Cláudia Lima; CAVALLAZZI, Rosângela Lunardelli (Coord.). *Direitos do consumidor endividado*: superendividamento e crédito. São Paulo: RT, 2006.

——; LIMA, Clarissa Costa; BERTONCELLO, Káren. *Prevenção e tratamento do superendividamento*. Brasília: 2010, p. 21-22. Disponível em: <www.justica.gov.br>. Acesso em: 15 jun 2018.

PAISANT, Gilles. A Reforma do Procedimento de Tratamento do Superendividamento pela Lei de 1º de Agosto de 2003 sobre a Cidade e a Renovação Urbana. In: MARQUES, Cláudia Lima; CAVALLAZZI, Rosângela Lunardelli (Coord.). *Direitos do consumidor endividado*: superendividamento e crédito. São Paulo: RT, 2006.

FRIEDE, Roic. *Ciência do direito, norma, interpretação e hermenêutica jurídica*. 9. ed. São Paulo: Manole, 2015.

SOARES, Ricardo Maurício Freire. *Hermenêutica e interpretação jurídica*. 3. ed. São Paulo: Saraiva, 2017.

— XI —

Análise econômica do contrato de seguro: um estudo de caso a partir da cobertura de risco do tipo suicídio no contrato de seguro de acidentes pessoais – excesso regulatório pontual

Marcelo Barreto Leal

Bacharel em Direito e especialista em Direito, Mercado e Economia pela PUCRS. Mestre em Direito da Empresa e dos Negócios pela UNISINOS. Presidente da Comissão de Seguros e Previdência Complementar da OAB/RS.

Sumário: 1. Introdução; 2. Princípios como mecanismos de eficiência na esfera dos contratos de seguro; 3. Análise econômica do direito como ferramenta de viabilização de contratos de seguro; 4. Considerações finais; 5. Referências.

1. Introdução

Inicialmente, importante eliminar eventuais assimetrias de informação, seja o leitor um conhecedor da matéria ou um mero iniciante. Em razão disso, alinham-se noções para um melhor entendimento dos objetivos deste trabalho, fornecendo e atualizando conceitos a partir da experiência bibliográfica aqui vivenciada, com vistas à compreensão do encaminhamento das reflexões desenvolvidas em direção às conclusões deste trabalho.

Em tal contexto, parece adequado adentrar no tema via definição de contrato de seguro em sentido lato, eis que os contratos de seguro de vida e de acidentes pessoais são espécies pertencentes a esse gênero.

Nesse cenário, parece pertinente refletir sobre a definição de contrato de seguro em sentido *lato*. Na visão de Pontes de Miranda, trata-se de:

> [...] contrato pelo qual o segurador se vincula, mediante pagamento de prêmio, a ressarcir ao segurado, dentro do limite que se convencionou, os danos produzidos por sinistro, ou a prestar capital ou renda quando ocorra determinado fato, concernente à vida humana, ou ao patrimônio.[1]

---
[1] PONTES DE MIRANDA, F. *Tratado de direito privado*. 3. ed. Rio de Janeiro: Borsoi, 1972, p. 272-273.

Atualmente, admitindo-se a singularidade e autonomia do contrato de seguro, sua definição está ligada à sua finalidade, qual seja a de conferir a alguém a tutela contra os danos produzidos por sinistro, acontecimento futuro e incerto que, às vezes, tem como incerto apenas o momento de sua ocorrência.[2]

A esse respeito, Pedro Alvim afirma que o contrato de seguro é aquele em que o segurador assume a responsabilidade pelas consequências do risco. O prêmio corresponde à contraprestação do segurado, ao preço a ser pago por ele para se livrar das consequências do risco. O segurador só se responsabiliza pelo risco determinado: nas condições dos contratos de dano, por uma indenização; e, na dos contratos de pessoa, por uma soma prevista.[3]

Os elementos obrigacionais constantes, que conferem identidade própria aos contratos de seguro, são o prêmio, a ser adimplido pelo segurado, e o capital segurado, obrigação do segurador.

O prêmio, denominação atribuída à prestação a que se obriga o segurado quando da contratação do seguro, constitui-se na soma em dinheiro a ser paga ao segurador de forma una ou periódica, em razão da assunção, por parte deste, do risco daquele.[4]

Há várias modalidades de contratos de seguro de vida. Centra-se, não obstante, a atenção, única e exclusivamente, nos contratos de seguro de vida por morte em favor de terceiro, paradigma para o tratamento das questões de sinistro do tipo suicídio, e, nos de acidentes pessoais, notadamente no que concerne ao seu campo regulatório.

Tal contrato, dito típico, encontra assento e disciplina no sistema do Código Civil Brasileiro, arts. 757 a 802, posto que os contratantes, ao realizarem um ajuste neste tipo contratual, adotam, implicitamente, as normas legais que presidem o seu arcabouço, sendo correto afirmar que tais normas são de natureza supletiva, e não, imperativa, mas, nem por isso, de aplicação menos frequente.[5]

Nos tempos atuais, entretanto, assiste-se a uma intervenção do Estado nas relações jurídicas privadas, especialmente em searas contratuais nunca antes abordadas pelo legislador. A liberdade contratual passou a ser encarada de forma mais amena, pois se reconhece que os pressupostos indispensáveis para a própria formulação do conceito de contrato – liberdade e igualdade formal – não são mais suficientes na contratação de massa.[6]

---

[2] PONTES DE MIRANDA, F. *Tratado de direito privado*. 3. ed. Rio de Janeiro: Borsoi, 1972, p. 283.
[3] ALVIM, Pedro. *O contrato de seguro*. 3. ed. Rio de Janeiro: Forense, 1999. p. 113-114.
[4] PONTES DE MIRANDA, F. *Tratado de direito privado*. 3. ed. Rio de Janeiro: Borsoi, 1972, p. 312.
[5] PEREIRA, Caio Mário da S. *Instituições de direito civil*. 10. ed. Rio de Janeiro: Forense, 1998. v. 3, p. 34-35.
[6] "A intervenção do Estado nas relações jurídicas privadas, em searas contratuais nunca antes tocadas pelo legislador se mostrou relevante. A liberdade contratual passa a ser encarada de forma mitigada, pois se reconhece que os pressupostos indispensáveis para a formulação do concei-

O contrato em exame é classificado como oneroso, pois os contratantes têm como meta vantagem pessoal, em nome da qual, um procura o outro.[7] Ademais, a contraprestação determina a onerosidade.[8] O contrato de seguro de vida se inclui nesse tipo, uma vez que o segurado, ao aceitar a proposta do segurador, aguarda retorno, ainda que em momento posterior.

Em relação à formalidade, o contrato de seguro de vida se enquadraria nessa classificação pelo fato de haver uma série de instrumentos normativos determinando sua forma de expressão, pois, em que pese o Código Civil estabelecer, em seus arts. 758, 759 e 760,[9] apenas a necessidade de sua redução à forma escrita, há outros instrumentos normativos que o regulamentam.[10]

Esse fato precisa ser frequentemente enfatizado, visto que, por questões pragmáticas, este tipo de contrato, que seria firmado sem maiores formalidades, tem-se solenizado, segundo várias circulares emitidas pela Superintendência de Seguros Privados (SUSEP), em consonância com a competência regulamentadora que lhe é atribuída pelo Decreto-Lei nº 73, de 21 de novembro de 1966.

Atualmente, os contratos de seguros privados têm sua comercialização regida pela Circular SUSEP nº 438, de 15 de junho de 2012, e, especificamente os contratos de seguros de pessoas, pela Circular SUSEP nº 302, de 17 de setembro de 2005.

Por oportuno, Luciano Timm assevera que o sistema capitalista exigiu a intensificação das trocas e, consequentemente, a facilitação dos negócios.

---

to contratual (liberdade e igualdade – formal – entre contratantes), não mais eram suficientes na contratação de massa." NALIN, Paulo R. Ribeiro. Ética e boa-fé no adimplemento contratual. In: FACHIN, Luiz Edson (Org.). *Repensando fundamentos do direito civil brasileiro contemporâneo*. Rio de Janeiro: Renovar, 1998, p. 199-200.

[7] "[...] son aquellos en que cada uno de los contratantes persigue una ventaja personal, en cambio de la que él procura al outro". COLIN, Ambrosio; CAPITANT, H. *Curso elemental de derecho civil*. 3. ed. Madrid: Reus, 1951, p. 604.

[8] PONTES DE MIRANDA, Francisco. *Tratado de direito privado*. 3. ed. São Paulo: Revista dos Tribunais, 1984 p. 369.

[9] Art. 758. O contrato de seguro prova-se com a exibição da apólice ou do bilhete do seguro, e, na falta deles, por documento comprobatório do pagamento do respectivo prêmio. Art. 759. A emissão da apólice deverá ser precedida de proposta escrita com a declaração dos elementos essenciais do interesse a ser garantido e do risco. Art. 760. A apólice ou o bilhete de seguro serão nominativos, à ordem ou ao portador, e mencionarão os riscos assumidos, o início e o fim de sua validade, o limite da garantia e o prêmio devido, e, quando for o caso, o nome do segurado e o do beneficiário. Parágrafo único. No seguro de pessoas, a apólice ou o bilhete não podem ser ao portador. (BRASIL. *Lei nº 10.406, de 10 de janeiro de 2002*. Institui o Código Civil. Disponível em: <http://www.stf.jus.br/portal/jurisprudencia/menuSumarioSumulas.asp?sumula=1994>. Acesso em: 22 nov. 2017.

[10] SUPERINTENDÊNCIA DE SEGUROS PRIVADOS (SUSEP). *Circular SUSEP n.º 438, de 15 de junho de 2012*. Dispõe sobre o sistema de Registro Eletrônico de Produtos aplicável aos mercados de seguros, resseguros, previdência complementar aberta e capitalização, e dá outras providências. Disponível em: <http://www2.susep.gov.br/bibliotecaweb/docOriginal.aspx?tipo=1&codigo=29568>. Acesso em: 23 nov. 2017.

A liberdade de forma presta-se à diminuição de custos de transação, pois facilita a aproximação das partes e a conclusão de contratos simples.[11]

Em operações de seguro, é necessária a geração de um grande número de contratos análogos, de forma a se constituir um fundo que possa contemplar o fundo coletivo que deve suportar o interesse de todos e cuja satisfação e segurança dependem, em larga medida, da preservação e do cumprimento dessa rede contratual. Adequada, ainda, a expressão criada por Ayrton Pimentel e adotada pelo mercado securitário para a mutualidade envolvida no negócio jurídico para referir a figura por ele nominada, do "consumidor invisível".[12]

Angélica Carlini, ao falar sobre o tema, destaca que a estrutura empresarial de sustentação da atividade do seguro tem início nos cálculos atuariais, responsáveis pela determinação dos valores necessários à formação do fundo mutual e do montante da contribuição do segurado.[13]

Nesse contexto, o risco é o primeiro fator que se deve ter em mente, ao se pensar o contrato de seguro: risco de acidentes, de infortúnios, de perdas no exercício de atividade econômica, enfim, risco de sofrer prejuízos de ordem material. Mas esse risco não se confunde com a incerteza, quando ele for considerado como estatisticamente mensurável, quantificável. Nas palavras de Ernesto Tzirulnik, Flávio de Queiroz Cavalcanti e Ayrton Pimentel, o risco, ao contrário da incerteza, que se constitui em "[...] um sentimento humano imensurável [...], é um dado social objetivo".[14]

Fernando Galiza define os riscos puros como aqueles que só produzem perdas. Esses riscos podem ser retidos, quando o agente econômico os assume como eles são, sem modificá-los, mas adotando medidas de redução, que não alteram a probabilidade de perda, mas a reduzem em razão das medidas de cautela.[15]

As contribuições aportadas pelos diferentes autores analisados podem ser transformadas em estratégias decisivas para o exame de viabilidade da contratação do seguro, como se pode ver:

---

[11] TIMM, Luciano Benetti; GUARISSE, João Francisco Menegol. Análise econômica dos contratos. In: TIMM, Luciano Benetti (Org.). *Direito e economia no Brasil*. São Paulo: Atlas: 2012, p. 172.

[12] TIMM, Luciano Benetti. Função social do direito contratual no código civil brasileiro: justiça distributiva vs eficiência econômica. *Revista dos Tribunais*, São Paulo, v. 97, n. 876, out. 2008, p. 28-29.

[13] CARLINI, Angélica. Direito, economia e contratos de seguro. In: CARLINI, Angélica; SARAIVA NETO, Pery. (Org.). *Aspectos jurídicos dos contratos de seguro*. Porto Alegre: Livraria do Advogado, 2013, p. 137.

[14] TZIRULNIK, Ernesto; CAVALCANTI, Flávio de Queiroz B.; PIMENTEL, Ayrton. *O contrato de seguro*: de acordo com o novo código civil brasileiro. 2. ed. São Paulo: Revista dos Tribunais, 2003, p. 37.

[15] GALIZA, Fernando. *A economia do seguro*: uma introdução. Rio de Janeiro: FUNENSEG, 1997, p. 27.

Quadro 1 – Estratégias Diante de Riscos Puros

Tipos/Grau de Risco	Estratégias Recomendadas ao Investidor	Exemplos de Aplicação
• Risco severo de perdas elevadas	Não realização da negociação, pois o risco de perdas elevadas deve ser evitado.	Venda imediata do bem, evitando todo e qualquer risco de perda.
• Risco reduzido de perdas	Realização da negociação, tomando as devidas precauções para não colocar em jogo grande quantidade de bens e evitar perdas.	Adoção de formas estratégicas de atuação (formação de fundos, entre outros), que protejam as perdas.
• Risco com perdas reduzíveis	Realização da negociação, privilegiando medidas que reduzam as possibilidades de perdas.	Efetivação das melhorias necessárias à redução de perigos, alterando as probabilidades de perdas.
• Risco com perdas transferíveis	Realização de investimento na contratação de seguros, para evitar as possíveis perdas.	Aquisição de seguro que proteja contra o risco de perdas.

Fonte: Mehr (1980) apud Fernando Galiza.[16]

No que concerne à operação de seguros, Andrea Signorino, após a realização de uma consistente análise dos conceitos referentes aos riscos jurídicos e econômicos, sintetiza suas reflexões sobre o tema da seguinte maneira:

> Em suma, podemos dizer que o risco é a contingência ou aproximação de um dano, é um acontecimento ou modificação do mundo exterior, incerto quanto a sua produção ou quanto ao momento de sua concretização. Esta última é o que se passa nos seguros de vida que cobrem o risco de falecimento: este evento é certo que ocorre, mas se desconhece o momento de sua ocorrência.[17]

2. Princípios como mecanismos de eficiência na esfera dos contratos de seguro

Desse modo, a operação securitária só é factível em razão da incidência e respeito a princípios contratuais que assuem o papel de viabilidade dos contratos.

---

[16] GALIZA, op. cit., p. 27.
[17] SIGNORINO, Andrea Barbat. *Estudios de derecho de seguros*. Montevideo: La Ley. 2016, p. 454. "Em suma, podemos decir que el riesgo pues es la contingencia o proximidade de um daño, es um acontecimiento o modificación del mundo exterior, incierto em cuanto a su producción misma o em cuanto al momento de su concreción. Estou último es lo que sucede en los seguros de vida que cubren el riesgo de fallecimiento: est es seguro que ocurra, pero se desconoce el momento de su ocorrência".

Para tanto, apenas com o intuito de se estabelecerem premissas para análise da função pragmática que exercem em contratos de seguro, alguns conceitos precisam ser demonstrados, ainda que de forma sintética.

Para Ronald Dworkin, os princípios são padrões diferentes das regras. O termo *princípio*, em sua obra, frequentemente é empregado de forma genérica para referir a totalidade de padrões diferentes das regras.[18]

Os princípios, ainda segundo Ronald Dworkin, ligam-se, do ponto de vista normativo, a outras dimensões sociais, tais como a moral, que estabelece um padrão a ser observado, não porque ele avança ou assegura um estado econômico, político ou social altamente desejável, como porque ele é uma exigência de justiça e equidade (*fairness*), ou de alguma outra dimensão da moralidade.[19]

Ao explicar a função desempenhada pelos princípios nos denominados *hard cases*, nos quais a diferença entre os padrões normativos é mais evidente, Ronald Dworkin afirma:

> Em casos como esses, princípios desempenham uma parte essencial nos argumentos acerca de direitos e obrigações jurídicas particulares. Depois de decidido, podemos dizer que o caso é uma regra particular (e.g., a regra de que aquele que assassina não está capacitado a ser herdeiro da vítima). A regra, todavia, não existe antes que o caso tenha sido decidido. As cortes citam os princípios como justificação para adotar e aplicar uma nova regra.[20]

Em relação ao contrato de seguro, pode-se dizer que a autonomia de vontade é limitada por elementos de direito regulatório. O mercado securitário foi eleito pelo Estado Brasileiro como sensível e, portanto, como passível de regulação não só com o fito de correção de falhas, mas também, de obediência ao princípio da boa-fé tanto em sua formação, quanto, especialmente, em sua execução, como elemento de eficiência nas relações contratuais securitárias, posto que, a partir de sua incidência, vários custos de transação são eliminados ou minorados, trazendo, ao fim e ao cabo, um custo menor de prêmio ao segurado e possibilitando o acesso a um número maior de consumidores por parte das companhias seguradoras.

Enzo Roppo acredita que o conceito de autonomia privada comporta de fato, além da tradicional possibilidade de determinar o conteúdo do contrato, também a de escolha livre de contratar ou não, a de deliberar com quem contratar, recusando, por hipótese, ofertas provenientes de determinadas pessoas, a de decidir, enfim, em que tipo contratual enquadrar a operação que se pretende realizar, privilegiando um ou outro dos tipos legais codificados, ou mesmo concluindo contratos que não pertençam aos tipos que têm uma disciplina particular.[21]

---

[18] DWORKIN, Ronald. É o direito um sistema de regras? *Estudos Jurídicos*. São Leopoldo, v. 34, n. 92, set./dez. 2001, p. 127.

[19] Ibid., p. 127-128.

[20] DWORKIN, op. cit., p. 136.

[21] ROPPO, Enzo. *O contrato*. Coimbra: Livraria Almedina, 1988.id., p. 132-133.

Sobre tal noção, Clóvis do Couto e Silva manifesta-se, dizendo ser autonomia da vontade a *facultas*, a possibilidade, ainda que não ilimitada, que possuem os particulares de resolver seus conflitos de interesses, criando associações, efetuando o escambo dos bens e dinamizando, enfim, a vida em sociedade. Para a realização desses objetivos, as pessoas vinculam-se e, mais, vinculam-se juridicamente, através de sua vontade.[22]

Outro princípio, a boa-fé objetiva qualifica uma norma de comportamento leal. Não se apresenta como um princípio geral, ou como uma espécie de panaceia de cunho moral, mas como um modelo jurídico, na medida que se reveste de variadas formas denotando, em sua formulação, uma pluridiversidade de elementos, articulados entre si, em uma unidade com sentido lógico.[23]

A boa-fé objetiva é sustentáculo para averiguação de circunstâncias contratuais indispensáveis ao controle da própria economia de mercado, tais como a abusividade de cláusulas, a manutenção do preço contratado para as relações de longa duração, a conduta pré-contratual leal do fornecedor, não fazendo, por exemplo, a inclusão de seu nome, em que pese a ausência de culpa do consumidor, em bancos restritivos de crédito, que o excluiriam do processo econômico como um todo, além de causarem prejuízos à sua intimidade. Este quadro de boa-fé objetiva submete-se à regulamentação do Código de Defesa do Consumidor.[24]

Feita a necessária distinção, cabe enfatizar que é a boa-fé objetiva que interessa ao presente trabalho, pois os contratos constituem-se em seu principal ponto de aplicação. A boa-fé contratual, especificamente, traduz-se no dever de cada parte agir de forma a não fraudar a confiança da contraparte, alcançando, como adverte Karl Larenz, outros participantes da relação jurídica.[25]

Parece agora pertinente mencionar as palavras de Luciano Timm, para quem, sem a coação estatal, é improvável que os contratantes cumpram sempre suas obrigações. O direito contratual pode então interferir na relação entre as partes, de forma a alterar o equilíbrio, levando à cooperação mútua.[26]

Desse modo, ao se insculpir o princípio da boa-fé objetiva nos contratos de seguro, de modo a poder ser observado pelo agente econômico segurador, pelo segurado e, de igual forma, pela mutualidade, está-se a reduzir os custos de transação, eis que as informações transmitidas, presumida a boa-fé, são a referência de avaliação do risco, baseando-se o agente econômico nessas informa-

---

[22] SILVA, Clóvis Veríssimo do Couto e. *A obrigação como processo*. São Paulo: José Bushatsky, 1976, p. 17.
[23] MARTINS-COSTA, Judith. *A boa-fé no direito privado*. São Paulo: RT, 2000, p. 412.
[24] NALIN, Paulo R. Ribeiro. Ética e boa-fé no adimplemento contratual. In: FACHIN, Luiz Edson (Org.). *Repensando fundamentos do direito civil brasileiro contemporâneo*. Rio de Janeiro: Renovar, 1998, p. 204.
[25] LARENZ, Karl. *Derecho de obligaciones*. 2. ed. Madrid: Revista de Derecho Privado, 1957, p. 55.
[26] TIMM, Luciano Benetti; GUARISSE, João Francisco Menegol. Análise econômica dos contratos. In: TIMM, Luciano Benetti (Org.). *Direito e economia no Brasil*. São Paulo: Atlas, 2012, p. 171-172.

ções para precificar o prêmio a ser adimplido; é, portanto, o princípio da boa-fé ferramenta imprescindível para a redução de custos ao segurado/consumidor, razão pela qual, sua não observância deve lhe render penalidades contratuais.

Considera-se, nessa perspectiva, importante o contributo de Ilan Goldberg, ao mencionar que não se controverte quanto à importância da boa-fé no contrato de seguro, seja no âmbito de sua formação, execução, ou até mesmo posteriormente. A verdade é que a boa-fé exerce função relevantíssima no relacionamento entre o segurado e a seguradora, já que é, com base nas informações prestadas por aquele, que esta cotará o risco a ser por ela aceito ou não, ensejando, conforme o caso, o estabelecimento do contrato. E, justamente, por tal motivo, que as informações prestadas pelo proponente devem ser transparentes, claras, a fim de que a seguradora, após celebrado o contrato, não venha a ser surpreendida em razão de dados que, caso lhe tivessem sido oportunamente informados, repercutiriam, eventualmente ou não, na realização do negócio jurídico, ou na cotação de um prêmio em patamares diferenciados. Da mesma maneira, acrescenta o autor, as informações atinentes à cobertura precisam ser claramente disponibilizadas para que o segurado saiba, exatamente, as garantias que está adquirindo. A clareza, a correção e a lealdade são uma via de mão dupla: está-se a falar em cooperação. Os problemas surgem exatamente quando interpretações distorcidas diminuem a relevância e a densidade que a boa-fé ocupa no seio da formação do contrato de seguro.[27]

No caso em exame, o conceito de custo de transação,[28] em consonância com suas distintas espécies, é importantíssimo para uma análise mais precisa, na hipótese de quebra contratual, motivada, por exemplo, por exceção de contrato não cumprido, ou resolução por onerosidade excessiva, eis que ele é suporte para a verificação da incidência das normas adequadas, para a verificação de simples descumprimento contratual ou da necessidade de revisão de cláusulas contratuais que envolvam as obrigações da avença, em razão do novo cenário que se apresente, sempre se analisando as questões de forma recíproca.

Assim, o princípio da boa-fé é o verdadeiro viabilizador econômico do contrato de seguro, pois não seria factível que uma seguradora contratasse investigadores para analisar, uma a uma, todas as informações prestadas pelos milhares de possíveis contratantes, tampouco, razoável contratar um investiga-

---

[27] GOLDBERG, Ilan. Confiança, cooperação, máxima boa-fé e o contrato de seguro. *Revista Jurídica de Seguros*. Rio de Janeiro, p. 81-82, 6 maio 2017.

[28] BARCELOS, Raphael Magalhães; MUELLER, Bernardo Pinheiro Machado. *A nova economia institucional*: teoria e aplicações. Brasília, DF: UNB, 2003, p. 34: "Os custos de transação são afetados tanto pela tecnologia quanto pelos direitos de propriedade. Os custos de transação são dois: o de transação de produção e o de transação de troca. Os custos de transação de produção são os custos de produção invisíveis (Alston 1999) e são relacionados, basicamente, a custos de monitoramento. A tecnologia pode diminuir esses custos de monitoramento. (...) Há também, os custos de transação de troca. Esses custos incluem os custos associados a negociação e reforço dos contratos (Alston 1999). Os custos de transação de troca são custos que ocorrem numa transação em que não há produção envolvida diretamente e sim apenas uma troca".

dor para cada possível contrato a ser firmado. É de se perguntar quem pagaria os custos atrelados a essas exigências, e mesmo sobre a viabilidade econômico-financeira em dar continuidade do negócio. Sob essa ótica, pretensamente protecionista aos interesses do segurado, seria atendida a função social a que se destina o seguro.[29]

3. Análise econômica do direito como ferramenta de viabilização de contratos de seguro

Inúmeros são os métodos disponíveis ao operador do direito para o exercício de uma exegese. Parece haver, não obstante, uma grande resistência por parte dos juristas em se arrimar em conceitos não próprios da ciência jurídica, talvez por preconceito, talvez por mero desconhecimento.

Essa aversão não se mostra diferente em relação à utilização de conceitos advindos da ciência econômica na aplicação ordinária do ordenamento jurídico, tanto em sua construção, quanto em sua utilização.

Tal posicionamento parece ter sido percebido, com muita acuidade, por Rafael Bicca Machado:

> (...) embora possa a alguns parecer desnecessária tal observação, o fazemos porque incrivelmente se vê, lê e ouve, em quase todos os cantos e foros, opiniões e manifestações (no mínimo infantis) que tentam (ou sonham) atribuir ao Direito e – principalmente – aos seus operadores (sejam eles juízes, promotores ou advogados) um caráter quase que divino, como se por meio isoladamente desse se pudesse, tal qual num passe de mágica, fazer desaparecer todos os problemas do mundo e constituir, enfim, uma sociedade livre de desigualdades, escassez e conflitos.[30]

Por oportuno, cabe reiterar que afirmativas como a do autor não diminuem a relevância do Direito como instrumento eficaz de apaziguamento social. Não há dúvidas a respeito de sua importante função como meio de efetivação do Estado, em consonância com a ideologia própria de uma comunidade, hodiernamente organizada sob tal forma.

Ao contrário, assertivas como a em debate tendem tornar o direito mais eficaz e factível, ou seja, tentam conferir à ciência jurídica elementos próprios das demais ciências, fazendo com que se construam premissas verdadeiras, ao invés dos perigosos atalhos do sutil sofisma, muitas vezes não percebido pela maioria em tempos em que tudo deve observar o "politicamente correto", ou seja, em que verdades passam a permear a sociedade sob a forma de verdadeiros clichês, não se apurando sua real capacidade de perfectibilizar ações que, muitas vezes, vão de encontro ao interesses, em realidade, da "maioria".

---

[29] GOLDBERG, Ilan. Confiança, cooperação, máxima boa-fé e o contrato de seguro. *Revista Jurídica de Seguros*. Rio de Janeiro, p. 90-91, 6 maio 2017.

[30] MACHADO, Rafael Bicca. Cada um em seu lugar. Cada um com sua função: apontamentos sobre o atual papel do Poder Judiciário brasileiro, em homenagem ao ministro Nelson Jobim. In: TIMM, Luciano Benetti. *Direito e economia*. São Paulo: IOB Thomson, 2005, p. 42.

Como bem aponta Douglass C. North, as instituições são constituídas com vistas à redução das incertezas por meio das interações humanas, o que não significa, implicitamente, que os resultados obtidos sejam, necessariamente, eficientes do ponto de vista puramente econômico.[31]

Nesse contexto, caberia perguntar-se: como analisar o equilíbrio de obrigações, o caso em concreto, sem tomar por emprestados conceitos comezinhos da economia, tais como os de custos de transação, custos de transação de troca, regras de demanda e oferta?

Mais ainda, como analisar o equilíbrio de obrigações de cunho econômico, desconhecendo seus conceitos mínimos e adotando uma posição de humildade intelectual frente ao reconhecimento da necessidade de utilização de conceitos não próprios da ciência de que se é operador. Diante da importância de tais noções, a Análise Econômica do Direito propõe o exame das instituições jurídicas pelo prisma da eficiência, ou seja, com a preocupação de que os recursos são escassos e as necessidades infinitas. Em sua perspectiva, as instituições jurídicas devem operar de modo sustentável, servindo de instrumento viabilizador de uma alocação correta de recursos, o que, de modo algum, limita o debate apenas a tal ponto, pois o que se propõe ao jurista é apenas e tão somente que não se olvide das questões empíricas, inerentes ao campo de jogos denominado mercado: uma situação de livre atuação dos agentes econômicos tal que, funcionando em qualquer um de seus atributos de produtor, acumulador ou consumidor, se comprem e vendam mutuamente bens e serviços, por oposição a uma situação de afetação entre os agentes econômicos. O mercado pode, assim, definir-se como o campo de jogos em que a atividade econômica, o jogo econômico, se desenvolve, não importando os constrangimentos que os agentes exerçam uns sobre os outros, ou que o Estado exerça sobre todos, mas, apenas, que a ação de vender e comprar por parte de um agente econômico seja livre no quadro e no limite dos graus de liberdade em que ele pode se movimentar.[32]

De acordo com Richard Posner, a Análise Econômica do Direito fornece importantes contribuições para a compreensão das instituições e do comportamento das sociedades primitivas e antigas. Os conceitos econômicos que perpassam sua argumentação são a incerteza e o custo da informação. Tais fatores explicam também as formas assumidas pela segurança e as razões por que essas sociedades conferem mais importância à responsabilidade objetiva do que

---

[31] NORTH, Douglass C. *Custos de transação, instituições e desempenho econômico*. Rio de Janeiro: Instituto Liberal, 1998, p. 15: "As instituições são formadas para reduzir incertezas por meio da estruturação das interações humanas, o que não significa implicitamente que os resultados serão eficientes, no sentido dado a esses termos pelos economistas. A questão é tanto o significado da racionalidade como as características das transações, que impedem que os atores atinjam, em conjunto, o resultado ideal de um modelo de custo de transação zero".

[32] ABECASSIS, Fernando. *Análise econômica*. 2. ed. Lisboa: Fundação Calouste Gulbenkian, 2010, p. 193.

as modernas. Tais ideias demonstram o alcance e a força do modelo econômico para explicar o comportamento econômico e as instituições sociais.[33]

Nesse contexto, o autor comenta que os economistas dispõem de técnicas para pecuniarizar os custos e benefícios não pecuniários, estudando, por exemplo, aqueles em que as pessoas incorrem para economizar tempo ou evitar danos. Esses custos pecuniários se tornam, assim, uma estimativa mínima do valor que o tempo ou a não ocorrência de danos têm para elas. A Análise Econômica do Direito recomenda que essas técnicas sejam empregadas, tanto quanto possível, para possibilitar uma análise de custo-benefício das condutas regulamentadas pelas leis. A novidade no movimento "Direito e Economia" consiste simplesmente em insistir que os juízes, ao tomarem decisões, exerçam sua ampla discricionariedade, de tal modo que se produzam resultados eficientes, no sentido mesmo daqueles que evitem o desperdício social, como, por exemplo, acidentes, cujos resultados penalizem a não tomada de precauções, pois os custos se justificariam, ou a recusa a tomar precauções, pois os custos as justificariam.[34]

Vai na mesma direção a contribuição de Robert Cooter e Thomas Ulen, ao mencionarem que a Análise Econômica do Direito é um tema interdisciplinar que reúne dois grandes campos do estudo e facilita uma maior compreensão de ambos. A economia ajuda a perceber o Direito de uma maneira nova, que é extremamente útil para os advogados e para qualquer pessoa interessada em questões relativas às políticas públicas. Muitas pessoas veem o Direito apenas em seu papel de provedor de justiça. A Análise Econômica do Direito propõe a leitura dos instrumentos legislativos como incentivos a mudanças de comportamento, isto é, como preços implícitos, e como instrumentos para se atingirem os objetivos de políticas públicas com eficiência e distribuição.[35]

Pertinente ainda a contribuição de Ronald Coase, especialmente no que concerne à elaboração da teoria da firma. Em artigo histórico denominado "A Natureza da Firma", o autor propõe uma resposta para o surgimento da firma, ou seja, uma explicação para a razão pela qual os seres se organizam neste formato para a atuação em mercado. O principal motivo pelo qual é lucrativo estabelecer uma firma parece ser a existência de um custo na utilização do mecanismo de preços. É verdade que os contratos não são eliminados quando existe uma firma, mas são significativamente reduzidos.[36]

A esse respeito, faz-se importante estabelecer uma correlação com o mutualismo, tão bem definido por Adilson Campoy, ao mencionar que a mutualidade somente pode se desenvolver no âmbito de uma empresa cientificamente

---

[33] POSNER, Richard A. *A economia da justiça*. São Paulo: Martins Fontes, 2010, p. 269-270.
[34] Ibid., p. XIV.
[35] COOTER, Robert; ULEN, Thomas. *Direito & economia*. 5. ed. São Paulo: Bookmann, 2010, p. 33.
[36] COASE, Ronald H. *A firma, o mercado e o direito*. Rio de Janeiro: Forense Universitária, 2016, p. 38-39.

organizada. Segundo o autor, o seguro é a técnica da solidariedade pela mutualidade, só podendo se realizar pela intermediação de um segurador profissional que, tomando sob sua responsabilidade um conjunto de riscos, os compensa em conformidade com as leis da estatística. Assim, cabe à empresa de seguros angariar segurados, cobrar e receber deles os prêmios devidos, organizar a mutualidade de acordo com as mais refinadas técnicas e determinações oficiais, de tal sorte que os azares que golpearem alguns dos segurados sejam suportados pela coletividade por ela administrada. O segurador, por sua vez, realizará pagamentos de capitais com o fundo constituído pelos prêmios pagos pelo conjunto de segurados que compõem a mutualidade, sendo, portanto, gestor de fundos constituídos com recursos pecuniários de terceiros (segurados), o que significa dizer que lida com a economia popular, razão pela qual universalmente as sociedades seguradoras são submetidas a intenso controle do Estado.[37]

Chama-se aqui a atenção para os excessos de uma leitura solidarista, como alerta Luciano Timm, ao expor que tal modelo de contrato enseja uma maior intervenção estatal nas relações privadas, acabando por se mostrar ineficaz nesta era de internacionalização da economia. A imprevisibilidade dele decorrente, alerta o autor, tende a servir de desincentivo para investimentos externos no país. Propõe, assim, uma leitura do instituto a partir do modelo econômico, ou seja, de sua compreensão como uma transação de mercado entre duas ou mais partes, mas, lembrando sempre que os contratos existem porque nenhum homem é autossuficiente.[38]

Oliver Williamson, nessa mesma perspectiva de um modelo econômico de contrato, destaca que o benefício de articular Direito, Economia e Organizações no estudo dos contratos decorre do uso diligente que a economia dos custos de transação lhes confere. A análise dos contratos incompletos em seu conjunto pode ser facilitada pela substituição do conceito acadêmico de contrato como regra jurídica por aquele inspirado no ordenamento privado e pelo questionamento sobre o quanto ele logra economizar em termos de custos transacionais.[39]

Analisados os princípios fundamentais que presidem a formação dos contratos em geral, e realizado o exame dos elementos caracterizadores dos contratos em estudo, bem como a possibilidade de utilização da ferramenta da Análise Econômica do Direito, passa-se ao exame das possibilidades de cobertura dos contratos de seguro de vida e de acidentes pessoais, especialmente o que concerne ao sinistro suicídio, buscando, alicerçado no conteúdo abordado nas seções anteriores, chegar a uma conclusão técnica sobre a questão proposta.

---

[37] CAMPOY, Adilson José. *Contrato de seguro de vida*. São Paulo: Revista dos Tribunais, 2014, p. 20.
[38] TIMM, Luciano Benetti. *Direito contratual brasileiro*: críticas e alternativas ao solidarismo jurídico. 2. ed. São Paulo: Atlas. 2015, p. 143.
[39] WILLIAMSON, Oliver. Por que direito, economia e organizações? In: ZYLBERSZTAJN, Decio; STAJN, Rachel. *Direito & Economia*: análise econômica do direito e das organizações. Rio de Janeiro: Campus, 2005, p. 46-47.

4. Considerações finais

Para análise da cobertura, há de se esclarecer quais os fatores incidem sobre a estipulação do valor do seguro. Nos casos de seguro de vida e de acidentes pessoais, o valor é determinado por *consensus*, ou seja, mediante o acordo de vontade manifestado pelos figurantes do contrato, determinando o valor segurado. Os fatores a serem levados em conta para mensurar tecnicamente o risco são muitos, a saber: tempo e qualidade do sinistro contratual, o lugar de sua ocorrência, a situação política desse lugar, entre outros. O prêmio somente é determinado após o exame desses elementos e do número de seguros a serem mobilizados.[40] Todos esses elementos são levados à apreciação da SUSEP, em razão de sua competência reguladora de contratos de seguro, manifesta pelo Decreto-Lei nº 73, de 21 de novembro de 1966.

Os riscos cobertos pelo contrato de seguro, utilizados na mensuração do valor segurado e de seu prêmio, devem estar explicitados em suas cláusulas gerais, devendo ser entregues ao contraente, juntamente com a apólice. As cláusulas, concernentes aos tipos de riscos, que se supõem sejam a transcrição de regras jurídicas, constituem-se, entre outras, naquelas sobre restrição à responsabilidade do segurador, sobre a resolução do contrato ou de suspensão de sua eficácia, sobre a extinção de qualquer direito, pretensão ou ação ou exceção do contraente, sobre a prorrogação ou renovação tácita do contrato, ou juízo arbitral.[41]

No contrato de seguro, é de suma importância a incidência do princípio da boa-fé, pois o segurador arroga para si a álea que o contraente teme, ou pode temer, necessitando saber qual a extensão dos riscos contraídos. Para tanto, conta com as declarações o mais precisas possível do contraente. De qualquer sorte, tem que admitir a boa-fé que deve permear as manifestações do interessado. Daí, dizer-se que o contrato de seguro é permeado pela *uberrimae fidei*.[42]

Quanto ao sinistro suicídio, não havia cobertura do risco de tal evento, quando se tratasse de modalidade intencional e premeditada, pois, se o contrário ocorresse, abrir-se-ia larga margem a seguros com o dolo da certeza do evento. O segurado, depois de resolver suicidar-se, seguraria a vida, expondo, assim, a sociedade seguradora a ressarcimento sem álea, ou quase sem esta.[43] A exclusão de pagamento do seguro de vida era prevista pela lei (art. 1.440 do Código Civil de 1916), na hipótese de suicídio de forma voluntária e premeditada, encontrando supedâneo lógico no interior do sistema, se analisado do ponto de vista principiológico.

---

[40] PONTES DE MIRANDA, F. *Tratado de direito privado*. 3. ed. Rio de Janeiro: Borsoi, 1972, p. 309-310.
[41] Ibid., p. 318.
[42] Ibid., p. 323.
[43] Ibid., p. 18-19.

Se as seguradoras fossem obrigadas a dar cobertura a tal tipo de evento, estariam sendo feridos os princípios da boa-fé e do próprio *pacta sunt servanda*. O primeiro seria atacado em razão de o segurado, em tese, poder contratar com nítida má-fé, o que nem seria necessário para a descaracterização da cobertura, posto que a ausência de boa-fé, em se tratando de boa-fé objetiva, que rege os contratos, bastaria. Ademais, a justiça contratual seria quebrada em razão de criar possibilidade de pagamento de soma não consignada nos riscos do tipo contratual.

Contudo, o suicídio provocado por erro ou acesso de loucura não pode ser tomado como premeditado, pois a premeditação por parte do louco não pode ser levada em consideração, motivo pelo qual o art. 1.440, parágrafo único, do Código Civil de 1916, exigia que o suicídio não coberto fosse premeditado e cometido por pessoa em seu perfeito juízo. A esse propósito, como bem lembra Pontes de Miranda, não só o louco se há de ter como pessoa que não está "em seu juízo", mas também o que se suicida, *e. g.,* por ter câncer incurável, ou o que prefere morrer afogado no rio a ser comido por uma onça.[44] Tal se justifica, porque pessoa que não tem condições de pensar e decidir sobre seus atos e que contratara, em momento anterior, quando ainda era capaz, não rompe com a boa-fé contratual ao dar fim à própria vida, eis que, no momento da contratação, não pretendia fazê-lo.

Nesse ambiente fértil a discussões e de ampla dificuldade probatória, o legislador, em 2002, ao formular o Código Civil vigente, tentou resolver a questão com a redação dada ao art. 798,[45] a saber:

> Art. 798. O beneficiário não tem direito ao capital estipulado quando o segurado se suicida nos primeiros dois anos de vigência inicial do contrato, ou da sua recondução depois de suspenso, observado o disposto no parágrafo único do artigo antecedente.
>
> Parágrafo único. Ressalvada a hipótese prevista neste artigo, é nula a cláusula contratual que exclui o pagamento do capital por suicídio do segurado.

Contudo, a Superintendência de Seguros Privados, ao exercer sua atribuição de regulação e, notadamente, regulamentando tal dispositivo, o incluiu como cláusula obrigatória em todas as modalidades de seguro de pessoas, ou seja, não apenas no de seguro de vida, mas também no de seguro de acidentes pessoais.

No que concerne ao contrato de seguro de acidentes pessoais, a cobertura de riscos de danos ao corpo ou à psique pressupõe desgraça, infortúnio acidental. Não se há de circunscrever o seu campo às lesões corporais, salvo se se partir da concepção de que toda a patologia psíquica é de causa material, o que é mais restrito do que causa física. Para tanto, como já referido em seção anterior deste trabalho, há de ser o evento qualificado como fortuito, violento e externo. O resultado deve ser diminutivo, sem que seja preciso haver inabi-

---

44 PONTES DE MIRANDA, op. cit., p. 19.
45 BRASIL. *Lei nº 10.406, de 10 de janeiro de 2002*. Institui o Código Civil. Disponível em: <http://www.stf.jus.br/portal/jurisprudencia/menuSumarioSumulas.asp?sumula=1994>. Acesso em: 22 nov. 2017.

litação, pelo menos temporária, podendo-se, todavia, restringi-lo a evento inabilitante.[46]

O problema de definição das hipóteses de cobertura do contrato de seguro de acidentes pessoais surge pelo motivo de sua noção encontrar-se perturbada, ao pretender concebê-lo como uma figura intermediária, misto de seguro de vida e de seguro de danos. As divergências advêm de se sustentar a sua função de indenizar mais próxima da função indenizatória do seguro de danos. Já em relação à pessoa, essa se colocaria no mesmo plano do seguro de vida. Todavia, a tal pretensa misticidade se torna insustentável, pois se trata de classe à parte, como são as de dano e de vida.

Em relação à indicação dos riscos no seguro de acidentes pessoais, primeiramente, a ideia central é a de que se trata de evento fortuito, involuntário, violento e externo. Exclui-se, assim, o que resulta de ato positivo ou negativo, voluntário do interessado. A violência pode ser física, química, fisiológica ou psíquica. Já a externalidade deixa de fora o que provém do íntimo da pessoa. Por outro lado, o evento, em sendo externo e violento a ponto de causar a lesão corporal e, inclusive, psíquica, pré-exclui a cobertura do risco de mal físico ou psíquico, que não tenha sido provocado por evento externo e violento.[47]

A assunção dos riscos, nesse tipo contratual, pode ser restringida. A apólice de seguro pode ser precisa, na determinação dos riscos, sobre o nexo causal entre a lesão e as suas consequências, para que se repute ter sido o evento a causa única, ou a causa sem a qual os fatos preexistentes não teriam as mesmas consequências. A lei e, na falta de lei, a convenção é que há de definir o evento típico, cujos riscos o seguro tem a finalidade de cobrir.[48]

Dessa forma, ao se analisar a questão referente à possibilidade de cobertura do sinistro suicídio pelo contrato de seguro de acidentes pessoais, vários são os argumentos que sustentam a adoção de uma posição negativa em relação à obrigação de pagar capital segurado deste tipo contratual em tal evento, a saber: o ataque aos princípios de ordem pública interna dos contratos (autonomia privada, boa-fé e justiça contratual) e, ainda, o fato de que o evento suicídio não se configura como infortúnio externo, involuntário.

No que concerne à quebra do princípio da autonomia privada, é interessante atualizar aqui a concepção de Karl Larenz, ao defini-la como a possibilidade oferecida e assegurada aos particulares de regularem suas relações, dentro de determinados limites, por meio de negócios jurídicos, especialmente contratos.[49] Assim, respeitados os "limites" de que trata o jurista alemão, nada obsta a que as partes convencionem a não inclusão, em contrato, de determinado sinistro como hipótese de cobertura.

---

[46] PONTES DE MIRANDA, F. *Tratado de direito privado*. 3. ed. Rio de Janeiro: Borsoi, 1972, p. 37.
[47] Ibid., p. 42.
[48] Ibid., p. 43.
[49] LARENZ, Karl. *Derecho civil*, parte general. 3. ed. Madrid: Derecho Reunidas, 1978, p. 55.

Do ponto de vista da boa-fé objetiva, que rege os contratos em geral, e, especialmente, os de consumo caracterizando-se como a imposição de deveres de conduta às pessoas ligadas por uma determinada relação jurídica, no caso em concreto da seguradora, seria o acessório de conduta o dever de informar ao segurado, em suas cláusulas gerais, a não cobertura do sinistro em tela. Não há, portanto, que se falar em desatendimento a tal princípio, ao se negar o pagamento, quando perfectibilizada tal hipótese.

No que diz respeito à não observância da norma reguladora (Circular SUSEP 302/2005), infeliz seria a inclusão indistinta em todos os contratos de seguro de pessoas, notadamente, diante da impossibilidade de se considerar o evento suicídio como fortuito, violento e externo. Para se configurar um sinistro como coberto pelo contrato de seguro de acidentes pessoais, há de se perfectibilizar o evento com as três características. Certo seria dizer que o suicídio é um evento violento, que, todavia não pode ser considerado externo e fortuito. Evento externo é aquele que "**deixa de fora o que provém do íntimo da pessoa**"; e, fortuito, aquele em que não se pode constatar "**ato positivo ou negativo, voluntário, do interessado**". Daí a se dizer que suicídio não se enquadra como sinistro acidente, pois se trata de ato voluntário, e, ainda que não se considere a vontade interior, em relação à pessoa que o comete, pois advém de perturbação psíquica, mesmo que momentânea.

No caso em concreto, o fato de inclusão de cobertura, pelo contrato de seguro de acidentes pessoais, de evento do tipo suicídio quebra o equilíbrio contratual, pois obriga uma massa de segurados a aderirem a uma cobertura securitária que corrompe a relação contratual, visto que dissociada do conceito de fato gerador da obrigação.

A noção de acidente pessoal, tal como é proposta pelo Conselho Nacional de Seguros e Previdência e inserida na Resolução CNSP n.º 117, de 22 de dezembro de 2004,[50] é a seguinte:

> Art. 5º Considerar-se-ão, para efeitos desta Resolução, os conceitos abaixo:
>
> I – acidente pessoal: o evento com data caracterizada, exclusivo e diretamente externo, súbito, involuntário, violento, e causador de lesão física, que, por si só e independente de toda e qualquer outra causa, tenha como consequência direta a morte, ou a invalidez permanente, total ou parcial, do segurado, ou que torne necessário tratamento médico, observando-se que:
>
> a) incluem-se nesse conceito:
>
> a.1) o suicídio, ou a sua tentativa, que será equiparado, para fins de indenização, a acidente pessoal, observada legislação em vigor;
>
> a.2) os acidentes decorrentes de ação da temperatura do ambiente ou influência atmosférica, quando a elas o segurado ficar sujeito, em decorrência de acidente coberto;
>
> a.3) os acidentes decorrentes de escapamento acidental de gases e vapores;
>
> a.4) os acidentes decorrentes de sequestros e tentativas de sequestros; e

---

[50] CONSELHO NACIONAL DE SEGUROS PRIVADOS (CNSP). *Resolução CNSP nº 117 de 22/12/2004*. Disponível em: https://www.legisweb.com.br/legislacao/?id=101020>. Acesso em: 23 nov. 2017.

a.5) os acidentes decorrentes de alterações anatômicas ou funcionais da coluna vertebral, de origem traumática, causadas exclusivamente por fraturas ou luxações, radiologicamente comprovadas.

Como bem apontado por Adilson Campoy, a norma assinala que suicídio se inclui no conceito de acidente pessoal, embora seja impossível pretender, de acordo com o conceito técnico, que suicídio se caracterize como acidente pessoal. Afastando-se a discussão sobre premeditação do evento, trata-se de fato que jamais poderá ser configurado como um acontecimento causado por fator externo. A origem de um suicídio sempre terá uma causa interna, seja a vontade do segurado, seja a sua inconsciência quanto ao ato que pratica, em razão de algum distúrbio psíquico. Falta, portanto, ao suicídio um dos elementos necessários à sua caracterização como acidente pessoal, tendo em vista o conceito contratual e regulatório estabelecidos e, isso, por si só, bastaria para poder se afirmar que o suicídio não se enquadra no conceito de acidente pessoal. Ademais, corrobora também para tal posicionamento o fato de que só se admite prazo de carência para tal sinistro em seguro de vida, sendo vedada sua aplicação, por consequência natural, ao seguro de acidentes pessoais, Ora, o próprio legislador é quem impõe um prazo de carência para o suicídio, visto que a instituição de carência é vedada no caso de seguro de acidentes pessoais.[51]

Tal equívoco regulatório, gera impactos no mercado securitário, tendo em vista a obrigação estabelecida pelo órgão regulador da obrigação do agente econômico segurador de assunção de um risco completamente estranho ao contrato de seguro de acidentes pessoais, o que, ao fim e ao cabo, gera impactos também ao segurado/consumidor, que paga um prêmio mais alto, por conta de tal situação, criada em âmbito regulatório, constituindo-se a situação em uma verdadeira falha de governo, pois a função do Estado que deveria ser a de correção de falhas de mercado, ao agir assim, acaba por criar uma nova falha.

Com efeito, como bem coloca Ha-Joon Chang, as falhas de governo são reais e precisam ser levadas a sério. Essa constatação, como lembra o autor, presta um serviço à compreensão da economia, ao lembrar a todos que os governos da vida real não são tão perfeitos quanto aqueles dos livros didáticos.[52]

Aqui, cabe voltar à lição de Fernando Galiza, eis, que, em se tratando do mercado securitário, as informações não são perfeitamente conhecidas por todos os agentes econômicos, ou seja, não são simétricas. Há o risco de deformação dos contratos, quando surgem alterações de comportamento por parte do segurado, após a assinatura dos instrumentos, sobre as quais o agente segurador terá extrema dificuldade de manter um controle total, pois dependem apenas do segurado e de seu padrão moral. Retoma-se aqui um conceito importante, já referido, qual seja, o de perigo moral.[53]

---

[51] CAMPOY, Adilson José. *Contrato de seguro de vida*. São Paulo: Revista dos Tribunais, 2014, p. 156.
[52] CHANG, Ha-Joon. *Economia*: modo de usar – Um guia básico dos principais conceitos econômicos. São Paulo: Schwarcz, 2015, p. 355.
[53] GALIZA, Fernando. *A economia do seguro*: uma introdução. Rio de Janeiro: Funenseg, 1997, p. 170.

Outro aspecto a discutir é a dificuldade da seguradora em definir com acuidade o preço do seguro a partir do perfil do segurado que irá contratar o seguro, pois, enquanto o seguro é calculado pela sinistralidade média de todos os segurados, o cliente que prioristicamente irá comprar o seguro é aquele que possui as maiores taxas de risco e, em consequência, maiores taxas de sinistralidade.

Ao se estabelecer a obrigatoriedade de inclusão de uma cobertura em determinado contrato de seguro, conforme o caso em concreto, se estabelecerá um preço maior ao segurado no prêmio a ser adimplido, correndo-se o risco, inclusive, de incorrer no fenômeno da seleção adversa, pois ao invés de se estimular o consumo com determinada inclusão de cobertura, pode-se provocar o desinteresse por tal modalidade contratual, em razão do tarifamento maior ao consumidor.

Em que pese a ausência de elementos empíricos para tal constatação, ela, acrescida de todos os argumentos aqui colacionados, torna evidente que a regra de precificação do prêmio em seguro, sempre levará em consideração os riscos assumidos em contrato, por meio da análise do atuário. Quanto maiores os riscos, qualitativa e quantitativamente, maior o preço do prêmio a ser adimplido pelo segurado.

O cálculo atuarial constitui-se em elemento fundamental de gestão, uma vez que fornece os meios de apuração de premidos de seguros ligados à vida e custos providenciais. A gestão do risco atuarial, por sua vez, deve ser vista como um conjunto de ações e processos que visam reduzir o impacto desses riscos subordinadas a um conjunto de regras que atendam ao interesse da solvência desses riscos.[54]

No gráfico, a seguir apresentado, são retiradas todas as interferências, devido à obtenção de cálculos biométricos, relativos a seguros de pessoas e previdência, como segue:

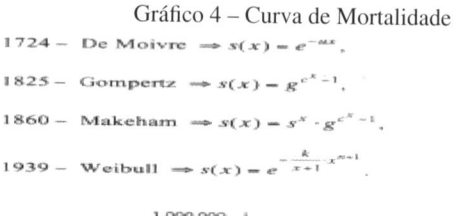

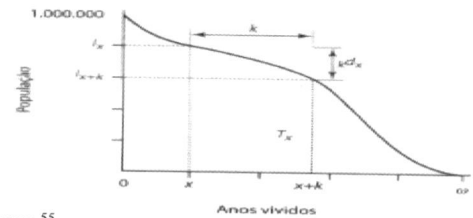

Gráfico 4 – Curva de Mortalidade

1724 – De Moivre $\rightarrow s(x) = e^{-\mu x}$,

1825 – Gompertz $\rightarrow s(x) = g^{c^x-1}$,

1860 – Makeham $\rightarrow s(x) = s^x \cdot g^{c^x-1}$,

1939 – Weibull $\rightarrow s(x) = e^{-\frac{k}{x+1} x^{n-1}}$.

Fonte: José Angelo Rodrigues.[55]

---

[54] RODRIGUES, José Angelo. *Gestão de risco atuarial*. São Paulo: Saraiva, 2008. p. 5-6.
[55] RODRIGUES, José Angelo. *Gestão de risco atuarial*. São Paulo: Saraiva, 2008.

Frente a tal análise, pode-se constatar a relevância para o mercado da utilização de uma técnica de atuação por parte do órgão regulador, notadamente, no sentido de observar que suas ações devem se dar, única e exclusivamente, com o desiderato de solver falhas de mercado.

5. Referências

ABECASSIS, Fernando. *Análise económica*. 2. ed. Lisboa: Fundação Calouste Gulbenkian, 2010.

ALVIM, Pedro. *O contrato de seguro*. 3. ed. Rio de Janeiro: Forense, 1999.

BARCELOS, Raphael Magalhães; MUELLER, Bernardo Pinheiro Machado. *A nova economia institucional*: teoria e aplicações. Brasília, DF: UNB, 2003.

CAMPOY, Adilson José. *Contrato de seguro de vida*. São Paulo: Revista dos Tribunais, 2014.

CARLINI, Angélica. Direito, economia e contratos de seguro. In: CARLINI, Angélica; SARAIVA NETO, Pery. (Org.). *Aspectos jurídicos dos contratos de seguro*. Porto Alegre: Livraria do Advogado, 2013.

CHANG, Ha-Joon, *Economia*: modo de usar – Um guia básico dos principais conceitos econômicos. São Paulo: Schwarcz, 2015.

COASE, Ronald H. *A firma, o mercado e o direito*. Rio de Janeiro: Forense Universitária, 2016.

COOTER, Robert; ULEN, Thomas. *Direito & economia*. 5. ed. São Paulo: Bookmann, 2010.

DWORKIN, Ronald. É o direito um sistema de regras? *Estudos Jurídicos*. São Leopoldo, v. 34, n. 92, p. 127, set./dez. 2001.

GALIZA, Fernando. *A economia do seguro*: uma introdução. Rio de Janeiro: FUNENSEG, 1997.

GOLDBERG, Ilan. *Confiança, cooperação, máxima boa-fé e o contrato de seguro*. Revista Jurídica de Seguros, Rio de Janeiro, p. 81-82, 6 maio 2017.

LARENZ, Karl. *Derecho de obligaciones*. 2. ed. Madrid: Revista de Derecho Privado, 1957.

MACHADO, Rafael Bicca. Cada um em seu lugar. Cada um com sua função: apontamentos sobre o atual papel do Poder Judiciário brasileiro, em homenagem ao ministro Nelson Jobim. In: TIMM, Luciano Benetti. *Direito e economia*. São Paulo: IOB Thomson, 2005. p. 42.

MARTINS-COSTA, Judith. *A boa-fé no direito privado*. São Paulo: Revista dos Tribunais, 2000.

NALIN, Paulo R. Ribeiro. Ética e boa-fé no adimplemento contratual. In: FACHIN, Luiz Edson (Org.). *Repensando fundamentos do direito civil brasileiro contemporâneo*. Rio de Janeiro: Renovar, 1998.

NORTH, Douglass C. *Custos de transação, instituições e desempenho econômico*. Rio de Janeiro: Instituto Liberal, 1998.

PEREIRA, Caio Mário da S. *Instituições de direito civil*. 10. ed. Rio de Janeiro: Forense, 1998. v. 3.

PONTES DE MIRANDA, Francisco. *Tratado de direito privado*. 3. ed. Rio de Janeiro: Borsoi, 1972.

POSNER, Richard A. *A economia da justiça*. São Paulo: Martins Fontes. 2010.

RODRIGUES, José Angelo. *Gestão de risco atuarial*. São Paulo: Saraiva, 2008.

ROPPO, Enzo. *O contrato*. Coimbra: Livraria Almedina, 1988.

SIGNORINO, Andrea Barbat. *Estudios de derecho de seguros*. Montevideo: La Ley. 2016.

SILVA, Clóvis Veríssimo do Couto e. *A obrigação como processo*. São Paulo: José Bushatsky, 1976.

TIMM, Luciano Benetti; GUARISSE, João Francisco Menegol. Análise econômica dos contratos. In: TIMM, Luciano Benetti (Org.). *Direito e economia no Brasil*. São Paulo: Atlas: 2012. p. 172.

TIMM, Luciano Benetti. *Direito contratual brasileiro*: críticas e alternativas ao solidarismo jurídico. 2. ed. São Paulo: Atlas. 2015.

——. *Função social do direito contratual no código civil brasileiro*: justiça distributiva vs eficiência econômica. Revista dos Tribunais, São Paulo, v. 97, n. 876, out. 2008.

TZIRULNIK, Ernesto; CAVALCANTI, Flávio de Queiroz B.; PIMENTEL, Ayrton. *O contrato de seguro*: de acordo com o novo código civil brasileiro. 2. ed. São Paulo: Revista dos Tribunais, 2003.

WILLIAMSON, Oliver. Por que direito, economia e organizações? In: ZYLBERSZTAJN, Decio; STAJN, Rachel. *Direito & Economia*: análise econômica do direito e das organizações. Rio de Janeiro: Campus, 2005.

— XII —

A problemática envolvendo o suicídio no contrato de seguro de vida e as novidades trazidas pelo projeto de lei do seguro

Melisa Cunha Pimenta

Mestre em Direito Civil pela PUC – São Paulo. Pós-Graduada em Direito do Consumidor pela PUC – São Paulo. Graduada em Direito pela PUC – São Paulo. Membro do GNT Seguro de Pessoas da AIDA-Brasil. Advogada.

Lauana Barros de Almeida Bianconcini

Graduada em Direito pela PUC – São Paulo. Membro do GNT Seguro de Pessoas da AIDA-Brasil. Advogada.

Sumário: 1. Introdução; 2. O suicídio como uma preocupação mundial; 3. O suicídio no Código Civil de 1916; 4. O suicídio no Código Civil de 2002; 5. O suicídio no projeto de lei do seguro; 5.1. Do projeto de lei do seguro – considerações iniciais; 5.2. Da cobertura quanto ao suicídio; 5.2.1. Parágrafo primeiro; 5.2.2. Parágrafo segundo; 5.2.3. Parágrafo terceiro; 5.2.4. Parágrafo quarto; 5.2.5. Parágrafo quinto; 5.2.6. Parágrafo sexto; 6. Considerações finais; 7. Referências.

1. Introdução

No presente estudo, faremos uma análise de um instituto bastante complexo, sobre o qual diversas controvérsias foram travadas: a cobertura do suicídio no contrato de seguro de vida.

Iniciaremos com uma abordagem do evento suicídio sob uma ótica social e mundial, já que é fonte de preocupação inclusive da Organização Mundial da Saúde (OMS), a qual faz estudos sobre índices de suicídios cometidos mundialmente e adota medidas protetivas.

Após, avançaremos para o aspecto jurídico, demonstrando a controvérsia criada sob a égide do Código Civil de 1916, segundo o qual havia a distinção, quanto à cobertura, se fosse involuntário ou premeditado, exigindo, por consequência, uma prova complexa para se verificar quanto à existência ou não de cobertura do evento.

Em seguida, será analisada a cobertura do seguro de vida após a entrada em vigor do Código Civil de 2002, o qual estabeleceu, na linha das legislações estrangeiras, um prazo de carência de 02 (dois) anos para a cobertura do suicídio, deixando para trás o critério subjetivo e estabelecendo, em contrapartida, um critério objetivo. Critério este, como será exposto, que enfrentou inicialmente uma certa resistência por parte da doutrina e jurisprudência quanto à sua efetiva aplicação.

Por fim, será analisado o Projeto de Lei do Seguro (PL 29/2017), que se encontra atualmente em tramitação no Senado Federal, o qual trará modificações para o instituto, seja reduzindo o prazo temporal para a ausência de cobertura do suicídio, seja abordando questões que não recebiam um tratamento legal anteriormente.

Nossa pretensão não é esgotar um assunto tão áspero, mas apenas contribuir para a sua análise e reflexão.

2. O suicídio como uma preocupação mundial

O suicídio é um tema altamente complexo e envolve diversos aspectos a serem considerados: religiosos, filosóficos, espirituais, biológicos, sociológicos, etc.

É considerado um "tabu" em diversas sociedades. Tanto que o índice de suicídio divulgado pela própria Organização Mundial de Saúde (OMS) não revela a sua ocorrência com a fidedignidade necessária, já que alguns países não fornecem dados corretos, reduzindo ou até mesmo omitindo os seus verdadeiros índices.

Segundo alguns dados, "estima-se que um milhão de pessoas morrem desta forma anualmente, uma a cada 40 segundos, o que equivale a 1,4% dos óbitos totais".[1] Também, segundo estatísticas, "Três em cada quatro suicídios ocorreram em países de média e baixa renda, principalmente no sudeste asiático".[2]

Ao analisar as estatísticas de grandes grupos, Harari[3] faz interessantes comparações. Afirma que, no ano de 2000, 310 mil indivíduos foram vitimados em decorrência de guerras, ao passo que 520 mil foram a óbito em virtude de crimes violentos, sendo que esse total de 830 mil vítimas representa 1,5% dos 56 milhões de pessoas que morreram naquele ano. Nesse mesmo ano, 1,26

---

[1] Disponível em <https://www.prevencaosuicidio.blog.br/dados>. Acesso em 08.06.2018.
[2] Disponível em <http://infograficos.oglobo.globo.com/sociedade/mapa-da-taxa-de-suicidio-no-mundo.html.>. Acesso em 08.06.2018.
[3] HARARI, Yuval Noah. *Sapiens – Uma breve história da humanidade*, 32ª ed. Porto Alegre: L&PM Editores, 2018, p. 377-378.

milhões de pessoas faleceram em virtude de acidentes automobilísticos (2,25% do total de mortes), ao passo que 815 mil pessoas cometeram suicídio, o que corresponde a 1,45% desse montante total, número muito próximo à soma de vítimas de guerra e crimes violentos.

Continua o referido autor, esclarecendo que, no ano de 2002, esses dados são mais surpreendentes. Do total de 57 milhões de mortos, a soma de vítimas de guerra e de crimes violentos perfaz 741 mil, enquanto as pessoas que foram a óbito em decorrência de suicídio chegou a 873 mil.

São dados, sem sombra de dúvidas, alarmantes.

É um problema de saúde pública que requer a atenção dos órgãos governamentais e de toda a sociedade. É causa de preocupação mundial e objeto de prevenção por parte da Organização Mundial de Saúde (OMS). Veja abaixo dados divulgados na "Prevenção do Suicídio – Um Recurso para Conselheiros", elaborado pelo "Departamento de Saúde Mental e de Abuso de Substâncias",[4] da Organização Mundial da Saúde:

> Estima-se que aproximadamente um milhão de pessoas tenha cometido suicídio em 2000, colocando o suicídio entre as dez causas de morte mais frequentes em muitos países do mundo. Dez a vinte milhões de pessoas terão tentado suicidar-se. Mas presume-se que os números reais sejam ainda mais elevados. Embora as taxas de suicídio variem de acordo com categorias demográficas, elas aumentaram aproximadamente 60% nos últimos 50 anos. A redução da perda de vidas devida a suicídios tornou-se um objetivo internacional essencial em saúde mental. Os conselheiros podem ter um papel chave na prevenção do suicídio.

A complexidade do tema também permeia o âmbito do Direito, conforme sábias palavras do Ministro João Otávio de Noronha:

> A questão é que o suicídio traz consigo uma gama de fatores que desbordam e muito da lei. Nada do que se legisle sobre o assunto poderá, de fato, aproximar-se da realidade vivenciada por quem o comete. Há uma tendência de analisar a situação do ponto de vista de que o morto foi vítima de si mesmo. Mas as causas de suicídio variam tanto quanto pode chegar o ser humano à compreensão de sua posição diante da vida. Essas hipóteses vão desde uma depressão, atualmente considerada doença que leva muitos a tal ato extremo, até o desespero momentâneo ou vontade de ferir e magoar alguém em decorrência do descontrole emocional. Portanto, a premeditação suicida é uma discussão vã, já que não se pode saber ao certo o que leva uma pessoa a ceifar a própria vida. Tratando-se de processo judicial, isso é mais verdade já que reduzir a vida de alguém a algumas palavras não ultrapassa a porta da presunção. (STJ REsp 1.334.005 – Ministro Relator Paulo de Tarso Sanseverino – julgamento: 08/04/2015)

Questões bastante emblemáticas envolvem a cobertura do suicídio no contrato de seguro de vida, cabendo aos Operadores do Direito analisarem o instituto considerando as premissas supra, ou seja, de que se trata de um problema de saúde pública e mundial.

E, nesse contexto, deve-se zelar para que a prática de cometimento de suicídio não seja incentivada, muito menos por meio da celebração de um contrato

---

[4] Disponível em <http://www.who.int/mental_health/media/counsellors_portuguese.pdf.>. Acesso em 08.06.2018.

de seguro, por aqueles que pretendem tirar a sua própria vida, deixando, por outro lado, um benefício pecuniário aos seus entes próximos.

Tanto é assim que se percebe uma preocupação, por parte de diversas legislações oriundas dos mais variados países, no sentido de não incentivar a prática da contratação do seguro de vida com o viés de deixar um numerário para outrem, após ceifar a própria vida.

Passemos, então, à análise de seu arcabouço histórico.

3. O suicídio no Código Civil de 1916

Na vigência do Código Civil de 1916, havia a previsão no artigo 1.140 quanto à cobertura de "morte involuntária", em contrapartida à de "morte voluntária", consistente esta no "suicídio premeditado por pessoas em seu juízo".

Segue abaixo o comando do referido dispositivo:

> Art. 1.440. A vida e as faculdades humanas também se podem estimar como objeto segurável, e segurar, no valor ajustado, contra os riscos possíveis, como o de morte involuntária, inabilitação para trabalhar, ou outros semelhantes.
>
> Parágrafo único. Considera-se morte voluntária a recebida em duelo, bem como o suicídio premeditado por pessoa em seu juízo.

Referida disposição legal engendrou grandes embates doutrinários e jurisprudenciais.

O posicionamento dominante era de que o suicídio, premeditado pelo segurado, não teria cobertura. Assim, cabia ao Segurador o ônus de demonstrar que o segurado contratou o seguro de vida premeditando suicidar-se posteriormente.

Veja-se que a premeditação exigida era relacionada à contratação do seguro e não ao suicídio em si, haja vista que a intenção do legislador era evitar a contratação do seguro com a intenção de suicidar-se posteriormente, deixando o capital segurado aos seus beneficiários.

Nesse sentido, válidos os esclarecimentos de Ayrton Pimentel:[5]

> Na imensa maioria dos casos, todo suicídio carrega uma dose de premeditação. Entre a ideia do suicídio e sua execução medeiam atos preparatórios que caracterizam premeditação. (...)
> Todavia, não é esta a premeditação exigida pelo anterior código para excluir a garantia do suicídio. A premeditação, a impedir a garantia do seguro, é aquela em que o segurado contrata o seguro com a ideia firme do conhecimento do suicídio.

Por outro lado, se o suicídio decorresse de um estado de perturbação mental extraordinário ou de um acesso de loucura, não estando, portanto, o segurado "em seu juízo", já que o ato de suicidar-se não fora consciente, haveria cobertura securitária.

---

[5] PIMENTEL, Ayrton. *Beneficiário no Seguro de Vida*. São Paulo: Roncarati, 2017, p. 210.

Com base nos inúmeros julgados proferidos foram editadas duas súmulas. A primeira pelo Supremo Tribunal Federal, em 1962, quando a matéria ainda era de sua competência; e a segunda pelo Superior Tribunal de Justiça, em 1992, abaixo reproduzidas:

> Súmula 105 do Supremo Tribunal Federal: Salvo se tiver havido premeditação, o suicídio do segurado no período contratual de carência não exime o segurador do pagamento do seguro.
>
> Súmula 61 do Superior Tribunal de Justiça: O seguro de vida cobre o suicídio não premeditado.

A questão era complexa e demandava uma prova tormentosa e, muitas vezes, quase impossível por parte do Segurador, já que competia a este, para fundamentar a sua recusa, a prova de que (i) o suicídio fora premeditado pelo segurado, ou seja, a contratação do seguro deu-se com a intenção de suicidar-se posteriormente; (ii) e que o segurado o cometera em sã consciência (embora seja até um contra-senso afirmar que alguém tire a sua própria vida em seu pleno juízo).

Nesse sentido, os julgados da época:

> Agravo regimental. Recurso especial não admitido. Seguro. Acidentes pessoais. Suicídio. Súmula nº 07/STJ. Prequestionamento. 1. O Tribunal *a quo* não tratou da questão jurídica necessária ao exame da pretensão manifestada no apelo extremo, relativa à validade de cláusula que veda a cobertura em contrato de seguro de acidente, de suicídio voluntário ou involuntário. Este aspecto não foi objeto de análise, estando ausente, portanto, o indispensável prequestionamento sobre o ponto essencial ao exame da pretensão recursal. 2. A ocorrência do suicídio involuntário não restou plenamente evidenciada nos autos, o que seria necessário para acolher a tese recursal de que nula é a cláusula excludente da responsabilidade da seguradora para a hipótese. O êxito do especial dependeria da demonstração, expressa, na instância ordinária, da existência do suicídio involuntário, o que demandaria o exame de provas e a apreciação de questões fáticas. Nesse caso, de rigor a incidência da Súmula nº 07/STJ. 3. Agravo regimental desprovido. (STJ, AgRg no Ag 426SP – Min. Rel. Carlos Alberto Menezes Direito – Data do Julgamento 30.04.2002 – Data da Publicação 17.06.2002)
>
> Direito Civil. Seguro. Suicídio Involuntário. Inoperante a cláusula que, nos seguros de acidentes pessoais, exclui a responsabilidade da Seguradora em casos de suicídio involuntário. À Seguradora, ainda, compete a prova de que o Segurado se suicidou premeditadamente, com a consciência de seu ato. Recurso conhecido e provido. (STJ, RESP 194/PR – Min. Rel. Barros Monteiro – Data de Julgamento 29.08.1989 – Data da Publicação 02.10.1989)

Esse era o panorama quanto à cobertura do seguro de vida na vigência do Código Civil revogado, como muito bem sintetizado pelo Ministro João Otávio de Noronha, ao analisar a questão da prova da premeditação na vigência do Código Civil de 1916:

> Vê-se, então, que nosso ordenamento jurídico possibilitava a celebração de contrato de seguro de vida com previsão do evento morte, desde que involuntária. Por voluntária, entendia-se a resultante de duelos e suicídios. Com relação a essa segunda forma de morte – suicídio –, criou-se toda uma celeuma em torno da hipótese de haver premeditação ou não; se não, impunha-se às seguradoras, por construção jurisprudencial, pagamento da respectiva indenização; se premeditado, isentas estariam da respectiva indenização. Todavia, cabia a elas a prova de tal excludente, prova que reputo praticamente impossível de ser realizada por uma seguradora, que pode apenas levantar dados objetivos (como laudos médicos, etc.) para comprovar algo extremamente subjetivo. Ou seja, todos os elementos que conseguisse levantar indicariam apenas possibilidades em torno do evento ocor-

rido, não passando a premeditação de mera presunção. (REsp 1.334.005 – Ministro Relator Paulo de Tarso Sanseverino – Data do Julgamento: 08/04/2015)

4. O suicídio no Código Civil de 2002

Com a vigência do Código Civil de 2002, o legislador, seguindo exemplo das legislações estrangeiras (lei argentina, italiana e francesa), estipulou um critério objetivo para a cobertura do suicídio no contrato de seguro de vida.

A lei italiana, por exemplo, perfilando a orientação posta pelos franceses no Código de Seguro de 1930, fez constar no seu Código Civil de 1942, mais especificadamente no artigo 1927, a estipulação de que se o suicídio do segurado ocorresse nos primeiros anos de vigência do contrato, o segurador não ficava obrigado ao pagamento da soma segurada, salvo se convenção ao contrário.

E, nessa mesma linha, seguiu-se a redação do artigo 798 do Código Civil, pretendendo colocar um ponto final quanto à questão da premeditação/voluntariedade:

> Art. 798. O beneficiário não tem direito ao capital estipulado quando o segurado se suicida nos primeiros dois anos de vigência inicial do contrato, ou da sua recondução depois de suspenso, observado o disposto no parágrafo único do artigo antecedente.
>
> Parágrafo único. Ressalvada a hipótese prevista neste artigo, é nula a cláusula contratual que exclui o pagamento do capital por suicídio do segurado.

Pela legislação atual, portanto, há um critério objetivo para a cobertura do suicídio no seguro de vida: se ocorrer nos 2 (dois) primeiros anos de vigência do contrato, não possui cobertura; já, se verificado após este prazo, surge o dever do Segurador efetuar o pagamento do capital segurado.

Pretendeu-se, com essa nova disposição, colocar um fim nas inúmeras discussões travadas sob a égide do Código Civil de 1916, cujos debates pautavam-se nos calorosos embates acerca da premeditação e sobre a voluntariedade ou involuntariedade do suicídio.

A doutrina prestigiou esse novo critério adotado pelo legislador, consoante comentam Ernesto Tzirulnik, Flávio de Queiroz B. Cavalcanti e Ayrton Pimentel:

> A norma veio com o objetivo de pôr fim ao debate, estabelecendo o critério de carência de dois anos para a garantia de suicídio. O critério é objetivo: se o suicídio ocorrer nos primeiros dois anos, não terá cobertura; se sobrevier após este período, nem mesmo por expressa exclusão contratual poderá a seguradora eximir-se do pagamento. Não se discute mais se houve ou não premeditação, se foi ou não voluntário. Justifica-se este lapso temporal pelo fato de que é inimaginável que alguém celebre contrato de seguro "premeditando" o suicídio para dois anos à frente.
>
> Ressalta-se, ainda, que a norma do dispositivo comentado é imperativa e obriga tanto a seguradora como o segurado e seus beneficiários. Disposição contratual em contrário, por ser nula, não poderá dar cobertura ao suicídio no período lá determinado e nem negá-lo no período posterior.[6]

---

[6] TZIRULNIK, Ernesto; CAVALCANTI, Flávio de Queiroz B.; PIMENTEL, Ayrton. *O Contrato de Seguro*. 2ª ed. São Paulo: Revista dos Tribunais, 2003, p. 188.

No mesmo sentido:

> Agora, porém, a lei veio a estabelecer um limite temporal, como condição para pagamento do capital segurado, ao afirmar, categoricamente, que somente após dois anos da vigência inicial do contrato é que o beneficiário poderá reclamar o seguro devido em razão de suicídio do segurado. A rigor, é irrelevante, doravante, tenha sido, ou não, o suicídio premeditado, pois a única restrição pelo NCC é de ordem temporal. A norma, ao introduzir lapso temporal no efeito da cobertura securitária em caso de suicídio do segurado, recepciona a doutrina italiana, onde o prazo de carência especial é referido como *spatio deliberandi*. Esse prazo de insegurança protege o caráter aleatório do contrato, diante de eventual propósito de o segurado suicidar-se.[7]

Embora fosse clara a intenção do legislador, a jurisprudência, mesmo após a vigência do Código Civil de 2002, ainda era oscilante, muito em razão do posicionamento do Superior Tribunal de Justiça, o qual ainda discutia a premeditação:

> O suicídio não premeditado ou involuntário, encontra-se abrangido pelo conceito de acidente pessoal, sendo que é ônus que compete à seguradora a prova da premeditação do segurado no evento, pelo que se considera abusiva a cláusula excludente de responsabilidade para os referidos casos de suicídio não premeditado. (AgRg 868283/MG – Relator Ministro Hélio Quaglia Barbosa – Quarta Turma – Data do julgamento 27.11.2007)

> Nessa linha, o fato de o suicídio ter ocorrido no período inicial de dois anos de vigência do contrato de seguro, por si só, não autoriza a companhia seguradora a eximir-se do dever de indenizar, sendo necessária a comprovação inequívoca da premeditação por parte do segurado, ônus que cabe à seguradora, conforme as Súmulas 105/STF e 61/STJ expressam em relação ao suicídio ocorrido durante o período de carência. (AgRg no AREsp 42.273/RS – Relator Ministro Luis Felipe Salomão – Data do julgamento 18/10/2011)

A esse respeito, válida a leitura do histórico traçado no artigo "Suicídio no contrato de seguro de vida", publicado na Revista de Direito Privado (RD-PRIV) de n. 44, ano 2010, de nossa autoria.[8]

Finalmente, em 08/04/2015, no julgamento do REsp 1.334.005, o Superior Tribunal de Justiça reviu seu posicionamento, prestigiando o critério objetivo trazido pelo artigo 798 do Código Civil. O novo entendimento, firmado pela Segunda Seção, de forma não unânime (declaração de voto vencido – por meio do qual ainda se exigia a prova da premeditação – do Ministro Paulo de Tarso Sanseverino), entendeu que:

> Durante os dois primeiros anos de vigência do contrato de seguro de vida, o suicídio é risco não coberto. (...) O artigo 798 adotou critério objetivo temporal para determinar a cobertura relativa ao suicídio do segurado, afastando o critério subjetivo da premeditação. Após o período de carência de dois anos, portanto, a seguradora será obrigada a indenizar, mesmo diante da prova mais cabal de premeditação.

Digno de nota o referido Acórdão, trazendo, no voto do Ministro João Otávio de Noronha, um histórico acerca da evolução do entendimento jurisprudencial sobre o tema, com a menção, inclusive, de parecer elaborado pelo Professor José Carlos Moreira Alves.

---

[7] ALVES, Jones Figueiredo. *Novo Código Civil Comentado*. Coord. Ricardo Fiúza. 5ª edição, São Paulo: Saraiva.

[8] PIMENTA, Melisa Cunha; ALMEIDA, Lauana Barros de. *Revista de Direito Privado*. São Paulo: Revista dos Tribunais, ano 11, n. 44, 2010, p. 283-297.

Também merece ressalva o voto da Ilustre Ministra Maria Isabel Gallotti, no qual não deixa dúvidas a respeito da mudança legislativa acerca do assunto:

> Ministra Maria Isabel Gallotti: Sr. Presidente, reafirmo meu voto proferido no AgRg no AG 1.244.022/RS, que tem por base a literalidade do art. 798 do Código Civil atual, segundo o qual o beneficiário não tem direito ao capital estipulado quando o segurado se suicida nos primeiros dois anos de vigência inicial do contrato, observado o disposto no parágrafo único do artigo antecedente. Este estabelece que, se o segurado se suicidar nesses dois primeiros anos, não tem direito ao capital estipulado, mas o beneficiário tem direito ao ressarcimento do montante da reserva técnica já formada.
>
> Observo que, ao contrário do Código Civil revogado, não há previsão na lei ao caráter premeditado ou não do suicídio. A intenção do novo código é precisamente evitar a dificílima prova da premeditação e da sanidade mental e capacidade de autodeterminação no momento do suicídio. (...)
>
> Após a entrada em vigor do novo Código, portanto, quando se celebra um contrato de seguro de vida, não é risco coberto o suicídio nos primeiros dois anos de vigência. Durante os dois primeiros anos de vigência da apólice, há cobertura para outros tipos de óbito, mas não para o suicídio. Após esses dois anos, por outro lado, diante do suicídio, a seguradora terá de pagar o prêmio, mesmo diante da prova mais cabal de premeditação. Não penso que essa reforma tenha beneficiado nem a seguradora e nem ao segurado, em tese, mas conferido objetividade à disciplina legal do contrato de seguro de vida. Não sendo a hipótese de suicídio, nos dois primeiros anos de vigência do contrato, risco coberto, não haverá direito à cobertura, mas, por outro lado, o beneficiário terá direito ao ressarcimento do montante da reserva técnica já formada.
>
> Acrescento que a Súmula 105 do STF foi formada a partir de precedentes, nos quais se invalidava a cláusula de exclusão de cobertura, simplesmente porque não havia previsão legal, na época, para esta cláusula. Depois seguiu-se a Súmula 61 do STJ, também anterior ao novo Código Civil, numa época em que o pressuposto de todos esses precedentes da Súmula, seja do Supremo, seja do STJ, era a ausência de previsão contratual para estipulação de cláusula que eximisse a seguradora da cobertura, o contrário do que sucede hoje, quando a lei expressamente estabelece que é um risco não coberto o de suicídio durante os primeiros dois anos de vigência da apólice, mas ao contrário, depois desses dois anos, mesmo que evidente a premeditação, esta circunstância não impedirá a cobertura pela seguradora.[9]

Segue abaixo o atual posicionamento do Superior Tribunal de Justiça acerca do assunto:

> O Superior Tribunal de Justiça firmou entendimento de que o art. 798, do CC, adotou critério objetivo temporal para determinar a cobertura relativa ao suicídio do segurado, afastando o critério subjetivo da premeditação. (AgInt no REsp 1.587.990 – PR; Ministro Paulo de Tarso Sanseverino; Data do Julgamento 16/02/2017). Agravo Interno no Recurso Especial. Civil. Seguro de Vida em Grupo. Suicídio do segurado. Novo Contrato. Código Civil. Vigência. Prazo de carência. Não observância. Indenização descabida. Reserva técnica. Devolução da reserva técnica. Devolução ao beneficiário. 1. O suicídio, nos contratos de seguro de vida individuais ou coletivos firmados sob a égide do Código Civil de 2002, é risco não coberto se cometido nos primeiros 2 (dois) anos de vigência da avença. Com a novel legislação, tornou-se inócuo definir a motivação do ato suicida, se voluntário ou involuntário, se premeditado ou não. Inaplicabilidade das Súmulas nº 105/STF e nº 61/STJ, editadas com base no Código Civil de 1916. 2. O art. 798 do CC/2002 estabeleceu novo critério, de índole temporal e objetiva, para a hipótese de suicídio do segurado no contrato de seguro de vida.

---

[9] A esse Acórdão, seguiram-se outros, firmando o Superior Tribunal de Justiça entendimento nesse sentido, tais como nos seguintes julgados: REsp nº 1.626.133/SP; REsp 1334005/GO; AgInt no REsp nº 1.587.990/PR; AgInt no REsp nº 1.577.974/RS; AgRg no REsp nº 1.562.753/SP; AgRg no REsp nº 1.537.728/RS; AgRg no REsp nº 1.484.547/MS; AgRg no REsp nº 1.242.744/PR.

> Assim, o beneficiário não tem direito ao capital estipulado quando o segurado suicidar-se no prazo de carência, sendo assegurado, todavia, o direito de ressarcimento do montante da reserva técnica já formada. Por outro lado, após esgotado esse prazo, a seguradora não poderá se eximir de pagar a indenização alegando que o suicídio foi premeditado. 3. Agravo interno não provido. (STJ, AgInt no REsp 1584513/SP, Min. Rel. Ricardo Villas Boas Cueva, Terceira Turma, Data do Julgamento 15.09.2016, Data da Publicação 30.09.2016)

E, com essa nova orientação do Superior Tribunal de Justiça quanto à interpretação do artigo 797 do Código Civil, houve também uma reformulação do entendimento jurisprudencial dos Tribunais dos demais Estados da Federação, havendo, atualmente, uma uniformização quanto ao assunto.

Para encerrar de uma vez por todas qualquer debate a respeito, o Superior Tribunal de Justiça, no dia 25.04.2018, por meio da sua Segunda Seção, aprovou a Súmula 610, abaixo transcrita, cancelando a Súmula 61, cujo enunciado, lembre-se, era: "O seguro de vida cobre o suicídio não premeditado":

> Súmula 610: O suicídio não é coberto nos dois primeiros anos de vigência do contrato de seguro de vida, ressalvado o direito do beneficiário à devolução do montante da reserva técnica formada.

Avaliamos que, embora o entendimento do Superior Tribunal de Justiça já fosse consolidado nesse sentido, em boa hora veio tal Súmula, como forma de, definitivamente, uniformizar o entendimento da jurisprudência acerca do assunto.

Críticas a esse dispositivo são feitas no sentido de que, ultrapassado 2 (dois) anos, ainda que premeditado o suicídio, o evento estaria coberto e o capital segurado deveria, por conseguinte, ser pago aos beneficiários.

Ou seja, se o suicídio foi premeditado e praticado após o prazo de carência, estar-se-ia diante de uma hipótese em que haveria cobertura para um evento provocado pelo segurado. Em outras palavras, haveria cobertura para ato doloso do segurado, em flagrante contrariedade ao disposto no artigo 762 do Código Civil: "Nulo será o contrato para garantia de risco proveniente de ato doloso do segurado, do beneficiário, ou do representante de um ou de outro".

A crítica, em certa medida, possui sua razão de ser, pelo fato de que, efetivamente, findo o prazo de carência legal, estar-se-ia dando, de forma excepcional, cobertura a um evento doloso.

Todavia, a opção do legislador foi no sentido de se tentar colocar uma "pá de cal" na discussão que existia na vigência do Código Civil anterior, estabelecendo um prazo legal para a cobertura do evento, já que remotíssimas são as hipóteses do segurado contratar um seguro de vida e aguardar, após longos 2 (dois) anos, para o cometimento do suicídio.

Veja-se que o suicídio, no mais das vezes, é um ato passional, praticado no ápice da fúria ou desespero, sendo realmente poucas as situações de contratação do seguro e o seu cometimento somente após o prazo de carência estabelecido na norma.

Em que pese tal crítica, deve-se ponderar que a questão, quanto à interpretação do artigo 798 do atual Código Civil, encontra-se pacificada, alcançando, inclusive, dois objetivos de forma concomitante.

O primeiro objetivo seria o desestímulo da contratação do seguro visando ao suicídio, haja vista que parcas são as chances de uma pessoa celebrar um seguro, com a intenção de suicidar-se, e aguardar por 2 (dois) anos para a prática do ato. O segundo seria a proteção à mutualidade de segurados, esta representada pelo Segurador, evitando-se a contratação de seguro por aqueles que possuem como único intuito suicidar-se posteriormente.

5. O suicídio no projeto de lei do seguro

5.1. Do projeto de lei do seguro – considerações iniciais

Encontra-se em tramitação no Senado Federal o Projeto de Lei do Contrato de Seguro (PL 29/2017), norma esta que regulará o seguro privado no país, revogando expressamente o Código Civil na parte que sobre esse contrato versa.[10]

Muito se discute quanto à real necessidade dessa nova legislação, haja vista que o Código Civil passou a viger em 2002, e esse Projeto de Lei, apresentado à época pelo então deputado federal José Eduardo Cardozo, é datado de 2004 (número original PL 3.555/2004).

Os críticos do Projeto argumentam que poderiam ter feito modificações e acréscimos no próprio Código Civil, não havendo a necessidade de uma lei própria.

Além disso, argumenta-se que o Projeto adentra em questões já tratadas por outras legislações esparsas, como, por exemplo, na parte do resseguro e do procedimento de arbitragem, sendo, em algumas partes, conflitantes com estas normas, contrariando preceitos e dispositivos de Circulares da SUSEP (que tratam sobre resseguro) e da Lei de Arbitragem (Lei n. 9.307/96).

Quanto ao contrato de seguro propriamente, o Projeto de Lei o regula de forma bastante detalhada em todos os seus aspectos, desde os seus elementos (interesse, risco, prêmio), bem como acerca de sua formação, meios de prova, formas de interpretação do contrato de seguro, sinistro, além da regulação e liquidação deste ("Título I – Das Disposições Gerais").

Na sequência, o Projeto, em seu "Título II", tratará dos "Seguros de Danos"; "Título III", "Dos Seguros sobre a Vida e a Integridade Física"; "Título IV", dos "Seguros Obrigatórios"; "Título V", "Da Prescrição" e, por fim, "Título VI", das "Disposições Finais e Transitórias".

---

[10] Projeto de Lei 29/2017.

Quanto ao que nos interessa em razão do escopo do presente trabalho, passemos à análise, no tópico seguinte, do artigo 118 do Projeto de Lei, integrante do "Título III", "Dos Seguros sobre a Vida e a Integridade Física".

5.2. Da cobertura quanto ao suicídio

O artigo 118 do Projeto de Lei traz algumas alterações quanto à cobertura do suicídio no contrato de seguro de vida.

Assim, vejamos o seu teor:

Artigo 118. O beneficiário não terá direito ao recebimento do capital quando o suicídio do segurado, voluntário ou não, ocorrer antes de findo um ano de vigência do primeiro contrato.

§ 1º Quando o segurado aumentar o capital, o beneficiário não terá direito à quantia acrescida se ocorrer o suicídio no prazo previsto no *caput* deste artigo.

§ 2º É vedada a fixação de novo prazo de carência na hipótese de renovação ou de substituição do contrato.

§ 3º O suicídio cometido em virtude de grave ameaça à existência do segurado ou de legítima defesa de terceiro não está compreendido no prazo de carência.

§ 4º Não será devido o pagamento do capital segurado quando o seguro for contratado dolosamente como ato preparatório de suicídio planejado, ainda que já decorrido o período de carência.

§ 5º É nula cláusula de exclusão de cobertura em caso de suicídio de qualquer espécie.

§ 6º Ocorrendo o suicídio no prazo de carência, é assegurado o direito à devolução da reserva matemática, quando o seguro pressupuser sua constituição.

Duas alterações, dignas de nota, já constam no *caput* do artigo.

A primeira delas consiste na redução, quanto ao prazo de carência, para a ausência de cobertura do suicídio. Atualmente o prazo, previsto no artigo 798 do Código Civil, é de 2 (dois) anos, ao passo que, pela novel legislação, ainda em tramitação no Senado, passaria a ser de 01 (hum) ano.

Embora tenha havido uma redução, nos parece que o prazo de 1 (um) ano de carência ainda é bastante razoável, pois é pouquíssimo crível que uma pessoa contrate um seguro de vida, com a intenção de suicidar-se, e aguarde por longos 12 meses para a sua prática.

Outra inovação trazida pelo caput do dispositivo diz respeito à ressalva de que, "se voluntário ou não", não haverá cobertura para o suicídio se ocorrido dentro do prazo legal de carência (1 ano).

Veja-se que, nos moldes do artigo 798, o Código Civil atual nada diz a respeito da voluntariedade ou não do suicídio.

A bem da verdade, o legislador, ao dispor se "voluntário ou não", pretendeu reforçar o que já vem sendo defendido por muitos desde a edição do Código de Civil atual: não há que se ter, quando envolve a análise de cobertura no seguro de vida, a discussão filosófica, psicológica, religiosa quanto ao conceito de suicídio.

Fato é que a tendência é sempre indagar se a pessoa, que esteja em sã consciência, chegaria ao extremo de ceifar a própria vida. E, seguindo esta linha de raciocínio, se comete suicídio, aquele que tira a própria vida sem a consciência do ato, uma vez que não se constata o requisito a voluntariedade?

Inserindo-se a expressão "voluntário ou não", deixa-se, por exemplo, de questionar se a pessoa fora de seu juízo, em um acesso de loucura ou de grande perturbação, comete ou não suicídio. Nessas situações exemplificadas, não haveria a voluntariedade (a consciência) do ato praticado, já que a pessoa não estaria em seu juízo de normalidade.

Com tal inserção, o legislador pretendeu evitar qualquer divagação acerca do que, efetivamente, consiste o suicídio. Ou seja, se somente pode ser caracterizado como suicídio o ato de tirar a própria vida de forma consciente e voluntária, o que retomaria a longa e ineficaz discussão tida na vigência do Código Civil de 1916.

Outras legislações, em contrapartida, tal como a espanhola, fizeram uma opção diversa. Referida norma fez menção expressa ao conceito de suicídio ao dispor que este consiste na morte causada de forma consciente e voluntária pelo segurado. Segue abaixo da redação do artigo 93:

> Artigo 93. Salvo pacto en contrario, el riesgo de suicidio del asegurado quedará cubierto a partir del transcurso de un año del momento de la conclusión del contrato. A estos efectos se entende por suicidio la muerte causada consciente y voluntariamente por el próprio asegurado.

Entretanto, como se denota do Projeto de Lei brasileiro, a opção do legislador foi de não se adentrar na questão da voluntariedade ou não do cometimento do suicídio, nem mesmo do conceito deste.

Nos termos do Projeto, apenas foi estipulado um prazo de carência, estabelecendo que, durante esse lapso temporal, não se encontra coberto nem o suicídio voluntário nem o involuntário, praticado em estado de inconsciência e/ou perturbação mental.

Note-se que esta foi claramente a escolha feita pelo legislador brasileiro, apesar de Ayrton Pimentel, em sua nova obra "Beneficiário no Seguro de Vida",[11] defender que não há o cometimento de suicídio sem a voluntariedade do ato:

> Ao cuidar do tema sob a ótica do art. 1927 do Código Civil Italiano, inspirador do brasileiro, Donati afirma 'Suicida é de fato quem se ocasiona voluntariamente a morte e suicídio o ato com o qual o indivíduo ocasiona voluntariamente a própria morte. O suicídio pressupõe a voluntariedade do ato e esta a sua consciência: sem consciência e sem vontade não há suicídio.

De todo modo, com a redação do *caput* do artigo 118 do Projeto, o legislador pretende evitar controvérsias acerca do que consiste ou não suicídio, adotando-se um critério para sua cobertura e para a incidência do prazo de carência, o que se julga ser benéfico, pois coloca um ponto final em debates sem fim a respeito do tema.

---

[11] PIMENTEL, Ayrton. *Beneficiário no Seguro de Vida*, cit., p. 215.

Feita a análise do *caput* do artigo 118 do Projeto de Lei, passemos ao exame de seus parágrafos.

5.2.1. Parágrafo primeiro

Com relação ao disposto no § 1º, foi estabelecido pelo legislador que: "Quando o segurado aumentar o capital, o beneficiário não terá direito à quantia acrescida se ocorrer o suicídio no prazo previsto no caput deste artigo.".

Isto significa dizer que, em havendo aumento do capital por parte do segurado, o beneficiário não terá direito "à quantia acrescida", caso o suicídio ocorra no prazo de 01 (hum) ano, a contar da alteração do capital segurado.

Ou seja, em ocorrendo a majoração do capital segurado, o beneficiário não teria direito a receber somente "à quantia acrescida", fazendo jus, por outro lado, ao montante do capital segurado original.

Exemplificando essa situação, se o seguro foi contratado em janeiro de 2016, com capital segurado de R$ 300.000,00 (trezentos mil reais) e, em abril de 2016, houve a majoração da importância segurada para R$ 500.000,00, ocorrendo o suicídio em março de 2017 (dentro do prazo de 01 ano da majoração), os beneficiários somente receberão a quantia de R$ 300.000,00, não fazendo jus "à quantia acrescida" de R$ 200.000,00.

Em razão de não existir, pelo Código Civil atual, qualquer previsão, poder-se-ia cogitar, na circunstância acima descrita, ou que nenhum pagamento seria devido ou que seria devida a totalidade do capital segurado.

Portanto, em boa hora a redação do § 1º ao normatizar a situação, evitando discussões e controvérsias a respeito da situação, quando da análise de uma situação concreta.

5.2.2. Parágrafo segundo

Pelo teor do § 2º, "é vedada a fixação de novo prazo de carência na hipótese de renovação ou de substituição do contrato".

Segundo tal parágrafo, não é permitido o estabelecimento de novo prazo de carência de 1 (um) ano, após a renovação do contrato de seguro ou de sua substituição.

Quanto à ausência de carência quando da renovação do contrato, ou seja, se o segurado firmou inicialmente um contrato de 1 (um) ano e, finda tal vigência, renovou por igual período, isto, nos parece bastante lógico.

Trata-se de uma mera prorrogação do contrato, não se podendo exigir nova carência, principalmente porque, se do contrário fosse, a carência seria eterna, se considerar que a vigência contratual é por prazo determinado e, normalmente, ânua.

A única ressalva que se faz é se nessa renovação houver uma majoração do capital segurado. Neste caso, incide a regra disposta no § 1º (supracomentado) do dispositivo sob análise, razão pela qual o beneficiário não terá direito à majoração do capital segurado, se o suicídio for cometido em prazo inferior a 1 (um) ano a contar de tal alteração.

No que diz respeito à ausência de carência na substituição do contrato por outro similar, há de se fazer algumas ponderações.

Isto porque, além da disposição nada mencionar se tal substituição fica restrita ao mesmo Segurador, deve-se sopesar que o aproveitamento do prazo de carência apenas faria sentido se se admitisse nos contratos de seguro de vida e acidentes pessoais a portabilidade, assim definida pela Susep:

> Portabilidade: instituto que permite ao segurado, antes da ocorrência do sinistro, a movimentação de recursos da Provisão Matemática de Benefícios a Conceder.
> No caso da cobertura por sobrevivência, é o direito dos segurados de, durante o período de diferimento e na forma regulamentada, movimentar os recursos da provisão matemática de benefícios a conceder para outros planos de seguro de pessoas com cobertura por sobrevivência.[12]

Pela definição acima, vê-se que a "Portabilidade" é a possibilidade de movimentação de recursos da provisão matemática de "benefícios a conceder". O indivíduo contribui com determinado valor durante um período de tempo e se pretender alterar o plano, pode fazê-lo, transferindo os valores, obtidos mediante cálculos atuariais, para o novo a ser celebrado. Subtraindo despesas inerentes ao contrato, o montante pago é do indivíduo, e não das Seguradoras.

Ocorre que a portabilidade somente é factível em "Planos de Previdência Complementar Aberta" ou em "Seguros de Vida com Cobertura por Sobrevivência", já que o sistema de contratação destes é o de capitalização – processo de aplicação de uma importância a uma determinada taxa de juros e de crescimento por força da incorporação desses mesmos juros à quantia inicialmente aplicada.

Nos contratos de seguro de coberturas de risco e pelo sistema de repartição, os comumentes celebrados, não há tal possibilidade.

Assim, não faz sentido um Segurador que acabou de assumir um risco prestar cobertura, antes de cumprido o prazo de carência, ao suicídio, não sendo nada razoável a previsão contida no § 2º no que tange à substituição de contratos.

5.2.3. Parágrafo terceiro

Passemos à análise do § 3º do artigo 118 do Projeto de Lei.

Como supra-afirmado, embora tenha sido a opção legislativa no sentido de incluir como suicídio o ato voluntário ou não, alguns atos involuntários, em-

---

[12] Disponível em <http://www.susep.gov.br/>. Acesso em 08.06.2018.

bora denominados de "suicídio" pelo artigo em comento, foram expressamente excluídos do prazo de carência, ao dispor o artigo 118, em seu § 3º, que: "§ 3º – O suicídio cometido em virtude de grave ameaça à existência do segurado ou de legítima defesa de terceiro não está compreendido no prazo de carência".

Diante de tal ressalva, aquele que se encontra em um prédio pegando fogo e pula da janela, vindo a falecer, não estaria abrangido no prazo de carência para fins do artigo 118, pois, nessa hipótese, tratar-se-ia de um suicídio cometido em virtude de "grave ameaça à existência do segurado".

Do mesmo modo seria a hipótese daquele que se encontra com uma arma na cabeça, sofrendo grave ameaça, e, ao se jogar de um barranco, vem a óbito. Esta também seria uma hipótese de não incidência do prazo de carência em razão do suicídio ter sido cometido em virtude de grave ameaça.

Para alguns autores, tais atos sequer consistiriam em suicídio, na medida em que não existe por parte do segurado a intenção de ceifar a vida; muito pelo contrário, trata-se de atos imbuídos de desespero, praticados como única forma de salvar a vida.

Entretanto, pelos termos do quanto disposto no § 3º, tais hipóteses de "grave ameaça" foram denominadas de "suicídio", apenas fazendo-se a ressalva de que não se encaixariam no prazo legal de carência.

A outra exceção trazida pelo § 3º diz respeito à hipótese de "legítima defesa de terceiro". A título exemplificativo, seria aquele que se coloca na frente de outra pessoa em um assalto e acaba levando um tiro. Nos termos da norma, essa situação também não estaria contemplada no prazo de carência legal, sendo devido, por conseguinte, o pagamento do capital segurado ao beneficiário.

Discussões à parte, fato é que tal previsão é pertinente, pois é evidente que o indivíduo nestas situações não tem a real intenção de suicidar-se. O suicídio, nas circunstâncias tratadas pelo parágrafo, é mera consequência, e não finalidade do ato que almejava obter.

5.2.4. *Parágrafo quarto*

Outra alteração importante foi trazida no § 4º do artigo 118 do Projeto. Segundo este, "não será devido o pagamento do capital segurado quando o seguro for contratado dolosamente como ato preparatório de suicídio planificado, ainda que já decorrido o período de carência.".

De acordo com tal disposição, ainda que ultrapassado o prazo de carência, caso o segurador consiga comprovar que o segurado contratou o seguro com a intenção de se suicidar, ele não estará obrigado ao pagamento do capital segurado.

Veja-se que tal disposição vai em sentido contrário ao quanto hoje disposto no artigo 798 do Código Civil, que não faz tal exceção após o término do prazo de carência e, por conseguinte, vai de encontro ao entendimento atual da jurisprudência:

> O art. 798. Adotou critério objetivo temporal para determinar a cobertura relativa ao suicídio do segurado, afastando o critério subjetivo da premeditação. Após os períodos de carência de dois anos, portanto, a seguradora será obrigada a indenizar, mesmo diante da prova mais cabal de premeditação. (REsp Nº 1.334.005 – GO – Ministra Relatora Maria Isabel Gallotti – Data do julgamento: 08/04/2015)

Nesse ponto, ratificamos nossas considerações feitas previamente (parte final do item 4), além das abaixo que seguem.

A primeira delas é de que tal comando encontra-se em perfeita harmonia com o princípio geral do contrato de seguro de que não há cobertura para eventos decorrentes de atos dolosos do segurado.

Nesse sentido, são os comandos do artigo 762 do Código Civil e artigo 15, parágrafo único, inciso II, do Projeto de Lei do Seguro:

> Artigo 762. Nulo será o contrato para garantia de risco proveniente de ato doloso do segurado, do beneficiário, ou de um representante de um ou de outro.
>
> Artigo 15. O contrato pode ser celebrado para toda classe de risco, salvo vedação legal.
>
> Parágrafo único: São nulas as garantias, sem prejuízo de outras vedadas em lei: (...)
>
> II – contra risco proveniente de ato doloso do segurado, do beneficiário ou de representante de um ou de outro, salvo o dolo do representante do segurado ou do beneficiário em prejuízo destes.

Ernesto Tzirulnik, Flávio de Queiroz B. Cavalcanti e Ayrton Pimentel,[13] ao comentarem o artigo 762 do Código Civil, tecem as seguintes considerações:

> O dispositivo atende a vetores maiores do ordenamento jurídico, impedindo o uso de um contrato com reprovável escopo. Lembre-se o princípio imanente de que os negócios jurídicos devem atender aos fins sociais.
>
> A moral, sem se confundir com o Direito, informa o conteúdo deste, sendo absurdo imaginar contrato para dar guarida a atos dolosos.

Neste aspecto, há de ser ter em mente que o seguro de vida não pode ser tido como incentivo para ações ilícitas, premiando-as. Isto seria, até mesmo, repugnável para uma sociedade legítima:

> (...) não é demasiado lembrar, a propósito, Von Ihering, segundo o qual "o direito deve ater-se ao senso do homem médio, àquilo que o povo entende por justo ou injusto.
>
> Ora, repugnaria ao homem comum o fato de saber que o autor de um crime receba ou gere uma indenização, em consequência de sua própria atividade criminosa. Repugnaria a ideia de que pudesse um ato criminoso, dos mais abomináveis, gerar algum direito para o seu agente e/ou beneficiários seus.
>
> E até por ser o seguro de finalidade eminentemente social, não pode, muito ao contrário, essa sua natureza ser aplicada quando se trata de beneficiar-se a própria torpeza (...)

---

[13] TZIRULNIK, Ernesto; CAVALCANTI, Flávio de Queiroz B.; PIMENTEL, Ayrton. *O Contrato de Seguro. Cit.*, p. 63.

Por imoralidade e injuricidade, não há como admitir possa estar incluído no leque de qualquer cobertura do seguro, por mais abrangente que seja, a morte do segurado advinda de sua própria prática criminosa.[14]

A respeito do suicídio, Moitinho de Almeida leciona:

A exclusão do risco em caso de suicídio resulta de um imperativo de ordem pública. A admitir-se a cobertura, não raro veríamos indivíduos, decididos a cometer suicídio, celebrarem contratos de seguro a fim de garantirem a subsistência dos seus ou o enriquecimento de amigos, o que é profundamente imoral, ou, o que se nos afigura mais grave, por sentirem garantida essa subsistência, decidirem pôr termo aos seus dias, decisão que de outro modo não tomariam. Assim, a cobertura de suicídio não só fomenta a fraude, como pode constituir a razão determinante de um acto que a sociedade tão veemente reprova, aviltando o seguro, na medida que o transforma num instrumento de dissolução de costumes.[15]

Dessa forma, tendo o seguro sido contratado pelo segurado com a intenção de suicidar-se, deixando-se uma soma em dinheiro para os beneficiários, tal pagamento não será devido pelo segurador, ainda que findo o prazo de carência, já que oriundo de um ato doloso do segurado; desde que tal premeditação seja devidamente demonstrada, ônus da prova que compete ao segurador.

Veja-se que a intenção de suicidar-se, referida no dispositivo, deve ser prévia à contratação do seguro. Ou seja, se, eventualmente, tenha havido a contratação do seguro e, posteriormente, surgido a ideia de suicidar-se, o pagamento do capital segurado é devido. Isso porque o artigo é expresso ao dispor se o "seguro for contratado dolosamente como ato preparatório de suicídio planificado".

A premeditação deve ser prévia ou concomitante à contratação do seguro. Se a intenção de suicidar-se advir posteriormente à celebração da avença, o pagamento do capital segurado continua devido.

Quanto à diferenciação entre a premeditação na contratação e a premeditação do suicídio em si, seguem os esclarecimentos da Ministra Nancy Andrighi:

Há de se distinguir a premeditação que diz respeito ao ato do suicídio daquela que se refere ao ato de contratar o seguro com a finalidade única de favorecer o beneficiário que receberá o capital segurado. Somente a última hipótese permite a exclusão da cobertura contratada, pois configura a má-fé contratual. (STJ – REsp 1188091/MG – Relatora Ministra Nancy Andrighi – Data do julgamento 26/04/2011)

Como dito, a prova de tal premeditação, prova esta bastante difícil de ser demonstrada, fica incumbida ao Segurador, a quem compete, para isentar-se do pagamento, comprovar, com elementos fidedignos, o ato doloso praticado pelo segurado.

A nossa ver, andou bem o legislador ao estabelecer tal exceção para cobertura do suicídio, após o prazo de carência legal, haja vista a regra geral,

---

[14] SANTOS, Ricardo Bechara. *Direito de Seguro no Cotidiano*. Rio de Janeiro: Forense, 1999, p. 359-361.
[15] ALMEIDA, J. C. Moitinho de. *O contrato de seguro no direito português e comparado*. Lisboa: Sá da Costa, 1971, p. 383.

que permeia o instituto do seguro, de coibir a cobertura de atos dolosos dos segurados.

5.2.5. Parágrafo quinto

Pelo § 5º do artigo 118 do Projeto, foi disposto pelo legislador que "é nula cláusula de exclusão de cobertura em caso de suicídio de qualquer espécie".

Esse regramento já existe no atual artigo 798, parágrafo único, do Código Civil de 2002, ao dispor que: "Ressalvada a hipótese prevista neste artigo, é nula a cláusula contratual que exclui o pagamento do capital por suicídio do segurado." Tal regra vem a confirmar que o suicídio tem um regramento específico de cobertura: (i) se ocorrido durante o primeiro ano de vigência, aplica-se o prazo de carência legal e não possui cobertura; (ii) se ocorrido, após tal prazo, caso o Segurador consiga demonstrar que o suicídio foi premeditado, não há cobertura; caso contrário, o pagamento do capital segurado é devido.

Afora essas situações, não é possível ao segurador inserir uma cláusula nas Condições Gerais excluindo da cobertura o evento, nem mesmo o suicídio decorrente de alguma atividade perigosa ou arriscada. Qualquer cláusula de exclusão que não seja a disposto no artigo 118 do Projeto deve ser considerada nula de pleno direito.

5.2.6. Parágrafo sexto

Por fim, o § 6º dispõe que: "Ocorrendo o suicídio no prazo de carência, é assegurado o direito à devolução da reserva matemática, quando o seguro pressupuser sua constituição."

Essa determinação, embora não exista previsão na legislação atual, já vem sendo adotada por recentes julgados oriundos do Superior Tribunal de Justiça, consoante o aresto abaixo:

> Agravo Interno no Recurso Especial. Ação de Cobrança cumulada com Indenização por Danos Morais. Decisão Monocrática que deu provimento ao Recurso Especial. Irresignação da Recorrente. 1. Nos termos da jurisprudência da Segunda Seção desta Corte, o suicídio ocorrido nos dois primeiros anos de vigência inicial do contrato de seguro de vida não enseja o pagamento da indenização contratada na apólice, à luz do artigo 798 do Código Civil, devendo, entretanto, ser observado o direito do beneficiário ao ressarcimento do montante da reserva técnica já formada, não havendo qualquer ressalva quanto à espécie de seguro, se em grupo ou individual, nos termos do disposto no parágrafo único do artigo 797 do mesmo diploma legal. 2. Agravo regimental desprovido. (STJ – AgInt no REsp 1577974 – Ministro Relator Marco Buzzi – Quarta Turma – Data do Julgamento 23.05.2017 – Data da Publicação 01.06.2017)

O único ponto, que pode gerar algum tipo de controvérsia, consiste na devolução da "reserva matemática", haja vista que esta não pode ser confundida com o prêmio pago pelo segurado durante o período de carência.

Para se ter uma ideia do que vem a ser a "reserva matemática", cita-se trecho da obra de Fabio Ulhôa, que trata do tema nos seguros de vida individual:

> Nos seguros de vida individual, parte do prêmio pago no início do contrato é destinada à constituição de uma provisão vinculada ao segurado denominada reserva matemática. Ela se destina a viabilizar um prêmio em valor acessível ao mesmo segurado no fim do contrato, quando o risco de sua morte é mais elevada. Se o segurado quiser resolver o contrato, ele pode resgatar a reserva matemática (resgate).[16]

Não é por acaso que tão apenas o seguro de vida individual é citado no exemplo acima. O cálculo da reserva matemática nos contratos de seguros de vida celebrados na modalidade coletiva é impraticável, uma vez que a precificação leva em conta não só um único indivíduo, mas sim uma coletividade.

Melhor explicando, a precificação dos contratos de seguros coletivos é baseada nos resultados apresentados pela frequência de sinistros a que grupo segurado está exposto, somada pelos carregamentos comerciais e de despesas administrativas, não se conseguindo individualizar a reserva matemática referente a uma única pessoa.

A isto o legislador pareceu se atentar ao estabelecer quando o seguro pressupuser sua constituição, devendo, antes de imputar qualquer obrigação neste sentido, verificar se, no contrato sob análise, há ou não a constituição de reserva matemática.

Fato é que tal determinação pode, algumas vezes, gerar uma controvérsia na fase de cumprimento/liquidação de sentença, por não ser algo tão simples de auferir e não ser passível de ser calculada nos contratos de seguros coletivos.

6. Considerações finais

De acordo com o quanto abordado, o que se verifica é que, com a entrada em vigor do Código Civil de 2002, as Súmulas 61 do STF (1962) e 105 do STJ (1992) tornaram-se inaplicáveis, já que estas foram elaboradas segundo a norma vigente à época do Código Civil de 1916, quando existia a diferenciação quanto à cobertura do suicídio, se este fosse voluntário/involuntário e premeditado ou não.

O artigo 798 do atual Código Civil colocou fim em toda controvérsia, criada na vigência do Código Civil de 1916, sobre o suicídio premeditado, voluntário ou involuntário, ao prever um prazo de carência de 2 (dois) anos, cujo entendimento, após diversas discussões, tornou-se unânime neste sentido, especialmente quanto à recente jurisprudência do Superior Tribunal de Justiça.

De acordo com o disposto no referido dispositivo legal, caso o suicídio ocorra nos 2 (dois) primeiros anos de vigência do seguro, não haverá cobertura contratual. Findo tal prazo, ainda que premeditado, coberto estará.

---

[16] ULHOA, Fabio. *Curso de Direito Civil*. Contratos. São Paulo: Saraiva, 2012, vol. 3, 5ª ed., p. 777.

O Projeto de Lei do Contrato de Seguro (PL 29/2017) faz algumas alterações importantes, mas sem se distanciar do artigo 798 do Código Civil, uma vez não traz à baila a discussão da premeditação no contrato de seguro, pelo menos durante o prazo de carência.

O critério neste período de carência, pelo Projeto reduzido para 1 (um) ano, continua a ser objetivo, não tendo retomado o debate infindável a respeito do que se passava no íntimo do segurado quando cometeu o suicídio. Seria um retrocesso se o Projeto de Lei do Contrato de Seguro o afastasse.

E, além de manter o prazo legal de carência, o Projeto, no geral, andou bem ao prever algumas outras situações, que geravam inúmeras controvérsias, em razão da ausência de uma regra clara a respeito.

E, nesse contexto, o Projeto regulamentou as hipóteses de aumento do capital segurado; do suicídio cometido em razão de grave ameaça a si ou de defesa de terceiros; da inexistência de cobertura, após o prazo de carência, caso o segurador consiga demonstrar a premeditação; da possibilidade de devolução da reserva matemática.

Portanto, avaliamos pelo avanço tido no Projeto ao disciplinar outras questões relacionadas à cobertura do suicídio, que já vinham sendo enfrentadas pela jurisprudência, mas sem um regramento específico.

7. Referências

ALMEIDA, J. C. Moitinho de. *O Contrato de Seguro no Direito Português e Comparado*. Lisboa: Sá da Costa, 1971.

ALVES, Jones Figueiredo. *Novo Código Civil Comentado*. Coord. Ricardo Fiúza. São Paulo: Saraiva.

HARARI, Yuval Noah. *Sapiens*: uma breve história da humanidade. 32. ed. São Paulo: LPM.

PIMENTA, Melisa Cunha; ALMEIDA, Lauana de Barros. *Suicídio no contrato de seguro de vida*. Revista de Direito Privado, 2010. RDPRIV 44.

PIMENTEL, Ayrton. *Beneficiário no Seguro de Vida*. São Paulo: Roncarati, 2017.

SANTOS, Ricardo Bechara. *Direito de Seguro no Cotidiano*. Rio de Janeiro: Forense, 1999.

TZIRULNIK, Ernesto; CAVALCANTI, Flávio de Queiroz B.; PIMENTEL, Ayrton. *O Contrato de Seguro*. São Paulo: Revista dos Tribunais, 2003.

ULHOA, Fabio. *Curso de Direito Civil*. Contratos. São Paulo: Saraiva, 2012.

— XIII —

Breve análise do mercado de resseguro no Brasil após a Lei Complementar nº 126/2007

Natália Velasques Sanches Bisconsin
Advogada. Especialista em Seguros e Resseguros pela Funenseg.
Membro do GNT de Responsabilidade Civil da AIDA/Brasil.

Sumário: 1. Introdução; 1.1. O problema e a pergunta; 2. Referencial teórico; 2.1. O seguro ; 2.2. O que é o resseguro?; 2.3. O instituto de resseguros do Brasil; 2.4. Lei Complementar nº 126/2007; 2.5. Os normativos do órgão regulador e a proteção de mercado; 3. Procedimentos metodológicos; 4. Análise de resultados; 4.1. Evolução da atividade de resseguros a partir da abertura do mercado; 5. Considerações finais ; 6. Referências.

1. Introdução

Uma das ferramentas modernas de proteção da Sociedade é o seguro. Por meio dele, há uma transferência do risco de uma pessoa, seja física ou jurídica, sobre um objeto para o qual tenha interesse legítimo, para uma Seguradora, mediante a paga de um prêmio.

Mas quem garante ao segurado (aquele que contrata o seguro) que a Seguradora arcará com as suas obrigações contratuais? Ou melhor, quem garante que a Seguradora terá o dinheiro para pagar a conta no final?

Pois bem, de uma maneira simplória de se colocar, uma das ferramentas (e não a responsável) é o resseguro.

Ocorre que o resseguro é uma atividade pouco explorada no Brasil. Por muito tempo, o resseguro permaneceu como atividade exercida no Brasil exclusivamente pelo IRB, amparado na legislação que criou o Instituto de Resseguros do Brasil em 1939 (Decreto-Lei nº 1186).

Note-se que a Constituição Federal de 1988 previa em seu artigo 192, II,[1] que seria parte integrante do Sistema Financeiro Nacional e seria regula-

---
[1] Art. 192. O sistema financeiro nacional, estruturado de forma a promover o desenvolvimento equilibrado do País e a servir aos interesses da coletividade, será regulado em lei complementar,

mentado por lei complementar, a autorização e funcionamento do órgão oficial fiscalizador e do órgão oficial ressegurador, donde se interpretava que a atividade ressecuritária poderia ser exercida somente pelo "órgão oficial", o que embasava o monopólio.

No entanto, a partir de 1996, a abertura do mercado de resseguro passou a ser pensada com a Emenda Constitucional nº 13 de 1996, em que se equiparou a atividade de resseguro ao seguro, previdência e capitalização, previstas no artigo 192 da Constituição Federal, alterando-se a redação do inciso II e excluindo-se a figura de um "órgão oficial ressegurador", no entanto o *caput* do artigo continuava a prever que as atividades do Sistema Financeiro Nacional deveriam ser reguladas por "lei complementar", donde surgiu a celeuma sobre a necessidade de se ter apenas uma lei que deveria promover toda a regulamentação do setor, o que trouxe embaraço à sua regulamentação.

Uma nova reforma da Constituição Federal promovida pela Emenda Constitucional nº 40[2] em 2003 resolveu a questão colocando que as atividades do Sistema Financeiro Nacional seriam reguladas por "leis complementares", momento em que efetivamente, uma lei para abertura do mercado de resseguros começou a ser trabalhada.

Desta forma, somente 11 anos depois de a Constituição Federal deixar de prever a existência de um órgão oficial de resseguros, é que foi publicada a Lei Complementar nº 126/2007, muito esperada pelo mercado de seguros e resseguros e ao final do mesmo ano, foi publicada a Resolução CNSP nº 168/2007, regulamentando a atividade.

Portanto, até 2007, os contratos de resseguro somente poderiam ser firmados no Brasil junto ao IRB. O cenário do mercado de seguros era ter a SUSEP como reguladora e em resseguro, o IRB, uma empresa estatal que regulamentava a sua própria atividade e, diante do monopólio exercido, editava as suas tarifas, que deveriam servir como base para elaboração de clausulados e precificação do próprio seguro.

Não é difícil imaginar as dificuldades e os receios (passada a euforia) enfrentados pelos *players* do mercado quando no mundo, a atividade de resseguro, exercida pelo particular, encontrava-se amplamente sedimentada em suas práticas, enquanto no Brasil, houve um longo monopólio de uma empresa estatal.

---

que disporá, inclusive, sobre: (...) II – autorização e funcionamento dos estabelecimentos de seguro, previdência e capitalização, bem como do órgão oficial fiscalizador e do órgão oficial ressegurador.

[2] A Emenda Constitucional nº 40, de 29 de maio de 2003, revogou os incisos do artigo 192 e deu nova redação ao *caput*: "Art. 192. O sistema financeiro nacional, estruturado de forma a promover o desenvolvimento equilibrado do País e a servir aos interesses da coletividade, em todas as partes que o compõem, abrangendo as cooperativas de crédito, será regulado por leis complementares que disporão, inclusive, sobre a participação do capital estrangeiro nas instituições que o integram".

Assim, foi necessário o estabelecimento de regras para transição da atividade do público para o privado, inclusive para se permitir a entrada dos novos participantes no mercado, o que será apresentado neste trabalho com um histórico da atividade no Brasil e sua legislação.

O resseguro é uma importante ferramenta de gestão de risco para as Seguradoras, mas não só isso, como tem diversas funções dentro de uma seguradora, como o alívio de capital, a segurança na assunção de riscos vultosos e a estabilidade da carteira, entre outros, conforme será demonstrado ao longo deste trabalho.

1.1. O problema e a pergunta

O problema é que no Brasil, além de o mercado de seguros e resseguros ser altamente regulado, ainda havia uma empresa estatal que detinha o monopólio da atividade de resseguro e que "ensinava" a fazer negócio, o que poderia ser um entrave no desenvolvimento do mercado.

O presente trabalho tem por objetivo conhecer a atividade de resseguro, considerando o cenário anterior à Lei Complementar 126/2007 e saber: quais os efeitos que podem ser observados no processo de abertura do mercado de resseguros no Brasil após 10 anos e qual foi a influência legislativa e normativa neste processo?

Certamente, a abertura do mercado de resseguro representou um grande avanço para o Brasil, ocorrendo um crescimento significativo em volume de prêmios com o aumento de capacidade e entrada de novos *players* no mercado, de acordo com Mendonça,[3] além do próprio estímulo à concorrência, que é muito saudável ao mercado. Após um período, inclusive de perda de confiança, dada a imposição de regras protecionistas ao mercado interno, outros efeitos positivos aparecem e, dentre eles, a própria a especialização das seguradoras, que passaram a definir melhor o seu papel no mercado, conforme leciona Polido.[4]

2. Referencial teórico

2.1. O seguro

De acordo com o artigo 757[5] do Código Civil, pelo contrato de seguro, o segurador, mediante o pagamento de um prêmio, garante o interesse segurado

---

[3] MENDONÇA, Antonio Penteado. *Uma lei que deu certo*. Disponível em <http://www.pmec.com.br/wp/artigos/resseguro-e-coisa-seria-3/>. Acesso em 16 mar 2018.
[4] POLIDO, Walter Antonio. Dez Anos da LC 126/2007. *Revista Roncarati: 10 anos da Lei Complementar 126/2007*, p. 25-27. Disponível <https://www.editoraroncarati.com.br/v2/phocadownload/lc_126-2007/index.html>. Acesso 30 mar 2017.
[5] Art. 757. Pelo contrato de seguro, o segurador se obriga, mediante o pagamento do prêmio, a garantir interesse legítimo do segurado, relativo a pessoa ou a coisa, contra riscos predeterminados.

de alguém contra riscos predeterminados, ou seja, para que seja seguro, deve ser delimitado o risco que se está transferindo à Seguradora, que por sua vez, determinará o preço a ser pago, que é o prêmio de seguro.

O contrato de seguro encontra-se tipificado entre os artigos 757 e 802 do Código Civil, em que se encontram as disposições gerais referentes ao seguro (artigos 757 a 777) e as especificidades atinentes aos seguros de danos (artigos 778 a 788) e aos seguros de pessoas (artigos 789 a 802).

Nas palavras de Mendonça,

(...) o conceito básico que norteia toda e qualquer operação de seguro é a repartição de determinados prejuízos econômicos que afetam alguns membros de uma determinada sociedade por todos os seus integrantes.[6]

Desta definição, podem ser extraídas palavras-chave para o entendimento do negócio de seguro: repartição, boa-fé, prejuízo e sociedade.

Conforme leciona Guerreiro,[7] o seguro tem a sua base no mutualismo, onde alguns contribuem para um fundo comum para fazer frente à ocorrência do risco de outros, cuja contribuição é calculada com base na lei dos grandes números.

Guerreiro[8] faz ainda uma importante diferenciação aos chamados seguros sociais, como sendo aqueles que visam a proteger aqueles com menores condições econômicas, dos riscos enfrentados naturalmente como a velhice, a morte e a invalidez. Estes seguros são geridos pela Previdência Social e, embora sejam chamados de "Seguridade", em muito diferem do seguro privado, estes regulados pelo Ministério da Fazenda, por meio do Conselho Nacional de Seguros Privados (CNSP) e pela Superintendência de Seguros Privados (SUSEP), tendo por base o Decreto-Lei nº 73, publicado em 21 de novembro de 1966.

Falando-se em seguros privados, o seguro tem uma importante função social de auxiliar aquele atingido pela ocorrência do risco na sua recuperação ou no seu amparo, no momento em que se encontra fragilizado, conforme leciona Mendonça.[9]

Assim, contar com a proteção do seguro permite que o segurado goze da tranquilidade de saber que aquele objeto de seu interesse (que pode ser a sua empresa, um veículo, um quadro ou a própria vida), encontra-se amparado pelo contrato de seguro e, portanto, na ocorrência de um infortúnio, seu prejuízo será minimizado ao menos pecuniariamente, permitindo-lhe repor a coisa ou amparar os seus na sua falta (nos casos de seguro de vida).

Parágrafo único. Somente pode ser parte, no contrato de seguro, como segurador, entidade para tal fim legalmente autorizada.
[6] MENDONÇA, Antonio Penteado. *Temas de seguro*. São Paulo: Editora Roncarati, 2008, p. 20.
[7] GUERREIRO, Marcelo da Fonseca. *Seguros privados*: doutrina, legislação e jurisprudência. 2 ed. Rio de Janeiro: Forense Universitária, 2004, p. 11
[8] GUERREIRO, ob. cit., p. 13-18.
[9] MENDONÇA, ob. cit., p. 51-53.

Conforme explica Guerreiro,[10] tudo aquilo para o qual possa ser valorado economicamente, e mesmo o que não possa, como a vida, pode ser objeto segurado, desde que seja demonstrado o interesse legitimo do segurado.

Vê-se, pois, que a Seguradora tem importante papel na Sociedade, o que justifica um alto controle sobre a sua atividade,[11] controle este exercido pelo CNSP e pela SUSEP, que editam requisitos e regras para constituição e funcionamento de uma Sociedade Seguradora, a fim de manter a eficiência deste mercado.

Nesse sentido, enquanto a sociedade pode contar com o seguro como meio para fazer frente aos seus infortúnios, a Seguradora, enquanto administradora de uma grande massa segurada e do fundo gerado pela arrecadação de prêmio também deve se valer de meios para garantir a sua própria liquidez e solvência frente às suas obrigações e, para tanto, se valerá do resseguro.

2.2. O que é o resseguro?

O resseguro pode ser definido de muitas formas, e a maneira mais simplória de fazê-lo é dizer que se trata do seguro da seguradora. De acordo com Pinheiro,[12] o resseguro define-se pela operação em que a resseguradora, concorda em indenizar a cedente, mediante o prêmio de resseguro, contra as perdas que esta sofrer em uma determinada apólice.

Para Haddad,[13] trata-se de uma relação jurídica muito mais simples do que a própria relação securitária, vez que o contrato de resseguro e o seu objeto não se alterarão pelo tipo de seguro contratado.

Sobre a classificação jurídica do contrato de resseguro, cabe dizer que ele é um contrato atípico por não encontrar previsão expressa sobre a sua forma na legislação civil, sendo aplicável a regra geral atinente à validade jurídica dos negócios, ou seja objeto lícito, partes capazes e forma prescrita ou não defesa em lei (artigo 104 do Código Civil).

De acordo com Póvoas,[14] a função do contrato de resseguro é pulverizar os grandes riscos assumidos enquanto Guerreiro,[15] seguindo o raciocínio da repartição de risco, conclui que este é o seguro do seguro.

---

[10] GUERREIRO, Marcelo da Fonseca. *Seguros privados*: doutrina, legislação e jurisprudência. 2 ed. Rio de Janeiro: Forense Universitária, 2004, p. 43.

[11] GUERREIRO, ob. cit., p. 96.

[12] PINHEIRO, Selma Sotelo. *Mercado ressegurador brasileiro após a abertura à livre concorrência*: uma proposta de agrupamentos estratégicos para as empresas locais. Dissertação (Mestrado em Administração e Desenvolvimento Empresarial). Rio de Janeiro: Universidade Estácio de Sá, 2013, p. 50-52.

[13] HADDAD, Marcelo Mansur. O resseguro internacional. *Cadernos de Seguro*. Rio de Janeiro: Funenseg, 2003, p. 9-11.

[14] PÓVOAS, Manoel Soares. *Na rota das instituições do bem-estar*: seguro e previdência. São Paulo: Ed. Green Forest do Brasil, 2000, p. 241.

[15] GUERREIRO, Marcelo da Fonseca. *Seguros privados*: doutrina, legislação e jurisprudência. 2 ed. Rio de Janeiro: Forense Universitária, 2004, p. 114.

Ocorre que a pulverização do risco, embora primordial, é apenas uma das funções do contrato de resseguro, conforme leciona Haddad.[16] Sob este conceito, o segurador partilhará junto aos resseguradores, o risco assumido no contrato de seguro, garantindo que estes farão frente ao sinistro quando chamados.

Porém, o resseguro terá outras funções tão importantes quanto a pulverização de riscos.

Contador e Krebs[17] explicam que por meio do contrato de resseguro, há um aumento da margem de solvência das seguradoras, implicando a ampliação da sua capacidade de retenção. Harrison[18] esclarece que o limite de retenção corresponde ao valor que pode ser absorvido por uma seguradora na assunção de riscos. Se o risco assumido é transferido em parte, com pouca retenção, a Seguradora poderá subscrever novos riscos, vez que o seu capital não estará comprometido.

Além disso, o resseguro pode reduzir a volatilidade de sinistros, diminuindo o efeito de grandes desastres que, dada a característica catastrófica podem impactar na saúde financeira de uma Seguradora segundo publicação da Swiss Re.[19] Conforme Harrison,[20] o resseguro pode ser utilizado como ferramenta para proteção das consequências financeiras decorrentes de um evento que cause muitos sinistros.

Há ainda a função de garantir estabilidade da carteira segurada, conforme Haddad.[21] Nesse sentido, a preocupação não é a ocorrência de um evento catastrófico, mas a flutuação da sinistralidade, o que torna imprevisível o resultado da carteira da Seguradora.[22]

Outra importante função do resseguro é a transferência tecnológica propiciada pela operação. Tal fato decorre da própria diversificação de riscos da Resseguradora e experiência na colocação de riscos e regulação de sinistros, o que lhe propicia um grande conhecimento técnico inclusive para propor soluções para as próprias Seguradoras.[23]

Destaca-se que para Harrison,[24] somam-se às funções do resseguro: facilitar um rápido crescimento do volume de prêmios emitidos, na medida em que

---

[16] HADDAD, Marcelo Mansur. O resseguro internacional. *Cadernos de Seguro*. Rio de Janeiro: Funenseg, 2003, p. 11.
[17] CONTADOR, Cláudio Roberto; KREBS, Marcos. *Seguro e resseguro*: interdependência e causalidade pós abertura – Rio de Janeiro: Funenseg, 2016. (Texto de Pesquisa, 3). Disponível em <http://cpes.org/acervo_categoria/textos-de-pesquisa/>. Acesso em 18/04/2017.
[18] HARRISON, Connor M. *Princípios e práticas de resseguro*. Rio de Janeiro: Funenseg, 2007, p. 3-4.
[19] SWISS RE. *Guia básico do resseguro*. Swiss Re Corporate Solutions, 2017, p.17-18.
[20] HARRISON, Connor M. *Princípios e práticas de resseguro*. 1 ed. Rio de Janeiro: Funenseg, 2007, p. 5.
[21] HADDAD, Marcelo Mansur. O resseguro internacional. *Cadernos de Seguro*. Rio de Janeiro: Funenseg, 2003, p. 20.
[22] HARRISON, ob. cit., p. 6.
[23] SWISS RE, *Guia básico do resseguro*. Swiss Re Corporate Solutions, 2017, p. 19-20.
[24] HARRISON, ob. cit., p. 6-8.

a despesa com a compra do resseguro é devolvida em forma de comissão de resseguro às cedentes; facilitar a saída de um segmento de mercado, por meio de um resseguro de transferência de carteira; e por fim, prestar assistência na subscrição de riscos, dado o seu conhecimento técnico decorrente da sua experiência, realização de pesquisas e estudos.[25]

Marin[26] acrescenta que dentre as funções do resseguro está a diminuição da exposição aos picos, quando um sinistro atinge um valor maior do que aquele previsto, considerando que por meio do contrato de resseguro, a Seguradora estabelecerá qual será o seu limite de retenção.

Sendo assim, o resseguro tem diversas funções para uma companhia seguradora, ampliando o limite da Seguradora na aceitação de riscos, garantindo estabilidade dos resultados, vez que diminui a oscilação das carteiras de seguro e suaviza o resultado de sinistros vultosos e ainda pode ser enquadrado como fonte de recurso monetário, com as comissões pagas.[27]

Estabelecido por meio de um contrato, existem vários tipos de contrato de resseguro, que podem ser automáticos ou facultativos, e suas modalidades, em proporcionais e não proporcionais.

Nos contratos automáticos, também conhecidos como tratados, toda a carteira de um determinado tipo de seguro estará incluída e amparada no contrato de resseguro.[28] Por meio deste contrato, segurador e ressegurador vão estabelecer o tipo de risco assumido e muitas vezes estabelecer um valor que será o limite aceitável por apólice, para enquadramento no contrato automático.[29]

Marin[30] explica que no momento da celebração do contrato automático são fixados os critérios dos riscos (apólices) que se enquadrarão no resseguro automático, estando a seguradora obrigada a ceder estes riscos ao resseguro.

Na modalidade de resseguro proporcional, os contratos podem ser quota-parte ou de excedente de responsabilidade e na modalidade de não proporcionais, podem ser de excesso de danos, que pode ser por risco, por evento, por apólice, além do catastrófico, conforme ensina Pinheiro.[31]

---

[25] SWISS RE, ob. cit., p. 17 19
[26] MARIN, Evandro R. *Ambiente econômico do seguro e resseguro*. Rio de Janeiro: ENS-CPES, 2016, p. 34-35.
[27] PINHEIRO, Selma Sotelo. *Mercado ressegurador brasileiro após a abertura à livre concorrência*: uma proposta de agrupamentos estratégicos para as empresas locais. Dissertação (Mestrado em Administração e Desenvolvimento Empresarial). Rio de Janeiro: Universidade Estácio de Sá, 2013, p. 51-54.
[28] SWISS RE. *Guia básico do resseguro*. Swiss Re Corporate Solutions, 2017, p. 25-26.
[29] HARRISON, Connor M. *Princípios e práticas de resseguro*. 1 ed. Rio de Janeiro: Funenseg, 2007, p. 10-11.
[30] MARIN, ob. cit, p. 35.
[31] PINHEIRO, ob. cit., p. 53-55.

O resseguro facultativo, que também pode ser chamado de avulso, conforme leciona Marin,[32] é aquele firmado para cada risco assumido pela seguradora. São riscos que, em razão do tipo de exposição (tipo de risco, valor), deverão ser enquadrados em um contrato específico firmado para aquela apólice e, portanto, suas condições de aceitação e precificação serão individualizadas, sendo decisão da seguradora contratar ou não o resseguro, tendo o ressegurador a liberdade de aceitar ou não o risco, característica esta de ser um contrato opcional, conforme explica Riley.[33]

Acerca das modalidades de seguro, de acordo com a publicação da Swiss Re,[34] no resseguro proporcional, a seguradora e a resseguradora dividirão os prêmios e os sinistros na exata proporção prevista em contrato. Nesta modalidade, conforme ensina Marin,[35] estão os contratos de quota-parte e os de excedente de responsabilidade.

Nos seguros não proporcionais, conhecidos como resseguros de excesso de danos, a preocupação da seguradora será estabelecer quanto suportará em uma eventual perda. Martins e Martins[36] denominam este contrato como sendo o resseguro de sinistros, considerando que o foco é que a perda não seja superior ao limite "aceitável" pela seguradora.

Conforme explica Harrison,[37] nos contratos de resseguro não proporcionais, a seguradora assumira a responsabilidade pelos sinistros até o limite por ela estabelecido, chamado de "prioridade" e o que excede a este valor, ficará a cargo da resseguradora. Assim, não há nenhuma proporcionalidade a ser aplicada, sendo o prêmio pela cobertura ressecuritária fixado com base no risco assumido.

Nesta modalidade, o contrato de resseguro poderá ser firmado como excesso de danos por risco, excesso de danos por ocorrência ou catástrofe, excesso de danos por agregado ou excesso de danos *stop loss*.

Importante destacar que a seguradora não está obrigada a firmar este ou aquele tipo de contrato de resseguro. Inclusive, é saudável que este seja diversificado e alinhado com a finalidade que ela pretende obter com a contratação do resseguro.

Com este objetivo, são pensados os programas de resseguro, com base em variáveis tais como o tamanho da seguradora, sua estrutura e capacidade finan-

---

[32] MARIN, Evandro R. *Ambiente econômico do seguro e resseguro*. Rio de Janeiro: ENS-CPES, 2016, p.35-36.
[33] RILEY, Keith. *O quebra-cabeça do resseguro*. Rio de Janeiro: Funenseg, 2009, p. 7.
[34] SWISS RE. *Guia básico do resseguro*. Swiss Re Corporate Solutions, 2017, p. 25-33.
[35] MARIN, ob. cit., p. 36-37.
[36] MARTINS, João Marcos Brito e MARTINS, Lídia de Souza. *Resseguros:* fundamentos técnicos e jurídicos. Rio de Janeiro: Forense Universitária, 2008, p. 71.
[37] HARRISON, Connor M. *Princípios e práticas de resseguro*. 1 ed. Rio de Janeiro: Funenseg, 2007, p. 28-30.

ceira, são realizados planejamentos que combinam mais de um tipo de contrato em mais de uma modalidade, conforme explica Harrison.[38]

2.3. O instituto de resseguros do Brasil

Embora a primeira Seguradora do Brasil, a Companhia de Seguros Boa Fé, tenha sido fundada em 1808, apenas em 1939 tivemos a criação da primeira resseguradora: o IRB.[39]

Há que se dizer que a primeira resseguradora formalmente conhecida foi fundada em 1846, a *Cologne Reinsurance Company*, seguida logo após por *Swiss Reinsurance Company*, em 1863, e pela *Munich Reinsurance Company* em 1880, em que pese o primeiro contrato de resseguro que se tem notícia tenha sido firmado em 1370, conforme leciona Polido.[40]

Neste período, todo contrato de resseguro era feito para resseguradores estrangeiros, conforme observa Polido,[41] até que em 3 de abril de 1939, o IRB – Instituto de Resseguros do Brasil – foi criado pelo Decreto-Lei nº 1.186/39, para o qual o objeto, segundo o artigo 3º do referido Decreto, era o de regular os resseguros no país e desenvolver as operações de seguros em geral.

Nos termos do artigo 20, *caput,* do Decreto-Lei nº 1.186/39, todas as sociedades seguradoras passaram a ser obrigadas a colocar o seu resseguro junto ao Instituto. De acordo com Pinheiro,[42] esta medida retirou o mercado brasileiro de uma absoluta dependência do mercado exterior, considerando que todo o resseguro brasileiro era cedido ao mercado estrangeiro, o que propiciou a retenção do dinheiro no mercado interno.

Por muitos anos, as normas que sucederam à criação do IRB sedimentaram o seu papel de ressegurador único no Brasil, mas esta não era a sua única função, pois cabia-lhe também o fomento do próprio mercado segurador, e uma das ferramentas para fazê-lo era a retrocessão.

A fim de pulverizar o risco, o IRB recebia o resseguro e, por determinação legal, preferencialmente, o distribuía em retrocessão no mercado interno antes

---

[38] HARRISON, Connor M. *Princípios e práticas de resseguro.* 1 ed. Rio de Janeiro: Funenseg, 2007, p. 39-46.
[39] POLIDO, Walter Antonio. *Contrato de seguro:* novos paradigmas. São Paulo: Editora Roncarati, 2010, p. 52-53.
[40] POLIDO, Walter Antonio. *Resseguro:* Cláusulas contratuais e particularidades sobre responsabilidade civil. 2. Ed. Rio de Janeiro: Funenseg, 2011, p. 13-14.
[41] POLIDO, ob. cit., 2011, p. 14-17.
[42] PINHEIRO, Selma Sotelo. *Mercado ressegurador brasileiro após a abertura à livre concorrência:* uma proposta de agrupamentos estratégicos para as empresas locais. Dissertação (Mestrado em Administração e Desenvolvimento Empresarial). Rio de Janeiro: Universidade Estácio de Sá, 2013.

de oferecê-lo ao exterior, fazendo com que o dinheiro do prêmio continuasse circulando no país, conforme explica Póvoas.[43]

Após o Decreto-Lei 1.186/39, ainda foi promulgado o Decreto-Lei 9.735 de 4 de setembro de 1946, que buscou consolidar a legislação referente ao IRB, e o mais importante deles, o Decreto-Lei 73, de 21 de novembro de 1966, que veio dispor sobre o Sistema Nacional de Seguros Privados, tendo o IRB um papel fundamental dentro do Sistema, principalmente, o de ser o regulador do mercado de resseguro.

O artigo 44[44] do Decreto-Lei 73/66 trouxe um rol de 17 atividades relacionadas às funções específicas do IRB, além da administração da "Bolsa de Seguros" prevista no artigo subsequente.

Para Póvoas,[45] ao IRB foi atribuída uma importante função de ser "catalizador" do mercado de seguros, vez que afastava do mercado, o impacto decorrente de um ou outro negócio frustrado por alguma seguradora.

Ainda de acordo com Póvoas,[46] destaca-se a função de regulador de sinistros, tendo a sua contribuição sido fundamental no desenvolvimento operacional das seguradoras.

Importa destacar ainda que com o Decreto-Lei 73/66, o IRB passou a ter importante função de regular o resseguro, o cosseguro e a retrocessão. Por meio desta função, o IRB editava as tarifas, cláusulas e condições em que o seguro deveria ser comercializado.

Embora seja possível afirmar que o IRB trouxe força e estabilidade ao mercado de seguros, impulsionando o seu desenvolvimento, com o passar do tempo, esta dependência do mercado passou a ser considerada uma fraqueza frente a outros países em que a atividade de resseguros era exercida por um mercado aberto.

Isto porque as próprias seguradoras não tinham controle sobre o preço dos seus produtos, franquiando ao IRB a estipulação de preços, regulação e liquidação de seus sinistros.

Pinheiro[47] ensina que a criação do monopólio foi justificada como forma de nacionalizar a atividade de seguros e impedir a fuga de capital para o exterior, no entanto, tais funções do monopólio se tornaram obsoletas com os

---

[43] PÓVOAS, Manoel Soares. *Na rota das instituições do bem-estar:* seguro e previdência. São Paulo: Ed. Green Forest do Brasil, 2000, p. 191-193.

[44] O artigo 44 do Decreto-Lei 73/66, revogado pela Lei Complementar nº 126/2007, estabeleceu diversas funções ao IRB, enumerando as atividades de acordo com a função atribuída, destacando-se que além de ser órgão regulador de cosseguro, resseguro e retrocessão, também deveria ser o promotor do desenvolvimento das operações de seguro, dentre outras atividades.

[45] PÓVOAS, ob. cit., p. 192.

[46] Ibid., p. 192-193.

[47] PINHEIRO, Selma Sotelo. *Mercado ressegurador brasileiro após a abertura à livre concorrência:* uma proposta de agrupamentos estratégicos para as empresas locais. Dissertação (Mestrado em Administração e Desenvolvimento Empresarial). Rio de Janeiro: Universidade Estácio de Sá, 2013, p. 61-62.

efeitos da globalização. Ainda conforme Pinheiro,[48] a própria atividade estatal, tão arraigada no Estado intervencionista já não se sustentava, abrindo espaço para a livre iniciativa.

Nesse sentido, conforme ensina Goldberg,[49] a condição monopolista do negócio impedia a particularização da precificação nos negócios, estando as seguradoras rendidas ao preço do risco, independentemente de seu tamanho, não havendo margens de negociação, o que não se coadunava mais com a forma de fazer negócios trazida pela livre concorrência.

Assim, em 1996, foi editada a Emenda Constitucional nº 13, que retirou do artigo 192 da Constituição Federal a menção sobre a existência de um órgão oficial ressegurador integrante do Sistema Financeiro Nacional, momento em que se concluiu que deixaria de existir o monopólio da atividade ressecuritária no país, no entanto, esta se encontrava inteiramente regulada por leis que se aplicavam exclusivamente ao IRB, criando um limbo jurídico. Além disso, a norma constitucional falava da necessidade de se ter uma lei complementar para regular as atividades do sistema financeiro nacional, o que trazia incerteza sobre como seria a abrangência desta lei.

A celeuma persistiu até que em 2003 foi editada a Emenda Constitucional nº 40, que dispôs que o Sistema Financeiro Nacional seria regulamentado por "leis complementares", deixando claro, assim, que poderia existir uma lei formatada apenas para o resseguro, o que deu início a edição e publicação da Lei Complementar nº 126, em 15 de janeiro de 2007.

Destaca-se que, nesse período, também ocorreram mudanças internas no IRB, tendo sido transformado em sociedade por ações, passando a se denominar IRB Brasil Resseguros S.A.

2.4. Lei complementar nº 126/2007

Em 15 de janeiro de 2007, é publicada a Lei Complementar nº 126/2007, que rompe, definitivamente, o monopólio estatal e estabelece as regras para operação das empresas resseguradoras no país.

De acordo com a Lei Complementar, as funções de regulação e fiscalização da atividade de resseguros e retrocessão são transferidas ao CNSP (Conselho Nacional de Seguros Privados) e à SUSEP.

Por meio da lei complementar, foram criados 3 tipos de resseguradores distintos: o local, o admitido e o eventual, conforme explica Machado Filho.[50]

---

[48] PINHEIRO, ob. cit. p. 61-62.
[49] GOLDBERG, Ilan. *Do monopólio à livre concorrência:* a criação do mercado ressegurador brasileiro. Dissertação (Mestrado em Direito) – Universidade Cândido Mendes, 2007, p. 49-50.
[50] MACHADO FILHO, Marcus Vinícius. *O retorno sobre o capital próprio no mercado local de resseguros brasileiro:* durante e pós-monopólio. Dissertação (Mestrado Direito Internacional) Universidade Federal Fluminense. Niterói, 2014, p. 24.

Nos termos do artigo 4º da Lei Complementar nº 126/2007, para que um ressegurador seja classificado como local, ele deve estar sediado no País constituído sob a forma de sociedade anônima, tendo por objeto exclusivo a realização de operações de resseguro e retrocessão. Seguindo o que determina a SUSEP, em sua Circular nº 330/215, o ressegurador local estará sujeito às mesmas regras de constituição de uma seguradora e possuir capital mínimo de R$ 60 milhões.

O ressegurador admitido, por sua vez, é aquele sediado no exterior, com escritório de representação no País, que, atendendo às exigências previstas na Lei Complementar, por exemplo, o *rating* exigido para a atividade, além das demais normas aplicáveis à atividade de resseguro e retrocessão, tenha sido cadastrado como tal no órgão fiscalizador de seguros para realizar operações de resseguro e retrocessão e possua capital mínimo de R$ 100 milhões.

Ainda de acordo com os critérios e regras estabelecidos na Lei Complementar nº 126/2007 e Circular SUSEP nº 330/2015, o ressegurador eventual é a empresa resseguradora estrangeira sediada no exterior sem escritório de representação no País, porém, com procurador nomeado, que atendendo às exigências previstas, tenha sido cadastrada como tal no órgão fiscalizador de seguros para realizar operações de resseguro e retrocessão e possua capital mínimo de R$ 150 milhões.

Portanto, o que se tem hoje é a existência de três tipos de diferentes pessoas jurídicas, exercendo a mesma atividade de maneira diferente e, conforme explica Machado Filho,[51] há especificidades e requisitos para cada tipo de resseguradora autorizada a operar no país.

Considerando que até a Lei Complementar nº 126/2007, a atividade de resseguros encontrava-se regulada por lei aplicável especificamente ao IRB e, que a partir da lei, esta passaria a ser regulada pelo órgão responsável pela regulação da atividade de seguros, ainda cabia aos órgãos de regulação, a regulamentação da atividade, orientando ao mercado, como deveria se dar a atividade de resseguro no país.

2.5. Os normativos do órgão regulador e a proteção de mercado

Em 9 de dezembro de 2007, quase 1 ano após a publicação da lei, o Conselho Nacional de Seguros Privados – CNSP – publicou a Resolução nº 168, que trouxe as regras para implantação da atividade de resseguros pelos *players* entrantes no mercado.

---

[51] MACHADO FILHO, Marcus Vinícius. *O retorno sobre o capital próprio no mercado local de resseguros brasileiro:* durante e pós-monopólio. Dissertação (Mestrado Direito Internacional) Universidade Federal Fluminense. Niterói, 2014, p. 24-26.

Após 69 anos do monopólio exercido pelo IRB na atividade de resseguro, a tão esperada abertura do mercado de resseguro chegou trazendo também certa incerteza de como a atividade se desenvolveria, considerando que o único *player* conhecido era o IRB e, portanto, seria o único com o conhecimento e a experiência para continuação do negócio e detentor de todo o histórico de resseguro celebrado no país.

De outro lado, via-se um mercado externo, já muito bem desenvolvido e com capital disponível, ávido por chegar ao Brasil, dada a sua capacidade econômica e por ser um país, a princípio, livre de riscos de catástrofes naturais, e remeter dinheiro ao exterior.

Diante deste cenário, foram estabelecidas regras de transição do mercado, e outras que possibilitaram o desenvolvimento do mercado interno da atividade, considerando que a função precípua do órgão regulador é manter o mercado interno saudável (para o seguro e para o resseguro).

Conforme estabelece Polido,[52] a abertura do mercado de resseguro poderia estar sujeita a aventureiros, razão pela qual as medidas protetivas ao desenvolvimento do negócio foram mais do que necessárias.

Nesse sentido, a própria Lei Complementar nº 126/2007 estabeleceu, em seu artigo 11, que as seguradoras deveriam contratar ou ofertar às resseguradoras locais, ao menos 60% (sessenta por cento) de sua cessão de resseguro nos primeiros 3 (três) meses da vigência da lei e 40% (quarenta por cento) a partir dali.

Seguindo essa esteira, a Resolução CNSP nº 168/2007 ratificou a necessidade de se realizar uma oferta preferencial aos resseguradores locais e inicialmente, exigindo a comunicação à SUSEP, da colocação de resseguro dentro do mesmo conglomerado financeiro, obrigação alterada pela vedação da operação entre entidades pertencentes ao mesmo conglomerado financeiro, pela Resolução CNSP nº 224,[53] de 6 de dezembro de 2010, mesma data em que foi publicada a Resolução CNSP nº 225,[54] que determinou a contratação obrigatória junto aos resseguradores locais de pelo menos 40% dos contratos de resseguro automáticos e facultativos.

Em 2011, o CNSP edita a Resolução nº 232,[55] que revoga a Resolução CNSP nº 224 e passa a permitir a operação intragrupo com um limite de 20%

---

[52] POLIDO, Walter Antonio. *Resseguro*: Cláusulas contratuais e particularidades sobre responsabilidade civil. 2. ed. Rio de Janeiro: Funenseg, 2011, p. 23-27.

[53] Acrescentou o § 4º ao artigo 14 da Res. CNSP nº 168/2007 com a disposição de que não poderá ser contratado resseguro ou retrocessão com empresas ligadas ou pertencentes ao mesmo conglomerado financeiro sediadas no exterior.

[54] Estabeleceu a contratação obrigatória de 40% da oferta de resseguro com resseguradores locais dando nova redação ao artigo 15 da Res. CNSP nº 168/2007.

[55] Incluiu os §§ 4º, 5º e 6º ao artigo 14 da Res. CNSP nº 168/2007, estabelecendo o percentual máximo de 20% a ser colocado em resseguro com empresas ligadas ou do mesmo conglomerado financeiro, dando nova redação ao §4º.

(vinte por cento) das operações, estabelecendo, todavia, uma exceção a este limite para as cessões realizadas para os de garantia, crédito à exportação, rural, crédito interno e riscos nucleares.

Após 4 anos de vigência destes normativos, o CNSP editou a Resolução nº 322/2015,[56] que propôs uma transição com o objetivo de aumentar o limite da cessão intragrupo gradativamente, iniciando com 30% a partir de 01/01/2017 até 75%, a partir de 01/01/2020.

Ao mesmo tempo, a norma buscou estabelecer uma diminuição gradativa do percentual de contratação obrigatória com resseguradores locais, iniciando com 30% a partir de 01/01/2017 até 15% em 01/01/2020.[57]

A Resolução CNSP nº 322/2015 também instituiu a Comissão Consultiva com a finalidade de propor medidas voltadas ao desenvolvimento do mercado de resseguro.

Finalmente, em 20 de dezembro de 2017, a Resolução CNSP nº 353[58] vem excluir a necessidade de contratação obrigatória, bem com o limite de cessão de resseguro intragrupo, esclarecendo, no entanto, que as boas práticas deverão ser observadas, resguardadas as condições equilibradas de concorrência, além do tratamento equânime entre todos os resseguradores.

Ressalte-se que apenas foram trazidas à baila, as normas editadas após a publicação da Lei Complementar 126/207 que, de alguma forma, buscavam proteger o mercado interno, uma vez que a regulamentação de resseguro é muito mais extensa do que as aqui apresentadas.

3. Procedimentos metodológicos

Trata-se de uma pesquisa básica, na definição de Gil,[59] uma vez que o conteúdo gera conhecimento sem aplicação prática imediata a uma determinada situação, a pesquisa é descritiva, considerando que visa proporcionar maior familiaridade com o problema, com vistas a torná-lo explícito, também se refere a uma pesquisa qualitativa, uma vez que o ambiente natural é a fonte direta para a coleta de dados e o pesquisador é o instrumento chave. Quanto aos procedimentos técnicos, parte da pesquisa é documental, vez que abordará documentos (leis) e dados estatísticos já disponíveis, a serem tratados no trabalho, segue também características de uma pesquisa bibliográfica, porque será desenvol-

---

[56] Alterou o §4º do artigo 14 da Res. CNSP nº 168/2007, ampliando gradativamente, a partir do percentual máximo de 20% já estabelecido pela Res. CNSP nº 232/2011, dando nova redação ao parágrafo e incluindo os incisos I a V até chegar ao limite máximo de 75% em 01/01/2020.

[57] Alterou o artigo 15 da Res. CNSP nº 168/2007, incluindo uma diminuição gradativa do percentual de oferta obrigatória a resseguradores locais, a partir dos 40% previstos no *caput* até 15% em 01/01/2020.

[58] Altera os artigos 14 e 15 da Resolução CNSP nº 168/2007 com a exclusão do limite de colocação de resseguro intragrupo e do percentual mínimo de oferta obrigatória a resseguradores locais.

[59] GIL, Antonio Carlos. *Métodos e técnicas de pesquisa social*. 6ª ed. São Paulo: Atlas, 2008, p. 26-29.

vido com base em material já elaborado, tendo por base, principalmente, livros e artigos científicos publicados sobre o tema.

A amostra é composta por dados secundários, sendo realizada uma pesquisa literária, tendo por base artigos científicos publicados sobre o tema, teses de dissertação de mestrado e doutorado a partir de sítios eletrônicos disponíveis, com base nas palavras-chave e expressões "resseguro no Brasil", "Lei Complementar 126/2007", "resseguro brasileiro", além de consultas a revistas especializadas sobre o tema com conteúdo científico e livros. Como parte da pesquisa documental, serão extraídos dados estatísticos do sítio eletrônico da Superintendência de Seguros Privados – SUSEP –, acerca do volume de prêmio de resseguro emitido antes e depois da Lei Complementar nº 126/2007.

Com base no material pesquisado, foi feita uma análise de conteúdo, relacionando-se as diferentes opiniões sobre a existência do monopólio e a publicação da lei que abriu o mercado de resseguros no Brasil, estruturando um ensaio. Além disso, serão interpretados os dados extraídos no que se refere ao volume de prêmio emitido, além da penetração no mercado de cada tipo de ressegurador existente, apresentando-se a evolução histórica destes valores, assim como os efeitos que a abertura do mercado de resseguros brasileiro trouxe para o mercado segurador em geral.

4. Análise de resultados

4.1. Evolução da atividade de resseguros a partir da abertura do mercado

Nas palavras de Polido,[60] o que se espera do mercado brasileiro de resseguros é a liberdade no pacto entre as partes, seguindo o modelo internacional da operação.

Infelizmente, o modelo atual ainda não é o melhor, considerando a alta regulação que recai sobre a atividade, em normas editadas pelo CNSP e pela SUSEP, seja por meio de regras para a sua operação, conforme já observado acima, seja por meio de imposição de prazos e cláusulas obrigatórias.

No entanto, um efeito positivo propiciado pela Lei Complementar nº 126/2007 foi a mudança de um mercado monopolista para um mercado em que há livre concorrência. Enquanto no passado falava-se em um operador único de resseguro no Brasil, hoje já se fala em um mercado em que há livre concorrência, conforme explica Oliveira.[61]

---

[60] POLIDO, Walter Antonio. *Resseguro*: Cláusulas contratuais e particularidades sobre responsabilidade civil. 2. Ed. Rio de Janeiro: Funenseg, 2011, p. 27-33.
[61] OLIVEIRA, José Inácio Ribeiro Lima de. *Análise da regulamentação do novo mercado ressegurador brasileiro e das propostas de alteração normativa apresentadas pela sociedade civil internacional*. Dissertação (Mestrado em Direito) – Universidade Metodista de Piracicaba, Piracicaba, 2010, p. 91-99.

Nas palavras de Mendonça,[62] o mercado de resseguro atual é próspero e só não conta com mais resseguradoras locais em razão das altas exigências para sua constituição. Note-se pela Quadro 1 que muitas das resseguradoras registradas como locais fazem parte de grupos internacionais, que segundo previsão da Revista Reactions,[63] teriam papel fundamental no desenvolvimento do mercado, aumentando o poder de subscrição e transferindo tecnologia, conforme já dito acima.

Atualmente, segundo dados extraídos do sítio eletrônico da SUSEP,[64] existem 130 resseguradores cadastrados entre locais, admitidas e eventuais. Em números, são 75 resseguradores eventuais, 39 admitidos e 16 resseguradores locais.

Quadro 1: Resseguradoras Locais cadastradas na SUSEP

Resseguradora	Data de Autorização
AIG RESSEGUROS BRASIL S.A.	04/04/2011
ALLIANZ GLOBAL CORPORATE & SPECIALTY RESSEGUROS BRASIL S.A.	20/12/2012
AUSTRAL RESSEGURADORA S.A.	31/01/2011
AXA CORPORATE SOLUTIONS BRASIL E AMÉRICA LATINA RESSEGUROS S.A.	25/08/2014
BTG PACTUAL RESSEGURADORA S.A.	21/02/2013
CHUBB RESSEGURADORA BRASIL S.A	23/11/2009
IRB BRASIL RESSEGUROS S/A	03/04/1939
J.MALUCELLI RESSEGURADORA S/A	23/05/2008
MAPFRE RE DO BRASIL COMPANHIA DE RESSEGUROS	14/11/2008
MARKEL RESSEGURADORA DO BRASIL S.A.	17/01/2012
MUNICH RE DO BRASIL RESSEGURADORA S.A.	23/05/2008
SCOR BRASIL RESSEGUROS S.A.	06/08/2014
SWISS RE BRASIL RESSEGUROS S.A.	14/06/2012
TERRA BRASIS RESSEGUROS S.A.	02/10/2012
XL RESSEGUROS BRASIL S.A.	05/12/2008
ZURICH RESSEGURADORA BRASIL S.A.	05/01/2012

Fonte: Adaptado de SUSEP, 2018.

---

[62] MENDONÇA, Antonio Penteado. O resseguro dez anos depois. *Revista Roncarati: 10 anos da Lei Complementar 126/2007*, p. 23-24. Disponível <https://www.editoraroncarati.com.br/v2/phocadownload/lc_126-2007/index.html>. Acesso 30 mar 2017.

[63] REACTIONS MAGAZINE. *Mercado brasileiro de (re)seguros:* perspectivas e oportunidades. Reactions Magazine, p. 34-35, junho 2008. London: Reactions, 2008.

[64] Disponível em <www.susep.gov.br>. Acesso em 18 mar 2018.

Além da própria entrada no mercado de novas empresas resseguradoras, o que por si, aumenta a sua participação no mercado interno, a abertura do mercado também trouxe uma nova figura, o corretor de resseguro que, embora não tenha participação obrigatória nos contratos de resseguro, certamente influencia a economia nacional fomentando empregos e uma nova forma de fazer negócios.

Atualmente, segundo dados da SUSEP,[65] existem 24 corretoras de resseguro ativas, isto é, empresas especializadas na colocação de resseguro, que auxiliam na profissionalização da atividade.

Quando se fala sobre o mercado segurador, em 2017, segundo dados apresentados no sítio eletrônico da CNseg,[66] o mercado em números corresponde a 118 seguradoras, 38 entidades abertas de Previdência Complementar, 1.053 operadoras de Saúde Suplementar, 17 empresas de Capitalização, 113 mil corretores e 138 empresas de Resseguro, empregando 154 mil colaboradores no setor, sendo um dos setores que mais cresce na atividade econômica do país.

Só no ano de 2016, momento de crise política e financeira no Brasil, o mercado de seguros cresceu 9,2%, em relação à arrecadação de prêmio em 2015, atingindo a soma de R$ 239,3 bilhões, excluído o setor de saúde, de acordo com publicação no Jornal Valor Econômico, de 08 de fevereiro de 2017, baseado em estudo realizado pela Confederação Nacional das Empresas de Seguros Gerais, Previdência Privada e Vida, Saúde Suplementar e Capitalização.[67]

Na Tabela 1, pode-se ver o aumento da participação do mercado segurador, excluído o produto de acumulação (VGBL) e o de saúde suplementar, no PIB do Brasil, de 2003 a 2016. Note-se que os anos de queda, especificamente 2009 e 2010, foram subsequentes à crise econômica iniciada em 2008 nos Estados Unidos pelos *subprimes* e que acabou por afetar o mundo todo, e a ligeira baixa no ano de 2016 decorre da crise política e financeira enfrentada pelo próprio país.

De todo modo, observa-se que a baixa na penetração do PIB não significou uma receita menor para o setor, que apresentou crescimento de receita em valores nominais.

---

[65] Disponível em <www.susep.gov.br>. Acesso em 18 mar 2018.
[66] Disponível em <http://cnseg.org.br/cnseg/estatisticas/mercado/dados-basicos/>. Acesso em 18/03/2018.
[67] CNseg. Mercado segurador: resultados e perspectivas 2016. Disponível em <http://cnseg.org.br/cnseg/publicacoes/mercado-segurador-brasileiro/detalhes-8A8AA89F5E3A2A330 15E4E160D103EAA.html>. Acesso em 18 mar 2018.

Tabela 1: Prêmio de Seguros e penetração no PIB

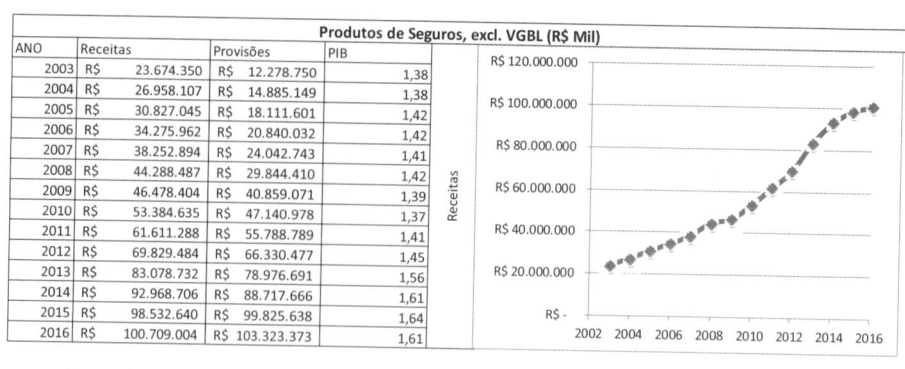

ANO	Receitas	Provisões	PIB
2003	R$ 23.674.350	R$ 12.278.750	1,38
2004	R$ 26.958.107	R$ 14.885.149	1,38
2005	R$ 30.827.045	R$ 18.111.601	1,42
2006	R$ 34.275.962	R$ 20.840.032	1,42
2007	R$ 38.252.894	R$ 24.042.743	1,41
2008	R$ 44.288.487	R$ 29.844.410	1,42
2009	R$ 46.478.404	R$ 40.859.071	1,39
2010	R$ 53.384.635	R$ 47.140.978	1,37
2011	R$ 61.611.288	R$ 55.788.789	1,41
2012	R$ 69.829.484	R$ 66.330.477	1,45
2013	R$ 83.078.732	R$ 78.976.691	1,56
2014	R$ 92.968.706	R$ 88.717.666	1,61
2015	R$ 98.532.640	R$ 99.825.638	1,64
2016	R$ 100.709.004	R$ 103.323.373	1,61

Fonte: SUSEP (2017)

A Tabela 1 apresentada demonstra o crescimento do setor de seguros de 2003 a 2016, mas mais do que isso, pode se ver o aumento no acúmulo de receita a partir da abertura do mercado de resseguros em 2007.

Tratando do seguro primário, o aumento da capacidade das seguradoras é apenas um dos efeitos positivos da abertura do mercado ressegurador. A Revista Reactions, já em 2008, adicionava como benefício, a "transferência de novas técnicas e conhecimentos específicos que certamente, no médio e longo prazo, aumentarão os ganhos das seguradoras e reduzirão os custos para os segurados".

Com mais dinheiro disponível, as Seguradoras podem assumir novos riscos e, consequentemente, ampliar a sua própria carteira de negócios, efeito propiciado pela própria transferência de tecnologia das resseguradoras.

Certamente, o aumento de capacidade é um dos efeitos apresentados, facilmente verificado pelo crescimento na arrecadação de prêmios de seguro vista na Tabela 1.

Importa dizer que o próprio aumento de capacidade gerado pelo resseguro faz com que as seguradoras se tornem mais especializadas em seus negócios, vez que podem deixar de lado riscos ou carteiras que não lhes são interessantes e que só eram mantidas para fazer frente ao capital mínimo requerido.

Tanto é assim que muitas empresas seguradoras passaram a comercializar carteiras específicas ou mesmo se unir a outras em busca do desenvolvimento de negócios focados em determinado ramo, como cita Oliveira[68] para as associações formadas por Itaú-Unibanco e Porto Seguro, Banco do Brasil Seguros e Mapfre, dentre outras.

---

[68] OLIVEIRA, José Inácio Ribeiro Lima de. *Análise da regulamentação do novo mercado ressegurador brasileiro e das propostas de alteração normativa apresentadas pela sociedade civil internacional*. Dissertação (Mestrado em Direito) – Universidade Metodista de Piracicaba, Piracicaba, 2010, p. 91-99.

Em termos de arrecadação de prêmio, de acordo com Machado Filho,[69] após 1 ano da abertura do mercado de resseguros, apenas 5 empresas estavam cadastradas como resseguradoras locais no país, sendo que o volume de prêmio se manteve em 90% com o próprio IRB.

Nesse sentido, a Tabela 2 abaixo ilustra bem como se deu a cessão de resseguro aos resseguradores locais a partir da abertura do mercado com um predomínio grande do próprio IRB como principal ressegurador quando o quesito é a arrecadação de prêmio em resseguro:

Tabela 2: Prêmio cedido em Resseguro nos últimos 10 anos
Prêmio cedido por Cedentes Brasileiras e recebido pelas Resseguradoras Locais de Janeiro a Setembro 2017 (R$ mi)

Resseguro (bruto de comissão) cedido pelas Cedentes Brasileiras

	2017/09	2016/09	17/16	2016	2015	2014	2013	2012	2011	2010	2009	2008	2007
ao IRB	2.885	2.724	6%	3.546	3.348	2.788	2.707	2.419	2.562	1.181	2.915	3.219	3.224
às outras Resseguradoras Locais	3.303	2.609	27%	3.845	3.999	3.328	2.572	1.459	1.319	967	806	329	
Total ao Mercado Local	6.188	5.333	16%	7.391	7.347	6.116	5.279	3.878	3.882	2.148	3.721	3.548	3.224
às Resseguradoras Offshore	2.268	1.999	13%	2.777	2.751	2.888	2.980	2.588	2.569	2.310	565	254	66
Total	8.456	7.331	15%	10.168	10.098	9.004	8.259	6.466	6.451	4.458	4.286	3.802	3.291

Resseguro (bruto de comissão) aceito pelas Resseguradoras Locais

	2017/09	2016/09	17/16	2016	2015	2014	2013	2012	2011	2010	2009	2008	2007
de Cedentes Brasileiras	6.188	5.333	16%	7.391	7.347	6.116	5.279	3.878	3.882	2.148	3.721	3.548	3.224
de Cedentes Offshore	1.705	1.101	55%	1.437	1.161	451	443	149	50	119	84	31	22
Resseguro Bruto Comissão	7.893	6.434	23%	8.828	8.508	6.566	5.722	4.027	3.932	2.267	3.805	3.578	3.246
Retrocessão Bruto Comissão	2.973	2.445	22%	3.483	3.480	2.804	2.516	1.813	2.156	916	1.845	1.937	1.641
Resseguro Retido	4.920	3.989	23%	5.345	5.028	3.763	3.207	2.214	1.788	1.351	1.960	1.642	1.605

Fonte: Terra Brasis com dados SUSEP (2018)

Verifica-se na Tabela 2 que o IRB se mantém como líder em resseguro cedido por cedentes brasileiras e em poucos anos teve uma arrecadação menor do que o total das demais resseguradoras juntas, o que certamente o coloca em uma posição estável frente ao mercado, corroborando com as palavras de Mendonça,[70] que coloca que apesar de todas as dificuldades apresentadas pela própria abertura do mercado e mudança de conceitos para o setor de resseguro, incluindo uma mudança de gestão, o IRB se consolidou em uma empresa forte.

---

69 MACHADO FILHO, Marcus Vinícius. *O retorno sobre o capital próprio no mercado local de resseguros brasileiro: durante e pós-monopólio*. Dissertação (Mestrado em Engenharia de Produção) – Universidade Federal Fluminense. Niterói, 2014, p. 26-27.

70 MENDONÇA, Antonio Penteado. O resseguro dez anos depois. *Revista Roncarati: 10 anos da Lei Complementar 126/2007*, p. 23-24. Disponível <https://www.editoraroncarati.com.br/v2/phoca-download/lc_126-2007/index.html>. Acesso 30 mar 2017.

Tabela 3: Distribuição do Resseguro cedido pelas Cedentes brasileiras
Market Share de resseguro (bruto de comissão) cedido pelas Cedentes brasileiras

Market Share Resseguro (bruto de comissão e retrocessão) cedido pelas Cedentes Brasileiras

	2017/09	2016/09	2016	2015	2014	2013	2012	2011	2010	2009	2008	2007
IRB	34%	37%	35%	33%	31%	33%	37%	40%	26%	68%	85%	98%
Outras Resseguradoras Locais	39%	36%	38%	40%	37%	31%	23%	20%	22%	19%	9%	0%
Resseguradoras Offshore	27%	27%	27%	27%	32%	36%	40%	40%	52%	13%	7%	2%
Total cedido por cedentes locais	100%	100%	100%	100%	100%	100%	100%	100%	100%	100%	100%	100%

Market Share Resseguradoras Locais (resseguro bruto de comissão e retrocessão)

	2017/09	2016/09	2016	2015	2014	2013	2012	2011	2010	2009	2008	2007
IRB	47%	51%	48%	46%	46%	51%	62%	66%	55%	78%	91%	100%
Outras Resseguradoras Locais	53%	49%	52%	54%	54%	49%	38%	34%	45%	22%	9%	0%
Total colocado no mercado local	100%	100%	100%	100%	100%	100%	100%	100%	100%	100%	100%	100%

Fonte: Terra Brasis e SUSEP (2018)

Em termos de *Market Share*, refletindo o acumulado de prêmio, o IRB permanece sendo líder no mercado, conforme se vê na Tabela 3.

Note-se que a participação do IRB em 2007 foi de 98%, número que foi reduzindo gradativamente até que em 2010 chegou a 26%, enquanto as resseguradoras estrangeiras atingiram o patamar de 52%. Foi neste momento que, em dezembro de 2010, foram publicadas as Resoluções CNSP nos 224 e 225, que ao mesmo tempo proibiram a colocação do resseguro intragrupo e estabeleceram a contratação obrigatória de 40% com resseguradores locais.

Vê-se, pois, a influência do Estado Intervencionista por meio de edição de normas que, claramente, visavam assegurar uma reserva de mercado ao Brasil.

Neste momento, o mercado viu com receio a entrada de regras protecionistas que pareciam ter sido feitas para proteger o IRB, como menciona Mendonça[71] e por certo, a proteção não se coaduna com a imagem de um mercado de livre concorrência, sendo esta mais uma dificuldade a ser superada.

Felizmente, o que de fato ocorreu foi um aumento no cadastro de resseguradores locais, o que serviu para impulsionar o mercado interno. Assim, de uma forma ou de outra, as normas acabaram por refletir e influenciar positivamente o mercado, seja na saúde do IRB, seja no aumento de *players* locais.

No Gráfico 1 fornecido pela SUSEP,[72] embora não seja possível verificar o valor nominal, visualiza-se, comparativamente que o prêmio de resseguro,

---

[71] MENDONÇA, Antonio Penteado. *Resseguro é coisa séria 3*. Jornal Sinsdeg/SP, edição de 21 de novembro de 2013. Disponível <http://www.pmec.com.br/wp/artigos/resseguro-e-coisa-seria-3/>. Acesso em 12 fev 2018.

[72] SUSEP – Superintendência de Seguros Privados. 6º relatório de análise e acompanhamento dos mercados supervisionados. Disponível em <http://www.susep.gov.br/menuestatistica/SES/Relat_Acomp_Mercado_2016.pdf>. Acesso em 18 mar 2018.

em 10 anos, dobrou em volume. Ao mesmo tempo, é possível visualizar a penetração de cada tipo de resseguradora, local, admitida e eventual nos prêmios cedidos no período de 2006 (pré-abertura do mercado) até 2016.

Gráfico 1: Evolução Anual dos Prêmios Cedidos em Resseguro

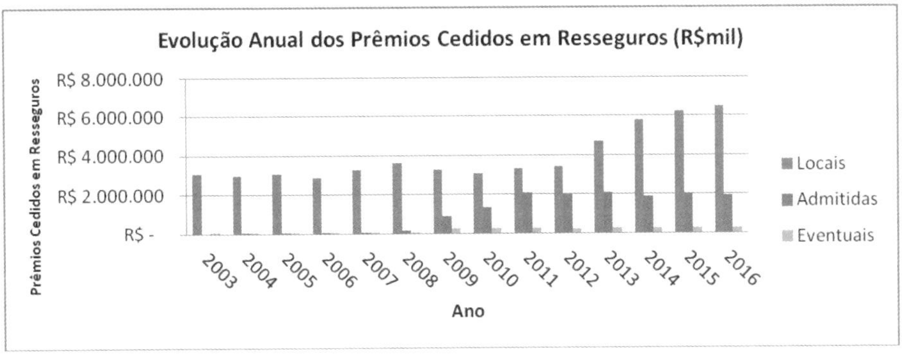

Fonte: Susep (2017)

No que se refere às resseguradoras locais, veja-se que entre os anos de 2007 e 2012 houve ligeiro crescimento em um primeiro momento, seguido de uma breve baixa dos prêmios cedidos em resseguro. No mesmo período, vê-se um crescimento gradativo dos prêmios cedidos às resseguradoras admitidas até 2012 e um crescimento natural decorrente da abertura do mercado, mas tímido em relação aos resseguradores eventuais.

Neste ponto, vê-se claramente a influência dos normativos que instituíram a reserva de mercado pela contratação obrigatória e vedação das operações intragrupo em dezembro de 2010.

Observe-se que conforme a Tabela 2, até 2010, 3 anos após a abertura do mercado de resseguro, apenas 6 resseguradoras eram cadastradas como locais, número que cresceu para 13 nos dois anos seguintes à breve proibição e após limitação da colocação de resseguro intragrupo e estabelecimento da contratação obrigatória de 40%, pelas Resoluções CNSP nos 224 e 225 acima citadas.

Conforme ensina Polido,[73] a "volatilidade da permanência de players operando com determinado mercado depende muito das regras protetivas e de liberdade de acesso regulamentadas pelo poder público".

Assim, a partir de 2012, com a entrada de novas resseguradoras locais no mercado, provavelmente impulsionado por estes mesmos normativos, momento em que grandes grupos internacionais se tornaram resseguradores locais (Allianz, Swiss Re, Zurich) há um franco crescimento dos prêmios cedidos aos resseguradores locais, por certo também propiciado pela reserva de mercado,

---

[73] POLIDO, Walter Antonio. *Resseguro:* Cláusulas contratuais e particularidades sobre responsabilidade civil. 2. ed. Rio de Janeiro: Funenseg, 2011, p. 23.

e uma estabilidade na cessão de prêmio aos resseguradores admitidos e eventuais, o que demonstra que o mercado está em crescimento, havendo capacidade para colocação de novos riscos.

Outro ponto importante que se destaca é a exportação de resseguro pelas resseguradoras locais. Considerando que se passaram 10 anos da abertura do mercado de resseguros brasileiro após quase 70 anos de monopólio, poderia ser pouco tempo para se pensar em um mercado maduro pronto para exportação.

No entanto, conforme se vê na Tabela 3, o prêmio de resseguro cedido de cedentes *offshore* é crescente. Embora ainda não haja números concretos para o ano de 2017, a estimativa de crescimento com relação ao ano de 2016 foi de 53% e até setembro de 2017, em valores nominais, a cessão de resseguro nesta categoria já era de R$ 1,7 bilhões, número significativo considerando que o prêmio cedido a resseguradoras locais por cedentes brasileiras foi de R$ 6,19 bilhões, segundo dados do Terra Report.[74]

5. Considerações finais

O Estado intervencionista se fez muito forte no Brasil no início do Século XX, com base no próprio movimento socialista que se desenvolvia pelo mundo.

No Brasil, o mercado de seguros teve início em 1808 com a fundação da primeira seguradora do país, a Companhia de Seguros Boa-fé. A partir daí e com a criação das companhias resseguradoras pelo mundo, iniciando 1846 com a *Cologne Re*, todo o resseguro cedido pelas seguradoras brasileiras era para empresas estrangeiras, isto é, o dinheiro brasileiro produzido pela venda do seguro era exportado com a compra de resseguro de empresas estrangeiras.

Assim, em 1939, mais de 100 anos após a criação da primeira seguradora brasileira e um pouco mais de 90 anos após a primeira resseguradora no mundo, foi criado o IRB, por meio do Decreto-Lei nº 1.186, de 03 de abril.

Criado como uma sociedade de economia mista, com controle totalmente estatal e monopólio sobre a atividade de resseguro, o IRB exerceu um importante papel de manutenção do próprio mercado de seguros, vez que garantia a própria capacidade das Seguradoras na colocação dos negócios ao mesmo tempo que mantinha o dinheiro circulando dentro do território nacional, cumprindo com o seu objetivo.

No entanto, o desenvolvimento do mercado mundial e da economia passou a exigir outra postura. A ideia de um Estado Intervencionista e controlador de mercado foi perdendo força para a livre iniciativa e concorrência.

---

[74] TERRA REPORT. Relatório do Mercado Brasileiro de Seguros. v. 25, jan 2018. Disponível em <http://www.terrabrasis.com.br/Content/pdf/Terra%20Report%20Brasil%20201709%20Port%20v11.pdf>. Acesso em 21 mar 2018.

Da mesma maneira, o desenvolvimento tecnológico trouxe uma mudança no comportamento da sociedade e a globalização encurtou distância, trazendo dinamismo na celebração de negócios.

Assim, uma ideia de monopólio na atividade de resseguro, apesar de ter tido a sua função no momento de necessário reforço na criação de uma identidade do próprio país e de manutenção da moeda, passou a ser obsoleta, considerada até como um entrave para a evolução do mercado de resseguros brasileiro.

A Lei Complementar nº 126/2007 foi então recebida com muito entusiasmo por alguns, sob a ideia de que novos, sob a ideia de que novos *players* trariam inovação ao mercado e à forma de fazer negócio e, com e receio por outros, considerando o longo tempo em que o monopólio esteve presente, uma vez que ainda que este fosse considerado um "atraso" para o mercado brasileiro, funcionava bem.

Por certo, o negócio de resseguro é bem complexo. São muitas as variáveis a serem negociadas, considerando qual objetivo se pretende alcançar, isto é, qual a função do resseguro se pretende utilizar.

Um programa de resseguro pode conter mais de um contrato de resseguro automático em uma de suas modalidades, além dos facultativos que servirão para cobrir risco a risco, ou particularidades não aceitas nos contratos automáticos.

Além disso, a própria formação do contrato de resseguro deverá seguir regras específicas editadas pela SUSEP, como cláusulas obrigatórias, prazos para sua formalização assinatura, entre outros, que não foram objeto do presente trabalho e mereceriam um artigo específico para tratar deles.

Portanto, vê-se que o mercado de resseguros é um campo com muitas oportunidades de estudo e de trabalho.

Observe-se que após a abertura do mercado houve sim um período de transição que exigiu uma reestruturação daqueles que já atuavam com o resseguro, principalmente o IRB, mas o mercado caminha para uma solidificação, encontrando-se em franco crescimento.

Completados 10 anos da abertura do mercado de resseguro em 2017, em um ano em que o país amarga uma crise econômica, a atividade de resseguros cresceu 15% no ano, o que demonstra a confiança no setor.

Isto porque o mercado passou a confiar na solidez do resseguro. Em que pese o receio de que a abertura do mercado pudesse dar lugar a empresas aventureiras, o que aconteceu foi um aumento de confiança na atividade.

Nesse sentido, sem dúvidas, a transferência de tecnologia recebida pela experiência de *players* internacionais agregou muito valor ao mercado e à própria atividade.

Nota-se pelos resultados avaliados que os prêmios cedidos aos resseguradores locais só vêm crescendo, embora tenha sido amparado por uma reserva de mercado, mais fortemente aplicada nos anos de 2010 a 2015, por meio de normas editadas pelo CNSP e SUSEP, veja-se que mesmo após a abertura da colocação de resseguro intragrupo, não houve uma forte evasão de negócios para o exterior junto às resseguradoras admitidas e eventuais, ao contrário, eles continuaram crescendo localmente.

Tanto é assim que o mercado de resseguros se sente confortável em excluir a limitação de negócios para colocação de resseguro intragrupo definitivamente, o que ocorreu em dezembro de 2017 com a Resolução CNSP nº 353.

Por certo, não se sabe como o mercado se comportará diante desta liberdade na colocação do resseguro sem travas para o intragrupo, entretanto, vê-se que está maduro o suficiente para lidar com esta situação.

Neste ponto, é necessário reconhecer a influência das leis e normas que regem o setor. Embora as medidas protecionistas ao mercado local adotadas pelo órgão regulador tenham sido vistas com receio pelo mercado e criticadas por colocarem obstáculos à livre circulação de negócios, estas ajudaram no desenvolvimento do resseguro brasileiro, pois possibilitaram que estas novas empresas, ou mesmo o IRB, encontrassem tempo para o seu desenvolvimento e não fossem massacradas pelo poder econômico de grandes empresas do ramo internacionais sem a chance de se estabelecerem no mercado.

E foi exatamente o que aconteceu. Hoje, resseguradoras locais com capital nacional já são exportadoras de resseguro e têm muita capacidade de crescimento neste polo, vez que capacidade não faltam.

Além disso, o próprio mercado de seguros ganhou em muito em ampliação de capacidade, especialização de negócios e novos produtos, que podem ser temas para um próximo estudo.

Portanto, a abertura do mercado de resseguros no Brasil foi muito positiva, pois trouxe novos *players* para o mercado nacional, que transferiram tecnologia e experiência para a própria atividade da Seguradora, sendo parceiros importantes no desenvolvimento de novos produtos.

6. Referências

CHAVES, Stephanie Fonseca. *A evolução do mercado de resseguros no Brasil*. Projeto de Monografia (Departamento de Economia). Rio de Janeiro: Pontifícia Universidade Católica: 2014.

CNseg. Dados básicos do mercado. Disponível em <http://cnseg.org.br/cnseg/estatisticas/mercado/dadosbasicos/>. Acesso em 18 mar 2018.

——. Mercado segurador: resultados e perspectivas 2016. Disponível em <http://cnseg.org.br/cnseg/publicacoes/mercado-segurador-brasileiro/detalhes-8A8AA89F5E3A2A33015E4E160D103EAA.html>. Acesso em 18 mar 2018.

——. Resseguro cedido por seguradoras brasileiras cresce 15% em 2017. Disponível em <http://cnseg.org.br/cnseg/servicos-apoio/noticias/resseguro-cedido-por-seguradoras-brasileiras-cresce-15-em-2017.html.>. Acesso em 21 mar 2018.

CONTADOR, Cláudio Roberto; KREBS, Marcos. *Seguro e resseguro:* interdependência e causalidade pós abertura. Rio de Janeiro: Funenseg, 2016. (Texto de Pesquisa, 3). Disponível em <http://cpes.org/acervo_categoria/textos-de-pesquisa/>. Acesso em 18/04/2017.

DIAS, André Orengel. O. *Resseguro e desenvolvimento:* entre estado e mercado, lei e contrato. Dissertação (Mestrado em Direito) – Escola de Direito de São Paulo – FGV, São Paulo, 2011.

FARIA, Lauro Vieira de. Abertura do mercado de resseguro: demanda de resseguros e impacto sobre o mercado segurador. *Revista Brasileira de Risco e Seguros*, v. 3, nº 5, abril/setembro 2007, p. 133-174. Rio de Janeiro, 2007.

GIL, Antonio Carlos. Métodos e técnicas de pesquisa social. 6ª ed. São Paulo: Atlas, 2008.

GOLDBERG, Ilan. *Do monopólio à livre concorrência:* a criação do mercado ressegurador brasileiro. Dissertação (Mestrado em Direito) – Universidade Cândido Mendes, 2007.

GUERREIRO, Marcelo da Fonseca. *Seguros privados:* doutrina, legislação e jurisprudência. 2 ed. Rio de Janeiro: Forense Universitária, 2004.

HADDAD, Marcelo Mansur. O resseguro internacional. *Cadernos de Seguro*. Rio de Janeiro: Funenseg, 2003.

HARRISON, Connor M. *Princípios e práticas de resseguro*. 1 ed. Rio de Janeiro: Funenseg, 2007.

MACHADO FILHO, Marcus Vinícius. *O retorno sobre o capital próprio no mercado local de resseguros brasileiro*: durante e pós-monopólio. Dissertação (Mestrado em Engenharia de Produção) – Universidade Federal Fluminense. Niterói, 2014.

MARIN, Evandro R. *Ambiente econômico do seguro e resseguro.* Rio de Janeiro: ENS-CPES, 2016.

MARTINS, João Marcos Brito e MARTINS, Lídia de Souza. *Resseguros:* fundamentos técnicos e jurídicos. Rio de Janeiro: Forense Universitária, 2008.

MELLO, Sérgio Rui Barroso de. *Contrato de resseguro*. Rio de Janeiro; Funenseg, 2011.

MENDONÇA, Antonio Penteado. *Temas de seguro*. São Paulo: Editora Roncarati, 2008.

——. *Resseguro é coisa séria 3*. Jornal Sinsdeg/SP, edição de 21 de novembro de 2013. Disponível em <http://www.pmec.com.br/wp/artigos/resseguro-e-coisa-seria-3/>. Acesso em 12 fev 2018.

——. *Uma lei que deu certo*. Disponível em <http://www.pmec.com.br/wp/artigos/resseguro-e-coisa-seria-3/>. Acesso em 16 mar 2018.

OLIVEIRA, José Inácio Ribeiro Lima de. *Análise da regulamentação do novo mercado ressegurador brasileiro e das propostas de alteração normativa* apresentadas pela sociedade civil internacional. Dissertação (Mestrado em Direito) – Universidade Metodista de Piracicaba, Piracicaba, 2010.

PINHEIRO, Selma Sotelo. *Mercado ressegurador brasileiro após a abertura à livre concorrência:* uma proposta de agrupamentos estratégicos para as empresas locais. Dissertação (Mestrado em Administração e Desenvolvimento Empresarial). Rio de Janeiro: Universidade Estácio de Sá, 2013.

POLIDO, Walter Antonio. *Contrato de seguro:* novos paradigmas. São Paulo: Editora Roncarati, 2010.

____. *Resseguro:* Cláusulas contratuais e particularidades sobre responsabilidade civil. 2. Ed. Rio de Janeiro: Funenseg, 2011.

PÓVOAS, M.S. *Na rota das instituições do bem-estar:* seguro e previdência. São Paulo: Ed. Green Forest do Brasil, 2000.

REACTIONS MAGAZINE. Mercado brasileiro de (re)seguros: perspectivas e oportunidades. *Reactions Magazine*, p. 34-35, junho 2008. London: Reactions, 2008.

RILEY, K. *O quebra-cabeça do resseguro*. Rio de Janeiro: Funenseg, 2009.

RONCARATI. 10 anos da Lei Complementar 126/2007. Disponível <https://www.editoraroncarati.com.br/v2/phocadownload/lc_126-2007/index.html>. Acesso 30 mar 2017.

SUSEP. Consulta de entidades supervisionadas. Disponível em <http://www.susep.gov.br/menu/informacoes-ao-publico/mercado-supervisonado/entidades-supervisionadas>. Acesso em 18 mar 2018.

SUSEP. *6º relatório de análise e acompanhamento dos mercados* supervisionados. Disponível em <http://www.susep.gov.br/menuestatistica/SES/Relat_Acomp_Mercado_2016.pdf>. Acesso em 18 mar 2018.

SWISS RE. *Guia básico do resseguro.* Swiss Re Corporate Solutions, 2017.

TERRA REPORT. *Relatório do Mercado Brasileiro de Seguros.* v. 25, jan 2018. Disponível em <http://www.terrabrasis.com.br/Content/pdf/Terra%20Report%20Brasil%20201709%20Port%20v11.pdf>. Acesso em 21 mar 2018.

— XIV —

Proteção de dados pessoais e impactos jurídicos nos seguros

Pery Saraiva Neto
Advogado. Doutor em Direito pela PUCRS. Mestre em Direito pela UFSC. Professor de Pós-Graduação.

Maiara Bonetti Fenili
Advogada. Especialista em Direito do Seguro pela Faculdade CESUSC. Vice Presidente CILA Jovem. Membro da Comissão de Direito do Seguro da OAB/SC. Membro da AIDA Brasil.

Sumário: 1. Introdução; 2. Conceito de dados pessoais; 3. Segmentação de dados e *profiling;* 4. Importância da proteção de dados pessoais; 5. *Profiling* aplicado ao setor de seguros; 6. *General Data Protection Regulation* 2016/679 (GDPR); 7. Projetos de lei para a proteção de dados no Brasil; 8. Considerações finais; 9. Referências.

1. Introdução

Vivemos hoje, com o advento das novas tecnologias, a era da informação, produzindo de forma impressionante dados valiosos.

Partindo-se da ideia de *Big Brother*, de George Orwell ("1984") – no qual a sociedade era vigiada sob regime totalitário e de vigilância – hoje estamos sendo vigiados com o intuito de modificar o futuro, sendo que tudo o que fazemos está sendo visto e acompanhado em tempo real, sendo possível coletar dados e informações que podem ser utilizados para os mais diversos fins, especialmente comerciais.

O denominado *Big Data* está diretamente ligado a isso. Nossos atos e comportamentos não escapam do controle dos computadores. Nossos dados pessoais e comportamentais são coletados constantemente e utilizados para diversos fins, muitos deles não declarados.

Big Data é o grande volume de informações, de dados estruturados e não estruturados, que são gerados a cada segundo.

O termo *Big Data* não é recente. John Mashey utilizou essa terminologia pela primeira vez em meados da década de 1990 ao tratar da manipulação e análise de grande volume de dados.[1] Nos dias atuais, com o avançar do universo tecnológico, os dados são gerados muito mais rápido e em maior quantidade, aptos a serem processados e transformados em informações úteis. Assim:

> *Big Data* são dados que excedem a capacidade de processamento de sistemas de banco de dados convencionais. O conjunto de dados é muito grande, move-se muito rápido, é estruturado ou não. Para gerar valor a partir destes dados é preciso escolher uma maneira alternativa de processá-los.[2]

O termo *Big Data* diz respeito ao volume de dados complexos, diversos, heterogêneos e que provém de múltiplas e autônomas fontes, estruturados e não estruturados.[3]

De acordo com Alecrim:

> (...) trata-se de um conjunto de dados extremamente amplos e que, por este motivo, necessitam de ferramentas especialmente preparadas para lidar com grandes volumes, de forma que toda e qualquer informação nestes meios possa ser encontrada, analisada e aproveitada em tempo hábil.[4]

Não se pode tratar *Big Data* apenas como técnica de processamento de dados, mas sim como a massa de dados que pode ser armazenada e processada devido ao avanço tecnológico, ainda que com bastante dificuldade, justamente pelo enorme tamanho de dados envolvidos.

Neste sentido, *Big Data* "refere-se a bancos de dados com tamanho além da habilidade de captura, armazenamento, gerenciamento e análise de sistemas convencionais".[5]

Deste modo, tem-se por *Big Data* o acúmulo de variados tipos de dados, os quais são capturados de fontes diversas, formando um conjunto de dados em proporções antes inimagináveis, tendo por desafio o recolhimento, armazenamento, análise, partilha, privacidade e visualização destes dados.

---

[1] FREITAS, Cinthia Obladen de Almendra; PAMPLONA, Danielle Anne. Cooperação entre estados totalitários e corporações: o uso da segmentação de dados e profiling para violação de direitos humanos. In: RUARO, Regina Linden; MAÑAS, José Luis Piñar; MOLINARO, Carlos Alberto (Orgs.). *Privacidade e proteção de dados pessoais na sociedade digital*. Porto Alegre: Editora Fi, 2017, p. 130.

[2] Tradução livre. Do original: "Big data is data that exceeds the processing capacity of conventional database systems. The data is too big, moves too fast, or doesn't fit the strictures of your database architectures. To gain value from this data, you must choose an alternative way to process it". DUMBIL, Edd. Getting up to speed with big data. In: *Big data now*: 2012 edition. 2012, p. 3.

[3] MCAFEE, A.; BRYNJOLFSSON, E. *Big data*: The management revolution. Harvard Business Review, v. 90, n. 10, 2012, p. 60.

[4] ALECRIM, Emerson. *O que é Big Data?* Disponível em: <https://www.infowester.com/big-data.php>. Acessoem: 10/05/2018.

[5] Tradução livre. Do original: "(...) refers to datasets whose size is beyond the ability of typical database software tools to capture, store, manage and analyze". FREITAS, Cinthia Obladen de Almendra; PAMPLONA, Danielle Anne. Cooperação entre estados totalitários e corporações: o uso da segmentação de dados e profiling para violação de direitos humanos. In: RUARO, Regina Linden; MAÑAS, José Luis Piñar; MOLINARO, Carlos Alberto (Orgs.). *Privacidade e proteção de dados pessoais na sociedade digital*. Porto Alegre: Editora Fi, 2017, p. 131.

O *Big Data* costuma ser definido por cinco características intrínsecas que começam pela letra V, sendo elas: volume, velocidade, variedade, valor e veracidade.

O volume diz respeito ao tamanho e quantidade de dados gerados; a velocidade trata da dinâmica de crescimento e processamento de dados, ou seja, refere-se à rapidez com que os dados são gerados e distribuídos; a variedade diz respeito à diversidade de origens, formas e formatos dos dados; o valor é o significado que pode ser atribuído ao dado por meio da sua análise; e a veracidade se refere à autenticidade, reputação da origem, confiabilidade dos dados.[6]

O *Big Data* apresenta-se útil para o sucesso da atividade empresarial, desde que seja aplicada a capacidade analítica adequada sobre a massa disforme de dados.

Surgem preocupações quando dados pessoais são utilizados para formação de *Big Data*, pois por meio do processamento desses dados é possível, por exemplo, criar perfis com base na personalidade e no comportamento do indivíduo, sem que esse tenha conhecimento da invasão da sua esfera estritamente pessoal.

No âmbito da proteção de dados pessoais a preocupação está em como esses dados serão utilizados, tendo em vista que a utilização indevida pode acarretar em discriminações, bem como em violação do direito à privacidade.

2. Conceito de dados pessoais

Embora inexista definição unânime para conceituar dados pessoais, há três correntes com diferentes entendimentos: reducionista, expansionista e abolicionista.

A reducionista trata dado pessoal como sendo a informação associada diretamente ao indivíduo, protegendo o dado identificado e excluindo as informações públicas, agregadas e para fins de estatística. Já a expansionista diz que dado pessoal é toda a informação que está associada diretamente ao indivíduo, sendo ela identificada, ou que pode ser associada ao indivíduo, logo, identificável. Por fim, a abolicionista, segundo a qual ao invés de levar em conta o dado para identificação do indivíduo, deve-se apostar no contexto da navegação.[7]

---

[6] PEREIRA, Flávia Patrícia Alves. *Big data e data analysis*: visualização de informação. 2015. Dissertação (Mestrado em Engenharia). Universidade do Minho, Portugal. Disponível em: <https://repositorium.sdum.uminho.pt/bitstream/1822/40106/1/Big%20Data%20e%20Data%20Analysis%20-%20Visualiza%C3%A7%C3%A3o%20de%20Informa%C3%A7%C3%A3o.pdf>. Acesso em: 10/05/2018.

[7] MORELI, Luiz Fernando Villa. A proteção de dados pessoais e seus efeitos nas startups de tecnologia. In: JUDICE, Lucas Pimenta; NYBO, Erik Fontenele (Coord.). *Direito das Startups*. Curitiba: Juruá, 2016, p. 97/98, apud SILVA.

Contudo, Santos conceitua dados pessoais como

> (...) fatos, juízos e representações referentes a uma pessoa física ou jurídica, suscetíveis de ser coletados, armazenados, processados ou transferidos a terceiros. E a base de dados pessoais é o conjunto desses dados, geralmente organizados de uma maneira sistemática e ordenada, em função de determinados critérios e para finalidades específicas, em condições de serem acessados individualmente por meio eletrônico.[8]

Para um dado ser caracterizado como pessoal, é fundamental que ele esteja vinculado a uma pessoa, revelando um aspecto objetivo do titular, ou seja, "os dados pessoais chegam a fazer às vezes da própria pessoa em uma série de circunstâncias nas quais a sua presença física seria outrora indispensável".[9] Segundo Doneda:

> Este vínculo significa que a informação se refere às características ou ações desta pessoa, que podem ser atribuídas a ela em conformidade à lei, como no caso do nome civil ou do domicílio, ou então que são informações provenientes de seus atos, como os dados referentes ao seu consumo, informações referentes às suas manifestações, como sobre opiniões que manifesta e tantas outras. É importante estabelecer esse vínculo objetivo, pois ele afasta outras categorias de informações que, embora também possam ter alguma relação com uma pessoa, não seriam propriamente informações pessoais: as opiniões alheias sobre esta pessoa, por exemplo, a princípio não possuem esse vínculo objeto; também a produção intelectual de uma pessoa, em si considerada, não é per se informação pessoal (embora o fato de sua autoria o seja).[10]

Em outras palavras, dados pessoais são aqueles que têm capacidade ou potencial de identificar uma pessoa, demonstrando as características da sua personalidade.

Há no Brasil alguns Projetos de Lei em trâmite, tanto no Senado como na Câmara dos Deputados, que dispõem sobre dados pessoais, trazendo sobretudo definições.

No Senado está em trâmite o Projeto de Lei nº 330/2013,[11] que tramita em conjunto com os Projetos de Lei nº 181/2014[12] e nº 53/2018,[13] definindo dado pessoal, em seu artigo 3º, como sendo "toda informação, de qualquer natureza e independentemente do respectivo suporte, passível de ser armazenada, processada ou transmitida, relativa a pessoas identificadas ou identificáveis".[14]

No Projeto de Lei nº 181/2014, dado pessoal está definido no artigo 5º como sendo:

---

[8] SANTOS, Manoel J. Pereira dos. *Responsabilidade Civil na Internet e demais Meios de Comunicação.* 2. ed. São Paulo: Saraiva, 2014, p. 351.

[9] DONEDA, Danilo. *A proteção dos dados pessoais como um direito fundamental.* Joaçaba: Espaço Jurídico, v. 12. n. 2, jul/dez 2011, p. 92.

[10] DONEDA, Danilo. *A proteção dos dados pessoais como um direito fundamental.* Joaçaba: Espaço Jurídico, v. 12. n. 2, jul/dez 2011, p. 93.

[11] Dispõe sobre a proteção, o tratamento e o uso de dados pessoais, e dá outras providências.

[12] Estabelece princípios, garantias, direito e obrigações referentes à proteção de dados pessoais.

[13] Dispõe sobre a proteção de dados pessoais e altera a Lei nº 12.965, de 23 de abril de 2014.

[14] BRASIL. *Projeto de Lei nº 330/2013.* Disponível em: <https://legis.senado.leg.br/sdleg-getter/documento?dm=2931559&ts=1528922515457&disposition=inline&ts=1528922515457>. Acesso em: 11/05/2018.

(...) qualquer informação relativa a uma pessoa natural que permita sua identificação, direta ou indiretamente, incluindo os números de identificação ou de elemento de sua identidade física, fisiológica, psíquica, econômica, cultural ou social e o endereço de protocolo de internet (endereço IP) de um terminal utilizado para conexão a uma rede de computadores.[15]

E no artigo 5º do Projeto de Lei nº 53/2018 dado pessoal é a "informação relacionada à pessoa natural identificada ou identificável".[16]

Já na Câmara dos Deputados está em trâmite o Projeto de Lei nº 4060/2012,[17] que em seu artigo 7º define dado pessoal como sendo "qualquer informação que permita a identificação exata e precisa de uma pessoa determinada".[18]

Há também definição de dado pessoal na *General Data Protection Regulation* da União Europeia, que é o Regulamento nº 679/2016 do Parlamento Europeu e do Conselho, relativo à proteção das pessoas singulares no que diz respeito ao tratamento de dados pessoais e à livre circulação desses dados.

Em seu artigo 4º, de forma expansionista, traz como definição de dado pessoal:

(...) 'dados pessoais' referem-se a qualquer informação relacionada à identificação ou a possibilidade de identificação de uma pessoa natural ('dados subjetivos'); uma pessoa natural identificável é aquela que pode ser identificada de forma direta ou indiretamente, em particular, fazendo referência a um identificador como nome, número de identificação, dados de localização, identificador *online (IP)* ou um ou mais fatores específicos como físicos, fisiológicos, genéticos, psicológicos, econômicos, culturais ou sociais que identificam uma pessoa natural.[19]

Em conclusão, ao abordar o tratamento de dados, necessário sublinhar a imprescindível cautela com os chamados dados sensíveis, que são aqueles revestidos de informações sobre a saúde, a origem social e étnica, a informação genética ou biométrica, a orientação sexual, as convicções políticas, religiosas e filosóficas do indivíduo.[20]

---

[15] BRASIL. *Projeto de Lei nº 181/2014*. Disponível em: <https://www25.senado.leg.br/web/atividade/materias/-/materia/117736>. Acesso em: 11/05/2018.
[16] BRASIL. *Projeto de Lei nº 53/2018*. Disponível em: <https://legis.senado.leg.br/sdleg-getter/documento?dm=7738646&ts=1528983051711&disposition=inline&ts=1528983051711>. Acesso em: 11/05/2018.
[17] Dispõe sobre o tratamento de dados pessoais, e dá outras providências.
[18] BRASIL. *Projeto de Lei nº 4060/2012*. Disponível em: <http://www.camara.gov.br/proposicoesWeb/prop_mostrarintegra?codteor=1001750&filename=PL+4060/2012>. Acesso em: 11/05/2018.
[19] Tradução livre. Do original: "(...) 'personal data' means any information relating to an identified or identifiable natural person ('data subject'); an identifiable natural person is one who can be identified, directly or indirectly, in particular by reference to an identifier such as a name, an identification number, location data, an online identifier or to one or more factors specific to the physical, physiological, genetic, mental, economic, cultural or social identity of that natural person". UNIÃO EUROPEIA. *General Data ProtectionRegulation 2016/679*. Disponível em: <https://eur-lex.europa.eu/legal-content/EN/TXT/PDF/?uri=CELEX:32016R0679&from=EN>. Acesso em: 11/05/2018.
[20] Definição trazida pelos Projetos de Lei em trâmite tanto na Câmara dos Deputados como no Senado, especificamente os de nº 330/2013, nº 4060/2012 e nº 53/2018.

3. Segmentação de dados e *profiling*

Vive-se atualmente a chamada Quarta Revolução Industrial devido ao avanço da tecnologia, do uso da internet e do acesso à informação. E é justamente por isso que se tem discutido amplamente a segmentação de dados e a caracterização de *profiling*, facilitados pela combinação de várias tecnologias, principalmente pelas técnicas de "mineração de dados" em *Big Data*, já que dados não faltam para serem processados.

Dados a nosso respeito são coletados e compartilhados diariamente, havendo monitoramento do nosso comportamento tanto *online* como *offline*. Com isso, base de dados são criadas para demonstrar quais são nossos gostos e preferências, auxiliando na personalização de produtos e serviços.

Essa segmentação de dados forma uma bolha informacional:

> (...) surge da junção dos mecanismos de busca e seus filtros com os mecanismos de previsão, as quais "criam e refinam constantemente uma teoria sobre quem somos e sobre o que vamos fazer ou desejar a seguir". Estes mecanismos "criam um universo de informações exclusivo para cada um de nós [...] que altera constantemente o modo como nos deparamos com ideias e informações".[21]

Assim, tem-se por conjunto de dados aquilo que é formado por todas as informações que são capturadas de um indivíduo – inclusive de suas conexões e contatos dentro de uma determinada rede – com base em suas preferências e interesses, manifestados nos seus acessos à internet, mas também decorrentes das informações prestadas quando alimenta sistemas com seus dados (para utilizar aplicativos, por exemplo).

Todas estas facilidades permitem inovação sem permissão, por meio da qual qualquer pessoa ou organização pode criar um novo serviço e disponibilizá-lo na internet, sem necessidade de permissão especial.[22] É neste contexto que a privacidade e a proteção de dados têm se tornado uma preocupação mundial.

Além disso, a segmentação de dados atinge os indivíduos ao tratar seus dados para a criação de *profiling*. Assim:

> As técnicas de perfilamento têm como objetivo determinar o que é relevante dentro de um determinado contexto, por exemplo, quem pode estar interessado em um determinado produto. Além disto, estas técnicas auxiliam na representatividade estatística, ou seja, na determinação da qualidade de uma amostra constituída de modo a corresponder à população no seio da qual ela é escolhida. Ou seja, busca-se generalizar a partir de uma amostra de indivíduos e dos seus respectivos interesses. Por exemplo, se um determinado grupo de pessoas está interessado em um determinado produto,

---

[21] FREITAS, Cinthia Obladen de Almendra; PAMPLONA, Danielle Anne. Cooperação entre estados totalitários e corporações: o uso da segmentação de dados e profiling para violação de direitos humanos. In: RUARO, Regina Linden; MAÑAS, José Luis Piñar; MOLINARO, Carlos Alberto (Orgs.). *Privacidade e proteção de dados pessoais na sociedade digital*. Porto Alegre: Editora Fi, 2017, p. 121, *apud* Pariser.

[22] FREITAS, Cinthia Obladen de Almendra; PAMPLONA, Danielle Anne. Cooperação entre estados totalitários e corporações: o uso da segmentação de dados e profiling para violação de direitos humanos. In: RUARO, Regina Linden; MAÑAS, José Luis Piñar; MOLINARO, Carlos Alberto (Orgs.). *Privacidade e proteção de dados pessoais na sociedade digital*. Porto Alegre: Editora Fi, 2017, p. 122.

outros grupos de pessoas ligados, conhecidos ou relacionados ao primeiro grupo também pode vir a se interessar por este mesmo produto.[23]

O *profiling* nada mais é do que um processo de construção de uma série de informações sobre uma pessoa, através do tratamento de dados, com base em suas características observadas, tendências conhecidas ou seus comportamentos. A definição no GDPR está prevista nos seguintes termos:

> Artigo 4º (...) 4) «Definição de perfis», qualquer forma de tratamento automatizado de dados pessoais que consista em utilizar esses dados pessoais para avaliar certos aspetos pessoais de uma pessoa singular, nomeadamente para analisar ou prever aspetos relacionados com o seu desempenho profissional, a sua situação económica, saúde, preferências pessoais, interesses, fiabilidade, comportamento, localização ou deslocações.[24]

Porém, estabelecer um perfil pode levar à discriminação, segregação ou outra forma de violência conta a pessoa, ainda que simbólica, sendo que podem ser utilizados dados que são revestidos de especial sensibilidade.[25]

4. Importância da proteção de dados pessoais

O tratamento de grande volume de dados tem um enorme potencial de gerar oportunidades e novos modelos de negócios. Mas também é uma atividade de risco, o qual se concretiza na possibilidade de exposição e utilização indevida ou abusiva de dados pessoais.

Assim, é necessário que haja preocupação quanto à utilização dos dados pessoais, levando-se em conta os possíveis danos que podem ser originados e também a devida tutela da privacidade de cada indivíduo.[26] Isto porque o "mau uso destes dados pode originar afronta grotesca aos princípios inerentes à proteção da privacidade".[27]

---

[23] FREITAS, Cinthia Obladen de Almendra; PAMPLONA, Danielle Anne. Cooperação entre estados totalitários e corporações: o uso da segmentação de dados e profiling para violação de direitos humanos. In: RUARO, Regina Linden; MAÑAS, José Luis Piñar; MOLINARO, Carlos Alberto (Orgs.). *Privacidade e proteção de dados pessoais na sociedade digital*. Porto Alegre: Editora Fi, 2017, p. 124/125, *apud* Pariser.

[24] Tradução livre. Do original: "Article 4 (...) 4. 'profiling' means any form of automated processing of personal data consisting of the use of personal data to evaluate certain personal aspects relating to a natural person, in particular to analyse or predict aspects concerning that natural person's performance at work, economic situation, health, personal preferences, interests, reliability, behaviour, location or movements". UNIÃO EUROPEIA. *General Data Protection Regulation 2016/679*. Disponível em: <https://eur-lex.europa.eu/legal-content/EN/TXT/PDF/?uri=CELEX:32016R0679&from=EN>. Acesso em: 11/05/2018.

[25] FREITAS, Cinthia Obladen de Almendra; PAMPLONA, Danielle Anne. Cooperação entre estados totalitários e corporações: o uso da segmentação de dados e profiling para violação de direitos humanos. In: RUARO, Regina Linden; MAÑAS, José Luis Piñar; MOLINARO, Carlos Alberto (Orgs.). *Privacidade e proteção de dados pessoais na sociedade digital*. Porto Alegre: Editora Fi, 2017, p. 126.

[26] MORELI, Luiz Fernando Villa. A proteção de dados pessoais e seus efeitos nas startups de tecnologia. In: JUDICE, Lucas Pimenta; NYBO, Erik Fontenele (Coord.). *Direito das Startups*. Curitiba: Juruá, 2016, p. 96.

[27] Idem.

A proteção de dados é um direito fundamental que constitui uma das dimensões da dignidade da pessoa humana, entendida essa como:

> (...) um valor espiritual e moral inerente à pessoa, que se manifesta singularmente na autodeterminação consciente e responsável da própria vida e que traz consigo a pretensão ao respeito por parte das demais pessoas, constituindo-se em um mínimo invulnerável que todo estatuto jurídico deve assegurar, de modo que apenas excepcionalmente possam ser feitas limitações ao exercício dos direito fundamentais, mas sempre sem menosprezar a necessária estima que merecem todas as pessoas enquanto seres humanos.[28]

No âmbito internacional, a Declaração Universal dos Direitos Humanos de 1948 expressa, em seu artigo 12, que:

> (...) ninguém será sujeito a interferência em sua vida privada, em sua família, em seu lar ou em sua correspondência, nem a ataques à sua honra e reputação. Todo ser humano tem direito à proteção de lei contra tais interferências ou ataques.[29]

Já no âmbito nacional, a Constituição da República Federativa do Brasil de 1988 dispõe, em seu artigo 5º, X, que "[...] são invioláveis a intimidade, a vida privada, a honra e a imagem das pessoas, assegurado o direito à indenização pelo dano material ou moral decorrente de sua violação".[30]

O Brasil reconheceu internacionalmente o direito fundamental à proteção de dados pessoais na Declaração de Santa Cruz de La Sierra, de 15 de novembro de 2003, documento oriundo da XIII Cumbre Ibero-Americana de Chefes de Estado e de Governo, da qual o Brasil é signatário, que dispõe em seu item 45 que a proteção de dados pessoais "é um direito fundamental das pessoas e destacamos a importância das iniciativas reguladoras, ibero-americanas para proteger a privacidade dos cidadãos".[31]

Neste sentido, é importante destacar que estamos vivendo atualmente a sociedade da informação, que se diferencia das demais pela forma como a informação é tratada e aplicada no cotidiano social. O avanço tecnológico revolucionou a capacidade de organização, armazenamento e transmissão de dados de uma forma sem precedentes. E é exatamente por isso que há preocupação quanto ao direito à privacidade, pois impacta significativamente no controle que o indivíduo deve ter sobre suas próprias informações. Afinal:

> Surgem preocupações quando dados pessoais são utilizados para a formatação de Big Datas, pois através da coleta, do tratamento e da transferência destes é possível conhecer a personalidade, as

---

[28] MORAES, Alexandre de. *Direito Constitucional*. 13. ed. Disponível em: < https://jornalistaslivres.org/wp-content/uploads/2017/02/DIREITO_CONSTITUCIONAL-1.pdf>. Acesso em: 19/05/2018.

[29] ONU. *Declaração Universal dos Direitos Humanos*. Adotada e proclamada pela resolução 217 A (III) da Assembleia Geral das Nações Unidas, em 10 de dezembro de 1948. Disponível em: <http://unesdoc.unesco.org/images/0013/001394/139423por.pdf>. Acesso em: 19/05/2018.

[30] BRASIL. Constituição (1988). *Constituição da República Federativa do Brasil*. Brasília, DF: Senado Federal, 1988. Disponível em: <http://www.planalto.gov.br/ccivil_03/constituicao/constituicao-compilado.htm>. Acesso em: 19/05/2018.

[31] CUMBRE Iberoamericana. XIII CIMEIRA IBERO-AMERICANA DE CHEFES DE ESTADO E DE GOVERNO. *Declaração de Santa Cruz de laSierra, 14 e 15 de novembro de 2003*. Disponível em: <http://www.segib.org/wp-content/uploads/DECLARASAO-STA-CRUZ-SIERRA.pdf>. Acesso em: 19/05/2018.

atividades públicas e privadas, perfil, etc., muitas vezes, invadindo a esfera estritamente pessoal de seu titular por natureza, o indivíduo.[32]

De fato, é preciso reconhecer que, da funcionalização da proteção à privacidade, surge a necessidade de se regular a proteção de dados pessoais. Essa seria um tipo de continuação da privacidade, porém tutelando interesses, cuja relevância aumentou significativamente nos últimos tempos, principalmente pelo aumento e facilidade do acesso à informação.

Tal cenário implica a adoção de características próprias da proteção de dados pessoais no que se refere à tutela dos interesses que protege, bem como em referência à vinculação a valores e a direitos fundamentais distintos.

5. *Profiling* aplicado ao setor de seguros

A criação de *profiling*, sob uma perspectiva comercial, torna-se uma técnica de suma importância, na medida que é possível catalogar informações, por meio da coleta, armazenamento, cruzamento e diagnóstico, relacionadas ao desejo, hábitos de consumo e preferências de indivíduos ou grupos, tornando possível prever qual o comportamento dos consumidores.

A técnica do *profiling* tem o condão de facilitar o processo de massificação das relações consumeristas sem abrir mão da personalização, permitindo a oferta de produtos para um público-alvo específico. Assim, dinamiza-se o mercado de consumo e se contribui para uma gestão administrativa mais eficiente.

Entretanto, eleva-se a preocupação com relação à sistemática de classificação e segmentação (ou discriminação), a qual abre margem para a vigilância. Tal vigilância é protagonizada pela captação e tratamento de dados pessoais dos consumidores.

O acesso informacional pelos seguradores é mecanismo de enorme utilidade para sua atividade, pois facilita a compreensão de riscos, ajuda a criar perfis e auxilia na delimitação de grupos homogêneos, aprimorando a precificação, de forma personalizada, com base nas informações captadas e trabalhadas por algoritmos, ou seja, com base em *Big Data*.

> A questão do perfilhamento ou *profiling* envolve diferentes aspectos técnicos e jurídicos, incluindo aspectos legislativos que deverão levar em consideração as características intrínsecas dos sistemas computacionais frente a todas as possibilidades de tratamento de dados pessoais ou não, sendo mais preocupante a questão dos dados pessoais e dos dados sensíveis.[33]

---

[32] MOLINARO, Carlos Alberto; RUARO, Regina Linden. Conflito real ou aparente de interesses entre o direito fundamental à proteção de dados pessoais e o livre mercado. In: RUARO, Regina Linden; MAÑAS, José Luis Piñar; MOLINARO, Carlos Alberto (Orgs.). *Privacidade e proteção de dados pessoais na sociedade digital*. Porto Alegre: Editora Fi, 2017, p. 30.

[33] FREITAS, Cinthia Obladen de Almendra; PAMPLONA, Danielle Anne. Cooperação entre estados totalitários e corporações: o uso da segmentação de dados e profiling para violação de direitos humanos. In: RUARO, Regina Linden; MAÑAS, José Luis Piñar; MOLINARO, Carlos Alberto (Orgs.). *Privacidade e proteção de dados pessoais na sociedade digital*. Porto Alegre: Editora Fi, 2017, p. 126.

A Internet possui vantagens, mas não se pode ficar alheio aos problemas advindos da informação fragmentada por meio das bolhas informacionais e da discriminação advinda da caracterização de perfil.

Desta forma, ainda que o *profiling* seja uma técnica de enorme utilidade para o setor de seguros – que pode ser utilizada para dinamizar seu mercado de consumo e tornar a gestão mais eficiente – necessário que exista cautela na sua utilização. A ideia central do *profiling* é a de discriminar e segmentar, na medida em que identifica padrões de comportamento e classifica o indivíduo a partir do *Big Data*, baseando-se no uso dos dados pessoais dos consumidores. Tal prática, embora consista em uma discriminação racional, pode implicar a privação de determinados indivíduos do acesso a bens e a serviços.

6. *General Data Protection Regulation* 2016/679 (GDPR)

No dia 25 de maio deste ano, depois de uma *vacatio legis* de dois anos, entrou em vigor a Regulação Geral de Proteção de Dados,[34] que foi adotada pela União Europeia em abril de 2016 para substituir a Diretiva/95/EC, conhecida como Diretiva Europeia de Proteção de Dados Pessoais.

Essa Regulamentação tem amplitude global, na medida em que se aplica a empresas que ofereçam bens ou serviços a titulares de dados que se encontram em algum país pertencente à União Europeia ou que monitore o comportamento de titulares de dados nela localizados, ainda que processem os dados pessoais fora da limitação geográfica da União Europeia.

Tal Regulamentação é altamente complexa, sendo considerada "padrão ouro" na proteção de dados pessoais, uma vez que traz amplas obrigações de *accountability*, elevando significativamente o nível de exigência de *compliance* nas empresas, requerendo maior transparência e impondo um conjunto maior de deveres para o tratamento de dados pessoais.

Para determinar quais práticas estão sujeitas às regras estabelecidas pela regulamentação, é necessário saber como esta conceitua processamento, o que está previsto nos seguintes termos:

> Qualquer operação ou conjunto de operações que é realizada em dados pessoais, por meios automatizados ou não, como coleta, registro, organização, estruturação, armazenamento, adaptação ou alteração, recuperação, consulta, utilização, divulgação por transmissão, divulgação ou de outra forma disponível, alinhamento, combinação, restrição, apagamento ou destruição.[35]

---

[34] REGULATION (EU) 2016/679 OF THE EUROPEAN PARLIAMENT AND OF THE COUNCIL of 27 April 2016 on the protection of natural persons with regard to the processing of personal data and on the free movement of such data, and repealing Directive 95/46/EC (General Data Protection Regulation).

[35] Tradução livre. Do original: Article 4 (2) "processing" means any operation or set of operations which is performed on personal data or on sets of personal data, whether or not by automated means, such as collection, recording, organisation, structuring, storage, adaptation or alteration,

Assim, qualquer prática de processamento de dados pessoais está sujeita às regras da regulamentação, desde que esteja sob sua jurisdição.

A regulamentação permite ainda a transferência de dados pessoais para países localizados fora da União Europeia, sob uma série de condições. Para que isto ocorra, é necessário que a Comissão Europeia considere o país com um nível adequado de proteção de dados pessoais, o que não é o caso do Brasil,[36] justamente pela insegurança jurídica de não haver aqui leis que tratem especificamente da proteção de dados pessoais, sendo que para o país ser considerado adequado é preciso ter nível de proteção similar ao garantido na União Europeia.

Ainda assim, na ausência de uma decisão da Comissão quanto à adequação do país, transferências serão permitidas para países fora da União Europeia em algumas circunstâncias, tais como o uso de cláusulas contratuais padrão[37] ou *binding corporate rules (BCR)*,[38] que devem ser aprovadas pelas autoridades nacionais de proteção de dados pessoais para casos particulares.[39]

A Regulamentação também introduz a possibilidade de autorizar transferência para países terceiros por meio de selos e certificações, desde que instrumentos jurídicos vinculativos e aplicáveis sejam acordados com o responsável pelo processamento de dados, visando garantir proteções apropriadas.[40]

A Regulamentação torna as empresas responsáveis pela proteção de dados pessoais que processa, possuindo o ônus de demonstrarem se, como e quão vão protegê-los. Para tanto, terão que colocar em prática medidas de segurança para prevenir violações de dados, além de tomar medidas rápidas para notificar os titulares e autoridades na eventualidade de uma violação/vazamento ocorrer.

O tratamento de dados pessoais, segundo a Regulamentação, deve ocorrer de forma lícita, equitativa e transparente.[41] Para que o tratamento de dados ocorra nestas condições, é imprescindível que haja consentimento do titular. O tratamento de dados tem que ser apresentado para o titular de forma clara e acessível, garantindo o direito que ele tem de revogá-lo.

O capítulo III da Regulamentação dispõe sobre os direitos que o titular dos dados possui, sendo eles transparência, informação e acesso aos dados pessoais, retificação e apagamento, oposição e decisões individuais automatizadas, limitações.

---

retrieval, consultation, use, disclosure by transmission, dissemination or otherwise making available, alignment or combination, restriction, erasure or destruction.

[36] Na América do Sul, apenas a Argentina e o Uruguai receberam o selo de nível de adequação.

[37] Cláusulas genéricas previamente aprovadas pela Comissão Europeia antes de serem introduzidas nos contratos que versam sobre transferências internacionais.

[38] De acordo com o artigo 47 da *General Data Protection Regulation (GDPR)*.

[39] Informação extraída do Considerando 110 da *General Data Protection Regulation* (GDPR).

[40] Disposto no artigo 42 da *General Data Protection Regulation (GDPR)*.

[41] Informação extraída do Considerando 39 da *General Data Protection Regulation* (GDPR)..

O responsável pelo tratamento dos dados tem que fornecer ao titular as informações de forma concisa, transparente, inteligível e de fácil acesso, utilizando uma linguagem clara e simples.[42]

É garantido ao titular dos dados saber todas as informações referente à utilização dos seus dados, bem como quem os trata, guarda e protege, conforme artigos 13 e 14 da Regulamentação. Além disso, é garantido ao titular acessar as informações que a empresa tenha, corrigi-las e negar que elas sejam objeto de tratamento.

Outro direito garantido ao titular dos dados é o do esquecimento, que é a possibilidade que ele tem de solicitar a retirada de suas informações de uma plataforma, devendo a empresa avaliar se o pleito não fere o interesse público.[43]

O titular dos dados tem direito a receber os dados pessoais que lhe digam respeito em formato que outras máquinas possam ler, instituindo uma espécie de portabilidade de dados.

Além disso, o titular dos dados pode se opor ao tratamento deles, inclusive se forem tratados para efeitos de comercialização direta. O titular também tem o direito de não ficar sujeito a nenhuma decisão tomada exclusivamente com base no tratamento automatizado, incluindo a definição de perfis, que produza efeitos na sua esfera jurídica ou que o afete significativamente de forma similar.[44]

Caso haja violação de alguma das regras acima expostas, poderão ser aplicadas penas de até 20.000.000,00 EUR (vinte milhões de euros) ou 4% (quatro por cento) do faturamento global da empresa, o que for maior.[45]

7. Projetos de lei para a proteção de dados no Brasil

O Brasil não possui ainda uma Lei Geral de Proteção de Dados. Contudo, possui normas reguladoras que tutelam dados pessoais de forma setorial, dentre as quais se pode citar a própria Constituição Federal (1988), a Lei de *Habeas Data* (1997), o Código de Defesa do Consumidor (1990), a Lei de Acesso à Informação (2011), a Lei do Cadastro Positivo (2011) e o Marco Civil da Internet (2014), entre outras.

Conforme já mencionado, no Brasil há projetos de lei em trâmite tanto no Senado quanto na Câmara dos Deputados, os quais tratam especificamente da proteção de dados pessoais e que estão avançando rapidamente, principalmente após da entrada em vigor da Regulamentação da União Europeia.

---

[42] Segundo prevê o artigo 12 da *General Data Protection Regulation* (GDPR).

[43] Conforme previsto no artigo 17 da *General Data Protection Regulation* (GDPR).

[44] De acordo com o artigo 22 da *General Data Protection Regulation* (GDPR).

[45] Multa prevista no artigo 83 da *General Data Protection Regulation* (GDPR).

É de suma importância que, devido ao crescente fluxo transnacional de dados pessoais, as leis de diferentes países possuam algum grau de compatibilidade para que fluxos de dados legítimos não sejam prejudicados pela incompatibilidade entre regimes nacionais de proteção de dados.

Neste sentido, passamos a analisar os Projetos de Lei n°s 4.060/2012, 330/2013, 181/2014 e 53/2018.

O Projeto de Lei nº 4.060/2012, em trâmite na Câmara dos Deputados, já no seu artigo 1º, dispõe:

> Esta lei tem por objetivo garantir e proteger, no âmbito do tratamento de dados pessoais, a dignidade e os direitos fundamentais da pessoa natural, particularmente em relação a sua liberdade, privacidade, intimidade, honra e imagem.

Tal projeto de lei prevê os requisitos para o tratamento de dados pessoais, nos artigos 9º ao 18, os direitos do titular dos dados, nos artigos 19 e 20 e da tutela sancionatória, no artigo 21.

Com relação ao tratamento de dados, estes devem ser tratados de forma leal e com boa-fé, respeitando os legítimos interesses dos seus titulares (art. 9º).

O responsável pelo tratamento dos dados, conforme prevê o art. 11 do PL 4060/2012, deve adotar medidas tecnológicas, as quais devem ser proporcionais ao atual momento da tecnologia, aptas a reduzir riscos de violação dos dados pessoais.

O titular dos dados poderá, de acordo com o artigo 19, "requerer o bloqueio do tratamento de seus dados pessoais, salvo se a manutenção do tratamento for necessária à execução de obrigações legais ou contratuais".

Ademais, deverá ser assegurado aos titulares dos dados pessoais amplo acesso à política de privacidade, onde deverão estar as informações sobre a utilização dos dados coletados (art. 20).

O art. 21 dispõe que os responsáveis pelo tratamento dos dados pessoais que não respeitarem as regras previstas, ficarão sujeitos às sanções previstas no Código de Defesa do Consumidor.

O Projeto de Lei nº 330/2013, em trâmite no Senado, dispõe sobre o tratamento de dados em seus artigos 4º ao 6º, sobre direitos do titular dos dados em seu artigo 7º, sobre os deveres do proprietário e gestor de banco de dados em seu artigo 8º, sobre segurança dos dados em seu artigo 11 e sobre responsabilidade e sanções administrativas nos artigos 14 a 18.

O tratamento de dados relaciona-se com a coleta, armazenamento e processamento de forma lícita, devendo ser observado o princípio da boa fé. Além disso, o tratamento deve estar adstrito a finalidades determinadas, para aquelas que houve consentimento prévio e expresso do titular dos dados, garantindo a este o acesso às informações coletadas, armazenadas, processadas ou transmitidas (art. 4º).

Além disso, o titular dos dados tem como direitos básicos a proteção da vida privada, intimidade, honra e imagem, bem como o acesso aos dados coletados e tratados em banco de dados, inclusive a ciência prévia da inclusão dos seus dados nestes bancos. O titular tem direito também, segundo prevê o art. 7º do PL 330/2013, à retificação de dados inexatos, o cancelamento dos dados que deixarem de ser necessários para a finalidade que foram coletados, a oposição da utilização dos seus dados para fins comerciais e a exclusão dos seus dados de banco de dados.

O proprietário e o gestor de banco de dados têm como deveres informar os titulares dos dados pessoais sobre o tratamento, não utilizar os dados para finalidades diversas daquelas para as quais foram coletados, não tratar os dados por meios indevidos, não utilizar os dados pessoais de maneira que gere algum tipo de discriminação do titular, proteger os dados pessoais, não utilizar dados sem o consentimento do titular, inclusive os sensíveis, retificar e cancelar os dados quando tiver conhecimento de que não condizem com a realidade (art. 8º).

Outro dever do proprietário e do gestor do banco de dados é garantir a segurança dos dados. Para que isto ocorra, devem ser adotadas medidas destinadas a proteger os dados pessoais contra a perda ou destruição, alteração, difusão e acesso não autorizado.[46]

O Projeto de Lei nº 181/2014, em seu capítulo II, trata dos Direitos do Titular dos dados, estando distribuídos entre os artigos 6º e 11.

Dentre os direitos básicos do titular, previstos no art. 6º do PL 181/2014, estão a inviolabilidade da privacidade e da intimidade, recebimento de informações claras, completas e atualizadas sobre o processamento dos seus dados pessoais, o consentimento expresso sobre o que pode ser feito com seus dados, o não fornecimento de seus dados a terceiros, exclusão dos seus dados pessoais e oposição ao tratamento deles.

Dentre as hipóteses (art. 13) para que o tratamento dos dados pessoais ocorra, pode-se dizer que o consentimento expresso do titular é a mais relevante, isto porque o próprio projeto de lei prevê que o consentimento deve ser prestado de forma apartada das demais declarações, indicando sua finalidade específica e delimitada. Para que o consentimento seja prestado, o titular precisa receber todas as informações relevantes sobre o tratamento de seus dados, podendo, a qualquer momento, revogá-lo (art. 14).

Parece evidente a preocupação quanto à discriminação quando o referido Projeto de Lei veda o tratamento de dados pessoais relativos aos interesses religiosos, políticos, sexuais, étnicos ou sociais do indivíduo, bem como os

---

[46] Tais medidas estão previstas no art. 11 do Projeto de Lei nº 330/2013.

relativos à saúde, genética ou biométrica, salvo se houver consentimento do titular.[47]

A seção III do Projeto de Lei dispõe sobre a segurança no tratamento de dados, especificamente nos artigos 20 ao 23.

Todas as pessoas que tiverem acesso aos dados pessoais devem adotar medidas de segurança compatíveis com os padrões internacionais, considerando a natureza dos dados tratados e a finalidade do tratamento (art. 20). Eles têm ainda a obrigação de manter o sigilo quanto aos dados, mesmo após o encerramento do tratamento (art. 21).

O art. 22 do PL 181/2014 prevê que quando as pessoas que tenham acesso aos dados pessoais tiverem conhecimento de falha na segurança ou violação ao sigilo, devem imediatamente comunicar às autoridades competentes, que determinarão quais as medidas de correção e reversão do problema deverão ser adotadas, bem como aos titulares dos dados.

Sempre que houver infração às regras previstas na lei, sanções serão aplicadas, levando-se em consideração a gravidade, a boa-fé do infrator, a vantagem por ele auferida ou pretendida, a sua situação econômica e reincidência (art. 28). As sanções administrativas aplicadas serão advertência, alteração, retificação ou cancelamento do banco de dados, multa de até 5% do faturamento, suspensão e até mesmo proibição, parcial ou total, das atividades de tratamento de dados (art. 27).

O Projeto de Lei nº 53/2018 dispõe sobre tratamento de dados pessoais com objetivo de proteger, principalmente, os direitos fundamentais de liberdade e privacidade.

Ao realizar o tratamento de dados pessoais, princípios devem ser respeitados, sendo eles da finalidade, adequação, necessidade, livre acesso, qualidade dos dados, transparência, segurança, prevenção, não discriminação, responsabilização e prestação de contas.[48]

Dentre os requisitos para o tratamento de dados pessoais está novamente o consentimento do titular, que deverá ser fornecido por escrito ou por qualquer meio que demonstre a vontade do titular (art. 8º).

O art. 9º do PL 53/2018 garante ao titular dos dados o acesso facilitado a todas as informações, de forma clara, adequada e ostensiva, sobre o tratamento de seus dados. Quando o tratamento de seus dados pessoais for para fornecimento de produtos ou serviços, o titular deve ser informado com destaque.

O titular também tem direito de obter, a qualquer momento, da pessoa responsável pelo tratamento dos seus dados pessoais, mediante requisição, confirmação do tratamento, acesso, correção dos seus dados, anonimização, bloqueio

---

[47] A proibição do tratamento de dados pessoais relativos a tais características encontra-se prevista no art. 15 do Projeto de Lei nº 181/2014.
[48] Estes princípios estão previstos no art. 6º do Projeto de Lei 53/2018.

ou eliminação dos seus dados desnecessários, portabilidade para outro fornecedor, revogação do seu consentimento para tratamento e demais informações sobre utilização de seus dados (art. 18).

Os agentes responsáveis pelo tratamento dos dados pessoais têm como deveres a adoção de medidas de segurança aptas a proteger os referidos dados de violação (art. 46). Se houver incidente de segurança, os responsáveis deverão comunicar o órgão competente e o titular dos dados pessoais. De acordo com o art. 48 do PL 53/2018, esta comunicação deve ocorrer em prazo razoável, a ser definido pelo órgão competente, que é quem tem a incumbência de avaliar a gravidade do incidente, contendo as informações necessárias.

Sanções administrativas serão aplicadas aos agentes de tratamento de dados que infringirem as normas previstas na Lei. Tais sanções serão aplicadas por órgão competente, que levará em consideração parâmetro e critérios previstos na Lei (art. 52).

Com relação às multas, elas poderão ser simples ou diárias, de até 2% (dois por cento) do faturamento da pessoa jurídica, limitada, no total, a R$ 50.000.000,00 (cinquenta milhões de reais) por infração, ficando o órgão competente responsável pela sua fixação, levando em consideração o faturamento total da empresa quando não dispuser do valor do faturamento ou quando o valor apresentado está incompleto, equivocado ou inidôneo.

É imprescindível nos dias de hoje o advento de uma legislação para a proteção de dados pessoais no Brasil, principalmente por questão de transparência. É necessário que os titulares saibam como as empresas tratam seus dados pessoais, além de gerar segurança para os responsáveis pelo tratamento destes.

8. Considerações finais

Conclui-se que, pela inovação e constante evolução da internet, é imprescindível regulamentar a proteção de dados pessoais de forma efetiva, tendo como base a prevenção.

O tratamento de dados acontece de forma que dificulta a fiscalização direta de como os dados são coletados, armazenados, tratados e utilizados, o que possibilita o uso indevido e abusivo deles pelas empresas. Isto pode afetar diretamente a privacidade de qualquer pessoa que não tenha interesse em divulgar suas informações pessoais.

O tratamento e perfilamento de dados pessoais pelas seguradoras demonstra ser um problema neste sentido. Isto porque elas podem utilizar as informações pessoais do indivíduo para cobrar mais caro e, até mesmo, para negar qualquer produto ou serviço a este. Ou seja, além de desrespeitar o direito à privacidade do indivíduo, a seguradora pode tratá-lo de forma discriminatória.

É imprescindível que sejam impostos limites para o tratamento de dados, devendo este ser transparente, e que possibilitem que as pessoas tenham controle sobre o tratamento de seus dados, evitando que estes sejam utilizados de forma obscura e abusiva pelas empresas, inclusive seguradoras. É justamente por isso que se deve regulamentar a proteção de dados pessoais.

Diante da ausência de uma legislação específica no Brasil sobre proteção de dados, torna-se frágil o fundamento de que a utilização, de maneira não transparente, sem consentimento ou conhecimento do titular, de dados pelas empresas é ilegítima.

Deve haver, no Brasil, uma legislação que previna a utilização indevida de dados pessoais, onde haja um órgão competente para a fiscalização das empresas, capaz de verificar como elas estão utilizando os dados e aplicar multas para aquelas que os utilizarem de forma abusiva ou inadequada.

É fundamental, portanto, regulamentar direitos de acesso aos dados por parte de seus titulares, dando-lhes poder de controle, bem como responsabilizar as empresas pelo mau uso de dados pessoais.

9. Referências

ALECRIM, Emerson. *O que é Big Data?* Disponível em: <https://www.infowester.com/big-data.php>. Acesso em: 10/05/2018.

BRASIL. Constituição (1988). *Constituição da República Federativa do Brasil*. Brasília, DF: Senado Federal, 1988. Disponível em: <http://www.planalto.gov.br/ccivil_03/constituicao/constituicaocompilado.htm>. Acesso em: 19/05/2018.

——. *Projeto de Lei nº 330/2013*. Disponível em: <https://legis.senado.leg.br/sdleg-getter/documento?dm=2931559&ts=1528922515457&disposition=inline&ts=1528922515457>. Acesso em: 11/05/2018.

——. *Projeto de Lei nº 181/2014*. Disponível em: <https://www25.senado.leg.br/web/atividade/materias/-/materia/117736>. Acesso em: 11/05/2018.

——. *Projeto de Lei nº 53/2018*. Disponível em: <https://legis.senado.leg.br/sdleg-getter/documento?dm=7738646&ts=1528983051711&disposition=inline&ts=1528983051711>. Acesso em: 11/05/2018.

——. *Projeto de Lei nº 4060/2012*. Disponível em: <http://www.camara.gov.br/proposicoesWeb/prop_mostrarintegra?codteor=1001750&filename=PL+4060/2012>. Acesso em: 11/05/2018.

CUMBRE Iberoamericana. XIII CIMEIRA IBERO-AMERICANA DE CHEFES DE ESTADO E DE GOVERNO. *Declaração de Santa Cruz de laSierra, 14 e 15 de novembro de 2003*. Disponível em: <http://www.segib.org/wp-content/uploads/DECLARASAO-STA-CRUZ-SIERRA.pdf>. Acesso em: 19/05/2018.

DONEDA, Danilo. *A proteção dos dados pessoais como um direito fundamental*. Joaçaba: EspaçoJurídico, v. 12. n. 2, jul/dez 2011.

DUMBIL, Edd. Getting up to speed with big data. In: Big data now: 2012 edition. 2012.

FREITAS, Cinthia Obladen de Almendra; PAMPLONA, Danielle Anne. Cooperação entre estados totalitários e corporações: o uso da segmentação de dados e profiling para violação de direitos humanos. In: RUARO, Regina Linden; MAÑAS, José Luis Piñar; MOLINARO, Carlos Alberto (Orgs.). *Privacidade e proteção de dados pessoais na sociedade digital*. Porto Alegre: Editora Fi, 2017.

MCAFEE, A.; BRYNJOLFSSON, E. *Big data*: The management revolution. Harvard Business Review, v. 90, n. 10, p. 60, 2012.

MOLINARO, Carlos Alberto; RUARO, Regina Linden. Conflito real ou aparente de interesses entre o direito fundamental à proteção de dados pessoais e o livre mercado. In: RUARO, Regina Linden; MAÑAS, José Luis Piñar; MOLINARO, Carlos Alberto (Orgs.). *Privacidade e proteção de dados pessoais na sociedade digital*. Porto Alegre: Editora Fi, 2017.

MORAES, Alexandre de. *Direito Constitucional*. 13. ed. Disponível em: < https://jornalistaslivres.org/wp-content/uploads/2017/02/DIREITO_CONSTITUCIONAL-1.pdf>. Acesso em: 19/05/2018.

MORELI, Luiz Fernando Villa. A proteção de dados pessoais e seus efeitos nas startups de tecnologia. In: JUDICE, Lucas Pimenta; NYBO, Erik Fontenele (Coords.). *Direito das Startups*. Curitiba: Juruá, 2016.

ONU. *Declaração Universal dos Direitos Humanos*. Adotada e proclamada pela resolução 217 A (III) da Assembleia Geral das Nações Unidas, em 10 de dezembro de 1948. Disponível em: <http://unesdoc.unesco.org/images/0013/001394/139423por.pdf>. Acesso em: 19/05/2018.

PEREIRA, Flávia Patrícia Alves. *Big data e data analysis*: visualização de informação. 2015. Dissertação (Mestrado em Engenharia). Universidade do Minho, Portugal. Disponível em: <https://repositorium.sdum.uminho.pt/bitstream/1822/40106/1/Big%20Data%20e%20Data%20Analysis%20-%20Visualiza%C3%A7%C3%A3o%20de%20Informa%C3%A7%C3%A3o.pdf>. Acesso em: 10/05/2018.

SANTOS, Manoel J. Pereira dos. *Responsabilidade Civil na Internet e demais Meios de Comunicação*. 2. ed. São Paulo: Saraiva, 2014.

UNIÃO EUROPEIA. *General Data ProtectionRegulation 2016/679*. Disponível em: <https://eur-lex.europa.eu/legal-content/EN/TXT/PDF/?uri=CELEX:32016R0679&from=EN>. Acesso em: 11/05/2018.

— XV —

O conceito de poluidor no direito brasileiro e a definição de segurado nos seguros de responsabilidade civil ambiental: notas para uma possível aproximação

Regina Linden Ruaro

Doutora em Direito pela Universidade Complutense de Madrid e Pós-Doutorado pelo Centro de Estudios Universitarios – San Pablo – CEU de Madri. Professora titular da Pontifícia Universidade Católica do Rio Grande do Sul e membro da Comissão Coordenadora do Programa de Pós-Graduação em Direito do Estado da Faculdade de Direito. Professora da Universidad San Pablo de Madrid-CEU. Membro Honorário do IIEDE – Instituto Internacional de Estudos de Direito do Estado.

Pery Saraiva Neto

Advogado. Doutor em Direito pela PUCRS. Mestre em Direito pela UFSC. Especialista em Direito Ambiental pela FUNJAB/UFSC. Professor de pós-graduação. Colaborador GPDA/UFSC. Presidente do GNT Seguro Ambiental AIDA/Brasil. Diretor IDPV. Membro APRODAB e UBAA.

Sumário: 1. Introdução; 2. Breve contexto: riscos, danos e responsabilidade civil ambiental; 3. Seguros como instrumentos econômicos na política de proteção ambiental; 4. Conceitos de poluidor, poluidor indireto e solidariedade; 5. O conceito de segurado e sua delimitação pelo seguro; 5.1. O operador na Directiva 35/2004/UE e sua recepção em Espanha e Portugal; 6. Proposta de aproximação e compatibilização; 7. Considerações finais; 8. Referências.

1. Introdução

No contexto de crise ambiental, emerge a figura do Estado Socioambiental, dotado de mecanismos de proteção ambiental em razão do compromisso constitucional assumido. Dentre os inúmeros instrumentos para levar a cabo esta proteção, o Estado, pelo Direito, se vale da responsabilidade civil.

No Brasil, o sistema de responsabilidades ambientais molda-se à política brasileira de proteção ambiental, instituindo, além dos mecanismos clássicos de comando e controle, notadamente a responsabilidade civil ambiental, outros ferramentais, tais como os instrumentos econômicos, que operam com lógicas distintas, promovendo incentivos. Dentre estes instrumentos, aparecem os seguros ambientais.

Seguros, no entanto, operam com lógicas próprias, fundadas na previsibilidade dos riscos e delimitação de seus alcances, buscando a eficiente racionalização sobre os riscos que o segurador poderá vir a assumir. Um dos elementos que precisam ser delimitados é a própria figura do segurado, ou seja, a definição daquele que estará sendo protegido pelos seguros, especialmente, quando se está a tratar de seguros de responsabilidade civil.

Como regra, nos seguros ambientais, há uma proximidade acentuada entre a figura do segurado e a do poluidor, entendido este último como o detentor, direto ou indireto, de uma atividade econômica ou profissional que venha a causar danos ao meio ambiente. Contudo, a amplitude conceitual e a abrangência que vem sendo atribuída à figura do poluidor, no Brasil, traz inseguranças, pois amplia excessivamente o âmbito de responsabilidades do segurado, por vezes, até mesmo, para danos nos quais sua participação é remota e distante.

Há posições críticas ao conceito alargado de poluidor indireto e de responsabilidade solidária, a sugerir uma reflexão mais aprofundada sobre tais institutos, inclusive instituindo-se limites aos seus alcances. Tal reflexão é útil para o desenvolvimento de um sistema de seguros. Outro caminho é a adoção de marcos legais mais claros e exaustivos na delimitação de responsabilidades, como ocorre na Comunidade Europeia.

Este artigo aponta dificuldade na aproximação entre o sistema de responsabilidades ambientais e a operação dos seguros, buscando apresentar sugestões de compatibilização, partindo-se da premissa de que um sistema de seguros ambientais seja ferramenta útil para o escopo de proteção ambiental, tanto em nível reparatório quanto preventivo de danos.

O tema aqui enfrentado insere-se em uma reflexão mais ampla, relacionada a investigar se há como construir compatibilidades entre a proteção ambiental e os seguros, ou seja, se assegurar o meio ambiente é possível e quais seriam os pressupostos, amplitudes e formas de regulamentação dos seguros ambientais como instrumento econômico de proteção ambiental.

2. Breve contexto: riscos, danos e responsabilidade civil ambiental

Se a noção de risco, enquanto incerteza e probabilidade, evidencia-se expressivamente imprecisa, o dano, enquanto materialização da ameaça, não escapa de equivalente imprecisão e complexidade.¹ O dano, embora com frequência seja materialmente perceptível, reveste-se de incerteza no que se relaciona ao seu dimensionamento. Isto permite a afirmação de que a infortunística ambiental possui contornos muito próprios.

Inicialmente importa delimitar o que se entende por dano ambiental, recorrendo-se a Leite e Ayala quando ensinam que:

> Constitui uma expressão ambivalente, que designa, certas vezes, alterações nocivas ao meio ambiente e outras, ainda, os efeitos que tal alteração provoca na saúde das pessoas e em seus interesses. Dano ambiental significa, em uma primeira acepção, uma alteração indesejável ao conjunto de elementos chamados meio ambiente, como, por exemplo, a poluição atmosférica; seria, assim, a lesão ao direito fundamental que todos têm de gozar e aproveitar do meio ambiente apropriado. Contudo, em sua segunda conceituação, dano ambiental engloba os efeitos que esta modificação gera na saúde das pessoas e em seus interesses.²

A modo de explorar as nuances do conceito proposto são pertinentes algumas observações. Previamente, necessária uma delimitação, no sentido de distinção entre dano ambiental e impacto ambiental. Enquanto impacto é o prejuízo tolerável,³ aceitável, e que é objeto de medidas de mitigação e compensação, especialmente pelo licenciamento ambiental, o dano ambiental se refere a situações que escapam à legalidade.

Cumpre notar, portanto, que a responsabilidade civil ambiental se circunscreve a situações de anormalidade do dano ambiental, de modo que haverá episódios de distúrbios ambientais não sujeitas ao regime de responsabilidade civil ambiental, ou seja, quando ocorrem em situações de normalidade. Sendim ressalva essa exceção a partir de dois ângulos distintos, a saber: que a perturbação seja significativa e duradoura. Tais particularidades são assim explicadas:

> Numa primeira perspectiva, ao restringir-se a indemnização aos danos consideráveis, visa-se impossibilitar o ressarcimento de danos ecológicos justificados em função de necessidades sócio-económicas. É que, como se notou, o objectivo do actual sistema jurídico-económico – característico de uma sociedade industrializada – não é a redução da poluição a zero – o que significaria a paralização do crescimento econômico – mas sim a sua redução para um nível social e ecologicamente aceitável

---

¹ Em uma perspectiva crítica, tratando do sistema normativo português, que possui legislação própria sobre danos e responsabilidade ambiental, inclusive com critérios mais precisos de determinação e delimitação, vide GOMES, Carla Amado. De que falamos quando falamos de dano ambiental? Direito, mentiras e crítica. In: GOMES, Carla Amado; ANTUNES, Tiago (Coord.). *Actas do colóquio*: a responsabilidade civil por dano ambiental. Lisboa: Instituto de Ciências Jurídico-Políticas/FDUL, 2010.

² LEITE, José Rubens Morato; AYALA, Patryck de Araújo. *Dano ambiental*: do individual ao coletivo extrapatrimonial. São Paulo: Revista dos Tribunais, 2012, p. 92.

³ Neste sentido, importa delimitar "qual o limite de tolerabilidade que significa o reconhecimento efetivo do dano ambiental, pois não é toda a agressão que causa prejuízo". LEITE, José Rubens Morato; AYALA, Patryck de Araújo. *Dano ambiental*: do individual ao coletivo extrapatrimonial. São Paulo: Revista dos Tribunais, 2012, p. 188.

Deste modo, a exigência de anormalidade do dano vem no fundo convocar uma ponderação relativa do bem ambiente face a outros bens jurídicos por forma a determinar se prejuízo efectivo ambiental verificado é ou não ressarcível.[4]

Assim sendo, arremata:

Dir-se-á, neste sentido, que a exigência de anormalidade é um requisito do dano ecológico, visto que só uma perturbação significativa e duradoura dos sistemas ecológicos expressa uma afectação da capacidade de auto-regulação dos sistemas. Na verdade, visto que os sistemas ecológicos são sistemas de equilíbrio dinâmico, capazes de assegurar a auto-regulação das suas funções, uma intervenção humana pode ser tolerada sem determinar necessariamente uma afectação da sua capacidade funcional ecológica nem da capacidade de aproveitamento humano.[5]

Pardo desenvolve essas distinções a partir de uma abordagem sobre a aceitabilidade dos riscos e dos danos, como algo que se aceita ou não. Sustenta que a "decisão sobre a admissão ou não de um risco pode ocorrer de forma geral, pela via normativa, ou de maneira singular, mediante autorização"[6] (entre nós, a licença ambiental), explicando ainda que:

A autorização administrativa – gênero que inclui a autorização ambiental – por razões de segurança, reclama uma nova e atualizada dimensão, na medida que em seu conteúdo estão objetivos e finalidades de determinação de riscos permitidos. O mesmo vale para as normas técnicas – que frequentemente remetem à regulação especializada – que com caráter geral fixam a fronteira do risco permitido. Novos e relevantes são também outros mecanismos para articular as decisões sobre riscos, tais como aqueles baseados no princípio da precaução. Ademais, as decisões sobre riscos permitidos não são decisões absolutas, sobre admitir um risco ou a ausência total do risco. Em uma sociedade saturada de tecnologia e exposta a uma grande variedade de riscos, as decisões são optativas, entre um risco ou outro. Deste modo, por exemplo, as decisões sobre tecnologias energéticas carregam, todas elas, um risco; trata-se, então, de optar entre elas. É lugar comum na jurisprudência dos tribunais a constatação de que não existe risco zero. Estamos obrigados a conviver com os riscos, mas podemos escolher quais preferimos.[7]

---

[4] SENDIM, José de Souza Cunhal. *Responsabilidade civil por danos ecológicos*: da reparação do dano através de restauração natural. Coimbra: Coimbra Editora, 1998, p. 146.

[5] Ibid., p. 147. Afirma, em complementação, que "o dano ecológico significa uma afectação de um bem ambiental que, por ultrapassar os limites de tolerância do sistema, determina uma perda de equilíbrio", de modo que essa anormalidade está situada no "plano fáctico e não no plano normativo".

[6] Neste sentido, "Puede decidirse así si un riesgo se acepta o se rechaza. El riesgo que se acepta es el riesgo permitido, un concepto acuñado en su tiempo con otras consideraciones por la dogmática penal. La decisión sobre la admisión o rechazo de un riesgo puede producirse de manera general, por vía normativa, o de manera singular, mediante autorización". PARDO, José Esteve. Las aportaciones de Ulrich Beck a la comprensión del nuevo entorno sociológico del Derecho Público. In: GOMES, Carla Amado; TERRINHA, Luis Heleno (Coord.). *In memoriam*: Ulrich Beck. Lisboa: Instituto de Ciências Jurídico-Políticas/FDUL, 2016, p. 99.

[7] Tradução livre. Do original: "La autorización administrativa por razones de seguridad – entre la que se encuentra también la autorización ambiental – cobra así una nueva y actualizada dimensión si se repara en que su objeto y fnalidad es la determinación del riesgo permitido. Lo mismo puede decirse de las normas técnicas – con frecuente remisión a la autorregulación experta – que con carácter general trazan la frontera del riesgo permitido. Novedosos y muy relevantes son también otros expedientes para articular las decisiones sobre riesgos como el que se articula en torno al principio de precaución. Por lo demás, las decisiones sobre riesgos permitidos no son decisiones absolutas, sobre admitir un riesgo o la ausencia total de riesgo. En una sociedad saturada de tecnología y expuesta a una gran variedad de riesgos, las decisiones son optativas, entre un riesgo u otro. Así, por ejemplo, las decisiones, opciones, sobre tecnologías energéticas entrañan, todas ellas, un riesgo; se trata entonces de optar entre ellos. Por eso es ya un lugar común en la jurisprudencia, compartido por los tribu-

Abordar as especificidades do dano ambiental, bem como suas características, permitirá clarear e delimitar o escopo deste estudo.

3. Seguros como instrumentos econômicos na política de proteção ambiental

Instrumentos econômicos de proteção ambiental decorrem de políticas públicas ambientais e objetivam a indução de comportamentos em favor das diretrizes e dos objetivos desta política. Estão geralmente atrelados à ideia de mecanismos de indução de comportamentos, originados de medidas governamentais de estímulo negativo ou positivo, ou seja, indução a um não fazer, ou de forçar uma mudança de comportamento, por um lado e, por outro, em um sistema de recompensas, com a premiação ou remuneração para comportamentos tidos em conformidade com as diretrizes da política.

O posicionamento do seguro ambiental como instrumento econômico pode ser realizado a partir de dois critérios de abordagem: o critério 'incentivo' e o critério "mecanismo de mercado".

Pelo critério "incentivo", tem-se que os instrumentos econômicos estão geralmente atrelados à ideia de mecanismos de indução de comportamentos, originados de medidas governamentais de estímulo negativo ou positivo, ou seja, indução a um não fazer, ou de forçar uma mudança de comportamento, por um lado, e em um sistema de recompensas, com a premiação ou remuneração para comportamentos definidos como conformes com as diretrizes de uma política governamental, o que inclui a conformidade máxima e progressiva com o princípio da prevenção.

Dito isso, resta a questão de saber se seguros ambientais – sejam obrigatórios ou facultativos – podem, de algum modo, induzir a uma mudança de comportamento de quem opere atividades que causem impacto e riscos ao meio ambiente.

Partindo-se da prática operacional dos seguros, conforme já tratado anteriormente, mas sem recair nas perspectivas e amplitudes dos seguros ambientais, o que se deve antecipar, a fim de fundamentar uma afirmação positiva, é que o acesso à melhor tecnologia disponível de proteção ambiental e gestão de riscos ambientais (instrumentos do princípio de prevenção) é fator fundamental seja para a precificação dos seguros, seja para a própria aceitação de um risco pelo segurador.[8]

---

nales de todas las instancias y jurisdicciones, la constatación de que no existe el riesgo cero. Estamos así obligados a convivir con los riesgos, pero podemos elegir con cuales nos quedamos". PARDO, José Esteve. Las aportaciones de Ulrich Beck a la comprensión del nuevo entorno sociológico del Derecho Público. In: GOMES, Carla Amado; TERRINHA, Luis Heleno (Coord.). *In memoriam*: Ulrich Beck. Lisboa: Instituto de Ciências Jurídico-Políticas/FDUL, 2016, p. 99-100.

[8] Sobre o papel preventivo dos seguros, a induzir mudanças comportamentais e operacionais, vide POISON, Margarida Trejo. *El contrato de seguro medioambiental*: estudio de la responsabilidad medioambiental y su asegurabilidad. Cizur Menor (Navarra): Civitas, 2015, p. 52.

Neste sentido, vale citar:

Como podemos qualificar uma cláusula que determina o custo do seguro, o prêmio e suas revisões ou parâmetros de revisão com base em determinadas variáveis? O prêmio, como sabemos, é essencial nessa equação risco *vs* prêmio e, como tal, é o reflexo do custo e valor da assunção de risco, mas isso não é estático nem imutável ao longo da vida do seguro, de modo que o prêmio altera-se, assim como a própria relação de seguro pode ser modificada, ou até mesmo extinta ou resolvida.[9]

Por conseguinte, a necessidade de contratar um seguro – motivada, nos seguros obrigatórios, por determinação legal e, nos seguros facultativos, pela conveniência apurada a partir da análise de custos e benefícios – impõe ao responsável por uma atividade econômica uma mudança comportamental e operacional.

Ainda que possa parecer que este incentivo não seja decorrente dos seguros – pois à primeira vista esta é uma questão prévia ao seguro – na realidade o é, pois a mudança comportamental e operacional antes referida deve ocorrer também no *iter* contratual. Conceitos como agravamento de risco e não cobertura para atos dolosos, confirmam esta assertiva. No mais, ajustes e melhorias comportamentais e operacionais influenciarão na renovação dos seguros, inclusive no preço (prêmio) de renovação.

Em estudo sobre as vantagens dos seguros privados, em comparação aos fundos públicos, nos Estados Unidos, ainda que com recorte restrito a seguros para tanques de armazenamento subterrâneos (TAS), Yin, Pfaff e Kunreuther afirmam que seguros privados possuem vantagens, pois induzem a maiores esforços de redução de riscos, pois:

(...) seguradores privados, que são responsáveis pela limpeza e indenização de terceiros, decorrentes de vazamentos de tanques, tem um incentivo para encorajar o proprietário de TAS a investir em redução de riscos. [Isto decorre do fato de que] seguradores privados utilizam preços baseados em riscos e assim sendo proporcionam redução no valor dos prêmios quando houver esforços para redução de riscos. [Em sentido contrário] também demonstra que o valor dos prêmios aumentam em até 10% quando não houver proteção contra corrosão ou ter ocorrido um vazamento anteriormente. Essa estrutura de taxação é utilizada como recompensa pela redução do risco.[10]

---

[9] Tradução livre. Do original: "(...) ¿cómo calificamos una cláusula que determina el coste del seguro, la prima y sus revisiones o parámetros de revisabilidad en función de determinadas variables? La prima, como sabemos, es esencial en esa ecuación riesgo *vs.* prima, y como tal es el reflejo del coste y valor de la asunción del riesgo, pero este no es estático ni pétreo a lo largo de toda la vida del seguro, por lo que la prima cambia, como también la propia relación aseguradora puede modificarse, incluso extinguirse o resolverse". VEIGA COPO, Abel B. *El riesgo en el contrato de seguro*: ensayo dogmático sobre el riesgo. Cizur Menor (Navarra): Aranzadi, 2015, p. 310-311.

[10] Tradução livre. Do original: "Private insurers, who are responsible for cleanups and third-party claims from tank releases, have an economic incentive to encourage UST owners to invest in risk reduction. Table III demonstrates that private insurers use risk-based pricing and therefore provide premium discounts for risk reduction efforts. It also shows that premiums will rise by 10% for having no corrosion protection or for having had a prior release. Such a rate structure is designed to reward risk reduction". YIN, Haitao; PFAFF, Alex; KUNREUTHER, Howard. Can environmental insurance succeed wher other strategies fail? The case of underground storage tanks. *Risk Analysis*: Society for Risk Analysis, v. 31, n. 1, 2011, p. 21.

Além da questão do prêmio, há outras formas de estímulo, relacionadas aos próprios requisitos prévios à contratação. Referidos doutrinadores complementam:

> De fato, seguradores por vezes exigem que potenciais segurados assumam ações de redução de risco antes de estarem dispostos a fornecer coberturas. Por exemplo seguradores de TAS em Maryland, Estado que não possui um fundo público qualificado para fins de conformidade com FRR,[11] recusaram cobertura para comerciantes de petróleo que não cumpriram os padrões de subscrição. Estavam em condição de não seguráveis em razão da idade dos tanques ou da não conformidade dos tanques. A negativa de cobertura pelo segurador dá significativo incentivo para proprietários e operadores de TAS comprometerem-se com mitigação de riscos.[12]

Necessário levar em consideração, ainda, que assegurar uma atividade econômica também permite, ou até mesmo pode ser um pressuposto para possibilitar o próprio exercício dessa atividade, reduzindo os riscos do empreendedor e, por conseguinte, outorgando uma maior segurança jurídica e financeira àquele que empreende em determinada atividade de risco,[13] especialmente se considerados empreendimentos de menor porte e capacidade financeira.[14]

Pelo critério "mecanismo de mercado" não resta dúvida de que o seguro se trata de um instrumento econômico, na medida mesmo que se está a analisar, neste artigo, de seguros privados, logo, instrumentos disponibilizados pelo mercado e que devem atender à sua lógica. Desse modo, os seguros ambientais

---

[11] FRR são exigências de responsabilidade financeira (financial responsability requirements) estipulado em lei de 1986 (RCRA – Resource Conservation and Recovery Act) para proprietários e operadores de TAS demonstrarem capacidade financeira, tendo sido imposto pela órgão a adoção de proteção e controle ambiental dos EUA [EPA – U.S. Environmental Protection Agency] a adoção de seguros privados ou participação em fundos públicos.

[12] Tradução livre. Do original: "In fact, insurers sometimes require potential policyholders to undertake risk-reducing actions before they are willing to provide coverage. For example, UST insurers in Maryland, a state that does not have a state fund program that qualifies for FRR compliance, refused coverage to many petroleum marketers who did not meet underwriting standards. They were uninsurable due to tank age or a failure to provide a record of compliance with tank requirements. Coverage denial provides significant incentives for UST owners and operators to undertake risk mitigation". Ainda: "outro exemplo de seguradores privados empregando preços baseados em riscos par encorajar proprietários de TAS a darem segurança aos seus tanques envolve uma parceria entre uma seguradora e empresa de tecnologia de segurança de tanques (Tanknology's), pelo qual o segurador proporciona substancial desconto no prêmio para proprietários e operadores de TAS que utilizarem os serviços de gerenciamento e monitoramento da referida tecnologia". Tradução livre. Do original: "Another example of private insurance employing risk-based pricing to encourage UST owners to make their tanks safer involves an agreement between AIG Environmental Group, Inc. (AIG) and Tanknology–NDE International Inc., whereby AIG provided substantial premium discounts for UST owners and operators who are utilizing Tanknology's compliance management or monitoring services". YIN, Haitao; PFAFF, Alex; KUNREUTHER, Howard. Can environmental insurance succeed wher other strategies fail? The case of underground storage tanks. Risk Analysis: Society for Risk Analysis, v. 31, n. 1, 2011, p. 21.

[13] BELENGUER, David Aviñó. Prevención y reparación de los daños civiles por contaminación industrial. Cizur Menor (Navarra): Aranzadi, 2015, p. 272.

[14] YIN, Haitao; PFAFF, Alex; KUNREUTHER, Howard. Can environmental insurance succeed wher other strategies fail? The case of underground storage tanks. Risk Analysis: Society for Risk Analysis, v. 31, n. 1, 2011, p. 12-13.

aparecem como instrumentos econômicos alternativos aos tradicionais mecanismos vinculados ao sistema de comando e controle.[15]

4. Conceitos de poluidor, poluidor indireto e solidariedade

A definição de poluidor, no Brasil, possui previsão legal, contida no inciso IV do artigo 3º da Lei 6.938/1991, como sendo "poluidor, a pessoa física ou jurídica, de direito público ou privado, responsável, direta ou indiretamente, por atividade causadora de degradação ambiental".

Desta definição, além do amplo espectro de sujeitos que poderão se ajustar ao conceito – pessoas físicas e jurídicas, públicas e privadas – dois elementos são especialmente relevantes: "responsável, direta ou indiretamente" e "atividade causadora de degradação ambiental".

Quanto à referência à "atividade causadora de degradação ambiental", nota-se que houve a opção, para definição de poluidor, por aquele que for responsável por causar degradação, isto é, que sua atividade implique alteração adversa das características do meio ambiente.

Note-se que degradação, assim como poluição, são definições previstas na mesma lei, de formas diferentes. No artigo 3º da Lei 6.938/1991 estão previstos os conceitos de degradação e de poluição, a saber:

II – degradação da qualidade ambiental, a alteração adversa das características do meio ambiente;

III – poluição, a degradação da qualidade ambiental resultante de atividades que direta ou indiretamente a) prejudiquem a saúde, a segurança e o bem-estar da população; b) criem condições adversas às atividades sociais e econômicas; c) afetem desfavoravelmente a biota; d) afetem as condições estéticas ou sanitárias do meio ambiente; e) lancem matérias ou energia em desacordo com os padrões ambientais estabelecidos.

Deste modo, poluidor será o responsável por atividade que gere a degradação da qualidade ambiental, que é entendida como a alteração adversa das características do meio ambiente, não sendo necessário que tal acontecimento gere algum dos efeitos nocivos previstos nas alíneas do inciso III. Basta, portanto, a alteração adversa das características do meio ambiente, cuja definição está prevista no inciso I do mesmo dispositivo legal, *verbis* "I – meio ambiente, o conjunto de condições, leis, influências e interações de ordem física, química e biológica, que permite, abriga e rege a vida em todas as suas formas".

O conceito de degradação, portanto, é menos rigoroso, para sua configuração, do que o conceito de poluição, o que atribui significativa vagueza ao próprio conceito de poluidor. Esta vagueza é potencializada quando somado o outro elemento antes destacado: responsável direta ou indiretamente. Segundo

---

[15] YIN, Haitao; PFAFF, Alex; KUNREUTHER, Howard. Can environmental insurance succeed wher other strategies fail? The case of underground storage tanks. *Risk Analysis*: Society for Risk Analysis, v. 31, n. 1, 2011, p. 13.

Farias e Bim, "poluidor indireto é aquele que, embora não tenha efetuado de forma direta a degradação ambiental, contribui para que ela ocorra".[16]

Reunindo todos os elementos, tem-se que poluidor é qualquer pessoa que, direta ou indiretamente, for responsável por um evento que cause a alteração adversa do conjunto de condições, leis, influências e interações de ordem física, química e biológica, que permite, abriga e rege a vida em todas as suas formas.

Não bastassem a própria vagueza e amplitude conceitual, a interpretação do conceito de poluidor pode ganhar ainda maior elasticidade e imprecisão, como de fato se pode notar da jurisprudência, havendo julgados que atribuem um nível elevado de extensão ao conceito, como é o caso de decisão proferida pelo Superior Tribunal de Justiça, na qual se fixou que:

> (...) para o fim de apuração do nexo de causalidade no dano ambiental, equiparam-se quem faz, quem não faz quando deveria fazer, quem deixa fazer, quem não se importa que façam, quem financia para que façam, e quem se beneficia quando outros fazem.[17]

Ademais, ao mesmo tempo em que há decisões do Superior Tribunal de Justiça que empregam referida elasticidade ao conceito de poluidor, importa notar que não fazem qualquer diferenciação e não dão tratamento diferenciado para poluidores diretos e indiretos, afirmando que há responsabilidade objetiva entre todos, de modo que "(...) é obrigação do poluidor, ainda que indireto, indenizar e reparar o dano causado ao meio ambiente, independentemente da existência de culpa".[18]

5. O conceito de segurado e sua delimitação pelo seguro

Para os objetivos do que passa a ser tratado, é pertinente recorrer a Molinaro, em passagem na qual pondera:

> (...) não há ação que não esteja limitada no tempo e no espaço. Toda a atividade humana, física ou psíquica, está limitada em extensão conformando fronteiras que não podem ser ultrapassadas impunemente. O que tem limites está *determinado*, isto é, está demarcado, e o que está demarcado tem *utilidade*, vale dizer, é conveniente ou valioso.[19]

Para os seguros, enquanto atividade econômica, a possibilidade de atribuir valor a um risco é da sua essência, pois, como observa Veiga Copo:

---

[16] FARIAS, Talden; BIM, Eduardo Fortunato. O poluidor indireto e a responsabilidade civil ambiental por dano precedente. *Revista Veredas do Direito*. Belo Horizonte, v. 14, n. 28, jan./abr. 2017, p. 130.

[17] BRASIL. Superior Tribunal de Justiça. REsp nº 650.728, Relator Ministro Herman Benjamin, julgado em 23/10/2007.

[18] BRASIL. Superior Tribunal de Justiça. AgRg no AREsp nº 689997, Relator Ministro RICARDO VILLAS BÔAS CUEVA, julgado em 15/12/2015. Ainda: BRASIL. Superior Tribunal de Justiça. REsp nº. 1376199, Relator Ministro Herman Benjamin, julgado em 19/08/2014.

[19] MOLINARO, Carlos Alberto. *Direito ambiental*: proibição de retrocesso. Porto Alegre: Livraria do Advogado, 2007, p. 81.

Previsibilidade, possibilidade, probabilidade e evitabilidade são constantes, mas também um cálculo, uma magnitude. Pesar e redistribuir esse risco, calibrando-o e permeando-o, é essencial no e para o contrato de seguro, pois as contingências são as possibilidades de verificar ou não o risco delimitado que, definitivamente, traça a fronteira ou fronteiras do risco.[20]

O patamar atual, de seguros como prática de negócios, pressupõe a capacidade de empresas especializadas, dotadas de técnicas de gestão de riscos, de anteverem riscos[21] e de definirem os escopos e dimensões do risco, com tipologias e possibilidade de sua determinação. Afinal, racionalizar sobre:

> (...) o que, o quem, o como, o quando, o quanto, onde ocorrem, configuram e delimitam o risco efetivo que o contrato de seguro traça e o segurador cobre. Definir e delimitar. Incluir e excluir, evitando o esvaziamento do contrato e do risco ou, dito de outro modo, evitar a desnaturalização do contrato de seguro é o objetivo, mas também a essência do risco e por extensão do contrato de seguro.[22]

De modo a ressaltar a tecnicidade inerente à operação securitária, cuja conformação deve estar retratada no conteúdo do contrato de seguro, relevante consignar que:

> A operação asseguradora se desenvolve em forma técnica e a aproximação a seus resultados depende da estatística, do cálculo de probabilidade, da lei dos grandes números, do desvio médio de sinistralidade, da máxima perda provável, da medição da frequência dos acidentes, da severidade e da sua correlação com o preço adequado a cobrar.[23]

---

[20] Tradução livre. Do original: "Previsibilidad, posibilidad, probabilidad y evitabilidad del mismo son una constante, pero también un cálculo, una magnitud. Ponderar y redistribuir ese riesgo, calibrarlo y perimetrarlo es esencial en y para el contrato de seguro, pues son las contigencias las posibilidades de que se verifique o no el riesgo delimitado el que, definitivamente, traza la frontera o fronteras del riesgo". VEIGA COPO, Abel B. *El riesgo en el contrato de seguro*: ensayo dogmático sobre el riesgo. Cizur Menor (Navarra): Aranzadi, 2015, p. 25.

[21] Para antever riscos o segurador se vale, dentre outros mecanismos, da Lei dos Grandes Número, assim explicada por Colombo: "Em 1692, Jacob Bernoulli demonstrou o seguinte teorema: quando se conhece a probabilidade de ocorrência de um evento num experimento aleatório, é possível indicar quais soas as expectativas da frequência da sua ocorrência, se o mesmo experimento for repetido um número considerável de vezes sob condições semelhantes. Por outro lado, se a probabilidade de um evento é desconhecida, mas o número de experimentos é muito grande, a sua probabilidade pode ser aproximada.
A frequência relativa de um evento é definida como a relação entre o número de vezes que um evento aconteceu numa dada série de repetições de um experimento aleatório e o número total de repetições do referido experimento. (...) numa série imensa de experimentos, a frequência relativa de um evento se aproxima cada vez mais da sua probabilidade. Em outras palavras, quando se repete um experimento um número suficientemente grande de vezes é possível, na equação apresentada, substituir a expressão 'frequência relativa' por 'probabilidade' com erro desprezível. Assim, dada uma longa série de experimentos, pode-se calcular a probabilidade de um evento".
COLOMBO, Angelo. Contrato de seguros: limites técnicos de negociação entre seguradora e segurado. In: SCHALCH, Debora (org.). *Seguros e resseguros*: aspectos técnicos, jurídicos e econômicos. São Paulo: Saraiva/Virgília, 2010, p. 29-30.

[22] Tradução livre. Do original: "Saber y deslindar el qué, el quién, el cómo, el cuándo, el cuánto, de dónde perfilan, configuran y delimitan el riesgo efectivo que el contrato de seguro traza y la aseguradora cubre. Definir y delimitar. Incluir y excluir, evitando el vaciamiento del contrato, del riesgo, o dicho de outro modo, evitar la desnaturalización del contrato de seguro es el reto, pero también la esencia del riesgo y por extensión del contrato de seguro". VEIGA COPO, Abel B. *El riesgo en el contrato de seguro*: ensayo dogmático sobre el riesgo. Cizur Menor (Navarra): Aranzadi, 2015, p. 20.

[23] Tradução livre. Do original: "La operación aseguradora se desarrolla en forma técnica, y la aproximación a sus resultados depende de la estadística, del cálculo de probabilidad, de ley de

A atividade seguradora pressupõe, no processo de transferência e aceitação do risco, um exercício constante e qualificado de delimitação do risco que será aceito e, por conseguinte, que passará a ser coberto pelo segurador.

Veiga Copo propõe as seguintes tipologias de delimitação: extensão objetiva, extensão subjetiva, extensão espacial, extensão quantitativa e extensão temporal, afirmando que:

> A determinação do risco segurado requer uma tarefa de dissecação prévia, individualização do risco através da naturalização do evento e do interesse sobre o qual ele cai, assim como, finalmente, sua delimitação causal, espacial e temporal. Entramos no campo estrito, mas necessário, do exame do nexo entre causa e evento, mas também em uma análise mais ampla, o elo etiológico entre evento e dano; e se esse evento foi descrito, individualizado, incluído no escopo do risco assumido e segurado, o evento ocorrido, causando dano ou não, esteja excluído da cobertura e assunção pela seguradora.[24]

Antes de analisar essas diversas formas de delimitação dos riscos propostas, necessário referir o tênue limite, aqui tratando em termos contratuais, entre delimitação de riscos no contrato de seguro e cláusulas limitativas de direitos. Se a delimitação de riscos é necessária, para ser legítima é fundamental que seja coerente e racional.[25]

A delimitação pelos seguros envolve, ademais, a própria definição de quem seja o segurado e os beneficiários do seguro. Trata-se de delimitação subjetiva no contrato de seguro, sobre a qual define Veiga Copo:

> A delimitação subjetiva implica especificar a pessoa ou as pessoas determinadas sobre quem recai o seguro, tanto em seus atos e comportamentos quanto na própria pessoa em si. Cláusulas e delimitações que determinam e especificam nomeadamente os segurados, seja a quem corresponda ou com determinabilidade no futuro, seja por determinações genéricas como "terceiro", "familiares", "empregados", "dependente", etc.
>
> Delimitação subjetiva onde a atitude e o comportamento do segurado e das pessoas que dependem dele prefiguram e acabam configurando a cobertura ou não do risco por parte da seguradora.[26]

---

los grandes números, de la desviación media de siniestralidad, de la máxima pérdida probable, de la medición de la frecuencia de los accidentes, de su severidad y de su correlación con el precio adecuado a cobrar". PRIETO, Hilda Esperanza Zornosa. *Escritos sobre riesgos y seguros*. Bogotá: Universidad Externado de Colombia, 2012, p. 585.

[24] Tradução livre. Do original: "La determinación del riesgo asegurado requiere una tarea previa de disección, de individualización del riesgo a través de la naturaliza del evento y el interés sobre el cual recae, así como, finalmente, su delimitación causal, espacial y temporal. Entramos con ello en el ámbito estricto, pero necesario, de examinar el nexo entre causa y evento, pero también en un análisis más amplio, el nexo etiológico entre evento y daño; y si ese evento está descrito, individualizado, comprendido en el ámbito del riesgo asumido y asegurado, el hecho acaecido, provoque daño o no, se halla excluido de cobertura y asunción por el asegurador". VEIGA COPO, Abel B. *El riesgo en el contrato de seguro*: ensayo dogmático sobre el riesgo. Cizur Menor (Navarra): Aranzadi, 2015, p. 309-310.

[25] VEIGA COPO, Abel B. *El riesgo en el contrato de seguro*: ensayo dogmático sobre el riesgo. Cizur Menor (Navarra): Aranzadi, 2015, p. 311.

[26] Tradução livre. Do original: "La delimitación subjetiva implica concretar la persona o personas determinadas sobre las que pende el seguro, tanto en sus hechos o comportamientos como sobre la propia persona en cuánto totalidad. Cláusulas y delimitaciones que determinan y especifican bien con nominatividad de los asegurados, bien por cuenta de quién corresponda y determinabilidad a futuro, bien a través de genéricos 'terceros', 'familiares', 'empleados', 'dependientes' etc. Delimi-

Significa dizer que os seguros cobrem riscos gerados pela atividade do próprio segurado ou daqueles outros nomeados no contrato de seguro ou que ajam em seu nome.[27] Jamais cobrirá, por evidente, riscos e tampouco arcará com indenizações por danos ocasionados por qualquer um que não seja seu segurado.

Embora isso seja óbvio, não é simples. E não é simples em razão basicamente de duas variáveis que, em matéria de responsabilidade civil ambiental, avultam em complexidade: (i) a responsabilidade decorrente de evento pluricausal[28] e (ii) a questão de que o segurador, ao definir quem será ou quem serão seus o(s) segurado(s), projeta as possibilidades de responsabilização[29] daquele(s) para os riscos que ele, segurador, está assumido. E ao cogitar essas possibilidades de responsabilização, projeta um limite provável de perdas, ou seja, estima até onde poderá ir a responsabilidade civil ambiental de seu(s) segurado(s) no âmbito de suas atividades e nos limites do contrato de seguro. E isto é feito com base no Direito posto, ou seja, com base nas regras previstas no sistema jurídico. A questão ganha novos contornos, e se converte em um problema complexo, quando o sistema não é claro sobre qual será o limite de responsabilidade e quando o sistema jurídico não deixa claro, de forma precisa, quais as circunstâncias que poderão fazer com que a responsabilidade recaia

---

tación subjetiva donde la actitud y el comportamiento del asegurado y de personas que dependen de él prefiguran y acaban configurando la cobertura o no del riesgo por parte de la aseguradora". VEIGA COPO, Abel B. *El riesgo en el contrato de seguro: ensayo dogmático sobre el riesgo*. Cizur Menor (Navarra): Aranzadi, 2015, p. 344 e 347.

[27] Para exemplificar, nos contratos de seguros para riscos ambientais, com algumas variações, segurados são assim definidos: Segurado, significa o Segurado Nomeado, ou qualquer pessoa que é ou foi diretor, dirigente, sócio, membro ou empregado, inclusive empregados temporários ou terceirizados, do Segurado Nomeado, enquanto atuar no âmbito destas funções como tal. Já como Segurado Nomeado, (i) a pessoa nomeada na apólice; e (ii) qualquer e todas as corporações, sociedades, empresas ou outras entidades que tenham existido a qualquer tempo, que existam atualmente ou que possam vir a existir durante o Período de Vigência da Apólice, sobre as quais a pessoa nomeada na apólice teve ou tenha (um determinado percentual) das quotas de participação, mas, a respeito de tais corporações, sociedades, empresas ou outras entidades, apenas no que for relativo a responsabilidade decorrente de propriedade, operações, manutenções ou uso de Propriedade(s) Segurada(s).

[28] O evento pluricausal pode envolver mais de um agente nocivo/poluente e também mais de um agente poluidor. Trata-se de questão que afeta a (co)causalidade, no qual há acumulatividade de agentes poluentes/contaminantes, que podem ser caracterizados como efeitos somativos que, por sua vez, podem ser compreendidos em duas distintas situações: os efeitos aditivos e os efeitos sinérgicos. Os efeitos somativos são aqueles que "apontam para alterações ambientais decorrentes do somatório de muitas quotas individuais provenientes dos simultâneos ou sucessivos efeitos industriais de mesma espécie", enquanto os efeitos aditivos, embora semelhantes aos somativos, distinguem-se, na medida em que "são aqueles que não se resumem a um problema de quantidade nem dos efeitos resultantes das mesmas formas de comportamento, sendo, antes, resultado de complexas conexões de quotas individuais de ações diversificadas". Já os efeitos sinérgicos têm a característica da exponencialidade e mutabilidade, ou seja, "relacionam-se à combinação de elementos e de substâncias diferentes no ambiente de forma que, quando se encontram, geram um efeito (em regra, nocivo) maior do que o somatório das mesmas substâncias quando isoladas". Neste sentido, CAETANO, Matheus Almeida. *Os delitos de acumulação no direito penal ambiental*. São Paulo: Editora Pillares, 2016, p. 218-219.

[29] E dependendo da exposição verificada nesta projeção poderá inclusive não aceitar dar cobertura, ou seja, não aceitar o risco e rejeitar fazer o seguro.

sobre tais e quais indivíduos. É dizer: quem poderá ser abrangido pelo conceito vago de poluidor?

A questão afeta, portanto, à vagueza conceitual da definição de poluidor, no Direito brasileiro, bem como a amplitude que a jurisprudência vem empregando para definir quem é o poluidor.[30] Tal questão tem relação, inclusive, com aquela dos eventos pluricausais anteriormente referidos.

Pois bem. Já tivemos oportunidade de demonstrar que a definição legal de poluidor inclui tanto aqueles que agem diretamente quanto aqueles que agem indiretamente. Mais do que isso, demonstrou-se que impera a solidariedade entre os poluidores. Pois bem.

Se todos que participam direta ou indiretamente, efetiva ou remotamente, respondem objetiva e solidariamente, na mesma medida, será muito difícil a atuação dos seguros, pois a delimitação do risco (delimitação subjetiva) será inviável e, ainda que se realizem cotações, os prêmios ficariam exorbitantes e o risco somente seria aceito com uma série de limitadores inclusos no contrato. Neste caso, os seguros nem de perto atenderiam seus fins e, por certo, seriam desinteressantes ao segurado.

Vejamos um exemplo para extrairmos algumas questões. Imagine-se uma situação em que um segurado gere resíduos em sua atividade (pessoa 1) e contrate uma empresa para recolher e destinar estes resíduos (pessoa 2) e esta, por sua vez, destine os rejeitos a um aterro industrial (pessoa 3). Se, no futuro, for verificado que neste aterro industrial, embora licenciado e operando com a melhor tecnologia disponível, houve o vazamento de algum líquido, que infiltrou o solo e atingiu o lençol freático, contaminando águas subterrâneas, poderá o segurado (pessoa 1) ser responsabilizado?

A resposta parece positiva, na linha da jurisprudência que vem sendo construída, especialmente sobre a responsabilidade solidária. Contudo, se apenas o segurado for responsabilizado ou, se responsabilizado solidariamente os demais não possuírem patrimônio, poderá ter que arcar sozinho com os custos de indenizações e restauração do dano?

Também aqui a resposta será positiva, por fundamentos equivalentes. Assim, um derradeiro questionamento: poderá então o segurado acionar seu segurador, para que lhe indenize por seus prejuízos, ou seja, pelos custos que teve para promover uma determinada reparação de danos? A resposta não pode

---

[30] Nesse sentido adverte Poison, sobre dificuldades para a asseguração de riscos ambientais, dentre outros, "as contínuas mudanças legislativas em matéria de meio ambiente não tranquilizam as entidades seguradoras, já que seus segurados podem ser declarados responsáveis com base em uma normativa legal inexistente no momento da contratação do contrato de seguro". Tradução livre. Do original: "Los continuos cambios legislativos en materia medioambiental no tranquilizan a las entidades aseguradoras, en cuanto que sus asegurados pueden ser declarados responsables en base a una normativa legal inexistente en el momento de contratarse la póliza de seguro" (POISON, 2015, p. 53-54). Mais grave do que a instabilidade legal é a instabilidade jurisprudencial, pois muito mais intensa, variável e incerta.

ser categórica, pois seguros podem ter, e costumam ter, diversas cláusulas limitadoras de indenizações. Mas, no que importa, em relação aos demais envolvidos, alguns questionamentos complementares: deve o segurador indenizar o segurado por obrigações originadas de eventos nos quais o segurado participou remota e indiretamente? Na integralidade da obrigação imposta solidariamente ao segurado? Quando da contratação do seguro, tais possibilidades foram aventadas? Houve cobrança de prêmio proporcional?

Para fins de reflexão, vale o problema, não a resposta. Até porque as respostas a estas questões são muitas, pois, por certo, há inúmeras variáveis para respondê-las e, de qualquer sorte, a intenção ao apresentá-las foi de problematizar a questão. O que se pode afirmar, desde já, é que a figura do segurado não se confunde com tão ampla conceituação de poluidor e, se equiparados, os seguros ficariam proibitivos. Cumpre analisar outros sistemas, para compreender como a questão é tratada.

5.1. O operador na Diretiva 35/2004/UE e sua recepção em Espanha e Portugal

Tendo clara a preocupação e escopo que motivaram a Diretiva 35/2004/UE, como anteriormente exposto, neste aspecto de delimitações, cumpre analisar como esta normativa conceitua e delimita a figura do poluidor ou do operador, bem como nas legislações nacionais em apreço.

Um primeiro ponto a destacar é a opção, na Diretiva, pelo emprego da expressão "operador", como sujeito responsável pelo cumprimento das normas preventivas e reparatórias previstas. Da versão em língua portuguesa da Diretiva se pode extrair, do artigo 2º, item 6, o conceito de operador como sendo:

> (...) qualquer pessoa singular ou colectiva, pública ou privada, que execute ou controle a actividade profissional ou, quando a legislação nacional assim o preveja, a quem tenha sido delegado um poder económico decisivo sobre o funcionamento técnico dessa actividade, incluindo o detentor de uma licença ou autorização para o efeito ou a pessoa que registe ou notifique essa actividade.

Ademais, do item 7 do mesmo artigo, é definida a "atividade ocupacional/profissional", como sendo "qualquer actividade desenvolvida no âmbito de uma actividade económica, de um negócio ou de uma empresa, independentemente do seu carácter privado ou público, lucrativo ou não".[31]

O operador, que é quem será responsabilizado pelos custos de reparação – artigo 8º, item 1 – recebe na Diretiva uma especificação clara quando se delimita como sendo aquele que execute ou controle a atividade profissional, entendida esta como qualquer atividade desenvolvida no âmbito de uma ativi-

---

[31] UNIÃO EUROPEIA. *Directiva 2004/35/CE do Parlamento Europeu e do Conselho, de 21 de Abril de 2004, relativa à responsabilidade ambiental em termos de prevenção e reparação de danos ambientais.* Disponível em <http://eur-lex.europa.eu/legal-content/PT/TXT/HTML/?uri=CELEX:32004L0035&from=PT>. Acesso em 28.09.2017.

dade econômica. Como se nota, há uma vinculação direta entre a atividade do operador-poluidor e um dano decorrente de sua atividade profissional, com o emprego das expressões "que execute ou controle a atividade". Parece clara, aqui, a opção pela responsabilidade do operador direto para configuração do operador-poluidor. Não há margem extensiva de interpretação para operador indireto, ou o que o valha, pois o texto não dá parâmetros para isto.

Em Portugal, o Decreto-Lei 147/2008, no artigo 11, que apresenta as definições, o item "l" prevê como operador:

> (...) qualquer pessoa singular ou colectiva, pública ou privada, que execute, controle, registe ou notifique uma actividade cuja responsabilidade ambiental esteja sujeita a este decreto-lei, quando exerça ou possa exercer poderes decisivos sobre o funcionamento técnico e económico dessa mesma actividade, incluindo o titular de uma licença ou autorização para o efeito".

Além da semelhança com o texto da Diretiva, nota-se, na norma portuguesa, o emprego de termos e expressões claros para limitação ao operador diretamente responsável, quando refere como sendo aquele que "exerça ou possa exercer poderes decisivos sobre o funcionamento técnico e econômico". A expressão *poderes decisivos* é muito categórica e evidencia a intenção de delimitação do operador-poluidor ao operador direto.

Na lei espanhola, Lei 26/2007 (LRM), a opção de delimitação também está presente. No item 10 do artigo 2º, está previsto como operador (no original) "cualquier persona (...) que desempeñe una actividad económica o profesional o que, en virtud de cualquier título, controle dicha actividad o tenga un poder económico determinante sobre su funcionamiento técnico". Deste modo, a delimitação de quem seja eventual operador-poluidor vincula-se ao operador que controle a atividade ou que tenha um poder econômico determinante. Também aqui, portanto, nota-se não haver margem para amplitude a ponto de alcançar aqueles que apenas indiretamente estejam ou venham a estar vinculados com o operador-poluidor ou com uma atividade que cause danos ambientais.

Pardo, ao discorrer sobre os elementos que compõem a figura do operador, assinala que duas questões surgem do enunciado acima transcrito, a saber: a definição de operador, ou seja, quem pode ser considerado como tal para os efeitos da LRM e; quem será o operador em situações em que vários sujeitos possam ser responsabilizados, isto é, quando várias pessoas tenham, de um modo o outro, tido um protagonismo no evento.[32]

Acerca da primeira questão, a lei traz previsão clara para aqueles que exerçam uma atividade econômica ou profissional, logo, excluídos todos aqueles que pratiquem um dano ambiental, que não sejam profissionais (caça e pesca desportivas, p.ex.); bem como aqueles que detenham o controle ou o poder econômico determinante sobre uma atividade, ou seja, os centros ou instâncias diretivos e de controle das atividades, o que pode ser identificado em contratos,

---
[32] PARDO, José Esteve. *Ley de responsabilidad medioambiental*: comentario sistemático. Madrid: Marcial Pons, 2008, p. 39-40.

estatutos ou convênios, mas também nas licenças, autorizações, comunicações e outros registros administrativos.[33]

No que se refere à segunda questão, referente à pluralidade de protagonistas envolvidos em um evento, há previsão clara no artigo 11 da LRM.[34] Deste modo, nota-se, há opção não pela solidariedade, mas pela partilha de responsabilidades, sendo necessária a divisão da participação de cada um deles, isto é, só será possível exigir responsabilidades dos causadores quando for possível que se delimite sua cota de participação e responsabilidade, em que pese, no entanto, a enorme dificuldade e dilação temporal que isso possa implicar.[35]

No momento, e nos limites deste texto, o que importa das normas analisadas é a questão específica da delimitação da figura do operador-poluidor, tendo sido demonstrado que houve clara opção pelo emprego de termos capazes de dar precisão e demarcação à figura do operador: poderes decisivos, controle da atividade e poder econômico determinante.

Até este ponto, tivemos a oportunidade de demonstrar que a delimitação conceitual e extensiva de poluidor, seja direto ou indireto, é de enorme importância à atividade de seguros que, como vimos, desempenha um papel relevante em uma política ambiental e, por conseguinte, no sistema de responsabilidade civil ambiental. Não obstante, com um compromisso crítico, não se pode deixar de consignar que o excessivo recurso à delimitação e enumeração não passam despercebidos por eventuais excessos. Pardo observa que:

> (...) o propósito da delimitação, da concretização por meio da enumeração, que acaba por ser invocado na Diretiva e consequentemente no LRM, leva a um texto detalhado e extenso. Um modelo que, certamente, pode ter suas vantagens e aspectos positivos derivados desse propósito delimitador, mas também, por seu próprio desenvolvimento, abre-se a outros problema (...).[36]

A ponderação do professor catalão, no entanto, liga-se ao entendimento de que a Diretiva e a lei espanhola poderiam ter adotado fórmulas mais amplas de responsabilização. Contudo, ao mesmo tempo reconhece que houve clara intenção de delimitar. Esta ressalva é aqui importante para observar como a regulamentação destas questões no cenário Europeu está em ponto diametralmente oposto ao da legislação brasileira, que além de pouco discriminar, emprega conceitos altamente maleáveis.

---

[33] PARDO, José Esteve. *Ley de responsabilidad medioambiental*: comentario sistemático. Madrid: Marcial Pons, 2008, p. 40-41.

[34] LRM, artigo 11: "En los supuestos en los que exista una pluralidad de operadores y se pruebe su participación en la causación del daño o de la amenaza inminente de causarlo, la responsabilidad será mancomunada, a no ser que por Ley especial que resulte aplicable se disponga otra cosa".

[35] PARDO, José Esteve. *Ley de responsabilidad medioambiental*: comentario sistemático. Madrid: Marcial Pons, 2008, p. 41-42.

[36] Tradução livre. Do original: "En cambio, el propósito de delimitación, de concreción por la vía de la enumeración, que acaba imponiéndose en la Directiva y, consiguientemente, en la LRM, conduce a un texto detallado y extenso. Un modelo que, ciertamente, puede tener sus ventajas y aspectos positivos derivados de ese propósito delimitador, pero que también, por su proprio desarrollo, se abre a otros problemas". PARDO, José Esteve. *Ley de responsabilidad medioambiental*: comentario sistemático. Madrid: Marcial Pons, 2008, p. 21.

Para tornar possível o desenvolvimento e fortalecimento dos seguros como instrumento de proteção ambiental, em nível de prevenção e de reparação, é necessário superar diversas assimetrias entre a responsabilidade civil ambiental e a técnica dos seguros. Esta mudança pressupõe a fixação de um sistema jurídico e legal mais estável e previsível.

Em relação à jurisprudência, necessário que se somem aos módulos flexíveis de responsabilização elementos de maior previsibilidade, com critérios precisos de distribuição de responsabilidades, especialmente, no que se refere à responsabilidade solidária e ao envolvimento da figura do poluidor indireto. Ademais, que se avance para fixar parâmetros de compartilhamento de responsabilidades, que levem em conta, por exemplo, o grau de culpa, a vantagem econômica obtida por cada um, o nível de atendimento a deveres e obrigações de cuidado, dentre outros mecanismos de diferenciação de participações.

Ainda, caso não se avance para uma legislação específica sobre responsabilidade civil ambiental, é oportuno levar em conta experiências que claramente fizeram opção pela delimitação precisa de responsabilidades, com indiscutível anseio de gerar simetrias entre responsabilização e a técnica de seguros, prevendo a exigência de instrumentos financeiros de garantia, tais como os seguros, como vem ocorrendo nos países europeus, inclusive.

Por derradeiro, caso mantido o quadro de instabilidade, isso não será um impeditivo ao desenvolvimento dos seguros ambientais, contudo, serão disponibilizados produtos com rigorosas limitações e, portanto, não suficientemente amplos para promoverem um expressivo grau de garantias, como é desejável.

6. Proposta de aproximação e compatibilização

Conforme já exposto, o alcance dos conceitos de poluidor indireto e de solidariedade entre poluidores diretos e indiretos já se encontra presente na jurisprudência do Superior Tribunal de Justiça, contudo, como já antecipado, gera situações de insegurança em razão da expressiva elasticidade na aplicação dos conceitos.

Feitas estas considerações, pertinente registrar que há posições em defesa da limitação da responsabilidade civil ambiental, movimento que parece se adequar a uma tentativa de ajustes nestas categorias e na extensão das responsabilidades. Ademais, há exemplos de sistemas legais que utilizam categorias mais claras e precisas de delimitação de responsabilidades ambientais. Importante analisá-las de modo a buscar subsídios para desenvolver reflexão sobre um modelo mais compatível com a atividade seguradora.

O conceito excessivamente aberto de poluidor indireto vem sendo submetido a críticas e propostas de conformação, pois:

> (...) a indeterminação do conceito, no caso concreto, tem servido de base para sua utilização de forma lotérica e aleatória, gerando enorme insegurança jurídica e econômica e, na prática, pouco contribuindo para a proteção ambiental, especialmente quanto às áreas contaminadas.[37]

Neste sentido, acrescenta Antunes que a:

> (...) excessiva ampliação do conceito de poluidor indireto pode implicar uma verdadeira indução à não responsabilização dos proprietários de atividades poluentes que, de uma forma ou de outra, se encontram vinculados a cadeias produtivas maiores, haja vista que a responsabilidade se transferirá automaticamente para aquele que detenha maiores recursos econômicos, como é o caso, por exemplo, dos aterros industriais destinados à guarda e destinação final de resíduos sólidos; o que para a proteção ambiental é a pior solução possível, pois implicaria maior degradação ambiental e a inviabilização prática do sistema de disposição final de resíduos sólidos.[38]

Por outro lado, a excessiva extensão atribuída à solidariedade entre os poluidores, sem qualquer critério de distinção e em muitos casos sem expressa previsão legal,[39] igualmente vem sendo criticada. Sustenta-se, em suma, que não se pode atribuir responsabilidade solidária sem expressa previsão legal ou acordo entre as partes, já que a solidariedade não se presume.[40]

Por outro lado, retomando a questão do poluidor indireto, oportuno trazer à baila a posição de Farias e Bim, que afirmam ser necessária a diferenciação em relação ao poluidor direto, eis que:

> (...) em termos substanciais, essa diferenciação é relevante, pois as hipóteses nas quais se caracteriza um poluidor ambiental indireto não podem equipará-lo ao direto, por danos pelos quais ele não deve responsabilizar-se, sejam eles anteriores ou posteriores à sua conduta.[41]

Segundo afirmam:

> A ideia subjacente ao poluidor indireto é a de que ele deve internalizar o dever de cuidado, entrando como uma espécie de garante de terceiro, o causador do dano (pois) a função da política de responsabilização do poluidor indireto "consiste em internalizar o dever de cuidado em terceiro alheio à relação de causalidade, ampliando o número de pessoas e instituições obrigadas a controlar a produção dos riscos".[42]

Se assim o é, se está aplicando à responsabilidade civil as premissas do princípio do poluidor-pagador, o que é impróprio, conforme já houve ocasião de demonstrar.

---

[37] ANTUNES, Paulo de Bessa. O conceito de poluidor indireto e a distribuição de combustíveis. *Revista SJRJ*, Rio de Janeiro, v. 21, n. 40, ago. 2014, p. 233.

[38] Ibid., p. 234.

[39] Antunes demonstra diversos casos em que a solidariedade está prevista em leis específicas, o que torna legítima a aplicação da solidariedade, em situações tais como: relações de consumo (Lei 8.078/1990, artigos 12-14 e 17-20), proteção das águas jurisdicionais brasileiras (Lei 6.966/2000, artigo 25), utilização de agrotóxicos (Lei 7.802/1989, artigo 14) e na Lei de Biossegurança (lei 11.105/2005, artigo 20). ANTUNES, Paulo de Bessa. O conceito de poluidor indireto e a distribuição de combustíveis. *Revista SJRJ*, Rio de Janeiro, v. 21, n. 40, ago. 2014, p. 233-234.

[40] Ibid., p. 233.

[41] FARIAS, Talden. BIM, Eduardo Fortunato. O poluidor indireto e a responsabilidade civil ambiental por dano precedente. *Revista Veredas do Direito*. Belo Horizonte, v. 14, n. 28, jan./abr. 2017, p. 130.

[42] Idem.

Essa ressalva de separação entre o poluidor-pagador e a responsabilização não é de menor importância. Além da extensão excessiva à responsabilidade civil ambiental, por conta do recurso ao referido princípio, gerar situações de insegurança, conforme até aqui demonstrado, ao mesmo tempo dá uma amplitude à responsabilidade civil que deveria ser alcançada pelo princípio do poluidor-pagador. Ou seja, a ideia de envolvimento de todos os pontos de uma cadeia produtiva, ou mesmo de todo o mercado e da sociedade, com práticas de internalização das externalidades negativas ou dos custos sociais, vincula-se à indução de comportamentos e novas práticas, de forma geral e prévia, não servindo o princípio do poluidor-pagador para dirimir casuísmos.[43]

Por fim, oportuno trazer à ponderação que o recurso à figura do poluidor indireto, de forma indiscriminada, gera o risco de um afrouxamento ou dilatamento excessivo ao nexo causal, chegando-se à perigosa situação de responsabilização por fatos ocorridos no passado nos quais o "poluidor indireto" nem remotamente participou, ou seja, situação na qual a sua participação futura, em um processo produtivo ou relacionamento com uma atividade, era apenas potencial. Neste sentido, Farias e Bim sustentam:

> Em suma, não se pode usar a objetividade da responsabilidade civil ambiental para criar um nexo causal inexistente ou, simplesmente, para dispensar a sua exigência. Dessa forma, é equivocado pugnar pelo liame causal entre a conduta e um resultado antecedente, com o frágil argumento de que somente se desmata ilegalmente (resultado) porque alguém irá comprar (ação), sendo irrelevante se esse comprador tomou todos os cuidados exigidos pela legislação para tanto.
>
> A existência de nexo de causalidade é fundamental, mas não pode ser irresponsavelmente criada da vontade do intérprete em discurso de ligar tudo a todos, imputando especialmente ao poluidor indireto (terceiro em relação ao dano ambiental) a responsabilidade em relação aos danos ambientais antecedentes à sua conduta.[44]

---

[43] Para um estudo de caso julgado pelo STJ recentemente, enfrentando justamente as questões aqui aventadas, vide SARAIVA, Pery. Caso Vicuña e os limites da responsabilidade solidária por danos ambientais. *Revista eletrônica trimestral da associação internacional de direito de seguros*, v. 7, 2017, p. 24-31. No caso analisado "O Superior Tribunal de Justiça recentemente enfrentou no julgamento dos Recursos Especiais 1.596.081 e 1.602.106, caso envolvendo processos decorrentes de danos individuais originados da explosão do navio Vicuña na baía de Paranaguá, um dos maiores acidentes ambientais do Paraná, ocorrido em 2004. Em síntese, na noite de 15 de novembro de 2004 o navio chileno Vicuña explodiu quando estava atracado no porto, deixando quatro tripulantes mortos e despejando no mar milhões de litros de óleo e metanol. Por conseguinte, em centenas de processos se discute a reparação dos danos alegadamente suportados por pescadores da região atingida. (...) A questão enfrentada pela 2ª Seção do Superior Tribunal de Justiça é específica. Uma questão de direito relacionada aos limites da responsabilidade civil solidária no âmbito do direito ambiental. Em outros termos, debateu-se sobre quem e quais são as empresas que deveriam ser responsabilizadas pelos danos causados aos indivíduos (pescadores que foram privados de suas atividades profissionais e econômicas)". Para este caso foi definida a seguinte tese: "As empresas adquirentes da carga transportada pelo navio Vicuña no momento de sua explosão, no Porto de Paranaguá/PR, em 15/11/2004, não respondem pela reparação dos danos alegadamente suportados por pescadores da região atingida, haja vista a ausência de nexo causal a ligar tais prejuízos (decorrentes da proibição temporária da pesca) à conduta por elas perpetrada (mera aquisição pretérita do metanol transportado)".

[44] FARIAS, Talden; BIM, Eduardo Fortunato. O poluidor indireto e a responsabilidade civil ambiental por dano precedente. *Revista Veredas do Direito*. Belo Horizonte, v. 14, n. 28, jan./abr. 2017, p. 133.

Deste modo, para fatos pretéritos, ou seja, para fatos em que a relação jurídica entre o poluidor direto e o suposto poluidor indireto é posterior ao dano, não deveria ser aplicada a responsabilização do 'poluidor indireto', salvo em caso de culpa comprovada, não sendo caso, portanto, hipótese de responsabilidade objetiva. Do contrário, se a relação jurídica entre o poluidor direto e o indireto antecede o dano (p. ex., uma instituição financeira que concede crédito a uma atividade que venha a causar dano ambiental), só haverá responsabilidade do poluidor indireto quando houver um descumprimento legal ou o não atendimento a um dever de cuidado, ou seja: no caso do exemplo, além do descumprimento legal, a hipótese de a concedente do crédito não ter feito toda a averiguação sobre a regularidade ambiental da atividade que estará financiando. Por estas razões, adequada a conclusão de que a questão do nexo causal, em relação ao poluidor indireto, não deve ser perquirida no âmbito fático, pois se trata mais adequadamente de uma questão jurídica, ou seja, de verificação se o suposto poluidor indireto cumpriu ou não seus deveres e obrigações, quando houver, por força de lei ou de contrato.[45]

7. Considerações finais

Para tornar possível o desenvolvimento e fortalecimento dos seguros como instrumento de proteção ambiental, em nível de prevenção e de reparação, é necessário superar diversas assimetrias entre a responsabilidade civil ambiental e a técnica dos seguros. Esta mudança pressupõe a fixação de um sistema jurídico e legal mais estável e previsível.

Em relação à jurisprudência, necessário que se somem aos módulos flexíveis de responsabilização elementos de maior previsibilidade, com critérios precisos de distribuição de responsabilidades, especialmente no que se refere à responsabilidade solidária e ao envolvimento da figura do poluidor indireto. Ademais, que se avance para fixar parâmetros de compartilhamento de responsabilidades, que levem em conta, por exemplo, o grau de culpa, a vantagem econômica obtida por cada um, o nível de atendimento a deveres e obrigações de cuidado, dentre outros mecanismos de diferenciação de participações.

Ainda, caso não se avance para uma legislação específica sobre responsabilidade civil ambiental, oportuno levar em conta experiências que claramente fizeram opção pela delimitação precisa de responsabilidades, com indiscutível anseio de gerar simetrias entre responsabilização e a técnica de seguros, prevendo a exigência de instrumentos financeiros de garantia, tais como os seguros, como vem ocorrendo nos países europeus, inclusive.

---

[45] FARIAS, Talden; BIM, Eduardo Fortunato. O poluidor indireto e a responsabilidade civil ambiental por dano precedente. *Revista Veredas do Direito*. Belo Horizonte, v. 14, n. 28, jan./abr. 2017, p. 135.

Por derradeiro, caso mantido o quadro de instabilidade, isso não será um impeditivo ao desenvolvimento dos seguros ambientais, contudo, serão disponibilizados produtos com rigorosas limitações e, portanto, não suficientemente amplos para promoverem um expressivo grau de garantias, como é desejável.

8. Referências

ANTUNES, Paulo de Bessa. *Dano ambiental*: uma abordagem conceitual. Rio de Janeiro: Lumen Juris, 2000.

——. O conceito de poluidor indireto e a distribuição de combustíveis. *Revista SJRJ*, Rio de Janeiro, v. 21, n. 40, ago. 2014, p. 229-244.

——. Limites da responsabilidade ambiental objetiva. *Revista do TRF1*, Brasília, v. 28, n. 9/10, set./out. 2016, p. 53-64.

BECK, Ulrich. *La sociedad del riesgo*: hacia una nueva modernidad. Barcelona: Paidós, 1998.

——. *Sociedade de risco*: rumo a uma outra modernidade. Tradução Sebastião Nascimento. São Paulo: 34, 2011.

BELENGUER, David Aviñó. Prevención y reparación de los daños civiles por contaminación industrial. Cizur Menor (Navarra): Aranzadi, 2015.

BRASIL. Superior Tribunal de Justiça. AgInt no AREsp nº 839492, Relator Ministro Herman Benjamin, julgado em 15/12/2016.

——. Superior Tribunal de Justiça. AgRg no AREsp nº 224572, Relator Ministro HUMBERTO MARTINS, julgado em 18/06/2013.

——. Superior Tribunal de Justiça. AgRg no AREsp nº. 689997, Relator Ministro RICARDO VILLAS BÔAS CUEVA, julgado em 15/12/2015.

——. Superior Tribunal de Justiça. REsp nº 650.728, Relator Ministro Herman Benjamin, julgado em 23/10/2007.

——. Superior Tribunal de Justiça. REsp nº 1374342, Relator Ministro Luis Felipe Salomão, julgado em 10/09/2013.

——. Superior Tribunal de Justiça. REsp nº 1376199, Relator Ministro Herman Benjamin, julgado em 19/08/2014.

CAETANO, Matheus Almeida. Os delitos de acumulação no direito penal ambiental. São Paulo: Editora Pillares, 2016.

CANE, Peter. Are environmental harms special? *Journal of Environmental Law*. Oxford University Press, 13:1, 2001, p. 3-20.

COLOMBO, Angelo. Contrato de seguros: limites técnicos de negociação entre seguradora e segurado. In: SCHALCH, Debora (org.). *Seguros e resseguros*: aspectos técnicos, jurídicos e econômicos. São Paulo: Saraiva/Virgília, 2010.

FARIAS, Talden Queiroz; BIM, Eduardo Fortunato. O poluidor indireto e a responsabilidade civil ambiental por dano precedente. *Revista Veredas do Direito*. Belo Horizonte, v. 14, n. 28, jan./abr. 2017, p. 127-146.

GOMES, Carla Amado. O Princípio do poluidor-pagador e a responsabilidade por dano ecológico: recentes posicionamentos da Corte de Justiça da União Europeia. In: MIRANDA, Jorge; GOMES, Carla Amado (Coord.). *Diálogo ambiental, constitucional e internacional*. Lisboa: Instituto de Ciências Jurídico-Políticas, v. 4, 2016, p. 20-34.

———. De que falamos quando falamos de dano ambiental? Direito, mentiras e crítica. In: GOMES, Carla Amado; ANTUNES, Tiago (Coord.). *Actas do colóquio*: a responsabilidade civil por dano ambiental. Lisboa: Instituto de Ciências Jurídico-Políticas/FDUL, 2010.

LEITE, José Rubens Morato (Coord.). *Manual de direito ambiental*. São Paulo: Saraiva, 2015.

———; AYALA, Patryck de Araújo. *Dano Ambiental*: do individual ao coletivo extrapatrimonial. São Paulo: Revista dos Tribunais, 2012.

MOLINARO, Carlos Alberto. *Direito ambiental*: proibição de retrocesso. Porto Alegre: Livraria do Advogado, 2007.

PARDO, José Esteve. Las aportaciones de Ulrich Beck a la comprensión del nuevo entorno sociológico del Derecho Público. In: GOMES, Carla Amado; TERRINHA, Luis Heleno (Coord.). *In memoriam*: Ulrich Beck. Lisboa: Instituto de Ciências Jurídico-Políticas/FDUL, 2016

———. *Técnica, riesgo y Derecho*: Tratamiento del riesgo tecnológico en el derecho ambiental. Barcelona: Ariel, 1999.

———. *Ley de responsabilidad medioambiental*: comentario sistemático. Madrid: Marcial Pons, 2008.

POISON, Margarida Trejo. *El contrato de seguro medioambiental*: estudio de la responsabilidad medioambiental y su asegurabilidad. Cizur Menor (Navarra): Civitas, 2015.

PRIETO, Hilda Esperanza Zornosa. *Escritos sobre riesgos y seguros*. Bogotá: Universidad Externado de Colombia, 2012.

REGO, Margarida Lima. *Contrato de seguro e terceiros*: estudo de direito civil. Coimbra: Coimbra Editora/Wolters Kluwer, 2010.

SARAIVA, Pery. Caso Vicuña e os limites da responsabilidade solidária por danos ambientais. *Revista eletrônica trimestral da associação internacional de direito de seguros*, v. 7, 2017.

SENDIM, José de Souza Cunhal. *Responsabilidade civil por danos ecológicos*: da reparação do dano através de restauração natural. Coimbra: Coimbra Editora, 1998.

UNIÃO EUROPEIA. *Directiva 2004/35/CE do Parlamento Europeu e do Conselho, de 21 de Abril de 2004, relativa à responsabilidade ambiental em termos de prevenção e reparação de danos ambientais*. Disponível em <http://eur-lex.europa.eu/legal-content/PT/TXT/HTML/?uri=CELEX:32004L0035&from=PT>. Acesso em 28.09.2017.

VEIGA COPO, Abel B. *El riesgo en el contrato de seguro*: ensayo dogmático sobre el riesgo. Cizur Menor (Navarra): Aranzadi, 2015.

YIN, Haitao; PFAFF, Alex; KUNREUTHER, Howard. Can environmental insurance succeed wher other strategies fail? The case of underground storage tanks. *Risk Analysis*: Society for Risk Analysis, v. 31, n. 1, 2011, p. 12-24.

— XVI —

Crítica à jurisprudência do Tribunal de Justiça do Estado de São Paulo sobre seguro de automóvel e embriaguez ao volante (2012-2017) à luz da análise econômica do direito

Rodolfo dos Santos Braun

Formado em Direito pela Pontifícia Universidade Católica de Campinas/
PUC. Pós-graduado pela FGV/São Paulo em Direito Empresarial.
Membro do GNT Direito Econômico e Regulatório da AIDA/Brasil.

Sumário: 1. Introdução; 2. Metodologia; 3. Análise econômica do direito; 4. Assimetria informacional e perigo moral; 5. Contrato de seguro; 6. Agravamento do risco; 7. Resultado da pesquisa e crítica; 8. Considerações finais; 9. Referências.

1. Introdução

Este artigo tem como objetivo analisar a jurisprudência do Tribunal de Justiça do Estado de São Paulo sobre a relação entre a ingestão de bebida alcoólica por condutores de veículos automotores e seguro de automóvel entre o período de 2012 até 2017.

Inicialmente, apresentar-se-á a metodologia que foi empregada nesta pesquisa. Em apertada síntese, o trabalho será dividido em duas partes: na primeira parte, serão apresentados os conceitos teóricos necessários para a completa compreensão da abordagem ora proposta, ao passo que, na segunda parte, será apresentado o resultado da pesquisa descritiva da jurisprudência do TJ/SP sobre o tema.

A jurisprudência será analisada por dois prismas: o primeiro terá por base a Análise Econômica do Direito, enquanto o segundo terá por fundamento as questões jurídicas propriamente ditas.

Da análise descritiva e sua respectiva crítica depreende-se, a partir do presente estudo, que a forma pela qual a jurisprudência sobre o tema vem se consolidando no âmbito deste Tribunal não está em consonância com o regramento jurídico vigente, além de não incentivar condutas prudentes por parte dos condutores de veículos automotores.

2. Metodologia

A metodologia empregada neste artigo compreende, em primeiro lugar, o levantamento de informações por meio de pesquisa bibliográfica, fontes envolvidas em livros e artigos, a fim de ensejar o devido embasamento teórico necessário para abordagem aqui proposta. Uma vez assentadas as premissas teóricas, este artigo passa para uma análise descritiva da jurisprudência do Tribunal de Justiça do Estado de São Paulo entre os anos de 2012 e 2017.

Para tanto, utilizou-se o sistema de busca de jurisprudência fornecido pelo sítio do referido Tribunal (https://esaj.tjsp.jus.br/cjsg/consultaCompleta.do?f=1). As palavras-chaves de busca foram: "Seguro de Automóvel" ou "Seguro de Veículo" e "Embriaguez".

A pesquisa foi filtrada para serem localizadas apenas apelações. Embargos infringentes foram desconsiderados em razão do seu número inexpressivo (oito acórdãos), que em nada impactou estatisticamente o resultado final. Em pesquisa realizada em 2017, a partir dos aludidos termos, foi possível localizar uma população de 298 apelações, das quais 221 foram analisadas. As decisões que não tratavam especificamente sobre ingestão de bebida alcoólica e seguro de automóvel foram descartadas (77).[1] Foi escolhido o ano de 2012 como data de corte para o estudo em virtude da publicação da Lei nº 12.760/2012, que alterou por último as disposições da Lei nº 11.705/2008, sendo tais alterações oportunamente analisadas.

3. Análise econômica do direito

O objetivo do presente artigo é analisar e criticar a jurisprudência do TJ/SP que vem se consolidando sobre a relação entre seguro de automóvel e embriaguez no volante, inclusive pelo prisma da Análise Econômica do Direito ("AED").

AED se traduz em uma forma de avaliar questões jurídicas, utilizando-se, para tanto, ferramentas disponíveis no campo de estudo da Economia. Tem como finalidade, em apertada síntese, entender como os agentes respondem às normas jurídicas, sejam elas positivadas ou não.

---

[1] Exemplo de casos que foram descartados: apelações que tratavam sobre seguro de vida, roubo, ultrapassagem proibida, inadimplemento contratual, etc.

Rachel Sztajn ressalta a reflexão de Daniel D. Friedman no sentido de que a Economia pode ser empregada para a melhoria na elaboração das leis (no sentido amplo). Veja-se:

> Tomando a Economia como poderosa ferramenta para analisar normas jurídicas, em face da premissa que as pessoas agem racionalmente, conclui-se que elas responderão melhor a incentivos externos que induzam a certos comportamentos mediante sistema de prêmios e punições. Ora, se a legislação é um desses estímulos externos, quanto mais as forem as normas positivadas às instituições sociais, mais eficiente será o sistema.[2]

Neste contexto, apresentar-se-ão conceitos econômicos, os quais estão intrinsicamente ligados com a presente análise. N. Gregory Mankiw, em seu livro *Introdução à Economia*, apresenta 10 princípios da Economia, dos quais 2 serão abordados a seguir.

O princípio nº 3 prescreve que pessoas racionais[3] pensam na margem. Ou seja, as decisões cotidianas, esclarece Mankiw, não são binárias entre fazer ou não fazer, certo ou errado, preto ou branco. Pelo contrário, toda decisão humana pressupõe inúmeras possibilidades as quais devem ser observadas pelo agente, o qual sopesará os benefícios e custos marginais para, a partir desta análise, tomar sua decisão. Os economistas, diz o autor, "usam o termo **mudanças marginais** (*grifo no original*) para descrever pequenos ajustes incrementais a um plano existente".[4]

Mankiw traz o seguinte exemplo: Uma pessoa racional, para decidir escolher passar mais tempo em uma faculdade, deve conhecer os benefícios e os custos adicionais de tal decisão, isto é, a possibilidade de adquirir mais conhecimento e conseguir melhores salários em contraposição com o dinheiro e tempo que deverá ser despendido. Somente após contrabalancear tais incrementos adicionais – benefícios e custos – é que o agente racional poderá decidir qual opção melhor se adequará às suas preferências.[5]

O princípio nº 4 prescreve que pessoas reagem a incentivos. Afirma Mankiw: "Como as pessoas tomam decisões por meio de comparação de custos e benefícios, seu comportamento pode mudar quando os custos e ou benefícios mudam. Em outras palavras, as pessoas reagem a incentivos".[6] O exemplo comumente encontrado na literatura econômica é o da manteiga e da margarina, isto é, quando o preço da manteiga sobe, as pessoas tendem a comprar mais margarina e vice-e-versa.

Tal princípio é de importância ímpar para o formulador de políticas públicas na medida em que, ao alterar os benefícios e custos dos agentes, induz determinados comportamentos.

---

[2] ZYLBERSZTAJN, Decio; SZTAJN, Rachel (orgs.). *Direito & Economia*: análise econômica do direito e das organizações. Rio de Janeiro: Elsevier, 2005, p. 75.
[3] Neste contexto racionalidade pressupõe a adequação dos meios disponíveis aos fins almejados.
[4] MANKIW, N. *Introdução à economia*. Tradução. Rio de Janeiro: Campus, 2005, p. 6.
[5] Ibidem, p. 7.
[6] Idem.

Ocorre que, muitas vezes, o objetivo perseguido pelo gestor público não é alcançado e, pior, pode acabar agravando ainda mais o problema que tentara resolver. A história brasileira tem um exemplo esclarecedor: no Brasil do século XX, Oswaldo Cruz, com o objetivo de erradicar a Peste Bubônica (peste negra), iniciou uma guerra aos ratos (o agente transmissor da doença, mais precisamente, era a pulga dos ratos). Decidiu-se, então, premiar financeiramente as pessoas que levassem aos agentes públicos responsáveis tal animal morto. O resultado final foi que a própria população passou a criar ratos domesticamente para vender ao governo. Ou seja, além de não resolver o problema da saúde pública, a decisão incentivou a proliferação dos roedores e, consequentemente, do agente transmissor.

Neste contexto, muito embora o Brasil esteja inserido dentro da ordem jurídica do *Civil Law*, a jurisprudência pacificada (ou não pacificada) em determinada matéria tem o condão de estimular ou desestimular as condutas dos jurisdicionados.

Não há, pois, como tomar determinada decisão em um caso concreto sem analisar as consequências desta decisão. Veja-se:

> É importante reconhecer que a forma como o tribunal distribuir o prejuízo entre as partes terá duas consequências simultâneas – uma, resolverá a disputa entre esses litigantes e outra, orientará as partes que, no futuro, estiverem em circunstâncias semelhantes a respeito de como os tribunais devem resolver sua disputa. Isso é frequentemente designado como sendo os aspectos de "resolução de disputas" e de "criação de regras" dos tribunais. No cumprimento desta última tarefa, espera-se que o Direto orientará futuras partes contratantes para que incluam em seu acordo disposições explícitas sobre a responsabilidade pelas várias coisas que podem dar errado durante seu relacionamento. Ou, então, as partes poderão decidir não fixar disposições explícitas pressupondo que os tribunais farão isso em consonância com a regra articulada na ação judicial anterior.[7]

Por este motivo, o juiz deve levar em consideração não apenas a Lei (em sentido estrito), mas também as consequências imediatas e mediatas que esta decisão terá sobre a sociedade como um todo, principalmente quando a norma jurídica contiver conceitos abertos que devem ser preenchidos pelo próprio magistrado.

Em resumo, pessoas são racionais, e por tal motivo, pensam na margem e reagem a incentivos. O ordenamento jurídico de um país afeta diretamente as escolhas das pessoas, na medida em que altera sua estrutura de incentivos, induzindo determinados comportamentos por meio do sistema de prêmio e punições.

4. Assimetria informacional e perigo moral

Além dos já analisados, importante apresentar dois outros conceitos econômicos relacionados também com o presente estudo: assimetria informacional e perigo moral.

---

[7] COOTER, R.; ULLEN, T. *Direito & Economia*. Tradução. 5ª ed. Porto Alegre: Bookman, 2010, p. 29.

De acordo com a literatura econômica ortodoxa, a interação entre agentes, sem a intervenção estatal, resulta na alocação eficiente de recursos escassos. Há determinadas situações específicas, contudo, que, mesmo os agentes interagindo livremente, não resultam na alocação eficiente destes recursos. Tais hipóteses, como cediço, são chamadas de falhas de mercado.

A assimetria informacional é uma destas hipóteses. Sua definição é simples: "há informação assimétrica nas situações em que um agente econômico possui informações que o outro não possui".[8]

Quando existe disparidade de informação entre os agentes, o resultado é que a parte mais informada, quando lhe é conveniente, beneficia-se desta sua condição, enquanto a parte menos informada visa a meios de obter a informação da outra, sempre quando perceber que está em posição desvantajosa.[9]

A assimetria informacional é verificada pelos seus efeitos, os quais:

> (...) se manifestam na fase de formação do contrato, ou no curso de sua execução e nem sempre se restringem aos contratantes, irradiando-se pelo mercado e causando desequilíbrio. O primeiro, conhecido como *seleção adversa*, é geralmente associado à ocultação da informação que só um dos contratantes detêm (*hidden knowledge*), e o segundo, identificado como *moral hazard*, concerne à dificuldade de uma parte monitorar as ações da outra durante a execução do contrato (*hidden action*).[10]

Quando a parte altera seu comportamento durante a execução do contrato, dá-se o nome de *moral hazard* (perigo moral), "que corresponde ao descuido, negligência ou oportunismo de uma parte em relação ao cumprimento de suas obrigações, incentivadas pela certeza de que a contraparte não pode monitorar sua conduta no curso da execução do contrato".[11]

No mesmo sentido lecionam Mackkay e Rousseau:

> O risco moral aparece cada vez que, em razão de fiscalização imperfeita, porque custosa para o segurador, o segurado se afasta do comportamento ajustado com o segurador, eventualmente de forma implícita, de modo a buscar vantagem para si, aumentando a probabilidade ou a extensão do risco assumido pelo segurador. O risco moral, no campo do seguro, corresponde ao problema de "*agency*" em outros contextos. É exemplo de *comportamento oportunista*.[12]

Desta forma, em se tratando especificamente de contrato de seguro, "o segurado, ciente da impossibilidade de a seguradora observar suas ações relativas ao cumprimento do contrato, tende a tomar menos cuidado em relação aos riscos garantidos, aumentando a possibilidade de sua ocorrência".[13]

---

[8] AFONSO FILHO, J. *Um estudo sobre assimetria de informação no seguro de automóvel*. Mestrado. Insper Instituto de Ensino e Pesquisa, 2013, p. 21.
[9] SOUZA, Thelma de Mesquita Garcia e. *O dever de informar e sua aplicação ao contrato de seguro*. Doutorado. Universidade de São Paulo, 2012, p. 48.
[10] Idem.
[11] Ibidem, p. 54.
[12] MACKAAY, Ejan; ROUSSEAU, Stéphane. *Análise econômica do direito*. Tradução. 2. ed. São Paulo: Atlas, 2015, p. 138.
[13] SOUZA, Thelma de Mesquita Garcia e. *O dever de informar e sua aplicação ao contrato de seguro*. Doutorado. Universidade de São Paulo, 2012, p. 56.

Do ponto de vista econômico, a mudança de comportamento dos segurados, os quais não podem ser monitorados pelo segurador, resulta em uma elevação do custo para este e, consequentemente, em uma elevação do prêmio para toda a massa segurada.

Ocorre que a alteração do comportamento do segurado no sentido de ser mais descuidado, imprudente ou, até mesmo, oportunista, não se restringe a uma questão financeira. Muito pelo contrário:

> A falta de manutenção de sistema de alarme, ou de iluminação de segurança na propriedade protegida contra roubo, ou dos equipamentos contra incêndio, no bem coberto contra fogo, ou o uso cotidiano do veículo segurado para finalidade diversa da declarada, e dirigi-lo embriagado, são afumas das afrontas rotineiras à boa-fé e ao dever de informar nos contratos de seguro. Este rol serve para demonstrar também a relação entre seguro e responsabilidade civil, pois as condutas apontadas não lesam apenas o segurador, mas geram externalidades negativas, prejudicando terceiros, e reduzindo o bem-estar de toda a sociedade.[14]

Sendo assim, "é mais uma razão a recomendar rigor na apreciação dos casos de responsabilidade civil e agravamento do risco em matéria de seguro".[15]

De todo modo, há diversas formas de mitigar a ocorrência de perigo moral no que se refere à matéria securitária, sendo neste artigo abordada uma forma prevista no próprio Código Civil: a hipótese de perda de direito à garantia securitária em decorrência do agravamento do risco por parte do segurado.

5. Contrato de seguro

À luz do artigo 757 do Código Civil, obtém-se a seguinte definição legal de contrato de seguro: "art. 757 – pelo contrato de seguro, o segurador se obriga, mediante o pagamento do prêmio, a garantir interesse legítimo do segurado, relativo a pessoa ou a coisa, contra riscos predeterminados".

Amadeu Carvalhaes Ribeiro, em seu livro Direito de Seguros, define da seguinte forma o contrato de seguro:

> O contrato de seguro é o acordo firmado entre o segurador e o segurado com a finalidade de regular juridicamente a operação econômica pela qual o segurador se obriga, contra o pagamento de um prêmio pelo segurado, a garantir interesse legítimo deste relativo a pessoa ou coisa, contra riscos predeterminados.[16]

Prossegue o autor:

> Por meio do contrato de seguro, o segurador assume o dever de arcar com as consequências econômicas adversas da conversão em sinistro de um determinado risco a que o segurado está exposto. O risco não é propriamente transferido do segurado ao segurador, tampouco eliminado.

---

[14] SOUZA, Thelma de Mesquita Garcia e. *O dever de informar e sua aplicação ao contrato de seguro*. Doutorado. Universidade de São Paulo, 2012, p. 56-57.
[15] Ibidem, p. 57.
[16] RIBEIRO, Amadeu Carvalhaes. *Direito de seguros*. Atlas, 2006, p. 59.

No entanto, em um certo sentido ambos os fenômenos – transferência e eliminação de riscos – ocorrem.[17]

Atendo-se ao texto normativo é possível extrair quatro elementos essenciais desta modalidade contratual: *garantia, interesse, risco* e *prêmio*.[18]

Embora tenha sido um tema bastante controvertido, a doutrina especializada em Direito Securitário filia-se ao entendimento de que a prestação do contrato de seguro, sob a ótica do segurador, é de *garantia* e, portanto, comutativo. Neste sentido:

> A comutatividade no contrato de seguro parte da observação da sua base técnica, retirando-lhe por completo a álea. De fato, se o contrato de seguro, isoladamente considerado, poderia levar à concepção de que uma parte pode "ganhar" ou "perder" sobre a outra parte, caso não ocorra o sinistro (que é um evento futuro e, no caso de danos, incerto), a consideração a respeito da massa de operações de contratos de seguro, devidamente tratada por métodos estatísticos e atuariais, permite que o segurador retire por completo o caráter aleatório do contrato.[19]

Interesse, por seu turno, é compreendido como o objeto do contrato de seguro,[20] ou seja, "o objeto do contrato de seguro não é propriamente a coisa ou a pessoa em si, e sim o *interesse* que o segurado possui em relação a elas".[21]

Prossegue o autor explicitando a lição de Comparato:

> A utilidade desse conceito é grande, pois explica o fato de que possa existir às vezes uma multiplicidade de seguros do mesmo tipo referente à mesma coisa, com titularidades diferentes. É o caso, por exemplo, do seguro de incêndio contratado pelo proprietário (ou credor hipotecário), pelo usufrutuário e pelo locatário com referência ao mesmo imóvel, cada qual protegendo um interesse econômico diverso.[22]

Risco, no entender de Amadeu Carvalhaes Ribeiro, é definido como "a possibilidade de ocorrência de um evento prejudicial ao segurado ou seus beneficiários".[23] "O risco suscetível de cobertura securitária corresponde à probabilidade de ocorrência de evento futuro e incerto, independente da vontade humano, apto a acarretar perdas patrimoniais".[24]

Prêmio é a prestação do segurado perante o segurador. Trata-se, como analisado, de um contrato comutativo no qual a prestação do segurador é a garantia contra eventos predeterminados, ao passo que a prestação do segurado é justamente o pagamento do prêmio.

---

[17] RIBEIRO, Amadeu Carvalhaes. *Direito de seguros*. Editora Atlas S.A., 2006, p. 59

[18] SOUZA, Thelma de Mesquita Garcia e. *O dever de informar e sua aplicação ao contrato de seguro*. Doutorado. Universidade de São Paulo, 2012, p. 185.

[19] AZEVEDO, Luis Augusto Roux. *A comutatividade do contrato de seguro*. Mestrado. Universidade de São Paulo, 2010, p. 41.

[20] Oportuno mencionar que existem doutrinadores os quais se filiam ao entendimento que o objeto do contrato de seguro é o risco, e não o interesse. Neste sentido, pode-se citar Tulio Ascarelli, Orlando Gomes e Caio Mário.

[21] RIBEIRO, Amadeu Carvalhaes. *Direito de seguros*. Atlas., 2006, p. 60.

[22] Idem.

[23] Ibidem, p. 58.

[24] SOUZA, Thelma de Mesquita Garcia e. *O dever de informar e sua aplicação ao contrato de seguro*. Doutorado. Universidade de São Paulo, 2012, p. 185.

Do ponto de vista econômico, o risco é incerteza quanto à perda. Tem-se que o risco possui um custo social, já que impacta na alocação eficiente de recursos. Por exemplo, um empresário pode deixar de realizar um grande empreendimento em virtude da possibilidade de ocorrência de algum desastre que lhe causará prejuízo financeiros.

Sob essa ótica, "o seguro pode ser definido como um mecanismo para a redução de risco, associando um número suficiente de unidades de exposição, de modo a tornar suas perdas individuais coletivamente predizíveis (socialização das perdas)".[25] Assim, o eventual dano futuro com alto valor é substituído por um custo pequeno e predefinido – o prêmio.[26]

Em síntese, esses são os elementos compreendidos como essenciais no contrato de seguro. Além de tais elementos (*risco, interesse, garantia* e *prêmio*), o contrato de seguro possui elementos acidentais: *sinistro* e *indenização*.[27]

Com relação ao elemento acidental *sinistro*, a autora salienta que:

> O sinistro corresponde à concretização do risco a que está exposto o interesse segurável.
>
> Só será indenizável se não decorrer da vontade do segurado, e deve ser comunicado ao segurador com máxima presteza. O dever de informar aqui é permitir que a seguradora, se for o caso, minimiza ou estanque os efeitos lesivos do evento. A exigência imposta ao segurado de tomar providências para minorar as consequências do sinistro decorre da legitimidade do seu interesse.[28]

Por seu turno, na medida em que a prestação principal do segurador é a *garantia*, por consequência, o pagamento de indenização se revela como elemento acidental, que pode ou não acontecer. Neste diapasão:

> A indenização é a prestação eventual do segurador. Sua principal obrigação é a garantia de cobertura de um interesse sujeito a risco, que implica as providências que devem ser tomadas para viabilizar a pulverização do risco e o eventual pagamento a indenização, como organização da mutualidade e constituição das reservas. Somente diante da ocorrência do sinistro surge, em princípio, a obrigação de indenizar, condicionada aos termos da lei e do contrato.[29]

Ressalta a autora que o contrato de seguro deve tão somente ressarcir o segurado e/ou seus beneficiários contra as consequências financeiras amargadas em decorrência de um sinistro coberto, de modo que a indenização deve corresponder na proporção dos prejuízos sofridos (princípio indenitário). Se assim não for, a indenização securitária passa ser algo desejado pelo próprio segurado e/ou seus beneficiários, o que descaracterizaria totalmente a finalidade precípua do contrato de seguro.

Sob a ótica econômica, "o princípio indenitário tem duas finalidades imediatas e conexas entre si: evitar que o seguro se transforme em aposta e reduzir

---

[25] SEGUROS: uma questão atual. São Paulo. Max Limonad, 2001, p. 24-25.
[26] Ibidem, p. 25.
[27] SOUZA, Thelma de Mesquita Garcia e. *O dever de informar e sua aplicação ao contrato de seguro*. Doutorado. Universidade de São Paulo, 2012, p. 185.
[28] Ibidem, p. 210.
[29] Ibidem, p. 210-211.

o *moral hazard*, porque, se o segurado pudesse auferir lucro à custa do sinistro, teria incentivo a provocá-lo".[30]

Diante dos elementos (essenciais e acidentais) analisados, o contrato de seguro, dentro da classificação tradicional dos contratos, pode ser compreendido como *bilateral, oneroso, consensual, comutativo, típico* e, ainda, *de adesão*.[31]

6. Agravamento do risco

O Código Civil, em seu artigo 768, estabelece uma das hipóteses em que o segurado, dependendo da sua conduta, perderá o direito à garantia: "o segurado perderá o direito à garantia se agravar intencionalmente o risco objeto do contrato".

Não há consenso acerca da correta interpretação desse artigo, tanto na doutrina, quanto na jurisprudência, sobretudo acerca dos termos *segurado, agravar* e *intencionalmente*.

Segundo a doutrina de Pedro Alvim "por razões inerentes à sua atividade, o segurado, muitas vezes, é levado a modificar as condições primitivas do risco garantido, agravando a sua situação. Este ato unilateral redunda em prejuízo ao segurador".[32]

Na medida em que o contrato de seguro é compreendido como comutativo, quando o segurado agrava intencionalmente o risco, gera, por consequência, um desequilíbrio na relação risco-prêmio, de modo que o segurador acaba recebendo prêmio em valor inferior ao risco garantido frente ao segurado.

Neste sentido, "o agravamento afeta a relação risco-prêmio, em prejuízo do fundo comum, que arcará com obrigações mais elevadas em comparação com a respectiva contraprestação representada pelo prêmio".[33]

Pelo prisma econômico, a finalidade primordial do artigo em comento é justamente mitigar o risco de comportamento oportunista do segurado (*moral hazard*), já que o segurador não possui condições de monitorar constantemente o segurado durante a vigência do contrato.

Como visto, inexiste consenso sobre o termo *intencionalmente*. "O advérbio *intencionalmente* tem sido interpretado como *intenção de agravar o risco*, sugerindo que não bastaria a pratica intencional de ato que levasse à agravação".[34]

---

[30] SOUZA, Thelma de Mesquita Garcia e. *O dever de informar e sua aplicação ao contrato de seguro*. Doutorado. Universidade de São Paulo, 2012, p. 211.
[31] Ibidem, p. 159.
[32] ALVIM, Pedro. *O contrato de seguro*. Rio de Janeiro: Forense, 2001, p. 256.
[33] SOUZA, op. cit., p. 196.
[34] Idem.

De acordo com tal interpretação, só haverá agravamento intencional do risco quando o segurado *quiser* lesar o segurador, locupletando-se em desfavor deste. Assim, quando se tratar de seguro de automóvel, agravamento intencional do risco só ocorrerá na hipótese, por exemplo, em que o segurado deixar a chave na ignição com o objetivo único e exclusivo de o bem ser furtado.

Por outro lado, há posicionamento jurisprudencial no TJ/SP que entende pela desnecessidade de o segurado *querer* agravar o risco em prejuízo do segurador, sendo suficiente, contudo, que o ato seja *voluntário* e desequilibre a relação risco-prêmio.

Igualmente, a doutrina e a jurisprudência divergem sobre o termo *segurado*. Em se tratando de seguro de automóvel, existem três vertentes:

(i) Agravamento intencional do risco só pode existir por conduta cometida pelo próprio segurado.

(ii) Agravamento intencional do risco pode existir por conduta cometida por qualquer pessoa que esteja na condução do veículo segurado.

(iii) Agravamento intencional do risco pode existir por conduta cometida por qualquer pessoa, desde que o segurado tenha conhecimento sobre tal ato agravador do risco.

Além da situação de agravamento intencional do risco descrita acima, o Código Civil estabelece, em seu art. 769, § 1º, estabelece hipótese de agravamento do risco sem culpa do segurado: "o segurador, desde que o faça nos quinze dias seguintes ao recebimento do aviso da agravação do risco sem culpa do segurado, poderá dar-lhe ciência, por escrito, de sua decisão de resolver o contrato".

Nota-se que no artigo anterior pressupunha a existência de intenção do segurado, ao passo que no artigo presente não há sequer necessidade de culpa.

Da exegese do citado artigo se extrai que o segurador poderá, a seu critério, resolver o contrato em virtude do desequilíbrio risco-prêmio gerado pelo segurado. "A literalidade da lei indica que a agravação do risco surte efeito tanto *antes* como *depois* da ocorrência do sinistro".[35]

Conforme analisado, o contrato de seguro visa a garantir proteção ao segurado, mediante o pagamento de prêmio, contra riscos predeterminados. Uma vez que os riscos predeterminados são alterados, necessariamente, o contrato deve ser reavaliado, de modo a manter a relação risco-prêmio.[36]

Conclui a autora:

> Portanto, não é necessária a ocorrência do sinistro para se caracterizar o agravamento do risco. Primeiro, porque a proporcionalidade diz respeito à relação risco-prêmio, cujo equilíbrio é fundamental no seguro. Segundo, porque sendo o contrato de garantia, o sinistro é elemento acidental, podendo ou não ocorrer. Diante disso, é absurda a conclusão de que o agravamento do risco só se caracteriza se agravar o sinistro. Se a lei prevê que o risco pode ser agravado antes ou independentemente da ocorrência do sinistro, não tem sentido a orientação jurisprudencial que exige nexo causal entre o agravamento e o sinistro.[37]

---

[35] SOUZA, op. cit., p. 198
[36] Idem
[37] Ibidem, p. 198-199.

A crítica da autora, como ela mesmo aponta, está direcionada ao Poder Judiciário, o qual vem entendendo majoritariamente que, para a ocorrência de agravamento do risco, deve existir estrita correlação entre o *sinistro* e a conduta do *segurado*.

No entanto, tal interpretação, na visão da autora, não está em linha com o regramento jurídico. Em primeiro lugar, porque o objetivo da norma é justamente diminuir o comportamento oportunista do segurado a fim de evitar um desequilíbrio na relação risco-prêmio, pouco importando a existência do sinistro. Ressalta-se que, como visto, o sinistro é um mero elemento acidental do contrato de seguro. Em segundo lugar, porque é desnecessária a existência de conduta cometida pelo próprio segurado, na medida em que o citado art. 769, § 1º, do Código Civil estabelece que há agravamento do risco mesmo sem culpa deste.[38]

Todos esses conceitos serão abordados novamente no tópico seguinte.

7. Resultado da pesquisa e crítica

Uma vez assentada a base teórica, passa-se a analisar a jurisprudência do Tribunal de Justiça do Estado de São Paulo sobre o tema.

O primeiro ponto observado teve como objeto descobrir qual tese sobre o tema o Relator da ação judicial se filiava, a partir das seguintes opções:[39]

(i) Para afastar o dever de indenizar, a seguradora deve comprovar o nexo de causalidade entre a ingestão de bebida alcoólica e o sinistro;

(ii) O simples fato de beber bebida alcoólica já é suficiente para afastar o dever de indenizar da seguradora;

(iii) Quando restar comprovada a ingestão de bebida alcoólica, inverte-se o ônus da prova para o segurado demonstrar que não perdera os reflexos;

(iV) Para afastar o dever de indenizar, a seguradora deve comprovar que o segurado quis intencionalmente o resultado.

Obteve-se o seguinte resultado:

Qual tese jurídica filiou-se o Relator? (221 respostas)

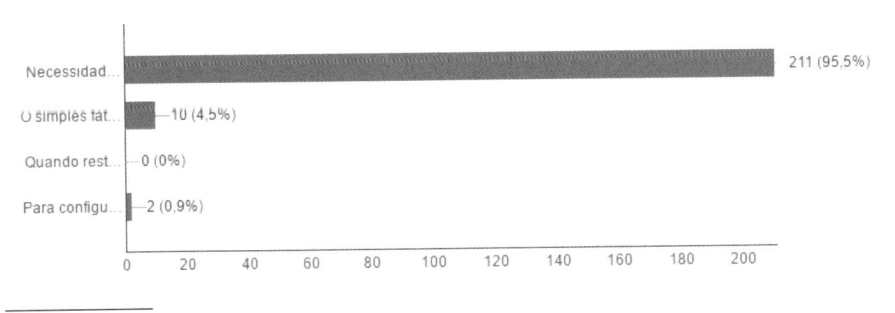

- Necessidad... — 211 (95,5%)
- O simples fat... — 10 (4,5%)
- Quando rest... — 0 (0%)
- Para configu... — 2 (0,9%)

---

[38] SOUZA, Op. cit., p. 201.
[39] Ressalta-se que era possível escolher mais de uma opção nesta indagação.

Nota-se, de plano, que a jurisprudência dominante do TJ/SP até o momento da pesquisa se filia ao entendimento que, para o segurado perder o direito à garantia, a seguradora deve comprovar que a ingestão de bebida alcoólica foi causa determinante para a ocorrência do sinistro.

Conforme analisado, os artigos do Código Civil que regem o agravamento do risco têm como finalidade evitar o comportamento oportunista do segurado com o objetivo de manter o equilíbrio da relação risco-prêmio, pouco importando a ocorrência de sinistro, já que este é um mero elemento acidental, que pode ou não acontecer.

Apesar de todo o esforço dos Poderes Executivo e Legislativo em reduzir o número de acidentes automobilísticos em virtude da ingestão de bebida alcoólica, o Poder Judiciário de São Paulo, em sua maioria, entende que o simples fato de beber não é, por si só, suficiente para agravar o risco do contrato de seguro de automóvel, de modo que a ingestão de bebida alcoólica por condutores de veículos automotores se revela apenas como uma mera infração administrativa.

Neste sentido, temos a seguinte conjuntura no país: de um lado, existe um esforço do Poder Executivo em conjunto com o Poder Legislativo para tentar reduzir o número de acidentes automobilísticos causado pela ingestão de bebida alcoólica, que dentre outras medidas, aprovaram a Lei n° 12.760/2012,[40] a qual prevê severas punições administrativas para os condutores que são flagrados conduzindo veículo automotor sob qualquer concentração de álcool por litro de sangue; e, do outro, o Poder Judiciário paulista sendo tolerante justamente com os mesmos condutores.

Não há como se admitir que dirigir sob a influência de álcool é somente uma mera infração administrativa, se a própria Lei de trânsito afirma que tal infração é gravíssima, podendo, inclusive, incorrer em crime.

É cediço que existe independência entre os ramos do Direito Administrativo, Cível e Penal, não estando o juiz vinculado a decidir em determinado sentido por decorrência de um ou de outro ramo. No entanto, as estatísticas, e até o senso comum, dizem que beber e dirigir é sim uma conduta repudiada e,

---

[40] Com o objetivo de endurecer a legislação contra motoristas que ingerem bebida alcoólica antes de assumir a direção e, assim, diminuir o número de acidentes de trânsito, foi publicada a Lei n° 11.705/2008, que alterou a Lei n° 9.503/1997 (Código de Trânsito Brasileiro – CTB). Anos seguintes, foi publicada a Lei n° 12.760/2012, que alterou os arts. 165, 262, 276 e 306 da referida Lei n° 9.503/1997, endureceu ainda mais o cerco contra motoristas que são flagrados dirigindo sob o efeito de bebida alcoólica. Com a nova redação, para os condutores que são flagrados dirigindo sob qualquer concentração de álcool, o valor da multa passou de 5 (cinco) vezes para 10 (dez) vezes a infração gravíssima e, ainda, passou ser admitido qualquer meio de prova idônea para comprovar a ingestão de bebida alcoólica por parte do condutor, podendo ser desde teste de alcoolemia até perícia, vídeo, prova testemunhal e etc, além da possibilidade incorrer em crime de trânsito, estando sujeito à penalidade de detenção de seis meses a três anos, dentre outras punições. Nota-se que, para o Poder Público, qualquer concentração de álcool no sangue já é considerada uma *infração gravíssima*.

concomitantemente, uma infração de trânsito gravíssima, podendo, inclusive, ser considerada uma figura típica do Direito Penal a depender do caso concreto, que coloca em risco não apenas o motorista, mas toda a sociedade.

Neste ponto, existe um verdadeiro contrassenso entre os poderes estatais. Uma pequena parcela dos magistrados (0,2%) entendeu que só pode haver agravamento do risco se o segurado quiser *intencionalmente o resultado*. Ocorre que não merece prosperar tal entendimento, na medida em que o termo *intencional* é melhor interpretado como *voluntário*. Repita-se, pode ocorrer agravamento do risco, sem a intenção do segurado, bastando que a conduta voluntária deste desequilibre a relação risco-prêmio. Apenas 4,5% dos desembargadores estão em linha com os outros poderes estatais, concluindo que a simples ingestão de bebida alcoólica já é motivo mais que suficiente para agravar o risco do contrato de seguro. Assim como uma porcentagem ínfima dos magistrados entendeu, pelo menos, que se restar comprovada a ingestão de bebida alcoólica, incumbe ao segurado comprovar que não foi causa determinante para o sinistro.

O segundo tópico analisado teve como finalidade saber o que o Relator concluiu da análise fática dos autos. As opções eram as seguintes:

(i) Havia prova que o condutor do veículo segurado ingeriu bebida alcoólica, mas não havia prova que foi causa determinante para o sinistro;

(ii) Havia prova de ingestão de bebida alcoólica[41] e havia prova que foi causa determinante para o sinistro;

(iii) Não havia prova de embriaguez;

(iv) Aplicação do Código de Defesa do Consumidor no sentido que o segurado não tinha ciência da causa excludente de cobertura em razão da ingestão de bebida alcoólica e/ou interpretação do contrato de forma mais benéfica ao segurado e/ou cláusulas do contrato não estavam destacadas;

O segurado não quis o resultado do sinistro.

O seguinte resultado foi obtido:

Relator entendeu que: (221 respostas)

- Havia prova que o condutor do veículo segurado ingeriu bebida alcoolica, mas não havia prova qu...
- Havia prova do embriaguez e havia prova de que foi causa determinante para o sinistro (nexo de causalidade)
- Não havia prova de embriaguez
- Código de defesa do consumidor - cláusulas não destacadas / segura...
- O segurado não quis o resultado

45,7%
16,3%
38%

---

[41] Para o presente artigo os termos "embriaguez" e "ingestão de bebida alcoólica" foram utilizados como sinônimos. Portanto, não foi feita distinção entre simplesmente ingerir bebida alcoólica ou estar realmente embriagado. Destaca-se que o Código de Trânsito Brasileiro também não faz tal distinção, de modo que ambas as condutas são consideradas infrações gravíssimas.

É preocupante verificar que em 38% dos casos o próprio magistrado reconheceu que o segurado ingeriu bebida alcoólica, mas concluiu que não foi causa determinante para o sinistro, como se o simples fato de beber caracterizasse tão somente uma mera infração administrativa.

A terceira parte teve como finalidade conhecer quais provas os desembargadores utilizaram para fundamentar sua decisão.[42] Nesta indagação foi apontado o fato de ter sido ou não apurado tal prova. As hipóteses possíveis eram:

(i) Testemunhal;
(ii) Boletim de Ocorrência;
(iii) Exame clínico/médico/necropsia;
(iv) Laudo pericial do acidente;
(v) Atestado médico (sem exame clínico).

Tem-se o seguinte resultado:

Provas (220 respostas)

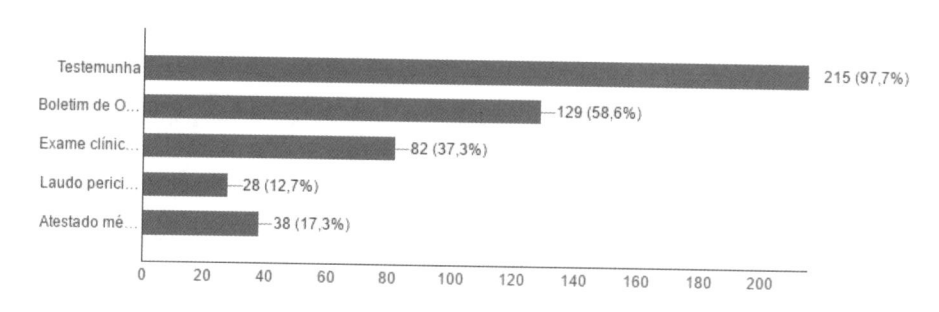

Prova	Quantidade
Testemunha	215 (97,7%)
Boletim de O...	129 (58,6%)
Exame clínic...	82 (37,3%)
Laudo perici...	28 (12,7%)
Atestado mé...	38 (17,3%)

A partir do resultado, forçoso reconhecer como positivo o fato de os magistrados não se aterem apenas a uma prova específica, mas sim ao conjunto probatório como um todo, indo ao encontro do §2º do art. 277 do Código de Trânsito Nacional.[43]

A quarta indagação teve como objetivo verificar qual o posicionamento do TJ/SP quando o condutor do veículo automotor não era o próprio segurado. As opções consistiam em:[44]

(i) Agravamento do risco só pode ser cometido pelo próprio segurado;

---

[42] Ressalta-se que era possível escolher mais de uma opção nesta indagação.

[43] Art. 277. O condutor de veículo automotor envolvido em acidente de trânsito ou que for alvo de fiscalização de trânsito poderá ser submetido a teste, exame clínico, perícia ou outro procedimento que, por meios técnicos ou científicos, na forma disciplinada pelo Contran, permita certificar influência de álcool ou outra substância psicoativa que determine dependência. (...) § 2º A infração prevista no art. 165 também poderá ser caracterizada mediante imagem, vídeo, constatação de sinais que indiquem, na forma disciplinada pelo Contran, alteração da capacidade psicomotora ou produção de quaisquer outras provas em direito admitidas

[44] No formulário de pesquisa está escrito agravamento "intencional", porém deve ser entendido apenas como agravamento, não importando se foi intencional ou não.

(ii) Cabe agravamento do risco inclusive para "terceiros";

(iii) Cabe agravamento do risco inclusive para "terceiros", desde que comprovado que o segurado tinha ciência da embriaguez do condutor por ocasião da entrega das chaves.

Chegou-se ao seguinte resultado:

Na hipótese do condutor embrigado não ser o segurado, entendeu o Relator que:
(95 respostas)

- Agravamento intencional do risco só pode ser cometida pelo próprio segurado — 33,7%
- Cabe agravamento intencional do risco inclusive para "terceiros" — 40%
- Cabe agravamento intencional do risco inclusive para "terceiros", desde que comprovado que o segurado tinha ciência da embriaguez do condutor por ocasião da entrega das chaves — 26,3%

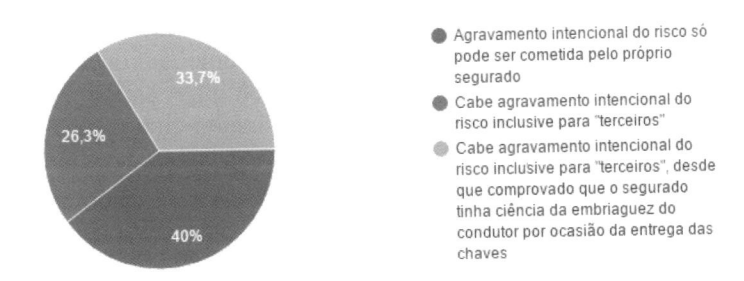

A jurisprudência do TJ/SP, neste ponto, é visivelmente dividida. A maioria adota um posicionamento intermediário, ou seja, é possível o agravamento do risco em virtude de conduta cometida por pessoa que não seja o segurado, mas desde que este tenha ciência do fato no momento da entrega das chaves. De todo modo, a primeira e a terceira opção não parecem corretas, visto que o art. 769, § 1º, do Código Civil prevê a possibilidade de agravamento do risco mesmo sem culpa do segurado.

O quinto item tinha como escopo conhecer se havia cláusula excludente da obrigação de indenizar nas Condições Gerais (ou em outro documento hábil) do contrato de seguro de automóvel em decorrência da ingestão de bebida alcoólica pelo condutor do veículo segurado.[45]

Havia cláusula excludente da obrigação de indenizar nas Condições Gerais do produto contratado em virtude da embriaguez?
(221 respostas)

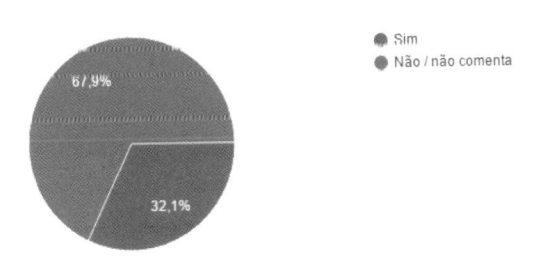

- Sim — 67,9%
- Não / não comenta — 32,1%

---

[45] Ressalta-se que o número de processos em que havia cláusula excludente da obrigação de indenizar em virtude da ingestão de bebida alcoólica pelo condutor do veículo tende a ser maior, na medida em que foram considerados apenas os casos em que os magistrados expressamente reconheceram que havia tal previsão contratual.

Conforme preceitua o art. 757 do Código Civil, por meio do contrato de seguro, o segurador se obriga, mediante o pagamento do prêmio, a garantir interesse legítimo do segurado, relativo a pessoa ou a coisa, contra riscos predeterminados.

Na medida em que, por meio do contrato de seguro, o segurador assume as consequências econômicas de riscos predeterminados na apólice, por decorrência lógica, é perfeitamente razoável estabelecer as hipóteses em que não haverá cobertura securitária (perda de direito e/ou riscos excluídos). Assim, não há vedação para a estipulação de cláusulas limitativas de risco, contanto que as mesmas sejam claramente informadas e não coloquem o segurado em posição excessivamente desvantajosa, pois, caso contrário, seriam incompatíveis com o regramento jurídico em vigor, principalmente com o Código de Defesa do Consumidor.

Deste modo, a cláusula que exclui da cobertura securitária o condutor que dirige sob influência de álcool, via de regra, não deve ser considerada abusiva. Ainda assim, mesmo reconhecendo que em 67,9% dos processos judiciais analisados havia cláusula neste sentido, os desembargadores não a aplicaram, conforme verifica-se pela massiva jurisprudência analisada na primeira questão (se os magistrados tivessem aplicado tal cláusula, a opção "o simples fato de beber bebida alcoólica já é suficiente para afastar o dever de indenizar da seguradora" deveria ter uma maior adesão), bem como no resultado dos processos que será visto a seguir.

A sexta e última indagação teve como objetivo conhecer o resultado das demandas judiciais e, paralelamente, verificar se existe ou não um favorecimento *excessivo* dos desembargadores em favor dos segurados neste tema. Eventual favorecimento *excessivo* pode prejudicar, de um lado, as seguradoras na medida em que precisam arcar com pagamento de indenizações securitárias indevidas; e, do outro, os próprios segurados (massa segurada) uma vez que o valor do prêmio médio se eleva em função do aumento de sinistros adimplidos indevidamente.

O resultado obtido foi o seguinte:

Resultado do acórdão (219 respostas)

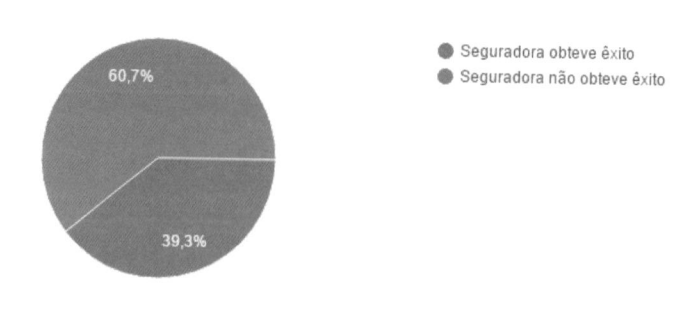

- Seguradora obteve êxito: 60,7%
- Seguradora não obteve êxito: 39,3%

Não se pode inferir que existe um favorecimento *excessivo* do TJ/SP. Não obstante, a forma pela qual a jurisprudência do Tribunal de Justiça do Estado de São Paulo se posicionou merece críticas, além das já apresentadas. Pelo prisma da Análise Econômica do Direito, perde-se uma oportunidade de reduzir consideravelmente o número de acidentes automobilísticos ocorridos em função da ingestão de bebida alcoólica pelos condutores.

Como cediço, os agentes são racionais, e como tal, pensam na margem e reagem a incentivos. O Poder Judiciário paulista, ao decidir em certo sentido, tem o condão de induzir determinado comportamento, na medida em que altera a estrutura de benefícios e custos marginais daqueles. Atualmente, a multa administrativa por ser flagrado conduzindo veículo automotor sob a influência de álcool é de aproximadamente R$ 1.915,40 (10 vezes o valor de multa gravíssima), além de eventuais sanções na esfera penal. Tem-se que a perda da garantia securitária é extremamente mais custosa do que o valor da multa administrativa.

Assim, uma vez consolidada a jurisprudência no sentido de que conduzir veículo automotor sob a influência de álcool resultaria na perda da garantia securitária, o custo marginal por tal conduta seria aumentado exponencialmente, o que poderia resultar em uma diminuição da frequência de acidentes de trânsito.

A partir da pesquisa realizada neste artigo, não se pode deduzir que a ocorrência de acidentes automobilísticos causados por motoristas que ingerem bebida alcoólica é alta *em função* da jurisprudência dominante do TJ/SP. Tal afirmação corresponderia a uma falsa causalidade. Não obstante, conclui-se que, ao ser consolidada uma jurisprudência firme no sentido ora proposto, pode induzir um comportamento prudente por parte dos motoristas, na medida em que impactará diretamente a estrutura de custos e benefícios destes, reduzindo consideravelmente o comportamento oportunista e imprudente dos mesmos (perigo moral).

Face ao exposto, o benefício marginal desta mudança de posicionamento do Poder Judiciário paulista não se resume a uma questão financeira entre segurado, segurador e massa segurada. Pelo contrário, poderá induzir um comportamento social mais benéfico, visto que tenderá a diminuir o número de acidentes de trânsito causados pela ingestão de bebida alcoólica, mitigando a existência de externalidades, que neste caso, uma delas, é a pior possível: a morte.

8. Considerações finais

O presente artigo teve como escopo analisar e criticar a jurisprudência do TJ/SP acerca da relação entre seguro de automóvel e embriaguez no volante, inclusive sob a ótica da Análise Econômica do Direito. O Capítulo 1 apresentou a metodologia empregada neste trabalho. Em suma, o estudo foi dividido em duas partes: a parte teórica (capítulos 2 e 3) e a parte descritiva (capítulo 4). O Capitulo 2 estudou conceitos econômicos importantes para a abordagem ora proposta. Verificou-se que a Análise Econômica do Direito se refere a uma ciência que utiliza ferramentas econômicas para melhor compreender as instituições jurídicas. Para o presente estudo, foram estudados os conceitos de pensamento marginal, incentivos, assimetria informacional e perigo moral. O Capítulo 3 abordou as questões jurídicas propriamente ditas. Analisou-se os elementos essenciais e acidentais dos contratos de seguro, bem como suas características. Por sua vez, o capítulo 3.1 analisou uma das formas de mitigação do perigo moral prevista no Código Civil: a hipótese de perda de direito à garantia em virtude do agravamento do risco por parte do segurado.

O Capítulo 4 apresentou os dados colhidos da pesquisa jurisprudencial realizada no TJ/SP. Depreende-se que a jurisprudência majoritária até o momento da pesquisa se filiou ao entendimento de que, para o segurado perder o direito à garantia, a seguradora deve comprovar que a ingestão de bebida alcoólica por parte do condutor do veículo automotor foi causa determinante para a ocorrência do sinistro, de modo que a simples ingestão de bebida alcoólica, por si só, não é suficiente para ensejar o afastamento do dever de indenizar, revelando-se apenas como uma mera infração administrativa. Em oposição à corrente majoritária, o presente artigo propôs uma mudança de entendimento no sentido de considerar a simples ingestão de bebida alcoólica como conduta suficiente para ensejar a negativa do pagamento da indenização securitária. Tal entendimento, além de melhor se adequar ao ordenamento jurídico vigente, induz um comportamento prudente por parte dos motoristas, o que resulta em um benefício marginal para toda a sociedade.

9. Referências

AZEVEDO, Luis Augusto Roux. *A comutatividade do contrato de seguro.* Mestrado. Universidade de São Paulo, 2010.

ALVIM, Pedro. *O contrato de seguro.* Rio de Janeiro: Forense, 2001.

COOTER, Robert; ULLEN, Thomas. *Direito & Economia.* Tradução. 5ª ed. Porto Alegre: Bookman, 2010.

AFONSO FILHO, José Mauro. *Um estudo sobre assimetria de informação no seguro de automóvel.* Mestrado. Insper Instituto de Ensino e Pesquisa, 2013.

MACKAAY, Ejan; ROUSSEAU, Stéphane. *Análise econômica do direito.* Tradução. 2. ed. São Paulo: Atlas, 2015.

MANKIW, Nicholas Gregory. *Introdução à economia.* Tradução. Rio de Janeiro: Campus, 2005.

OLIVEIRA, Marcia Cicarelli Barbosa de. *O Interesse segurável.* Mestrado. Universidade de São Paulo, 2011.

ORTIZ, Juliana Aliberti. *Impacto da Lei Seca sobre a demanda por cervejas.* Mestrado. Universidade de São Paulo, 2015.

RIBEIRO, Amadeu Carvalhaes. *Direito de seguros.* Atlas, 2006.

SEGUROS: uma questão atual. São Paulo. Max Limonad, 2001

SILVA, Matheus Alves Duarte. Estratégias públicas no combate à peste bubônica no Rio de Janeiro. Rio de Janeiro: UNIRIO, 2010.

SOUZA, Thelma de Mesquita Garcia e. *O dever de informar e sua aplicação ao contrato de seguro.* Doutorado. Universidade de São Paulo, 2012.

VARIAN, Hal Ronald. *Microeconomic analysis.* 3ª ed. New York: Norton, 1992.

ZYLBERSZTAJN, Decio; SZTAJN, Rachel (orgs.). *Direito & Economia*: análise econômica do direito e das organizações. Rio de Janeiro: Elsevier, 2005.

— XVII —

O princípio da função social do contrato e seus possíveis efeitos no seguro

Thiago Junqueira

Doutorando em Direito Civil pela Universidade do Estado do Rio de Janeiro.
Mestre em Direito Civil pela Faculdade de Direito da Universidade de Coimbra.
Professor do MBA da Escola Nacional de Seguros e do IDS América Latina.
Advogado. Membro do GNT Responsabilidade Civil da AIDA/Brasil.

Sumário: 1. Introdução; 2. Princípio da função social do contrato: em busca de um ponto de partida seguro; 3. Contrato de seguro: noções fundamentais; 4. Da dogmática à efetividade: exame de algumas hipóteses; 4.1. O que não traduz o princípio da função social do seguro?; 4.2. Ação direta do terceiro lesado face à seguradora e seus contornos; 4.3. Prevenção à materialização do sinistro, especialmente em virtude do agravamento do risco (moral) do segurado: o papel inerente ao segurador; 5. Considerações finais; 6. Referências.

1. Introdução

Especialmente após o advento do Código Civil de 2002, a teoria contratual brasileira consolidou profunda alteração.[1] Os clássicos princípios que davam tom ao instituto – autonomia privada, força obrigatória dos contratos e relatividade dos efeitos – passaram, assim, a efetivamente conviver com os ditos novos princípios contratuais: boa-fé objetiva, equilíbrio entre as prestações e função social do contrato.

Tal constatação, celebrada por todos os cantos, traz consigo um desafio: a necessidade de se reconhecer, de forma individualizada, a atuação dos "jovens" princípios, harmonizando-a com a dos mais antigos. Afinal, é preciso que o sistema jurídico mantenha a coerência.

---

[1] Processo esse que iniciou a sua expansão por meio de outros marcos normativos como a Constituição Federal de 1988 e o CDC de 1990. Revelou-se de grande valor para a mudança sublinhada, a (r)evolução da própria teoria da interpretação, sobretudo quando se leva em conta a sensível alteração na compreensão do papel dos princípios, ora considerados como normas jurídicas, e de seus modos de aplicação – a integrar a disciplina contratual e vincular o aplicador do direito contemporâneo.

Entre todas, uma nota em particular carece ser melhor decifrada. Após mais de década e meia, a compreensão precisa da atuação do princípio da função social do contrato – introduzido no ordenamento legal brasileiro por meio do art. 421 do Código Civil – ainda parece distante.[2] Se não há dúvidas quanto à sua importância – sendo sugestivo o fato de ele iniciar o tratamento da regulação dos contratos –, é de igual forma inconteste a falta de consenso sobre a sua abrangência e conteúdo normativo.

Para além de sublinhar os obstáculos à correta assimilação do princípio da função social do contrato e de se buscar delinear o estado da arte da problemática, o presente estudo possui como escopo o enfrentamento da sua aplicação prática. Com efeito, após analisar-se dogmaticamente o princípio (*infra*, 2), a procura da sua efetividade será concentrada em uma modalidade negocial específica, a saber, o contrato de seguro (*infra*, 3).

O objetivo central do estudo é encontrar um *locus* de aplicação específico e factual ao princípio da função social no seio do contrato de seguro (*infra*, 4).[3] Embora, diante do risco envolto na empreitada, fosse recomendável a feitura de um seguro para resguardar o autor, não se tem notícia de cobertura semelhante disponível no mercado.[4]

2. Princípio da função social do contrato: em busca de um ponto de partida seguro

A verificação dos efeitos da densificação concretizadora do princípio da função social do contrato nos seguros requer, como medida preliminar, a própria compreensão das notas distintivas e caracterizadoras do princípio em tela. Equivale isso a dizer-se que o seu manejo, ainda que flexível – afinal, está-se diante de uma cláusula aberta que necessita de ser concretizada pelo intérprete –,

---

[2] A despeito dos notáveis contributos que o labor doutrinário e pretoriano já ofereceram.

[3] A análise será restrita aos contratos de seguro facultativos privados e se guiará pela ecoada ressalva de que não cabe ser atribuída ao princípio da função social uma serventia de remédio universal para, ao sabor do magistrado, atenuar os "males do rigor contratual". Ademais, é preciso ter-se cuidado para não ser tal princípio contratual utilizado de forma retórica, por exemplo, quando determinada tomada de posição fundamentar-se, na verdade, no próprio inadimplemento obrigacional ou noutros princípios e normas do direito contratual (cfr. *infra*, 4.1).

[4] O que não afasta a constatação de que riscos muito mais inusitados já foram objeto de coberturas; com fina ironia, Margarida Lima Rego noticia três exemplos ocorridos no famoso mercado Lloyd's, de Londres: (i) seguro do "monstro do Lago Ness" (determinado fabricante de *whisky* escocês fez uma campanha promocional em que, caso alguém encontrasse o monstro, ganharia uma larga quantia em dinheiro; posteriormente, receando a ocorrência de tal resultado, segurou o risco envolto); (ii) seguro feito por um dos produtores do filme de terror americano intitulado "Macabre" (que cobria o risco de que algum telespectador viesse a morrer de medo durante a apresentação da película no cinema); (iii) seguro feito pelo realizador do filme "2001 – Uma Odisseia no Espaço" (que dava cobertura ao risco da descoberta de vida extraterrestre inteligente antes da estreia do filme – que sucedeu em 1968, nos Estados Unidos da América). Cfr., REGO, Margarida Lima. *Contrato de Seguros e Terceiros*: estudos de direito civil. Coimbra: Coimbra Editora, 2010. p. 73-74, nota 118.

deve ser balizado por alguns parâmetros e premissas. A delimitação de tais pontos de partida, entretanto, está longe de ser tarefa fácil.

Uma série de fatores converge para a dificuldade apontada. O leitor curioso, mediante rápida pesquisa comparatista, logo perceberá as idiossincrasias que permeiam o tratamento daqueles que se dedicaram ao tema no Brasil. Falta consenso até mesmo sobre questões essenciais, como os interesses que devam ser tutelados por meio desse princípio contratual. A toda evidência, as justificativas para tamanha falta de unidade são a pouca idade da modalidade principiológica em exame – que ainda está em fase de desenvolvimento – e a forma de sua consagração legal – algo pioneira – realizada por aqui.[5]

Se no cenário presente há um certo consenso relativo ao acerto na consagração do princípio da função social do contrato, não se pode perder de vista as fortes críticas que marcaram a trilha até a promulgação e, mesmo durante um período posterior, do dispositivo 421 do CC. Na posição privilegiada de um analista contemporâneo, parece correto supor-se que a comunidade jurídica ainda não havia pavimentado o caminho que se ousou percorrer.[6] Não deixa de ser de certa forma natural, portanto, a mistura de sentimentos, *v.g.*, fascínio, espanto e insurreição, presentes à época da novidade.[7]

Diferentemente do que ocorreu em relação à função social da propriedade, que foi tratada em pormenores pelo constituinte de 1988 – e, atualmente, encontra-se bem sedimentada –, o legislador civil não ofereceu parâmetros de

---

[5] "É inegável que o nosso ordenamento se destaca por ter consagrado explicitamente a função social como razão e limite para o exercício da liberdade de contratar, sem que se encontrem nos ordenamentos estrangeiros enunciados similares". RENTERÍA, Pablo. Considerações acerca do atual debate sobre o princípio da função social do contrato. In: BODIN DE MORAES, Maria Celina. *Princípios do direito civil contemporâneo*. Rio de Janeiro: Renovar, 2006. p. 285. A perplexidade relativa ao passo dado pelo legislador brasileiro pode ser notada nas palavras de Joaquin de Souza Ribeiro, Professor da Universidade de Coimbra: "entre as inovações introduzidas pelo Código Civil brasileiro de 2002 nenhuma despertou, porventura, tanto interesse ao civilista europeu como a expressa positivação" da função social do contrato, "novidade – absoluta, ao que creio, em termos de direito comparado". (Prefácio. In: FERREIRA, Gustavo Pinto. *A função social do contrato*. Porto Alegre: Sergio Antonio Fabris Editor, 2013. p. 7).

[6] Poucos eram os estudos que tratavam do tema até o ano de 2002; como exceção, é de se conferir, em especial, o artigo de HIRONAKA, Giselda Maria Fernandes Novaes. A função social do contrato. *Revista de Direito Civil, Imobiliário, Agrário e Empresarial*, São Paulo, n. 45, p. 141-152, jul./set. 1988.

[7] Nem mesmo o estágio avançado da função social da propriedade, diga-se de passagem, valeu como elemento tranquilizador. Como se sabe, ela já era alvo de pesquisa há quase um século, com destaque ao estudo pioneiro do alemão GIERKE, Otto Von. *Función social del derecho privado*: la naturaleza de las asociaciones humanas. Madrid: Sociedad Editorial Española, 1904. A consagração do postulado, por sua vez, ocorreu por meio do art. 27 da Constituição do México (1917) e, principalmente, do art. 153 da Constituição alemã de Weimar (1919), que esculpiu o célebre enunciado "A propriedade obriga. Seu uso deve ser igualmente feito no interesse geral". No Brasil, a expressão "função social da propriedade" veio inserida pela primeira vez na Constituição de 1967 (após a emenda de 1969), todavia, geralmente a doutrina enxerga a sua presença já na Constituição de 1946. O grande salto qualitativo, e aqui não há dúvidas, veio com a Constituição Federal de 1988, que dedicou alguns notáveis artigos ao tratamento da matéria (cfr., em especial, arts. 5º, XXIII; 170, III; 182 e ss).

aplicação no que tange especificamente aos contratos.[8] Pode-se ler no dispositivo 421 do CC tão somente: "A liberdade de contratar será exercida em razão e nos limites da função social do contrato".[9]

Salta aos olhos, com efeito, que a regulação dos contratos inicia por ressalvar a autonomia privada que as partes possuem no processo da contratação. Mas não para por aí; vincula tal autonomia a um exercício de forma social, ou seja, tendo a função social como a sua *ratio* e limite.

Desde os primeiros estudos, os questionamentos à redação do artigo em análise concentram-se sob dois pilares: i) o termo "liberdade de contratar" e ii) a expressão "será exercida *em razão*". Argumenta-se – e, neste ponto, com razão – que melhor teria sido se o legislador utilizasse a locução *"liberdade contratual"*, pois, além de abranger a liberdade na escolha de contratar ou não (tecnicamente, a *liberdade de contratar*), abarcaria, também, os meandros da negociação, tais quais o conteúdo e o cocontratante.

Mais importante – e polêmica – revela-se a questão do exercício da autonomia privada *em razão* da função social do contrato. Note-se que o legislador conferiu à função social um papel duplo: de limitação e fundamentação à liberdade contratual. Os defensores da impropriedade do regramento escudam-se no raciocínio de que a referida função deveria atuar como mero *limite* (*externo*), e não justificativa (*limite interno*), da liberdade contratual. Ora, ao legislador caberia apenas fixar limites negativos, externos e ocasionais, ao sagrado direito de escolha de "se, como e com quem se contratar".

A autonomia privada, nessa senda, deveria ser mantida como agente legitimadora da contratação, que, por sua vez, estaria submetida apenas aos tradicionais requisitos de validade do negócio jurídico (capacidade, licitude do objeto e forma estabelecida ou não defesa em lei) e os demais preceitos de

---

[8] Para além da questão normativa, o maior desenvolvimento da função social da propriedade encontra justificativa em outro ponto específico. Conforme advertência de Eduardo Nunes de Souza, "a função social adaptou-se com menor dificuldade no âmbito dos direitos reais – nomeadamente o direito de propriedade –, que, oponível *erga omnes*, contrapõem seu titular ao sujeito passivo universal – a própria coletividade" (Função negocial e função social do contrato: subsídios para um estudo comparativo. *Revista de Direito Privado*, São Paulo, v. 54, p. 92, 2013). Como reverso da medalha, embora se demonstre como tendência, ainda é tímida a aplicação do princípio da boa-fé objetiva, o qual, por excelência, tem o seu campo de atuação no liame intersubjetivo entre os contratantes, nos direitos reais. É curioso notar, da comparação entre os referidos princípios, mais um fator determinante para a ausência de bases sólidas no estudo da função social do contrato, qual seja, o seu parco tratamento pela doutrina estrangeira, contrariamente ao que ocorreu com o princípio da boa-fé objetiva, tão desenvolvido pelos autores alemães e portugueses.

[9] O Código Civil refere-se, ainda, à função social no art. 2.035, parágrafo único, nos seguintes termos: "Nenhuma convenção prevalecerá se contrariar preceitos de ordem pública, tais como os estabelecidos por este Código para assegurar a função social da propriedade e dos contratos". Especificamente sobre a função social da propriedade, além do art. 1.228, tem relevo o art. 187. A função social da empresa, por sua vez, apesar de não ter sido expressamente referida no diploma civil, está prevista na CF (art. 170 e incisos), tendo plena aplicação na matéria.

ordem pública. Não fazendo sentido, portanto, a manutenção do termo "em razão" no enunciado legal.[10]

A função social do contrato, ainda de acordo com alguns dos defensores dessa corrente, seria atingida por excelência com a mera circulação de riqueza envolvida na negociação. Ora, essa seria a função (econômico)-social do contrato. Outros "benefícios" estariam relegados ao campo tributário.[11]

Em posição diametralmente oposta, relevante parte da doutrina defende a manutenção da expressão *em razão*, de molde a configurar um *limite interno* à autonomia privada. É que, diante da funcionalização do instituto (contrato), deveria ser definitivamente afastada a ideologia de outrora (particularmente, dos séculos XVIII e XIX), marcada por seu caráter voluntarista, individualista e liberal de contratação – com a única e exclusiva preocupação de alcançar a circulação desembaraçada de riqueza. E a função social do contrato, por meio de um papel justificativo da autonomia, facilitaria tal processo, implementando o solidarismo no até então hostil campo patrimonial dos contratos.

Atualmente, além de ser um meio de tráfego de riqueza, o contrato também deveria ser considerado como um mecanismo de proteção e promoção dos valores constitucionais, em especial os de caráter social. Passar-se-ia, com efeito, da noção de "autonomia privada", marcada muitas vezes por um "individualismo predatório", para a, por assim dizer, "autonomia privada solidária", atenta aos valores que a ordem jurídico-social impõe.[12]

A tomada de posição sobre o tema é de suma importância: enquanto a primeira corrente, de forma algo "antifuncional", enxerga a função social como mero limite, não se podendo exigir que ela seja a *razão* da tutela do contrato, a segunda defende que o texto legislativo, interpretado em toda a sua extensão, permite a consagração da análise funcional do instituto, reservando o mere-

---

[10] Conforme o Projeto de Lei nº 6.960, que, entre outras modificações, propõe tal mudança no art. 421 do CC. Na doutrina, vide, entre diversos: BORGES, Nelson. Os contratos de seguro e sua função social. A revisão securitária no novo código civil. *Revista dos Tribunais*, São Paulo, vol. 826, p. 25, ago. 2004.

[11] A propósito, Luciano Benetti Timm defende que devem ser afastadas a instabilidade jurídica e a insegurança do ambiente econômico – que acarretam maiores custos de transação às partes, podendo, inclusive, retirar alguns consumidores do mercado –, causadas quando se tenta fazer uma interferência estatal no espaço privado do contrato. O autor advoga, ainda, que a referida interferência, na prática concretizada em demandas judiciais específicas, acabaria por prejudicar interesses coletivos, uma vez que os benefícios não abarcariam aqueles que deixassem de litigar. No fim de seu estudo, arremata: "Em síntese, o Direito Contratual confere segurança e previsibilidade às operações econômicas e sociais, protegendo as expectativas dos agentes econômicos – o que corresponde a um importante papel institucional e social. O sistema tributário providenciará a distribuição de riqueza". TIMM, Luciano Benetti. Função social do direito contratual no código civil brasileiro: justiça distributiva vs. eficiência econômica. *Revista dos Tribunais*, São Paulo, vol. 876, *passim*, em especial p. 27, out. 2008.

[12] MARTINS-COSTA, Judith. Reflexões sobre o princípio da função social dos contratos. *Revista Direito GV*, São Paulo, vol. 1, n. 1, pp. 46-47, mai. 2005. Lembra a autora não se tratar de uma liberdade contratual exercida no vazio, mas de uma liberdade *situada*, exercida na vida comunitária (Ibid. p. 43).

cimento de tutela aos contratos que efetivamente cumprem, e não apenas lhe reprimam ataques, a sua função social.[13]

Tudo ponderado, assiste razão à corrente *funcionalista*. A liberdade contratual não deve ser tutelada até o limite de sua função social, mas apenas enquanto e em virtude do cumprimento desta função social[14] – o que equivale a se dizer que a liberdade contratual "não se dará, pois, *em razão* da *vontade privada*, como ocorria anteriormente, mas *em razão* da *função social* que o negócio está destinado a cumprir".[15]

Segue-se de perto, dessa forma, a necessidade tão bem demonstrada por Norberto Bobbio de funcionalização de todas as situações jurídicas subjetivas, de modo a passarem a ser as suas análises, preferencialmente, sobre um viés funcional (para que serve?), e não mais estrutural (o que é?).[16] Visa-se, por meio da referida mudança de perspectiva, que os contratos, assim como todos os outros institutos do direito civil, passem a ser instrumentos, a ter a função de colaborar à implementação das normas e valores constitucionais.[17]

Em uma frase: os contratantes, em razão do princípio da função social do contrato, devem atender, além dos próprios interesses individuais almejados pela contratação, a "interesses extracontratuais socialmente relevantes, dignos de tutela jurídica que se relacionam com o contrato ou são por ele atingidos".[18]

---

[13] KONDER, Carlos Nelson. Causa do contrato x função social do contrato: estudo comparativo sobre o controle da autonomia negocial. *Revista Trimestral de Direito Civil*, a. 11, vol. 43, p. 55-56, jul.-set. 2010.

[14] KONDER, Carlos Nelson. *A constitucionalização do processo de qualificação dos contratos no ordenamento jurídico brasileiro*. Rio de Janeiro. 2009. pp. 56 e ss. Tese (Doutorado em Direito) – Universidade do Estado do Rio de Janeiro.

[15] BODIN DE MORAES, Maria Celina. A causa do contrato. *Civilistica.com*. Rio de Janeiro, a. 2, n. 4, p. 23, out.-dez. 2013.

[16] BOBBIO, Norberto. Em direção a uma teoria funcionalista do direito. In: *Da estrutura à função*: novos estudos de teoria do direito. Barueri: Manole, 2007. p. 53. Do mesmo modo, PERLINGIERI, Pietro. *O direito civil na legalidade constitucional*. Rio de Janeiro: Renovar, 2008. p. 642, que, após dar nota dos dois perfis (estrutural e funcional) que concorrem para individuar a natureza do fato jurídico, enfatiza a proeminência deste: "A função do fato determina a estrutura, a qual segue – não precede – a função".

[17] Em especial os valores relativos às situações existenciais: "na atualidade, o recurso à perspectiva funcional revela mecanismo dinâmico de vinculação das estruturas das relações patrimoniais aos valores existenciais consagrados pelo ordenamento para a tutela da pessoa humana e sua dignidade". TEPEDINO, Gustavo. A função social nas relações patrimoniais. In: MONTEIRO FILHO, Carlos Edison *et al* (org.). *Direito Civil*. Rio de Janeiro: Freitas Bastos, 2015, p. 257.

[18] TEPEDINO, Gustavo. O princípio da função social no Direito Civil contemporâneo. In: NEVES, Thiago Cardoso (coord.). *Direito & justiça social*. São Paulo: Atlas, 2013. p. 259. Ao enfrentar o receio de tamanha metamorfose na compreensão da ordem contratual, Luiz Edson Fachin pontifica: "Não se trata de aniquilar a autonomia privada, mas sim de superar o ciclo histórico do individualismo exacerbado, substituindo-o pela coexistencialidade. Quem contrata não mais contrata apenas com quem contrata, eis aí o móvel que sinaliza, sob uma ética contratual contemporânea, para a solidariedade social" (Contratos e Ordem Pública. In: *Doutrinas Essenciais*, cit. p. 281). Nesse particular, é fundamental a necessidade de afastamento da ideia de que a função social implicaria que os contratantes se movessem por fins altruísticos, deixando de lado os interesses que normalmente os levariam a contratar. Apenas quando colidentes é que os interesses dos contraentes poderão ser afastados; muitas vezes os seus interesses vão mesmo ao encontro dos da coletividade.

Entre as críticas que ainda circundam o tema da função social do contrato, a insuficiência da redação do art. 421 do CC é um denominador quase comum. Apesar de bem-vinda, há um sentimento de que a disposição poderia ter ido além. Na perspicaz advertência de Anderson Schreiber:

> Ao simplesmente enunciar a função social do contrato, sem defini-la ou trazer parâmetros conceituais para sua concretização, o Código Civil acabou deixando um espaço tão aberto para interpretações que se tornou comum ver a função social do contrato invocada de modo meramente decorativo ou até para sustentar soluções que nada têm de efetivamente social.[19]

De fato, a análise da jurisprudência sobre o tema traz à luz o vasto manancial de decisões distintas e questionáveis relativas ao art. 421 do CC. Frequentemente, a alusão ao princípio vem como uma espécie de *grand finale*, supostamente a legitimar e embelezar a decisão do julgador, ou conjuntamente com outros princípios, sem o necessário esforço para fundamentar tais aplicações.

Daí a essencialidade do alerta: não é qualquer suposto interesse "social" que deve ser protegido e promovido pela função social do contrato. Entra em cena, com efeito, a necessidade de definir o critério de aferição da "socialidade". Apesar de mais simples, deixar ao livre alvedrio do intérprete, tal critério não parece ser a melhor saída. Ainda que de certa forma insuficiente, tendo em vista a sua amplitude, a resposta da questão deve ser destinada à Constituição Federal: é ela, com o seu vocacional papel de fonte de diretrizes para o intérprete, que permitirá a avaliação de *meritevolezza* do contrato e suas cláusulas.

O remodelamento da função do contrato, que se vem advertindo, visa a condicioná-lo a melhor ajustar-se à tábua axiológica disposta na Constituição Federal, cujo núcleo ostenta a dignidade da pessoa humana (art. 1º, inc. III), o valor social da livre iniciativa (art. 1º, inc. IV), a solidariedade social (art. 3º, inc. I) e a igualdade substancial (art. 3º, inc. III). O merecimento de tutela, no caso concreto, estará adstrito, ainda, a outros valores reputados essenciais pela sociedade e, em virtude disso, prescritos na *Carta Magna*, *e.g.*, a proteção ao meio ambiente, ao consumidor e à livre concorrência, no âmbito da ordem econômica (art. 170, incisos IV, V, VI).

Dito e compreendido que o contrato não deve ser considerado mais como mero ato de autorregulamentação, mas sim como veículo de promoção dos valores sociais, ainda resta a questão de se saber como o princípio da função social do contrato é, na prática, efetivado. Nesse pano de fundo, grassa considerável divergência na doutrina acerca do âmbito de eficácia da função social do contrato, havendo os que defendem a sua *eficácia interna* (entre os contratantes) e os que a restringem à *eficácia externa* (no sentido de seu efeito *ultra partes*, subdividida entre terceiros determinados e a coletividade).

---

[19] SCHREIBER, Anderson. Princípios fundamentais do direito dos contratos. In: MONTEIRO FILHO, Carlos Edison *et al.* (org.). *Direito Civil*, cit. p. 204.

A corrente que ganhou fôlego nas primeiras decisões judiciais sobre o tema foi a de que a função social do contrato possuiria um efeito entre as partes, de modo a eventualmente proteger um dos contratantes de uma situação de desequilíbrio. A força obrigatória dos contratos, destarte, restaria mitigada em prol da busca da igualdade substancial entre os negociantes. O contrato só cumpriria a sua função social se fosse garantido um equilíbrio material entre as posições dos contratantes. Em última instância, o princípio em tela serviria para corroborar a atuação de mecanismos já existentes, como, por exemplo, a onerosidade excessiva e a lesão.[20]

Diversas são as críticas a essa corrente de pensamento. Conforme destaca Carlos Konder, o esvaziamento do princípio pela sua invocação banalizada é uma das principais. Em trecho que merece transcrição:

> É importante observar que na maior parte destas decisões a função social do contrato vem invocada, sem qualquer esforço no sentido de uma distinção funcional, junto com outros princípios, como a boa-fé, o equilíbrio econômico, a vedação de enriquecimento sem causa e a dignidade da pessoa humana, ou ainda para corroborar hipóteses já solucionadas por outro instituto específico, como a redução da cláusula penal e a proibição de cláusulas abusivas. Daí a crítica que pode ser oposta a esta esfera de efeitos: uma vez que não são efeitos exclusivos da função social, esta interpretação contribui para a confusão com outros princípios e institutos. Em vez de auxiliar na individualização da eficácia jurídica própria da função social do contrato, ela produz uma invocação generalizada e sem conteúdo, banalização que serve apenas para esvaziar suas potencialidades.[21]

A *eficácia externa* do princípio da função social do contrato, por outro lado, goza de ampla aceitação entre os estudiosos que se debruçaram sobre o tema, em especial no que se refere à relação entre os *contratantes e a coletividade*. Tal situação refletiria justamente o novo ideário – dinâmico, com atuação positiva e concreta – reinante na matéria, no sentido de que o contrato deve ser posto como um instrumento de realização dos interesses das partes e, concomitantemente, de interesses superiores – previstos na Constituição Federal – da coletividade.

Note-se que a presente corrente, ao postular a eficácia externa do princípio da função social do contrato, tem como premissa a *relativização da relatividade* dos efeitos do contrato. É, portanto, mitigado o princípio da relatividade que, em sua acepção clássica, restringe aos contratantes, por terem deliberadamente desejado se vincular, as repercussões (positivas e negativas) do contrato. "Terceiros", determinados ou não, passariam, seguindo esse novo raciocínio, a também sofrer, em larga escala, os efeitos do contrato.

---

[20] "Por isso é que tenho a impressão de que o grande espaço da função social, de certa maneira em escala apreciável, já se encontra no próprio Código Civil de 2002, através exatamente desses institutos que amenizam, vamos dizer, a dureza da visão liberal do contrato (...). Então há algumas normas do Código que procuram assegurar um equilíbrio contratual. Tenho a impressão de que, em suas linhas gerais, isso é que é a função social do contrato". ALVIM, Arruda. A função social dos contratos no novo Código Civil. In: *Doutrinas Essenciais*, cit. p. 652-653.

[21] KONDER, Carlos Nelson. Causa do contrato x função social do contrato, cit. p. 55-56.

Especificamente no que tange aos efeitos entre os *contratantes e terceiros determinados*, dentro da referida *eficácia externa*, é comum se dividir a figura do *terceiro* entre *lesante* e *lesado*. O princípio da função social do contrato serviria tanto para, ao permitir ação direta do *terceiro lesado*, protegê-lo do inadimplemento de um dos contratantes[22] quanto para, segundo alguns,[23] poder responsabilizar o *terceiro lesante* que de alguma forma intervier indevidamente numa relação contratual alheia.

Diversas são as especificidades sobre o tema. Em vão, todavia, pesquisaria o estudioso que buscasse, nas próximas páginas, uma análise detida delas; não é esse o propósito do ensaio. Procurou-se, por meio das breves notas acima, apenas fixar um ponto de partida para a investigação sobre os reflexos do princípio da função social do contrato no seguro.

Tudo ponderado, resta a sensação de que a escolha relativa aos parâmetros de aplicação do princípio, no atual estágio de desenvolvimento da matéria, revela-se quase como uma questão metodológica por parte do intérprete. Na falta de maior concretude da lei, desde que fundamentada corretamente e que não se sobreponha desnecessariamente a outros princípios ou disposições legais,[24] parece ser virtualmente possível a invocação do princípio das mais variadas formas.

Feita tal ressalva, é momento de se tomar posição. Salvo melhor juízo, a leitura do princípio da função social do contrato que melhor se coaduna com as preocupações expostas é a que tem a sua atuação focada no eixo: *contratantes, terceiros lesados e coletividade*. É dizer-se: deve ser afastada a aplicação do princípio com vistas a fortalecer a posição de um determinado contratante em face do outro,[25] sendo o bem da coletividade, ainda que contrário aos interesses de ambas as partes, o principal alvo da sua tutela. Socorrendo-se uma vez mais aos ensinamentos da doutrina:

---

[22] Cfr. análise feita abaixo (tópico 4.2).

[23] NEGREIROS, Teresa. *Teoria do contrato*: novos paradigmas. 2ª. ed. Rio de Janeiro: Renovar, 2006. p. 206 e ss. Divergentemente, apoiando no princípio da boa-fé objetiva a admissão de hipóteses de violação contratual provocada por terceiro cúmplice, TEPEDINO, Gustavo. A função social nas relações patrimoniais, cit. p. 256. O autor explica que a função social do contrato deve ser vista como *fonte de deveres*, e *não como mais um mecanismo de proteção dos interesses dos contratantes*, tendo em linha de conta o fato de esses já estarem suficientemente tutelados, mediante numerosos instrumentos – como o próprio princípio da boa-fé objetiva –, pelo ordenamento.

[24] Para enfrentamento individualizado dos mais importantes princípios contratuais, seja consentido remeter-se a SCHREIBER, Anderson. Princípios fundamentais, cit. passim.

[25] Cabe sublinhar que a proteção da coletividade pode, na prática, "significar proteger uma das partes também, por exemplo, quando o contrato se contrapõe à dignidade humana, pode ser a dignidade de uma das partes que esteja sendo lesada e vai ser protegida pela extinção do contrato. Mas nestes casos o interesse tutelado é coletivo porque vai além do interesse das partes, podendo, em certos casos, até mesmo se contrapor à vontade de ambos os contratantes. Assim, a violação da função social do contrato ocorreria na hipótese de restarem atingidos pelos efeitos do contrato interesses metaindividuais juridicamente relevantes". KONDER, Carlos Nelson. Causa do contrato x função social do contrato, cit. p. 67.

> À função social do contrato deve ser reservado um papel autônomo e independente dos demais princípios contratuais, voltado especificamente à realização de interesses sociais, ou seja, interesses da sociedade como um todo, justamente quando tais interesses *não coincidem* com os interesses dos contratantes. É aí que a função social revela seu importante papel.[26]

Nos contratos em geral, tem sido aceita a aplicação dessa linha de pensamento para o afastamento de algumas cláusulas (*v.g.*, as de exclusividade, de sigilo e de não concorrência) que, embora lícitas, podem, em determinados contextos, ser consideradas como não merecedoras de tutela por parte do ordenamento jurídico.[27]

Especificamente nos contratos de seguro, as indigitadas cláusulas não costumam gerar problemas, o que faz aflorar a questão: quais são os efeitos oriundos da vinculação ao cumprimento da função social na relação contratantes/terceiros lesados e contratantes/coletividade no campo securitário? É preciso aprofundar-se o estudo.

3. Contrato de seguro: noções fundamentais

O setor securitário possui hoje um grande e variado leque de atuação, o qual abrange tanto operações de vultosos valores quanto bens de pouca monta. A principal classificação das modalidades contratuais presentes no mercado leva em conta os tipos de riscos assumidos pelo segurador; o Código Civil brasileiro, nesse sentido, divide os seguros em *seguros de danos* e *seguros de pessoas* (arts. 778 a 788 e 789 a 802).

Conquanto permeadas de inolvidáveis dissonâncias,[28] ambas as modalidades negociais possuem semelhante lógica operativa. Em sua essência, o contrato de seguro constitui mecanismo para transferência das consequências econômicas do risco entre os figurantes. Pretende-se, dessa forma, precaver o interesse do segurado – mediante o pagamento de uma quantia denominada prêmio –, ao passo que o segurador se obriga a garantir determinado risco e a pagar uma "indenização"[29] na sua eventual concretização, ou seja, na ocorrência do sinistro.

---

[26] SCHREIBER, Anderson. Princípios fundamentais, cit. p. 206.

[27] TEPEDINO, Gustavo. Notas sobre a função social dos contratos. In: TEPEDINO, Gustavo; FACHIN, Luiz Edson (coord.). *O direito e o tempo*: embates jurídicos e utopias contemporâneas. Rio de Janeiro: Renovar, 2008. p. 403.

[28] Vejam-se, por exemplo, os artigos 760, parágrafo único, 778, 782, 789 do CC; apesar de alguma divergência na doutrina, a diferença se baseia sobretudo em relação ao princípio indenitário, que modula todo o tratamento dos seguros de danos.

[29] Em bom rigor, é preferível – sobretudo referentemente à modalidade "seguro de pessoa" – o termo (cumprir a) prestação do capital estipulado; isso porque, em regra, a perda oriunda desse seguro não é passível de ser indenizada, *e.g.*, a vida. Portanto, quando necessário, o vocábulo "indenização" – que, embora careça de tecnicidade, encontra-se substancialmente enraizado – será escrito entre aspas, avivando, assim, a presente ressalva.

Apesar de o contrato de seguro ser uma operação isolada, entre o tomador do seguro e o segurador, a sua multiplicação por diversos contratos – cobrindo semelhantes garantias sobre os mesmos tipos de riscos – constitui a base técnica contratual da atividade.[30] Os prêmios pagos pelos tomadores do seguro criarão um fundo comum do qual serão resgatados os recursos para pagamento dos sinistros que ocorrerem.

Entre as características estruturais dos contratos de seguro, o *mutualismo* possui especial relevo. É a atuação conjunta dos segurados – leia-se: associação cooperativa de pessoas unidas pela obrigação de pagamento tempestivo dos prêmios – que permite a diluição do risco patrimonial de cada um. Os sinistros (individuais) eventualmente ocorridos são, com efeito, suportados pela coletividade.[31]

Logo se percebe a necessidade de cada seguradora fazer uma correta análise do risco, e uma boa gestão do fundo, de modo a se manter capaz de cobrir todas as "indenizações" a que eventualmente esteja obrigada. Em última instância, ela precisa da ajuda do próprio segurado, que, ao atuar com objetiva boa-fé (art. 765), dar-lhe-ão subsídios para, entre outras coisas, calcular o risco envolto e as consequências de suas variações ao longo da relação contratual. Se é verdade que a seguradora não deve se negar a cumprir a cobertura nos casos que esteja obrigada, não é menos verdade que a prudência sugere a ela tomar algum cuidado na regulação do sinistro, de forma a verificar se o segurado não descumpriu deveres essenciais, aumentando, assim, a possibilidade do sinistro. Ao fim e ao cabo, agindo dessa forma, a seguradora protegerá o fundo e os próprios segurados que cumprem as suas obrigações contratuais – evitando o repasse de despesas extras e, no limite, a sua insolvência.

Destarte, é de se notar que a necessidade da atuação conforme a boa-fé, por ambas as partes contratantes, molda a disciplina dos seguros. Justamente por ser uma realidade *imaterial*, as informações trocadas e o respeito às cláusulas que delimitam a cobertura se submetem a critérios rigorosos.[32] Não é todo e qualquer risco envolto ao interesse legítimo do tomador do seguro que será

---

[30] Nesse sentido, trata-se de recurso imprescindível para a seguradora a análise da probabilidade dos sinistros, que é feita com subsídio da ciência atuária, permitindo a justa fixação do prêmio para cada segurado – de acordo com o risco a que ele está exposto. Em última instância, busca-se administrar o risco.

[31] É de se sublinhar: pelo seguro, paga-se uma pequena quantia e, como contrapartida, recebe-se a garantia de que, se o risco segurado se concretizar, será recebido o valor correspondente à sua extensão, nos termos da apólice. A falta de ocorrência do sinistro, salvo raríssimas exceções, não enseja a devolução do prêmio ao segurado. Como reverso da medalha, se o sinistro ocorrer, poderá o segurado/beneficiário receber o valor da "indenização", geralmente muito maior do que o do prêmio. Apenas a contribuição fragmentada por uma gama de pessoas expostas a riscos semelhantes permite a formação de fundo apto a salvaguardar tal operabilidade.

[32] CORDEIRO, António Menezes. *Direito dos Seguros*. Coimbra: Almedina, 2013. p. 551.

garantido, mas os dispostos na apólice.³³ Se o seguro se trata mesmo do *antídoto* do risco,³⁴ a sua prescrição possui âmbito delimitado.

Ainda que individualmente circunscritos, somados, os seguros "garantem" boa parte dos infortúnios da humanidade, de modo que não há como se ignorar o papel de destaque que eles desempenham na sociedade atual. Algumas constatações ilustram bem tal assertiva; em primeiro lugar, não é por acaso a instituição, nas mais diversas latitudes, de inúmeros seguros obrigatórios, que arredam a liberdade de contratar em determinadas circunstâncias.³⁵ Do mesmo modo, a restrição na possibilidade de atuação como segurador e a necessidade de aprovação prévia das cláusulas contratuais pela SUSEP demonstram a preocupação do legislador com o regular funcionamento do sistema securitário, pretendendo, assim, afastar a possibilidade de insolvência e da estipulação de cláusulas leoninas por parte dos seguradores.³⁶ Convergem, também, para a conclusão do protagonismo do setor de seguros para o desenvolvimento social os números que demonstram o seu impacto no PIB brasileiro (6,5%)³⁷ e seu atributo de financiador, tanto indireto, no enfrentamento de riscos, quanto institucional.

Todos esses aspectos, não obstante comprovem a destacada socialidade dos seguros, não devem ser tidos como centrais no debate relativo à análise prática do princípio da função social nesta modalidade contratual. Ora, não se confunde o papel de determinado contrato na comunidade (por vezes referido como a sua "função social") e o postulado extraído do art. 421 do CC, que limita e legitima a autonomia privada (tecnicamente, o princípio da função social do contrato).

Seguindo essa linha de raciocínio, é possível apontarem-se duas principais formas de enfretamento do tema: uma simples, porém errônea – que é sublinhar o marcante viés social dessa modalidade contratual e, a partir disso, enxergar-se, em todos os ângulos, uma consequência dele –, e outra, laboriosa e, porventura, exitosa – que é dissecar alguns efeitos que de fato podem ser corolários do princípio da função social do contrato.³⁸

---

[33] Eventual dúvida instalada no processo interpretativo da apólice muito provavelmente acarretará interpretação favorável ao segurado, seja por ele se enquadrar no conceito de consumidor, incidindo a aplicação do art. 47 do CDC, seja por se qualificar como parte aderente, nos termos do art. 423 do CC.

[34] VEIGA COPO, Abel B. *Tratado del Contrato de Seguro*. Navarra: Thomson Reuters, 2009. p. 100.

[35] São considerados seguros obrigatórios aqueles que a lei determina nesse sentido; veja-se, por exemplo, o rol elencado pelo art. 20 do Decreto-Lei nº 73/1966.

[36] Vide art. 757, parágrafo único, do CC e art. 24 do Decreto-Lei nº 73/1966. Conforme pertinente ressalva de Bruno Miragem, "a despeito da exigência legal de que as condições gerais dos contratos a serem oferecidos no mercado devam ser registrados na Superintendência de Seguros Privados (Susep), a rigor a efetivação do registro depende do atendimento não apenas de aspectos formais, mas propriamente do conteúdo do contrato". (O direito dos seguros no sistema jurídico brasileiro: uma introdução. In: *Direito dos Seguros*, cit. p. 28).

[37] Conforme dados do ano de 2017, disponíveis no *site* da CNseg.

[38] Antes de se dar continuidade, uma advertência: conforme dito no começo do presente tópico, atualmente existem múltiplas modalidades de seguros no mercado. Seguros como o denominado

4. Da dogmática à efetividade: exame de algumas hipóteses

Na esteira do que se vem afirmando, a invocação ao princípio da função social do seguro deve ser feita de forma cuidadosa, procurando se ater ao que realmente pode ser dele extraído. Assentadas as bases, é tempo e local de se trazerem à ribalta as críticas e sugestões a respeito de suas possíveis aplicações práticas.

4.1. O que não traduz o princípio da função social do seguro?

A indiscriminada alusão à função social do contrato, conjuntamente com a boa-fé objetiva e outros princípios, de *per se* deve acender o sinal de alerta ao intérprete. Se a interpretação escorreita de cada princípio é produto de toda uma teoria e técnica particulares, como se crê, não parece ser medida louvável a mistura deles, na esperança de, ao valer-se de vários – e às vezes desconexos – atalhos, procurar-se percorrer determinado caminho. Copiosos exemplos – ora afirmados pela doutrina, ora pela jurisprudência –, por esse e outros motivos, legitimam dúvidas sobre os seus acertos.

A função social do seguro foi aludida em diversas decisões do STJ para corroborar a necessidade do cumprimento do capital estipulado por parte do segurador, ainda que diante da falta de aviso de sinistro logo após a sua ocorrência,[39] da declaração inexata do risco,[40] e de sinistro ocorrido supostamente fora do âmbito da cobertura.[41-42]

"seguro garantia" possuem estrutura e função diversas quando comparados com os seguros de acidentes pessoais, por exemplo. Não se pretende, nas linhas seguintes, fazer uma fórmula genérica e universal acerca da função social do seguro; a proposta, repita-se, é enfrentar algumas hipóteses que patenteariam a aplicação do princípio.

[39] STJ, 3ª Turma, REsp nº 1.546.178/SP, Min. Rel. Ricardo Villas Bôas Cueva, j. 13/09/2016. A decisão aponta no sentido de que a sanção prevista no art. 771 do CC, de perda do direito à indenização em virtude da ausência de comunicação do sinistro logo que o segurado saiba dele, deve ser interpretada sistematicamente com as cláusulas gerais da função social do contrato e de probidade, lealdade e boa-fé previstas no Código Civil. No referido caso, o segurado avisou tão somente após 3 dias o roubo do veículo segurado, por medo de represálias por parte do meliante que subtraiu o bem, mediante o uso de arma e ameaça de morte caso a vítima acionasse a polícia, na sua residência. Conforme se nota da leitura do julgado, para o afastamento da obrigação da seguradora em virtude da falta de pronta notificação, "deve ser imputada ao segurado uma omissão dolosa, que beire a má-fé, ou culpa grave, que prejudique, de forma desproporcional, a atuação da seguradora". Apesar de fazer menção a necessidade de interpretação sistemática, sublinhando o papel da função social do contrato neste contexto, a decisão parece basear-se, fundamentalmente, no princípio da boa-fé objetiva.

[40] "A exegese sistemática do dispositivo legal [art. 766 do CC], à luz dos princípios da boa-fé objetiva, do equilíbrio e da função social dos contratos, inseridos nos arts. 113, 187, 317 e 422 do próprio Código Civil de 2002, bem como no art. 4º, III, do CDC, conduz ao entendimento de que somente haverá a perda da cobertura securitária quando, além do comportamento doloso do segurado, a sua declaração inexata ou omissiva tiver induzido a seguradora a celebrar um contrato que em circunstâncias normais não firmaria". STJ, 3ª Turma, REsp nº 1.419.731/RJ, voto-vencido da Min. Nancy Andrighi, j. 07/07/2014. Em tempo: prevaleceu o entendimento do voto-vista do Ministro Ricardo Villas Bôas Cueva, no sentido da perda do direito à garantia, pelo fato de a declaração de

Doutro giro, em relativamente recente julgado, a Corte máxima em matéria infraconstitucional apoiou-se no princípio da função social do contrato para afastar o direito à indenização por parte do segurado, no seguro automóvel, que causou o sinistro após – e em virtude de – ter ingerido bebida alcoólica. Tendo em vista o comprovado aumento do perigo envolto e a necessidade de desestímulos a comportamentos danosos à sociedade, a função social do seguro, em comunhão com a boa-fé objetiva e o princípio do absenteísmo, arredaria, na visão do Tribunal, o direito à indenização, conforme se extrai do seguinte trecho:

> De fato, o seguro de automóvel não pode servir de estímulo para a assunção de riscos imoderados que, muitas vezes, beiram o abuso de direito, a exemplo da embriaguez ao volante. A função social desse tipo contratual torna-o instrumento de valorização da segurança viária, colocando-o em posição de harmonia com as leis penais e administrativas que criaram ilícitos justamente para proteger a incolumidade pública no trânsito (...). De igual maneira, agora sob o *prisma da boa-fé*, é possível concluir que o segurado, quando ingere bebida alcoólica e assume a direção do veículo ou empresta-o a alguém desidioso, que irá, por exemplo, embriagar-se (culpa *in eligendo* ou *in vigilando*), frustra a justa expectativa das partes contratantes na execução do seguro, pois rompe-se com os deveres anexos do contrato, como os de fidelidade e de cooperação.[43]

Eis que surgem as dúvidas: será que, de fato, eram necessárias todas as referências principiológicas que foram feitas em tais sedes? Tendo como exemplo esse último julgado transcrito, não se estaria, ali, diante de um mero inadimplemento? Se uma cláusula contratual – não abusiva – de exclusão de responsabilidade atesta a perda do direito à indenização em determinada hipótese fática – *in casu*, agravamento intencional do risco (art. 768 do CC)[44] derivado de direção por motorista embriagado –, quando ela ganha vida, há motivo para apoiar a ausência de cobertura do risco numa argumentação principiológica?

Não se perca de vista igualmente que, em sede doutrinária, também já se defendeu a função social como princípio produtor de uma miríade de efeitos, *e.g.*: i) permitir a revisão contratual, em virtude de agravamento ou diminuição do risco, para busca do equilíbrio econômico da avença; ii) causar a relativização do art. 763 do CC, no sentido da necessária interpelação da mora ao segurado, dando oportunidade de pagamento do prêmio, previamente ao cancelamento ou suspensão do contrato; iii) ensejar a limitação do valor do interesse

---

risco ter sido inexata – no caso, pelo condutor habitual diverso (filho do segurado) e ausência da alegada garagem na residência, tendo o veículo objeto do seguro sido furtado na rua. O referido voto finca-se no princípio da boa-fé objetiva, não fazendo menção à função social do contrato.

[41] STJ, 3ª Turma, REsp nº 1.192.609/SP, Min. Rel. Massami Uyeda, Brasília, j. 07/10/2010.

[42] "Em observância à função social dos contratos, à boa-fé objetiva e à proteção à dignidade humana, deve ser reconhecida a nulidade" de "cláusula do contrato de seguro-saúde que crie limitação de valor para o custeio de tratamento de saúde ou de internação hospitalar de segurado ou beneficiário". STJ, 3ª Turma, REsp nº 735.750/SP, Min. Rel. Raul Araújo, j. 04/02/2012.

[43] STJ, 3ª Turma, REsp n. 1.485.717/SP, Min. Rel. Ricardo Villas Bôas Cueva, j. 22/11/2016, pp. 6-7. O referido raciocínio foi afastado no âmbito do seguro de vida, cfr. STJ, 3ª Turma, REsp. 1.665.701/RS, Min. Rel. Ricardo Villas Bôas Cueva, j. 09/05/2017.

[44] Art. 768 do CC. O segurado perderá o direito à garantia se agravar intencionalmente o risco objeto do contrato.

segurado nos seguros de dano; iv) restringir a possibilidade de substituição do beneficiário quando o seguro tiver como causa declarada a garantia de alguma obrigação; etc.[45]

As referidas menções, embora de alguma forma relacionadas com a "função social" do seguro, salvo melhor juízo, não podem ser consideradas como resultantes do *princípio da função social do contrato*. Bem vistas as coisas, são expressões dispostas em lei, inclusive em termos deveras semelhantes, em inúmeros países onde não se discute o referido princípio. Uma vez mais socorrendo-se das lições de Carlos Konder:

> De fato, se o interesse das partes é protegido juridicamente é porque há um interesse social que justifica esta proteção jurídica. Mas, no extremo, a argumentação culmina com a afirmação de que toda norma de direito contratual está inspirada na função social do contrato e, assim a cláusula geral do art. 421 é esvaziada de significado.[46]

A fluidez do enunciado – função social do seguro – realmente permite uma discussão sem fim sobre o modo que ele deva ser interpretado. Isso não significa que toda forma de o interpretar seja concebível. Conforme advertência de Umberto Eco, "dizer que um texto potencialmente não tem fim não significa que todo ato de interpretação possa ter um final feliz".[47]

Afastadas algumas aplicações genéricas, mais coligadas à proteção de um dos contratantes em face do outro, cabe pôr-se em relevo o clássico exemplo atribuído à função social do seguro. Será que o destino lhe reserva melhor sorte?

4.2. Ação direta do terceiro lesado face à seguradora e seus contornos

Considerável parte da manualística traz a possibilidade da ação direta da (suposta) vítima em face da seguradora (do pretenso causador do dano) como emblemático exemplo de aplicação do princípio da função social do contrato. Embora possa de fato ser a chave para solução da polêmica que ora se analisa, é preciso sublinhar que outros aspectos, por vezes até mesmo com maior peso, são aventados pelos defensores da possibilidade da ação direta.

Antes de se trazê-los à baila, cabe esboçar-se um exemplo prático acerca do que se refere propriamente a discussão. Imagine-se que determinado condutor de um veículo automóvel, garantido por um seguro de responsabilidade

---

[45] RITO, Fernanda Paes Leme Peyneau. *Função social nos contratos de seguro*: a nova ordem contratual e sua implicação para os contratos de seguro à luz do CDC e do Código Civil. Rio de Janeiro: Funenseg, 2010. p. 21 e ss.

[46] KONDER, Carlos Nelson. Causa do contrato x função social do contrato, cit. p. 60-61.

[47] ECO, Umberto. *Interpretação e superinterpretação*. São Paulo: Martins Fontes, 2005. p. 28. No mesmo sentido, KONDER, Carlos Nelson. Distinções hermenêuticas da constitucionalização do direito civil: o intérprete na doutrina de Pietro Perlingieri. *Revista da Faculdade de Direito UFPR*. Curitiba, v. 60, n.º 1, 2015, p. 206.

civil facultativo, ao supostamente avançar um sinal vermelho, venha a colidir com outro carro. A questão que exsurge aqui é a seguinte: pode o condutor do carro que foi abalroado (doravante denominado terceiro/vítima), por comodidade ou para ver incrementada a sua chance de compensação pelos danos sofridos, acionar direta (e exclusivamente) o segurador do motorista que teria causado a batida? Em outras palavras, em vez de requerer o ressarcimento de seus danos ao causador, pode a vítima pleiteá-lo perante aquele que contratualmente garante a cobertura de tais danos ao seu causador?[48]

De partida, salta logo à vista o fato de o seguro do exemplo ser enquadrado na modalidade *facultativa*. É nesse terreno que reside a controvérsia, pois, conforme se sabe, o Código Civil permite expressamente, em seu art. 788, o acionamento direto nos seguros de responsabilidade civil obrigatórios. Inexistente no *codex* anterior, não se pode negar que tal permissão municia os defensores da impossibilidade da ação direta nos seguros facultativos. Ora, se os regimes fossem idênticos, a norma não deveria ter regulado ambas as situações? Indo além, se a ação direta fosse da essência dos seguros de responsabilidade civil, por qual motivo o legislador teria disposto sobre ela no art. 788 – referindo-se apenas aos seguros obrigatórios?[49]

De forma geral, os seguros obrigatórios abrangem a cobertura de atos que ensejam a responsabilidade civil objetiva – independente de culpa – por parte dos causadores dos danos. Isto explica a aprovação, sem maiores restrições, da possibilidade da ação direta pelo legislador. Na ocorrência do dano, a ausência de responsabilização está atrelada à falta de nexo de causalidade com o ato do segurado. O prejuízo pela falta de participação do segurado na relação processual com o segurador, com efeito, não soa considerável.

O mesmo já não ocorre nos seguros facultativos de responsabilidade civil. A importante produção de prova, eventualmente capaz de afastar a responsabilidade (geralmente subjetiva) do segurado, parece ser prejudicada pela falta de sua participação na relação processual. Ofender-se-ia, com efeito, no acionamento direto e exclusivo ao segurador, a garantia do contraditório e da ampla defesa (art. 5º, inc. LV, da CF).[50]

---

[48] Às respostas de tais perguntas hão de ser atentados vários pontos. Não se pretende, em seguida, percorrê-los, criticamente, um por um. Procurar-se-á, firme no propósito do estudo, fazer um panorama daquilo que não pode ser omitido no enfrentamento do tema. Naturalmente, o enfoque será dado ao papel do princípio da função social na respectiva seara.

[49] Conforme Flávio de Queiroz Bezerra Cavalcanti et al. *O contrato de seguro: De acordo com o novo Código Civil Brasileiro*. 3. ed. São Paulo: Roncarati, 2016. p. 224; curiosamente, os demais autores da importante obra em questão, Ernesto Tzirulnik e Ayrton Pimentel, discordam da posição de Flávio (Ibid. p. 205 e ss.).

[50] Divergentemente, Gustavo Melo sustenta que a alegada dificuldade na produção de prova e ofensa ao contraditório e à ampla defesa se tratam de falsos problemas: "É preciso lembrar que, em muitas situações, a seguradora teve pleno acesso a tudo que aconteceu em volta do sinistro. Foi prontamente avisada pelo segurado, instaurou o procedimento de regulação, ouviu pessoas, testemunhas, especialistas e autoridades científicas, elaborou laudos periciais, produziu e coletou documentos etc., ficando até mais instruída do que o próprio segurado. Nessas circunstâncias, não

Outrossim, o acionamento restrito ao segurador de certa forma prejudicaria o atuar das exclusões de responsabilidade dispostas na lei e na apólice de cobertura. Tendo ainda em mente o exemplo dado acima, pense-se no segurado que tivesse causado o agravamento do risco – por exemplo, ao ter ingerido bebida alcoólica antes de dirigir –,[51] não declarado o risco corretamente ou deixado de pagar o prêmio tempestivamente. Apesar da responsabilidade do segurado se manter incólume em relação ao terceiro, o segurador, provavelmente, já não estaria obrigado a garanti-la. Em última instância, diante do descumprimento contratual do segurado, a vítima seria prejudicada por ter ingressado com a ação em face de parte ilegítima, pois o segurador estaria liberado de sua responsabilidade.

Ademais, é comum fazer-se referência a outros dois argumentos pelo afastamento da possibilidade da ação direta: a teoria do reembolso e o princípio da relatividade contratual. Em sua essência, a teoria do reembolso, como o próprio nome indica, propugna que o segurado se garante, por meio do seguro, a receber o reembolso, pelo segurador, das indenizações por danos causados a terceiros a que for obrigado a pagar "a título de reparação, por sentença judicial transitada em julgado, ou em decorrência de juízo arbitral, ou por acordo com os terceiros prejudicados, com a anuência da sociedade seguradora".[52] A cobertura do capital segurado, nessa linha de pensamento, estaria vinculada ao prévio pagamento da indenização por parte do segurado à vítima. O segurador reembolsaria o valor despendido pelo segurado, anulando o seu desfalque patrimonial.[53]

No que toca ao princípio da relatividade, nos termos expostos anteriormente, por meio dele restringem-se os efeitos oriundos da relação contratual aos seus figurantes – por terem consentido com a sua formação. Terceiros, estranhos ao contrato, não seriam prejudicados ou favorecidos por ele. Aplicando-se este princípio ao caso sob análise, por não ter nenhum vínculo direto com

---

faz sentido pensar que a seguradora depende da presença do segurado na lide". (Ação direta da vítima contra a seguradora no seguro de responsabilidade civil. *Anais do I Congresso Internacional de Direito do Seguro do Conselho da Justiça Federal e Superior Tribunal de Justiça*. São Paulo: Roncarati, 2015. p. 108).

[51] SALOMÃO, Luis Felipe. A ação direta da vítima contra a seguradora em caso de responsabilidade civil. *Anais do I Congresso*, cit. p. 129.

[52] Conforme art. 5º da Circular SUSEP nº 553, de 24 de maio de 2017; cabe sublinhar-se que o parágrafo segundo do respectivo dispositivo traz importante ressalva: "Ao invés de reembolsar o segurado, a seguradora poderá: I – oferecer a possibilidade de pagamento direto aos terceiros prejudicados; II – reembolsar o tomador, caso este tenha adiantado, para o segurado, total ou parcialmente, quantias correspondentes às indenizações cobertas por este seguro". Apesar de ter como alvo o seguro de responsabilidade civil dos administradores, a presente circular demonstra que o mercado segurador ainda postula pela vigência da teoria do reembolso.

[53] Conquanto presente nas disposições de apólices e regulamentos do mercado, a teoria do reembolso suscita fortes objeções. Primeiro, por vincular o segurado (que eventualmente não terá possibilidade) ao pagamento da indenização para receber a prestação do segurador; em segundo lugar, pelo fato de o art. 787, ao tratar da questão, afirmar que o segurador garante o "pagamento de perdas e danos devidos pelo segurado a terceiro", e não o reembolso.

a seguradora do segurado (causador do dano), o terceiro não poderia ingressar com ação direta em face dela.

Entre os defensores da possibilidade da ação direta nos seguros de responsabilidade civil, há quem justifique seu entendimento pela presença de dois interesses na relação contratual, quais sejam, do segurado – em ter seu patrimônio indene – e da vítima – em ter o seu dano recompensado –, e, ainda, quem advogue tratar-se o seguro em causa de uma estipulação "em favor de terceiro" – a vítima.[54]

Durante certo tempo, sobretudo na 3ª Turma do STJ, prevaleceu o entendimento da possibilidade da ação direta e exclusiva em face do segurador. Apesar de se ter tornado comum atribuir-se à função social do seguro tal entendimento, uma análise atenta dos julgados demonstra que o principal argumento era o enquadramento do seguro de responsabilidade civil como modalidade de estipulação em favor de terceiro.[55]

De toda forma, tal posicionamento encontra-se, atualmente, superado. Nos moldes da Súmula nº 529 do STJ, "no seguro de responsabilidade civil facultativo, não cabe o ajuizamento de ação pelo terceiro prejudicado direta e exclusivamente em face da seguradora do apontado causador do dano".[56] Reina, como se nota, a ideia de *ação direta condicionada*, havendo litisconsórcio passivo necessário entre segurado e segurador. É dizer-se: ou o terceiro move a sua ação em face apenas do segurado (causador do dano), ou em face do segurado e do segurador, sob pena de, ao ingressar tão somente em face do segurador, correr o risco de ter o seu pleito afastado por ilegitimidade passiva.[57]

---

[54] Vide o enunciado 544 da VI Jornada de Direito Civil; a possibilidade da ação direta, permitida em hipótese isolada no art. 101 do CDC, também costuma ser utilizada como argumento extra por seus defensores.

[55] Por todos, STJ, 3ª Turma, REsp nº 1.245.618/RS, Min. Rel. Nancy Andrighi, Brasília, j. 22/11/2011, em que, após referência à função social, se averbou: "Assim, inobstante o contrato de seguro tenha sido celebrado apenas entre o segurado e a seguradora, dele não fazendo parte o recorrido, ele contém uma estipulação em favor de terceiro. E é em favor desse terceiro – na hipótese, o recorrido – que a importância segurada será paga. Daí a possibilidade de ele requerer diretamente da seguradora o referido pagamento".

[56] Súmula publicada no dia 18 de maio de 2015; o entendimento em tela alinha-se ao julgamento do recurso com efeito repetitivo anterior: STJ, 2ª Seção, REsp nº 962.230/RS, Min. Rel. Luis Felipe Salomão, j. 08/02/2012.

[57] Questão diversa, mas intrinsicamente relacionada, é o fato de a jurisprudência ter se firmado no sentido da possibilidade da seguradora, quando objeto de denunciação da lide, ser condenada a pagar, nos limites da apólice, diretamente ao terceiro que sofreu o dano (cfr. STJ, 2ª Seção, REsp nº 925.130/SP, Min. Rel. Luis Felipe Salomão, 08/02/2012, e posterior súmula nº 537). Nas palavras do Min. Luis Felipe Salomão, relator do *leading case* sobre a matéria, esse seria o campo de aplicação fértil à função social do seguro: "Não se desconhece, é bom que se advirta, o traço atual presente no contrato de seguro, imerso que está numa importante função social, e, em razão disso, as relações jurídicas nele estabelecidas não se encerram puramente entre as partes. Por isso mesmo, entendi cabível a condenação direta da seguradora, quando esta interveio no processo como litisdenunciada pelo segurado ou a ele litisconsorciada. Contudo, a socialização das perdas – justificada no princípio constitucional da solidariedade – pode significar a diluição dos danos por toda a sociedade, mas não a pura e simples transferência dos prejuízos da vítima para um réu eleito por ela de forma

Passados em revista os principais pontos atinentes à discussão sobre a ação direta, ainda restam algumas dúvidas legítimas: qual seria o efetivo prejuízo à vítima no que respeita à impossibilidade da ação direta *exclusiva* em face do segurador? Não poderia ele, ao optar por tal estratégia, ser inclusive prejudicado, se o capital estipulado na apólice for insuficiente para recompensar todo o dano sofrido? A eventual morosidade, causada pelo litisconsórcio passivo, seria suficiente para justificar o ingresso autônomo?

Independentemente da conclusão que se alcance, resta assente que a jurisprudência do STJ, apesar de esporádicos acenos à função social do seguro, quando permitia a ação direta em face do segurador, fazia-o em virtude da tese de que tal contrato se enquadraria como uma estipulação em favor de terceiro. A respectiva proposição, embora respeitável, parece incorreta. Nesse pano de fundo, não se nega que o princípio da função social possa oferecer o instrumental capaz de defender a possibilidade da ação direta em face do segurador. O juízo de sua conveniência, entretanto, ainda não está definido, diante do conjunto de argumentos expostos acima.

4.3. Prevenção à materialização do sinistro, especialmente em virtude do agravamento do risco (moral) do segurado: o papel inerente ao segurador

A necessidade de abstenção, por parte do segurado, de atitudes intencionais capazes de aumentar as chances de ocorrência do sinistro é tema clássico no estudo sobre seguros. O próprio Código Civil, além de dispor da perda da garantia como sanção ao agravamento intencional do risco (art. 768), prevê o dever de informação, por parte do segurado, de atitudes que possam dar azo a considerável aumento do risco coberto na relação contratual (art. 769). Ambos os dispositivos, ainda que na prática objetos de temperamentos pela jurisprudência, justificam-se pela preocupação com a manutenção do equilíbrio contratual.

Para além dessa perspectiva, poder-se-ia olhar a questão de maneira diversa, qual seja, um eventual papel, por parte do segurador, de tomar atitudes junto ao segurado para ajudar a prevenir a ocorrência de sinistros, especialmente os que poderiam resultar do agravamento de uma das facetas do risco: o denominado *risco moral*. A compreensão desse raciocínio pressupõe aprofundamento na análise do próprio risco moral – por vezes, subdividido em risco psicológico.

O estudo do *risco moral* (*moral hazard*) é um dos contributos da dogmática securitária, tendo encontrado terreno fértil em outras relações contratuais

---

concentrada, nada socializada e, por vezes, aleatória". (STJ, 2ª Seção, REsp nº 962.230/RS, Min. Rel. Luis Felipe Salomão, Brasília, j. 08/02/2012).

e na própria economia em geral.[58] Conforme lembra Maria Inês de Oliveira Martins: "O termo 'risco moral' tem, porém, origem na indústria seguradora, entendendo-se aqui que os sujeitos que adquirissem um seguro *deixariam de ter incentivo para evitar o evento segurado*; e, se o seguro cobrisse a perda em mais de cem por cento, tinham mesmo um incentivo para o provocar".[59]

A doutrina anglo-saxã, que trabalha bem o conceito do risco no âmbito do seguro, geralmente o divide, nem sempre em termos semelhantes, entre *risco físico* (*physical hazard*) e *risco moral* (*moral hazard*). Assim, alguns fatores relevariam para o *risco físico*, como, por exemplo, a idade, altura, peso e histórico médico do proponente no âmbito do seguro de vida. Por outro lado, alguns fatos relevariam para o *risco moral*, tais quais, à guisa de ilustração, o histórico de sinistros, se o proponente já teve alguma proposta de seguro negada por um segurador e a sua ficha criminal.[60]

Percebe-se, nessa perspectiva, que o risco moral estaria ligado às características que "permitem avaliar o carácter, integridade, reputação e personalidade do tomador – ou de quem esteja diretamente relacionado com o risco seguro – bem como as suas motivações quanto à subscrição do seguro, recorrendo a indicadores atinentes ao seu grau de diligência, moralidade, solvência e prudência".[61]

Paralelamente, no período de vigência do contrato, poder-se-ia manifestar outra dimensão do *risco moral* – segundo uma parcela da doutrina, chamada de *risco psicológico* (*morale hazard*)[62] –, tanto antes quanto após o sinistro. Exemplo paradigmático do *ex ante moral hazard*, modalidade que particularmente interessa ao presente estudo, seria a tendência de uma menor precaução por

---

[58] WINTER, Ralph. Optimal insurance under moral hazard. In: DIONNE, Georges (ed.). *Handbook of Insurance*. Londres: Kluwer Academic, 2000. p. 156.

[59] MARTINS, Maria Inês de Oliveira. *O Seguro de Vida enquanto Tipo Contratual Legal*. Coimbra: Coimbra Editora, 2010. p. 206. (Destaque no original).

[60] MECGEE, Andrew. *The Modern Law of Insurance*. 3ª ed. Londres: LexisNexis Butterworths, 2011. p. 72-78. Vale advertir-se que nem sempre podem ser requeridos ou levados em conta pela seguradora na subscrição os dados pessoais que consubstanciam o risco físico (*v.g.*, a controvérsia na utilização de dados genéticos) e, sobretudo, aqueles referentes ao denominado risco moral (por exemplo, questões relacionadas a raças e nacionalidades).

[61] POÇAS, Luís. *Declaração inicial do risco no contrato de seguro*: o dever pré-contratual do proponente. v. I. p. 96. Tese (Doutorado em Direito) – Faculdade de Direito, Universidade de Lisboa, Lisboa, 2013.

[62] A maioria da doutrina defende que o *moral hazard* (*risco moral*) abarcaria o *morale hazard* (*risco psicológico*), sendo desnecessária tal divisão; porém, a diferença estaria no fato de que a primeira das duas hipóteses se relacionaria "apenas às situações de alteração deliberada – fraudulenta – da conduta dos sujeitos que aumentam a probabilidade ou dimensão do sinistro, e a segunda às situações de potenciação do descuido ou leviandade do sujeito que leve ao aumento da probabilidade ou dimensão daquele". MARTINS, Maria Inês de Oliveira. *O seguro de vida*, cit. p. 206. A referida divisão, no fim e ao cabo, busca afastar da conotação própria do conceito de risco moral, muitas vezes tida como negativa, a qualificação de atitudes menos censuráveis – ligadas a uma redução do grau de diligência do segurado para evitar o sinistro ou os seus efeitos –, que passariam a ser enquadradas no conceito de risco psicológico. Exorbita do horizonte do presente trabalho uma análise aprofundada da questão.

parte do segurado para a não concretização do risco segurado, *e.g.*, na dúvida, não retornar onde estacionou o seu automóvel para verificar se, por um lapso, deixou de trancar as portas ou fechar os vidros. O segurado age assim, talvez, até mesmo de forma inconsciente, em virtude de não recear, ao menos na intensidade equivalente ao período anterior à contratação do seguro automóvel, o evento danoso, tendo em conta que não sofreria um abalo econômico considerável na sua eventual ocorrência.[63]

Está-se, aqui, diante da *falta de um incentivo* para a tomada da decisão que seria a costumeira não fosse a cobertura do sinistro. Em grande escala, esse fenômeno, consideradas as particularidades de cada modalidade de seguros, pode acabar causando um efeito social deveras negativo.[64] Como ressalta Luís Poças:

> Na verdade, porque através do seguro se neutralizam os efeitos patrimoniais do sinistro, o segurado tenderá a reduzir as medidas preventivas no sentido de o evitar: logo, a existência de seguro gera o efeito perverso de aumentar a probabilidade (e a intensidade) do dano.[65]

Como combate ao *risco moral*, são usualmente tomadas algumas medidas. No plano legal, inúmeros ordenamentos jurídicos exigem a necessidade do interesse segurável para a contratação do seguro, punem os sinistros dolosos[66] e, principalmente no âmbito dos seguros de danos, consagram o princípio indenitário.[67] No plano contratual, as seguradoras costumam, por exemplo, estipular a cobertura incompleta em face do sinistro (acarretando a exposição de um risco financeiro ao segurado, como o pagamento de uma franquia), e oferecer bônus na renovação do contrato para os segurados que não ocasionarem o sinistro.

Nesse pano de fundo, o princípio da função social do contrato, em algumas específicas modalidades de seguros, poderia ser aplicado para coibir o aumento da probabilidade ou intensidade de materialização dos riscos morais envoltos ao contrato – quando esses riscos puderem vir a causar relevantes prejuízos a interesses constitucionalmente tutelados, de terceiros determinados ou da coletividade.

Significa isso dizer que, o princípio em tela poderia acarretar a necessidade de certo monitoramento e auxílio, por parte do segurador, nas medidas que o segurado pratica, ou do cuidado preventivo que ele deva ter para a não

---

[63] Após o sinistro, o risco moral poderia ser ilustrado na minimização dos esforços ou métodos usuais para abrandamento dos efeitos negativos resultantes da ocorrência daquele. Assim, imagine-se o segurado que procura uma oficina mais cara para o conserto de seu automóvel ou o médico que atende o segurado e receita tratamentos mais dispendiosos em virtude da cobertura do seguro. Cfr. REGO, Margarida Lima. *Contrato de seguros*, cit. p. 111.

[64] Efeitos que, apesar de não afastarem a extrema importância dos seguros na sociedade, conforme se deixou claro no tópico 3, deveriam ser melhor considerados e, eventualmente, combatidos, como se propõe subsequentemente.

[65] POÇAS, Luís. *Declaração inicial*, cit. p. 96.

[66] CLARKE, Malcolm. *Policies and perceptions of insurance law in the twenty-first century*. Oxford: Oxford University Press, 2005. p. 254.

[67] Conforme os arts. 757, 790, 762, 778 e 781 do CC.

ocorrência do sinistro, principalmente em virtude de um descuido relacionado ao incremento do risco (sob o aspecto moral) envolvido.⁶⁸ Pense-se, por exemplo, no seguro de riscos cibernéticos⁶⁹ e no seguro de responsabilidade civil de danos ambientais.⁷⁰ Tais medidas visariam promover, sobremaneira, a proteção ao consumidor e a defesa ao meio ambiente (art. 170, incs. V e VI, da CF).⁷¹

Apesar de não se ignorar alguma inconveniência na intromissão do segurador, a qual não poderá deixar de ser proporcional, na atividade do segurado, e o fato de que, na prática, a medida não será de fácil implementação, tendo em conta o número de contratos presentes na cartela dos seguradores e os custos envolvidos, defende-se, nessa sede, que, em alguns casos, e atento ao bem da coletividade, ela seria salutar.

Sublinhe-se: dessa forma, o segurador, eventualmente com auxílio do ressegurador, poderá utilizar-se de todo o *know-how* adquirido com a regulação de sinistros e pesquisas de avaliação e gerenciamento dos riscos, justamente para evitar novos danos que acabariam por prejudicar toda a sociedade.

5. Considerações finais

No apagar das luzes, um pouco de história. Para muitos o maior esportista do século XX, Muhammad Ali era reconhecido por ser um personagem arrebatador. Dentro e fora dos ringues de boxe, a sua presença sempre causava impacto, seja pelos golpes perfeitos, seja pela língua afiada. Repletas de humor e inteligência, suas falas renderam citações memoráveis.

Talvez a mais célebre tenha sido a que ele proferiu durante a *commencement ceremony* da Universidade de Harvard, em 1975. Após fazer envolvente discurso demonstrando a necessidade de os alunos presentes utilizarem os seus conhecimentos para mudarem o mundo, tornando-o um lugar melhor para a coletividade, foi ele surpreendido por determinada pessoa da audiência que pediu para que fosse recitado um poema. Após profundo silêncio, Muhammad não

---

⁶⁸ Sobre o tema, embora não fundamentando na função social do seguro, SHAVELL, Steven. On moral hazard and insurance, in *The quarterly journal of economics*, November, 1979. pp. 541, 555 e ss. (Disponível em: http://www.law.harvard.edu); veja-se, ainda, sobre a ótica do referido princípio: ROCHA, Matheus Pereira. *Entre Sereias e Ulisses – A função do contrato de seguro de responsabilidade civil na prevenção dos danos*. UFRGS: Porto Alegre, 2016. Disponível em: <https://www.lume.ufrgs.br>. Acesso em 04 mar. 2018.

⁶⁹ À seguradora caberia, por exemplo, alertar para a necessidade e monitorar a atualização periódica do *software* de antivírus, bem como a correta criptografia dos dados dos consumidores e o cumprimento dos padrões de autenticação de usuários.

70 A tragédia de Mariana, com o rompimento da barragem de Fundão, é exemplo conhecido da necessidade do setor segurador melhor tratar de temas ligados aos aspectos ambientais.

71 Para consulta de diversos casos de vazamentos de dados pessoais de consumidores ocorridos recentemente, confira-se: <https://exame.abril.com.br/tecnologia/os-15-maiores-vazamentos-de-dados-da-ultima-decada/>. Acesso em 15 mar. 2018.

apenas reproduziu, mas criou um dos menores – e mais expressivos – poemas da língua inglesa: *"Me? We"*.[72]

A mensagem é inspiradora. Trazendo a reflexão para o ambiente do presente estudo, é possível concluir-se que, para além do fato de os contratantes deverem se afastar de uma postura narcisista, passando a atuar cooperativamente em vista da satisfação dos interesses de ambos – conforme o sempre lembrado princípio da boa-fé objetiva –, cabe a eles, ainda, durante todo o programa contratual, atentarem-se para a promoção de interesses extracontratuais tidos como relevantes pelo constituinte. Eis o campo operativo do princípio da função social do contrato.

Nos últimos anos, tem-se assistido ao avanço vertiginoso da elaboração científica e da prática jurisprudencial sobre a temática. Ainda assim, suas particularidades continuam obscuras, o que leva crer que é tempo de redimensionamento. Essa árdua tarefa, só possível em virtude das bases assentadas, permitirá, no limite, uma melhor compreensão da nova teoria contratual – que, apesar de concebida há algum tempo, tem pressa para amadurecer.

Procurou-se, nas linhas anteriores, esquadrinhar a aplicação do princípio da função social em um dos mais essenciais contratos de que já se teve notícia: o seguro. Firme na premissa de que a utilização do princípio não deveria ter em primeiro plano a relação entre os próprios contratantes – já suficientemente tutelada por outros princípios –, mas a relação entre eles e a coletividade, concluiu-se que é possível defender a necessidade de o segurador, em determinados contratos que especialmente envolvam interesses coletivos, acompanhar, verificar e procurar contribuir para a diminuição da possibilidade de ocorrência do sinistro, especialmente daqueles oriundos de um menor grau de diligência do segurado resultante do agravamento de seu risco moral.

6. Referências

ALVIM, Arruda. A função social dos contratos no novo Código Civil. In: TEPEDINO, Gustavo; FACHIN, Luiz Edson (Orgs.). *Doutrinas Essenciais, Obrigações e Contratos, Vol. III: contratos: princípios e limites*. São Paulo: Editora Revista dos Tribunais, 2011.

BOBBIO, Norberto. Em direção a uma teoria funcionalista do direito. In: *Da estrutura à função*: novos estudos de teoria do direito. Barueri: Manole, 2007.

BODIN DE MORAES, Maria Celina. A causa do contrato. *Civilistica.com*. Rio de Janeiro, a. 2, n. 4, out.-dez. 2013.

BORGES, Nelson. Os contratos de seguro e sua função social. A revisão securitária no novo código civil. *Revista dos Tribunais*, São Paulo, vol. 826, ago. 2004.

---

[72] Jogo de palavras que pode ser traduzido como "Eu? Nós". Para outras citações famosas do boxeador, é de se conferir *"Muhammad Ali – in his own words"*, disponível no sítio eletrônico da BBC (<http://www.bbc.com>). Sobre a história do poema em si e algumas das controvérsias a seu respeito, veja-se: <https://www.indy100.com>. Acesso em 13 mar. 2017.

CLARKE, Malcolm. *Policies and perceptions of insurance law in the twenty-first century.* Oxford: Oxford University Press, 2005.

CORDEIRO, António Menezes. *Direito dos Seguros.* Coimbra: Almedina, 2013.

ECO, Umberto. *Interpretação e superinterpretação.* São Paulo: Martins Fontes, 2005.

FACHIN, Luiz Edson. Contratos e Ordem Pública. In: ——; TEPEDINO, Gustavo (Orgs.). *Doutrinas Essenciais, Obrigações e Contratos, Vol. III: contratos: princípios e limites.* São Paulo: Editora Revista dos Tribunais, 2011.

GIERKE, Otto Von. *Función social del derecho privado*: la naturaleza de las asociaciones humanas. Madrid: Sociedad Editorial Española, 1904.

HIRONAKA, Giselda Maria Fernandes Neves. Função social do contrato. *Revista de direito civil*, vol. 45, 1988.

KONDER, Carlos Nelson. A constitucionalização do processo de qualificação dos contratos no ordenamento jurídico brasileiro. Tese de Doutorado. Rio de Janeiro: UERJ, 2009.

——. Causa do contrato x função social do contrato: estudo comparativo sobre o controle da autonomia negocial. *Revista Trimestral de Direito Civil*, ano 11, vol. 43, jul. – set. de 2010.

——. Distinções hermenêuticas da constitucionalização do direito civil: o intérprete na doutrina de Pietro Perlingieri. *Revista da Faculdade de Direito UFPR*. Curitiba, v. 60, nº 1, 2015.

MARTINS, Maria Inês de Oliveira. *O Seguro de Vida enquanto Tipo Contratual Legal.* Coimbra: Coimbra Editora, 2010.

MARTINS-COSTA, Judith. Reflexões sobre o princípio da função social dos contratos. *Revista Direito GV*, São Paulo, v. 1, n. 1, maio, 2005.

MECGEE, Andrew. *The Modern Law of Insurance.* 3ª ed. London: LexisNexis Butterworths, 2011.

MELO, Gustavo de Medeiros. Ação direta da vítima contra a seguradora no seguro de responsabilidade civil. In: *Anais do I Congresso Internacional de Direito do Seguro do Conselho da Justiça Federal e Superior Tribunal de Justiça.* São Paulo: Roncarati, 2015.

MIRAGEM, Bruno. O direito dos seguros no sistema jurídico brasileiro: uma introdução. In: ——; CARLINI, Angélica. *Direito dos Seguros*: fundamentos de direito civil, direito empresarial e direito do consumidor. São Paulo: Revista dos Tribunais, 2014.

NEGREIROS, Teresa. *Teoria do contrato*: novos paradigmas, 2. ed. Rio de Janeiro: Renovar, 2006.

PERLINGIERI, Pietro. *O direito civil na legalidade constitucional.* Rio de Janeiro: Renovar, 2008.

POÇAS, Luís. *Declaração inicial do risco no contrato de seguro*: o dever pré-contratual do proponente, vol. I. Tese de doutorado apresentada à Faculdade de Direito da Universidade de Lisboa, Lisboa, 2013.

REGO, Margarida Lima. *Contrato de Seguros e Terceiros*: estudos de direito civil. Coimbra: Coimbra Editora, 2010.

RENTERÍA, Pablo. Considerações acerca do atual debate sobre o princípio da função social do contrato. In: BODIN DE MORAES, Maria Celina. *Princípios do direito civil contemporâneo.* Rio de Janeiro: Renovar, 2006.

RIBEIRO, Joaquin de Souza. Prefácio. In: FERREIRA, Gustavo Pinto. *A função social do contrato.* Porto Alegre: Sergio Antonio Fabris Editor, 2013.

RITO, Fernanda Paes Leme. *Função Social nos Contratos de Seguro*: a Nova Ordem Contratual e sua Implicação para os Contratos de Seguro à Luz do CDC e do Código Civil. Rio de Janeiro: Funenseg, 2010.

ROCHA, Matheus Pereira. *Entre Sereias e Ulisses – A função do contrato de seguro de responsabilidade civil na prevenção dos danos.* UFRGS: Porto Alegre, 2016. Disponível em: <https://www.lume.ufrgs.br>.

SALOMÃO, Luis Felipe. A ação direta da vítima contra a seguradora em caso de responsabilidade civil. In: *Anais do I Congresso Internacional de Direito do Seguro do Conselho da Justiça Federal e Superior Tribunal de Justiça*. São Paulo: Roncarati, 2015.

SCHREIBER, Anderson. Princípios fundamentais do direito dos contratos. In MONTEIRO FILHO, Carlos Edison et al. (Org.). *Direito Civil*. Rio de Janeiro: Freitas Bastos, 2015.

SHAVELL, Steven. On moral hazard and insurance, in *The quartely journal of economics*, November, 1979. Disponível em: <http://www.law.harvard.edu/faculty/shavell/pdf/92_Quart_J_ Econ_541.pdf>.

SOUZA, Eduardo Nunes de. Função negocial e função social do contrato: subsídios para um estudo comparativo. *Revista de Direito Privado* (São Paulo), v. 54, 2013.

TEPEDINO, Gustavo. A função social nas relações patrimoniais. In MONTEIRO FILHO, Carlos Edison et al (Org.). *Direito Civil*. Rio de Janeiro: Freitas Bastos, 2015.

———. Notas sobre a função social dos contratos. In: TEPEDINO, Gustavo; FACHIN, Luiz Edson (coord.). *O direito e o tempo*: embates jurídicos e utopias contemporâneas. Rio de Janeiro: Renovar, 2008.

———. O princípio da função social no Direito Civil contemporâneo. In: NEVES, Thiago Cardoso (Coord.). *Direito & justiça social*: por uma sociedade mais justa, livre e solidária: estudos – estudos em homenagem ao Professor Sylvio Capanema. São Paulo: Atlas, 2013.

TIMM, Luciano Benetti. Função social do direito contratual no código civil brasileiro: justiça distributiva vs. eficiência econômica. *Revista dos tribunais*, vol. 876. São Paulo, out. 2008.

TZIRULNIK, Ernesto; CAVALCANTI, Flávio de Queiroz; PIMENTEL, Ayrton. *O contrato de seguro: De acordo com o novo Código Civil Brasileiro*. 3. ed. São Paulo: Roncarati, 2016.

VEIGA COPO, Abel B. *Tratado del Contrato de Seguro*. Navarra: Thomson Reuters, 2009.

WINTER, Ralph. Optimal insurance under moral hazard. In: DIONNE, Georges (ed.). *Handbook of Insurance*. London: Kluwer Academic, 2000.

— XVIII —

O seguro de responsabilidade civil do transportador rodoviário por desaparecimento de carga (RCF-DC) e o âmbito de aplicação da cobertura roubo

Victor Augusto Benes Senhora

Advogado formado pela Universidade Paulista, pós-graduado em Processo Civil pela PUC-SP, especializado em Direito Securitário e Ressecuritário pela FGV e Membro do GNT de Responsabilidade Civil e Seguro da AIDA-Brasil.

Claudio Furtado Pereira da Silva

Advogado formado pela PUC-RS, especialista em Processo Civil pela PUC-RS, Contratos e Responsabilidade Civil pela UNISINOS/R e em Direito do Seguro pela Fundação do Ministério Público/RS e Membro do GNT de Responsabilidade Civil e Seguro da AIDA-Brasil.

Sumário: 1. Introdução; 2. Responsabilidade civil – aspectos gerais; 2.1. Conceito; 2.2. Requisitos ou pressupostos; 3. Modalidades; 3.1. Responsabilidade civil contratual e extracontratual; 3.2. Responsabilidade civil subjetiva e objetiva; 4. Excludentes da responsabilidade civil; 4.1. Fato exclusivo da vítima; 4.2. Fato de terceiro; 4.3. Caso fortuito ou força maior; 5. Evolução legal quanto à responsabilidade civil do transportador rodoviário de carga; 6. Do seguro de responsabilidade civil do transportador rodoviário de carga (RCTR-C) *versus* seguro de responsabilidade civil do transportador rodoviário por desaparecimento de carga (RCF-DC); 7. Da incidência do seguro de responsabilidade civil do transportador rodoviário por desaparecimento de carga (RCF-DC) quando do evento roubo; 8. Considerações finais; 9. Referências.

1. Introdução

Tormentosa tem sido ao longo dos anos a discussão quanto à responsabilidade civil do transportador rodoviário de carga, especialmente nas situações em que a mercadoria transportada não chega ao seu destino em razão da ocorrência de roubo.

Enquanto alguns entendimentos pautados exclusivamente na responsabilidade objetiva do transportador e na sua obrigação de resultado consideram que o roubo, mesmo irresistível, não pode ser considerado hipótese de caso fortuito ou de força maior, outra vertente, na qual se inclui o Superior Tribunal de Justiça, tem se manifestado no sentido de que o roubo, quando inevitável, é fato desconexo do transporte e, portanto, tem o condão de eximir a responsabilidade do transportador perante o dono da carga.

Essa questão ganha realce quando se verifica que o transportador possui apólice de seguro de responsabilidade civil que contempla cobertura de roubo, dando a impressão de que essa circunstância evidencia que, de fato, o segurador não pode se eximir da responsabilidade em sinistros com essa natureza.

Em linhas gerais, como se observará ao longo deste trabalho, se buscará o esclarecimento da matéria, tendo por premissa o fato de que o seguro de responsabilidade civil tem por objetivo garantir eventuais danos oriundos de uma relação jurídica preestabelecida, respeitadas suas peculiaridades.

2. Responsabilidade civil – aspectos gerais

2.1. Conceito

Para adequada compreensão do tema objeto do presente artigo, inicialmente mostra-se imprescindível a breve análise do instituto da responsabilidade civil e as suas principais características.

Conforme preconizou Ulrich Beck em sua obra, "Sociedade de Risco", estamos imersos em um cotidiano contemplado pelo risco iminente, o que, conforme a sua teoria altera toda a nossa condição de existência.[1]

Nesse passo, o mecanismo de responsabilização civil se reforça no sentido de atenuar ou até mesmo de prevenir situações constantes de risco no contexto social.

Em sua evolução, desde a primitiva vingança privada, passando pela *Lex Aquila* e com a significativa contribuição do Direito Francês,[2] o instituto da responsabilidade civil vem passando por constantes transformações, podendo ser conceituado, em um aspecto geral, partindo da própria origem da palavra, que vem do latim *respondere*, responder a alguma coisa, ou seja, a necessidade que existe de responsabilizar alguém pelos seus atos danosos. Essa imposição estabelecida pelo meio social regrado, através dos integrantes da sociedade hu-

---

[1] BECK, Ulrich. *Sociedade de risco: rumo a uma outra modernidade*. 2ª ed. São Paulo: Editora 34, 2013.
[2] SAVATIER, René. Traité de la Responsabilité Civile em Droit Français: les sources de la responsabilité civile. 2ème. ed. Paris: Librairie Générale de Droit et de Jurisprudence, 1951. JOSSERAND, Louis. Cours de Droit Civil Positif Français: théorie générale des obligations, les principaux contrats de droit civil. 2ème éd. Paris: Recueil Sirey, 1933. SALEILLES, Raymond. Étude sur la théorie générale de l'obligation. Paris: Librairie Générale de Droit & de Jurisprudence, 1925.

mana, de impor a todos o dever de responder por seus atos, traduz a própria noção de justiça existente no grupo social estratificado.[3]

Por outras palavras, a responsabilidade civil designa o dever que alguém tem de reparar o prejuízo decorrente da violação de outro dever jurídico.

Em apertada síntese, responsabilidade civil é um dever jurídico sucessivo que surge para recompor o dano decorrente da violação de um dever jurídico originário.[4]

O Código Civil, por sua vez, ao abrir o Título IX – Da Responsabilidade Civil, traz a seguinte menção no artigo 927: "Art. 927. Aquele que, por ato ilícito (arts. 186 e 187), causar dano a outrem, fica obrigado a repará-lo".

O instituto da responsabilidade civil, portanto, como instrumento de pacificação social, objetiva, em última análise, restabelecer o *status quo* do agente lesado (vítima), em decorrência da conduta do causador do prejuízo, seja ele patrimonial ou extrapatrimonial.

Evidentemente que, para que o instrumento viabilizador da reparação se implemente, é imprescindível que seja verificada a existência de determinados requisitos, os quais, acompanhando a própria conceituação do instituto, são constantemente reanalisados e rediscutidos.

2.2. Requisitos ou pressupostos

Apesar das constantes divergências da doutrina acerca dos pressupostos caracterizadores da responsabilidade civil, esses podem ser estabelecidos da seguinte forma: a) conduta, b) dano e c) relação de causalidade entre a conduta e o dano (nexo de causalidade).

A conduta humana é pressuposto elementar para a caracterização da responsabilidade civil, seja ela comissiva (realização de um ato) ou omissiva (deixar de realizar um ato). É imprescindível o agir humano para que se tenha o primeiro requisito para a verificação da consequente responsabilidade.

Como regra, a conduta pressupõe um ato ilícito; porém, existem atos lícitos que também podem gerar a responsabilização civil, razão pela qual não se deve vincular a conduta com o ilícito como uma premissa básica.

Portanto, a ação, fato gerador da responsabilidade, poderá ser ilícita ou lícita. A responsabilidade decorrente de ato ilícito baseia-se na ideia de culpa, e a responsabilidade sem culpa funda-se no risco, que se vem impondo na atualidade, principalmente ante a insuficiência da culpa para solucionar todos os danos. O comportamento do agente poderá ser uma comissão ou uma

---

[3] STOCO, Rui. *Tratado de responsabilidade civil: doutrina e jurisprudência*. 7ª ed. São Paulo: Revista dos Tribunais, 2007.
[4] CAVALIERI FILHO, Sergio. *Programa de Responsabilidade Civil*. 8ª ed. São Paulo: Atlas, 2008, p. 2.

omissão. A comissão é a prática de um ato que não se deveria efetivar, e a omissão, a não observância de um dever de agir ou da prática de certo ato que deveria realizar-se.[5]

O segundo pressuposto reside na existência de relação de causalidade entre a conduta e o dano perpetrado.

Nas palavras de Anderson Schereiber,[6] o dever de reparar um dano depende da existência de nexo causal entre certa conduta e o resultado danoso. O nexo causal, ou relação de causalidade, vem usualmente definido como vínculo que se estabelece entre dois eventos, de modo que um represente a consequência do outro.

Ou seja, o nexo de causalidade é o liame que conecta a ação ou omissão com o prejuízo perpetrado à vítima. A responsabilidade do agente somente será verificada se o dano tiver como causa a sua conduta.

Diante da complexidade da verificação de tal pressuposto, algumas teorias foram criadas, buscando explicar a sistemática de análise, pois, ao ser confrontado com o caso prático, o nexo de causalidade muitas vezes é de difícil definição.

Nesse sentido, três teorias se destacam: *a) teoria da equivalência dos antecedentes ou condições,* em que todas as circunstâncias que colaboraram para a ocorrência do evento são consideradas, não havendo qualquer distinção. Tudo aquilo que concorra para o evento será considerado causa;[7] a *b) teoria da causalidade adequada,* na qual é feita a distinção entre causa e condição entre os antecedentes que tiveram maior ou menor relevância. Aqui, a causa será apenas aquela que foi mais determinante, desconsiderando-se as demais;[8] e, por fim, a *c) teoria da causalidade direta ou imediata,* em que apenas é considerado o ato que possui ligação diretamente com o dano, ou seja, é preciso que exista entre o fato e o dano relação de causa e efeito, direta e imediata.

Na doutrina e na jurisprudência brasileiras há uma clara divergência entre a utilização da teoria da causalidade adequada e a teoria da causalidade direta.

Por fim, o terceiro elemento de caracterização da responsabilidade civil vem através da verificação do dano que, apesar das divergências conceituais acerca da sua exata noção, não há maior controvérsia em se reconhecer que se constitui como pressuposto na responsabilidade Civil. De um lado, sem o dano não há responsabilidade civil. Se o fato considerado não causar um prejuízo efetivo, poderá haver responsabilidade moral, penal ou administrativa, que se

---

[5] DINIZ, Maria Helena. *Curso de direito civil brasileiro.* 26ª ed. São Paulo: Saraiva, 2011, p. 56.

[6] SCHEREIBER, Anderson. *Novos Paradigmas da Responsabilidade Civil.* 4ª ed. São Paulo: Atlas, 2012, p. .55.

[7] QUEIROGA, Antônio Elias. *Responsabilidade Civil e o Novo Código Civil.* 3ª ed. Rio de Janeiro: Renovar, 2007, p. .47.

[8] CAVALIERI FILHO, Sergio. *Programa de Responsabilidade Civil.* 8ª ed. São Paulo: Atlas, 2008, p. 48.

configuram independente da implementação do resultado, mas não haverá responsabilidade civil.[9]

Por isso, o prejuízo decorrente da conduta e ligado por uma relação de causalidade com ela, é imprescindível para que haja a responsabilização do agente.

Nas palavras de Sérgio Cavalieri,[10] sem dano pode haver responsabilidade penal, mas não há responsabilidade civil. Indenização sem dano importaria em enriquecimento ilícito, enriquecimento sem causa para quem recebesse e pena para quem pagasse, porquanto o objetivo da indenização, sabemos todos, é reparar o prejuízo sobre a vítima.

Verificam-se, portanto, os três elementos balizadores da caracterização da responsabilidade civil, podendo-se indicar a verificação da culpa como um quarto pressuposto, porém este limitado somente à análise da responsabilidade civil subjetiva, a qual será abordada mais adiante.

3. Modalidades

O instituto da responsabilidade civil comporta a subdivisão em determinadas modalidades, as quais se constituem como caráter determinante na sua aplicação prática.

3.1. Responsabilidade civil contratual e extracontratual

A responsabilidade civil contratual se caracteriza pela prévia existência de um negócio jurídico entre as partes, o qual, em razão de uma ou mais circunstâncias não fora cumprido.

Com efeito, para caracterizar a responsabilidade civil contratual, faz-se mister que a vítima e o autor do dano já tenham se aproximado anteriormente e se vinculado para o cumprimento de uma ou mais prestações, sendo a culpa contratual a violação de um dever de adimplir, que constitui justamente o objeto do negócio jurídico.[11]

Assim, em síntese, a responsabilidade civil contratual origina-se pelo inadimplemento de um pacto preexistente, em que será verificada a pertinência de reparação pelo descumprimento do que fora acordado.

---

[9] SANSEVERINO, Paulo de Tarso Vieira. *Princípio da Reparação Integral*. São Paulo: Saraiva, 2010, p. 139.
[10] CAVALIERI FILHO, Op. Cit. p. 63.
[11] GAGLIANO, Pablo Stolze; PAMPLONA FILHO, Rodolfo. *Novo curso de direito civil: (abrangendo o Código de 1916 e o novo Código Civil)*. 3ª ed. São Paulo: Saraiva 2003. 3 v, p. 19/20.

Por seu turno, a responsabilidade civil extracontratual prescinde da existência de um negócio jurídico prévio, ou seja, inexiste entre as partes um vínculo jurídico contratual que estabelece direitos e deveres.

Nessa última, há um dever genérico de não causar dano. Ela decorre da premissa estabelecida pelo artigo 186 do Código Civil: Aquele que, por ação ou omissão voluntária, negligência ou imprudência, violar direito e causar dano a outrem, ainda que exclusivamente moral, comete ato ilícito. A responsabilidade deriva da lei.

3.2. Responsabilidade civil subjetiva e objetiva

Outra importante distinção reside na classificação entre responsabilidade civil subjetiva e objetiva. Tal separação é evidenciada no artigo 927 do Código Civil, o qual consigna:

> Art. 927. Aquele que, por ato ilícito (arts. 186 e 187), causar dano a outrem, fica obrigado a repará-lo.
>
> Parágrafo único. Haverá obrigação de reparar o dano, independentemente de culpa, nos casos especificados em lei, ou quando a atividade normalmente desenvolvida pelo autor do dano implicar, por sua natureza, risco para os direitos de outrem.

O *caput* baliza a responsabilidade civil subjetiva, enquanto o parágrafo único consagra a responsabilidade civil objetiva, sendo que o que as diferencia, de uma forma geral, é a necessidade de verificação da culpa do agente causador.

A teoria clássica da responsabilidade civil se alicerçou na concepção subjetiva da sua aplicação, em que a culpa seria elemento imprescindível para a sua caracterização.

Conforme Carlos Alberto Bittar, na teoria da culpa, cabe perfazer-se a perquirição da subjetividade do causador do dano, a fim de demonstrar-se em concreto se quis o resultado (dolo) ou se atuou com imprudência, imperícia ou negligência (culpa em sentido estrito).[12]

Com a insuficiência de tal fundamento em inúmeras circunstâncias práticas e a consagração das teorias do risco, a responsabilidade civil objetiva encontrou espaço para preencher as lacunas existentes com vistas a reparação da vítima, o que muitas vezes era obstado pela impossibilidade de demonstração da culpa.

Diferenciando-se da teoria clássica (subjetiva), a análise objetiva da responsabilidade afastou a necessidade de verificação do elemento muitas vezes intangível (culpa), e, em algumas hipóteses, flexibilizando a própria verificação do nexo causal.[13]

---

[12] BITTAR. Carlos Alberto. *Responsabilidade Civil, Teoria e Prática*. 2ª ed. Rio de Janeiro: Forense, 2005, p. 30.

[13] Nesse sentido, Anderson Schereiber (SCHEREIBER, Anderson. *Novos Paradigmas da Responsabilidade Civil*. 4ª ed. São Paulo: Atlas, 2012, p. .55): Chega-se, hoje, a afirmar que o juízo de responsabi-

4. Excludentes da responsabilidade civil

Com relação à análise dos aspectos gerais da responsabilidade civil, ainda se mostra necessária a verificação de forma breve das suas hipóteses de exclusão, tendo em vista a sua relação intrínseca com o tema objeto do presente estudo.

Tradicionalmente, o nexo de causalidade pode ser interrompido pela intervenção de fatores estranhos à cadeia causal, desde que aptos a romper o liame de causalidade inicial entre a atividade do agente e o dano. Como excludentes da causalidade – e consequente, de responsabilidade – apontam-se três categorias fundamentais: (i) a culpa exclusiva da vítima; (ii) o fato de terceiro e (iii) o caso fortuito ou força maior.[14]

4.1. Fato exclusivo da vítima

A excludente em questão deriva de um comportamento da própria vítima do dano causado, sendo em razão da sua atitude que o prejuízo restou perpetrado.

Ou seja, o ato da vítima foi determinante para a existência do nexo de causalidade entre a conduta do agente e o dano.

O acontecimento originado pela própria vítima deve ser estranho à conduta ou à atividade desenvolvida pelo imputado (autor material do evento danoso), pois, caso contrário, estaríamos diante de uma simples situação na qual a conduta da vítima seria consequência da conduta do causador do dano, quando não seria refutada a sua culpa.[15]

Verifica-se que o nexo entre a conduta e o dano desaparece quando há um ato exclusivo da própria vítima para a perpetuação do evento.

4.2. Fato de terceiro

Tal qual a responsabilidade exclusiva da vítima, o fato de terceiro também obsta a verificação do nexo de causalidade, pois, entre a conduta do hipotético sujeito que praticou o dano e o próprio dano, verifica-se a interferência de um agente diferente da vítima e do suposto causador.

---

lidade, nos casos de responsabilidade objetiva, acaba por traduzir no juízo sobre a existência do nexo de causalidade entre o fato e o dano. E os tribunais têm mesmo declarado com algum exagero, que o "nexo causal" é a primeira questão a ser enfrentada na solução de demandas envolvendo responsabilidade civil e a sua comprovação exige absoluta segurança quanto vínculo entre determinado comportamento e o evento danoso.

[14] SCHEREIBER, Anderson. *Novos Paradigmas da Responsabilidade Civil*. 4ª ed. São Paulo: Atlas, 2012, p. 68.
[15] VIEIRA. Patrícia Ribeiro Serra. *A Responsabilidade Civil Objetiva no Direito de Danos*. Rio de Janeiro: Forense, 2005, p. 44.

Ou seja, o dano somente ocorreu em razão da interferência de um terceiro, o qual não se caracterizaria se ele não tivesse participado.

Portanto, poder-se-ia dizer que o fato de terceiro, para excluir integralmente a responsabilidade do agente causador do dano, há de se vestir de características semelhantes às do caso fortuito, sendo imprevisível e irresistível.

Nessa hipótese, não havendo relação de causalidade, não há responsabilidade pela reparação.[16]

4.3. Caso fortuito ou força maior

Por fim, o caso fortuito e o motivo de força maior estão consignados no parágrafo único do artigo 393 do Código Civil: "O caso fortuito ou de força maior verifica-se no fato necessário, cujos efeitos não eram possíveis evitar ou impedir".

A disciplina legal não faz distinção entre as duas hipóteses, cabendo à doutrina adentrar na característica de diferenciação entre ambos.

Nesse sentido, Sérgio Cavalieri Filho pondera que estaremos em face do caso fortuito quando se tratar de evento imprevisível e, por isso, inevitável; se o evento for inevitável, ainda que previsível, por se tratar de fato superior às forças do agente, como são normalmente os fatos da natureza, como as tempestades, enchentes, etc., estaremos em face da força maior, como o próprio nome diz.[17]

Dentro do caso fortuito, a doutrina avançou e concluiu pela distinção entre internalidade e externalidade, sendo que somente este último seria apto a afastar a responsabilidade do agente.

Isso porque, o caso fortuito interno, por estar ligado intrinsecamente à atividade do causador do dano, não pode ser considerado como imprevisível, razão pela qual, de acordo com o caso concreto, o agente continuará a ser responsável.

O juízo acerca da incidência ou não da figura do fortuito interno parece, antes vinculado à lógica do risco e de sua imputação a certo sujeito que desenvolve uma atividade potencialmente lesiva. Daí o fortuito interno ser noção recorrente em relações regidas pela responsabilidade objetiva, mas elemento tecnicamente estranho à seara da responsabilidade subjetiva, onde a simples imprevisibilidade é considerada suficiente para desconfigurar o ilícito.[18]

O furtuito interno, portanto, pode ser relacionado a um evento imprevisível, porém evitável. Ou, sobre outro prisma é uma circunstância inerente ao

---

[16] RODRIGUES, Silvio. *Direito civil: responsabilidade civil*. v. 4. 19ª ed. São Paulo: Saraiva, 2002, p. 173

[17] CAVALIERI FILHO, Sergio. *Programa de Responsabilidade Civil*. 8ª ed. São Paulo: Atlas, 2008, p. 64.

18 SCHEREIBER, Anderson. *Novos Paradigmas da Responsabilidade Civil*. 4ª ed. São Paulo: Atlas, 2012, p. 70.

risco da atividade do agente, razão pela qual não se mostra apto para afastar ou cortar o vínculo causal.

Nesse sentido, o Superior Tribunal de Justiça ao julgar sob o procedimento dos recursos repetitivos:

> RECURSO ESPECIAL REPRESENTATIVO DE CONTROVÉRSIA. JULGAMENTO PELA SISTEMÁTICA DO ART. 543-C DO CPC. RESPONSABILIDADE CIVIL. INSTITUIÇÕES BANCÁRIAS. DANOS CAUSADOS POR FRAUDES E DELITOS PRATICADOS POR TERCEIROS. RESPONSABILIDADE OBJETIVA. FORTUITO INTERNO. RISCO DO EMPREENDIMENTO. 1. Para efeitos do art. 543-C do CPC: As instituições bancárias respondem objetivamente pelos danos causados por fraudes ou delitos praticados por terceiros – como, por exemplo, abertura de conta-corrente ou recebimento de empréstimos mediante fraude ou utilização de documentos falsos –, porquanto tal responsabilidade decorre do risco do empreendimento, caracterizando-se como fortuito interno. 2. Recurso especial provido.[19]

Assim, somente o que for externo à atividade é que será considerado como excludente da responsabilidade, por ser realmente fortuito, segundo aqueles que defendem a possibilidade dessa subdivisão.

5. Evolução legal quanto à responsabilidade civil do transportador rodoviário de carga

Estabelecidas as premissas quanto aos aspectos gerais da responsabilidade civil, passemos agora à análise em si do tema principal objeto deste artigo.

O transportador deve conduzir a coisa ao seu destino no prazo ajustado, tomando todas as cautelas necessárias para mantê-la em bom estado; sua responsabilidade se inicia no momento em que ele ou seus prepostos recebem a coisa, findando-a quando é entregue ao destinatário final.

Portanto, a responsabilidade do transportador é contratual e de resultado, caracterizando-se por ser: "aquele pelo qual, uma das partes – o transportador –, pessoa física ou jurídica, mediante remuneração estabelecida ou ajustada (tarifa), se incumbe de conduzir ou levar coisas ou pessoas, de um lugar para outro, [...]".[20]

No âmbito legislativo, o Código Civil de 1916 adotava como regra a teoria da responsabilidade civil subjetiva, porém, para o transporte de cargas, aplicava-se por analogia o Decreto n° 2.681/1912, que regula a responsabilidade civil das estradas de ferro e estabelece que é sempre presumida a culpa do transportador.

Com a edição da Lei n° 8.078/90, que instituiu no ordenamento jurídico, o Código de Defesa do Consumidor (CDC), estabeleceu-se a responsabilidade objetiva em todos os acidentes de consumo, ao dispor no artigo 14 que o

---

[19] BRASIL. Superior Tribunal de Justiça. Segunda Seção. REsp 1199782/PR. Ministro-Relator Luis Felipe Salomão. Julgado em 24/08/2011.
[20] SOARES, Orlando. *Responsabilidade Civil no Direito Brasileiro* [S.l.]: Editora Forense, 1999, p. 375.

fornecedor de serviços "responde, *independentemente da existência de culpa*, pela reparação dos danos causados aos consumidores por defeitos relativos à prestação de serviços".

O contrato de transporte e o consequente serviço que nele se compõe – em regra – passou a estar submisso à legislação consumerista, de modo que o fato gerador da responsabilidade restou vinculado ao próprio vício do serviço.

Com o advento do Código Civil de 2002, a responsabilidade do transportador passou a ser disciplinada de forma específica e, mais uma vez, fortaleceu-se a ideia de que ela é contratual e de resultado, portanto, objetiva, como se extrai do que está disposto nos artigos 730,[21] 749[22] e 750.[23]

Por fim, no ano de 2007 editou-se a Lei 11.442/2007 que *"dispõe sobre o transporte rodoviário de cargas por conta de terceiros e mediante remuneração"* e, com ela, corroborou-se a responsabilidade do transportador como sendo objetiva, a exemplo do que prevê o artigo 7°, I[24] e 9°,[25] da referida norma.

6. Do seguro de responsabilidade civil do transportador rodoviário de carga (RCTR-C) *versus* seguro de responsabilidade civil do transportador rodoviário por desaparecimento de carga (RCF-DC)

Em razão do risco inerente ao transporte rodoviário de carga em território nacional e a consequente responsabilidade civil em virtude dessa atividade, o legislador obrigou o transportador a contratar o chamado Seguro de Responsabilidade Civil do Transportador Rodoviário – Carga (RCTR-C), tal como dispõe o artigo 20, alínea "m" do Decreto-Lei 73/1966[26] e o artigo 10 do Decreto n° 61.867/1967.

---

[21] BRASIL. *Código Civil de 2002*. Lei n° 10.406, de 10 de janeiro de 2002. Institui o Código Civil. Art. 730. Pelo contrato de transporte alguém se obriga, mediante retribuição, a transportar, de um lugar para outro, pessoas ou coisas.

[22] Ibidem. Art. 749. O transportador conduzirá a coisa ao seu destino, tomando todas as cautelas necessárias para mantê-la em bom estado e entregá-la no prazo ajustado ou previsto.

[23] Ibidem. Art. 750. A responsabilidade do transportador, limitada ao valor constante do conhecimento, começa no momento em que ele, ou seus prepostos, recebem a coisa; termina quando é entregue ao destinatário, ou depositada em juízo, se aquele não for encontrado.

[24] BRASIL. *Lei de Transportes*. Lei n° 11.442, de 5 de janeiro de 2007. Dispõe sobre o transporte rodoviário de cargas por conta de terceiros e mediante remuneração e revoga a Lei n° 6.813, de 10 de julho de 1980. Art. 7°. Com a emissão do contrato ou conhecimento de transporte, a ETC e o TAC assumem perante o contratante a responsabilidade: I – pela execução dos serviços de transporte de cargas, por conta própria ou de terceiros, do local em que as receber até a sua entrega no destino;

[25] Ibidem. Art. 9° A responsabilidade do transportador cobre o período compreendido entre o momento do recebimento da carga e o de sua entrega ao destinatário.

[26] BRASIL. Decreto-Lei 73, de 21 de novembro de 1966. Dispõe sôbre o Sistema Nacional de Seguros Privados, regula as operações de seguros e resseguros e dá outras providências. Art 20. Sem prejuízo do disposto em leis especiais, são obrigatórios os seguros de: (...) m) responsabilidade civil dos transportadores terrestres, marítimos, fluviais e lacustres, por danos à carga transportada.

Por certo esse seguro foi idealizado como de contratação obrigatória ante seu caráter social, pois, ao proteger o patrimônio do transportador e, ao mesmo tempo, a vítima (o proprietário da carga transportada), automaticamente parte da economia nacional restaria abrigada de prejuízos, notadamente porque as riquezas do Brasil são, ainda hoje, transportadas de maneira substancial pela malha rodoviária.

A ausência de seguro nessa situação poderia ensejar a ruína dos transportadores, donos e produtores dessas mercadorias, reverberando significativo impacto econômico.

Ainda, há o entendimento de que:

(...) criou-se a consciência de que o seguro compulsório seria uma garantia que o Governo ou o Estado exige para proteger as vítimas, em razão do número crescente de eventos danosos, mas sem a ele imprimir caráter tributário, na medida em que seu custeio continua sendo o prêmio, como contraprestação da garantia do risco, mas com a gestão de um segurador, como requisito mínimo de solidariedade, atribuído àqueles que colocam em perigo as pessoas e seus bens no exercício de uma atividade ou na utilização de uma atividade perigosa.[27]

Com efeito, referido seguro objetiva garantir o transportador de eventuais indenizações que venha a ser obrigado a pagar ao embarcador por danos à mercadoria transportada em decorrência de colisão, capotagem, abalroamento, tombamento, incêndio ou explosão do veículo transportador, tal como dispõe a Resolução CNSP nº 219/2010.

Por sua vez, quanto ao risco de subtração da carga, o mercado de seguros, até meados da década de 80, não disponibilizava qualquer tipo de cobertura. Nem mesmo havia análises estatísticas precisas sobre a incidência desse tipo de sinistro na atividade transportadora, que até então não era substancial.

Porém, com o notório aumento da ocorrência do desaparecimento de cargas, surgiu a efetiva necessidade desse tipo de cobertura. Foi então editada a Circular SUSEP nº 27/85, na qual se regulou o produto e foi dada ao transportador a faculdade de contratar o que se denominou Seguro de Responsabilidade Civil do Transportador Rodoviário por Desaparecimento de Carga (RCF-DC).

Esta modalidade de seguro garante:

(...) ao Segurado, até o valor da Importância Segurada, o pagamento das reparações pecuniárias, pelas quais, por disposição de lei, *for ele responsável*, em virtude de perdas ou danos materiais sofridos pelos bens ou mercadorias pertencentes a terceiros, que lhe tenham sido entregues para transporte, por rodovia, no território nacional, contra conhecimento de transporte rodoviário de carga e/ou outro documento hábil.[28]

---

[27] SANTOS, Ricardo Bechara. *Os Seguros Obrigatório no Brasil*. Revista Jurídica de Seguros – Número 5. Rio de Janeiro: Editora CNSEG, Número 5, p. 54/75. Nov./2016.

[28] Objeto do seguro de acordo com as "Condições contratuais padronizadas para o seguro facultativo de responsabilidade civil do transportador rodoviário por desaparecimento de Carga (RCF-DC)", disponibilizadas pela SUSEP.

Como se vê, o pressuposto para a incidência da cobertura, é que o segurado seja responsabilizado pelo desaparecimento de bens ou mercadorias que lhe foram entregues para o transporte.

O desaparecimento deve ser entendido para fins de cobertura como sendo a subtração dos bens ou mercadorias em decorrência de apropriação indébita, estelionato, furto simples ou qualificado, extorsão simples ou mediante sequestro e o roubo, nos termos previstos no anexo da Circular SUSEP nº 422/2011.[29]

Para efeito do tema aqui colocado, interessa a análise do risco coberto *roubo*, identificando em que situação a cobertura deve incidir, especialmente ante a existência das hipóteses de excludente de responsabilidade civil do transportador, como, por exemplo, força maior e casos fortuito (art. 12, V, da Lei 11.442/2007).

7. Da incidência do seguro de responsabilidade civil do transportador rodoviário por desaparecimento de carga (RCF-DC) quando do evento roubo

O roubo nada mais é do que um tipo penal que objetiva descrever a conduta delituosa do agente e, consequentemente, fixar a respectiva pena no âmbito criminal, dependendo da modalidade e forma como for praticado.

Seu conceito vem disposto no *caput* do artigo 157 do Código Penal Brasileiro[30] e praticamente repetido no glossário de termos técnicos das "condições contratuais padronizadas para o seguro facultativo de responsabilidade civil do transportador rodoviário por desaparecimento de carga (RCF-DC)", editadas pelo CNSP.[31]

O roubo, portanto, não pode ser entendido como um sinônimo de força maior ou caso fortuito. Para sua identificação como dessa natureza e consequente incidência da excludente de responsabilidade, há necessidade de se avaliar as circunstâncias individuais de cada sinistro em concreto.

O Ministro Ricardo Villas Bôas Cueva assinala de acordo com a jurisprudência do Superior Tribunal de Justiça que:

> (...) não obstante a habitualidade da ocorrência de assaltos em determinadas linhas, é de ser afastada a responsabilidade da empresa transportadora por se tratar de fato inteiramente estranho à atividade de transporte (fortuito externo), acobertado pelo caráter da *inevitabilidade*.[32]

---

[29] Condições Contratuais Padronizadas.

[30] BRASIL. *Código Penal de 1940*. Decreto-Lei nº 2.848, de 7 de dezembro de 1940. Código Penal. Art. 157 – Subtrair coisa móvel alheia, para si ou para outrem, mediante grave ameaça ou violência a pessoa, ou depois de havê-la, por qualquer meio, reduzido à impossibilidade de resistência:

[31] BRASIL. Conselho Nacional de Seguros Privados. Resolução CNSP nº 219, DE 2010: Dispõe sobre o Seguro Obrigatório de Responsabilidade Civil do Transportador Rodoviário – Carga (RCTR-C). Rio de Janeiro, 2010.

[32] BRASIL. Superior Tribunal de Justiça. 3ª Turma. AgRg no REsp 823.101/RJ. Ministro Relator Ricardo Villas Bôas Cueva. Julgado em 20/06/2013..

No mesmo sentido, a Ministra Nancy Andrighi registra que:

> O roubo de mercadoria transportada, praticado mediante ameaça exercida com arma de fogo, é fato desconexo ao contrato de transporte, e, *sendo inevitável*, diante das cautelas exigíveis da transportadora, *constitui-se em caso fortuito ou força maior*, excluindo-se a responsabilidade desta pelos danos causados ao dono da mercadoria.[33]

Nesse passo, o roubo como força maior ou caso fortuito[34] somente estará presente, especialmente no âmbito da responsabilidade civil do transportador, quando seus efeitos não forem possíveis de serem evitados ou impedidos, ante o conceito previsto no parágrafo único do artigo 393 do Código Civil[35] e referendado pela jurisprudência.

Logo, a previsibilidade ou não desse tipo de ocorrência é absolutamente dispensável nessa análise.[36]

Sendo assim, é possível afirmar que poderão existir casos de roubo de carga nos quais não se caracterize a força maior ou caso fortuito e, por decorrência lógica, reste evidenciada a responsabilidade civil do transportador pelo prejuízo advindo.

É o caso, por exemplo, de ficar comprovado que o roubo ocorreu com a participação de prepostos do transportador,[37] ou que esse deixou de empregar as precauções e diligências minimamente razoáveis ao transporte.[38]

---

[33] BRASIL. Superior Tribunal de Justiça. 3ª Turma. AgRg nos EDcl no REsp 772620. Ministra Nancy Andrighi. Julgado em 06/12/2005.

[34] Caso fortuito externo.

[35] BRASIL. *Código Civil de 2002*. Lei n.º 10.406, de 10 de janeiro de 2002.Institui o Código Civil. Art. 393. O devedor não responde pelos prejuízos resultantes de caso fortuito ou força maior, se expressamente não se houver por eles responsabilizado. Parágrafo único. O caso fortuito ou de força maior verifica-se no fato necessário, cujos efeitos não era possível evitar ou impedir.

[36] "Parte da jurisprudência defende que a frequência e notoriedade desses eventos retiram-lhe o caráter de força maior capaz de exonerar o transportador de sua responsabilidade, cabendo-lhe tomar providências para evitá-los. Estou, no entanto, que não deve prevalecer tal entendimento. O que define tais ocorrências não é a imprevisibilidade, mas, ao contrário, sua inevitabilidade, não devendo ser atribuído poder de polícia a tais empresas, em substituição ao Estado, a quem cabe zelar pela segurança pública. [...]" (Superior Tribunal de Justiça – 3ª Turma. REsp 164.155; Ministro. Julgado em 02/03/1999).

[37] BRASIL. Lei de Transportes. Lei n.º 11.442, de 5 de janeiro de 2007. Dispõe sobre o transporte rodoviário de cargas por conta de terceiros e mediante remuneração e revoga a Lei n.º 6.813, de 10 de julho de 1980. Art. 8º O transportador é responsável pelas ações ou omissões de seus empregados, agentes, prepostos ou terceiros contratados ou subcontratados para a execução dos serviços de transporte, como se essas ações ou omissões fossem próprias.

[38] BRASIL. Superior Tribunal de Justiça. AGRAVO REGIMENTAL NO RECURSO ESPECIAL. CIVIL E PROCESSUAL CIVIL. RESPONSABILIDADE CIVIL. CONTRATO DE TRANSPORTE DE MERCADORIA. AÇÃO REGRESSIVA DA SEGURADORA. ROUBO DA MERCADORIA. 1. Reconhecimento da negligência da transportadora pelo tribunal de origem na execução do contrato de transporte de mercadoria. 2. Descaracterização da força maior como excludente da responsabilidade civil. Súmulas 07 e 211/STJ. 3. AGRAVO REGIMENTAL DESPROVIDO. AgRg no REsp 1302597/SP. Recorrente: Transportadora Americana Ltda. Recorrido: Interamericana Companhia de Seguros. Ministro Relator Paulo de Tarso Sanseverino. Acórdão em 23/10/2014. Diário de Justiça Eletrônico em 04/11/2014.

A despeito dessa clara distinção quanto à possibilidade de o roubo ser entendido ou não como evento de força maior ou caso fortuito, não é incomum se deparar com argumentos no sentido estabelecer uma responsabilidade irrestrita ao transportador nos casos de roubo pelo simples fato de ter contratado o facultativo Seguro de Responsabilidade Civil do Transportador Rodoviário por Desaparecimento de Carga (RCF-DC) que contém cobertura para o roubo.

Os defensores dessa tese arguem que, se o transportador contratou esse tipo de seguro, é porque renunciou à força maior/caso fortuito e, assim, não é dado a ele o direito de se eximir da responsabilidade por essa razão ligada ao roubo, sob pena de esvaziar o próprio objeto do seguro e não justificar sua contratação.

Porém, esse argumento, embora aparentemente sedutor, não resiste se corretamente avaliado o efetivo sentido do Seguro de Responsabilidade Civil do Transportador Rodoviário por Desaparecimento de Carga (RCF-DC).

Isto porque deve se ter em mente e como ideia inicial de um raciocínio o fato de que o seguro de responsabilidade civil, qualquer que seja a atividade a ele atrelada, somente tem sua incidência nas situações em que previamente restar caracterizada a responsabilidade civil, aliás, segundo a melhor exegese do artigo 787 do Código Civil.[39]

Por outras palavras, o risco objeto do contrato de seguro pressupõe estar caracterizada a responsabilidade civil do segurado para que a garantia securitária possa incidir, obviamente respeitados os limites predeterminados na avença (art. 757 do Código Civil[40]).

Portanto, são duas fases de análise distintas. Num primeiro momento, avalia-se a caracterização da responsabilidade civil do segurado, mediante os elementos de prova existentes, para, somente vencida essa etapa, poder-se avaliar a incidência ou não da cobertura do contrato de seguro segundo as regras nele previstas.

Não é por outra razão que Rui Stoco reconhece que no seguro de responsabilidade civil "o objeto da garantia será sempre uma responsabilidade, diferenciando-o de qualquer outra modalidade de seguro, bem assim – segundo Aguiar Dias – das convenções em que se garante a outra parte contra um dano diverso do resultante da responsabilidade civil".[41]

No caso do seguro de responsabilidade civil do transportador, o prejuízo indenizável pelo segurador não se consubstancia no mero extravio das merca-

---

[39] BRASIL. *Código Civil de 2002*. Lei n.º 10.406, de 10 de janeiro de 2002. Institui o Código Civil. Art. 787. No seguro de responsabilidade civil, o segurador garante o pagamento de perdas e danos devidos pelo segurado a terceiro.

[40] Ibidem. Art. 757. Pelo contrato de seguro, o segurador se obriga, mediante o pagamento do prêmio, a garantir interesse legítimo do segurado, relativo a pessoa ou a coisa, contra riscos predeterminados.

[41] STOCO, Rui. *Tratado de Responsabilidade Civil*, 5ª ed. [S.l.]: Revista dos Tribunais, [s.d] p. 532.

dorias em decorrência do roubo, mas na reparação pecuniária a ser efetuada pela transportadora segurada ao proprietário das mercadorias, uma vez caracterizada sua responsabilidade.

Nesse sentido, o julgado abaixo do Superior Tribunal de Justiça bem espelha essa situação:

> CIVIL – RESPONSABILIDADE CIVIL TRANSPORTE DE MERCADORIAS ASSALTO FATO DE TERCEIRO ART. 14, § 3º DO CDC. I – Segundo jurisprudência desta Corte assalto ou roubo constitui força maior excludente da responsabilidade do transportador pela perda das mercadorias. II – Aplicável, ao caso, o § 3º do art. 14 do Código de Defesa do Consumidor. III – *O seguro a que está obrigado o transportador, referido no art. 10 do Decreto 61.867/67, é de responsabilidade civil e garante o reembolso dos valores que a empresa for obrigada a desembolsar, quando desobedecer ao contratado, por sua culpa.* IV – Recurso não conhecido.[42]

Do mesmo modo, acórdãos do Tribunal de Justiça de São Paulo:

> Transporte de mercadorias frutas cristalizadas e uva passa – Seguro de Responsabilidade Civil Facultativo – RC Facultativo por Desaparecimento de Cargas (RCF-DC) – Comprovada a responsabilidade do transportador pelo extravio das mercadorias, exsurge a obrigação da seguradora de ressarcir danos sofridos por terceiro – Cláusula de exclusão de cobertura que deve ser observada, sendo devido o ressarcimento apenas das mercadorias cobertas pelo seguro, nos limites da apólice e das respectivas mercadorias extraviadas (sinistradas), o que será aferido em sede de liquidação de sentença – recurso parcialmente provido[43]. (g.n.)

> Responsabilidade Civil – Transporte de Mercadorias – Roubo durante percurso para sua entrega – Fato de terceiro excludente da responsabilidade civil do transportador – Ação de Ressarcimento Improcedente – Lide Secundária prejudicada – Sucumbência desta que não pode ser atribuído ao autor – Recurso parcialmente provido.[44]

Do voto proferido na última ementa, destaca-se:

> Evidente que, diante da ameaça de uma arma de fogo, não haveria como se exigir do condutor do veículo alguma providência visando impedir a ocorrência. A surpresa e o risco iminente de vida impediam que o condutor tomasse qualquer atitude.
>
> De outro lado, também não se pode exigir das transportadoras mais do que observância das cautelas normais, podendo-se dizer que quaisquer medidas de segurança que fossem tomadas cairiam por terra diante da forma como o roubo ocorreu. (...)
>
> A responsabilidade somente poderia ser atribuída à transportadora se houvesse algum tipo de descaso imputável, quanto às medidas de segurança a serem por ela tomadas, o que não ocorreu.
>
> A situação narrada equipara-se ao caso fortuito, com aptidão para excluir a responsabilidade civil, ainda que objetivamente considerada que é o caso.
>
> Observo que reconhecido que houve caso fortuito e, portanto, que não houve responsabilidade das rés, não há que se perquirir por nenhum outro motivo que autorize a reparação, *sendo que o fato da ré ter seguro de sua carga não evidencia sua obrigação de indenizar, porque o referido contrato favorece apenas a segurada naquelas hipóteses em que do sinistro decorre obrigação legal de responder pelos danos perante terceiros,* o que evidentemente, com o reconhecimento do caso fortuito, não há na presente ação (...). (g.n)

---

[42] BRASIL. Superior Tribunal de Justiça. 3ª Turma, RESP 164.155/RJ. Ministro-Relator Waldemar Zveiter. Julgado em 02/03/1999.

[43] SÃO PAULO. Tribunal de Justiça. 23ª Câmara de Direito Privado. Apelação nº 0044033-44.2007.8.26.0224. Desembargador Relator Sérgio Shimura. Julgado em 26/03/2014.

[44] SÃO PAULO. Tribunal de Justiça. Apelação 7.021.087-4. Desembargador Relator Davi Marcio Prado Silva. Julgado em 15/12/2006.

E, de fato, o seguro de responsabilidade civil não faz nascer um novo direito. Não é porque há uma apólice com essa natureza que o transportador se torna responsável por algo que ele não seria caso seguro não tivesse. O seguro de responsabilidade civil tem por característica marcante garantir uma relação jurídica preestabelecida, mas resguardadas suas peculiaridades originárias.

Na realidade, nas hipóteses em que o transportador não for o responsável pelo prejuízo, como no caso da força maior ou caso fortuito, os bens e mercadorias transportadas perecem para o dono[45] (*res perit domino*).

Não é por outra razão que o artigo 12 do Decreto nº 61.867/67,[46] em vigor, determina que o embarcador é obrigado a "segurar os bens ou mercadorias de sua propriedade, contra riscos de força maior e caso fortuito, inerentes aos transportes ferroviários, rodoviários, aéreos e hidroviários, quando objeto de transporte no território nacional (...)".

A lei imputa ao proprietário da carga a obrigação de segurá-la contra os riscos de força maior e caso fortuito, justamente com o objetivo de garanti-lo naquelas situações em que aquele que transporta está eximido de sua responsabilidade.

Maria Helena Diniz[47] leciona ser obrigação do remetente ou expedidor da mercadoria "correr os riscos oriundos de vício da coisa, de caso fortuito ou força maior, logo, o condutor estará isento dessa responsabilidade [...], mas deverá provar que os prejuízos provierem desses fatos, sem culpa sua [...]".

Enfim, a norma evidencia a necessidade de contratos de seguro diferenciados e que se complementam quanto à cobertura, a ser contratado pelo transportador e pelo embarcador.

O fato de o transportador contratar Seguro de Responsabilidade Civil do Transportador Rodoviário por Desaparecimento de Carga (RCF-DC), jamais pode induzir à conclusão de que este se responsabilizou de maneira irrestrita pelos riscos inerentes a força maior ou caso fortuito, até porque a renúncia deve ser sempre expressa e interpretada restritivamente (art. 114 do Código Civil).

Desta forma, a incidência do Seguro de Responsabilidade Civil do Transportador Rodoviário por Desaparecimento de Carga (RCF-DC), quando do evento roubo, somente se faz presente se previamente restar evidenciada a responsabilidade civil do transportador.

---

[45] BRASIL. *Código Civil de 2002*. Lei nº 10.406, de 10 de janeiro de 2002. Institui o Código Civil. Art. 238. Se a obrigação for de restituir coisa certa, e esta, sem culpa do devedor, se perder antes da tradição, sofrerá o credor a perda, e a obrigação se resolverá, ressalvados os seus direitos até o dia da perda.

[46] No mesmo sentido, o Dec.-Lei 73/66, em seu artigo 20: Art. 20. Sem prejuízo do disposto em leis especiais são *obrigatórios os seguros* de: [...] h) incêndio e *transporte de bens pertencentes a pessoas jurídicas,* situados no País ou nele transportados;

[47] DINIZ, Maria Helena. *Tratado Teórico e Prático dos Contratos*. 2ª ed., [S.l.: s.n.], 1996, p. 285.

8. Considerações finais

Diante de tudo o que foi exposto, não há dúvida de que a responsabilidade civil do transportador rodoviário de carga é objetiva, podendo ele se eximir quando rompido o nexo causal entre sua atividade e o dano, como, por exemplo, nos casos de força maior ou caso fortuito.

O roubo de carga é a situação mais aventada pelos transportadores como fator de exclusão de responsabilidade, ao associá-lo justamente a força maior ou caso fortuito.

Contudo, o roubo nem sempre é causa excludente de responsabilidade por tais motivos; somente será, caso se identifique no caso em concreto que ele não era possível de ser evitado ou impedido (parágrafo único do artigo 393 do Código Civil).

Deste modo, a conclusão a que se chega é a de que o fato de o transportador rodoviário de carga contratar seguro de responsabilidade civil com garantia para roubo, não o torna automaticamente responsável perante o embarcador, mas tão somente significa que contará com a garantia do seguro – nos limites do contrato – caso as circunstâncias da subtração não se revistam de um evento caracterizador de força maior ou caso fortuito e, portanto, reste caracterizada sua responsabilidade civil.

9. Referências

BECK, Ulrich. *Sociedade de risco*: rumo a uma outra modernidade. 2ª ed. São Paulo: Editora 34, 2013.

BITTAR. Carlos Alberto. *Responsabilidade Civil, Teoria e Prática*. 2ª ed. Rio de Janeiro: Forense, 2005.

BRASIL. *Código Civil de 2002*. Lei n.º 10.406, de 10 de janeiro de 2002.Institui o Código Civil.

———. *Código Penal de 1940*. Decreto-Lei n.º 2.848, de 7 de dezembro de 1940. Código Penal.

CAVALIERI FILHO, Sergio. *Programa de Responsabilidade Civil*. 8ª ed. São Paulo: Atlas, 2008.

DINIZ, Maria Helena. *Tratado Teórico e Prático dos Contratos,* vl. 4. 2ª ed. [S.l.]: Saraiva, 1996.

GAGLIANO, Pablo Stolze; PAMPLONA FILHO, Rodolfo. *Novo curso de direito civil*: (abrangendo o Código de 1916 e o novo Código Civil). 3 vl. 3. ed. São Paulo: Saraiva, 2003.

GAMEIRO, Augusto Hauber. *A demanda por seguro e o roubo de cargas no transporte rodoviário brasileiro*. São Paulo: Universidade de São Paulo, 1999.

QUEIROGA, Antônio Elias. *Responsabilidade Civil e o Novo Código Civil*. 3ª ed. Rio de Janeiro: Renovar, 2007.

RODRIGUES, Silvio. *Direito civil: responsabilidade civil.* v. 4, 19ª ed. São Paulo: Saraiva, 2002.

SANSEVERINO, Paulo de Tarso Vieira. *Princípio da Reparação Integral*. São Paulo. Saraiva, 2010.

SANTOS, Ricardo Bechara. *Os Seguros Obrigatório no Brasil*. Revista Jurídica de Seguros – N. 5. Rio de Janeiro: Editora CNSEG, N. 5, p. 54/75. Nov./2016.

SCHEREIBER, Anderson. *Novos Paradigmas da Responsabilidade Civil*. 4ª ed. São Paulo: Atlas, 2012.

SOARES, Orlando. *Responsabilidade Civil no Direito Brasileiro* [S.l.]: Forense, 1999.

STOCO, Rui. *Tratado de Responsabilidade Civil*. 5ª ed. [S.l.]: Revista dos Tribunais, [s.d.].

VIEIRA. Patrícia Ribeiro Serra. *A Responsabilidade Civil Objetiva no Direito de Danos*. Rio de Janeiro: Forense, 2005.

— XIX —

A conquista da consciência do mercado segurador em novos caminhos na gestão dos seus conflitos

Vivien Lys Porto Ferreira da Silva

Advogada e mediadora. Presidente do Grupo de Solução de Conflitos da AIDA/Brasil. Pós-Graduada pela PUC-SP. Mestre em Direito Civil pela PUC-SP. Professora do Curso de Especialização em Contratos na PUC-SP, do Curso de Especialização do Mackenzie em Arbitragem e Mediação, do Curso de extensão em Mediação Empresarial da Escola de Direito do Instituto Internacional de Ciências Sociais (IICS) e do Curso de Especialização no Centro Universitário São Camilo.

Sumário: 1. A atualidade do mercado segurador e o apelo à incorporação aos métodos adequados de resolução de conflitos; 2. A relação entre as partes e multipartes no contrato de seguro – novos paradigmas; 3. A regulação dos sinistros roga pela mediação; 4. O resultado positivo da solução dos conflitos *versus* a judicialização; 5. Considerações finais; 6. Referências.

1. A atualidade do mercado segurador e o apelo à incorporação aos métodos adequados de resolução de conflitos

Na atual conjuntura da economia brasileira, o mercado securitário se destaca por seu crescimento com números na casa de bilhões na arrecadação de prêmios em todos os ramos, propiciando uma sociedade mais protegida em relação aos riscos expostos.[1]

Em plena ascensão econômica, o contrato de seguro direciona-se no movimento paradoxal de paralisação e risco de declínio, pois a sua estrutura jurídi-

---

[1] O surgimento de produtos, somado à aguardada recuperação da economia brasileira, descortina um cenário animador para o mercado de seguros em 2017. Após alta real de 4,2% em 2015 e um avanço em trono de 1% ao meio às turbulências da crise nacional em 2016, o setor projeta iniciar uma consistente retomada neste ano. Informação disponível no Jornal Folha de São Paulo, 31 de outubro de 2016. Caderno Especial Estúdio Folha projetos patrocinados da CNSeg sobre Educação em Seguros.

ca ainda se apresenta pré-histórica no tocante aos seus clausulados engessados e repetitivos, indicando a extrema urgência de uma transmutação no desenho de sua regulação.

Outro aspecto sensível deste contrato ocorre após a eventual negativa de um sinistro regulado, que pode ensejar um grande obstáculo aos seus avanços econômicos, ameaçados, em segundos, pela propositura de ações judiciais sem a real análise dos riscos existentes para a seguradora e para o segurado.

Com o movimento automático de judicializar sinistros negados, os particulares apenas transferem a discussão à máquina do Poder Judiciário, sem se atentar que esta decisão pode anular toda a estrutura do sinalagma contratual desenhado naquele contrato de seguro com riscos pré-determinados e específicos. Mesmo que haja discussão judicial de um contrato de seguro por adesão, os riscos foram conhecidos previamente pelos contratantes, que desejaram adquirir neste formato, e não podem ser anulados com fundamento em leis que não tutelam o mutualismo.

Como é de conhecimento público, no sistema judiciário brasileiro, não há a certeza da decisão final a ser proferida pelo juiz. Esta incerteza agrava-se pelo fato de que o artigo 47 do Código de Defesa do Consumidor[2] aplica-se ao contrato de seguro e pode esvaziar todo o conteúdo negocial impingido nas cláusulas previamente ajustadas.

Neste cenário real, questiona-se: as necessidades dos *players* de um contrato de seguro estarão salvaguardadas neste sistema de judicialização automática? Com certeza, a resposta é negativa.

E sob o corolário de criar-se maior proteção equânime ao contrato de seguro, é que a resposta negativa ganha reflexos de maior repercussão! Não basta modificar textos dos clausulados, é necessário reestruturar a gestão dos contratos de seguros desde o início de um eventual conflito emergente. A solução direciona para a adoção de um novo sistema de lidar com os conflitos oriundos do contrato de seguro.[3]

Desde o ano de 2010, a solução parece iniciar um novo caminho pela concretização da Resolução nº 125/2010 do Conselho Nacional de Justiça, que instituiu a Política Judiciária Nacional de tratamento adequado dos conflitos de interesses no âmbito do Poder Judiciário. Com o objetivo de incentivar e aperfeiçoar os mecanismos consensuais, a Resolução nº 125/2010 regulamentou a conciliação e a mediação em todo o país, estabeleceu diretrizes aos Tribunais

---

[2] CDC. Art. 47. As cláusulas contratuais serão interpretadas de maneira mais favorável ao consumidor.

[3] POLIDO, Walter A. Sistemas jurídicos: Codificação específica do contrato de seguro. Da necessidade ou não da positivação de microssistema para o Direito securitário brasileiro. Texto publicado na *Revista dos Tribunais*, vol. 864. Ano 96 – Outubro de 2007, São Paulo: RT, p. 45-63.

e instituiu os princípios norteadores que deveriam ser observados na aplicação desses métodos.[4]

Com a promulgação da Lei de Medição (Lei nº 13.140/2015) e com a entrada em vigor do Novo Código de Processo Civil (Lei nº 13.266/2016), a solução para a resolução dos conflitos está pronta e autoaplicável, já que ambos diplomas legais reforçam: (i) a arbitragem como jurisdição, (ii) a conciliação como um método eficiente, e (iii) a mediação como um método adequado aos conflitos de relações duradoras que necessitam de uma resolução em um ambiente confidencial e com especificidade técnica necessária. E a expectativa é a de que sejam utilizados.

Neste novo cenário – iniciado há 7 (sete) anos – a movimentação dos operadores do Direito na interpretação conjunta destas duas leis induz que toda a sociedade – consumidor e fornecedor – solicitarão que suas pretensões resistidas sejam solucionadas, por meio dos métodos adequados de resolução de conflitos. Na formatação deste novo sistema, há alguns feixes a serem analisados: a conciliação seria mais indicada para conflitos massificados, enquanto que a mediação para conflitos de seguros de grandes riscos, com complexidade técnica que exija a condução por um mediador neutro, conhecedor do mercado de seguros e capacitado nas técnicas da mediação. Não abordaremos neste artigo a arbitragem aplicada aos contratos de seguro, na medida em que o novo cenário iniciado com a Resolução nº 125/2010 impulsiona a eficácia dos métodos auto-compositivos para os conflitos securitários para a abertura de novos caminhos na gestão dos contratos de seguro.

No entanto, a expectativa acima ainda não se concretizou no mundo das relações privadas entre os indivíduos em conflitos, especialmente no mercado segurador!

Eis aqui a constatação de mais um paradoxo vivenciado no mercado securitário brasileiro, já que nos Estados Unidos e Europa – países onde está sediada a maioria das seguradoras e corretoras de seguro – a mediação é um instrumento valioso para reduzir contingências e ainda reestabelecer um novo caminho para a execução ou conclusão do contrato de seguro, nos exatos termos contratados pelos segurados.

Este paradoxo é traduzido como um desafio ao mercado segurador, que nos dias contemporâneos precisa reformular a gestão da sua regulação, sem se afastar da sua fonte principiológica, que nasce e termina na relação construída com o segurado.

O instrumento que garante a reconquista da relação com o segurado – em caso de conflito – ou mesmo sua manutenção em relações duradouras – consiste

---

[4] Resolução nº 125, de 29 de novembro de 2010, do Conselho Nacional de Justiça. Dispõe sobre a Política Judiciária Nacional de tratamento adequado dos conflitos de interesses no âmbito do Poder Judiciário e dá outras providências. Disponível em: <http://www.cnj.jus.br/busca-atos-adm?documento=2579>. Acesso em 26/03/2016.

na eleição da mediação, já que este método se justifica aos conflitos oriundos do contrato de seguro, posto que:

> (...) insurance disputes are prime candidates for Mediation for a number of reasons. It allows the parties to gain the insight of an agreed-upon, truly neutral expert in insurance law and practice, a characteristic not shared by all judges. It allows the parties to more candidly identify (through the mediator) their true obstacles to settlement and to address complex scientific and economic issues that are often not well-suited for litigation, such as the allocation of loss among potentially liable insurers. Finally, it allows the parties to settle issues in a more comprehensive – and often creative – fashion than may be possible in litigation, with the assistance of someone who likely has a better understanding of what the market will bear in similar circumstances.[5]

Internacionalmente, as seguradoras e corretoras podem socorrer-se da Lei Modelo, *Model Law on International Commercial Conciliation*, elaborada pela *United Nations Commission on International Trade Law* (UNCITRAL), em 2002, para eleger a mediação aos seus contratos e apólices no contexto privado empresarial.

Dentro do sistema legislativo internacional, o *Uniform Mediation Act*, elaborado em conjunto com a *American Bar Association*, define o processo de mediação como: "a process in which a mediator facilitates communication and negotiation between parties to assist them in reaching a voluntary agreement regarding their dispute".[6]

A proposta de incorporação do processo de mediação dentro do mercado de seguros vai criar o sustentáculo necessário para vencer o desafio comentado anteriormente, ou seja, proporcionar aos mediandos – partes da mediação – re-enquadrar a visão inicial traumática do conflito para um novo norte, pois, sob a condução do mediador, os interesses contrapropostos serão tratados de acordo com assuntos técnicos da matéria securitária, que não encontram espaço para uma análise mais profunda no sistema do Judiciário, dentro de um processo estruturado e mais ágil.

O encaminhamento dos conflitos securitários para a mediação trará para a indústria de seguros (i) redução de custos judiciais, (ii) menor impacto na Provisão de Sinistros a Liquidar das seguradoras, (iii) redução do desgaste das relações entre seguradoras, corretoras e resseguradores, (iv) investimento do mutualismo mais a favor do grupo segurado e não apenas de um determinado segurado, e (v) profissionalização do mercado, a fim de que haja maior atrativo para as resseguradoras estrangeiras efetivarem relações no Brasil.

Em consequência, a construção da nova realidade da relação securitária, seja entre seguradora e segurado ou mesmo entre as multipartes citadas no parágrafo anterior, depende da inclusão do instrumento de mediação na gestão

---

[5] PLUMER, Mark J. *New Appleman Insurance Law Pratice Guide*. Vol. 2. Chapter 25. ORRICK, Herrignton & Sutcliffe LLP. 2008.

[6] Uniform Mediation Act, 2003. "Mediação é um processo em que o mediador facilita a comunicação e a negociação entre as partes para auxiliá-las a chegar a um acordo voluntário sobre sua disputa". (Tradução nossa). Disponível em <http://www.uniformlaws.org/shared/docs/mediation/uma_final_03.pdf>. Acesso em 26.03.2017.

dos contratos de seguro, pois este método de solução não visa apenas conceder os direitos ao sujeito hipossuficiente da relação – normalmente o segurado – mas tem por objetivo comum a conquista do equilíbrio da comutatividade desta espécie contratual, que existia no momento da emissão da apólice e pode ter se perdido durante a execução do contrato.

2. A relação entre as partes e multipartes no contrato de seguro – novos paradigmas

Se a formalização do contrato de seguro ocorre com base na relação de confiança criada entre as partes, a sua finalização, diante do surgimento de algum interesse contraproposto por meio do conflito, também será concretizada por meio do resgate do equilíbrio e do respeito ao direito e dever de cada parte.

O fim de um contrato de seguro, no qual o conflito esteja instaurado entre as partes, urge pela adoção de novos paradigmas, tanto por parte da seguradora, quanto por parte do segurado, posto que não há mais espaço para que o capítulo final deste desentendimento seja uma sentença ou um acórdão proferido por um Tribunal Superior.

O amadurecimento do mercado de seguros, traduzido pelo alto volume de prêmios arrecadados, precisa também refletir na maturidade das partes em conduzirem seus conflitos por meio de um método de auto composição que seja neutro, sério, confidencial, técnico e ágil. Em outras palavras, por meio da mediação privada e especializada no contrato de seguro.

Não se pode mais adiar este movimento de transmutação que os *players* do mercado de seguro precisam concretizar e avançar!

Existe um fator a contribuir neste avanço que é o fato de que a mediação pode ser proposta por qualquer uma das partes, mesmo que não haja previsão contratual para sua utilização.

A única exigência consiste na adesão de fato e de direito pela outra parte para participar do processo de mediação por meio de um representante da empresa – se pessoa jurídica – com poderes de decisão e para transigir, ou mesmo a pessoa física, mas ambos acompanhados dos seus respectivos advogados.

A propositura da mediação posterior ao conflito já instaurado também é mais um sinal do amadurecimento do mercado segurador oriundo da educação do segurado e da seguradora e/ou do corretor e/ou do ressegurador.

A educação a ser conquistada na eleição prévia ou posterior da mediação como método para resolver um conflito bilateral ou plurilateral enquadra-se na estrutura equânime e equilibrada do contrato de seguro, o qual não é celebrado para garantir todo e qualquer evento ocorrido com o segurado, mas apenas e tão somente aquele risco predeterminado que o próprio segurado elegeu no momento da contração do risco.

Se o segurado possui conhecimento necessário ou conta com o auxílio do corretor para contratar seguro específico para um determinado evento que pretende proteger, por que este entendimento não pode perdurar no momento de conflito contratual?

A educação do segurado dentro dos limites e efeitos do contrato de seguro apenas será possível com o correto enquadramento do seu empoderamento na relação de consumo.

Com efeito, não existe mais margem para a oferta e vigência da apólice do seguro sem que o segurado tenha o correto e exato entendimento das coberturas contratadas e dos seus direitos, mas também dos seus deveres, e, especialmente destes, pois o contrato de seguro difere-se da regra padrão da cadeia consumerista – segundo a qual o fornecedor de serviços e produtos deve atender integralmente os pedidos do consumidor – na medida em que a seguradora apenas deve cumprir o que foi exatamente contratado previamente pelo segurado.

Não se pode olvidar que uma negativa de sinistro ou um pagamento da indenização securitária não tem efeitos apenas sob aquele determinado segurado. Muito pelo contrário, a decisão técnica e fundamentada da seguradora ao final do processo de regulação de sinistro atinge uma multiplicidade de partes, ou seja, o grupo de segurados, a cosseguradora, a corretora, a resseguradora, etc.

E estas consequências não podem mais serem ilimitadas e desproporcionadas ao exato risco pré-determinado contratado, como acontece em algumas decisões judiciais.

O encaminhamento do conflito securitário para a mediação permite a salvaguarda dos interesses de todas as partes envolvidas (seja uma relação bilateral ou plurilateral), sem o afastamento do rigor técnico necessário no contrato de seguro, premiando uma zona de reequilíbrio contratual, por meio de um possível acordo ou mesmo pela construção de um novo ambiente de diálogo entre as partes, que pode ser um outro desafio, mas traduz a medida efetiva e necessária para estancar os danos financeiros e de imagem decorrentes da propagação de um conflito estendido no tempo.

O resultado da submissão de um conflito a um processo de mediação privada envolve atualmente um desafio a ser transpassado pois

> (...) insurance disputes often involve multiple insurers, which creates Mediation challenges. If not handled properly, mediation with a group of insurers may give rise to a "pack" mentality among the insurers, each assuring the other that its position is sound insurers' natural tendency to avoid any settlement that may appear to require them to overpay vis-à-vis their co-insurers on the risk. An insurance mediation also may be a fruitless exercise if the insurers do not involve sufficiently high-ranking principals to enable them to engage in a meaningful dialogue at mediation.[7]

Mas ressalte-se que não é um desafio insolúvel! Ao contrário: é a abertura de um novo caminho para que os *players* do mercado de seguro possam

---

[7] PLUMER, Mark J. *New Appleman Insurance Law Pratice Guide*. Vol. 2. Chapter 25. ORRICK, Herrignton & Sutcliffe LLP. 2008.

gerir seus conflitos de forma mais estratégica, madura, eficiente e com custo operacional, financeiro, estatístico e de imagem reduzido – se comparado ao processo judicial ou arbitral.

A decisão madura e consciente do mercado segurador para encaminhar seus conflitos para a mediação resultará na concretude de uma nova dimensão para seus litígios, pois ao invés de criar precedentes por meio das jurisprudências publicadas pelos Tribunais, com algumas interpretações equivocadas dos princípios e elementos do contrato de seguro, o mercado securitário brasileiro começará a utilizar a mediação, a fim de construir uma nova consciência da interpretação do contrato, que terá outro desdobramento positivo: a educação do segurado e a reeducação do mercado como um todo diante de um conflito gerado.

Além disso, a construção desta consciência por meio do uso da mediação causará a propagação da correta aplicabilidade das regras do contrato de seguro, além de educar o segurado quanto aos limites e extensão das coberturas contratadas e do real funcionamento da garantia adquirida no contrato de seguro.

A concretude de novos paradigmas para a gestão do contrato de seguro não termina apenas nos benefícios apresentados acima, ainda há a coroação do reestabelecimento do diálogo com o segurado no momento do conflito, bem como com os demais *players*, se tiverem vínculo direto com o problema vivenciado.

A cultura do contrato de seguro clama pelo reestabelecimento do diálogo entre seguradora e segurado, bem como entre seguradora e resseguradora e ainda com o corretor.

A atual judicialização exacerbada, além de ser uma trava nesta relação, causa prejuízos imprevistos e de grande reflexo para todas as partes desta espécie contratual.

Uma das medidas preventivas a se evitar a judicialização consiste na adoção de iniciativas renovadoras e transformadoras que imprimirão um novo modelo de gestão e de atuação para o setor securitário, quer no âmbito privado, quer no público, sendo todas elas necessárias e urgentes.[8]

A aposta ora proposta no processo de mediação está em consonância com estas medidas necessárias e urgentes, pois garante o reestabelecimento do diálogo e o reenquadramento da situação conflituosa e evita que o capítulo final seja o litígio como o recurso mais usado atualmente para a resolução de conflitos, mesmo com a consciência unânime de que a judicialização não traduz a tecnicidade exigida pelo seguro e ainda com a certeza da morosidade e do alto custo de manutenção de um processo.

---

[8] POLIDO, Walter A. Reflexões sobre a necessária modernização do mercado segurador brasileiro como fator de proteção dos consumidores de seguros. In: MIRAGEM, Bruno; CARLINI, Angélica (Coord.). *Direito dos seguros*: fundamentos de direito civil, direito empresarial e direito do consumidor. São Paulo: Revista dos Tribunais, 2014. p. 107.

Todos os agentes que estão envolvidos nessa relação, sejam eles ponte ou elos entre os consumidores e o setor de seguros, devem estar alinhados com o propósito do não litígio. Do entendimento. Dos limites dos direitos e das necessárias obrigações. Este comportamento deve ser intuitivo nos jurídicos internos e externos.[9]

O diálogo, que pode ser conquistado durante o processo da mediação, vem ao encontro da Era do Diálogo, que surgiu há 5 anos, com o objetivo de prestigiar uma cultura de confiança nos agentes das relações de consumo do Brasil, no qual se insere o contrato de seguro.

O reequilíbrio pode ser atingido por meio da construção de uma cultura baseada na transparência e no diálogo entre as partes do contrato de seguro e isso é uma necessidade do mercado segurador brasileiro. Por que um mercado consumidor em desenvolvimento, que gera tantas oportunidades para empresas e consumidores realizarem sua proteção financeira através dos seguros, apresenta tantos conflitos que se resolvem apenas esfera judicial?

A mudança na condução dos conflitos securitários implora por mudanças concretas, como a proposta da incorporação da mediação na gestão dos seus contratos.

A mudança ora proposta para o mercado segurador vem ao encontro da política pública, ENAJUD – Estratégia Nacional de Não Judicialização.

Dentro da ENAJUD, a conciliação é uma alternativa simplificada e pacífica de resolução de conflitos judiciais, na qual as partes entram em acordo e encerram o processo judicial de maneira eficaz, rápida e satisfatória para ambos os lados.

Mesmo que os *players* do mercado de seguro queiram aderir a referida política pública, para que a transmutação ocorra de fato, é necessário que todas as partes do contrato de seguro concretizem um passo a frente, pois se a posição passiva continuar apenas por meio da observância da Resolução nº 125/2010, da Lei de Mediação (Lei nº 13.140/2015) e do novo Código de Processo Civil, a mudança continuará presente apenas na superfície das relações.

Sendo assim, o mercado segurador precisa lançar as novas bases desse diálogo, visando à redução de conflitos, valorizando a força do relacionamento, que é a chave motriz para o início da relação, bem como para o término da mesma.

3. A regulação dos sinistros roga pela mediação

Resolver disputas que envolvam indenizações securitárias decorrentes da cobertura ou não dos riscos previstos nas apólices através do processo de

---

[9] PETRAROLI, Ana Rita. O não diálogo e a judicialização. *Revista Opinião*. Seg. Editora. Número 13. Novembro 2016. São Paulo: Roncarati.

mediação exige uma criteriosa avaliação de 3 (três) elementos: (i) a apólice de seguro, (ii) as normas contratualmente estabelecidas para o cumprimento da apólice e (iii) os sinistros anteriores negados com as mesmas regras das apólices e que foram discutidos em juízo e culminaram com a desnaturação das cláusulas do seguro por interpretação extensiva e ampla da apólice.

A eleição da mediação, antes da judicialização ou da instauração da arbitragem, permite uma aproximação mais efetiva das partes para resolver as disputas eventualmente decorrentes do resultado da regulação do sinistro.

A mediação convida às partes e os seus advogados a avaliarem os pontos fortes e vulneráveis de cada tese jurídica e principalmente na sustentação de suas posições: seja pela manutenção da negativa da indenização securitária, seja pela certeza do direito líquido e certo por parte do segurado para receber a indenização securitária.

O mediador, ao conduzir o processo de mediação, trabalhará com as partes as duas faces desta avaliação, a fim de conduzir os mediandos a introduzirem diferentes possibilidades de resolver a disputa, sem a necessidade de contar com a decisão de um terceiro.

Embora o processo de mediação não seja o ambiente para avaliação de provas pelo mediador, ele é um espaço propício para ambas as partes, em conjunto, reavaliarem todo o parecer de regulação do sinistro. Elas também têm a faculdade de contratarem um perito especialista no ramo de seguro da cobertura securitária reclamada, a fim de que aquele profissional emita um parecer técnico que possa aclarar os pontos fortes e vulneráveis de cada parte na prisão de suas posições.

Em um processo judicial ou arbitral, a seguradora normalmente tem o ônus de provar que aquele determinado evento não estava previsto, e nem coberto, pela apólice contratada, ou ainda que o sinistro sofrido pelo segurado se enquadra em um risco excluído.

Por sua vez, no processo de mediação, a seguradora terá a oportunidade de dialogar, negociar e analisar tecnicamente e em conjunto com o segurado os motivos da negativa do sinistro não pago e, ao mesmo tempo, ouvir as proposições do segurado, com outra visão, conforme as técnicas a serem utilizadas pelo mediador.

De fato, o papel do mediador, neste momento, será um divisor de águas no reenquadramento do conflito instaurado. O mediador é um neutro, capacitado, com técnicas específicas, com negociação voltada aos meandros do contrato de seguro e que conduzirá as partes a uma nova visão de suas posições, a fim de atingir os reais interesses subjacentes, que, por vezes, na negociação direta, não são alcançados e nem pressentido pelas partes.

A responsabilidade do mediador compreende o reenquadramento do conflito dentro das condições gerais e especiais da apólice e também a análise técnica da cobertura e o entendimento da lei aplicável e dos precedentes judiciais conhecidos.

O mediador deve dividir com as partes as descobertas advindas do desenvolvimento do processo, bem como incluir opiniões e implicações de cada caso, os quais as partes irão trazer à baila, por meio de seus conhecimentos e também argumentos e visões jurídicas sobre a questão.

Por fim, se o trabalho do mediador é entender todos os reflexos do conflito apresentado, a sua função essencial é fazer com que as partes apresentem seus pontos fortes na manutenção de seus pontos de vistas, mas também as fraquezas das teses de cada lado. O diferencial do trabalho do mediador será vivenciado pelas partes como uma oportunidade racional de resolver a disputa entre elas, obtendo um resultado positivo através da mediação.

Vale ressaltar que o movimento do mercado segurador na aplicação de métodos adequados de resolução de conflitos não é uma meta tão distante, na medida em que, no ano de 2014, o Tribunal de Justiça do Distrito Federal[10] realizou um movimento durante 2 (dois) dias com as seguradoras para negociarem com os segurados nos processos já ajuizados e o resultado deste evento foi o percentual de acordo 56,3% dos processos encaminhados.

As sessões foram promovidas pelo Núcleo Permanente de Mediação e Conciliação – NUPEMEC – e pelo Centro Judiciário de Solução de Conflitos e Cidadania de Brasília – CEJUSC/BSB – e aconteceram no 10º andar do Bloco "A" do Fórum de Brasília.

Se houve o engajamento das seguradoras de participarem deste evento – como também há dados estatísticos da participação delas nas Semanas Nacionais de Conciliação promovidas por grande parte dos Tribunais Brasileiros, o próximo passo para adotar a mediação para evitar a judicialização é uma simples questão de mudança da visão do impacto do custo do conflito aliada a uma gestão estratégica eficaz, que visa preservar o relacionamento entre as partes do contrato de seguro.

4. O resultado positivo da solução dos conflitos *versus* a judicialização

Não é necessário discorrer muitas linhas para convencer o leitor que o Poder Judiciário brasileiro encontra-se hoje com mais de 100.000.000 (cem milhões) de processos ativos que aguardam resolução.[11] A atividade litigiosa do

---

[10] Conciliações com seguradoras alcançam mais de R$ 340 mil em valores negociados. Disponível em: <http://www.tjdft.jus.br/institucional/imprensa/noticias/2014/abril/conciliacoes-com-se... 02/05/20140>.

[11] Disponível em: <http://www.cnj.jus.br/programas-e-acoes/politica-nacional-de-priorizacao-do-1-grau-de-jurisdicao/dados-estatisticos-priorizacao>. Acesso em 10.08.2015.

país acentuou-se nos últimos anos, porque "não temos no Brasil a tradição da solução de conflitos por mediação ou arbitragem".[12]

Diante deste cenário, as partes são chamadas a assumirem seu papel de protagonistas na condução de um contrato celebrado, posto que ao surgir um conflito, elas, com fundamento na cláusula de mediação inserida no contrato em sua assinatura ou posteriormente, por meio de aditivo contratual, também deverão nortear os rumos que pretendem dar a inexecução de uma obrigação.

Este dever é muito mais benéfico do que transferir a resolução daquele determinado problema para um terceiro, seja um árbitro ou um juiz, porque o controle da finalização de um descumprimento total ou parcial do contrato, com base no regramento formado pelas próprias partes, garante o direito destas de ajustarem seus interesses, customizando nova realidade a ser formada ao ampliar ou restringir o exercício de seus poderes, ônus e faculdades na resolução da quebra contratual a ser enfrentada.

Tais ingredientes compõem o diferencial existente na efetividade privada – que não existe na judicialização – ao criar oportunidade única para as partes contratantes, antes de acionarem qualquer método heterocompositivo, que recorram à mediação, pois "a mediação cria condições justas e igualitárias entre as partes, para que a solução para o conflito seja vantajoso e satisfatório para ambas as partes, sem que uma obtenha vantagens em detrimento da outra".[13]

É importante destacar que a efetividade privada não está associada à garantia da celebração de acordo em todo e qualquer processo de mediação. Mas, "mesmo quando o acordo não é atingido, a mediação pode proporcionar benefícios as partes, permitindo uma melhor comunicação e delimitando as divergências para que estas sejam melhor solucionadas em outro foro".[14] Não só isto, a finalização de uma mediação, sem a formalização de um acordo na data de fechamento do seu processo, não significa que os mediandos, que retornarão as suas posições de simplesmente partes contratantes, não possam manter contato para uma transação futura.

---

[12] CARLINI, Angélica. *Judicialização da saúde pública e privada*. Porto Alegre: Livraria do Advogado, 2014, p. 135.

[13] "Presentes os seus pressupostos, o processo de Mediação acumula melhores condições para o desenvolvimento de soluções criativas e mutuamente satisfatórias, pelos seguintes motivos: (a) a maioria dos conflitos não envolve apenas direitos e deveres regulados por lei, mas muitos outros fatores que a lei não pode regular e que são de grande importância para a satisfação das partes. A proposta de investigação mais abrangente do mediador leva em conta estes fatores alheios ao ordenamento jurídico, que não seriam observados pelos demais métodos de resolução de conflitos;(b) na distinção entre *"o quê* se pede" e *"porquê* se pede", normalmente se observa que os valores básicos para as partes, aqueles que realmente importam, podem ser atingidos de muitas maneiras diferentes, sendo várias delas mais facilmente acessíveis do que as inicialmente pedidas; e (c) graças à confidencialidade do processo, o mediador tem acesso a informações que não seriam reveladas de outra forma". ASSMAR, Legislação Brasileira no que tange a mediação de conflitos". Disponível em: <http://www.mediare.com.br/08artigos_09legislacaobrasileira.html/>.

[14] WATANE, Kazuo e GABBAY, Daniela Monteiro. O Pacto de Mediação Empresarial. *Revista Brasileira Arbitragem*, n. 46, abr./jun.2015, p. 9.

Se a cláusula de mediação permite uma solução vantajosa satisfatória para ambas as partes, a sua inclusão nos contratos torna-se decisão inteligente pela sua utilização voluntária deliberada por todos os contratantes, cuja vantagem é valorada pela Americana Edna Sussman,[15] ao estabelecer seis benefícios da mediação em detrimento do processo de arbitragem e do litígio judicial: "*Speedier resolution,*[16] *Reduced cost, Streamlining the issues and exchange of information,*[17] *Party Control, Confidentiality, Flexibility*. E Lia Regina Castaldi também contribuiu neste cerne ao sustentar que uma das vantagens de um processo de mediação é que não existe a cadeira do juiz, a mais alta de todas.[18]

A redução dos custos decorrentes do conflito, a satisfação das partes quanto ao resultado e o efeito na relação contratual,[19] também são elementos que os contratantes vão encontrar no processo de mediação, com a garantia da sua aplicabilidade.

Em outras palavras, vivencia-se um momento histórico de mudança de paradigma para que os sujeitos de direito visualizem a chance da oportunidade existente na manutenção equilibrada e saudável dos princípios contratuais da autonomia privada, boa-fé, dignidade da pessoa humana, força obrigatória do contrato, função social dentro do contexto da cláusula de mediação, a qual é a única ferramenta que possibilita um ambiente neutro, confidencial, voluntário, de preservação dos interesses de cada contratante e, ao mesmo tempo, de junção dos direitos e poderes das partes dentro de técnicas específicas para trabalho da comunicação e negociação.

Neste novo momento, a figura do advogado é importantíssima, que também é convidado a aplicar práticas colaborativas e de negociação durante o processo de mediação, haja vista que:

> (...) the use of mediation is essential for this new *black belt* lawyer and the next years will definitely prove it. As multi-step clauses are very often present in contracts, the new interfaces of mediation and negotiation with other dispute resolution practices such as arbitration, expert witness and litigation will ever more frequently become the birthplace of solid solutions.[20]

---

[15] SUSSMAN, Edna. *Revista Brasileira de Arbitragem* – v. 1- n. 1 – jul/out/2013. Comitê Brasileiro de Arbitragem. Original: Investor State Dispute Mediation – The Benefits and Obstacles.

[16] Investor state arbitration is generally a lengthy process; the average length of an arbitration proceeding at ICSID is three years and jurisdictional and arbitrator challenges are common. The case may go on even longer it there is an annulment proceeding under the ICSID rules.

[17] If the mediation process is commenced at the beginning of the arbitration, the parties can work with the mediator to determine if any exchanged of information is necessary before a meaningful conversation can be conducted.

[18] SAMPAIO, Lia Regina Castaldi. Mediação nas e entre empresas. In: *Aspectos atuais sobre a mediação e outros métodos extra e judiciais de resolução de conflitos*. Rio de Janeiro: Editora GZ, 2012. p. 115.

[19] URY, William; BRETT, Jeanne e GOLDBERG, Stephen. *Resolução de conflitos*: concepção de sistemas para reduzir os custos dos conflitos. Trad. Soares Franco, L. Portugal: Actual Editora, 2009, p. 43-45.

[20] MAIA, Andrea e ANDRADE, Juliana Loss de. Mediation and Black Belt Lawyer. Artigo publicado no III *Annual Brazil Mediation Congress* – CPR/CAMARB realizado em 24 e 25 de abril de 2015 em São Paulo.

Em suma, o intérprete do contrato, as partes contratantes e o advogado precisam, ao menos, aceitar o convite para analisar os benefícios que a cláusula de mediação pode trazer ao regramento do contrato elaborado pelas mesmas. Não se trata de convencimento do que é melhor ou pior, trata-se do exercício da livre escolha das partes de como querem conduzir a sua relação civil e/ou comercial diante do conflito.

5. Considerações finais

Dentro de uma perspectiva analítica do atual cenário econômico juntamente com a realidade vivenciada nos dias contemporâneos da experiência do sistema judicial de resolução dos conflitos, o caminho adequado para os *players* do mercado de seguro traçarem uma estratégia eficaz e diferenciada parece estar escondido por traz destes grandes muros de litigiosidade.

Questionamentos existem! Dúvidas pairam no ar!

No entanto, se a maturidade do mercado securitário não as enfrentar, corre-se o risco de haver um declínio gestão dos contratos de seguros e talvez uma retração do mercado, já que o uso das mesmas ferramentas por mais de 20, 30, 50 anos, já se mostraram ineficazes e criaram a uma barreira entre a boa prática do seguro e o relacionamento com o segurado.

É de conhecimento notório que as relações do mercado securitário são cíclicas e normalmente encontram-se entrelaçadas entre os *players* e operadores deste mesmo mercado.

O feixe destas relações é a grande riqueza do mercado, mas também o grande desafio. Em outras palavras, como obter o equilíbrio de todas estas relações, preservando o interesse de todos os envolvidos, sem esvaziar a estrutura do mutualismo do seguro?

O método mais adequado de resolução de conflitos que mais se aproxima dos interesses bilaterais ou multilaterais das partes é a mediação, pois ela funciona como um microscópio que observa os relatos das partes e cada interpretação apresentada por elas, ampliando os pontos subjacentes, que, por vezes, não são expressos de forma objetiva e podem ser uma das causas do conflito.

Para a conquista da nova gestão ora proposta, a mediação terá um papel duplo, pois, ao mesmo tempo em que ela pode ser uma ferramenta eficaz para tratar do início de eventual conflito surgido desde o momento da regulação do sinistro ou no momento posterior à comunicação da negativa, ela também pode ser um salvo duto para as partes reduzirem contingências na propositura de ações, cujos valores adicionais gastos com o processo poderia ser revertido em verba estimuladora a um acordo a ser obtido no processo de mediação.

O estímulo ao enfrentamento da transmutação necessária na gestão dos seus conflitos consiste na concretude de novas ações que precisam ser incorporadas desde o início da regulação dos sinistros até a fase de sua conclusão, estendendo-se – caso necessário – para o mapeamento e avaliação técnica-jurídica dos riscos contemplados na propositura de uma ação ou na posição passiva de aguardar-se a citação de um processo cujo termo final e a decisão são fatores indeterminados e imprevisíveis, que não correspondem à estrutura do contrato de seguro que visa tutelar fatos pré-determinados e riscos previsíveis.

6. Referências

CARLINI, Angélica. *Judicialização da saúde pública e privada*. Porto Alegre: Livraria do Advogado, 2014.

Jornal Folha de São Paulo, 31 de outubro de 2016. Caderno Especial *Estúdio Folha projetos patrocinados* da CNSeg sobre *Educação em Seguros*.

MAIA, Andrea e ANDRADE, Juliana Loss de. Mediation and Black Belt Lawyer. Artigo publicado no III *Annual Brazil Mediation Congress* – CPR/CAMARB realizado em 24 e 25 de abril de 2015 em São Paulo.

PETRAROLI, Ana Rita. O não diálogo e a judicialização. *Revista Opinião*. Seg. Editora. Número 13. Novembro 2016. São Paulo: Roncarati.

PLUMER, Mark J. *New Appleman Insurance Law Pratice Guide*. Vol. 2. Chapter 25. ORRICK, Herrignton & Sutcliffe LLP. 2008.

POLIDO, Walter A. Sistemas jurídicos: Codificação específica do contrato de seguro. Da necessidade ou não da positivação de microssistema para o Direito securitário brasileiro. Texto publicado na *Revista dos Tribunais*, vol. 864. Ano 96 – Outubro de 2007, São Paulo: RT.

——. Reflexões sobre a necessária modernização do mercado segurador brasileiro como fator de proteção dos consumidores de seguros. In: MIRAGEM, Bruno; CARLINI, Angélica (Coord.). *Direito dos seguros*: fundamentos de direito civil, direito empresarial e direito do consumidor. São Paulo: Revista dos Tribunais, 2014.

SAMPAIO, Lia Regina Castaldi. Mediação nas e entre empresas. In: *Aspectos atuais sobre a mediação e outros métodos extra e judiciais de resolução de conflitos*. Rio de Janeiro: Editora GZ, 2012.

SUSSMAN, Edna. *Revista Brasileira de Arbitragem* – v. 1- n. 1 – jul/out/2013. Comitê Brasileiro de Arbitragem. Original: Investor State Dispute Mediation – The Benefits and Obstacles.

URY, William; BRETT, Jeanne e GOLDBERG, Stephen. *Resolução de conflitos*: concepção de sistemas para reduzir os custos dos conflitos. *Trad. Soares Franco, L.* Portugal: Actual Editora, 2009.

WATANE, Kazuo e GABBAY, Daniela Monteiro. O Pacto de Mediação Empresarial. *Revista Brasileira Arbitragem*, n. 46, abr./jun.2015.

Impressão:
Evangraf
Rua Waldomiro Schapke, 77 - POA/RS
Fone: (51) 3336.2466 - (51) 3336.0422
E-mail: evangraf.adm@terra.com.br